W0052497

Die Mittel der Information und Kommunikation durchdringen heute alle gesellschaftlichen Bereiche. Die Medien sind allgegenwärtig in Politik und Wirtschaft, Kunst und Bildung, Beruf und Freizeit, in der Öffentlichkeit wie in der privaten Sphäre. Mit der raschen Weiterentwicklung durch Digitalisierung, Laser-, Kabel- und Satellitentechnologie nimmt ihre gesellschaftliche Bedeutung weiter zu. Mediennutzung begleitet schon heute fast den gesamten Tagesablauf vieler Menschen.

Die Autoren geben in diesem Band einen Überblick über die wichtigsten Begriffe und Fakten der Massenkommunikation. Außerdem werden grundlegende Befunde, Theorien und Methoden der Publizistik- und Kommunikationswissenschaft dargestellt. Der Band ist als Einführung wie als Nachschlagewerk geeignet und soll nicht nur Wissenschaftlern, Studierenden oder Praktikern im Medienbereich, sondern jedem interessierten Mediennutzer dienen.

Die Sachartikel des Bandes sind alphabetisch geordnet. Sach- und Stichwörter lassen sich mit Hilfe des Registers am Schluß des Bandes erschließen.

Elisabeth Noelle-Neumann ist Leiterin des Instituts für Demoskopie Allensbach und em. Professorin für Publizistik an der Universität Mainz;
Winfried Schulz ist Professor für Kommunikations- und Politikwissenschaft an der Universität Erlangen-Nürnberg;
Jürgen Wilke ist Professor für Publizistik an der Universität Mainz.

Das Fischer Lexikon

Publizistik
Massenkommunikation

Herausgegeben von
Elisabeth Noelle-Neumann
Winfried Schulz
Jürgen Wilke

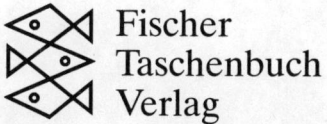

Fischer
Taschenbuch
Verlag

5., aktualisierte Auflage: August 1999

Aktualisierte, vollständig überarbeitete Neuausgabe
Veröffentlicht im Fischer Taschenbuch Verlag GmbH,
Frankfurt am Main, November 1994

© Fischer Taschenbuch Verlag GmbH
Frankfurt am Main 1989, 1994
Gesamtherstellung: Clausen & Bosse, Leck
Printed in Germany
ISBN 3-596-12260-0

Autoren

WOLFGANG DONSBACH, Prof. Dr., (Dresden): Journalist, Rundfunk (gemeinsam mit Dr. Rainer Mathes)

HANS MATHIAS KEPPLINGER, Prof. Dr., (Mainz): Kommunikationspolitik, Nonverbale Kommunikation: Darstellungseffekte, Wirkung von Gewaltdarstellungen in den Massenmedien

RAINER MATHES, Dr., (Frankfurt a. M.): Rundfunk (gemeinsam mit Prof. Dr. Wolfgang Donsbach)

ELISABETH NOELLE-NEUMANN, Prof. Dr. Dr. h. c., (Allensbach/ Mainz): Methoden der Publizistik und Kommunikationswissenschaft, Öffentliche Meinung, Pressegeschichte (gemeinsam mit Prof. Dr. Jürgen Wilke), Wirkung der Massenmedien auf die Meinungsbildung

KURT REUMANN, Dr., (Frankfurt a. M.): Journalistische Darstellungsformen

REINHART RICKER, Prof. Dr., (Mainz): Medienrecht

MICHAEL SCHENK, Prof. Dr. Dr., (Stuttgart-Hohenheim): Kommunikationstheorien

WALTER J. SCHÜTZ, Dr. h. c., (Bonn): Pressewirtschaft

RÜDIGER SCHULZ, Dr., (Allensbach): Mediaforschung

WINFRIED SCHULZ, Prof. Dr., (Erlangen-Nürnberg): Inhaltsanalyse, Kommunikationsprozeß, Nachricht

JÜRGEN WILKE, Prof. Dr., (Mainz): Film, Medien DDR, Presse, Pressegeschichte (gemeinsam mit Prof. Dr. Dr. h. c. Elisabeth Noelle-Neumann)

Inhalt

Einleitung

Die Frage nach der Rolle der Massenmedien muß man als eine der größten Fragen unserer Zeit betrachten, gleichrangig mit den Fragen von Umweltschutz und Überbevölkerung. ›Informationsgesellschaft‹ – so lautet jedenfalls ein verbreitetes Schlagwort für die Epoche, die wir am Ende des 20. Jahrhunderts miterleben. Sie ist vor allem dadurch gekennzeichnet, daß die Techniken der Information und Kommunikation alle gesellschaftlichen Bereiche durchdringen und dabei die gesamte Weltbevölkerung erreichen (können). Die Medien sind längst allgegenwärtig in Politik und Wirtschaft, Kunst und Bildung, Arbeit und Freizeit, in der Öffentlichkeit ebenso wie in der Privatsphäre. Menschen in den modernen Industriegesellschaften verbringen inzwischen die meiste Zeit in ihrem Leben – neben Schlafen und Arbeiten – mit den Angeboten der Massenkommunikation.

Verstärkt worden ist die Wirkung der Massenmedien durch technische Neuerungen, indem Buch, Zeitung und Zeitschrift, Film, Radio und Fernsehen ergänzt wurden durch sogenannte ›neue Medien‹ wie Videorecorder, Videotext, Kabel- und Satellitenrundfunk. Der Übergang zum ›dualen Rundfunk‹ durch Deregulierung und die Einführung von privatem Radio und Fernsehen sowie die enorme Ausweitung der Programmangebote führten in den letzten Jahren (nicht nur in Deutschland) zu einem Umbruch in der Medienlandschaft, der nur mit den großen historischen Einschnitten in der Entwicklung der Massenkommunikation vergleichbar ist. Gegenwärtig steht durch Digitalisierung, Datenkompression und die Vernetzung zum ›information superhighway‹ ein weiterer Schub in dieser Entwicklung bevor.

Die empirische Erforschung der Massenkommunikation, die mit dem Beginn des 20. Jahrhunderts einsetzte, ist dagegen zunächst nur mühsam vorangekommen, Jahrzehnte hindurch aufgehalten durch »Holzwege« und weil das Gebiet sich als sperrig erwies. Aber dann hat sie sich – dem Bedeutungszuwachs ihres Gegenstands entsprechend – in jüngerer Zeit doch entwickelt wie kaum ein anderer Zweig der Sozialwissenschaften. Dabei befaßt sich die Kommunikationsforschung mit ihrem Gegenstand in unterschiedlichen wissenschaftlichen Kontexten unter entsprechend vielfältigen Bezeichnungen. Am gebräuchlich-

sten sind die Etiketten Publizistik-, Kommunikations- und Medienwissenschaft; die ebenfalls häufiger vorkommenden Bezeichnungen
Journalistik, Medienpsychologie, Medienpädagogik weisen auf Bezüge zur Praxis oder zu anderen Fächern.

Als das Fischer Lexikon Publizistik, das mit der vorliegenden Neuausgabe jetzt in dritter Auflage erscheint, 1971 zuerst herauskam,
waren das Forschungsfeld (zumindest hierzulande) noch unterent-
wickelt und der Bestand an gesichertem Wissen begrenzt und unübersichtlich. Das Fach war nur an sieben Universitäten vertreten.
»Zu kaum einem der Stichworte«, so hieß es in der Einleitung damals, »fanden wir konzentrierte Darstellungen bereits vorliegen.
Anlehnungen waren fast nie möglich, meist mußte weit Zerstreutes
zum erstenmal zusammengezogen werden«. In dieser Situation wurden vor allem jene Erkenntnisse vereinigt, welche den ›Gründungs-
vätern‹ der Kommunikationsforschung zu verdanken sind – *Karl
Bücher, Otto Groth, Emil Dovifat* in Deutschland, *Harold
D. Lasswell, Paul F. Lazarsfeld, Kurt Lewin, Carl
I. Hovland, Wilbur Schramm* in den USA. Sie haben nicht nur
die Fundamente gelegt, vieles aus ihren Arbeiten ist gültig geblieben, wie sich an den Belegstellen auch im vorliegenden Band noch
einmal zeigt. Zugleich waren sich die Herausgeber bei der Erstauflage bewußt, welch schwierige Forschungsaufgaben bevorstünden
und worin Defizite des Lexikons im einzelnen bestanden. Diesen
wurde aber mit der Zuversicht begegnet, daß durch systematische,
größer organisierte wissenschaftliche Arbeit Fortschritte möglich
seien. »Wir stehen sicher nicht vor einer undurchdringlichen Dor-
nenhecke«, so schloß die Einleitung damals.

Länger als wünschenswert ließ die schon bald notwendig werdende
Neubearbeitung des Lexikons auf sich warten. Als sie 1989 – jetzt
unter dem erweiterten Titel Publizistik/Massenkommunikation – erschien, hatte sich die Situation grundlegend verändert. Die Anzahl
einschlägiger Institute und Studienmöglichkeiten an den Universitäten war auf über 40 gestiegen, wozu Aus- und Fortbildungsangebote
zahlreicher nichtakademischer Institute hinzukamen. Das bedeutete
zwar nicht schon eine befriedigende Ausstattung, wie sie für eine
systematische Grundlagenforschung notwendig ist. Aber auf den
Fundamenten der ›Gründungsväter‹ war inzwischen ein beachtliches
wissenschaftliches Gebäude entstanden. »Daran haben«, so hieß es

jetzt in der Einleitung, »in zunehmendem Maße Wissenschaftler aus der Bundesrepublik, aus Österreich und der Schweiz mitgewirkt. ... Die Neuauflage läßt eine Vielzahl eigenständiger Fortführungen der amerikanischen Arbeiten erkennen. Es ist nicht nur der Anschluß an den internationalen Standard erreicht; auf einigen Gebieten bestimmt die Kommunikationswissenschaft in Europa und nicht zuletzt in der Bundesrepublik auch wieder die Richtung der Forschung.« Dies hatte zur Folge, daß kein einziger Artikel aus der Erstauflage unverändert übernommen wurde. Allerdings war das Ausmaß der inhaltlichen Neubearbeitung im einzelnen unterschiedlich.

Eine dritte, neu bearbeitete Auflage des Fischer Lexikons Publizistik/Massenkommunikation ist schon nach wenigen Jahren erforderlich geworden. Dafür gibt es mehrere Gründe. Zwar ist die Expansion des Faches nicht mehr so stark vorangeschritten wie zuvor, wenngleich es auch nicht an weiteren Ausbildungsangeboten – gerade im außerakademischen Bereich – fehlt. Bedeutsamer sind aber die Veränderungen im Gegenstandsbereich des Lexikons. Zum einen erlebt das Mediensystem der Bundesrepublik seit den achtziger Jahren einen Wandel, dessen Dynamik kaum nachgelassen hat. Dazu kamen in den zurückliegenden Jahren Veränderungen politischer Art, die bei der Vorbereitung der zweiten Auflage noch nicht abzusehen waren: der Zusammenbruch des Ostblocks und der DDR mit der Folge der deutschen Wiedervereinigung. Die letztere hat insbesondere den Sachartikel Medien DDR historisch werden lassen. Doch als solcher wurde er durchaus beibehalten, ja bis zum Zeitpunkt der Herstellung der deutschen Einheit fortgeschrieben. Andererseits mußten die medienkundlichen Artikel Presse, Rundfunk und Film jetzt erstmals auf Gesamtdeutschland ausgerichtet werden.

Wie schon in den vorangegangenen Auflagen besteht das Lexikon aus zwei Arten von Artikeln: einerseits medienkundliche, gegenwärtige und historische Verhältnisse beschreibende, auf der anderen Seite analytische, theoretisch orientierte Artikel, die den Stand der empirischen Forschung und deren Methoden darstellen. Im großen und ganzen wurden die bisherigen Stichworte für die Sachartikel beibehalten. Die medienkundlichen Artikel wurden durch Beschreibung der jüngsten Entwicklung und insbesondere durch neuere Daten aktualisiert. Allerdings ändert sich hier vieles besonders rasch, weshalb die Heranziehung fortlaufender Datenquellen anzuraten ist.

Aber auch die analytischen Artikel wurden für die Neuauflage mehr oder minder neu gefaßt.

Empirische Kommunikationsforschung besteht heute ganz überwiegend aus Erfassung der Wirkung der Massenmedien, die sich in zahlreiche Spezialgebiete ausgefächert hat. Es ist damit gar nicht mehr möglich, das Thema ›Wirkung der Massenmedien‹ in einem einzigen Artikel abzuhandeln, wie das in den vorangegangenen Ausgaben des Fischer Lexikons Publizistik/Massenkommunikation noch versucht wurde. Der Artikel beschränkt sich nunmehr auf den Bereich der Wirkung der Massenmedien auf die Meinungsbildung, bei dem auch schon in den früheren Fassungen das Schwergewicht lag. Weitere Informationen über die Wirkung der Massenmedien finden sich in anderen Artikeln, z. B. Kommunikationsprozeß, Kommunikationstheorien, Methoden der Publizistikwissenschaft, Nonverbale Kommunikation: Darstellungseffekte. Ein Artikel über Wirkung von Gewaltdarstellungen wurde dieses Mal als eigenständig ausgegliedert, weil dieses Thema in der Forschung und in der öffentlichen Diskussion besonders stark beachtet wird.

Die Konzeption des Fischer Lexikons, das den Stoff nicht in viele kleine Stichworte auflöst, sondern umfangreichere, weitgreifende Sachartikel vorsieht, mit denen auch komplexe Zusammenhänge und Entwicklungen dargestellt werden können, führt dazu, daß mancher Inhalt etwas versteckt unter einem oder mehreren Titeln behandelt wird, wo man ihn nicht auf den ersten Blick entdeckt. Das gilt z. B. für Inhalte wie ›Werbung‹, ›Public Relations‹ oder ›neue Medien‹. Hierzu findet man sowohl Medienkundliches wie auch Theorien, Methoden und Forschungsergebnisse in einer Reihe von Sachartikeln. Das Register hilft es erschließen. Doch auch in der Neuauflage konnte nicht alles aufgearbeitet und berücksichtigt werden, was in den beiden vorangegangenen Auflagen ausgespart blieb und von Lesern vermißt wurde. Hierfür gilt, was schon im Vorwort zur zweiten Auflage gesagt wurde: »Da der Umfang des Bandes aus der verlegerischen Konzeption heraus begrenzt war, standen die Herausgeber vor der Entscheidung, den knappen verfügbaren Raum auf ein großes, inzwischen stark diversifiziertes Wissenschaftsfeld möglichst breit zu verteilen oder aber Schwerpunkte zu setzen und Lücken in Kauf zu nehmen. Sie entschieden sich – wie schon bei der Erstauflage – für letzteres.«

Wenn die vorliegende Neuausgabe des Lexikons einen größeren Umfang besitzt, so ist dies nicht nur darauf zurückzuführen, daß die Sachartikel eine z. T. ausführlichere Darstellung verlangten. Vielmehr wurden auch die Literaturnachweise wesentlich erweitert. In den vorangegangenen Fassungen waren jeweils die Quellenangaben zu den im Text genannten Autoren nicht vollständig, sondern nur teilweise bibliographisch verzeichnet worden. Dies haben Benutzer des Lexikons immer wieder kritisiert. Dieser Mangel ist in der vorliegenden Neuausgabe behoben. Jetzt lassen sich in der Regel alle Literaturverweise im Text durch die Bibliographie im Anhang erschließen. Um diese jedoch zu begrenzen, mußten einige früher in den Sachartikeln enthaltene Verweise auf die Sekundärliteratur gestrichen werden.

Bei allen Veränderungen und Anpassungen, geblieben sind die Grundsätze und Schwerpunkte der Darstellung. Auch diese sind mitunter auf Kritik gestoßen. Doch fühlen sich die Herausgeber in ihren Entscheidungen durch große Vorläufer bestärkt:»Das Werk, das wir begonnen haben (und zu Ende zu führen wünschen), hat einen doppelten Zweck: Als Enzyklopädie soll es, soweit möglich, die Ordnung und Verkettung der menschlichen Kenntnisse erklären; und als methodisches Sachwörterbuch der Wissenschaften, Künste und Gewerbe soll es von jeder Wissenschaft und Kunst – gehöre sie zu den freien oder zu den technischen – die allgemeinen Grundsätze enthalten, auf denen sie beruhen, und die wesentlichen Besonderheiten, die ihren Umfang und Inhalt bedingen.«

Diese Worte stellte d'Alembert 1751 der Vorrede zur französischen Enzyklopädie voran. Man erwartete nicht im 18. Jahrhundert, daß die Enzyklopädisten neben dem Weltbild der Aufklärung auch alle anderen zu der Zeit bekannten Weltanschauungen darstellten. Auch für das vorliegende, viel weniger weitgreifende und nur einem Fachgebiet gewidmete Lexikon erheben wir den Anspruch auf einen bestimmten Standort. Die Artikel sind, soweit das beim derzeitigen Stand unserer Wissenschaft möglich ist, unter der Perspektive der empirischen Kommunikationsforschung geschrieben. Die Schwerpunkte liegen demnach bei deren Methoden und Ergebnissen sowie den theoretischen Konzepten, von denen sie ausgeht. Hierin bestanden schon die Stärken der 1971 veröffentlichten Erstausgabe, hier hat das Lexikon die Entwicklung der Wissenschaft mitgeprägt. Es ist unser wissenschaftliches Verständnis, daß nur so Fortschritt auf unserem Fachgebiet möglich ist. Die Darstellung ist medienkritisch, aber nicht wertbeladen. Auf dieser Grundlage werden sich in Zukunft auch Antworten auf die noch offenen Fragen finden lassen.

Allensbach am Bodensee,   Elisabeth Noelle-Neumann
Nürnberg,   Winfried Schulz
Mainz,   Jürgen Wilke
im August 1994

Film

Begriffe, Merkmale

Film ist nicht nur Filmkunst, Filmtechnik, Filmindustrie, sondern auch Lehrmittel, Informationsmedium, Werbeträger, Unterhaltungsobjekt, Propagandainstrument und historisches Dokument, Film ist inzwischen selbst ein Stück Sozialgeschichte, Kulturobjektivation, Spiegel der Wünsche und Tagträume des Publikums. Der Begriff Film ist facettenreich. Zunächst bezeichnete das Wort Film nur die lichtempfindliche Schicht. Mit der Einführung des Zelluloidbandes wurden Schicht und Schichtträger gemeinsam als Film bezeichnet. Rechtlich wurde es üblich, vom Filmwerk zu sprechen (*Roeber / Jacoby* 1973).

Unter dem Begriff Filmwesen faßt man die Gesamtheit der Bereiche zusammen, in denen Produktion, Verleih und Aufführung von Filmen stattfinden. Eigentlich würde man besser von *Kino* sprechen, um auszudrücken, daß man bei einer publizistikwissenschaftlichen Behandlung dieses Mediums im allgemeinen an eine spezifische Kommunikationssituation denkt: Verbreitung des Films durch Filmtheater an viele räumlich weit verstreute *Präsenzpublika*. Aber eine solche Eingrenzung ist zusehends problematischer geworden, da die Ausstrahlung von Filmen durch das *Fernsehen* stark zugenommen hat, ja die Verbreitung durch ortsfeste Kinos bei weitem übertrifft. Insofern erscheint eine separate Behandlung dieser beiden Medien nur noch bedingt sinnvoll. Auch ist eine Übertragung von Ergebnissen der Filmforschung auf das Fernsehen und umgekehrt vielfach durchaus möglich. Im einzelnen werden je nach Länge, Form, Funktion, Inhalt usw. verschiedene Arten von Filmen unterschieden, zum Beispiel abendfüllender Film/Kurzfilm, Schwarz-Weiß-Film/Farbfilm, Stummfilm/Tonfilm, Spielfilm/Dokumentarfilm, Kinofilm/Fernsehfilm, Liebesfilm/Kriminalfilm/Heimatfilm und ähnliches.

Theorie, Forschung

Schon in der Frühzeit des Films begann man damit, die medienspezifischen Eigenschaften und Gestaltungsmöglichkeiten des Films zu
bestimmen. Seitdem gibt es eine Filmtheorie, die das »Wesen« dieses Mediums spekulativ, ja präskriptiv beschreibt. Während *Béla
Balász* die Rolle der Kamera betonte und von einem Vergleich zwischen den Modalitäten von Film und Theater ausging, stellte *Siegfried Kracauer* mehr auf das Geschehen vor der Kamera ab und
unterschied zwischen »registrierender« und »enthüllender« Funktion
der Kamera. Daraus werden gleichsam Erwartungen an den die Gesetze des Mediums erfüllenden, gelungenen Film abgeleitet. Erste
Ansätze zu einer wahrnehmungspsychologischen Filmanalyse lieferte *Rudolf Arnheim*. Er arbeitete systematisch die Unterschiede zwischen »Weltbild« und »Filmbild« heraus. In Frankreich
entwickelte sich vor allem die Filmsemiotik, d. h. die Analyse des
Filmbilds als ikonisches Zeichensystem (*Metz*). Einen Schritt weiter
zur analytischen Filmtheorie (insbesondere Rezeptionstheorie) führen jedoch erst Untersuchungen, die die Gestaltungselemente dieses
Mediums (zum Beispiel Länge und Größe der Einstellungen, Kameraperspektive) als spezifizierte Variablen in kontrollierten Experimenten daraufhin prüfen, welche Wirkungen sie auf Einstellungen
von Menschen ausüben (→ Nonverbale Kommunikation: Darstellungseffekte).

Eine systematische empirische Filmforschung begann in den zwanziger Jahren in den USA mit den *Payne Fund Studies* – Pioniertat
und zugleich eines der größten aller jemals durchgeführten Projekte
der Kommunikationsforschung (*Charters* 1933). Mehrere, zum
Teil erst später wieder aufgegriffene Ansätze und Vorgehensweisen
(zum Beispiel physiologische Meßverfahren, Trennung von Viel-
und Wenig-Sehern) wurden hier erstmals angewandt. Trotzdem
wurden die Studien in der historischen Genealogie der Kommunikationsforschung nahezu vergessen, zumindest übersehen und nicht
hinreichend gewürdigt. Unter den bis 1939 veröffentlichten neun
Bänden dieses Projektes war auch eine *Inhaltsanalyse* von 1500
Filmen der Jahre 1920, 1925 und 1930 (*Dale* 1935). Wie diese Untersuchung zeigte auch eine spätere Analyse von Filmen der Jahre
1941/42, daß das bei weitem dominierende Handlungsmotiv der

Filmhelden in irgendeiner Weise mit Liebe zu tun hatte – ein Befund, der auch in der wohl berühmtesten Filmanalyse, der Untersuchung amerikanischer, englischer und französischer Filme der Jahre 1945 bis 1949 (*Wolfenstein / Leites* 1950), wiederkehrt.

Nächst dem Thema Liebe – im weitesten Sinn – weisen die Inhaltsanalysen auch eine häufige Darbietung von Kriminalität und Aggression in den Filmen nach. Das Schlagwort ›sex and crime‹, das die Geschichte des Films schon lange begleitet, ist auch neuerdings mit mehr Berechtigung denn je in der Diskussion: Unter dem Konkurrenzdruck des Fernsehens sind die Filmproduzenten auf die Darstellung von Sexualität, Brutalität und Horrorszenen in einer Deutlichkeit ausgewichen, wie sie bis dahin noch tabu war. In den letzten Jahren hat das wachsende Angebot entsprechender *Video*filme Aufsehen erregt und zu einer Verschärfung der *Jugendschutz*gesetzgebung geführt.

Die vorwiegend gesellschaftspolitisch orientierten Fragestellungen der Filmforschung sind aktuell geblieben: Verdirbt der Film die Sitten, leitet er zum Verbrechen an, schadet er Jugendlichen (→ Wirkung der Massenmedien)? Befürchtungen dieser Art hatten schon – gleichsam als medienhistorische Konstante – die Ausbreitung des Films begleitet und zum Beispiel in Deutschland alsbald eine Kinoreformbewegung hervorgebracht. ›*Motion Pictures and Youth*‹ war auch der Sammeltitel der *Payne Fund Studies*, und unter dieser Bezeichnung kann man einen beträchtlichen Teil der Beiträge zur Filmforschung subsumieren. Eine solche theoretische Ausrichtung läßt sich auch durch jüngste Entwicklungen rechtfertigen: Kino ist in zunehmendem Maße zu einem Medium für junge Leute geworden. Diese Tatsache ist vor allem für Pädagogen interessant, aber auch für die werbetreibende Wirtschaft, die ihre Streupläne (Werbung mit Diapositiven und Werbefilmen) entsprechend korrigierte.

Daß sich der Film auch als Instrument der *Propaganda* eignet, wurde im Ersten Weltkrieg erkannt und führte dazu, daß totalitäre Systeme von diesem Medium entsprechend Gebrauch machten. Mit dem Film können propagandistische Ziele in ästhetisch anspruchsvoller, ja raffinierter Form verfolgt werden (Beispiel: *Sergej M. Eisensteins* ›Panzerkreuzer Potemkin‹, 1925); und die Absicht der suggestiven Beeinflussung läßt sich mit dem Unterhaltungsbedürfnis des Publikums wirkungsvoll in Einklang bringen (Beispiel: *Veit Harlans* ›Der große König‹, 1942).

Eine erste Untersuchung zur Soziologie des Kinopublikums entstand in Deutschland bereits 1914 *(Altenloh)*. Doch haben auch hier erst später repräsentative Befragungen zur Erhebung systematischer Daten geführt. Die Häufigkeit des Kinobesuchs wird zum Beispiel in *Media-* und *Werbeträger-Analysen* erfaßt (vgl. Tabelle 1, S. 19). Gut drei Viertel der Kinobesucher sind heute zwischen 14 und 29 Jahre alt. Mit steigendem Alter nimmt der Besuch von Filmtheatern rapide ab. Das Interesse der Jugendlichen am Kino wird u. a. damit erklärt, daß das Filmangebot insbesondere Gefühle und Spannung erregt, ja ein funktionales Äquivalent darstellt, d. h. ›Ersatzbefriedigung‹ zur Abfuhr überschüssiger Triebenergien bietet (→ Wirkung der Massenmedien). Andererseits sind soziale Motive mit ausschlaggebend: Man geht gemeinsam mit Gleichaltrigen ins Kino, d. h. der Filmtheaterbesuch dient der Ablösung von den Eltern und somit der außerhäuslichen Gruppenbildung Jugendlicher in der Freizeit. Charakteristisch für das Kinopublikum ist ferner, daß Männer, Personen mit weiterführender Schulbildung und mit höherem Einkommen überrepräsentiert sind.

Geschichte

Nach einer ganzen Reihe von Experimenten mit bewegten Bildern seit dem ausgehenden Mittelalter – Jahrmarktsattraktionen mit wundersamen Bezeichnungen wie Lebensrad, Laterna magica, Stroboskop, Thaumatrop, Daedalum – gelingt es Ende des 19. Jahrhunderts mehreren Erfindern in verschiedenen Ländern fast gleichzeitig, die technischen Prinzipien der *Fotografie*, der Projektion und des Zelluloidstreifens zu kombinieren und durch Verwendung von neuartigen Aufnahme- und Wiedergabe-Apparaturen Filme herzustellen und vorzuführen (*von Zglinicki* 1956; *Gregor / Patalas* 1962). Mit den ersten öffentlichen Darbietungen eines regelrechten Filmprogramms im Jahre 1895 durch die Gebrüder *Max* und *Emil Skladanowsky* im Berliner Varieté Wintergarten (1. November) und durch die Gebrüder *Auguste* und *Louis Lumière* im Salon Indien des Grand Café am Boulevard des Capucines in Paris (28. De-

Tabelle 1:
Die Entwicklung des Filmtheaterbesuchs in der Bundesrepublik seit 1961

	Einmal wöchentlich und mehr %	Ein- bis dreimal im Monat %	Weniger als einmal im Monat %	Seit Jahren nicht im Kino gewesen %	Film-besucher pro Woche* %
1961	9	24	29	38	20,7
1962	7	23	26	44	16,6
1963	6	21	27	46	15,0
1964	6	21	29	44	14,5
1965	5	21	28	46	15,0
1966	4	20	27	49	13,9
1967	4	19	27	50	13,5
1968	3	18	31	48	12,2
1969	2	14	28	56	7,6
1970	3	18	28	51	11,6
1971	2	18	29	51	10,1
1972	2	14	26	58	8,1
1973	2	14	28	56	8,1
1974	1	14	28	57	6,0
1975	1	15	28	56	7,7
1976	1	13	27	59	6,2
1977	1	13	25	61	5,5
1978	2	13	27	58	6,1
1979	1	14	25	60	5,9
1980	1	15	26	58	7,3
1981	1	16	26	57	7,4
1982	1	16	27	56	7,5
1983	1	14	28	57	6,3
1984	1	15	28	56	7,0
1985	1	15	27	57	6,7
1986	1	16	25	58	6,6
1987	1	15	25	59	6,5
1988	1	15	25	59	6,7
1989	1	15	25	59	6,9
1990	1	16	26	57	6,3
1991	1 (1)	17 (10)	27 (23)	55 (66)	7,6 (3,9)
1992	1 (1)	17 (10)	28 (21)	54 (68)	7,3 (3,5)
1993	1 (1)	16 (9)	27 (21)	56 (69)	6,2 (3,0)
1994	1 (1)	17 (10)	28 (21)	54 (68)	7,1 (4,2)
1995	1 (1)	17 (13)	29 (23)	53 (63)	7,1 (4,9)
1996	1 (1)	17 (14)	28 (24)	54 (61)	7,2 (4,9)
1997	1 (1)	18 (16)	29 (24)	52 (59)	7,7 (5,9)
1998	1 (1)	19 (16)	30 (29)	50 (54)	8,4 (6,4)

Quelle: Allensbacher Werbeträger-Analyse 1994

* Bis 1971: 16–70 Jahre
1972/73: 16 Jahre und älter
Ab 1974: 14 Jahre und älter
Die Daten beziehen sich auf die Bundesrepublik (alte Bundesländer), ab 1991 in Klammern Daten für die neuen Bundesländer.

zember) wird die Varieté- und Rummelplatzsensation zum Massenmedium, konstituiert sich Kino als Populärkultur.

Die ersten Filme sind Dokumentarszenen, die vom Reiz der Bewegung leben (›Arbeiter verlassen die Fabrik‹, ›Am Brandenburger
Tor‹), oder Sketchs und Illusionstricks, die spezifische Effekte des
neuen Mediums ausnutzen. Nach der Jahrhundertwende wird Film
als Ausdrucksmittel weiterentwickelt. Es kommt zur Produktion von
längeren Spielfilmen, in Deutschland durch *Messter*, in Frankreich
durch *Méliès*, in England durch die Schule von Brighton, in den
USA durch *Porter*. Mit der Einrichtung fester Theater zwischen
1902 und 1907 verändern sich die Vertriebsverhältnisse des Films,
der vorher fast ausschließlich vom Wanderkinogewerbe verbreitet
wurde (*Schweins* 1958). Bis dahin liegen Produktion und Aufführung von Filmen noch weitgehend in einer Hand. Jetzt schaltet sich
zwischen Produktion und Theater der Filmhandel *(Filmverleih)*
als dritte Sparte der Filmwirtschaft. An die Stelle des Filmkaufs
durch den Theaterbesitzer tritt die Übertragung des Vorführrechts.
Bereits 1902 gibt es in Frankreich vier große und eine Vielzahl
kleiner Filmproduktionsfirmen. Neben der französischen entsteht
nur in England eine vergleichbar starke Filmindustrie. Während
des Burenkriegs werden in England die ersten propagandistischen
Kriegsfilme produziert. Nach 1902 kann jedoch der englische
Film kaum noch gegenüber der französischen Konkurrenz bestehen, die bald die Vorherrschaft auf dem europäischen Markt gewinnt. Wichtigste Produktionsfirma ist die des *Charles Pathé*,
die 1909 auch die erste *Wochenschau*, das ›Pathé Journal‹, herausbringt.

In Deutschland werden die ersten Filme von den Brüdern *Skladanowsky* produziert, die unabhängig von den *Lumière*-Brüdern
und anderen Erfindern ein eigenes Filmvorführungssystem entwik-
keln (Bioscop). Erfolgreicher als Produzent ist jedoch *Oscar
Messter*, Besitzer einer Firma für optische Geräte und Erfinder
des Malteserkreuzes, einer Vorrichtung, die den gleichmäßigen
ruckartigen Transport des perforierten Filmstreifens ermöglicht.
Messter stellt Projektionsapparate her, die den ausländischen überlegen sind, und er dreht eine Reihe von Filmen – 1909 zum Beispiel
den ersten Historienfilm ›Andreas Hofer‹ –, wobei er noch alles in
einem ist: Produzent, Drehbuchautor, Kameramann, Regisseur

usw. Messter geht als erster zur Serienproduktion von Filmen über und bringt 1914 auch die erste deutsche *Wochenschau* heraus.

Aber der deutsche Film kann sich unter dem Druck der ausländischen Konkurrenz zunächst nicht behaupten. Nach der früh entwikkelten französischen Filmindustrie beherrschen (um 1912) italienische und auch dänische Filme den Markt. Dies ändert sich erst mit dem Ersten Weltkrieg, als ausländische Filme zunächst unter Zwangsverwaltung gestellt werden und 1916 ihre Einfuhr verboten wird. In dieser Zeit beginnt auch der Aufstieg Hollywoods zur weltbeherrschenden Stellung, und nur Deutschland kann nach 1917, dem Jahr der Gründung der *Universum Film AG (UFA)*, für einige Jahre wenigstens den europäischen Markt gegenüber den amerikanischen Filmproduzenten für sich beanspruchen.

In der UFA-Gründung vereinigen sich Geschäftsinteressen der Deutschen Bank und der Industrie mit propagandistischen Absichten der Reichsregierung und insbesondere des Militärs. Einer der Initiatoren der Firmengründung ist General *Ludendorff*, der hofft, die UFA könne mit ihrer Produktion ein Gegengewicht bilden zu den antideutschen Propagandafilmen, die während des Krieges von den Entente-Mächten verbreitet werden. Nach Kriegsende erwerben private Interessenten die Anteile des Reiches an der UFA. Diese entwickelt sich zu einem horizontal und vertikal gegliederten Großkonzern und baut ihren Einfluß auch durch maßgebliche Beteiligungen an Filmgesellschaften in Italien und Frankreich aus (*Kreimeier* 1992).

In den frühen zwanziger Jahren macht die UFA Filmgeschichte mit einer Reihe künstlerischer Stummfilme, die wegen ihrer gestalterischen und thematischen Originalität Aufsehen erregen (*Wienes* ›Das Kabinett des Dr. Caligari‹, 1920, *Murnaus* ›Der letzte Mann‹, 1924, *Langs* ›Metropolis‹, 1926). Aufwendige Ausstattungsfilme kommen hinzu (*Lubitschs* ›Madame Dubarry‹, 1919). Die Jahre der Inflation sowie eine schlechte Geschäftsführung bringen Millionenverluste und die Firma in starke Abhängigkeit von der amerikanischen Filmindustrie (Parufamet-Vertrag von 1926 mit ungünstigen Verleihbedingungen). Vorwiegend aus nationalen Motiven übernimmt *Alfred Hugenberg* 1927 die Sanierung der UFA. Diese ist Ende der zwanziger Jahre zwar die bei weitem stärkste deutsche

Filmfirma, aber die amerikanischen Filme beherrschen nun auch den deutschen Markt.

Erst die Umstellung auf *Tonfilm* befreit vom Druck der ausländischen Konkurrenz, denn die neuen Gestaltungselemente Ton und Sprache setzen der Verbreitung des Films Grenzen. Gleichzeitig aber bewirken Weltwirtschaftskrise und die hohen Investitionskosten für das neue Filmverfahren eine Reduzierung der Produktionsfirmen und einen Prozeß der Konzentration in der Filmindustrie. Nur die Großen – *UFA, Tobis, Terra* – bleiben bestehen und erweitern den Markt.

Die Pläne zur Herstellung von Tonspielfilmen und Tonwochenschauen reichen bis in die Frühzeit der Filmgeschichte zurück (*Jossé* 1984). Mit dem Beginn des Kino-Zeitalters entstehen Tonbilder, d. h. Nadeltonversuche, bei denen Phonograph oder Grammophon mit dem Kinematographen kombiniert werden und synchron ablaufen. Die Lösungen, an denen sich in Deutschland *Messter* und in den USA *Edison* beteiligen, bleiben jedoch unzulänglich. Nach dem Ersten Weltkrieg beginnt in Deutschland die Erfindergruppe *Tri-Ergon* (*Hans Vogt, Dr. Joe Engl, Joseph Massolle*) mit der Entwicklung des Lichtton-Verfahrens, bei dem der Ton in Lichtimpulse umgewandelt und fotografisch aufgenommen wird. Dieses Verfahren setzt sich schließlich durch, trotz Rückschlägen und obwohl die Versuche mit Nadelton zunächst weitergeführt werden. Der erste Lichtton-Versuchsfilm ›Heideröslein‹ wird 1921 intern vorgeführt. Öffentliche Vorführungen von verschiedenen Ton-Kurzfilmen folgen noch im gleichen Jahr und den nächsten Jahren.

Trotz des Erfolges dieser ersten Tonfilme läßt das Interesse der deutschen Industrie an dem neuen Verfahren auf sich warten. Die *UFA* sichert sich zwar 1925 durch einen Lizenzvertrag mit der *Tri-Ergon*-Gruppe eine Option auf deren Verfahren und unterstützt die Erfinder bei der Produktion des ersten abendfüllenden Spielfilms ›Das Mädchen mit den Schwefelhölzern‹. Doch die Premiere dieses überhastet hergestellten Films (20. 12. 1925 im Berliner Theater am Nollendorfplatz) mißlingt völlig, weil die Tonwiedergabe versagt und die Vorstellung abgebrochen werden muß. Daraufhin zieht sich die *UFA* aber keineswegs, wie oft behauptet worden ist, desinteressiert vom Tonfilm zurück. Allerdings verzichtet sie auf die Weltrechte aus dem Lizenzvertrag, so daß sich 1926 dem amerikanischen Produzenten *William Fox* die Möglichkeit bietet, diese Rechte von den Schweizer Patenthaltern des *Tri-Ergon*-Verfahrens zu erwerben. Währenddessen kommt eine andere amerikanische Filmgesellschaft, die *Warner Brothers*, mit dem System der Western Electric in Kontakt, und arbeitet daran, das Nadeltonverfahren vorführreif zu machen. Als erster amerikanischer Tonfilm (Nadelton) kommt 1927 ›The Jazz Singer‹ mit *Al Jolson* zur Aufführung. Mit diesem beginnt die eigentliche Tonfilm-Ära.

Unter dem Eindruck der amerikanischen Tonfilm-Erfolge schließen sich 1928 die Patentinhaber aus der Schweiz, aus Holland und Dänemark zur Tonbild Syndikat Aktiengesellschaft *(Tobis)* zusammen, um die restlichen noch in Europa verbliebenen Tonfilmpatente auszuwerten. Nach anfänglichen Kontroversen mit den Elektro-Konzernen Siemens und AEG, die ebenfalls Lichtton-Aufnahme- und Wiedergabe-Geräte entwickelt und gemeinsam die Klangfilm GmbH gegründet hatten, kommt es 1929 zu einer Marktaufteilung zwischen *Tobis* und *Klangfilm*: Tobis übernimmt die Produktion von Tonfilmen und den Vertrieb der Aufnahmegeräte, Klangfilm beschränkt sich auf die Herstellung der Aufnahme- und Wiedergabe-Geräte. Als erster Tonfilm der Tobis wird 1929 ›Melodie der Welt‹ aufgeführt. Der Tonfilm hat auf Anhieb Publikumserfolg, nur die Kritik ist zurückhaltend. Aber Filme wie *von Sternbergs* ›Der blaue Engel‹ (1930), *Pabsts* ›Die Dreigroschenoper‹ (1931), *Langs* ›M‹ (1931) und ›Das Testament des Dr. Mabuse‹ (1932) überzeugen auch die Skeptiker rasch von den künstlerischen Möglichkeiten des Tonfilms. Dann aber, in den Jahren nach 1933, wird die weitere Entwicklung des deutschen Films weniger von künstlerischen, technischen oder wirtschaftlichen als vielmehr von politischen Faktoren bestimmt.

Der Staat hatte – blickt man nochmals zurück – seit dem Aufkommen der ersten Kinos das neue Medium sorgsam beobachtet, zunächst durch Beamte der örtlichen Polizeibehörden, die nach jedem Programmwechsel in den Theatern erschienen und die Filme prüften. Auf Initiative des Preußischen Innenministers wurde – analog zur Theaterzensur – eine polizeiliche *Präventivzensur* (Polizeiverordnung von 1908) eingeführt, nach und nach vereinheitlicht und später auch (ab 1912) in den Filmprüfstellen Berlin und München zentralisiert. Die generelle Aufhebung aller Zensurmaßnahmen durch die Vereinigten Arbeiter- und Soldatenräte im November 1918 führte dann dazu, daß verstärkt sogenannte Sittenfilme auf den Markt kamen. Erste Ansätze zu einer freiwilligen *Selbstkontrolle* hatten keinen Erfolg. Angesichts der vielen minderwertigen Sittenfilme räumten die Autoren der Weimarer Reichsverfassung dem Staat ausdrücklich eine *Filmzensur* ein (Artikel 118). Eine entsprechende gesetzliche Regelung wurde 1920 mit dem Reichslichtspielgesetz getroffen. Daß der Staat dem Filmwesen prohibitiv begegnete, dafür sprechen nicht nur die rechtlichen, sondern auch fiskalische Maßnahmen. Die Erhebung einer Vergnügungssteuer für Filmvorführungen datiert ebenso aus den Anfängen des Kinos wie Bestimmungen, nach denen Steuersätze durch die Anerkennung als Qualitäts- oder Lehrfilm gemindert werden können.

Nach der Machtübernahme durch die Nationalsozialisten wird die *Filmzensur* durch das Lichtspielgesetz vom 16. Februar 1934 verschärft und ideologisiert und auf die Vorprüfung der Drehbücher ausgedehnt. Diese Maßnahme steht im Zusammenhang mit der vollständigen Gleichschaltung des Filmwesens, die eine Vierte Verordnung über die Vorführung ausländischer Bildstreifen (28. Juni 1933) und das Gesetz über die Errichtung einer vorläufigen Filmkammer (14. Juli 1933) einleiten. Unter weitgehender Führung des *Reichsministeriums für Volksaufklärung und Propaganda* unterwerfen Regierung und Partei das Filmwesen einer lückenlosen Kontrolle. Zunächst werden in der *Reichsfilmkammer* alle Sparten der Filmwirtschaft zusammengefaßt und die Mitgliedschaft in der Filmkammer für alle ›Filmschaffenden‹ zur Pflicht gemacht. Damit wird es auch möglich, nicht-arische Mitglieder auszuschließen. Ein im Propagandaministerium amtierender Reichsfilmdramaturg übernimmt die Vorprüfung der Entwürfe und Drehbücher zu neuen Filmen. Nach deren Fertigstellung erfolgt eine weitere Prüfung. Eine Kontingentstelle überwacht die Ein- und Ausfuhr von Filmen, prüft den ›deutschen Charakter‹ der Produktionen und die ›arische Abstammung‹ der Mitwirkenden. Von diesen Maßnahmen, die praktisch einer Säuberungsaktion gleichkommen, sind nach Angaben von Reichspropagandaminister *Goebbels* rund 3000 in der Filmindustrie tätige Juden betroffen.

Trotz großzügiger Kreditgewährung über eine neugegründete Filmkreditbank, trotz zunehmender Kinobesucherzahl und wachsender Einnahmen gerät der Film in eine Rentabilitätskrise, vor allem weil die Produktionskosten steigen und die Auslandsmärkte sich – als Gegenmaßnahme gegen die deutschen Einfuhrrestriktionen – verschließen. Schließlich beginnt die Regierung mit der Verstaatlichung der Filmindustrie, zunächst durch Anteilkäufe (ab 1934, die Aktienmehrheit der *UFA* kommt 1937 über die Treuhandgesellschaft *Cautio* in den Besitz des Reiches), zuletzt durch Zusammenschluß aller Firmen unter einer staatlichen Dachgesellschaft (1. Juni 1942), die aus optischen Gründen den Namen UFA-Film GmbH erhält (zur Unterscheidung von der alten UFA im allgemeinen *UFI*-Konzern genannt) und vom Reichsfilmbeauftragen *Max Winkler* geleitet wird.

Die organisatorische Gleichschaltung ist jedoch nur ein Aspekt der nationalsozialistischen Filmpolitik (*Albrecht* 1969, *Becker* 1973, *Hoffmann* 1988). Auf der anderen Seite setzt sich *Goebbels* für die Herstellung von unterhaltenden Filmen mit künstlerischer Ambition ein, den propagandistischen Appell sollen diese Filme nur unterschwellig vorspielen, weil *Goebbels* die unverschlüsselte, direkt vorgetragene propagandistische Argumentation für weniger wirkungsvoll hält. Kennzeichnend für diese Taktik, das jeweilige Propaganda-Motiv filmisch verklausuliert und publikumswirksam in Sujet, Dramaturgie und Darstellung zum Ausdruck zu bringen, sind Produktionen wie ›Wunschkonzert‹ (1940, Thema Volksgemeinschaft), ›Jud Süß‹ (1940, Antisemitismus), ›Ohm Krüger‹ (1941, Anti-England-Propaganda), ›Der große König‹ (1942, heroischer Widerstand). Propaganda und Ästhetik im Dokumentarfilm zu verbinden gelingt vor allem *Leni Riefenstahl*.

Nach Kriegsende beschlagnahmen die Alliierten die Vermögenswerte des UFI-Konzerns, soweit sie nicht zerstört sind. In der Sowjetischen Besatzungszone wird bereits im Herbst 1945 auf Initiative der Militäradministration mit der Bildung eines neuen Staatskonzerns begonnen, dem nach und nach die verbliebenen UFI-Anlagen und -Werte zufallen (etwa 70 Prozent davon liegen auf dem sowjetisch besetzten Gebiet).

In den westlichen Besatzungszonen geht der Aufbau der Filmindustrie weniger schnell und vor allem dezentralisiert vonstatten. Ein von den Militärbehörden eingerichtetes restriktives System von Zensur, Lizenzierung und Personalkontrolle soll erreichen, daß nur nationalsozialistisch unbelastete Personen im Filmwesen tätig werden und nur – im Sinne der demokratischen Grundordnung – politisch einwandfreie Filme aufgeführt werden. Insbesondere ist die Filmpolitik der Alliierten darauf gerichtet, jeden Ansatz von wirtschaftlicher Machtbildung in deutschen Händen zu verhindern, aus der Sorge, ein – wie im Dritten Reich – zentral gesteuertes Filmwesen könnte für politische Zwecke mißbraucht werden. Eine Tätigkeit in mehr als einer Sparte der Filmwirtschaft wird zum Beispiel untersagt. Zwar entsteht in den drei Westzonen eine Vielzahl von Produktionsfirmen, und im Sommer 1947 kommt als erster westdeutscher Nachkriegsfilm *Käutners* ›In jenen Tagen‹ heraus. Aber die neuen Filmfirmen stehen wirtschaftlich auf sehr schwachen Füßen, zudem werden sie oft von fachfremden Personen geführt, so daß die meisten von ihnen in Liquidation gehen, bevor noch die erste Produktion abgeschlossen ist. Hierzu trägt die Konkurrenz ausländischer, insbesondere amerikanischer Filme bei, für welche die Besatzungsmächte aus wirtschaftlichen Eigeninteressen den deutschen Markt öffnen.

Hinderlich für den Wiederaufbau des Filmwesens in der Bundesrepublik ist zudem, daß sich die Entflechtung und Reprivatisierung der ehemaligen *UFI*-Werte hinzieht. Dies gelingt – nach einem gescheiterten Versuch der Alliierten (1949) – erst mit dem vom Deutschen Bundestag 1953 erlassenen Gesetz zur Abwicklung und Entflechtung des ehemaligen reichseigenen Filmvermögens. Die Konzernreste werden in vier Gesellschaften aufgeteilt und 1956 an drei Bankenkonsortien verkauft. Zwei der Käufergruppen führen ihre Firmen (Universum Film AG, Berlin, und UFA-Theater AG, Düsseldorf) dann wieder unter einem gemeinsamen Vorstand zusammen. Es entsteht abermals eine *UFA*, die Filme produziert und in einer eigenen Kino-Kette vorführt. Sie wird schließlich – nach jahrelangem geschäftlichen Mißerfolg, vor allem in der Produktion – 1964 aufgelöst und zum größten Teil vom *Bertelsmann*-Konzern erworben.

Die jüngere Geschichte des Filmwesens wird in der Bundesrepublik entscheidend bestimmt durch die Ausbreitung des *Fernsehens*. In den frühen fünfziger Jahren kommt es beim Film zwar zu einem Aufschwung. Der Höhepunkt in der Produktion wird 1955 mit 128 Spielfilmen, bei den Besucherzahlen 1956 mit 818 Millionen Kino-

Tabelle 2:
Strukturdaten zur Entwicklung des Filmwesens in der Bundesrepublik

Jahr	Deutsche Spielfime*	Ortsfeste Filmtheater	Sitzplätze in Tsd.	Besucher in Mio.
1950	82	3962	1601	487
1955	128	6239	2562	766
1956	122	6438	2658	818
1957	107	6577	2740	801
1958	115	6789	2814	750
1959	106	7085	2926	671
1960	94	6950	2878	605
1961	80	6666	2765	517
1962	61	6327	2609	443
1963	66	5964	2463	376
1964	77	5551	2286	339
1965	69	5209	2143	320
1966	60	4784	1998	257
1967	96	4518	1865	216
1968	107	4060	1672	179
1969	121	3739	1538	172
1970	113	3446	1420	160
1971	99	3314	1348	152
1972	108	3171	1280	150
1973	82	3107	1230	144
1974	77	3114	1189	136
1975	55	3094	1138	128
1976	60	3092	1086	115
1977	52	3072	1016	124
1978	57	3110	980	136
1979	65	3196	932	142
1980	49	3354	910	144
1981	76	3486	880	141
1982	70	3598	846	125
1983	77	3664	821	125
1984	75	3611	784	112
1985	64	3418	702	104
1986	60	3262	643	105
1987	65	3252	632	108
1988	57	3246	627	109
1989	68	3216	610	102
1990	48	3754 (3222)	781	102
1991	72	3686 (3258)	763	120 (107)
1992	63	3630 (3201)	725 (594)	106 (93)
1993	67	3709 (3251)	746 (610)	130 (114)
1994	60	3763 (3290)	741 (613)	133 (113)
1995	63	3814 (3291)	730 (610)	125 (106)
1996	64	4035 (3398)	760 (627)	133 (111)
1997	61	4128 (3407)	772 (626)	143 (117)

Quelle: SPIO-Statistik (Filmstatistische Taschenbücher)

* Bis 1971 »hergestellte«, ab 1972 »uraufgeführte« Spielfilme
Die Daten beziehen sich bis 1990 auf die Bundesrepublik (alte Bundesländer), ab 1990
auf das vereinigte Deutschland (in Klammern alte Bundesländer).

besuchern erreicht. Danach setzt ein rapider Schrumpfungsprozeß
ein, der parallel läuft zur zunehmenden Ausstattung der bundesdeutschen Haushalte mit Fernsehgeräten. Die gesamte Filmindustrie
gerät fast bis zum völligen Zusammenbruch in finanzielle Schwierigkeiten. Die Anzahl der hergestellten bzw. uraufgeführten Filme
nimmt ab (bei gleichzeitiger Zunahme der Coproduktionen), und
die Zahl der Kinobesucher und der ortsfesten Filmtheater geht erheblich zurück (Tabelle 2).

Darin wird jedoch nicht nur eine *wirtschaftliche*, sondern auch
eine *künstlerische Filmkrise* gesehen. Die Kritik entzündet
sich an der Provinzialität der Filme der fünfziger Jahre. Wiederholt
wird der Aufbruch zu einem filmkünstlerischen Neuanfang verkün-
det. Von besonderer Bedeutung ist das 1962 bei den 8. Westdeutschen Kurzfilmtagen proklamierte ›*Oberhausener Manifest*‹: 26
Kurz- und Dokumentarfilmregisseure konstatieren den Zusammenbruch des konventionellen deutschen Films und erheben den Anspruch, den neuen deutschen Spielfilm zu schaffen. Daraus entstehen die Initiativen des ›Jungen deutschen Films‹, der Ende der sechziger Jahre die Szene beherrscht. Zu seinen Exponenten gehören
u. a. *Ulrich Schamoni, Edgar Reitz, Alexander Kluge.*
Letzterer verkörpert vor allem den sogenannten ›Autorenfilm‹.

Die Strömungen vervielfachen sich, Filmemacherkooperativen werden gegründet, das ›Andere Kino‹ kommt auf, eine Vielzahl indivi-
dualistischer Produktionen und experimenteller Filme (zum Beispiel
Jean Marie Straub, Hans-Jürgen Syberberg) entstehen.
Geschäftlich handelt es sich häufig um Mißerfolge. Dies ändert sich
in den siebziger Jahren, in denen man vom ›Neuen deutschen Film‹
spricht. Mit den Filmen von *Volker Schlöndorff, Werner
Herzog, Rainer Werner Faßbinder* und *Wim Wenders*, die
auch internationale Anerkennung finden, gelingt jetzt der Durch-
bruch zur Weltgeltung. Andere Produzenten setzen in den letzten
Jahren auf einzelne Großfilme, die durch Thema, produktionstech-
nischen Aufwand und entsprechende Werbefeldzüge die Zuschauer
ins Kino locken. Dabei handelt es sich um Multimillionenprojekte.
Die aufwendigste Produktion in der Filmgeschichte Deutschlands ist
Wolfgang Petersens ›Die unendliche Geschichte‹. Zur erfolgreichsten in der Bundesrepublik gedrehten Produktion wurde jedoch
der Film ›Otto‹ mit dem Filmkomiker *Otto Waalkes* (8,8 Millio-

nen Zuschauer.) Die meistbesuchten Filme der letzten Jahre waren in deutschen Kinos (mit über 9 Millionen Zuschauern) die amerikanischen Streifen ›Pretty Woman‹, ›E. T. – Der Außerirdische‹, ›Das Dschungelbuch‹ und ›Jurassic Parc‹. Unter den 30 erfolgreichsten Filmen stammten 1993 allein 18 aus den USA.

Organisation

Die Filmwirtschaftslehre (*Dadek* 1957; *Bergner* 1962 – 1966; *Roeber / Jacoby* 1973) unterscheidet drei Sparten der Filmwirtschaft: Produktion, Verleih, Filmtheater. Daneben gibt es noch eine Sparte Vertrieb (als Sonderform), zu der die Import- und Exportgeschäfte mit Filmen auf internationaler Ebene gerechnet werden. Einige Autoren gliedern in ihrer Betrachtung neben der Produktion zusätzlich die filmtechnischen Betriebe oder auch die Lieferanten von Rohfilmen als eigene Sparten aus.
Die Produktions- oder Vertriebsfirmen schließen mit den Verleihern Lizenzverträge ab, mit denen die Auswertung der Filme für festgesetzte Lizenzgebiete und -zeiträume geregelt wird. Die Verleiher vermieten die Filme dann zu bestimmten Terminen an die Theaterbesitzer. Abgerechnet wird auf prozentualer Basis. Der Theaterbesitzer führt vom Netto-Erlös aus dem Verkauf der Eintrittskarten (also nach Abzug der Vergnügungssteuer und der Filmabgabe) rund 40 Prozent Filmmiete an den Verleiher ab. Dieser behält etwa ein Viertel der Filmmiete als Verleihspesen ein, der Rest geht an den Produzenten. Dieses System dient der Verteilung des Geschäftsrisikos auf alle Sparten. Doch ist das Prinzip der ›retrograden Risikominderung‹ wenig vorteilhaft für die Filmproduktion, die in der Regel einer beträchtlichen Vorfinanzierung bedarf.
Der *Filmverleih* erfolgt in Form der Programm- oder Staffelvermietung (*Blockbuchen*). Vermietet werden nicht einzelne Filme, sondern ganze Staffeln, also üblicherweise sowohl geschäftlich schwache wie erfolgreiche Filme. In den Verträgen zwischen Verleih und Filmtheatern werden auch die Mindestspielzeit und die Abspielstätte festgelegt. Als *Prolongationsgrenze* gelten die durchschnittlichen Einnahmen eines Kinos von Donnerstag bis Sonntag. Wird diese Summe überschritten, so ist das Kino verpflichtet, den

Film weiter zu spielen, auch wenn die vereinbarte Spielzeit bereits abgelaufen ist. Den Löwenanteil der verliehenen Filme stellen seit Jahren in zunehmendem Maße die amerikanischen Major Companies *United International Pictures (UIP), Warner, Columbia* und *Fox (Thiermeyer* 1994). Sie erzielten 1992 zwei Drittel des inländischen Verleihumsatzes. Der Marktanteil amerikanischer Filme (bezüglich der Kinobesuche) liegt hierzulande inzwischen sogar über 80 Prozent. Nur knapp zehn Prozent entfallen noch auf die nationale Produktion. Unter den deutschen Verleihunternehmen (überwiegend Kleinverleiher) ist *Tobis / Constantin* noch das bedeutendste. Um in der Konkurrenz zu bestehen und das rasch abfallende Interesse der Kinogänger auszuschöpfen, bringen die Verleiher heute – zumal bei vermutlich erfolgreichen Filmen – wesentlich mehr Kopien zum Einsatz als früher, 300 bis 400 sind keine Seltenheit mehr. Ende 1992 startete der Film ›Kevin – Allein in New York‹ sogar mit 600 Kopien. Nahezu die Hälfte aller deutschen Kinos war zu diesem Zeitpunkt mit drei amerikanischen Produktionen »zugebucht«. Die erste Welle ist den Erstaufführungskinos vorbehalten, die 80 bis 90 Prozent der Filmeinnahmen einspielen. Die Nachaufführungskinos müssen dagegen oft wochenlang warten, bis auch sie einen kassenwirksamen Film anbieten können. Durch Förderung mittels zusätzlicher Kopien versucht man neuerdings, diesem Nachteil entgegenzuwirken. Zugleich hat sich die Laufzeit von Filmen verkürzt (kaum noch mehr als 6 Monate).

Aus dem Zwang zur Wirtschaftlichkeit hat sich die Struktur der Filmtheater in der Bundesrepublik verändert. Zwischen 1960 und Mitte der achtziger Jahre halbierte sich die Zahl der Filmtheater, und seit Anfang der siebziger Jahre ging auch die Sitzplatzzahl um die Hälfte zurück (Tabelle 2). Zahlreiche ältere Kinos wurden umgebaut, insbesondere ehemalige ›Lichtspielpaläste‹ wurden aufgelöst und durch Kino-Centers mit mehreren kleinen Vorführräumen (›Schachtelkinos‹) ersetzt, die eine rentablere Auslastung durch ein vielfältiges Programmangebot ermöglichen. Inzwischen befindet sich mehr als die Hälfte der deutschen Kinos in Kino-Centern (1754 von 3261 im Jahre 1992). Entsprechendes ist in den neuen Bundesländern zu erwarten, wo bislang noch die Einzelkinos dominieren. Zahlreiche Kinos haben zudem einen zusätzlichen Service (Bewirtung) eingeführt. Neben den Filmtheatern (rund zwei Drittel) mit

einem gemischten Filmprogramm (›Familienkino‹) bestehen sogenannte ›Programmkinos‹ mit einem besonderen filmkünstlerischen
Anspruch. Ähnliche Absichten verfolgen die seit Anfang der siebziger Jahre in Großstädten eingerichteten *Kommunalen Kinos*,
deren Wurzeln in die Frühzeit des Films zurückreichen. Ihre Existenz ist in Zeiten öffentlicher Sparmaßnahmen aber gefährdet. Gesondert zu nennen sind auch sogenannte Action- oder Sex-Kinos mit
einschlägigen Filmangeboten. Die Zahl der Autokinos, die sich in
der Bundesrepublik in verkehrsgünstiger Lage um Ballungszentren
niedergelassen haben, schwankt um die 20.
Verstärkt hat sich eine Konzentration im Filmtheatergewerbe durch
Bildung von Kino-Ketten. Marktführer ist die Riech-Ufa-Gruppe.
Die nächstgroße Flebbe-Gruppe betreibt seit 1991 in Hannover und
Essen unter dem Namen *Cinemaxx* zwei der größten deutschen Ki-
nozentren (mit zehn bzw. 16 Sälen und 3281 bzw. 5600 Plätzen). Unter dem Begriff *Multiplex* ist in den letzten Jahren auch andernorts
eine Reihe von Großkinos entstanden, die durch ein vielfältiges Programm, technische Perfektion, Bequemlichkeit und ein großes Ser-
viceangebot Besucher anlocken. Die Reihe dieser Großkinos eröffnete das amerikanische Gemeinschaftsunternehmen *UCI*, gegründet
von den Hollywood-Giganten *Paramount* und *MCA* (*Universal
Pictures*), 1990 in Hürth bei Köln mit 14 Sälen und 2800 Sitzplät-
zen. Damit begannen sich die US-Majors in Deutschland auch im Ki-
noabspiel zu etablieren. Die sechs Multiplex-Kinos erzielten 1992
allein 8 Prozent des Kinoumsatzes (7,5 Millionen Besucher) in der
Bundesrepublik. Rund zwei Fünftel der Kinos erwirtschaften allein
gut drei Viertel des Umsatzes. Dieser erreichte 1993 (nach vorange-
gangenem Einbruch) den größten Zuwachs in einem Jahr seit der
Nachkriegszeit, bedingt durch einen außergewöhnlichen Besucher-
ansturm (vgl. Tabelle 2, S. 27).
Die Interessen der einzelnen Filmsparten werden von Verbänden
vertreten, die ihrerseits zur *Spitzenorganisation der Filmwirtschaft (SPIO)* zusammengeschlossen sind. Die SPIO (Sitz: Wiesbaden) unterhält als eigene Abteilung die *Freiwillige Selbstkontrolle der Filmwirtschaft (FSK)*. Sie wurde 1948 gegründet.
Nach dem Verzicht der Besatzungsmächte auf die bis dahin von ihnen geübte *Zensur* wollte die Filmwirtschaft durch Einrichtung dieser Selbstkontrolle staatlichen Interventionen vorbeugen und einen

Mißbrauch der Filmfreiheit verhindern helfen. Den Grundsätzen der *FSK* zufolge (Fassung vom 1.2.1992) sollen keine Filme hergestellt, verliehen oder öffentlich aufgeführt werden, die das sittliche oder religiöse Empfinden oder die Würde der Menschen verletzen, entsittlichend oder verrohend wirken, die freiheitliche demokratische Grundordnung gefährden, die Menschenrechte mißachten oder das friedliche Zusammenleben der Völker stören. Entscheidend für die Anwendung dieser Prüfmaßstäbe ist die Wirkung des Films oder einzelner Filmteile.

Nach dem *Jugendschutzgesetz* ist der FSK die Jugendprüfung der Filme nach den dort genannten Bestimmungen übertragen, d. h. diese ist aus dem Kompetenzbereich der Bundesprüfstelle für jugendgefährdende Schriften ausgegliedert. Es geht bei den Entscheidungen der *FSK* also auch darum, für welche Altersgruppen (ab 6, 12, 16 Jahren) ein Film freigegeben wird. Die Erwachsenenfreigabe (ab 18 Jahren) wurde zum 1. Januar 1972 neu geregelt und läuft seitdem gesondert. Die FSK entscheidet auch, ob ein Film an ›stillen Feiertagen‹ aufgeführt werden darf, und sie unternimmt eine freiwillige Vorprüfung des Werbematerials für Kinofilme.

Die Ausschüsse der FSK (Arbeitsausschuß, Hauptausschuß als Berufungsinstanz und Appellationsausschuß) sind sachverständig, unabhängig und gesellschaftlich repräsentativ besetzt. Sie werden bei der Jugend- und Feiertagsfreigabe von der Filmwirtschaft und Vertretern der öffentlichen Hand (Bundesinnenministerium, Bundesministerium für Frauen und Jugend, Kultusministerien der Länder, oberste Landesbehörden, evangelische und katholische Kirche sowie jüdische Religionsgemeinschaft, Bundesjugendring) besetzt. Um hier den gesetzlichen Auftrag zu wahren, müssen die Delegierten der öffentlichen Hand die Mehrheit in den Ausschüssen besitzen. Gegen Entscheidungen des Hauptausschusses kann der Appellationsausschuß als weitere Berufungsinstanz angerufen werden. Er besteht vorwiegend aus Juristen. Seit der Änderung der Erwachsenenfreigabe werden die Prüfer für diese ausschließlich von der Filmwirtschaft benannt. Rechtlich geht es dabei um eine Art »Schiedsgutachten« (*von Hartlieb* 1991), das den Antragstellern die Übereinstimmung ihres Films mit den Grundsätzen der FSK bestätigt. Die FSK kann die Freigabe von Filmen auch mit Auflagen (Bildschnitten, Textveränderungen) versehen. Darüber hinaus hat eine

Juristenkommission (JK) der SPIO die Aufgabe, bei Filmen, die nicht die Freigabe durch die FSK erhalten können, eine rechtliche Begutachtung vorzunehmen. Hier sind als Gutachter Juristen (Richter und Staatsanwälte) tätig.

Die Mitglieder der Spartenverbände der Filmwirtschaft haben sich verpflichtet, keinen Film zu verleihen oder aufzuführen, der nicht von der FSK geprüft worden ist. Bei Verstößen gegen die Vereinbarung kann ein Überwachungsausschuß neben Liefer- und Abnahmesperren auch Geldstrafen verhängen. Inzwischen hat sich auch die Vereinigung der Videoprogrammanbieter der FSK angeschlossen. Die Spruchpraxis der FSK ist immer wieder kritisiert worden. Einerseits wurden Bedenken erhoben gegen eine, wie man meinte, zu liberale Auslegung der Prüfmaßstäbe. Andererseits hat man von *Zensur* gesprochen (*Noltenius* 1958). Daß die FSK als privatrechtlich organisierte *Selbstkontrolle* grundsätzlich zulässig ist und nicht gegen das Zensurverbot von Art. 5 GG verstößt, wird in der Rechtslehre aber überwiegend anerkannt. Um den Eindruck einer hoheitlichen Zensur zu vermeiden, wirken auch Vertreter der öffentlichen Hand an der Erwachsenenfreigabe nicht mehr mit. Im übrigen hat es bisher keinen praktikablen Vorschlag für eine Alternative zur FSK gegeben.

Bevor ein Film in der Bundesrepublik zur Aufführung kommt, wird er nicht nur von der FSK geprüft, sondern (auf Antrag) auch von der *Filmbewertungsstelle Wiesbaden (FBW)* begutachtet. Die FBW hat öffentlich-rechtlichen Behördencharakter. Sie wurde 1951 aufgrund einer Verwaltungsvereinbarung der Bundesländer »zur Schaffung einheitlicher Voraussetzungen für die steuerliche Behandlung von Filmen und zur Förderung des guten Films« eingerichtet. Inzwischen gehören ihr auch die neuen Bundesländer an. Sie untersteht dem Hessischen Minister für Wissenschaft und Kunst. Die vorgelegten Filme werden (in erster Instanz) vom Bewertungsausschuß der FBW begutachtet. Bei Einsprüchen wird die Begutachtung durch den Hauptausschuß vorgenommen. Die Ausschüsse setzen sich aus je einem Vorsitzenden und vier bzw. sechs Beisitzern zusammen, die vom Hessischen Wissenschaftsminister auf drei Jahre berufen werden und turnusmäßig tagen. Den Ausschüssen gehören überwiegend Journalisten, im Filmwesen Beschäftigte, Verwaltungsbeamte und Hochschullehrer an.

Die Entscheidung der Ausschüsse lautet auf Prädikatsverweigerung oder auf Erteilung der Prädikate ›wertvoll‹ oder ›besonders wertvoll‹, wobei im letzteren Fall eine Zwei-Drittel-Mehrheit notwendig ist. Die Kriterien der Begutachtung sind in einer Verfahrensordnung festgelegt.

Allein der filmkünstlerische oder dokumentarische Wert soll entscheidend sein. Dabei ist der Anspruch des Films zu beachten, den er nach Stoff und Gattung erhebt. Prädikatisierte Filme haben Anspruch auf Steuervergünstigung, d. h. auf Befreiung von der Vergnügungssteuer, die mindestens zehn Prozent der Eintrittskarten beträgt. Allerdings wird diese Steuer nur noch von einem Teil der Bundesländer erhoben. Die anderen Bundesländer haben sie als ›Bagatellsteuer‹ abgeschafft, was filmpolitisch als ein Nachteil gesehen wird, weil sie sich damit eine Möglichkeit genommen haben, über die Vergnügungssteuer mittelbar den Qualitätsfilm zu fördern (*Wolf* 1984). Prädikate der FBW verschaffen außerdem Vorteile bei der Beanspruchung nach dem *Filmförderungsgesetz* (s. u.). Außer wegen der unmittelbaren finanziellen Anreize können Prädikate auch als werbewirksames Etikett für die Filmtheater attraktiv sein. In der Regel werden weniger als 30 Prozent der jährlich in der Bundesrepublik angebotenen Filme der FBW zur Begutachtung vorgelegt. Deren Prädikatisierungen sind in den letzten Jahren ebenfalls wiederholt Anlaß zu heftiger Kritik gewesen.

Der Anteil der Filme, denen ein Prädikat erteilt wurde, hat im Laufe der Jahre deutlich zugenommen (1992 ca. 40 Prozent), was auf einen Wandel der Bewertungskriterien schließen läßt. Wurden früher vornehmlich Problemfilme prädikatisiert, so kommen mittlerweile auch (qualitätsvolle) Unterhaltungsfilme in diesen Genuß. Zwischen 1951 und 1990 wurden der FBW insgesamt 5073 Filme vorgelegt. Davon erhielten 1247 das Prädikat ›besonders wertvoll‹, 2176 ›wertvoll‹ und 1650 erhielten kein Prädikat.

Filmförderung

Der Krise des Filmwesens in der Bundesrepublik hat man durch Errichtung eines komplizierten Systems von Kontroll-, Prädikatisierungs-, Prämierungs- und Förderungsmaßnahmen zu begegnen ver-

sucht (*Hentschel/ Reimers* 1992; *Neckermann* 1991). Zu diesem Zweck wurden erste Bürgschaftsaktionen schon seit den späten
vierziger Jahren eingeleitet. Ein eigentliches *Filmförderungsgesetz* wurde erstmals 1967 erlassen. Nach wiederholter Novellierung bildet das ›Gesetz über Maßnahmen zur Förderung des deutschen Films (Filmförderungsgesetz – FFG)‹ vom 6. August 1998 die
Grundlage der wirtschaftlichen Filmförderung.

Nach diesem Gesetz muß jeder Veranstalter einer entgeltlichen
Filmvorführung, dessen Jahresumsatz mehr als 130000 DM beträgt,
vom Umsatz aus dem Verkauf von Eintrittskarten eine *Filmabgabe* entrichten. Diese ist nach Umsatzgrößen gestaffelt und beträgt
1½, 2 oder 2½ Prozent. Auch die Videowirtschaft ist zu einer Filmabgabe verpflichtet (1,8 %). Traf diese zunächst die Videotheken, so
gilt sie nach dem neuen Gesetz für die Lizenzinhaber bzw. Programmanbieter (die zuvor dagegen allerdings Verfassungsbeschwerde eingelegt hatten). Die Filmabgabe fließt einem Fonds zu, aus dem die
Filmförderungsanstalt (FFA) ihre Förderungsmaßnahmen finanziert. Dabei wird zwischen Referenzfilmförderung und Projektfilmförderung unterschieden. Ein Grundbetrag wird gewährt, wenn
ein Film eines Antragstellers innerhalb von zwei Jahren nach seiner
Erstaufführung in einem Filmtheater der Bundesrepublik eine Besucherzahl von 100000 (*Referenzfilm*) oder wenn er ein Prädikat
der FBW oder den Hauptpeis auf einem bedeutenden (A-)Filmfesti-
val sowie eine Besucherzahl von mindestens 50000 erzielt hat (*er-
leichterter Referenzfilm*).

*Projektfilm*förderung wird gewährt, »wenn ein Filmvorhaben auf
Grund des Drehbuchs sowie der Stab- und Besetzungsliste einen
Film erwarten läßt, der geeignet erscheint, die Qualität und die
Wirtschaftlichkeit des deutschen Films zu verbessern« (§ 32 FFG).
Als Förderungshilfen werden hier bedingt rückzahlbare zinslose
Darlehen vergeben. Eine eigene Förderung besteht für den *Kurz-
film*. Förderungshilfen sind ferner für Verleih und Vertrieb (Absatz) deutscher Filme vorgesehen, ebenso für das Filmabspiel. Hier
sollen sie der Neueinrichtung, Modernisierung und Verbesserung
von Filmtheatern dienen oder die Gründung von Kooperativen unterstützen. Ferner können auch Drehbücher gefördert werden. In
die Filmförderung sind zudem die Rundfunk- und Fernsehanstalten
einbezogen (s. u.).

Die *Filmförderungsanstalt* (FFA) mit Sitz in Berlin wurde als Anstalt des öffentlichen Rechts zur Abwicklung und Kontrolle der Förderungsmaßnahmen gegründet. Ihre Organe sind der Vorstand, der aus zwei Personen besteht und der die Geschäfte der Anstalt führt, das neunköpfige Präsidium, das die Tätigkeit des Vorstandes überwacht, und der Verwaltungsrat, der über Grundsatzfragen der Anstalt entscheidet und in seiner Tätigkeit an Aufträge und Weisungen nicht gebunden ist. Die insgesamt 29 Mitglieder des Verwaltungsrats werden für jeweils drei Jahre vom Bundesminister für Wirtschaft berufen, aber überwiegend von den Spartenverbänden des Films benannt. Darunter sind sieben Mitglieder von Bundestag, Bundesrat und Bundesregierung sowie je ein Vertreter der beiden Kirchen und der öffentlich-rechtlichen Rundfunkanstalten (*ARD/ ZDF*), außerdem je zwei Vertreter der Video-Branche und des Verbandes Privater Rundfunk und Telekommunikation (*VPRT*). Die Einnahmen der FFA aus der Filmabgabe betrugen 1997 31,7 Millionen DM. Insgesamt hatte sie aufgrund weiterer Finanzierungsquellen 57,1 Millionen DM zu Verfügung, wovon 50,5 Millionen DM für Förderungsmaßnahmen ausgegeben wurden (FFA-Geschäftsbericht 1997).

Neben der wirtschaftlichen Filmförderung, die dem Bundeswirtschaftsminister untersteht, gibt es auch eine dem Bundesinnenminister zugeordnete kulturelle Filmförderung. Die Richtlinien hierzu wurden mehrfach geändert. Ihr Ziel ist es (laut Fassung vom 1. Mai 1993), »den künstlerischen Rang des deutschen Films zu steigern und zur Verbreitung deutscher Filme mit künstlerischem Rang beizutragen«. Im Mittelpunkt steht dabei der *Deutsche Filmpreis*, der einmal jährlich an die besten und weitere hervorragende Spielfilme, Dokumentarfilme, Kurzfilme und für sonstige, insbesondere langjährige Leistungen im Bereich des deutschen Films verliehen wird. An hervorragende Filmvorhaben werden außerdem zweckgebundene, nicht zurückzahlbare Zuschüsse vergeben. Schließlich werden auch an Kinos Prämien für das dort in einem Jahr gezeigte Gesamtprogramm vergeben. Die Förderungsmittel betrugen 1992 insgesamt 38 Millionen DM.

Filmförderung betreiben auch die Bundesländer. Dies ist zwar schon seit längerem der Fall, hat aber in den letzten Jahren – nicht zuletzt aus Gründen der Standortpolitik – noch zugenommen. Gemeinsam tragen die Länder das 1965 als Stiftung gegründete *Kuratorium junger deutscher Film*, dessen Hauptaufgabe es ist, Nachwuchsregisseuren die finanzielle Möglichkeit zu verschaffen, ihren ersten programmfüllenden Film zu drehen. Neben der Herstellung werden aber auch Vertrieb, Untertitelung und das Abspiel qualitativ hervorragender Filme gefördert. Die Aufwendungen dafür betrugen 1991 2,2 Millionen DM. Die Finanzierung erfolgt anteilig aus den Etats der Kultusminister. Darüber hinaus haben mittlerweile alle Bundesländer eigene Förderungsprogramme von allerdings sehr unterschiedlichem Umfang. Zusammen gaben die Länder 1992 154 Millionen DM für Filmförderung aus (etwa dreimal soviel wie der Bund). Auf die Länder Bayern und Berlin entfiel davon allein knapp die Hälfte, gefolgt von Nordrhein-Westfalen und Hamburg. Die Anteile der übrigen Länder betrugen wesentlich weniger.

Hinzugetreten sind seit einigen Jahren ferner supranationale Filmförderungsmaßnahmen in Europa. Unter dem Kürzel *MEDIA* (›Mesures pour encourager le développement de l'industrie audiovisuelle‹) betreibt die Europäische Gemeinschaft (jetzt Europäische Union) ein Aktionsprogramm zur Förderung der europäischen Filmindustrie. Dieses umfaßt wiederum mehrere Teilprojekte. Das Finanzierungsvolumen innerhalb der *MEDIA*-Programme ist für die Jahre 1991 bis 1995 auf 200 Millionen ECU angelegt. Der Europarat, in dem 32 Länder vertreten sind, hat 1988 mit *EURIMAGES* ebenfalls einen Fonds zur Förderung von Gemeinschaftsproduktion und zur Verbreitung von Spiel- und Dokumentarfilmen gegründet. Bis Ende 1992 wurden 157 Filmvorhaben mit rund 338 Millionen FF unterstützt.

Die vorhandenen Filmförderungsmaßnahmen werden wegen ihrer Zersplitterung und Partialisierung, aber auch wegen der Vergabepraxis stark kritisiert (vgl. *Hundertmark/Saul* 1984; *Prodoehl* 1993). Zum einen würden dadurch so gut wie keine Filme mehr ohne Förderung gedreht, sondern nur noch solche, deren Finanzierung vorweg gesichert sei und damit am Markt vorbeigehe. Die Folge davon sei »Gremienkino« ohne Risiko. So gelange die Hälfte der in Deutschland gedrehten Filme überhaupt nicht mehr im Kino zur Vorführung. Zum anderen bedinge die Aufteilung der Mittel eine Unterkapitalisierung und verhindere, daß Geldbeträge zusammenkämen, wie sie für aufwendige Filmvorhaben notwendig wären, um mit amerikanischen Produktionen tatsächlich konkurrieren zu können. Überdies sieht die US-Filmindustrie in den europäischen Filmförderungssystemen einen Verstoß gegen den freien Welthandel. Daher drängte man auch in den *GATT*-Verhandlungen 1993 (›General Agreement on Tariffs and Trade‹) darauf, solche Subventionen abzuschaffen. Nur wegen des anhaltenden Widerstands Frankreichs, das in Europa noch die erfolgreichste Filmindustrie besitzt, wurde der audiovisuelle Sektor schließlich von diesem Zoll- und Freihandelsabkommen ausgenommen bzw. als Ausnahme behandelt.

Film und Fernsehen

Für ihren Niedergang seit den fünfziger Jahren hat die Filmwirtschaft vor allem das *Fernsehen* verantwortlich gemacht. Allerdings spielten dabei auch andere Gründe und nicht zuletzt Versäumnisse der Filmwirtschaft selbst mit. Hieß die Devise zunächst »Kein Meter Film für das Fernsehen!«, so hat sich das Verhältnis zwischen den beiden audiovisuellen Medien inzwischen normalisiert. Denn das öffentlich-rechtliche Fernsehen ist in den siebziger und achtziger Jahren zu einem wichtigen Auftraggeber und Förderer der privaten Filmwirtschaft geworden. Spielfilme bilden einen unverzichtbaren und – wie die Einschaltquoten zeigen – in der Regel sehr beliebten Bestandteil der Fernsehprogramme. Der Bedarf an Spielfilmen hierfür hat erheblich zugenommen, erst recht nach Hinzutreten der privaten Fernsehanbieter. Die Anzahl der Sendetermine für Spielfilme ist zwischen 1963 und 1992 im *ARD*-Programm von 98 auf 557, im *ZDF*-Programm von 104 auf 624 pro Jahr gestiegen. Zum Angebot an Spielfilmen im Fernsehen vgl. Tabelle 3.

Die Verfügbarkeit von Spielfilmen erhöht sich überdies durch die zum Kauf oder Verleih angebotenen Videokassetten. Um sich auf die absehbare Konkurrenz privater Sender einzustellen, sicherten sich 1984 *ARD* und *ZDF* durch spektakuläre Käufe von Filmpaketen die Lizenzrechte an über 3000 Spielfilmen, deren Ausstrahlung bis über das Jahr 2000 hinaus reichen wird. Wegen der verschärften Konkurrenz erhöhte sich der durchschnittliche Stückpreis in den letzten Jahren erheblich (*Schorlemer* 1993). *SAT 1* kann sich vor

Tabelle 3:
Spielfilme im deutschen Fernsehen 1997

	Anzahl der Filme	Sendetermine
ARD	777	809
ZDF	698	788
Dritte Programme	3248	3373
SAT 1	543	692
RTL	243	283
PRO 7	1043	1237
RTL 2	636	1162
Kabelkanal/Kabel 1	936	1362
Premiere	458	3865
Insgesamt	8582	13571

Quelle: SPIO (Hrsg.): Filmstatistisches Taschenbuch 1998

allem an dem umfangreichen Filmbestand des Anteilseigners *Leo Kirch* (*Taurus Film*) bedienen. Entsprechendes gilt für *Pro 7*, an dem Thomas Kirch, ein Sohn Leo Kirchs (bzw. mittelbar dieser selbst), maßgeblich beteiligt ist.

Während die privaten Fernsehanbieter bisher im wesentlichen vorhandene Spielfilme ausstrahlen, sind die öffentlich-rechtlichen Fernsehanstalten seit den sechziger Jahren zu potenten Kunden der Filmproduktionswirtschaft geworden. Die Auftragsproduktionen machten im Durchschnitt rund zwei Drittel der filmwirtschaftlichen Leistungen der Anstalten aus (*Wöste* 1993). Die Zahl privater Programmzulieferer in der Bundesrepublik ist nicht genau feststellbar. Sie wurde Ende der achtziger Jahre auf zwischen 300 und 400 geschätzt (*Altherr* 1990). Vergab das *ZDF* 1987 noch an 270 Produzenten Aufträge, so hatte sich die Zahl 1989 mehr als halbiert. Durch die Einnahmeverluste bei den öffentlich-rechtlichen Anstalten dürfte es zu einem weiteren Rückgang der Zahl und des Programmanteils privater Produzenten gekommen sein. Die *ARD*-Anstalten sind über ihre Werbetöchter auch an verschiedenen Produktions- und Atelierbetrieben direkt beteiligt (*Bavaria, Studio Hamburg, Telefilm Saar*). 1993 haben die privaten Fernsehsender (mit 1,3 Milliarden DM) nach eigenen Angaben erstmals mehr Produktionsaufträge an die Film- und Fernsehwirtschaft vergeben als die öffentlich-rechtlichen.

Seit den siebziger Jahren ist das Zusammenwirken zwischen dem öffentlich-rechtlichen Fernsehen und der Filmwirtschaft auch organisatorisch durch ein *Film-/Fernsehabkommen* geregelt. Es ist Bestandteil des deutschen Filmförderungssystems und daher dem Aufgabenbereich der *Filmförderungsanstalt* (FFA) zugeordnet. Das Abkommen, welches das Programmangebot sowohl der Filmtheater als auch des Fernsehens bereichern soll, wurde erstmals 1974 unterzeichnet. Die *ARD*-Anstalten und das *ZDF* verpflichteten sich darin, innerhalb von fünf Jahren 54,5 Millionen DM für Gemeinschaftsproduktionen mit deutschen Filmherstellern aufzuwenden. Für die gemeinschaftlich produzierten Filme wurde eine ›Sperrfrist‹ festgelegt, d. h. sie dürfen im Fernsehen nicht vor Ablauf von zwei Jahren nach ihrer Erstaufführung im Kino gezeigt werden. Die Fernsehanstalten verzichteten außerdem auf ihren Anteil an der *Filmabgabe* und stellten weitere Mittel zur Projektfilmförderung sowie auch zur Nachwuchs- und Innovationsförderung zur Verfügung.

Das *Film-/Fernsehabkommen* wurde mehrfach verlängert, so zum fünften Mal 1993 für weitere drei Jahre. Die öffentlich-rechtlichen Fernsehanstalten werden pro Jahr 25,25 Millionen DM (d. h. insgesamt 75,75 Millionen DM) für Gemeinschaftsproduktionen mit der Filmwirtschaft aufbringen, wobei dies je zur Hälfte durch *ARD* und *ZDF* geschieht. Zwischen 1974 und 1992 haben die beiden Anstalten 316,4 Millionen DM für ihre Verpflichtungen aus diesem Abkommen aufgewendet. Insgesamt sind bis Ende 1992 für 626 Filmprojekte 869 Förderungszusagen gemacht worden. Darunter befand sich eine ganze Reihe renommierter, auch international beachteter, künstlerisch hochwertiger Filme (z. B. ›Schtonk‹). Nach einer Entschließung des Deutschen Bundestages sollten die privaten Fernsehanbieter, die bisher nicht bei der Filmabgabe herangezogen werden, freiwillig einen Betrag zur Filmförderung leisten. Eine Zusage hierzu haben diese 1993 nach einer Änderung der Werberichtlinien für ihre Programme wieder in Frage gestellt. Eine Aufkündigung des gegenwärtigen Film-/Fernsehabkommens nach seinem Auslaufen 1995 hat das *ZDF* angedeutet.

Vom wirtschaftlichen Effekt abgesehen, sind die Wirkungen des *Film-/Fernsehabkommens* nicht unumstritten. Während die öffentlich-rechtlichen Fernsehanstalten es als ihr Verdienst ansehen, zur Erhaltung der Kinokultur beizutragen (und dem Film attraktive

Fernsehstars zuzuführen), gibt es auf der anderen Seite auch kritische Kommentare:»Die Kooperation zwischen Film und Fernsehen hat aus dem Fernsehen nicht Kino, sondern aus dem Kino mehr und mehr Fernsehen gemacht.«(*Rohrbach* 1978, 99)

Jürgen Wilke

Inhaltsanalyse

Die Inhaltsanalyse ist eine wissenschaftliche Forschungsmethode mit weitgehend standardisierten Anwendungsregeln für die Untersuchung von Mitteilungen im Kommunikationsprozeß. Diese Regeln wurden in den dreißiger und vierziger Jahren an verschiedenen empirischen Medienanalysen in den USA entwickelt. *Bernard Berelson* faßte sie 1952 in seinem einflußreichen Buch ›Content Analysis in Communication Research‹ zusammen. Er definiert die Inhaltsanalyse als eine Forschungsmethode zur»objektiven, systematischen und quantitativen Beschreibung des manifesten Kommunikationsinhalts«. Die Definitionsbestandteile, die oft kritisiert und häufig mißverstanden wurden, sollten die Inhaltsanalyse vor allem von der hermeneutischen Textinterpretation unterscheiden (vgl. dazu *Früh* 1991, 47 ff.).

In neueren Definitionen der Forschungsmethode werden Berelsons Charakteristika nicht mehr oder nur noch teilweise aufgeführt. Auch sachlich gilt die Beschränkung der Inhaltsanalyse zum Beispiel auf ›manifeste‹ Inhalte oder auf das Ziel der Beschreibung als überholt. Die Umorientierung ging Ende der sechziger Jahre von Forschern aus, die Inhaltsanalysen mit Hilfe von Computern (computerunterstützte Textverarbeitung) durchführten. Beispielhaft für die neue Sichtweise, die statt Beschreibung das Ziel der Inferenz (Schlußfolgerung) betont, ist die Definition von *Holsti* (Abbildung 1, S. 42).

Abbildung 1:

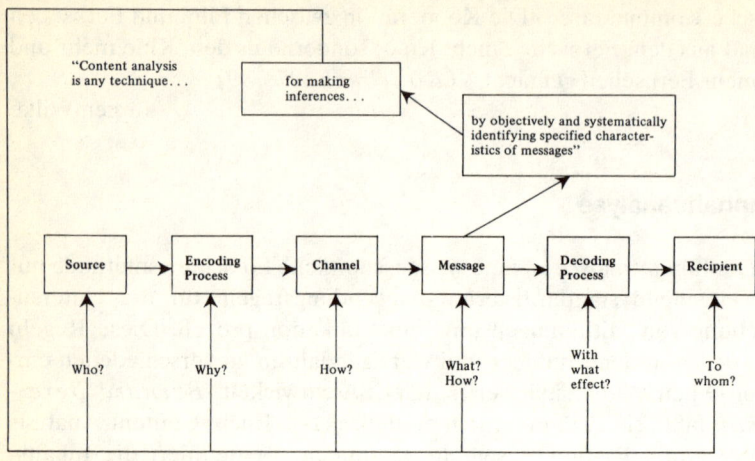

Aus: Holsti (1969, 25)

Auch die Bezeichnung der Methode als *Inhalts*-Analyse war zeitweise umstritten. Tatsächlich werden oft nicht nur inhaltliche, sondern auch ›formale‹ (zum Beispiel syntaktische, stilistische, gestalterische) Merkmale von Mitteilungen untersucht. Um dem Rechnung zu tragen, wurde hin und wieder versucht, andere Bezeichnungen zu lancieren wie etwa ›Aussagenanalyse‹ (*Bessler* 1970). Inhaltsanalyse (engl. *content analysis*, franz. *analyse de contenu*, span. *analisi de contenido*) ist aber inzwischen in der Kommunikationsforschung weltweit als Terminus technicus eingeführt.

Entwicklung der Methode

Die Grundidee der Inhaltsanalyse, nämlich Schlußfolgerungen aus der systematischen Untersuchung von Mitteilungen zu ziehen, finden wir bereits Mitte des 18. Jahrhunderts verwirklicht. Damals überprüften einige Gelehrte und die lutherische Staatskirche in Schweden die neue Lehre der Pietisten auf ihre Rechtgläubigkeit. Sie zählten das Vorkommen bestimmter religiöser Schlüsselbegriffe in den pietistischen Kirchenliedern und stellten Vergleiche mit den entsprechenden Quantitäten in der Bibel und im offiziellen Gesangbuch an. Der Vorgang blieb jedoch wissenschaftsgeschichtlich eine Episode ohne Folgen, ebenso wie auch die Bemühungen der im 19. Jahrhundert entstehenden Literatur- und Philosophiegeschichte, antike Texte mit unklarer Autorenschaft zuzuordnen und zu datieren (›Stilometrie‹). Erst um 1900 wurden in nennenswertem Umfang und mit einer gewissen Kontinuität Inhaltsanalysen zur Beantwortung wissenschaftlicher Fragestellungen eingesetzt, und zwar Analysen von Tageszeitungen. Als erste Analyse dieser Art gilt die Untersuchung von *Speed* (1893) mit dem Titel ›Do newspapers now give the news?‹

Die Fragestellung mit dem leicht polemischen Unterton verweist auf den sozialkritisch-moralisierenden Ansatz der frühen Zeitungsanalysen. Anlaß war eine allgemeine Besorgnis über die Trivialisierung der Zeitungsinhalte nach dem Aufkommen der Massenpresse. Fast zeitgleich mit den amerikanischen Untersuchungen entstanden erste Inhaltsanalysen in Europa, und zwar meist schon auf breiterer statistischer Basis, so von *de Noussanne* (1902), *Stoklossa* (1910), *Groth* (1915) und anderen (vgl. *W. Schulz* 1970). Die von *Max Weber* auf dem ersten deutschen Soziologentag 1910 projektierte Soziologie des Zeitungswesens, zu der auch eine inhaltsanalytische Longitudinalstudie gehören sollte (». . . wir werden nun, deutlich gesprochen, ganz banausisch anzufangen haben damit, zu messen, mit der Schere und mit dem Zirkel, wie sich denn der Inhalt der Zeitungen in quantitativer Hinsicht verschoben hat im Lauf der letzten Generation . . .«), wurde leider nicht verwirklicht. Wie in anderen Bereichen der empirischen Sozialforschung kam auch auf dem Gebiet der Inhaltsanalyse die Entwicklung in Deutschland über einen vielversprechenden Anfang nicht hinaus.

Für die USA dagegen lassen sich bereits 50 Inhaltsanalysen nachweisen, die im Zeitraum bis 1930 entstanden, darunter die auch heute noch in mehrfacher Hinsicht beispielhafte Untersuchung von *Willey* (1926), ›The country newspaper: a study of socialization and newspaper content‹. In den beiden folgenden Jahrzehnten beschleunigte sich die Entwicklung erheblich, und zwar aus mehreren Gründen: Die neuen Medien Film und Radio erweckten kritisches Interesse, die empirische Sozialforschung und die Kommunikationsforschung im besonderen nahmen einen Aufschwung, und durch die politische Entwicklung, speziell den Zweiten Weltkrieg, drängten sich neue Forschungsprobleme auf.

So gehörte zu dem epochalen Projekt der *Payne Fund Studies* über die Wirkung des Kinofilms auf Kinder, veröffentlicht Anfang der dreißiger Jahre in zehn Bänden (→Film), auch eine Inhaltsanalyse von 1500 Filmen. Das *Office of Radio Research* (später umbenannt in *Bureau of Applied Social Research)*, das unter der Leitung von *Paul Lazarsfeld* eine Reihe – meist Wiener – Emigranten beschäftigte, analysierte auch Radioprogramme. Die wohl wichtigsten Impulse für die Inhaltsanalyse gingen von Forschergruppen aus, die mit der *Propaganda-Analyse* im Zweiten Weltkrieg beauftragt waren.

Eine Gruppe um *Hans Speier* untersuchte Radiosendungen im Hitler-Deutschland und schloß u. a. auf propagandistische, politische und militärische Ziele der Nazi-Führung und auf innerdeutsche Auswirkungen des Krieges (*George* 1959). Eine Gruppe um *Harold D. Lasswell* beobachtete – neben verschiedenen anderen Quellen – Veröffentlichungen der Komintern über einen Zeitraum von mehr als zwei Jahrzehnten, um Veränderungen ihres politischen Dogmas herauszuarbeiten. Andere Projekte unter der Leitung von *Lasswell* (›World Attention Survey‹, ›Revolution and the Development of International Relations‹ – RADIR –) verfolgten das ambitionierte Ziel, aus der Verwendung politischer Schlüsselsymbole auf ideologische Orientierungen oder den Charakter internationaler Beziehungen zu schließen, und zwar nicht nur in historisch-deskriptiver Absicht, sondern als Grundlage einer politischen Planungswissenschaft (*Lasswell / Leites* 1949).

Bei der von Lasswell begründeten *Symbolanalyse* wird die Indikatorfunktion von Mitteilungen an kleinsten Textpartikeln – einzelnen Begriffen oder kurzen Syntagmen – festgemacht. Auf derselben Voraussetzung beruht die computerunterstützte Inhaltsanalyse, die in den sechziger Jahren, unmittelbar beeinflußt von den Arbeiten *Lasswells*, am *Massachusetts Institute of Technology* entwickelt wurde (›The General Inquirer‹, *Stone* et al. 1966). Das Verfahren ist im Prinzip leicht zu verstehen: Der Computer sichtet den eingegebenen Text und registriert das Vorkommen bestimmter Suchbegriffe, die vom Forscher in einer Wortliste, dem sogenannten Diktionär, vorgegeben werden (vgl. im einzelnen *Weber* 1985).

Praktisch ist die computerunterstützte Inhaltsanalyse jedoch ziemlich kompliziert und sehr aufwendig, auch wenn inzwischen relativ flexibel handhabbare Computersoftware (etwa TEXTPACK) verfügbar ist. Die Schwierigkeiten bestehen vor allem darin, das Untersuchungsproblem über Wortlisten zu operationalisieren, also für oft komplexe semantische Sachverhalte strukturell einfache und eindeutige Indikatoren anzugeben, und zwar in allen möglichen Wortformen. Abbildung 2 (S. 46) demonstriert dies am Beispiel einer Wortlistendefinition der Kategorie ›ideologische Richtung: links‹, die bei der Analyse der internationalen Berichterstattung ausgewählter Zeitungen eingesetzt wurde. Grenzen der Einsatzmöglichkeit ergeben sich dadurch, daß die computerunterstützte Inhaltsanalyse nur auf schriftliche oder verschriftlichte Mitteilungen anwendbar ist und daß der gesamte zu analysierende Text maschinenlesbar vorliegen bzw. eingegeben werden muß (vgl. im einzelnen *Klingemann* 1984, *Züll* u. a. 1991, *Züll / Mohler* 1992).

Von der weltweiten expansiven Entwicklung der Kommunikationsforschung in den achtziger Jahren profitierte ganz erheblich auch die Inhaltsanalyse. *Schrott / Lanoue* (1994) weisen in der sozialwissenschaftlichen Literaturdatenbank SOLIS für die Dekade von 1980 bis 1989 insgesamt 1585 westdeutsche Studien mit der Methode der Inhaltsanalyse nach, während es in der Dekade davor nur 143 Studien waren. Der Anteil der davon dem Gebiet der Kommunikationswissenschaft zuzuordnenden Untersuchungen stieg von rund acht Prozent in den siebziger Jahren über 26 Prozent in den Achtzigern auf 30 Prozent zu Beginn der neunziger Jahre. Auch international ist eine starke Zunahme inhaltsanalytischer Forschung in den achtziger Jahren feststellbar, wie z. B. die Einträge in der Referatezeitschrift *Communication Abstracts* belegen.

Mit der Verbreitung der Methode hat sich die Bandbreite ihrer Anwendung erheblich erweitert. Außer in der Kommunikationswissenschaft wird sie in nennenswertem Umfang in der Soziologie, in der Politikwissenschaft, in der Erziehungswissenschaft, in der Sozialpsychologie und in der Literaturwissenschaft eingesetzt (vgl. die Beispiele bei *Merten* 1983). Kommunikationswissenschaftliche Untersuchungen analysieren vielfach die Berichterstattung über be-

Abbildung 2:

2.09.'WIRL'

```
********************************************************************
* 'WIRL'  WOERTERBUCH IDEOLOGISCHER RICHTUNG — LINKS:              *
* DIE BEGRIFSSDEFINITION 342 BIS 345 WIRD DURCH DIE INHALTDEFI-    *
* NITION 220 IM WOERTERBUCH 'VAWIB' ZUSAMMENGEFASST               *
********************************************************************
```

```
00342   BEGRIFF (LISTE '
        ALTKOMMUNIST ALTKOMMUNISTEN ANTIKOMMUNISTISCH
        ANTIKOMMUNISTISCHE ANTIKOMMNISTISCHEM
        ANTIKOMMUNSTISCHEN ANTIKOMMUNISTISCHER
        ANTIKOMMUNSTISCHES EUROKOMMUNISMUS FRAKTIONSLINKE
        FRAKTIONSLINKEN HABLINK HABLINKEN JUNGSOZIALIST
        JUNGSOZIALISTEN KLASSENKAEMPFE KLASSENKAEMPFEN
        KLASSENKAEMPFERISCH KLASSENKAEMPFERISCHE
        KLASSENKAEMPFERISCHEM KLASSENKAMPFERISCHEN
        KLASSENKAEMPFERISCHER KLASSENKAMPFERISCHES KLASSENKAMPF
        KLASSENKAMPFES KOMMUNISMUS KOMMUNIST KOMMUNISTEN
        KOMMUNISTENFREUNDLICH KOMMUNISTENFREUNDLICHE
        KOMMUNISTENFREUNDLICHEM KOMMUNISTENFREUNDLICHEN
        KOMMUNISTENFREUNDLICHER KOMMUNISTENFREUNDLICHES
        KOMMUNISTIN KOMMUNISTINEN KOMMUNISTISCH KOMMUNISTISCHE
        KOMMUNISTISCHEM KOMMUNISTISCHEN KOMMUNISTISCHER
        KOMMUNISTISCHES LANDESLINKE LANDESLINKEN LENIN
        LENINISMUS LENINIST LENINISTEN LENINISTISCH
        LENINISTISCHE LENINISTISCHER LENINISTISCHEN
        LENINISTISCHER LENINISTISCHES LENINMAUSOLEMS LENINORDEN ')
00343   BEGRIFF (LISTE '
        LENINORDENS LENINS LENINTHEORI LENINTHEORIEN LINKE
        LINKEM LINKEN LINKER LINKES LINKS LINKSDRALL LINKSDRALLS
        LINKSENTWICKLUNG LINKSENTWICKLUNGEN LINKSEXTREME
        LINKSEXTREMEN LINKSEXTREMIST LINKSEXTREMISTEN
        LINKSEXTREMISTISCH LINKSEXTREMISTISCHE
        LINKSEXTREMISTISCHEM LINKSEXTREMISTISCHEN
        LINKSEXTREMISTISCHER LINKSEXTREMISTISCHES LINKSGERICHTET
        LINKSGERICHTETE LINKSGERICHTETEM LINKSGERICHTETEN
        LINKSGERICHTETER LINKSGERICHTETES LINKSGRUPPIERUNG
        LINKSGRUPPIERUNGEN LINKSKURS LINKSLASTIG LINKSLASTIGE
        LINKSLASTIGEM LINKSLASTIGEN LINKSLASTIGER LINKSLASTIGES
        LINKSLIBERAL LINKSLIBERALE LINKSLIBERALEM LINKSLIBERALEN
        LINKSLIBERALER LINKSLIBERALES LINKSOPPOSITION
        LINKSOPPOSITIONELL LINKSOPPOSITIONELLE
        LINKSOPPOSITIONELLEM LINKSOPPOSITIONELLEN
        LINKSOPPOSITIONELLER LINKSOPPOSITIONELLES LINKSPRESSE
        LINKSRADIKAL LINKSRADIKALE LINKSRADIKALEM LINKSRADIKALEN
        LINKSRADIKALER LINKSRADIKALES LINKSRADIKALISMUS
        LINKSRUCK LINKSRUCKS LINKSRUTSCH LINKSRUTSCHES ')
00344   BEGRIFF (LISTE '
        LINKSSOZIALIST LINKSSOZIALISTEN LINKSSOZIALISTISCH
        LINKSSOZIALISTISCHE LINKSSOZIALISTISCHEM
        LINKSSOZIALISTISCHEN LINKSSOZIALISTISCHER
        LINKSSOZIALISTISCHES LINKSTENDENZ LINKSTENDENZEN
        LINKSTREND LINKSTRENDS LINKSKURS MAO MAOIST MAOISTEN
        MAOISTISCH MAOISTISCHE MAOISTISCHEM MAOISTISCHEN
        MAOISTISCHER MAOISTISCHES MAOS MARX MARXISMUS MARXIST
        MARXISTEN MARXISTISCH MARXISTISCHE MARXISTISCHEN
        MARXISTISCHEM MARXISTISCHER MARXISTISCHES MARXTHEORIE
        MARXTHERORIEN PROLETARIAT PROLETARIATS PROLETARIER
        PROLETARIERN PSEUDOSOZIALISTISCH PSEUDOSOZIALISTISCHE
        PSEUDOSOZIALISTISCHEM PSEUDOSOZIALISTISCHEN
        PSEUDOSOZIALISTISCHER PSEUDOSOZIALISTISCHES
```

Aus: Bröker (1981, S. 107 f.)

stimmte Ereignisse (z. B. Golfkrieg, Gipfeltreffen, Wahlen), über
bestimmte Themen (z. B. Umwelt, Technik, Gewalt), über be-
stimmte Länder oder Weltregionen, über einzelne Personen oder
Bevölkerungsgruppen (Politiker, Frauen, Ausländer, Farbige usw.).
Bei der Analyse von Nachrichten geht es oft um Fragen der Genau-
igkeit (accuracy), der Verzerrung (bias) oder der Konstruktion von
Wirklichkeit (zusammenfassend dazu *Schulz* 1989, *Staab* 1990,
Hagen 1994; → Nachricht).
Auf die Forschung in der Bundesrepublik wirkte stimulierend, daß
mit der Einführung privaten Rundfunks ein erheblicher Bedarf an
Kontrolle und Rechtfertigung der Programmaktivitäten entstand.
Dazu werden von den Landesmedienanstalten und von den Sendern
Inhaltsanalysen in Auftrag gegeben (vgl. etwa *Schulz / Scherer*
1989; *Schatz* u. a. 1989; *Faul* 1989; *Krüger* 1992; *Weiß* 1989,
1994). Ein anderes Beispiel angewandter Forschung sind die Medienanalysen für den *Media Monitor*-Dienst, der in den USA seit
1987 von S. Robert Lichter und Linda S. Lichter herausgegeben wird
und zu dem es – auf Initiative von Elisabeth Noelle-Neumann – seit
1994 ein deutsches Pendant gibt (→ Wirkung der Massenmedien auf
die Meinungsbildung, S. 557 f.)
Kennzeichnend für die neuere Entwicklung der Inhaltsanalyse sind –
neben den Tendenzen der Expansion, der Ausweitung der Anwendungen und der Inanspruchnahme für medienpolitische Zwecke –
auch einige methodische Innovationen. Die elektronische Datenverarbeitung wird nicht nur zur Automatisierung der Texterkennung,
etwa durch das Programm TEXTPACK (s. o.) eingesetzt, sondern
auch zur Unterstützung der konventionellen Codierung. Die interes-
santeste Variante der Kombination von konventioneller und »elektronischer« Inhaltsanalyse ist die von Werner Früh entwickelte *Semantische Struktur- und Inhaltsanalyse (SSI)*. Das Verfahren, das auf textlinguistischen Erkenntnisse aufbaut, erfaßt die in
Texten ausgedrückten Bedeutungen und Bedeutungsbeziehungen
außersprachlicher Sachverhalte. Die Texte werden zunächst in konventioneller Codierung in eine formale Metasprache überführt und
dann mit einer speziellen Computersoftware ausgewertet (*Früh*
1989a, 1991, 1992). Wie Früh demonstrieren auch andere Autoren
Methodenfortschritte durch den Rückgriff auf linguistische Theorien
(*van Dijk* 1988; *Wolf* 1988; *Mathes* 1992; *Hagen* 1994). Diese

Ansätze überwinden zugleich den (scheinbaren) Gegensatz zwischen quantitativen und qualitativen Verfahren, der in der Frühphase der inhaltsanalytischen Forschung die Gemüter erregte (»Why be quantitative?« *Lasswell* 1949; »The challenge of qualitative content analysis«, *Kracauer* 1952; vgl. auch *Berelson* 1952, 114 ff., und *Lisch / Kriz* 1978, 47 ff.).

Auch die Alternative »manifest versus latent«, die mitunter aufgebaut wird, um die Grenzen der Inhaltsanalyse zu betonen, beruht auf einem Mißverständnis. Schon Berelson, der in seiner Definition der Methode auf die Analyse des manifesten Inhalts abhob (s. o.), entwickelte die Vorstellung von einem *Kontinuum* zwischen den Extremen manifest und latent (*Berelson* 1952, 19). Verschiedene Arten von Kommunikation lassen sich auf unterschiedlichen Positionen zwischen diesen Extremen einordnen, wobei es um so schwieriger wird, eine verläßliche Analyse durchzuführen, je näher man am Latent-Extrem ist. Prinzipiell können auch subtile Inhalte – etwa konnotativer oder ironischer Art – inhaltsanalytisch untersucht werden, wenn es gelingt, deren Bedeutung in Codierregeln zu explizieren, so daß die Codierer sie anhand der Regeln übereinstimmend nachvollziehen (*Früh* 1989 b).

Das läßt sich vor allem mit neueren Analysen von Bildern, Film und Fernsehen sowie anderen nonverbalen Zeichensystemen belegen. Es galt lange als ausgemacht, daß sie der Inhaltsanalyse nicht oder allenfalls sehr beschränkt zugänglich sind. Ergebnisse der Filmsemiotik, der Psychologie nonverbalen Verhaltens und der Medienwirkungsforschung erleichterten den Zugang zur Analyse visueller und audiovisueller Medien (vgl. etwa *Schulz* u. a. 1976; *Kepplinger* 1985; *Gassner* 1992; →Nonverbale Kommunikation: Darstellungseffekte). Ein besonders ausgefeiltes System zur Analyse komplexer audiovisueller Mitteilungen haben Siegfried Frey und Gary Bente entwickelt. Es löst das nonverbale Verhalten von Personen (z. B. politischer Akteure im Fernsehen) in zwölf Körperregionen mit jeweils mehreren, ordinal skalierten Bewegungsdimensionen auf (vgl. Abbildung 3). Die Veränderung der Bewegungsdimensionen wird in Halbsekundenintervallen registriert. Da dieses Verfahren auch schon bei relativ kurzen Bewegungssequenzen Hunderttausende von Daten generiert, ist die Analyse in ihrer elaborierten Form nur mit Hilfe leistungsfähiger Computer und einer speziellen Auswertungs-

Abbildung 3:
Übersicht über die Notationsdimensionen zur Erfassung des Bewegungsverhaltens visuell präsentierter politischer Akteure

Nr.	Körper-teil	Anzahl Dimens.	Bezeichnung der Dimensionen	Art der Skala /n Stufen	Art der kodierten Bewegung
1.	Kopf	3	Sagittal	Ordinal/9	Auf-/Ab-Bewegung des Kopfes
			Rotational*	Ordinal/12	Rechts-/Links-Drehung des Kopfes
			Lateral	Ordinal/9	Rechts-/Links-Kippung des Kopfes
2.	Schultern	2×2	Vertikal	Ordinal/3	Auf-/Ab-Bewegung der Schulter
			Rotational*	Ordinal/24	Rechts-/Links-Drehung der Schulter
3.	Rumpf	3	Sagittal	Ordinal/9	Vor-/Zurückbeugen des Rumpfes
			Lateral	Ordinal/9	Rechts-/Links-Kippung des Rumpfes
			Krümmung**	Ordinal/3	Krümmung des Rumpfes
4.	Becken	2	Rotational**	Ordinal/24	Rechts-/Links-Drehung des Beckens
			Lateral**	Ordinal/9	Rechts-/Links-Kippung des Beckens
5.	Ober-arme	2×3	Vertikal	Ordinal/8	Seitliches Anheben des Oberarms
			Tiefe	Ordinal/8	Vor-/Zurückbewegung des Oberarms
			Berührung	Nominal/7	Berührung der Oberarme mit dem Rumpf
6.	Unter-arme	2×3	Vertikal	Ordinal/14	Auf-/Ab-Bewegung der Hand
			Horizontal	Ordinal/9	Rechts-/Links-Bewegung der Hand
			Tiefe	Ordinal/8	Vor-/Zurück-Bewegung der Hand
7.	Hände	2×8	X-/Y-Orientierung	Ordinal/9	Winkelstellung der Hand in der X-/Y-Ebene
			Z-Orientierung	Ordinal/5	Winkelstellung der Hand in der X-/Z-Ebene
			Drehung	Ordinal/5	Rotation der Hand im Gelenk
			Schließung:		
			Daumen	Ordinal/3	Beugen des Daumens
			Zeigefinger	Ordinal/3	Beugen des Zeigefingers
			Mittelfinger	Ordinal/3	Beugen des Mittelfingers
			Ring-/Kleiner F.	Ordinal/3	Beugen von Ring- und kleinem Finger
			Berührung	Nominal/52	Berührung von Objekt und/oder Körperteil
8.	Ober-schenkel	2×2+1	Vertikal	Ordinal/5	Auf-/Ab-Bewegung des Oberschenkels
			Horizontal	Ordinal/5	Rechts-/Links-Bewegung des Oberschenkels
			Berührung	Ordinal/3	Berührung der Knie
9.	Unter-schenkel	2×3	Vertikal	Ordinal/9	Auf-/Ab-Bewegung des Fußes
			Horizontal	Ordinal/7	Rechts-/Links-Bewegung des Fußes
			Tiefe	Ordinal/7	Vor-/Zurück-Bewegung des Fußes
10.	Füße	2×4	Sagittal	Ordinal/7	Heben/Senken der Fußspitze
			Rotational*	Ordinal/24	Rechts-/Links-Drehung des Fußes
			Lateral	Ordinal/7	Aufwärts-/Einwärts-Kippung des Fußes
			Berührung	Nominal/10	Berührung von Boden, Objekten, Körperteilen
11.	Lokomotion	1	Aktionstyp**	Nominal/4	Gehen, Stehen, Sitzen, Zustandsänderung
12.	Sitz-Position	2	Horizontal	Ordinal/3	Horizontale Position auf dem Sitz
			Tiefe	Ordinal/3	Tiefe-Position auf dem Sitz

* Erweiterte Skalen   ** Ergänzte Dimensionen   Quelle: Frey/Bente 1989

software zu handhaben (vgl. *Frey/Bente* 1989). Aber der Ansatz kann durchaus auch vereinfacht werden.

Die Autoren haben das Verfahren nicht nur zur minutiösen und exakten Beschreibung audiovisueller Mitteilungen eingesetzt, sondern in Folgestudien auch zur Untersuchung von Effekten, die von bestimmten Merkmalen der visuellen Präsentation politischer Akteure ausgehen (*Bente/Frey* 1992; *Frey* 1993). Diese Frage ist allerdings nur durch Kombination mit experimentellen Untersuchungen zu klären. Solche Methodenkombinationen der Inhaltsanalyse – mit Experimenten, Rezeptionsstudien oder mit Befragungen – sind ebenfalls typisch für die neuere Methodenentwicklung. Dabei geht es entweder darum, die Schlußfolgerungen (*Inferenzen*, s. u.), die aus Inhaltsanalysen zu ziehen sind, zu validieren oder das Design von Medienwirkungsstudien durch eine genaue Beschreibung des »Stimulus« – d. h. der Mitteilung oder Medien, um deren Wirkung es geht – zu verbessern (vgl. *Schulz* 1986). Die Kombination von Inhaltsanalyse und Befragung ist inzwischen so gut wie üblich bei der Erforschung politischer Medienwirkung, etwa zur *agenda-setting*-Hypothese und zur → Wirkung der Massenmedien auf die Meinungsbildung).

Methodische Regeln

Wie andere Methoden der Sozialforschung auch, etwa Befragung, Beobachtung, Gruppendiskussion usw., ist die Inhaltsanalyse nichts anderes als die formalisierte, wissenschaftliche Variante eines alltäglichen Erkenntnisvorgangs, »nämlich der Interpretation von Zeitungsartikeln, Plakaten, des Schlusses von einem Briefinhalt auf den affektiven Zustand des Schreibers oder der Beeinflussung einer Person durch die Verwendung bestimmter Formulierungen« (*Friedrichs* 1973, 314f.). Um den üblichen Ansprüchen der Wissenschaftlichkeit zu genügen, muß eine Inhaltsanalyse bestimmten methodischen Regeln folgen, sie muß vor allem systematisch und intersubjektiv überprüfbar sein.

Dem Kriterium der Systematik ist dann Genüge getan, wenn alle in die Untersuchung einbezogenen Mitteilungen – Zeitungsausgaben und Artikel, Sender und Sendungen, Filme und Sequenzen usw. –

unter gleichen Gesichtspunkten und in gleicher Weise analysiert werden. Mit anderen Worten: Das Analyseverfahren muß auf das gesamte zu untersuchende Material vollkommen einheitlich angewandt werden. Allerdings kann es das Forschungsdesign auch erfordern, einzelne Materialbestandteile mit unterschiedlichen Verfahren zu bearbeiten. In diesem Fall ist die Unterschiedlichkeit der Vorgehensweise transparent zu machen und genau zu dokumentieren. Zur Systematik gehört auch, daß die zu analysierenden Mitteilungen nicht beliebig, sondern nach einem genau festgelegten Plan entsprechend den Zielen der Untersuchung ausgewählt werden. Dabei können stichprobenstatistische Verfahren angewandt werden. Oft ist es allerdings sinnvoller, einen bestimmten Ausschnitt des Materials vollständig zu erfassen und diesen Ausschnitt als Grundgesamtheit zu definieren oder aber nach inhaltlichen Kriterien eine ›bewußte Auswahl‹ zu treffen, etwa orientiert an bedeutsamen Ereignissen, wichtigen Merkmalen, typischen Fällen.

Intersubjektiv überprüfbar ist eine Inhaltsanalyse dann, wenn die Untersuchung in allen Phasen, insbesondere in der Phase der Datenerhebung (Codierung), so gut dokumentiert ist, daß sie – wenigstens im Prinzip – wiederholbar ist. Eine solche Replikation müßte, würde man sie tatsächlich vornehmen, zu denselben Ergebnissen führen (wenn man dasselbe Material unter exakt gleichen Bedingungen analysierte). Dokumentiert werden müssen vor allem das Verfahren der Materialauswahl, die Analysekategorien und ihre Definitionen sowie die Analyseeinheiten. Wie bei wissenschaftlichen Untersuchungen üblich, wird all dies zusammen mit den Ergebnissen niedergelegt und veröffentlicht.

Um die Überprüfbarkeit und Replizierbarkeit sicherzustellen, werden vor der eigentlichen Datenerhebung sogenannte Tests auf *Verläßlichkeit* (*Reliabilität*) durchgeführt. Dabei analysieren verschiedene Personen unabhängig voneinander dasselbe Material, und zwar in der Regel eine typische oder repräsentative Stichprobe aus den zu untersuchenden Mitteilungen. Wenn die Ergebnisse der unabhängigen Analysen hinreichend übereinstimmen, gilt das Erhebungsinstrument als verläßlich. Der Übereinstimmungsgrad wird nach bestimmten Formeln errechnet (vgl. etwa *Krippendorff* 1980, 129 ff.).

Verläßlichkeitstests erfüllen, genau besehen, verschiedene Funktionen. Sie belegen zum einen die Replizierbarkeit und damit eine methodische Qualität des Untersuchungsinstruments; schlechte Testergebnisse deuten darauf hin, daß die Kategorien nicht präzise genug definiert sind. Sie dienen zum anderen dazu, die Arbeitsqualität der im Analyseprozeß eingesetzten Forschungshelfer (Codierer) zu überprüfen. Dies ist vor allem bei komplex angelegten Kategoriensystemen, bei größeren Codierergruppen und bei einem länger andauernden Forschungsvorhaben notwendig. Ein Vergleich der Testergebnisse zeigt an, welche Codierer nicht sorgfältig und konzentriert genug arbeiten, welche die Kategorien zu eigensinnig interpretieren oder welche im Verlauf der Arbeit an einem längeren Vorhaben ihr Verhalten geändert haben. Letzteres erfordert wiederholte Tests während der Erhebungsphase. Bei zu großen Abweichungen in der Gruppe der Codierer muß deren Schulung intensiviert werden; mitunter läßt es sich nicht vermeiden, auf einzelne Codierer zu verzichten.

Wenn nicht Codierergruppen, sondern nur ein einzelner Bearbeiter das Material verschlüsselt, wie das bei Examensarbeiten von Studenten typisch ist, kann anstatt eines Tests auf Übereinstimmung verschiedener Codierer (Intercoder-Reliabilität) ersatzweise auch die Überstimmung zwischen der zwei- oder mehrmaligen Verschlüsselung desselben Materials in zeitlichem Abstand durch denselben Codierer ermittelt werden (Intracoder-Reliabilität; vgl. *Früh* 1991, 168). Überprüft wird dabei jedoch, genau genommen, nur ein Teilaspekt von Verläßlichkeit, nämlich die zeitliche Stabilität des Codierverhaltens. Wesentlich besser ist es, wenn sich auch ein einzelner Bearbeiter dem Vergleich mit anderen Codierern stellt, d. h. mit einem oder mehreren Helfern, die nur zum Zweck des Tests das Analyseinstrument anwenden. Dadurch erhält man vor allem auch Aufschluß über die Güte der Kategoriendefinitionen und andere, die Replizierbarkeit bestimmende Elemente der Untersuchungsmethode.

Kategorien

»Content analysis stands or falls by its categories.« Mit diesem Urteil weist *Berelson* (1952, 147) darauf hin, daß die Kategorien das Herzstück einer inhaltsanalytischen Untersuchung sind. Die Kategorien bei der Inhaltsanalyse entsprechen den Fragen bei einer demoskopischen Umfrage. Sie dienen dazu, aus der ganzheitlich erfahrbaren Realität (der Mitteilung im Kommunikationsprozeß) einzelne Aspekte herauszugreifen und in Daten zu überführen. Die Kategorien bestimmen, welche Merkmale von Mitteilungen untersucht werden und wie das zu geschehen hat.

Generell besteht die Erhebung sozialwissenschaftlicher Daten – ob mit der Inhaltsanalyse oder mit anderen Methoden – aus zwei Operationen: der Definition von Einheiten und dem Registrieren von Merkmalen dieser Einheiten. Gebräuchliche Einheiten bei inhaltsanalytischen Untersuchungen sind zum Beispiel Zeitungsexemplar, Artikel, Sendung, Satz, Wort. Diese Einheiten werden auf bestimmte inhaltliche, formale bzw. gestalterische Merkmale untersucht. Die Ausprägung der Merkmale wird im allgemeinen mit einem Zifferncode verschlüsselt und registriert, so daß dieser in die elektronische Datenverarbeitung eingehen kann. Unter Bezug auf diese technischen Aspekte wird der Analyse- und Datenerhebungsvorgang bei der Inhaltsanalyse im allgemeinen *Codierung* genannt.

Bei der Bildung der Kategorien kann man eher theoriegeleitet oder eher empiriegeleitet vorgehen (ausführlicher dazu *Früh* 1991, 132 ff.). Im ersten Fall bilden die Fragestellungen bzw. Hypothesen der Untersuchung den Ausgangspunkt der Kategorienbildung, im zweiten Fall werden die Kategorien aus einer impressionistischen Durchsicht des zu analysierenden Materials entwickelt. In der Praxis werden beide Vorgehensweisen – mit unterschiedlichen Schwerpunkten – fast immer kombiniert. Die Kategorien einer inhaltsanalytischen Untersuchung beziehen sich in der Regel auf mehrere, oft sehr viele verschiedene Merkmalsdimensionen von Mitteilungen. Dabei ist allerdings sicherzustellen, daß die Kategorien trennscharf sind, d. h. daß sich ihre Bedeutungsgehalte nicht überschneiden, damit Ergebnisunschärfen und Ungenauigkeiten der Codierung vermieden werden. Von einem Kategoriensystem wird ferner verlangt,

daß es die wesentlichen Aspekte der Untersuchungsaufgabe er-
schöpfend berücksichtigt. Das logische Verhältnis zwischen Untersuchungsaufgabe und Kategorien entscheidet über die *Gültigkeit*
der Untersuchung (s. u.).

Im Forschungsprozeß wird das zu analysierende Material durch die
Kategorien abgegriffen, d. h. die Kategorien werden dem Kommuni-
kationsmaterial zugeordnet. Dadurch entstehen die inhaltsanalytischen Daten. Eine einzelne Materialeinheit, etwa eine Textstelle,
kann durch verschiedene Kategorien – also auch mehrfach – abgegriffen werden. Damit die Zuordnung von Kategorien und Material
verläßlich möglich ist, bekommen die Codierer zu jeder Kategorie
eine mehr oder weniger umfangreiche *operationale Definition*
an die Hand. Die Kategoriendefinitionen sind zusammen mit anderen Anleitungen für die Codierer im sogenannten *Code-Buch* zusammengefaßt. Jede Kategoriendefinition umschreibt oder benennt
(beispielhaft oder enumerativ) die Indikatoren, die als Anhalts-
punkte für die Zuordnung der Kategorie dienen. Die Abbildungen 4
und 5 zeigen Ausschnitte aus Kategoriensystemen mit den zugehöri-
gen Definitionen. Je weniger Interpretationsleistung den Codierern
abverlangt oder zugestanden werden soll, desto umfangreicher und
präziser müssen die Definitionen sein. Im allgemeinen gilt: Je mehr
Sorgfalt und Mühe auf die Kategoriendefinitionen verwandt werden,
desto verläßlicher ist die Untersuchung.

Durch die Kategorien wird ferner festgelegt, in welcher Skalierung
und mit welchem Auflösungsvermögen die in Betracht kommenden
Merkmale von Mitteilungen erfaßt werden. Die *Skalierung* kann
dichotom, nominal, ordinal oder metrisch sein. Bei einer dichoto-
men Skalierung wird lediglich festgestellt, ob das betreffende Merkmal im Material vorhanden ist oder nicht. Ist das Merkmal vorhanden, so wird die entsprechende Kategorie als zutreffend codiert. Bei
einer nominal skalierten Kategorie werden die einzelnen Ausprägungen des zu erfassenden Merkmals als eigenständige Qualitäten
begriffen; ein typisches Beispiel ist etwa die Kategorie ›Themen‹ mit
Ausprägungen wie ›Energiemangel‹, ›Ölpreise‹, ›Arbeitsplätze‹,
›Umweltschutz‹ usw. (vgl. Abbildung 5). Eine ordinal skalierte Kategorie stuft die Ausprägungen des betreffenden Merkmals nach
einem Kriterium wie zum Beispiel Stärke, Intensität, Wertigkeit
ab; die Nachrichtenfaktorkategorien in Abbildung 4 sind beispiels-

Abbildung 4:
Definition der Kategorien: Nachrichtenfaktoren (Ausschnitt)

Merkmal	Ausprägung	Indikatoren
Relevanz *(.67)**		Je mehr der folgenden Kriterien zutreffen, desto stärker die Ausprägung:
		a) sehr großer Kreis von Betroffenen (die Mehrheit der Bundesbürger oder mindestens eine andere Nation insgesamt)
		b) Ereignis ist von existentieller Bedeutung (Leben oder Bestand von Personen, Gruppen, Nationen ist berührt)
		c) Konsequenzen des Ereignisses sind dauerhaft (sind nur schwer oder gar nicht rückgängig zu machen)
	4	alle drei Kriterien treffen zu
	3	Kriterium a) und Kriterium b) oder c) treffen zu
	2	nur Kriterium a) trifft zu
	1	keines der Kriterien trifft zu
Personalisierung *(.78)*	4	eine oder mehrere Personen sind handelndes Subjekt, Ursache oder Mittelpunkt des Ereignisses
	3	das Ereignis ist teilweise abstrakt, aber die handelnden Personen stehen im Vordergrund; strukturelles Geschehen drückt sich überwiegend im Handeln von Personen aus
	2	das Ereignis ist überwiegend abstrakt, strukturelles Geschehen steht im Vordergrund, aber Personen sind beteiligt und werden erwähnt
	1	Im Ereignis kommt nur unpersönliches, strukturelles Geschehen zum Ausdruck; Sachverhalte oder abstrakte Vorgänge sind Mittelpunkt des Ereignisses; Personen kommen nicht vor
Ethnozentrismus *(.99)*	4	Ereignis findet in der BRD statt, nur Deutsche sind beteiligt
	3	Ereignis findet in der BRD statt, mit ausländischer Beteiligung
	2	Ereignis findet im Ausland statt, mit deutscher Beteiligung
	1	Ereignis findet im Ausland statt, ohne deutsche Beteiligung

* Verläßlichkeits-Koeffizient
Aus: W. Schulz (1976, 133)

Abbildung 5:
Definitionen der Kategorien (Ausschnitt)

01 Energiemangel

Alle Äußerungen, in denen das Thema in positiver oder negativer Form angesprochen ist. Dies kann einmal dadurch geschehen, daß ein bestehender bzw. erwarteter Mangel an Energie bzw. Energieträgern genannt wird, zum anderen dadurch, daß das Eintreten einer solchen Situation abgestritten wird (kein Energiemangel).
Die Kategorie wird nur dann vergeben, wenn entweder ausdrücklich eine Mangelsituation hinsichtlich Energie oder Energieträgern (Uran, Öl, Kohle usw.) angesprochen ist oder wenn Sparmaßnahmen genannt werden, die eine Mangelsituation verhindern sollen.
Als Mangelsituation gilt auch die relative Verringerung derzeit verfügbarer Energiemengen (z. B. Verringerung der Ölfördermengen und Raffineriekapazitäten oder die überproportionale Zuwachsrate des Energiebedarfs).
Nicht vercodet werden unspezifische Äußerungen, die zwar implizit eine Mangelsituation voraussetzen können, aber auch andere Deutungen zulassen, z. B. »Energieprobleme«. (Dies könnte auch Fragen der Sicherheit oder Preise betreffen.)
Gleichbedeutend mit Energiemangel werden jedoch die Begriffe »Energiekrise/Ölkrise« gesehen, die historisch auf eine Mangelsituation festgelegt sind.

02 Ölpreise

Äußerungen, in denen explizit die Preise für Öl und Mineralölprodukte wie Benzin und Heizöl angesprochen sind.
Nicht gemeint sind Preise für Mineralölprodukte, die keine Energieträger sind, wie etwa Kunststoffe oder pharmazeutische Erzeugnisse.
Diese Kategorie umfaßt nicht nur Verbraucherpreise, sondern auch Kosten für die Ölsuche, Ölförderung, den Öltransport und die Ölverarbeitung bzw. die Umwandlung von Öl in elektrische Energie.
Energiepreise allgemein, ohne konkreten Bezug auf Erdöl werden nicht nicht hier, sondern in Kategorie 08 (Wirtschaft) erfaßt. Ebenso die Preise für sonstige Energieträger wie Kohle, Erdgas, Uran usw.

03 Arbeitsplätze

Alle Äußerungen, die einen weiteren Ausbau der Kernenergie oder umgekehrt deren Verzicht mit der Schaffung bzw. Erhaltung von Arbeitsplätzen in Zusammenhang bringen.
Dazu gehören auch Äußerungen, die sich auf das geplante Entsorgungszentrum in Gorleben oder auf sog. »Alternativtechnologien« wie die Nutzung der Erdwärme, Sonnenenergie, Wasserkraft usw. beziehen und diese in Zusammenhang mit Arbeitsplätzen bringen.
Auch Äußerungen, die sich mit der Frage beschäftigen, ob genügend geeignete Arbeitskräfte für vorhandene Arbeitsplätze verfügbar sind bzw. verfügbar bleiben, werden hier verschlüsselt.

04 Umweltschutz

Alle Äußerungen, die eine vorhandene oder mögliche Belastung der Umwelt durch den Betrieb von Kernkraftwerken, Wiederaufbereitungs- oder Entsorgungsanlagen thematisieren. Gleichgültig ist, ob diese Gefahr bzw. Belastung als gegeben angenommen oder bestritten wird.
In diese Kategorie gehören auch Äußerungen, die eine Gefahr für die Umwelt etwa durch Pannen und Unfälle ansprechen, d. h. die Kernkraftwerke, Wiederaufbereitungs- oder Entsorgunganlagen als Sicherheitsrisiko für die Umwelt betrachten. Vercodet wird auch die bloße Nennung von Unfällen oder Störungen (z. B. Harrisburg).

Aus: Früh (1983)

weise ordinal skaliert. Bei der metrischen Skalierung schließlich wird die Ausprägung des zu erfassenden Materials mit einem definierten Maßstab gemessen, etwa nach einem Längen- oder Zeitmaß.

Bei nominaler oder ordinaler Skalierung kann der Forscher im allgemeinen das *Auflösungsvermögen* der Kategorie frei wählen, d. h. die Anzahl der Ausprägungen, die bei dem zu untersuchenden Merkmal unterschieden werden sollen. Bei höherem Auflösungsvermögen ist naturgemäß der Informationsgehalt der Untersuchung größer, entsprechend hoch ist aber auch der Codieraufwand. Es kann von Vorteil sein, Kategorien für die Codierung zunächst relativ fein aufzugliedern und dann bei der Auswertung die Aufgliederung auf einer logisch höheren Ebene wieder rückgängig zu machen. Dadurch wird meist die Praktikabilität und Verläßlichkeit der Codierung erhöht. Ein typisches Beispiel dafür ist die Auflösung von Themenkategorien in viele spezifische Unterthemen, die teilweise nur auf einer übergeordneten Themenebene ausgewertet werden (vgl. etwa *Schulz / Scherer* 1989, 158ff.). Die Unterthemen bedürfen, da ihre Bezeichnung eine eindeutige und evidente Bedeutung hat, oft keiner (ausführlichen) Definition. Für die Codierer sind solche spezifischen Kategorien leichter anzuwenden als allgemeine, abstrakt definierte Themenklassen. Ein anderes typisches Beispiel ist die relativ feine Differenzierung von Kategorien zur Erfassung wertender Urteile bei einer Analyse von Politikerimages, die bei der Auswertung teilweise von einer siebenstufigen Urteilsskala auf die drei Kategorien positiv/neutral/negativ reduziert wurden. Der Verläßlichkeitstest ergab, daß sich dadurch die Übereinstimmung der Codierentscheidungen von 75,5 auf 90 Prozent erhöhte (*Kindelmann* 1993, 211).

Schließlich werden mit den Kategoriendefinitionen implizit oder explizit die *Einheiten der Analyse* festgelegt. Inhaltsanalytische Einheiten können physikalisch, syntaktisch, referentiell, propositional oder thematisch definiert weden (*Krippendorff* 1980, 60ff.). Physikalisch definierte Einheiten sind zum Beispiel Buch, Zeitungsexemplar, Film, Foto, Brief, Sendung, ferner die nach physikalischen Kriterien wie Zeit, Länge, Umfang abgegrenzten Teile dieser Einheiten. Syntaktische Einheiten sind beispielsweise Wort, Satz, Film-(Einstellung), Sequenz. Referentielle Einheiten sind durch ih-

ren Bezug auf bestimmte Personen, Objekte, Institutionen oder Ereignisse in der beobachtbaren Realität definiert.

Propositionale Einheiten sind relativ komplexe Mitteilungsstruktu-
ren, die durch semantische und teils auch syntaktische Beziehungen
festgelegt sind, zum Beispiel als »eindimensionale, sachliche oder
bewertende Feststellung über eine Tatsache, eine Person (engrupe),
ein Abstraktum oder einen Vorgang«, wie *Schönbach* (1977, 39f.)
die von ihm verwendete Einheit ›Argument‹ definiert. Thematische
Einheiten sind allein semantisch und meist relativ abstrakt definiert,
beispielsweise als politische Themen oder ›issues‹, wie sie in Medienanalysen speziell zum ›*agenda-setting*‹ häufig verwendet werden.
Ein ziemlich komplexes Beispiel ist die abstrakte Definition einer
›Informationseinheit‹ in Kepplingers Analyse der Hörfunkbericht-
erstattung (*Kepplinger* 1985, 280ff.).

Oft kommen in derselben Untersuchung verschiedenartig definierte
Einheiten nebeneinander oder kombiniert vor. So ist es beispielsweise auch möglich, Einheiten auf verschiedenen Ebenen der Komplexität zu definieren und dann einzelne Teile des Kategorien-
systems auf unterschiedliche, hierarchisch verschachtelte Einheiten
zu beziehen (vgl. Abbildung 6, S. 60/61).

Durch die Einheiten wird im Prozeß der Datenerhebung einerseits
festgelegt, für welche Mitteilungssegmente die Ausprägung bestimmter Merkmale codiert werden soll. Man spricht daher auch von
den *Codiereinheiten* der Untersuchung. Zum anderen bestimmen die Einheiten den Bezug von Zähl- oder Meßoperationen. So
wird bei der statistischen Aufbereitung der Daten meist die Anzahl
der Einheiten mit einer bestimmten Merkmalscharakteristik gezählt
und/oder deren Zeit-, Längen- bzw. Raummaß ermittelt. Es leuch-
tet ein, daß die Kalibrierung der Einheiten das statistische Ergebnis
beeinflußt. Methodisch bedeutsam kann es außerdem sein, ob und
wie neben den Codiereinheiten auch Kontexteinheiten explizit definiert sind. Die *Kontexteinheit* bestimmt, in welchem weiteren
Mitteilungszusammenhang über die Merkmalscharakteristik einer
Codiereinheit zu entscheiden ist. Denn oft kann die Charakteristik
einer Codiereinheit, wie beispielsweise Wort oder Thema, erst aus
dem Mitteilungskontext eindeutig erschlossen werden.

Inferenzen

Die eingangs zitierte Definition von *Holsti* verdeutlicht, daß Inhaltsanalysen im allgemeinen dazu dienen, von der Mitteilung auf andere Faktoren des Kommunikationsprozesses zu schließen, etwa auf den Kommunikator und dessen Intentionen, auf die Eigenschaften der Adressaten oder auf die Wirkung der Mitteilung. Diese Vorgehensweise ist insofern gerechtfertigt, als Mitteilungen per definitionem motiviert und instrumentell sind, d. h. sie entstehen aus einer bestimmten Absicht des Kommunikators und zielen auf eine bestimmte Reaktion der Adressaten, zumindest darauf, deren Informationsstand zu verändern. Inhaltsanalytische Untersuchungen dienen daher auch am häufigsten der Inferenz auf Kommunikationsabsichten und auf Adressatenreaktionen.

Solche diagnostischen oder prognostischen Leistungen der Inhaltsanalyse sind dann besonders geschätzt, wenn andere wissenschaftliche Methoden keine oder nur erheblich aufwendigere Möglichkeiten bieten, ein bestimmtes Forschungsproblem zu lösen. Typische Beispiele sind etwa die Analyse von Propaganda des politischen bzw. militärischen Gegners (*George* 1959) oder die Untersuchung historischer Kommunikationsprozesse anhand überlieferten Materials, womöglich mit einer Jahrhunderte übergreifenden Langzeitperspektive, wie von *Wilke* (1984) modellhaft demonstriert. *George* stellt dar, wie man aus bestimmten Auffälligkeiten der deutschen Propaganda im Zweiten Weltkrieg u. a. die politischen Absichten der Nazi-Führung, bestimmte militärische Ziele und die Moral der Bevölkerung erschließen konnte. Wilke belegt zum Beispiel die Veränderungen von Status und Einfluß gesellschaftlicher Gruppen am Auftreten unterschiedlicher Handlungsträger in der Presseberichterstattung des 17. bis 20. Jahrhunderts. Für den diagnostischen Ansatz exemplarisch sind die oben schon erwähnten ›stilometrischen‹ Untersuchungen, die u. a. von *Fucks* (1968) wieder aufgegriffen und perfektioniert wurden. So identifiziert Fucks beispielsweise an der statistischen Verteilung von syntaktischen Merkmalen wie Satzlänge, Wortlänge und Satzgliederung die typischen Stilmerkmale verschiedener Autoren und ihrer Werke. Prognostisch wird die Inhaltsanalyse beispielsweise eingesetzt, um die Verständlichkeit von Texten zu bestimmen (*Teigeler* 1968). Dabei gelten

Abbildung 6:
Überblick über ein komplexes Kategoriensystem

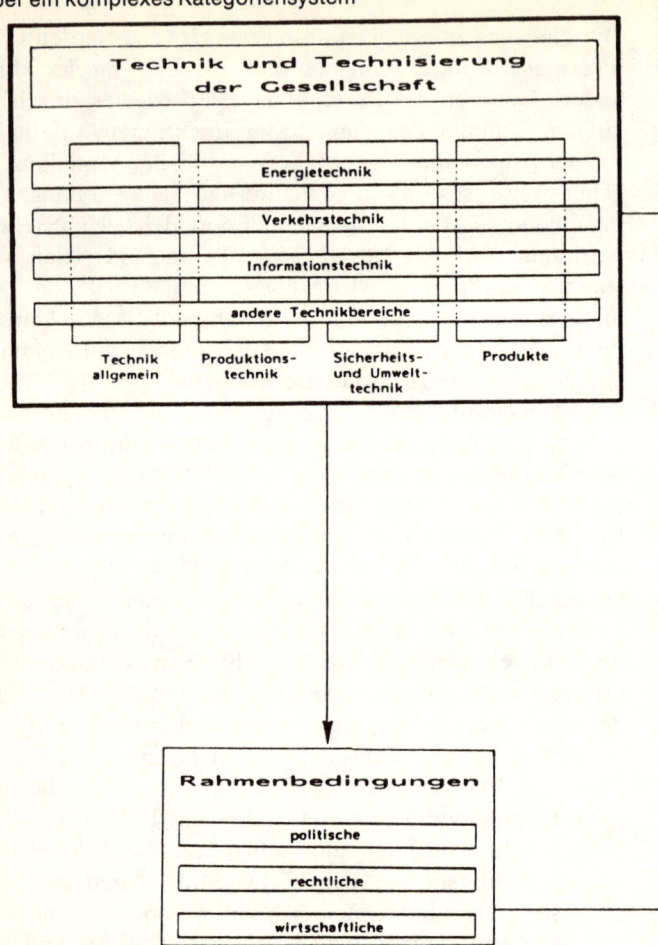

Aus: Kepplinger und Mathes (1988)

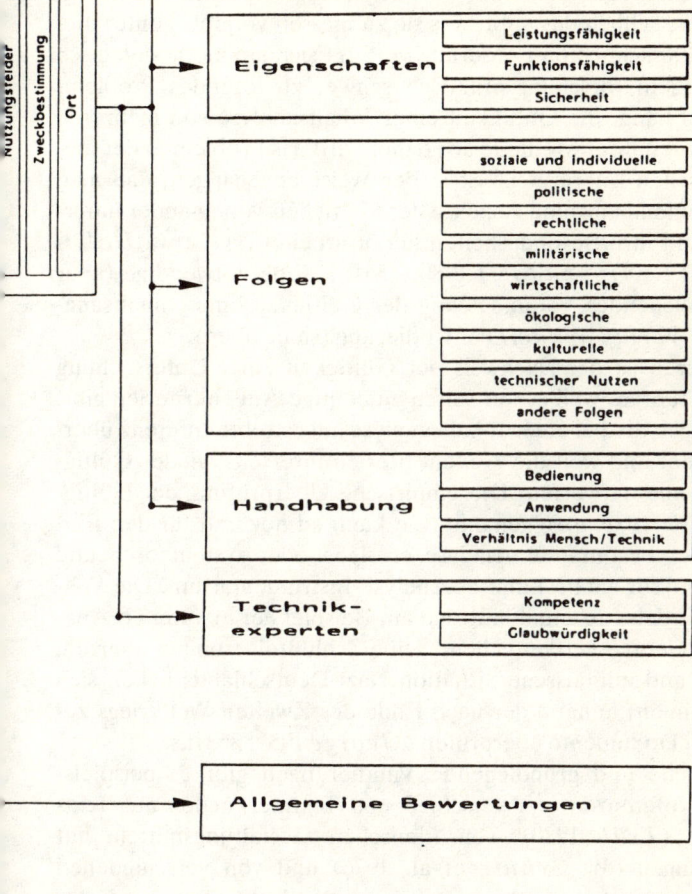

ebenfalls syntaktische Merkmale wie etwa Wort- und Satzlänge als Indikatoren der Textverständlichkeit.

Ob derartige Schlußfolgerungen gerechtfertigt und treffsicher sind, ist eine Frage der *Gültigkeit* (*Validität*) der inhaltsanalytischen Untersuchung. Allgemein gilt eine Untersuchung dann als gültig, wenn sie tatsächlich das mißt, was sie zu messen vorgibt. Hinter dieser scheinbar schlichten Forderung verbirgt sich ein methodologisch und vor allem forschungspraktisch schwer zu lösendes Problem. Zum einen hängt die Gültigkeit einer Inhaltsanalyse von mehreren Komponenten ihrer Methode ab; daher wird das Problem in der methodologischen Literatur meist in der Weise angegangen, daß man zunächst einmal einzelne Aspekte der Gültigkeit voneinander unterscheidet und ihre Besonderheiten herausarbeitet (vgl. etwa *Holsti* 1969, 142ff.; *Krippendorff* 1980, 155ff.). Eine notwendige (aber nicht hinreichende) Voraussetzung der Gültigkeit einer Inhaltsanalyse ist die *Verläßlichkeit* der Codierung (siehe oben).

Zum anderen ist der Nachweis der Gültigkeit einer Untersuchung schwer zu führen, weil es nur selten eindeutige Außenkriterien gibt, an denen sich die bei einer Inhaltsanalyse angestrebte Inferenz überprüfen ließe, und weil die Außenkriterien ihrerseits wieder Gültigkeitsprobleme aufwerfen. Die empirische Überprüfung der Gültigkeit wird *Validierung* genannt. Sie kann ad hoc und für den Einzelfall einer bestimmten Analyse erfolgen oder systematisch und grundlegend für ein bestimmtes Analyse-Instrumentarium. Die Validierung für den Einzelfall läßt sich am Beispiel der erwähnten Analysen von George verdeutlichen: Seine Schlußfolgerungen über die politische und militärische Situation Nazi-Deutschlands ließen sich (im nachhinein) anhand der nach Ende des Zweiten Weltkriegs zugänglichen Dokumente überprüfen (*George* 1959, 253ff.).

Systematische und grundlegende Validierungen gibt es beispielsweise für Inferenzen von verschiedenen Textmerkmalen auf Textwirkungen (*Früh* 1980), von filmischen Gestaltungsmitteln auf Filmwirkungen (*W. Schulz* et al. 1976) und von verschiedenen verbalen, nonverbalen und gestalterischen Merkmalen der Foto- und Fernsehdarbietung auf Publikumsreaktionen (*Kepplinger* 1987).

Auch wenn eine Inhaltsanalyse nicht explizit diagnostische oder prognostische Forschungsziele hat, sondern scheinbar rein deskriptiv

vorgeht, sind mit der Anwendung des Verfahrens immer sehr weitreichende Schlußfolgerungen verbunden. Sie sind notwendig, um die
Bedeutung des zu analysierenden Zeichensystems zu rekonstruieren. Sofern es sich dabei um *Sprache* handelt, wenden Forscher
und Codierer ihre mit der natürlichen Sprachkompetenz verbundenen Interpretations- und Inferenzfähigkeiten an, meist ohne daß
diese voll bewußt sind oder gar ganz explizit gemacht werden. Tatsächlich setzen sie jedoch sehr umfangreiche Kenntnisse des semantischen Systems und Erfahrungen in der jeweiligen Kultur bzw. Gesellschaft voraus, über die jedes Gesellschaftsmitglied verfügt, so
daß sie der Inhaltsanalytiker bei seinen Codierern im allgemeinen
auch voraussetzen kann. Daher ist andererseits aber die Analyse von
Mitteilungen aus fremden Sprachen und Kulturen oder auch aus historischen Epochen besonders schwierig; ähnlich kompliziert ist die
Inhaltsanalyse von Zeichensystemen, deren Semantik weniger verbindlich kodifiziert ist als die Sprache, etwa *Bilder* oder *nonverbale Mitteilungen*. In diesen Fällen ist der Forscher unter Umständen gezwungen, auch die semantischen Inferenzen, die bei der
Sprachanalyse gleichsam automatisch ablaufen, zu explizieren.
Aufgrund der Beziehungen zwischen Zeichen und dem semantischen bzw. kulturellen System kann man die Inhaltsanalyse auch
dazu benutzen, aus Mitteilungen auf bestimmte Systemeigenschaf-
ten zu schließen, etwa auf Werte, Normen, Stereotype. Dieser Gedanke wurde von *Gerbner* (1969) weiter ausgeführt, der vor-
schlägt, Mitteilungen – hier speziell Fernsehsendungen - als *kulturelle Indikatoren* zu begreifen. Andere Autoren verfolgten den
Ansatz schon früher, so beispielsweise *Ruth Inglis* (1938) mit ihrer
Analyse der Titelhelden amerikanischer Kurzgeschichten aus einem
Zeitraum von 35 Jahren, mit der sie nachweist, daß sich in der Literatur gesellschaftliche Veränderungen widerspiegeln. Auch *Lasswells* Symbol-Analyse und andere international vergleichend angelegte Studien schließen vom Inhalt ausgewählter Mitteilungen auf
Eigenschaften des politischen oder sozialen Systems.

Winfried Schulz

Journalist

Berufsbild

Die Berufsbezeichnung ›Journalist‹ ist in Deutschland und den meisten anderen Ländern nicht geschützt. Rein rechtlich kann sich jeder als Journalist bezeichnen. In Deutschland wird dies mit dem Wortlaut des Artikels 5 GG begründet, wonach »jeder... das Recht (hat), seine Meinung in Wort, Schrift und Bild frei zu äußern und zu verbreiten...« (→ Medienrecht). Aus diesem Grundrecht leitet man auch ab, daß der Zugang zum Beruf nicht an spezielle Voraussetzungen wie etwa einen bestimmten Ausbildungsgang gebunden sein darf. Dieses Prinzip der Berufsfreiheit und des offenen Berufszugangs wurde in Deutschland auch aus der historischen Erfahrung besonders verankert, weil das nationalsozialistische Schriftleitergesetz von 1933 die Zulassung zum Redakteur nur bestimmten Personengruppen erlaubte und somit eine politisch-ideologische Führung der Presse verfolgte (→ Pressegeschichte). Ähnliche Regelungen galten in der ehemaligen DDR (→ Medien DDR).

Trotz der ungeschützten Berufsbezeichnung findet das Berufsbild des *Deutschen Journalisten-Verbandes* (DJV) weitgehende Anerkennung. Danach ist Journalist, »wer hauptberuflich an der Verbreitung von Informationen, Meinungen und Unterhaltung durch Massenmedien beteiligt ist« (*DJV 1993*). Definitionskriterien sind hier also die hauptberufliche Tätigkeit und eine Tätigkeit, die sich auf die Inhalte der Massenmedien bezieht, wobei diese Inhalte sowohl Informationen und Meinungen als auch unterhaltende Stoffe betreffen können. In vier Punkten konkretisiert der DJV dieses Berufsbild hinsichtlich der Zugehörigkeit zu bestimmten Medienorganisationen, dem Arbeitsverhältnis, der Art der Tätigkeit und den verwendeten Darstellungsmitteln. Zu den Medienorganisationen gehören u. a. Presse, Rundfunk, Nachrichtenagenturen, Pressedienste, Öffentlichkeitsarbeit und innerbetriebliche Information. Hinsichtlich des Arbeitsverhältnisses können Journalisten freie Mitarbeiter, Selbständige, Angestellte oder Beamte sein. Kern ihrer Tätigkeit ist eine »eigenschöpferisch produktive oder dispositive« Leistung, die »unmittelbar der Herstellung journalistischer Produkte vornehmlich durch Sammeln, Prüfen, Auswählen, Bearbeiten, Berichten, Analysieren« dient. Dispositive Tätigkeiten (z. B. der Chef-vom-Dienst einer Tageszeitung) schaffen die organisatorischen Voraussetzungen für journalistische Produktionen. Schließlich wird das Berufsbild durch die Darstellungsmittel eingegrenzt, mit denen Journalisten arbeiten. Dies können Wort, Bild, Ton sowie Kombinationen dieser Ausdrucksformen sein. Entscheidend ist, daß diese Ausdrucksformen mit Hilfe »technischer Systeme« angewandt werden. Dies verweist auf die Definition von Massenkommunikation als einer mit Hilfe technischer Medien vermittelten indirekten, öffentlichen Kommunikationsform, die sich an ein disperses Publikum richtet (→ Kommunikationsprozeß).

Das Berufsbild des DJV schließt damit explizit auch Tätigkeiten ein, die nicht der direkten Veröffentlichung dienen, sondern diese zu beeinflussen bzw. vorzubereiten suchen wie Tätigkeiten in der *Öffentlichkeitsarbeit*, in Pressestellen von Behörden, Verbänden oder Unternehmen. Dies ist deshalb bemerkenswert, weil vielfach Journalismus und Öffentlichkeitsarbeit als rivalisierende, weil auf unterschiedliche Ziele gerichtete Tätigkeiten verstanden werden (*Baerns* 1985). Wegen der rechtlich ungeschützten Berufsbezeichnung ›Journalist‹ ist dieses Berufsbild auch von praktischer Bedeutung, weil die darin genannten Kriterien Voraussetzung für die Ausstellung eines Presseausweises sind, mit dem Journalisten bestimmte Privilegien wahrnehmen können.

In der wissenschaftlichen Terminologie wird häufig als Sammelbegriff für journalistische Tätigkeiten die Bezeichnung ›*Kommunikator*‹ verwendet. Sie geht zurück auf Kommunikationsmodelle, in denen eine Quelle (K.) und ein Rezipient miteinander in Verbindung treten. Aus medienrechtlicher Sicht ist diese Begriffsverwendung jedoch problematisch, weil man als ›Kommunikator‹ jeden bezeichnen sollte, der anderen etwas mitteilen will. Insofern kann die Kommunikator-Rolle nicht verberuflicht werden (*Langenbucher* 1974/75). Daneben gibt es eine Reihe anderer Berufsbezeichnungen für spezielle journalistische Tätigkeiten. So bezeichnet man zum Beispiel als *Redakteur* den hauptberuflich bei den Medien angestellten Journalisten, als *Reporter* den überwiegend im Außendienst tätigen Journalisten, als *Korrespondent* den Berichterstatter von anderen Standorten, als *Moderator* denjenigen, der eine Sendung im Hörfunk oder Fernsehen präsentiert, als *Pressesprecher, Pressereferent* oder *Medienreferent* die in der Öffentlichkeitsarbeit von Wirtschaft, Verbänden und Verwaltung tätigen Personen (*Böckelmann* 1993).

Erste berufs- und gewerbemäßige journalistische Tätigkeiten übten im 16. Jahrhundert in Venedig die sog. *scrittori d'avvisi* aus, die vor allem von den Handelsleuten Informationen aller Art sammelten, abschrieben und in mehr oder weniger regelmäßigem Turnus verkauften. In Deutschland entwickelte sich der Beruf des ›Zeitungsschreibers‹ (›Zeitung‹ bedeutete im damaligen Sprachgebrauch → Nachricht) mit den Korrespondentennetzen der großen Handelshäuser (→ Pressegeschichte). *Baumert* (1928) unterscheidet für die historische Entwicklung des deutschen Journalismus vier Phasen: In der *präjournalistischen Periode* bis Ausgang des Mittelalters trugen Sendboten und Spielleute oftmals in Reim und Lied gefaßte Neuigkeiten in die Öffentlichkeit. In der Periode des *korrespondierenden Journalismus* der frühen Neuzeit lieferten Diplomaten, Stadtschreiber und Handelsleute Informationen an Postmeister und Drucker, die diese in unregelmäßigen Abständen zusammenstellten und vervielfältigten. In der Periode des *schriftstellerischen Journalismus* (18. Jahrhundert) entstand die Rolle des »Publizisten«, der weniger durch aktuelle Berichterstattung als durch kritisch-räsonnierende Abhandlungen zur Meinungsbildung beitragen wollte. Schließlich entwickelte sich seit der ersten Hälfte des 19. Jahrhunderts und später mit dem Aufkommen der Massenpresse die Phase des *redaktionellen Journalismus*, in der Redakteure als Arbeitnehmer in immer komplexer werdenden Medienorganisationen arbeiten. In den USA und Großbritannien ist diese Entwicklung zum Teil anders verlaufen, da dort die Presse wesentlich früher zu einem kommerziellen Unternehmen wurde. Bereits in den dreißiger Jahren des letzten Jahrhunderts entstanden in den USA die beiden getrennten beruflichen Rollen des ›reporters‹, der Informationen sammelt und einen ersten Bericht anfertigt, und des ›editors‹, der diese Berichte auf Stimmigkeit, Sorgfalt und Ausgewogenheit überprüft und gegebenenfalls umschreibt.

Rechtsgrundlagen

Wichtigste Rechtsgrundlage der journalistischen Arbeit in Deutschland ist Artikel 5, Abs. 1 des Grundgesetzes, in dem einerseits die *Pressefreiheit* als Recht für jeden einzelnen Bürger und andererseits die Freiheit der Medien von staatlicher Einflußnahme verbürgt sind (→ Medienrecht). Eine weitere Rechtsgrundlage für die journalistische Arbeit bilden die Landespressegesetze. In ihnen wird der Presse eine ›*öffentliche Aufgabe*‹ zugesprochen, »wenn sie in Angelegenheiten von öffentlichem Interesse Nachrichten beschafft und verbreitet, Stellung nimmt, Kritik übt oder auf andere Weise an der Meinungsbildung mitwirkt«. Zur Erfüllung ihrer öffentlichen Aufgabe hat der Gesetzgeber die Journalisten mit Sonderrechten ausgestattet, ihnen aber auch besondere Pflichten auferlegt. Zu den Rechten gehören beispielsweise das *Zeugnisverweigerungsrecht* und der *Informationsanspruch* gegenüber Behörden. Zu den Pflichten gehört unter anderem die *Sorgfaltspflicht*, die Journalisten anhält, alle Nachrichten vor ihrer Verbreitung mit der nach den Umständen gebotenen Sorgfalt auf Wahrheit, Inhalt und Herkunft zu überprüfen. Daneben enthalten mehrere andere Gesetze Bestimmungen zum Journalismus. In der Regel handelt es sich dabei um Rechtsprivilegien, die dem Beruf gegenüber dem normalen Staatsbürger zugestanden werden, wie etwa das Zeugnisverweigerungsrecht in der Straf- bzw. Zivilprozeßordnung oder Sonderrechte beim Datenschutz.

In freier Vereinbarung haben sich Journalisten- und Verlegerverbände im *Deutschen Presserat* auf ›Publizistische Grundsätze‹ (*Pressekodex*) verständigt, die der Wahrung der *Berufsethik* dienen und der Verantwortung der Massenmedien gegenüber der Öffentlichkeit gerecht werden sollen. In seiner letzten Fassung vom November 1992 enthält der Pressekodex insgesamt 16 solcher Grundsätze, die durch mehrere Einzelrichtlinien konkretisiert werden. Sie stellen keine rechtlichen Haftungsgründe dar, sondern legen handlungsleitende Normen für die Informationsbeschaffung und -verbreitung fest. So heißt es zum Beispiel in Ziffer 4, daß »bei der Beschaffung von Nachrichten, Informationsmaterial und Bildern... keine unlauteren Methoden angewandt werden (dürfen)«.

Berufsstruktur

Die eher diffusen Grenzen des Berufsbildes erschweren eindeutige Aussagen über die Anzahl der in Deutschland arbeitenden Journalisten. Nach einer Studie der Universität Münster waren 1992 in den alten Bundesländern 32500 und in den neuen Bundesländern rund 3500 Personen als Journalisten oder Volontäre bei Medienorganisationen angestellt. Etwa die Hälfte von ihnen arbeitete bei Zeitungen, knapp jeder vierte beim Rundfunk, 17,5 Prozent bei Zeitschriften, 7 Prozent bei Anzeigenblättern und knapp 5 Prozent bei Agenturen. Berufe in der Öffentlichkeitsarbeit oder bei Pressestellen wurden in dieser Studie nicht erfaßt. Die Presse ist damit mit Abstand der größte Arbeitgeber für Journalisten. Der öffentlich-rechtliche Rundfunk beschäftigt rund dreimal soviele Redakteure wie die privaten Sender. Der Anteil der Frauen ist immer noch deutlich geringer als der der Männer. In den neuen Bundesländern liegt er mit 36 Prozent deutlich höher als in den alten (25 Prozent). Besonders wenige Journalistinnen gibt es bei Nachrichtenagenturen, relativ viele bei Zeitschriften und beim privaten Fernsehen. Fast durchgängig besetzen Frauen in den Medien auch Positionen, die in der Organisationshierarchie niedriger angesiedelt sind (*Schneider/Schönbach/Stürzebecher* 1993a, 1993b). Zu den festangestellten Redakteuren kommen noch einmal mindestens 20000 freiberufliche Journalisten hinzu. Ihr Anteil ist besonders hoch bei den privatwirtschaftlichen Lokalradios (*Weischenberg/Löffelholz/Scholl* 1993). Die Zahlen der Erwerbstätigen-Statistik des Statistischen Bundesamtes weisen für die Berufsgruppe der ›Publizisten‹ für 1991 ingesamt 76000 Personen, davon 36 Prozent Frauen, aus. In diesen Zahlen sind auch alle freien Mitarbeiter und gelegentlich journalistisch tätigen Personen enthalten. Im Längsschnittvergleich zeigt sich, daß der Journalismus ein stark expandierender Beruf ist. Zwischen 1970 und 1987 nahm die Zahl der Erwerbstätigen, die sich als Journalisten bezeichnen, von 24000 auf 40000 zu. Nach einer anderen Repräsentativstudie aus dem Jahr 1992 sind Redakteure in den alten Bundesländern im Durchschnitt knapp 39 Jahre alt und haben ein Nettogehalt von monatlich 4400 DM. In den neuen Bundesländern liegt das Durchschnittsalter bei 37 Jahren, die Einkommen erreichen rund 75 Prozent derjenigen im Westen (*Schneider/*

Schönbach/Stürzebecher 1993b). Fast explosionsartig hat sich die Zahl der Stellen im PR-Bereich entwickelt. Indikator hierfür ist die Mitgliederzahl der *Deutschen Public Relations-Gesellschaft* (DPRG). Sie stieg zwischen 1984 und 1994 um das Dreieinhalbfache von 640 auf über 2100 Mitglieder.

In den neuen Bundesländern arbeiten heute deutlich weniger Journalisten als früher. Man schätzt, daß bis 1989 in der DDR etwa 11000 Personen als Journalisten beschäftigt waren. Drei Jahre später war diese Zahl auf etwa 3500 gesunken. Einer der Gründe für diese Reduktion ist die Einstellung vieler Betriebszeitungen und der Schrumpfungsprozeß nach dem Übergang zu privatwirtschaftlichen Strukturen im Pressewesen. Der Anteil der bei Zeitungen und Zeitschriften beschäftigten Redakteure liegt in den neuen Bundesländern mit 86 Prozent aber immer noch deutlich höher als im Westen. Etwa 60 Prozent aller Journalisten in den neuen Bundesländern haben bereits vor der Wende in ihrem Beruf gearbeitet. Besonders hoch ist deren Anteil bei Zeitschriften und den ehemaligen SED-Bezirkszeitungen. Die mit Abstand meisten von ihnen (81 Prozent) sagten 1992, ihre persönliche Lebenssituation habe sich seit der Wende verbessert, 79 Prozent glaubten, einen sicheren Arbeitsplatz zu haben, und praktisch jeder (96 Prozent) war mit seiner Arbeit sehr oder ziemlich zufrieden (*Schneider/Schönbach* 1993).

Die Berufsstruktur des Journalismus hat sich in Deutschland in den letzten Jahren deutlich verändert. Erstens ist die Anzahl der Stellen im Journalismus insgesamt angestiegen. Dazu haben vor allem die privatwirtschaftlichen Anbieter bei Hörfunk und Fernsehen beigetragen. Alleine zwischen 1990 und 1993 ist die Anzahl der Stellen bei *privaten Fernsehanstalten* in Deutschland um 49 Prozent angestiegen. Zudem entstanden zahlreiche kleinere Produktionsgesellschaften, die von den mit geringerem Stammpersonal arbeitenden privatwirtschaftlichen Sendern Aufträge erhalten. Zweitens ist die Anzahl der Stellen speziell in der *Öffentlichkeitsarbeit* drastisch angestiegen. Dies ist darauf zurückzuführen, daß immer mehr Institutionen versuchen, direkten Einfluß auf die Medienberichterstattung über die für sie relevanten Themengebiete zu nehmen. Drittens haben sich teilweise die Schwerpunkte der journalistischen Arbeit verlagert. Vor allem Tätigkeiten im Unterhaltungssektor bei Hörfunk, Fernsehen und Publikumszeitschriften spielen rein quantitativ heute eine größere Rolle als früher.

Bedeutende Veränderungen zeigen sich schließlich in den journalistischen *Tätigkeitsmerkmalen*. Sie sind vor allem auf die *Einführung moderner Kommunikationstechniken* im Journalismus zurückzuführen. Fast alle Tageszeitungen arbeiten heute mit *Redaktionssystemen*, d. h. vernetzten Computern, an denen Texte nicht nur erstellt und redigiert, sondern bereits für den Satz aufbereitet werden. Auch die Dienste der Nachrichtenagenturen werden über Datenleitungen als Computer-Dateien angeliefert und können von den Redakteuren direkt bearbeitet werden. Bei den elektronischen Medien, insbesondere bei Reportagen im Fernsehen, sind keine umfangreichen Teams mehr erforderlich, da die modernen Kamera- und Tonaufzeichnungssysteme gleichzeitig leistungsstärker und einfacher zu handhaben sind. Journalismus ist durch die neuen Techniken insgesamt flexibler geworden, wodurch mehr Zeit für die eigentliche Recherche zur Verfügung steht. In den Vereinigten Staaten von Amerika setzen Journalisten zunehmend neueste Kommunikationstechniken auch für die Recherche ein. Von den Reportern im amerikanischen Präsidentschaftswahlkampf 1992 reisten 90 Prozent mit einem Laptop-Computer, 83 Prozent mit Faxgerät, 50 Prozent mit einem Pager und 46 Prozent mit Funktelefonen. Fast zwei von drei Reportern standen ständig mit den elektronischen Datenbanken ihrer Redaktionen in Verbindung (*Freedom Forum* 1992). Mit Hilfe einer Expertenbefragung (Delphi-Studie) ermittelten *Weischenberg* u. a. (1991) sogenannte ›Megatrends‹ für die Medienarbeit. Diese Trends seien Informatisierung, Komplexitätszunahme, Kommerzialisierung und Konzentration, Europäisierung und gesamtdeutscher Medienmarkt, Segmentierung und veränderte Kommunikationserwartungen. Vor allem den technologischen Innovationen wird ein erheblicher Einfluß auf Arbeitsabläufe, Arbeitsorganisation und Berufsbilder zugesprochen. Sie veränderten auch zunehmend die Grenzen zwischen Technik und Redaktion.

Rund zwei von drei deutschen Journalisten sind Mitglied eines Berufsverbandes. Die zahlenmäßig größte Organisation ist der *Deutsche Journalisten-Verband* (DJV), dessen Mitglieder überwiegend Pressejournalisten sind. Der DJV ist eine Nachfolgeorganisation des 1910 gegründeten *Reichsverbandes der Deutschen*

Presse (RDP). Er hat vor allem in den achtziger Jahren einen Wandel von einer journalistischen Standesorganisation zu einer Gewerkschaft vollzogen, was auch in seinem Untertitel ›Gewerkschaft der Journalisten‹ zum Ausdruck kommt. Seit 1989 besteht die *IG Medien*, die aus einem Zusammenschluß von IG Druck und Papier und der Gewerkschaft Kunst hervorgegangen ist. Sie ist zwar mit rund 180 000 Mitgliedern insgesamt deutlich größer als der DJV, Journalisten sind jedoch nur in den beiden Unterorganisationen Fachgruppe Journalismus (*Deutsche Journalistinnen- und Journalisten-Union* – dju, etwa 10 000 Mitglieder) sowie der Fachgruppe Rundfunk/Film/Audiovisuelle Medien (*Rundfunk-Fernseh-Film-Union* – RFFU, 20 000 Mitglieder auch aus nicht-journalistischen Berufen) vertreten.

Journalistenausbildung

Nach Auffasssung des Bundesverfassungsgerichts ist der freie, an keine Bedingungen gebundene Zugang zum Journalistenberuf ein wesentliches Merkmal der *Pressefreiheit*. Eine staatliche Ausbildungsregelung wäre daher nur für den Fall zulässig, daß die Pressefreiheit selbst gefährdet ist, weil Journalisten ihre öffentliche Aufgabe nur unzureichend erfüllen (*Ricker* 1979). In den siebziger Jahren wurde die Journalistenausbildung zu einem medienpolitischen Thema. Ursachen hierfür waren zunehmende Kritik am Volontariat als Hauptausbildungsweg, der hohe Anteil von Studienabbrechern im Journalismus sowie das Fehlen eines auf die Berufsanforderungen zugeschnittenen akademischen Ausbildungsganges (*Wilke* 1987). Theoretisch untermauert wurde diese Diskussion durch die Forderung nach einer *Professionalisierung* des Journalistenberufs, d. h. einer Anpassung der Qualifikations- und Berufsstrukturen an klassische Professionen wie Ärzte und Anwälte. Ergebnis der im wesentlichen vom *Deutschen Presserat* angeregten Diskussionen war die Einrichtung neuer Studiengänge an Universitäten sowie die Ausweitung des Angebots bestehender Einrichtungen. Über den aktuellen Stand der Ausbildungsmöglichkeiten informieren regelmäßig Broschüren des DJV und des Bundesverbandes Deutscher Zeitungshersteller e.V. (BDZV). Heute lassen sich im wesentlichen fünf Wege in den Journalismus unterscheiden:

1. Das *Volontariat* bei Presse und Rundfunk. Das Volontariat ist die älteste Form der Journalistenausbildung in Deutschland. Arbeitsrechtlich handelt es sich um einen Vorbereitungsdienst auf den Beruf und damit ein Vertragsverhältnis im Sinne des § 19 des Berufsbildungsgesetzes. Sein Kern ist die praktische Ausbildung in der Redaktion. Nach den Richtlinien eines zwischen den Journalistenorganisationen und den Verlegerverbänden ausgehandelten Tarifvertrages wird sie ergänzt durch theoretische Ausbildungsinhalte und freiwillige Besuche von Volontärskursen, deren Träger in der Regel journalistische und verlegerische Berufsvereinigungen sind. Das Volontariat ist die noch immer bedeutendste Form des Berufszugangs. Rund 70 Prozent aller Redakteure im aktuellen Journalismus absolvierten diese Ausbildung. Im Jahre 1991 standen in Deutschland insgesamt 2200 Volontariatsplätze bei der Presse, bei Rundfunkanstalten oder Agenturen zur Verfügung. Die privatwirtschaftliche Presse ist mit rund 1400 Volontärsplätzen dabei das wichtigste Ausbildungsmedium für Volontäre. Fast acht von zehn Volontären, die 1992 bei Tageszeitungen in der Ausbildung waren, hatten bereits ein abgeschlossenes Hochschulstudium, neun von zehn hatten vorher als freie Mitarbeiter in der Presse Erfahrung gesammelt (*Füth* 1992). Das Volontariat dauert in der Regel zwei Jahre, kann aber auf Wunsch des Auszubildenden und unter bestimmten Voraussetzungen auf mindestens 15 Monate verkürzt werden.

2. Zur Ausbildung »vor Ort« gehören auch *Praktika* und *Hospitanzen* (in der Regel verbunden mit einem Hochschulstudium), wenngleich es sich dabei um keine systematische und langfristige Qualifizierung zum Journalistenberuf handelt. In der Vergangenheit führten Hospitanzen bei den Rundfunkanstalten häufig zu einer Tätigkeit als freier Mitarbeiter und später sogar zur Festanstellung.

3. Freie Journalistenschulen sind ein weiterer Ausbildungsweg zum Journalismus. Hierzu zählen u. a. die *Deutsche Journalistenschule* in München und die *Kölner Schule – Institut für Publizistik e. V.* In beiden Studiengängen werden praktische und theoretische Ausbildungsinhalte miteinander verbunden. Während an der *Deutschen Journalistenschule* die Ausbildung generell 16 Monate dauert, ist sie in Köln an ein Studium wirt-

schafts- und sozialwissenschaftlicher Fächer an der dortigen Universität gekoppelt und dauert insgesamt zwischen zwei und vier Semestern. Überwiegend den eigenen Redakteursnachwuchs bilden die privaten Journalistenschulen größerer Verlage aus. Dazu gehören die *Henri-Nannen-Schule* von Gruner + Jahr und *Die Zeit,* die *Journalistenschule Axel Springer* (beide in Hamburg), die *Georg-von-Holtzbrinck-Schule für Wirtschaftsjournalisten* (Düsseldorf) und die *Burda-Journalistenschule* (München). Die Ausbildung an diesen Instituten dauert zwischen 18 und 24 Monaten und verbindet praktische Ausbildung in Redaktionen mit theoretischen Kursen.

4. Spezielle akademische Ausbildungsgänge waren in der alten Bundesrepublik das Ergebnis der Diskussionen über die Reformbedürftigkeit der Journalistenausbildung. Inzwischen existieren mehrere *Journalistik*-Studiengänge an deutschen Hochschulen. Ihr Kennzeichen ist in der Regel die Verzahnung von ressortbezogenem Sachwissen, journalistischem Handwerk und kommunikationswissenschaftlichen Kenntnissen. Dies wird entweder in einem Erststudium, in einem Aufbaustudium oder einem Nebenfachstudium geleistet. Die Studiengänge unterscheiden sich zum Teil sehr stark hinsichtlich des Umfangs und des Charakters praktischer Ausbildungsinhalte. Das Fach Journalistik kann in Deutschland inzwischen an 14 Universitäten studiert werden, davon an vier Universitäten als Erststudiengang, an fünf als Aufbaustudiengang und an weiteren fünf als Nebenfach. Die jährliche Aufnahmekapazität für das Hauptfach liegt derzeit bei ca. 300 Studienplätzen. Von den im Jahre 1992 im Beruf arbeitenden Journalisten (alte Bundesländer) hatten erst etwa drei Prozent ein Journalistikstudium absolviert. In den neuen Bundesländern liegt der Anteil wegen des Ausbildungs-Monopols der ehemaligen Fakultät für Journalistik an der Karl-Marx-Universität Leipzig mit 45 Prozent erwartungsgemäß deutlich höher (*Schneider/ Schönbach/ Stürzebecher* 1993b).

5. Trotz der Kritik von Journalisten am mangelnden Praxisbezug der Studiengänge hat das Universitätsfach *Publizistikwissenschaft/ Kommunikationswissenschaft* eine gleichbleibende Bedeutung beim Berufszugang zum Journalismus. Das Fach kann heute an elf Universitäten im Haupt- und/oder Nebenfach studiert werden. Es wird in der Regel im Rahmen des Magisterstudiums mit anderen

Fächern kombiniert. Seine Studieninhalte sind im wesentlichen die Beschreibung und Erklärung von Phänomenen der Massenkommunikation. Berufspraktische Lehrveranstaltungen werden zwar auch angeboten, sind aber in der Minderheit. Bei einer Umfrage 1992 gab immerhin jeder fünfte westdeutsche Journalist an, Publizistik- bzw. Kommunikationswissenschaft studiert zu haben (*Schneider/ Schönbach/ Stürzebecher* 1993a).

Neben den Ausbildungs-Institutionen existieren verschiedene Formen der Fortbildung der bereits im Beruf arbeitenden Journalisten. Hierzu zählen z. B. Kurse am *Deutschen Institut für publizistische Bildungsarbeit* in Hagen (für Pressejournalisten) und an der gemeinsam von ARD und ZDF eingerichteten *Zentralen Fortbildung der Programmitarbeiter* (ZFP), an deren Veranstaltungen jährlich rund 1500 Redakteure und Volontäre der öffentlich-rechtlichen Rundfunkanstalten teilnehmen. Die Journalistenausbildung in Deutschland unterscheidet sich trotz dieser Strukturveränderungen noch deutlich von der Situation in den USA, wo nach einer Umfrage 1992 fast 50 Prozent der Journalisten ein Studium in *Journalism* abgeschlossen haben. Diese größere Homogenität in der Vor- und Ausbildung kann einer der Gründe dafür sein, daß im amerikanischen Journalismus gemeinsame Berufsnormen stärker verankert sind.

Der Journalismus galt lange Zeit als ein ›Begabungsberuf‹, für den eine geregelte Ausbildung nur sehr begrenzt möglich sei. Diese Sichtweise hat sich im Laufe der letzten Jahrzehnte geändert. Das Bestehen der vielen Ausbildungsinstitutionen und deren Anerkennung durch die Praxis dokumentieren diesen Wandel. Bereits bei einer Befragung 1975 waren neun von zehn Journalisten der Ansicht, eine vorhandene Begabung müsse durch eine »reguläre Berufsausbildung wie für den Arzt oder den Juristen ergänzt werden« (*Donsbach* 1979). Trotz dieser für klassische Professionen typischen Einstellung zur Ausbildung ist inzwischen die Frage, ob der Journalismus insgesamt einen Professionalisierungsprozeß durchlaufe, negativ beantwortet worden. Wie *Kepplinger/ Köcher* (1990) feststellen, weist der Beruf zwar eine Reihe von Merkmalen auf, die in der berufssoziologischen Literatur als Folgen der *Professionalisierung*, aber nur wenige, die als Voraussetzung einer Profession genannt werden. Zu den Merkmalen, die als Folgen einer

Professionalisierung genannt werden, gehören u. a. das Gefühl einer gemeinsamen beruflichen Identität, das Fehlen einer zwischenberuflichen Mobilität, gemeinsame Wertvorstellungen und die Entscheidung der Berufsangehörigen über den beruflichen Nachwuchs (*Kooptation*). Zu den Merkmalen einer Profession, die dem Journalismus fehlen, gehören u. a. eine systematische, auf theoretischen Kenntnissen beruhende Ausbildung, die über den Berufszugang entscheidet, die Freiheit von Laienkontrolle und die Bereitschaft und Fähigkeit, Verantwortung für die Folgen des beruflichen Handelns zu übernehmen. Aus demokratietheoretischer Sicht wäre eine *Professionalisierung* des Berufs ohnehin nur innerhalb enger Grenzen wünschenswert, da sie möglicherweise zu einer noch stärkeren Homogenisierung und Abschirmung vom Publikum der Massenmedien führen würde. Für die Aufgabe des Journalismus, innerhalb einer repräsentativen Demokratie eine konkurrierende Willensbildung zu ermöglichen, wäre eine solche Berufsstruktur nicht funktional.

Redaktionelle Strukturen

Die auch verfassungsrechtlich anerkannte Bedeutung des Journalismus für die Meinungs- und Willensbildung in der Gesellschaft einerseits und der Arbeitnehmerstatus der meisten Journalisten andererseits haben vielfach zu Auseinandersetzungen darüber geführt, ob die arbeitsrechtlichen und organisatorischen Bedingungen der journalistischen Tätigkeit eine Einschränkung der Pressefreiheit darstellen (Problem der *Inneren Pressefreiheit*). Bei dieser Diskussion lassen sich eine arbeitsrechtlich-kommunikationspolitische sowie eine empirische Ebene unterscheiden.
Die Presse und Teile des Rundfunks sind in der Bundesrepublik privatwirtschaftlich organisiert. Den Verlegern und den Eigentümern der privatrechtlichen Rundfunkanstalten steht die Organisation der Binnenstruktur ihres Unternehmens zu. Damit verbunden ist das Recht, Redakteure (und andere Mitarbeiter) einzustellen und zu entlassen sowie Anweisungen über die Gestaltung des Medienprodukts zu erteilen. Vor allem im Zuge der Diskussion über eine wachsende *Pressekonzentration* gegen Ende der sechziger und zu Be-

ginn der siebziger Jahre wurde dieses Recht zunehmend als unvereinbar mit einer freien Presse angesehen. Die Kritiker gingen von einem Konfliktmodell aus, bei dem die Interessen der der öffentlichen Aufgabe verpflichteten Journalisten mit unternehmerischen Eigeninteressen der Verleger kollidierten (*Hopf* 1972). Dabei ging es im wesentlichen um zwei Konfliktbereiche: 1. um die Entscheidung über die Medieninhalte und 2. um personelle Entscheidungen.

Von mehreren Organisationen wurden Initiativen übernommen, das Verhältnis zwischen Verlag und Redaktion gesetzlich oder tarifvertraglich zu regeln. Die Absicht der damaligen Bundesregierung aus SPD und FDP, ein *Presserechtsrahmengesetz* mit weitgehenden Regelungen zur *Inneren Pressefreiheit* beschließen zu lassen, scheiterte damals am Einspruch der Verleger und an verfassungsrechtlichen Bedenken. Zwischen den Tarifpartnern umstritten war und ist zum Teil heute noch, wem die Richtlinienkompetenz zuzuordnen ist und ob den Redakteuren Rechte bei der Einstellung des Chefredakteurs zuzugestehen sind. Unter *Richtlinienkompetenz* versteht man die Entscheidung über die Haltung der Zeitung zu neu auftretenden Themen von mittelfristiger Dauer. Daneben bezeichnet man als *Grundsatzkompetenz* die Zuständigkeit für die grundsätzliche weltanschauliche oder politische Ausrichtung der Zeitung (sie sollte uneingeschränkt dem Verleger zustehen) und als *Detailkompetenz* die Gestaltung des tagesaktuellen Zeitungsinhalts (sie steht im Rahmen der grundsätzlichen Ausrichtung der Redaktion zu).

Einige Zeitungsverlage haben mit ihren Redaktionen ein *Redaktionsstatut* beschlossen und somit eine innerorganisatorische Entscheidung über Mitbestimmungsformen getroffen. Nach einer empirischen Untersuchung haben diese Redaktionsstatute jedoch keinen Einfluß auf die redaktionelle Arbeit gehabt. Rund acht von zehn befragten Redakteuren in Verlagen mit Redaktionsstatuten äußerten, daß sich an ihrer Freiheit, eigene Themen durchzusetzen und ihre Überzeugung in der Zeitung auszudrücken, dadurch nichts geändert habe (*Branahl / Hoffmann-Riem* 1975).

Gültige Rechtsgrundlagen sind somit weiterhin für die meisten Redaktionen die tarifvertraglichen Regelungen zwischen den Journalisten- und Verleger-Organisationen sowie die Bestimmungen des *Betriebsverfassungsgesetzes* von 1971. Der *Manteltarifvertrag* legt die Rahmenbedingungen für das Arbeitsverhältnis von Redakteuren bei Presseorganen fest. In ihm sind die Rechte und Pflichten des Redakteurs gegenüber dem Verlag enthalten. Zu seinen Rechten gehört es beispielsweise, ablehnen zu können, gegen die eigene Überzeugung Artikel zu verfassen (*negative Detailkompetenz*), und ein erweiterter Kündigungsschutz bei Änderung der redaktionellen Grundhaltung der Zeitung. Auf dem Wege über die betriebliche *Mitbestimmung* der Arbeitnehmer nach dem Betriebsverfassungsgesetz haben die Redakteure gemeinsam mit allen anderen Verlagsmitarbeitern einen weiteren Einfluß auf die Entscheidungen des Verlags. Allerdings ist die wirtschaftliche Mitbestimmung vollständig und die Mitbestimmung bei betrieblichen Veränderungen teilweise ausgeschlossen, da der Gesetzgeber Zeitungs- und Zeitschriftenverlage zu den *Tendenzbetrieben* zählt, deren ideelle Ausrichtung nicht unter wirtschaftlichen und sozialen Gesichtspunkten durch ein Mitbestimmungsgremium beeinflußt werden soll. Die formale Leitungsstruktur eines Verlages in bezug auf die publizistische Arbeit ist somit klar hierarchisch gegliedert, vom *Verleger* (Direktionsrecht) über den *Chefredakteur* (Leitung der Redaktionsarbeit im Auftrag des Verlegers), die *Ressortleiter* (Leitung und presserechtliche Verantwortung einzelner Ressorts) bis zu den *Redakteuren* und *freien Mitarbeitern* mit bestimmten Dienstpflichten und Schutzrechten. Bei den privaten Rundfunkanstalten sind die arbeitsrechtlichen Verhältnisse ähnlich geordnet.

Entscheidenden Anteil an der Versachlichung der kommunikationspolitischen Diskussion hatten zwei empirische Untersuchungen des Instituts für Demoskopie Allensbach, bei denen in den Jahren 1969 und 1973 Redakteure und Verleger von Tageszeitungen nach ihren tatsächlichen Erfahrungen in der redaktionellen Arbeit gefragt wurden. Zwar wünschten sich die meisten Redakteure eine weitgehende Einschränkung der Rechte des Verlegers und die Einführung von Regelungen für die Mitbestimmung der Redaktion bei personellen und inhaltlichen Entscheidungen, aber in der redaktionellen Praxis kam es auch damals offensichtlich selten zu ernsthaften Konflikten. Redakteure konnten in der Regel ihre Themenvorschläge verwirklichen; es geschah selten, daß eine Nachricht nicht gedruckt wurde, die sie für wichtig hielten. Acht von zehn Journalisten gaben an, in ihrer Redaktion »genug Freiheit als Journalist zu haben« (*Noelle-Neumann* 1977). Neuere Ergebnisse bestätigen diese Befunde. Im internationalen Vergleich mit Journalisten aus den USA, Großbritannien, Schweden und Italien ergab sich, daß die Beiträge deutscher Journalisten häufiger unverändert abgedruckt werden als die ihrer Kollegen. Die deutschen Befragten empfinden auch deutlich seltener einen Druck auf ihre Arbeit durch Verlagsleitung oder Management (*Donsbach* 1993c). Die Arbeits- und Berufszufriedenheit ist insgesamt sehr hoch.

Durch die andere Organisationsform der *öffentlich-rechtlichen Rundfunkanstalten* ergeben sich dort teilweise andere Rahmenbedingungen für die journalistische Arbeit (→ Rundfunk). Den Anstalten sind durch Gesetze bzw. Staatsverträge bestimmte Programmaufträge vorgegeben, die durch Aufsichtsgremien kontrolliert werden. Diese gesellschaftliche Anbindung realisiert das Grundrecht auf *Rundfunkfreiheit* nach Artikel 5 des Grundgesetzes. Es stellt zugleich die Rahmenbedingungen für die persönliche Freiheit der einzelnen Rundfunkjournalisten dar. Sie sind zwar ebenso wie die meisten Pressejournalisten Arbeitnehmer, aber ihre Freiheitsrechte finden ihre Schranken nicht in der unternehmerischen und presserechtlichen Freiheit eines Verlegers, sondern im Auftrag ihrer jeweiligen Anstalt, durch bestimmte Programmstrukturen und -inhalte die Rundfunkfreiheit aller Bürger zu verwirklichen. In verfassungsrechtlicher Terminologie liegt die Grundrechtssubjektivität für den Anspruch auf *Rundfunkfreiheit* somit nicht beim Einzeljournalisten, sondern bei der Rundfunkanstalt (*Klein* 1978). *Innere Rundfunkfreiheit* kann es demnach nur insofern geben, als sie den besonderen Aufgaben des Rundfunks, die Verwirklichung der Rundfunkfreiheit aller Gesellschaftsmitglieder zu gewährleisten, nicht zuwiderläuft. Rundfunkjournalisten sind damit keine unmittelbaren Träger des Grundrechts, sondern dessen Sachwalter, und ihre subjektive Meinungsfreiheit wird begrenzt durch die gesamtgesellschaftlichen Ziele der Anstalt.

Ähnlich wie die Presse sind daher auch die Rundfunkanstalten klar hierarchisch gegliedert. Das Direktionsrecht in allen Bereichen einschließlich des redaktionellen Bereichs steht dem *Intendanten* zu, dessen Amtsführung von den Aufsichtsgremien mit Vertretern der sog. gesellschaftlich relevanten Gruppen kontrolliert wird. So heißt es beispielsweise im Staatsvertrag für das *ZDF*: »Der Intendant vertritt die Anstalt gerichtlich und außergerichtlich. Er ist für die gesamten Geschäfte der Anstalt einschließlich der Gestaltung des Programms verantwortlich.« Die darunterliegenden Ebenen der formalen Leitungsstruktur differieren zwischen den einzelnen Anstalten. In der Regel folgen unterhalb der Ebene des Intendanten die *Hörfunk-* und *Fernsehdirektoren* bzw. *Programmdirektoren* und *Chefredakteure*, die *Hauptabteilungsleiter*, *Abteilungsleiter*, *Redaktionsleiter* und *Redakteure*, wobei die jeweils übergeordnete Ebene der untergeordneten gegenüber Weisungsbefugnis besitzt. Entsprechend den Grundstrukturen und den Programmaufträgen der öffentlich-rechtlichen Anstalten liegt beim *Intendanten* auch das Direktionsrecht in bezug auf personelle Entscheidungen. Insgesamt fünf öffentlich-rechtliche Rundfunkanstalten haben heute sogenannte Redaktionsstatute, in denen Verfahrensweisen für die programmliche und personelle Mitbestimmung der Redakteure festgelegt sind.

Betrachtet man neben diesen rechtlichen und strukturellen Gegebenheiten empirische Ergebnisse zur redaktionellen Arbeit, dann haben auch Rundfunkredakteure relativ viel Freiheit in ihrem Beruf. Allerdings werden im Rundfunk insgesamt häufiger als bei der Presse Beiträge abgeändert, um – nach den Aussagen der betroffenen Redakteure – das Publikumsinteresse, die Faktengenauigkeit oder die Ausgewogenheit zu erhöhen. Rundfunkredakteure bei öffentlich-rechtlichen und privaten Sendern unterscheiden sich in ihren Angaben nur unwesentlich. Die Redakteure bei den öffentlich-rechtlichen Anstalten empfinden lediglich etwas mehr Druck seitens der leitenden Redakteure, während die Beschäftigten der Privatsender im Vergleich häufiger über Druck von Management und Geschäftsleitung klagen. In beiden Fällen fühlen sich aber auch hier die deutschen Journalisten deutlich freier als ihre Kollgen in anderen Ländern (*Donsbach* 1993c).

Bei der Behandlung der Frage, welche individuellen Freiheiten Journalisten in ihrem Beruf haben, muß demzufolge nach arbeitsrechtlichen und organisatorischen Rahmenbedingungen einerseits und den faktischen Gestaltungsmöglichkeiten in der redaktionellen Tagesarbeit andererseits unterschieden werden. Während die formalen Rahmenbedingungen relativ klare hierarchische Entscheidungs- und Weisungsstrukturen seitens der Eigentümer bzw. beim öffentlich-rechtlichen Rundfunk der dazu legitimierten Gremien beinhalten, ist der faktische Einfluß des einzelnen Redakteurs und der gesamten Redaktion auf die Gestaltung der Medieninhalte sehr groß. Zudem genießen Journalisten in Deutschland eine ganze Reihe von rechtlichen *Privilegien*, die ihre Stellung in der Gesellschaft, insbesondere gegenüber Politik, Behörden und Informanten weitaus stärker festigen als dies in vergleichbaren Ländern der Fall ist (*Doehring* 1974; → Medienrecht).

Journalisten und Medieninhalte

Zu den zentralen Themen der Kommunikationsforschung gehört die Frage, welche Faktoren einen Einfluß darauf haben, nach welchen Gesichtspunkten Journalisten die Medieninhalte auswählen. Verschiedene Autoren haben Versuche übernommen, diese Faktoren zu systematisieren. *Kepplinger* (1989a) unterscheidet zwischen akteursorientierten und variablenorientierten Ansätzen. Im ersten Fall werden diese Einflüsse auf das Handeln konkreter Personen oder Institutionen (z. B. Verleger, Journalist), im zweiten auf solche Faktoren zurückgeführt, die den Charakter theoretischer Konstrukte haben (z. B. Rollenverständnis, Nachrichtenfaktoren). Eine andere Einteilung gliedert die Faktoren nach ihrer Nähe oder Ferne zum handelnden Journalisten. Zu der *Subjekt-Sphäre* gehören dann Faktoren, die in der Person des Journalisten liegen (z. B. politische Einstellungen, Berufsmotive); zur *Professions-Sphäre* gehören solche, die gemeinsame Eigenschaften des gesamten Berufsstandes betreffen (z. B. ethische Grundlagen, Nachrichtenwerte); zur *Institutions-Sphäre* gehören die Eigenschaften der Arbeitsorganisation, bei der Journalisten beschäftigt sind (z. B. wirtschaftliche Strukturen, Freiheit im Beruf); schließlich gehören zur *Gesellschafts-Sphäre* solche Einflüsse, die aus Merkmalen des Gesellschaftssystems resultieren (z. B. Grad der Pressefreiheit, politische Kultur, vgl. *Donsbach* 1987).

Innerhalb der *Subjekt-Sphäre* haben sich zwei Faktoren als besonders einflußreich herausgestellt: das Rollenverständnis und die subjektiven Einstellungen der Journalisten. Unter *Rollenverständnis* versteht man die von Journalisten als legitim betrachtete gesellschaftliche Aufgabe ihres Berufs. Es ist zu unterscheiden von *Funktionen* des Berufs, die in systemtheoretischer Sicht die manifesten und latenten Folgen des beruflichen Handelns darstellen (*Rühl* 1980). Mit dem Rollenverständnis kann man sich aus normativer, theoretischer und empirischer Sicht beschäftigen. Normativ geht es dabei um die Frage, welches Rollenverständnis von Journalisten in einem gegebenen Gesellschaftssystem angemessen ist. Diese Frage wird auch innerhalb gegebener Systeme kontrovers diskutiert (vgl. *Kunczik* 1988).

Theoretisch geht es darum, welche verschiedenen Formen des Rollenverständnisses sich überhaupt unterscheiden lassen. Hierzu haben verschiedene Autoren idealtypische oder operationale Typologien vorgelegt. *Janowitz* (1975) unterscheidet beispielsweise zwischen dem ›gatekeeper‹ und dem ›advocate‹ als zwei gegensätzlichen Typen des Berufsverständnisses. Sie unterscheiden sich vor allem hinsichtlich zweier Dimensionen: dem Publikumsbild und der Behandlung von Nachrichten. Der ›advocate‹ geht davon aus, daß Teile seines Publikums nicht in der Lage sind, ihre eigenen Interessen zu erkennen und zu vertreten und es daher Aufgabe der Journalisten sei, stellvertretend für sie zu handeln. Er selektiert daher auch bewußt Nachrichten, die den Interessen der gesellschaftlichen Gruppen nutzen, für die er sich einsetzt. Demgegenüber sieht der ›gatekeeper‹ sein Publikum als grundsätzlich mündig an und leitet daraus ab, daß er die Nachrichten ausschließlich nach professionellen Kriterien, wie z. B. dem Nachrichtenwert, auszuwählen hat. Ähnliche idealtypische Unterscheidungen sind der ›aktive‹ und ›passive‹ Journalist (*Tunstall* 1974), der ›neutrale‹ und ›partizipative‹ *(Johnstone* u. a. 1972), der ›liberale‹ und der ›parteiische‹ (*Weaver/Wilhoit* 1986) sowie der ›Mediator‹ und ›Kommunikator‹ (*Langenbucher* 1974/75). Auf einen gemeinsamen Nenner gebracht, geht es bei diesen Idealtypen um die Frage, ob Journalisten bei der Nachrichtenauswahl bestimmte Wirkungsziele verfolgen oder möglichst neutral nach rein professionellen Kriterien vorgehen.

Vor dem Hintergrund solcher theoretischen Konzepte hat die Jour-

nalismusforschung eine Vielzahl von empirischen Indikatoren für das *Rollenverständnis* entwickelt und angewandt. Zu diesen Indikatoren gehören beispielsweise die Berufsmotive, die subjektive Bedeutung von Berufseigenschaften, Einstellungen zu notwendigen Qualifikationen und zu Berufsnormen wie etwa der Objektivität. Als besonders ertragreich hat sich dabei die international vergleichende Forschung gezeigt. Sie begann mit Professionalisierungsstudien (vgl. *McLeod/Hawley* 1964), die in mehreren anderen Ländern wiederholt wurden (*Donsbach* 1981). Seit den achtziger Jahren hat sich die empirische Basis solcher Vergleiche stark erweitert. Im Mittelpunkt aus deutscher Sicht standen dabei vor allem Vergleiche mit angelsächsischen Ländern. Die Ergebnisse zeigen durchgängig, daß sich der deutsche Journalismus durch stärker politisch-partizipative und advokatorische Elemente im Berufsverständnis auszeichnet. Advokatorisch-pädagogische Elemente (»der Bevölkerung demokratische Prinzipien beibringen«, »den Leuten helfen, sie beraten«, »Anwalt der Benachteiligten«) finden sich besonders häufig unter Journalisten in den neuen Bundesländern, die bereits vor 1989 als Journalisten arbeiteten (*Schneider/Schönbach/Stürzebecher* 1993b). Der Beruf wird in Deutschland häufiger als in vielen anderen Ländern als eine politische Rolle verstanden, hinter der die professionelle Rolle vergleichsweise zurücktritt. Besonders in Großbritannien und den USA wird dagegen die Rolle eines neutralen Vermittlers (›common carrier‹) deutlich eher akzeptiert (*Donsbach* 1982; *Köcher* 1986; *Weaver/Wilhoit* 1986). Wenngleich neuere Ergebnisse nahezulegen scheinen, daß der »missionarische« Journalismus auch in Deutschland leicht an Bedeutung verliert (*Schneider/Schönbach/Stürzebecher* 1993a), dominieren weiterhin die Unterschiede. So gaben bei einer international vergleichenden Umfrage 21 Prozent der amerikanischen, aber 70 Prozent der deutschen Nachrichtenjournalisten an, es sei ihnen an ihrem Beruf sehr oder ziemlich wichtig, »sich für bestimmte Werte und Ideen einzusetzen« (*Donsbach* 1993b, 296, vgl. zu anderslautenden Befunden und Interpretationen *Schönbach/Stürzebecher/Schneider* 1994).
Die Unterschiede lassen sich auf verschiedene Faktoren zurückführen. Dazu zählt eine unterschiedliche historische Entwicklung des Berufs. In Deutschland gab es seit dem Ende des 18. Jahrhunderts

lange Zeit keine Tradition einer auf Objektivität und Neutralität verpflichteten Presse. Im Zentrum der journalistischen Tätigkeit stand statt dessen die Meinungspublizistik (*Martens* 1974; *Wilke* 1993). Auch nach dem Zweiten Weltkrieg wurde die Presse mit einer erzieherischen Funktion (›re-education‹) belegt. Hinzu kommt, daß es keine dem amerikanischen Journalismus vergleichbaren Standards in den Berufsnormen und in der Berufsausbildung gibt. Subjektive Überzeugungen und Berufsmotive werden dadurch in geringerem Maße an demokratietheoretisch sinnvolle Formen des Rollenverständnisses angepaßt.

Vor diesem Hintergrund hat sich die Journalismusforschung auch intensiv mit der Frage beschäftigt, inwieweit neben den objektiven Ereignismerkmalen (Nachrichtenfaktoren, → Nachricht) die subjektiven Ansichten und Wirkungsabsichten von Journalisten einen Einfluß auf ihre Nachrichtenauswahl haben. Bereits die frühen Gatekeeper-Studien (*White* 1950) hatten gezeigt, daß Nachrichtenredakteure bei ihren Entscheidungen sehr häufig subjektive Gesichtspunkte walten ließen. Spätere Studien haben die methodischen Grundlagen für solche Messungen verfeinert. Vor allem der Vergleich von Merkmalen des Medieninhalts mit Ergebnissen von Journalistenbefragungen sowie experimentelle Studien konnten zeigen, daß die subjektiven Einstellungen der Journalisten durchaus einen starken Einfluß auf die Auswahl haben. Dies gilt zum Teil auch für den amerikanischen Journalismus (*Flegel/Chaffee* 1974; *Starck/Soloski* 1977). Eine häufig gefundene Form der Verzerrung ist dabei das einseitige Zitieren von Experten zu Konfliktthemen (*Lichter/Rothmann/Lichter* 1986; *Snyderman/Rothman* 1988). Im Rahmen seiner Theorie der ›*instrumentellen Aktualisierung*‹ konnte *Kepplinger* (1989b) nachweisen, wie Journalisten solchen Informationen, die ihren Konfliktstandpunkt stützen, eine höhere Aktualität zusprechen als Informationen, die ihrem Standpunkt zuwiderlaufen. Auch zeigte es sich in mehreren Studien, daß die Nachrichtenauswahl inhaltlich an die redaktionelle Tendenz angepaßt wird, wie sie in den Kommentarteilen zum Ausdruck kommt (*Synchronisation*, vgl. *Schönbach* 1977). Dies gilt auch für die Zitaten-Auswahl, die offensichtlich häufig daran ausgerichtet ist, ob beispielsweise Experten die redaktionelle Linie stützen oder nicht (»opportune Zeugen«, vgl. *Hagen* 1992).

Solche Praktiken werden gerade im deutschen Journalismus dadurch erleichtert, daß es keine klare Rollenteilung zwischen Reportern, prüfenden Redakteuren (editors) und Kommentatoren gibt. Von den deutschen Nachrichtenjournalisten geben 74 Prozent an, daß sie gleichzeitig berichten *und* Kommentare schreiben. In den USA beträgt der entsprechende Anteil elf Prozent. Die gleiche Studie machte deutlich, daß deutsche Journalisten weitaus stärker als ihre Kollegen in den USA, Großbritannien, Schweden und Italien Nachrichtenentscheidungen treffen, die ihre subjektive Problemsicht stützen (*Donsbach* 1993b). Dies ist auch deshalb ein kommunikationspolitisches Problem, weil Journalisten in ihren politischen Einstellungen kein verkleinertes Abbild der Gesamtbevölkerung darstellen, sondern deutlich ins linke Spektrum verschoben sind. Der SPD fühlen sich deutsche Journalisten deutlich näher als den konservativen Parteien (*Schönbach/Stürzebecher/Schneider* 1994).

Daneben läßt sich eine Reihe weiterer Faktoren identifizieren, die neben den subjektiven Einstellungen die Auswahlentscheidungen beeinflussen. In der *Professions-Sphäre* spielen z. B. berufsethische Fragen eine Rolle. Im internationalen Vergleich zeigt sich, daß deutsche Journalisten weniger als ihre angelsächsischen Kollegen bereit sind, ethisch fragwürdige Methoden bei der *Informationsbeschaffung* anzuwenden (*Weaver/Wilhoit* 1986; *Köcher* 1986; *Schneider/Stürzebecher/Schönbach* 1993a). Dies ist zum Teil vermutlich darauf zurückzuführen, daß Information und Recherche im deutschen Journalismus insgesamt eine geringere Rolle spielen als Interpretation und Bewertung von Ereignissen. Auch in diesem Punkt scheint sich jedoch bis zu einem gewissen Grade eine Annäherung an den angelsächsischen Journalismus anzudeuten. Vergleichsdaten von 1980 und 1992 zeigen eine heute stärkere Akzeptanz von ethisch fragwürdigen Recherchemethoden. Die Bereitschaft zur harten Faktenrecherche korreliert dabei negativ mit einem eher ›missionarischen‹ Selbstverständnis (*Schönbach/Stürzebecher/ Schneider* 1994).

Zur Professions-Sphäre kann man auch den Einfluß zählen, den diejenigen Akteure auf journalistische Entscheidungen haben, mit denen Redakteure für ihre Informationsbeschaffung in Interaktion stehen. Die politische *Public Relations* hat in den letzten Jahrzehnten stark an Bedeutung gewonnen und vor allem in den USA

den Charakter des politischen Systems entscheidend verändert. Unter
Präsident *Franklin D. Roosevelt* gab es in den dreißiger Jahren
nur vier bis fünf Public Relations-Mitarbeiter, die etwa fünf Prozent
des gesamten Stabes im Weißen Haus ausmachten. Unter Reagan
waren es fünfzig Personen, und sie stellten ungefähr 25 Prozent aller
Mitarbeiter (*Orren* 1986). *Graber* (1992) sieht den gesamten politischen Prozeß in den USA als ein ›Katz-und-Maus-Spiel‹ zwischen
politischer PR und Medien, wobei jede Seite versucht, ihre Themen
und Informationen in die Öffentlichkeit zu bringen (vgl. auch *Taylor* 1990). Dabei wird kontrovers diskutiert, wer in diesem Spiel die
Oberhand gewinnt. Weil die Medien, insbesondere das Fernsehen,
aufgrund ihrer kommerziellen Orientierung den Politikern und Parteien kaum noch die Chance zur Selbstdarstellung gaben (*Patterson* 1993), organisierten die amerikanischen Präsidentschaftskandidaten 1992 ihren Wahlkampf praktisch an den etablierten Medien
vorbei, indem sie eigene Sendezeit kauften, verstärkt in Unterhaltungssendungen auftraten und vor allem kleinere Redaktionen ständig mit selbst produzierten Videobändern versorgten (*Donsbach*
1993 a).
Studien zum Einfluß politischer PR auf journalistische Entscheidungen in Deutschland sind zu unterschiedlichen Ergebnissen gekommen. So ermittelte *Baerns* (1985) in ihrer Untersuchung über die
Verwendung von Pressemitteilungen bei Landespressekonferenzen
Nordrhein-Westfalens, daß fast zwei Drittel der Artikel in den Tageszeitungen des Bundeslandes auf schriftliche Informationen der
Pressestellen zurückgingen. Demgegenüber fand *Kepplinger*
(1992), daß bei der Darstellung krisenhafter Situationen in Politik
und Wirtschaft es eher die Medien sind, die den Tenor der Berichterstattung bestimmen. Ergebnisse einer Inhaltsanalyse von Berichten über Pressekonferenzen aus verschiedenen Anlässen sprechen
dafür, daß der Nachrichtenwert des Ereignisses sowie die grundsätzliche Einstellung der Journalisten zu den Veranstaltern wichtige intervenierende Variablen darstellen, die den publizistischen Erfolg
politischer oder wirtschaftlicher *Public Relations* moderieren
(*Barth / Donsbach* 1992). Die Determinierung von Journalismus
durch *Öffentlichkeitsarbeit* scheint deutlich geringer zu sein als
bisher angenommen (*Saffarnia* 1993). Das Verhältnis zwischen
beiden Bereichen läßt sich auch unter demokratietheoretischen Ge-

sichtspunkten betrachten. Im allgemeinen wird anerkannt, daß der Versuch der *Öffentlichkeitsarbeit*, die Medieninhalte zugunsten der Eigeninteressen einer Organisation zu beeinflussen, legitim ist. Er ermöglicht einerseits die öffentliche Diskussion der verschiedenen Standpunkte in einer Gesellschaft und kann andererseits zu Korrekturen von Zielsetzungen führen, um so einen gesamtgesellschaftlichen Konsens zu gewährleisten (*Ronneberger/Rühl* 1992).

Schließlich spielt in der Professions-Sphäre auch die starke *Kollegen*- oder *in-group-Orientierung* von Journalisten eine Rolle. Berufskollegen können auf mehrfache Weise die Selektionsentscheidungen von Journalisten beeinflussen. 1. Über die Nachwuchsrekrutierung entscheiden in der Regel die Berufsangehörigen selbst und können damit zu einer ständigen Reproduktion der eigenen Wertvorstellungen und Rollenverständnisse beitragen. 2. Diese Funktion kann in der beruflichen Sozialisation weiterverfolgt werden, wenn junge Redakteure an die bestehenden Entscheidungskriterien angepaßt werden (*Breed* 1955). 3. Journalisten beobachten sehr stark sogenannte Meinungsführer-Medien, die ein besonderes Ansehen in der Berufsgruppe genießen und deren Themenwahl und Tendenzen eine prägende Wirkung auf die eigene Berichterstattung haben können. Die Rolle erfüllt in Deutschland vor allem das Nachrichtenmagazin *Spiegel*. 4. Journalisten haben auch privat sehr intensiven Kontakt zu ihren Berufskollegen, wodurch es zu einer Assimilation von Nachrichtenwerten und Interpretationen kommen kann (*Crouse* 1972).

Zu den Einflußfaktoren der *Institutions-Sphäre* gehören vor allem die politischen, weltanschaulichen oder wirtschaftlichen Ziele des Mediums, für die Journalisten arbeiten, und die sich aus der Sicht der Eigentümer in den Medieninhalten widerspiegeln sollen. Sie schaffen eine bestimmte ›Berufskultur‹ (*Saxer* 1993), die sich auf die Nachrichtenauswahl und -verarbeitung auswirken kann. Eine Inhaltsanalyse von Tageszeitungen durch *Weiß* (1986) machte beispielsweise deutlich, daß Zeitungen, die sich bereits an privatem Rundfunk beteiligt hatten, deutlich mehr Argumente für das duale Rundfunksystem berichteten. Umgekehrt wies *Grünewald* (1984) nach, wie die Arbeitsgemeinschaft der Rundfunkanstalten Deutschlands (ARD) im Streit um die Auflösung des Norddeutschen Rundfunks 1980 ihren Hörern und Zuschauern die Argumente verweigerte, die für die Neuordnung des Rundfunks in Norddeutschland sprachen. Nur ein knappes Drittel der deutschen Nachrichtenjournalisten erkennt eine exakte Übereinstimmung zwischen der eigenen politischen Einstellung und der redaktionellen Tendenz des Mediums, für das sie arbeiten. Gut jeder zweite glaubt sich politisch links von der redaktionellen Ausrichtung, nur 14 Prozent rechts davon. Insgesamt kann man jedoch erkennen, daß die meisten Journalisten nicht in einem Umfeld arbeiten, das gegen ihre eigenen Überzeugungen ausgerichtet ist. Vor dem Hintergrund der relativ großen Entscheidungsfreiheit von Redakteuren kann man daher den Einfluß der institutionellen Interessen des Mediums als eher gering einschätzen. Inwieweit die stark kommerziellen Interessen bei privatwirtschaftlichen Rundfunksendern hier neue Bedingungen schaffen, bleibt abzuwarten.

Schließlich wirkt sich das *politisch-gesellschaftliche System* in mehrfacher Weise auf die Gestaltung der Medieninhalte aus. Es bestimmt: 1. die rechtlichen Grundlagen für die Freiheit der Informationsbeschaffung, Veröffentlichung, Verbreitung und des Empfangs von Informationen und Meinungen, 2. die rechtlichen Grundlagen für die journalistische Tätigkeit innerhalb der Institutionen der Massenmedien, 3. die Freiheit des Zugangs zu beruflichen Positionen in den Massenmedien, 4. die Inhalte der Ausbildung und damit die Vermittlung von Berufsnormen und des Rollenverständnisses. Der Einfluß des politischen Systems auf den Journalismus und damit indirekt auf die Gestaltung der Medieninhalte läßt sich beim Vergleich demokratischer, totalitärer und von Entwicklungsgesellschaften deutlich erkennen (*Kunczik* 1988).

Zum Bereich der Gesellschaftssphäre kann man auch die soziale Stellung und Integration von Journalisten rechnen. Verschiedene Studien haben nachgewiesen, daß es gerade bei Lokaljournalisten vielfach zu einer ›Assimilation‹ zwischen den Interessen der lokalen Elite und Journalisten kommt. Eine eher kritiklose, auf den Bestand des lokalen Herrschaftssystems ausgerichtete Berichterstattung wird durch die Einbeziehung von Journalisten in die lokale Elite honoriert. Mit einer Methodenkombination aus Inhaltsanalyse und Befragung in fünf Städten stellte *Murck* (1983) fest, daß sich die Lokalberichterstattung auf organisierte Akteure konzentriere, die Lokaljournalisten »eine beachtliche Stellung im lokalen Machtgefüge« hätten und es einen »kleinen Informationskreislauf zwischen Elite und Presse« gebe. Je niedriger die Systemebene, desto stärker dürfte diese Assimilation sein. Bei Journalisten, die auf überregionaler, nationaler oder internationaler Ebene arbeiten, ist vermutlich die Orientierung an den Berufskollegen für ihre Arbeit bedeutsamer als die Integration in das lokale Netzwerk.

Auch das Bild, das Journalisten von ihrem Publikum haben, beschreibt ihre gesellschaftliche Integration. Empirische Studien haben eine starke Diskrepanz zwischen Publikumsbild und Selbstbild aufgezeigt. Die Mehrzahl der deutschen Journalisten rechnet sich beispielsweise zur Gruppe der ›Toleranten‹ (80 Prozent), daß ihr Publikum tolerant sei, meinen aber nur 24 Prozent (*Donsbach* 1983). Jüngere Studien lassen hier eine leichte Verbesserung im *Publikumsbild* der deutschen Journalisten erkennen. Aber auch 1992 meinen 44 Prozent von ihnen, ihr Publikum sei »bieder und kleinbürgerlich«, und nur 37 Prozent sprechen ihm die Eigenschaft der Toleranz zu (*Schneider/Schönbach/Stürzebecher* 1993b).

Zu den kontrovers diskutierten Begriffen in Journalismus und Journalismusforschung gehört der Begriff der *Objektivität*. Zwar zeigen internationale Vergleiche, daß eine deutliche Mehrheit der Nachrichtenjournalisten es für wichtig erachtet, daß ein Journalist objektiv berichtet, aber in den einzelnen Ländern hat man ein zum Teil sehr unterschiedliches Verständnis davon, was der Begriff konkret bedeutet. Während amerikanische Journalisten ihn vor allem mit fairer und neutraler Darstellung verbinden, halten deutsche Journalisten eine Nachricht dann für objektiv, wenn sie Fakten und Stellungnahmen hinterfragt. Sowohl das Verständnis als auch die Bedeutung von Objektivität korrelieren signifikant mit der politischen Einstellung. Für Journalisten, die sich als links einstufen, ist objektive Berichterstattung weniger wichtig und weniger mit Fairneß gegenüber den gesellschaftlichen Gruppen verbunden (*Donsbach/Klett* 1993). Wie in der Wissenschaftstheorie plädieren auch in der Kommunikationswissenschaft mehrere Autoren dafür, die Objektivität einer Darstellung nicht als getreue Abbildung der Realität zu verstehen (da dies niemals wirklich überprüft werden kann), sondern an den Verfahren zu messen, mit denen man bei Erkenntnisgewinnung und Präsentation vorgegangen ist. Eine Anwendung wissenschaftstheoretischer Strukturen bietet sich auch deshalb an, weil offensichtlich Journalisten bei ihren Recherchen mit »Hypothesen« über Fakten und Bewertungen beginnen (*Stocking/LaMarca* 1990). Die »Validität« eines Berichts könnte demnach danach bemessen werden, wie sehr sich ein Journalist bei der Recherche bemüht hat, auch »Falsifikationen« seiner Hypothesen zuzulassen. Einige Autoren befürworten sogar eine direkte Anwendung sozialwissenschaftlicher Methoden im Journalismus mit dem Ziel, wissenschaftlich gesicherte Angaben über soziale Sachverhalte und Zusammenhänge zu machen *(Precision Journalism, vgl. Meyer* 1973, 1991). Ähnlich wie in den Wissenschaften setzt ein solcher Anspruch eine bestimmte *Berufsethik* und ein konkretes Instrumentarium voraus, wie eine ›methodische Objektivität‹ zu erreichen ist. Weder ist zur Zeit eine verbindliche und methodisch abgesicherte Berufsethik im Journalismus erkennbar (*Rühl/Saxer* 1981), noch werden gerade im deutschen Journalismus den Praktikern hinreichend konkrete Handlungsanweisungen gegeben, wie sie Begriffe wie ›Objektivität‹, ›Sorgfalt‹ oder ›Fairneß‹ in der Redaktionsarbeit umsetzen können. Sowohl die Journalistenausbildung als auch die beruflichen Kodices sind in anderen Ländern, zumal in den USA, in dieser Hinsicht einheitlicher und konkreter.

Einfluß von Journalisten

Journalisten genießen gesellschaftliche Privilegien. Dabei lassen sich *institutionalisierte* und *nicht-institutionalisierte Privilegien* unterscheiden. Institutionalisiert sind jene Vorrechte und Schutzgarantien, die Journalisten aufgrund ihrer verfassungsrechtlich anerkannten *öffentlichen Aufgabe* genießen (→ Medienrecht). Sie sollen die Journalisten vor staatlichen Eingriffen schützen und ihre Arbeit erleichtern. In Deutschland ist diese Form der Privilegierung im Vergleich mit anderen Ländern besonders stark ausgeprägt. Als nicht-institutionalisierte Privilegien lassen sich die Einflußmöglichkeiten auf das Verhalten und die Einstellungen der Rezipienten und der politischen Akteure ansehen. Durch die Berichterstattung der Medien können zum Beispiel soziale Normen verändert, Wahlentscheidungen und politische Karrieren beeinflußt oder die Rationalität des politischen Systems anderen Gesetzen unterworfen werden (→ Wirkung der Massenmedien, → Kommunikationspolitik). Journalisten haben folglich eine gesellschaftliche und politische Machtposition, die weit über die Partizipationschancen anderer Gesellschaftsmitglieder hinausgeht. Angesichts demokratietheoretischer und verfassungsrechtlicher Normen wird daher von einigen Autoren die Frage gestellt, ob diese Privilegierung legitim ist (*Schelsky* 1983; *Oberreuter* 1982).

Für die deutschen Journalisten stellt sich ihre Einflußmöglichkeit anders dar. Im Vergleich zu ihren amerikanischen und britischen Kollegen stufen sie ihren Einfluß auf die öffentliche Meinung geringer ein, halten aber einen stärkeren Einfluß für wünschenswert. Die Mehrheit ist von der Legitimität journalistischen Einflusses überzeugt, und zwar um so mehr, je stärker man den Beruf gewählt hat, um Gesellschaftskritik üben zu können (*Donsbach* 1981). Wie auch die Ergebnisse zum Rollenverständnis zeigten, wird gerade in Deutschland der Beruf als eine eher politische Rolle gesehen, als die legitime Möglichkeit, an den traditionellen politischen Institutionen vorbei das Geschehen zu beeinflussen.

Aus juristischer Sicht stellen für einige Verfassungsrechtler vor allem die rechtlichen Privilegien und vereinzelte Versuche, den Medien die Rolle einer ›Vierten Gewalt‹ neben den klassischen staatlichen Gewalten zuzuschreiben, ein Problem dar. Aus politikwissenschaftlicher Sicht wird der faktische Einfluß der Massenmedien auf den politischen Entscheidungsprozeß und das politische System kritisiert. *Oberreuter* (1982) sieht die »in ihren eigenen journalistischen Interessen ruhenden Medien« stärker die politische Kultur beeinflussen als die dafür legitimierten demokratischen Institutionen. Für *Schelsky* (1983) wurde durch die modernen Medien die Rationalität politischer Entscheidungen verändert: Während früher die »Reihenfolge der Herrschaftsausübung« nach dem Prinzip »Absicht–Handlung–Wirkung–Medien« verlief, müßten Politiker heute als erstes die Reaktionen der Massenmedien ins Kalkül ziehen, bevor sie eine Entscheidung treffen. Darüber hinaus zeigen Ereignisse der jüngeren Vergangenheit, wie die Medienberichterstattung direkt politische Entscheidungen, insbesondere personalpolitische beeinflußt. Politik ist in weiten Teilen auf eine Interaktion zwischen Politikern und Medien reduziert (›Mediendemokratie‹, vgl. *Donsbach* u. a. 1993).

Die politischen und gesellschaftlichen Folgen der *Massenmedien* sind damit wesentlich tiefgreifender und weitreichender, als es die Konzepte der traditionellen Kommunikationsforschung mit ihrer Konzentration auf Einstellungsveränderungen vermuten ließen. Obwohl diese Folgen zum Teil aus der bloßen Existenz der Medien als Institutionen und aus ihrer sozialen Funktion in modernen Industriestaaten resultieren, bleibt ein erhebliches Maß an Einflußmöglichkeiten durch die handelnden Journalisten bestehen. Die Einstellungen, Absichten und Verhaltensweisen einer einzigen Berufsgruppe haben somit weittragende Konsequenzen für den Rest der Bevölkerung.

Wolfgang Donsbach

Journalistische Darstellungsformen

»Das weiße Kaninchen setzte die Brille auf. ›Wo soll ich anfangen, Euer Majestät?‹ fragte es. ›Fang am Anfang an‹, sagte der König ernst, ›und lies weiter, bis du ans Ende kommst, und dann höre auf.‹« Dieses Konstruktionsgeheimnis verrät uns *Lewis Carroll* in ›Alice im Wunderland‹. »Besonders zu pflegen ist der Anfang. Er faßt den Leser an und läßt ihn dann bis an das Ende nicht mehr los«, schreibt *Dovifat* über den Leitartikel (*Dovifat/Wilke* 1976). Aber das gilt selbstverständlich nicht nur für diese, sondern für jede literarische und journalistische Form. Gibt es etwas Langweiligeres als einen Schulaufsatz oder eine wissenschaftliche Abhandlung mit ihren informationsleeren Einleitungen? Wer Journalist werden will, muß gründlich umlernen. Jede journalistische Form springt ihre Adressaten an.

Journalistische Darstellungsform ist die formal charakteristische Art, in der ein zur Veröffentlichung in den Massenmedien bestimmter Stoff gestaltet wird. In der DDR sprach man kurz von Genre. Stärker als für literarische Formen gilt, daß die gestaltende Kraft nicht genügt: Es muß eine Information, eine aktuelle Aussage hinzukommen. Umgekehrt trifft freilich auch zu, daß der rohe Stoff, die unbearbeitete Information nicht ausreicht. Langweilige Stoffe gibt es nicht. Alles ist latent aktuell. Der gute Journalist wird daher jedem Stoff eine interessante Seite abgewinnen. Doch nicht jeder Stoff drängt sich durch primäre Aktualität auf, und daher eignet sich auch nicht jeder Stoff für jede beliebige Form. Die Wahl einer bestimmten Darstellungsform für die Behandlung eines Themas bedeutet meistens auch eine Entscheidung über die Dringlichkeit des Erscheinens und über die Plazierung in der Zeitung oder in der Sendefolge. Beim Einmaleins der Genres geht es also darum, welche Inhalte in welcher Form, mit welcher Dringlichkeit (Aktualität), in welchem Umfang und welcher Plazierung dem Leser, Hörer, Zuschauer angeboten werden (*von LaRoche* 1992; *Haller* 1987; *Pürer* 1991; *Gerhardt* 1993). Dieses Einmaleins kann jeder lernen. Übung, Übung und noch mal Übung verwandelt auch anfängliche Laien in mittelmäßige Journalisten. Das deuten die Erfahrungen mit dem Projekt ›Zeitung in der Schule‹ an (*Brand/Schulze* 1991; *Brand* 1993; *Reumann* 1993), aber Übung nach Regeln macht allein noch nicht den Meister. Je besser der Autor, desto eher kann er es sich erlauben, schon durch bewußte Verletzung der formalen Regeln Aufmerksamkeit zu wecken. Es gibt nur eine journalistische Form, die so feste Regeln besitzt, daß sie sich Regelbrüchen im allgemeinen versagt: die *Nachricht*.

Sprache als Darstellungsmittel

Als Gestaltungsmittel diente dem frühen Journalismus in erster Linie die Sprache, aber auch die Zeichnung. Seit der Erfindung der Fotografie und dem Aufkommen der audiovisuellen Medien → Film, Hörfunk und Fernsehen (→ Rundfunk) (einschließlich Bildschirmtext) werden in zunehmendem Maße technisch komplizierte optische und akustische Zeichensysteme zur Codierung und Gestaltung publizistischer Aussagen eingesetzt (→ Kommunikationsprozeß). Dennoch ist auch heute die Sprache den meisten Journalisten das wichtigste Ausdrucks- und Gestaltungsmittel.

Am ältesten sind die Stilformen der Presse – sieht man von Formen wie dem Lied ab –, die zur Wiedergabe nicht eines technischen Mediums bedürfen. Die Entwicklung der Medientechnik (besonders seit dem Ende des 19. Jahrhunderts: schnellere Druckverfahren, Erleichterung der Illustration, kürzere Vertriebszeiten) und der Funkmedien (im 20. Jahrhundert) brachte neue Darstellungsformen und bewirkte stärkere Differenzierung, aber andererseits auch die wechselseitige Beeinflussung und Vermischung der journalistischen Ausdrucksmittel. Schon erlauben elektronische Satz- und Druckverfahren noch größere Beschleunigung und neue Variationsmöglichkeiten. Zu prüfen wäre, ob das alles außer einer Bereicherung auch eine Verarmung mit sich bringt: mehr technisch vermittelte Kommunikation, weniger direktes Gespräch; eine Kultur des Bildes und des flüchtigen Eindrucks anstatt einer Kultur des Wortes und der Logik?

In Amerika und Europa haben sich nach dem Zweiten Weltkrieg die Zahl der Personen mit Abitur oder vergleichbarem Schulabschluß und die Zahl der Akademiker so sprunghaft vervielfacht, daß es nicht übertrieben ist, von einer stillen Revolution zu sprechen. Es gibt zwar noch Analphabeten in Deutschland (Schätzungen schwanken zwischen einer Million und drei Millionen Erwachsenen in der Bundesrepublik, die nicht schreiben können). Aber der Anteil der Gymnasiasten ist in ganz Deutschland auf ein Drittel gestiegen, und der Prozentsatz der Realschüler ist, wenn man die Realschulzweige an integrierten Schulen mitzählt, mindestens ebensohoch. Jeder Vierte eines Altersjahrgangs studiert. Dennoch gilt weiter die Faustregel: Je größer das Publikum, desto stärker muß der Journalist darauf auch in der Wahl seiner stilistischen Mittel Rücksicht nehmen. Verständlichkeit und sachlicher Prägnanz geben die meisten Journalisten daher den Vorrang vor ausgefallenen, wenn auch kostbaren Worten. Die Erkenntnisse der *Readability-Forschung* machen es möglich, den Verständlichkeitsgrad von geschriebenen und gesprochenen Texten annähernd zu messen und zu erhöhen, ohne daß dadurch der sachliche Gehalt leiden muß. Der Amerikaner *Rudolf Flesch* wies in sorgfältigen Untersuchungen nach, daß die Verständlichkeit u. a. zunimmt mit der Verwendung von kurzen Sätzen, von Wörtern mit wenigen Silben und von ›Human-Interest-Stilmitteln‹ (zum Beispiel wörtlicher Rede), die die Darstellung lebendiger machen (*Früh* 1980). Wer einen Text schreibt, sollte prüfen, ob er ihn auch flüssig sprechen kann.

Die heute gebräuchlichen journalistischen Formen lassen sich, über die Grenzen der Medien hinweg, in drei Gruppen einteilen:

1. *Tatsachenbetonte* (referierende) *Formen*: Nachricht (als (Wortnachricht – Meldung und Bericht –, aber auch als Bildnachricht – Foto), Reportage, Feature, Interview, Dokumentation.

2. *Meinungsbetonte Formen*: (politisch urteilende) Leitartikel, Kommentar, Glosse, Kolumne, Porträt, Karikatur, (politisches) Lied und (vorwiegend ästhetisch urteilende) Buch-, Theater-, Musik-, Kunst-, Film-, Fernsehkritik. Politisch oder ästhetisch urteilt der Essay.

3. *Phantasiebetonte Formen*: Zeitungsroman, Kurzgeschichte, Feuilleton (kleine Form), Spielfilm, Hörspiel, Fernsehspiel, Lied, auch in der Form des Schlagers, des Comics, der Witzzeichnung.

Die Definition richtet sich nach Form und Inhalt der Aussage sowie nach der Absicht des Journalisten. Mit einigen Formen will er vorwiegend informieren, mit anderen überzeugen, mit dritten unterhalten. Aber die Grenzen fließen. Zwischen referierender und kommentierender Stilform bewegt sich die Interpretation. Daher könnte man zum Beispiel die Reportage auch als interpretierende Stilform einordnen, wenn man damit ihrem Erlebniswert gerecht würde. Eine längere Analyse, die einen Zusammenhang oder Sachverhalt interpretierend erläutert, bezeichnen viele Journalisten schlicht als *Artikel*. Die Grenze fließt auch zwischen der Absicht, zu informieren oder zu überzeugen, und der, zu unterhalten.

So viel die Stilform über die Absicht der Autors aussagen mag, so wenig verrät sie über die *Wirkung* der Aussage. Es gibt Nachrichten, die meinungsbildend wirken, und es gibt Meinungen und Argumente, die Informationswert besitzen (vor allem, wenn sie neu sind oder von bedeutenden Persönlichkeiten stammen). Sie werden auch oft wie Nachrichten konsumiert. Trotz dieser fließenden Grenzen gilt immer noch die Regel, daß in die Nachricht kein Kommentar dringen sollte. Die Trennung zwischen Nachricht und Kommentar ist ein Gradmesser für die Redlichkeit des Journalismus (*Schönbach* 1977): ›Facts are sacred, comment is free.‹

Nachricht

Eine Nachricht ist die nach bestimmten Regeln gestaltete aktuelle Information über Ereignisse, Sachverhalte und Argumente (vgl. auch → Nachricht). Der Anspruch, daß nur die erste Mitteilung über ein Ereignis eine Nachricht sei, läßt sich nicht aufrechterhalten, müßte man doch dann wegen der Erstmitteilung in den Funkmedien bezweifeln, ob Zeitungen noch Nachrichten veröffentlichen. Aber eine Botschaft mit Neuigkeitswert muß die Nachricht enthalten. ›Zeitung‹ hatte einmal den Wortsinn von Nachricht. Man unterscheidet harte oder gewichtige Nachrichten (*hard news*) und weiche oder leichte Nachrichten (*soft news*).

Harte Nachrichten werden knapp und prägnant formuliert. Sie informieren – soweit möglich – unpersönlich und sachlich über die vier Ws im Zusammenhang mit dem Ereignis: über den Vorgang selbst (Was), über die daran beteiligten Personen (Wer), über den Zeitpunkt (Wann) und den Ort (Wo). In der Hauptsache befassen sich Nachrichten mit öffentlichen Angelegenheiten von politischer, wirtschaftlicher, gesellschaftlicher und kultureller Bedeutung. Im besten Fall ist die Nachricht für den Empfänger so wichtig, daß er sich danach richtet. *Dovifat* hielt die Nachricht daher für eine ›Mitteilung zum Darnachrichten‹ (so auch Grimms Deutsches Wörterbuch). Doch sogar die Nachricht, die für einen Teil der Empfänger Orientierungswert besitzt, wird für einen anderen Teil nur Unterhaltungswert haben.

Der harte Nachrichtenstil ist während des Amerikanischen Bürgerkrieges (1861–1865) entwickelt worden. Wegen der noch großen Störanfälligkeit der Telegrafenverbindungen erreichte oft nur der Anfang eines Gefechtsberichts die Redaktionen. War der Bericht chronologisch aufgebaut, so gelangte gerade das Wesentliche, nämlich Abschluß und Ergebnis des berichteten Vorgangs, nicht an die Adressaten. Die Reporter gingen deshalb dazu über, 1. die Nachricht in zwei Abschnitten zu übermitteln (zuerst den sogenannten *Lead* – Leitsatz oder Nachrichtenkopf – und dann den *Body*, den Nachrichtenkörper) und 2. das Wichtigste im Nachrichtenkopf zusammenzufassen (Kurzinformation über das Was, Wer, Wo, Wann) und im Nachrichtenkörper detaillierte Zusatzinformationen zu bringen. Diese Anordnung wird im Amerikanischen auch *Climax-*

First-Form, *Top-Heavy-Form* oder *Inverted-Pyramid-Form* genannt (Nachrichtenaufbau im Form einer umgekehrten Pyramide). Am besten haben das die Amerikaner dargestellt (vgl. *Warren* 1934, 1953; *Fox* 1977; *Projektteam Lokaljournalisten* 1990; *Meyer/Boele* I, 5; *Weischenberg* 1988).

Der erste Satz ist meistens der schwerste. Journalisten formulieren ihn so lange um, bis er sitzt. Über die verschiedenen Einstiegsmöglichkeiten belehren *Meyer* und *Boele* (I, 15 ff.) mit Beispielen. Grundsätzlich ist aber immer noch *Warrens* Rat am besten: ›Spiel deine höchste Trumpfkarte zuerst aus‹ (1934). Wenn man nach diesem Prinzip fortfährt und auf die höchste die zweithöchste folgen läßt usw., spielt sich das Blatt von allein zu Ende.

Die harte Nachricht wird in der Regel schon im ersten Satz die beiden wichtigsten W's – das Wer und das Was – präsentieren (W-Einstieg), es sei denn, sie begänne mit dem Schlüsselzitat eines Handelnden (Z-Einstieg), das, verkürzt, auch die Überschrift bilden könnte. Einzelnen Stimmen, die Nachricht müsse stets mit dem Wer beginnen (»the name is the message«), schallt im Chor entgegen: Man sollte auch die W's »nach dem Prinzip der Wichtigkeit auf den Laufsteg schicken« (*Gerhardt* 1993, 116). Daß das Wer immer am wichtigsten sei, wird man um so eher glauben, je eiserner die Nachricht an der Regel festhält, das ein Was nur berichtenswert sei, wenn ein bedeutendes Wer es hervorgerufen habe oder daran doch beteiligt sei – und als bedeutend gilt der Nachricht ein Wer, wenn er/sie für möglichst viele Personen handeln und/oder sprechen darf (→ Nachricht). Doch kann ein Wer-Einstieg auch langweilig wirken, etwa wenn es hieße: »Der Bundestag hat am Dienstag in Bonn beschlossen, daß die Steuern erhöht werden.« Besser würde man formulieren: »Die Steuern werden erhöht. Das hat der Bundestag... beschlossen.«

Auch das Wo und das Wann müssen schon im Lead zu finden sein; doch sind sie meist zweitrangig. Einige Autoren nennen mit *von LaRoche* (1992) noch ein fünftes W: Welche Quelle? (Vor allem *Gerhardt* 1993, 112, 329 ff.) Dieses W dient zur Überprüfung der Zuverlässigkeit der Informationen, doch ist es nicht selten schon im Wer enthalten. Außerdem gibt es viele brisante Nachrichten, deren Quelle der Autor nicht nennen kann, ohne seine Informanten zu gefährden und die Quelle zu verschütten. Zwei weitere W's können die Nachricht bereichern: Wie und Warum. Allerdings fehlen sie in der ersten eiligen Nachricht häufig – aus Zeitnot, aus Mangel an Platz oder weil noch nichts darüber bekannt ist.

Faßt der (das) Lead oder der Vorspann das wichtigste einer ›Geschichte‹ wie in einer ausführlichen Überschrift mit vollständigen Sätzen zusammen, so versucht die *Schlagzeile* (headline) den bereits komprimierten Lead noch einmal auf das Wesentliche zusammenzuziehen – meist in unvollständigen Sätzen. Daher konzentriert sich die Überschrift zumal im politischen Mantel und im Wirtschaftsteil der Abonnementzeitungen ebenfalls auf das Was und/oder Wer. Schon *Schopenhauer* nannte die Überschrift ein »Monogramm des Inhalts«. Allerdings muß der Redakteur darauf achten, daß die Überschrift nicht zu stark dem ersten Satz der Nachricht ähnelt. Sie soll das Kunststück fertigbringen, gleichzeitig gehaltvoll und verlockend, ernst und lebendig, konzentriert und verständlich zu sein (*Meyer/Boele*, X; *Schneider* 1993; *Rist* in *Straßner* 1975).

Die Vorteile des ›kopflastigen‹ Nachrichtenaufbaus sind für den formulierenden Journalisten: verhältnismäßig leichte Erlernbarkeit dieser Stilform und, bei gutem Training, die Möglichkeit zu schneller Formulierung; für den Redakteur: die Nachricht läßt sich einfach von hinten her kürzen, ohne daß die wichtigsten Informationen verlorengehen; für den Leser: das Wesentliche läßt sich auf einen Blick erkennen. Die Nachteile: Der Aufbau ist mitunter schematisch, er bietet wenig formale Überraschungen, die zum Weiterlesen reizen, die Details am Ende der Nachricht werden weniger beachtet.

Zwar wird das Schema der umgekehrten Pyramide heute auch von amerikanischen Nachrichtenagenturen nicht mehr ganz starr angewandt, doch ist der Aufbau für hard news im Prinzip beibehalten worden; auch die *Deutsche Presse-Agentur* (*dpa*) ordnet ihre Nachrichten nach der Wichtigkeit der Einzelinformationen. Allerdings ermöglicht es der Computer dem Journalisten inzwischen, aus jeder Zeile, ob sie nun am Anfang oder am Ende eines Textes steht, gleich schnell ein Wort und aus jedem Absatz gleich schnell einen Satz zu streichen: ein Tastendruck genügt, und das Wort, der Satz ist entfernt, ein weiterer Tastendruck, und der Text schnurrt zusammen. Am Aufbau der Nachricht hat diese Arbeitserleichterung jedoch (noch?) nichts geändert.

Längere Nachrichten (man kann sie *Berichte* nennen, wenn auch der Bedeutungsinhalt dieses Worts schillert), besonders die Exklu-

sivberichte von Korrespondenten der Zeitungen und Rundfunkanstalten, weichen am stärksten von diesem Prinzip ab: Ihr Aufbau ist
variabler, zumal sie – eher als Kurznachrichten (*Meldungen*) –
nicht nur die vier unerläßlichen W's, sondern auch das Wie und das
Warum behandeln.

Die Ermordung eines Politikers werden Nachrichtenagenturen zuerst in Blitzmeldungen über Wer und Was bekanntmachen; erst in
späteren Berichten folgt die Schilderung des Hergangs, die das Wie
ausführlich wiedergibt. Dabei darf die Nachricht im Anschluß an
den Lead sogar chronologisch organisiert sein. Auch das Warum der
Ermordung kann nach der ersten Blitzmeldung in den Vordergrund
der Berichterstattung rücken.

Walther von LaRoche (1992) nennt den Bericht einen »Zwil-
lingsbruder der Nachricht, aber größer geraten und auch reifer«.
Das trifft im Idealfall auch zu. Aber oft sind Berichte nur weniger
konzentrierte Nachrichten, ist es doch leichter (und geht es daher in
der Regel auch schneller), einen Bericht zu schreiben als eine Meldung. Nicht nur für Anfänger ist es eine gute Übung, einen Bericht
(Dreispalter oder gar Vierspalter) auf eine Meldung (Einspalter) zu
komprimieren, die mit möglichst wenigen Worten möglichst viel
sagt.

Die Amerikaner haben eine Vorliebe dafür entwickelt, Fakten sprechen zu lassen. Daher ist der amerikanische Journalismus als Re-
cherchejournalismus, der deutsche dagegen als Interpretationsjour-
nalismus bezeichnet worden (*Donsbach* 1993). Allerdings gibt
Patterson in seinem jüngsten Buch (1993) zu, daß auch der amerikanische Journalismus nicht mehr ganz nüchtern sei: Vor Präsident-
schaftswahlen würden über die Kandidaten nicht mehr, wie früher
(1960), vorrangig positive Nachrichten verbreitet, sondern (1992)
überwiegend negative; außerdem sei der Anteil der beschreibenden
Berichte auf der ersten Seite der *New York Times* von 90 Prozent
im Jahr 1960 auf 20 Prozent gesunken; entsprechend sei der Anteil
der wertenden Berichte gestiegen.

Ob Zeitungen eher berichten oder eher kommentieren, hängt von
politischen Bedingungen ab, vom Rollenverständnis der Journalisten, von journalistisch-technischen Zwängen und von den Erwartungen des Publikums. Politische Bedingungen: Herrscht eine
Pressezensur, wird eine Zeitung, die Wert legt auf Freiheit, der

Nachricht den Vorrang geben. In einem Brief vom 13. Oktober 1813 schrieb der Verleger Friedrich Arnold Brockhaus: »Eine Zeitung... referiert bloß, sie nimmt keine Partei, und Raisonnements sind ihr fremd, sie ist das Vehikel, um dem Publikum alles zur Kenntnis zu bringen, was der Staat diesem mitzuteilen hat und ein Bürger dem anderen.« (*Meyer/Boele*, VII, 26) Wird die Pressefreiheit endlich erstritten, hat die Meinung, der Kommentar Konjunktur. Bezeichnenderweise stand in Deutschland der meinungsbildende Publizist in der zweiten Hälfte des 19. und Anfang des 20. Jahrhunderts in höherem Ansehen als der nachrichtenschleppende Journalist. Erst wenn mit einer längeren demokratischen Tradition das Selbstbewußtsein der Bürger steigt, erhält die Nachricht wieder Vorrang, damit jeder sich seine Meinung selbst bilden könne. Rollenverständnis: Amerikanische und englische Journalisten verstehen sich eher als neutrale Vermittler, während ein ansehnlicher Teil der deutschen Journalisten sich eher in einer politisch-publizistischen Rolle sieht (→ Journalist).

Journalistisch-technische Zwänge: Zeitungen können nicht so schnell sein wie Funkmedien, und überregional verbreitete Zeitungen haben wegen ihrer langen Vertriebswege früher Redaktionsschluß als Lokalzeitungen. Das Defizit an Aktualität gleichen sie durch breitere Information, Darstellung der Zusammenhänge und Ausleuchten der Hintergründe aus. Zwar gilt die Faustregel: »interpretieren, nicht kommentieren« (*Gerhardt* 1993, 130 ff.). Doch sind die Grenzen fließend. Sogar die nach allen Regeln ›reine‹ Nachricht unterliegt journalistisch-technischen Zwängen. Ihr Konstruktionsprinzip »Das Wichtigste nach vorn« zwingt den Journalisten zur Interpretation: Was hält er für das Wichtigste? Aber das entbindet ihn nicht von der Pflicht, den Sachverhalt so objektiv und zuverlässig wie möglich wiederzugeben. *Schönbach* (1977) spricht von der Trennungsnorm.

Technische Zwänge beeinflussen vor allem die Überschriften. Eine *Schlagzeile* informiert um so sachlicher über Wer und/oder Was, je länger sie ist. Kurze Schlagzeilen begnügen sich dagegen oft mit einem kommentierenden Ausruf. Je größer der Schriftgrad einer Schlagzeile, desto weniger Wörter kann sie fassen, desto emotionaler wird sie also in der Regel sein. Daß Überschriften wegen des Zwangs zur Kürze auch die politische Tendenz verraten – während die *Frankfurter Allgemeine* die CDU in die Überschrift rücke und die SPD in die Unterzeile verbanne, halte die *Frankfurter Rundschau* es umgekehrt (*Schneider* 1993) –, ist allerdings eher ein Gag als eine sorgfältige Beobachtung. Es ist vielmehr die jeweilige Regierung, die leichter in die Überschriften, und die jeweilige Opposition, die in die Unterzeilen dazu kommt. Das liegt daran, daß die Regierenden agieren, indem sie »Tatsachen zum Darnachrichten« schaffen, und daß die Opposition in der Regel reagiert. Hat die Nachricht als Vehikel von Fakten unbewußt eine stärkere Nähe zu den Machthabern?

Erwartungen der Rezipienten: Der durchschnittliche Kunde der Medien will knapp, klar und zuverlässig informiert werden. Aus zwei Motiven ist wenigstens ein Teil der Rezipienten geneigt, mehr Zeit zu investieren: aus Wissensdurst, also aus dem Bedürfnis, sich mit gründlichem Wissen auf der Höhe der Zeit zu halten (nicht zuletzt, um für den Beruf und außerberufliche Aufgaben gewappnet zu sein), und aus Unterhaltungs- und Sensationslust. Das erste Bedürfnis wird im Nachrichtenteil befriedigt mit Berichten, Reportagen, Analysen, Kommentaren, Dokumentationen; das zweite mit bunten (leichten) Nachrichten, Features und phantasiebetonten Genres.

Berichte in amerikanischen Zeitungen enthalten nicht nur immer mehr Interpretation und Wertung, sondern auch immer mehr Human-Interest-Appelle wie Personalisierung und Zitate (*Patterson* 1993). Auf diese Weise übernehmen *hard news* Stilmittel der *soft news*. Leichte Nachrichten sind nicht immer sachlich formuliert; vielmehr schlagen sie oft einen persönlicheren, farbigeren, affektiveren Ton an. Sie müssen nicht nach der Wichtigkeit der mitgeteilten Information geordnet sein, sondern stellen vielfach eine reizvolle Einzelheit an den Anfang, die nicht unmittelbar über eines der vier W's Aufschluß gibt. Für den Schluß bewahren sie eine besondere Belohnung auf, eine intime Information, ein Zitat, einen Gag. Sie befassen sich meist mit Unglücksfällen und Verbrechen, Korruption und Angelegenheiten der Intimsphäre, mit Sport, menschlich rührenden und gesellschaftlichen Ereignissen (oder, schlagwortartig ausgedrückt, mit den gefühlsträchtigen B's: Blut, Busen, Bällen, Beichten und Babys). Soft news finden sich vor allem in Straßenverkehrszeitungen und auf den ›bunten Seiten‹ der Abonnementzeitungen, aber auch in bestimmten Nachrichtenagenturen wie *AP*

(*Wilke / Rosenberger* 1991). Man nennt es Infotainment, wenn Nachrichten als Unterhaltung präsentiert werden. Aber auch wer leichte Nachrichten schreibt, sollte sich quälen. Nachrichten müssen stimmen, und deshalb muß sorgfältig recherchiert werden.

Das Rollenverständnis des Kommunikators und das Rollenverständnis der Rezipienten geraten zunehmend in Konflikt zueinander – und zwar nicht selten in ein und derselben Person: die Nachricht ist eine in höchstem Maße dienende Form. Die darstellende Person tritt hinter die darzustellende Sache zurück. Die Ich-Form ist daher in der Nachricht streng verboten. Aber wir leben in einer Zeit, in der niemand anderen dienen und jedermann sich gern bedienen lassen möchte. Viele wollen andere beeinflussen, aber niemand will sich beeinflussen lassen. Schon im Projekt ›Zeitung in der Schule‹, aber erst recht in Seminaren der Hochschulen ist zu beobachten, daß junge Leute sich immer schwerer tun, Nachrichten abzufassen, und daß sie immer flotter Meinungsartikel schreiben. Außerdem produzieren gerade junge Leute gern lange Artikel, aber sie wollen oft nur kurze Formen lesen. Aus allen diesen Gründen haben wir trotz der Informationsflut keine Nachrichtenkultur.

Die Stärke der Nachrichten, daß sie an aktuelle Ereignisse anknüpfen, ist auch ihre Schwäche. Sie informieren nämlich in der Regel nur über das, was sich aufdrängt. Ein früherer leitender dpa-Redakteur (Pseudonym: *Manfred Steffens*) hat in seinem immer noch lesenswerten Buch ›Das Geschäft mit der Nachricht‹ (1969, 59) von einem »journalistischen Urknall« gesprochen, was hieße, daß am Anfang ein Ereignis, eine Ursache stünde, woraus sich alles andere entwickelte. Aber den Anfang registrieren die meisten Nachrichten gar nicht. *Walter Lippmanns* Vergleich mit einem Keimling trifft eher. Nur in dem kurzen Augenblick, in dem er durch die Erdoberfläche ans Licht der Welt stoße, gelte der Nachrichtenkeimling als beschreibenswert (1922, deutsch 1964). Über den Samen und das Keimen im Erdreich sowie über das weitere Gedeihen der Pflanze nach dem Aufkeimen verraten Nachrichten wenig oder nichts. Außerdem nehmen sie längst nicht alle Keimlinge zur Kenntnis (→ Nachricht). Um so wichtiger ist die Ergänzung der Nachricht durch andere Darstellungsformen. Schon für *Berichte*, aber erst recht für *Reportagen*, *Features*, Nachrichtenstories der Magazine und analytische *Kommentare* reichen Informationen, die offenliegen, nicht aus. Vielmehr fördern diese Genres zusätzlich oder gar ausschließlich Informationen zutage, die sonst verborgen bleiben. Genügt es bei der Nachricht in der Regel, Gehörtes und Gesehenes in eine prägnante Form zu gießen, so tritt spätestens bei den anderen Genres als unerläßliche Vorarbeit die *Recherche* hinzu: »Das Recherchieren ist im engeren Sinne ein Verfahren zur Beschaffung und Beurteilung von Aussagen, die ohne dieses Verfahren nicht preisgegeben, also nicht publik würden« (*Haller* 1983, 171). Tatsachenbetonte Reportagen und Features sind nicht einmal unbedingt an aktuelle Ereignisse gebunden. Um so wichtiger ist die Recherche. Das Lehr- und Lesebuch ›Praktischer Journalismus‹ (1963) der Deutschen Journalistenschule hält das Recherchieren sogar grundsätzlich für wichtiger als das Schreiben. Wie man das macht, ist dem ›ABC des Journalismus‹ (1990), ferner *Brendel/Grobe* (1976), *Garrison* (1992), *Gerhardt* (1993), *Pürer* (1991), *Haller* (1991), *Mast* (1994), *Meyer/Boele* (X, 1994) zu entnehmen.

Reportage

Reportage (lateinisch: reportare = überbringen) ist ein tatsachenbetonter, aber persönlich gefärbter Erlebnisbericht. »Sie bezieht sich auf Ereignisse und vermittelt sie als Erlebnisse« (*Haller* 1990). Daher soll sie so konkret und anschaulich wie möglich sein (*LaRoche* 1992). Es gibt zwei Grundformen der Reportage: den farbigen Bericht (*Report*) über ein handlungsreiches Ereignis und die durch die Beschreibung von Handlungen spannend aufgelockerte *Milieustudie*. »Reportage heißt Sichtbarmachung der Arbeit und der Lebensweise«, sagte einer ihrer Meister, *Egon Erwin Kisch*; er dachte dabei also an die hier an zweiter Stelle genannte, die klassische Grundform. Auch jeder gute *Reisebericht* ist eine Milieustudie in diesem Sinne. Die Reportage kann Themen aus allen Bereichen ›behandeln‹, wobei der Reporter entweder aus eigener Augenzeugenschaft berichtet (Sonderform: *Inside-Story*) oder die Auskünfte von Augenzeugen als Rohmaterial verwendet. Reportage ist »stellvertretende Wahrnehmung der Außenwelt für die Leser, ist nachdenklicher, wacher Augenzeugen-Bericht« (*Gerhardt* 1993, 151). Daher sei die moderne Reportage »sprachgestaltete (Um-)Welterfahrung« (*Haller* 1987, 96). Die Lebhaftigkeit der Reportage resultiert aus dem Wechsel zum Beispiel der Perspektive: konkrete Einzelheit (Ereignis) und Allgemeines (Zustände, Prozesse), Anschauung und Abstraktion: Naheinstellung und Totale (besonders beim Aufhänger der ereignisbezogenen Information, an der man die Darstellung anfangs ›aufhängt‹, ist die Naheinstellung beliebt); Wechsel im Tempus und im Tempo: Perfekt und Imperfekt (historischer Hintergrund, der Gegenwärtiges verdeutlicht, Entwicklungen, die das Warum erklären), Präsens (temposteigernder Erlebnisbericht; Darstellung von Handlungen) und Futur (das Andeuten kommender Ereignisse); Wechsel in der Aktualität: primäre (akute) Aktualität, besonders für den Aufhänger (›topical peg‹), und sekundäre (latente) Aktualität; Wechsel in den formalen Mitteln: Erlebnisbericht, Stimmungsschilderung, Zitat, Dokumentation.

Schönbach (1977) hat herausgefunden, daß die Reportage im allgemeinen »besonders stark an die redaktionelle Linie angeglichen« sei. Mit Recht wundert er sich darüber, erlaubte doch die Reportage dem Autor wegen ihres individuellen Stils und ihres Erlebnischarakters eigentlich mehr Freiheiten: »Der Reporter sieht sich also – im Gegensatz etwa zum Nachrichtenredakteur – dazu ermuntert, Anderes und anders zu schreiben...: ›Gute‹ Reportagen sind originell.« Ließe sich Schönbachs Untersuchungsergebnis verallgemeinern, gäbe es keine originellen Reportagen. Auf die *Frankfurter Allgemeine Zeitung* trifft die strenge Abstimmung der Aussage von Reportagen mit der redaktionellen Linie, wie Schönbach feststellt, nicht zu. Aber nicht nur in dieser Zeitung erscheinen eigenwillige Reportagen. Meistens erhalten nur gute Schreiber den Auftrag, eine Reportage zu verfassen – und gute Schreiber beeinflussen auch die Linie ihrer Zeitung: Das mag ein Grund für die oft übereinstimmende Linie sein.

Für Zeitungen ist die Reportage das Genre, das den Abstand zwischen Kommunikator und Rezipient am leichtesten verringert – wenigstens zum Schein. Vor der Einführung von Hörfunk und Fernsehen galt allgemein und für Druckmedien gilt noch heute: Im Gegensatz zum gesprochenen Wort kann das geschriebene Wort auch Rezipienten erreichen, die nicht persönlich anwesend sind. Die Schriftsprache überwindet also Distanzen; aber sie schafft auch Distanz, weil die Rezipienten nicht unmittelbar mit dem Autor in Kontakt treten können: Die Schriftsprache entrückt den Kommunikator seinem Publikum. Indem die Reportage mit ihren Stilmitteln zum Miterleben und Mitfühlen einlädt, bringt sie nicht nur das Dargestellte, sondern auch den Darsteller dem Leser näher. Der Kommunikator darf bei temperamentvollen Erlebnisschilderungen sogar als »Ich« auftreten (*Reumann* 1992, 225 ff.).

In engerem Sinne überwindet die Reportage nach *Haller* (1987, 95) »soziale Distanzen und institutionelle Barrieren…, um hinter die Fassaden zu blicken«. Wer *Haller* folgt, wird von der Reportage erwarten, daß sie nicht kreuzbrav sei, also eher einmal von der Linie abweiche. Es waren Reporter, die Ende des 19. Jahrhunderts in den USA mit ›Sensationsstories‹ soziale Mißstände, Korruption und Vetternwirtschaft aufdeckten. Dieser *Enthüllungsjournalismus* bediente sich der ›recherchierten Reportage‹, d. h. dem Abfassen des Artikels ging oft monatelanges detektivisches Recherchieren voraus. Aus jener Tradition leitet sich der *investigative Journalismus* (investigative reporting) ab. Wenn dieser Journalismus nicht in erster Linie der Verteidigung demokratischer Tugenden und Einrichtungen dient, sondern eher durch Sensationshascherei der Auflagensteigerung, nennt man ihn abfällig ›*muckraking*‹. Der amerikanische Präsident Theodore Roosevelt hat sogar Journalisten, die ausschließlich mit der Aufdeckung von Korruption beschäftigt sind, mit jenem Mann in Bunyans ›Pilgrim's Progress‹ verglichen, »der nie in andere Richtung blicken konnte als zu Boden, mit der Mistgabel (muckrake) in Händen…«

Feature

Das Feature (engl.: Gesichtszug, wesentlicher Zug, charakteristisches Merkmal) im engeren Sinne ist ein Nachrichten-Streiflicht – so wie die *Glosse* ein Meinungs-Streiflicht ist –, eine auf einen Gesichtspunkt zugespitzte Reportage. *Haller* unterscheidet strenger als andere zwischen *Reportage* und *Feature*. Für ihn konzentriert sich das Feature noch stärker als die Reportage auf die Aufgabe, abstrakte Sachverhalte ins Konkrete der Alltagserfahrung zu übersetzen – und zwar durch Anschaulichkeit, die »mit Hilfe weniger sinnlich dargestellter Situationen einige charakteristische Züge hervorhebt« (*Haller* 1987, 76 ff.). Gelegentlich wird das Feature auch als »bunter Bruder« der Reportage bezeichnet, die mehr Subjektivität, mehr Farbe erlaube. dpa versteht unter Feature eher eine Plauderei, die sich auf Modethemen, aber nicht unbedingt auf einen aktuellen Anlaß bezieht (*Meyer/Boele*, VI, 16). Doch sind Reportage und Feature einander so innig verwandt, daß *Gerhardt* (1993, 150) beide Formen pragmatisch gemeinsam behandelt.

Im weiteren Sinne ist Feature ein Sammelbegriff vor allem für akustische Ausdrucksformen, die einen an sich undramatischen Stoff durch Effekte beleben, ›aufgaggen‹. Der Begriff bürgerte sich in Deutschland bezeichnenderweise erst mit dem Ausbreiten der Funkmedien ein, und in letzter Zeit wird Feature gar zu einem nivellierenden Modewort für Reportage. Die von *Brendel* (1976) vertretene Auffassung, das Feature sei in Recherche und Aussage gründlicher als die Reportage, ist falsch. Beim Recherchieren kann man nie gründlich genug sein.

›To feature a stroy‹ heißt im Jargon der amerikanischen Journalisten, einem Zeitungsartikel (auch nur einer Überschrift) oder einem Hörfunkbeitrag einen die Aufmerksamkeit weckenden Akzent zu geben. Wenn das mit Hilfe sprachlicher Kunstgriffe geschieht, sprechen deutsche Pressejournalisten immer noch lieber von ›feuilletonistisch‹ als von ›angefietschert‹ oder ›verfietschert‹.

Feuilletonistisch will sagen: geschliffen, pointiert, auch aphoristisch, verdichtet, dichterisch. Dagegen ist bei den Funkmedien viel vom ›Verfietschern‹ die Rede. Der Featurecharakter wird dabei durch Sprecher- und Szenenwechsel erreicht, durch Einblenden von kurzen Statements, Kurzinterviews, Archivaufnahmen, Geräuschen und Musik.

Interview

Das Interview ist nicht nur eine Darstellungsform, sondern auch eine Methode des *Recherchierens*. Durch Nachfragen bei Augenzeugen, Fachleuten, Politikern usw. (oft per Telefon) wird ein erheblicher Teil des Nachrichtenrohstoffs beschafft (Materialsammlung). Solch formlose Interviews gehören zum selbstverständlichen Handwerkszeug der Journalisten. Das wissenschaftliche Interview, das Interview der Sozialforschung (→ Methoden), ist zwar im Prinzip auch ein Verfahren der Erhebung von Tatsachen, Meinungen und Einstellungen, es folgt aber doch meist strengeren Regeln der Formulierung und Auswertung als das journalistische Interview. Wie aus der Befragung eine Darstellungsform wurde, hat *Haller* (1991) beschrieben. Das Interview will entweder »die Haltung einer Person zu bestimmten Sachfragen ergründen oder die Persönlichkeit eines Menschen darstellen« (*ABC des Journalismus*, 1990, 44). Selbstverständlich gibt es auch die Mischform.

Hörfunk und Fernsehen können ihr Publikum live miterleben lassen, wie die Journalisten Informanten befragen. Die Auskunftgebenden sind sich dabei bewußt, daß ihre Stellungnahmen oder Berichte unbearbeitet an die Adressaten gelangen, es sei denn, daß nur Teile des Interviews in andere Darstellungsformen eingeblendet werden. Interviews können sich zu ganzen Sendungen verselbständigen: *Talkshows* und Porträtsendungen. Unvergessen ist die Reihe von *Günter Gaus* ›Zur Person‹. Gesprächsformen in den Funkmedien, besonders im Fernsehen, haben »Vorzüge, die jenseits des Verbalen liegen: Sie vermitteln den Klang der Stimme, verraten mehr von den Affekten des Sprechenden, als gedruckte Aufzeichnungen es können, sie erschließen die so wichtige stumme Dimension, die jedem Gespräch eigen ist: die Bewegung des Gesichts und der Hände, das Lächeln, Blinzeln, Stirnrunzeln, Kopfnicken – den ganzen Bereich der Mimik und der Gestik. Mit anderen Worten; das elektronische Medium kann die komplexe Situation, in der ein Gespräch sich vollzieht, ganz außergewöhnlich intensiv zeigen.« (*Frenzel*) Die Leistung des befragenden Journalisten ist es, den Befragten aus sich herauszulocken: »Meine Rolle in diesen Fernsehgesprächen ist... die eines Katalysators, der dem Partner das Reagieren nicht anheimstellt, sondern ihn zur Reaktion in den wesentlichen Punkten zwingt« (*Gaus* 1965).

Geformt ist das Interview aber vor allem in den Pressemedien. Auch Zeitungsleute können außer der gerafften Wiedergabe des Gesprächs eine Charakterisierung der befragten Person und eine Schilderung ihrer Aufgaben und ihrer Umgebung versuchen. Aber sie müssen durch Beschreibung ersetzen, was das Fernsehen an unmittelbaren Eindrücken vermittelt. Das mag einer der Gründe dafür sein, warum das geformte Interview in der Presse selten vorkommt. Beliebt bei Lesern ist allerdings das zum *Porträt* verarbeitete Interview. Dokumentarischen Wert kann das dialogische Interview erreichen, bei dem der Wortlaut des Gesprächs protokolliert (vor der Veröffentlichung allerdings meistens gestrafft und stilistisch geschönt) wird. Vor allem der *Spiegel* pflegt diese Form. *Michael Haller*, der Redakteur beim *Spiegel* und bei der *Zeit* war, schreibt:»Interviewen heißt: Antworten einfordern.« (1991, 90) So ist es. Gelegentlich ist dem *Spiegel*-Gespräch vorgeworfen worden, es wolle nicht informieren, sondern dekuvrieren, es sei kein Gespräch, sondern eine Inquisition. In Ausnahmefällen wird auch die journalistische Inquisition ihre Berechtigung haben. Oft ist sie aber nur die Übertreibung des Wunsches, den Gesprächspartner zu einer ›wesentlichen‹ Reaktion zu zwingen. Ein Interview soll keine Vergewaltigung sein, sondern höchstens ein Zweikampf, ein fairer Zweikampf. Schüler des Projekts ›Zeitung in der Schule‹, die Bundeskanzler Kohl bei einem Interview, wie sie sagten,»auf den Rücken legen« wollten, sahen sich bald selbst auf dem Rücken liegen – ohne daß es jemandem genutzt hätte (Reumann 1992, 192 f.). Aus einem Interview sollten beide Gesprächspartner einen Nutzen ziehen, vor allem aber das Publikum.

Das *Statement* (engl.: to state = festsetzen, erklären) notiert – im Unterschied zum Interview – nur die kurze Stellungnahme einer Persönlichkeit zu einem einzigen Thema, ohne daß der Journalist als Fragender in Erscheinung tritt. Das Statement ist eine typische Stilform der Funkmedien. Wie das Interview soll es über Meinungen informieren, aber selbstverständlich kann es auch Meinungen lancieren.

Rundgespräch

Ebenfalls von den Funkmedien eingeführt wurde das Rundgespräch (teilweise fand es auch Eingang in die Presse). Das Rundgespräch (die *Fernsehdiskussion*) soll – von Sachverständigen oder Politikern unterschiedlicher Provenienz und Couleur geführt – dem Hörer oder Zuschauer einen breiten Fächer an Argumenten und Meinungen anbieten (›*Der Internationale Frühschoppen*‹ war das bekannteste Beispiel dafür). Spannung und Farbigkeit der Diskussion leiten sich meist aus den Konflikten her, die zwischen den Vertretern unterschiedlicher Standpunkte ausgetragen werden. Verlauf und Erfolg der Diskussion hängen dabei stark vom Journalisten als Gesprächsleiter ab – und zwar davon, wie gezielt seine Fragen die Kontroversen ansprechen, wie geschickt die einzelnen Gesprächspartner in die Diskussion eingeschaltet werden.

Leitartikel

Der Leitartikel ist Quintessenz oder ›die Flagge der Zeitung‹ (der Zeitschrift), eine ›Kundgebung der Redaktion‹. Am deutlichsten wird das dort, wo er, wie in der *New York Times*, nicht namentlich gezeichnet wird: Das besagt, daß er nicht die Meinung eines einzelnen, sondern die der Mehrheit der Redaktion wiedergibt (im Gegensatz zur *Kolumne*). Die größeren Abonnementzeitungen veröffentlichen in jeder Nummer einen Leitartikel. Ursprünglich stand er, um seine Bedeutung herauszustreichen, immer an einleitender Stelle der ersten Seite, an einer Art ›Ehrenplatz‹ des Presseorgans, meist auch graphisch durch Schriftgrad, Schrifttype oder Kasten hervorgehoben. Viele Zeitungen sind allerdings dazu übergegangen, die erste Seite für Nachrichten und Fotos zu reservieren und den Leitartikel zusammen mit weiteren Kommentaren auf einer besonderen Meinungsseite im Innern des Blattes zu plazieren (*New York Times, Süddeutsche Zeitung*). Zeitungen, die, wie die *Frankfurter Allgemeine Zeitung*, den Leitartikel immer noch auf der ersten Seite veröffentlichen, glauben damit eine um so stärkere Wirkung zu erzielen. Und wirken will der Leitartikel, er ist die Stilform mit den meisten Imperativen.

Ihre Meinung haben Journalisten früher in *Liedern* (*Walther von der Vogelweide*) oder auf *Flugblättern* geäußert. In der regelmäßig erscheinenden Presse bürgerte sich der Leitartikel zuerst dort ein, wo die Pressefreiheit sich am frühesten durchsetzte. Daher ist es kein Zufall, daß der in England seit Anfang des 19. Jahrhunderts gebräuchliche Ausdruck *leading article* auch in Deutschland übernommen worden ist. (In Frankreich hatte es Presse-Leitartikel schon während der großen Revolution gegeben.) Der deutsche Leitartikel konnte lange Zeit seine Abstammung vom *gelehrten Artikel* der Zeitschrift (weit ausholende Argumentation, umständlich dozierender Stil) nicht leugnen, schrieben ihn doch meist »an den Universitäten verunglückte Privatdozenten« (vgl. → Pressegeschichte). Der erste Leitartikel der *Weimarschen Zeitung* zum Beispiel erstreckte sich 1846 über drei Nummern. Schon wegen ihres Umfangs nannte man diese Beiträge ›Hauptartikel‹. Aber je lebendiger und kürzer sie wurden, desto bereitwilliger wechselte man zur Bezeichnung Leitartikel über. Manchmal heißt es heute kurz und häßlich ›Leiter‹. Die ›Leitartikler‹ formulieren die Linie der Zeitung.

Den kämpfenden Leitartikel, der »angreift, fordert, hinreißt, Aktion ist und politische Tat sein kann« (*Dovifat*), gab es vorwiegend in politischen Spannungszeiten des 19. und 20. Jahrhunderts. Ein klassisches Beispiel aus der jüngeren Vergangenheit bilden die einflußreichen Leitartikel von *Theodor Wolff* im *Berliner Tageblatt*. Der F.A.Z.-Herausgeber *Jürgen Tern* schrieb, es brauche die volle politische Leidenschaft, den Mut vor den Bedrückern, den Widerwillen gegen das Unrecht, um Leitartikel zu schreiben: Das mache den Stil aus, der überzeuge. Wo es des Muts nicht bedarf, geht die Faszination des Leitartikels verloren. Tern glaubte denn auch, daß der Vorrang des Leitartikels fragwürdig geworden sei. Viele Journalisten waren daher in den sechziger Jahren zu indirekten Formen der Beeinflussung zum Beispiel in der Reportage oder mit dem Schlager übergegangen, andere wollten überhaupt nicht mehr beeinflussen, sondern nur noch erläutern. Der begründende oder erklärende Kommentar verdrängte vielfach den Leitartikel. Bedenklich wird diese Tendenz, wenn Zeitungen ihre Meinung nicht mehr offen in meinungsbetonten Darstellungsformen kundtun, sondern in Reportagen, ja in Nachrichten verstecken; will man mit Inhaltsanalysen die Haltung solcher Zeitungen feststellen, muß man statt der Leitartikel die Nachrichten untersuchen. Beeinflussen lassen sich Rezipienten am leichtesten, wenn sie die Absicht nicht bemerken und der Nachricht unterstellen, daß sie nicht lenken, sondern informieren will. Dabei kann man durch Nachrichtenauswahl wie durch das Hervorheben oder Weglassen bestimmter Aspekte in einer Nachricht Meinungen manipulieren (→ Nachricht). Im Sinne einer demokratisch unabhängigen Meinungsbildung liegt das selbstverständlich nicht. Leser, Hörer und Zuschauer sollten also nur dort mit Beeinflussungsversuchen konfrontiert werden, wo sie sie erwarten. Deshalb ist es zu begrüßen, daß der Leitartikel wieder an Kraft gewonnen hat. Viele Leser schätzen eine offene Stellungnahme sogar dann, wenn sie die darin geäußerte Meinung nicht teilen. Originelle Argumente nehmen sie wie Informationen auf.

Kommentar

Der Kommentar interpretiert und bewertet aktuelle Ereignisse und Meinungsäußerungen. Gegenüber dem Leitartikel ist er, wenigstens scheinbar, eine nicht so subjektive, eine eher sachbezogene Meinungsstilform. Die Sprachwurzel *mens* des lateinischen Wortes *commentari* (= überdenken) deutet darauf hin, daß der Kommentar mit Verstand zum Verstehen führen will: Er argumentiert, indem er Tatsachen in Zusammenhänge stellt, das Entstehen von Meinungen untersucht und deren Bedeutung diskutiert. Er ist die Meinungsstilform, die eher Fragezeichen als Ausrufezeichen setzt. Allerdings sollte er auch nach Antworten suchen. Von den sieben nachrichtlichen W's (Wer, Was, Wann, Wo, Welche Quelle, Wie, Warum) ist für ihn das Warum besonders wichtig. Hinzu kommt als achtes W: Welche Schlußfolgerung (whence)?

Weil der Kommentar sowohl Tatsachen (erläuternd, interpretierend) als auch Meinungen (begründend, beweisend, widerlegend) erörtert, wird der Begriff Kommentar häufig für meinungsbetonte Formen überhaupt verwendet (etwa in der Gegenüberstellung ›Nachricht und Kommentar‹). Diesem Begriffswandel kommt auch die Tatsache entgegen, daß die Funkmedien in der Bundesrepublik nur ›Kommentare‹ bringen (soweit sie öffentlich-rechtlichen Status haben, sind sie gehalten, verschiedene Meinungen, aber nicht eine einheitliche Stellungnahme ›der‹ Redaktion auszustrahlen). Der Leitartikel ist eine spezifische Stilform der Presse geblieben.

Kolumne

Die Kolumne (das Wort bedeutete ursprünglich ›Satz einer Seite‹, dann ›Spalte‹, ›Kolonne‹, in der ein Autor regelmäßig veröffentlicht) ist ein Meinungsartikel eines einzelnen, oft sehr bekannten Publizisten. Die Zeitungen und Zeitschriften machen meist durch einen Hinweis deutlich, daß sie sich mit dem Inhalt der Kolumne nicht unbedingt identifizieren, sondern dem Autor gleichsam nur den Raum zur Veröffentlichung seiner Meinung zur Verfügung stellen (»Fremde Federn«). Entsprechend ist es üblich, daß die Texte eines Kolumnisten unverändert gedruckt, also nicht redigiert werden. Ihr Stil läßt die individuelle Schreibweise des Verfassers zur Geltung kommen, ist oft pointiert, auch polemisch.

Die Kolumne fand erst spät Eingang in deutsche Zeitungen und Zeitschriften. Vorbild waren hier die Blätter in den USA. Dort galten und gelten berühmte Kolumnisten wie *Walter Lippmann*, *James Reston*, *C. L. Sulzberger*, *Art Buchwald*, *William Safire*, deren Artikel in zahlreichen Zeitungen gleichzeitig erscheinen, geradezu als ›nationale Institutionen‹. Lippmanns berühmte Kolumne ›Today and Tomorrow‹ wurde beispielsweise regelmäßig von 250 Zeitungen übernommen.

Essay

Die Sonderstellung des Essays mag zu einem literarisch kühnen Versuch über den Charakter der Deutschen einladen. Es ist eine deutsche Eigenart, wertend zwischen (oft weltabgewandten) Dichtern, (zeitnahen) Schriftstellern und (zu zeitnahen) Journalisten (Tagesschriftstellern) zu unterscheiden. Daher hat man auch die Lyrik, den Roman und die Novelle zur (Dicht-)Kunst gerechnet, aber nicht den Essay (und schon gar nicht die journalistischen Formen). Doch je mehr man von der Literatur allgemein verlangte, daß sie sich mit der Zeit auseinandersetze, mit der Gesellschaft befasse, desto stärker ist der Essay als Kunstform aufgewertet worden. Bezeichnend, daß *K. A. Horst* 1962 in der damals neuen Ausgabe seines »Kritischen Führers durch die deutsche Literatur der Gegenwart« dem Essay fast ebensoviel Raum widmete wie dem Roman und der Lyrik zusammengenommen.

Ludwig Rohners Sammlung deutscher Essays aus zwei Jahrhunderten (1969) hat noch lebhafter als sein Buch über den deutschen Essay (1966) die Diskussion über diese Stilform entfacht. Rohner bezeichnet diese literarisch anspruchsvolle Form des Journalismus als ein kürzeres, geschlossenes, verhältnismäßig locker komponiertes Stück betrachtsamer Prosa, das seinen Gegenstand meist kritisch deutend umspiele, »dabei am liebsten synthetisch, assoziativ, anschauungsbildend verfährt, den fiktiven Partner im geistigen Gespräch virtuos unterhält und dessen Bildung, kombinatorisches Denken, Phantasie erlebnishaft einsetzt«. Aber je größere literarische Anerkennung der wegen seiner offenen Form kaum zu definierende Essay fand, desto lauter klagten die Fachleute, daß er im Journalismus immer seltener werde. Der Essay konzentriert sich zwar auf ein Thema, aber er behandelt es, als wäre es die Welt. Es ist gerätselt worden, ob dieser journalistisch-schriftstellerische Versuch, »die Welt noch einmal als Ganzes zu stiften«, nur in gesicherter Zeit und Umwelt gelinge (*Bachmann* 1970).

Aber der wahre Grund für den Mangel an Essays dürfte sein, daß nur gelungene Stücke als Essays anerkannt werden; den schlechten Essay gibt es nicht; der wird pejorativ *Traktat* genannt. Wenn die professoralen Traktate so stark überwiegen wie heute, ist die Klage über das Defizit an Essays verständlich. Als Meister des Essays haben seit jeher die Franzosen gegolten.

Glosse

Die Glosse ist der Farbtupfer, das Streiflicht oder der ›Mückenstich‹ unter den Meinungsstilformen: ein Sammelbegriff vor allem für kurze Meinungsartikel. Allgemeine Kennzeichen: zugespitzte Form der Argumentation (die in eine Pointe mündet) und die Konzentration auf einen bestimmten Aspekt (bei der politischen Leitglosse auf den wichtigsten Aspekt). Im engeren Sinne bezeichnet Glosse (gr.: glotta = Zunge) die Meinungsstilform mit einer verhältnismäßig ausgeprägten feuilletonistischen Sprache, mit epigrammatischer Eleganz der Formulierung. Relativ häufig – wenn auch noch nicht häufig genug – verwendet sie Ironie und Satire als Stilmittel; sie bedient sich, besonders in der Form der Sprachglosse, auch ungewöhnlicher, origineller Wörter, einschließlich Umgangssprache, Mundart, Dialekt. Glossen, die ihre Adressaten zum Lachen reizen wollen, bedürfen der blitzenden Einfälle. Diese blitzen aber nur, wenn sie wie zufällig hingetupft erscheinen, und daher glauben viele, die Glosse entstehe aus einem Überfall des Zufalls, einem Seitensprung des Ernstes. Das trifft gelegentlich sogar zu. Aber wer, wie die *Süddeutsche Zeitung*, eine ständige Rubrik ›*Streiflicht*‹ einrichtet, muß bereit sein, hauptamtliche Schwerstarbeiter für leichte Formulierungen einzustellen. Das hat, außer der *Süddeutschen Zeitung*, offenbar niemand bedacht. Außerdem verlangt die lachende Glosse Liberalität; denn die Rösselsprünge des Humors sind unberechenbar. Schließlich bezieht das ›Streiflicht‹ einen Teil seiner Wirkung auch daraus, daß die *Süddeutsche Zeitung* ihre Glosse – wie die *Frankfurter Allgemeine* ihren Leitartikel – auf der ersten Seite plaziert.

Lokalglosse oder *Lokalspitze* ist ein Oberbegriff für den ›Leitartikel‹ des Lokalteils von Tageszeitungen, für lokale Kommentare, Glossen (im engeren Sinne) und Feuilletons mit direktem oder indirektem Lokalbezug, die, meist graphisch hervorgehoben, in der Regel am ›Ehrenplatz‹ (der ›Spitze‹) des Lokalteils veröffentlicht werden.

Feuilleton

Feuilleton steht als Begriff nicht nur für eine journalistische Stilform, sondern auch für das *Ressort* in der Zeitung, das die kulturellen Nachrichten, Analysen und Kritiken des kulturellen Lebens sowie Rezensionen und literarische Unterhaltung wie *Roman* und Kurzgeschichte bringt. Das französische Wort *feuilleton* (abgeleitet von feuille, feuillet = Blatt, Blättchen) bezeichnete ursprünglich eine Beilage, die ein Viertel bis ein Drittel eines Druckbogens umfaßt. Noch heute bringen vor allem kleinere Zeitungen das Feuilleton so, wie es Anfang des 19. Jahrhunderts Eingang fand in die Zeitungen: ›unter dem Strich‹, auf dem unteren Drittel der zweiten Seite. Die Sparte Feuilleton ist freilich so angewachsen, daß sie meist nur noch zum Teil ›am Fuß‹ einer Seite unterzubringen ist.

»Zweitens erfaßt man das Feuilleton als stilistisches Gewand, in das Nachrichten und Meinungen – um besseren Ankommens willen – gekleidet werden.« (*Haacke* 1951) Die Sparte Feuilleton übernahm (besonders von den Romantikern) den *feuilletonistischen Stil*, der rhetorische Figuren anwendet wie: Antithese, Klimax, Parallelismus (etwa durch denselben Auftakt mehrerer Satzteile, Sätze oder Perioden: Anapher; oder durch denselben Ausklang: Epipher), Anwendung gleichklingener Wörter (Paronomasie), Wortspiele, Zeugma (ein Verb beherrscht mehrere gleichgeordnete, aber nicht gleichartige Objekte bzw. Satzteile), Bilder, Metaphern, Vergleiche usw. Besonders die ästhetisch orientierten Meinungsstilformen wie *Literatur-*, *Theater-*, *Musik-*, *Filmkritik* zeichnen sich durch eine Häufung feuilletonistischer Sprachfiguren aus.

Feuilletonistischer Stil kann die Sachdarstellung beleben (und daher drang er mit der Glosse und mit der Popularisierung der Zeitungssprache auch teilweise in andere Sparten ein), er kann aber auch durch Übertreibung des Artifiziellen und durch blumige Umschreibung von der Sache ablenken. Mit *Feuilletonismus* wird daher auch ein verschwommener, bildhafter Stil oder eine journalistisch distanzierende Haltung charakterisiert, die durch sprachliche Brillanz vom Sachlichen ablenkt und Ernstes und Leichtes nivelliert. *Hermann Hesse* hat sogar böse vom »feuilletonistischen Zeitalter« gesprochen.

Feuilleton als Darstellungsform (auch ›Kleine Form‹ genannt) schildert in betont persönlicher Weise die Kleinigkeiten, ja Nebensächlichkeiten des Lebens und versucht, ihnen eine menschlich bewegende, erbauliche Seite abzugewinnen, die das Alltägliche interessant macht. Nicht selten wird dabei das scheinbar banale gleichnishaft überhöht und zu exemplarischer Bedeutung stilisiert. Als deutsche Klassiker der Kleinen Form gelten *Victor Auburtin* und *Alfred Polgar*.

Andere phantasiebetonte Formen

Zu den phantasiebetonten Formen, die sich der Sprache als Gestaltungsmittel bedienen, gehören außer Feuilletons und Kurzgeschichten auch *Fortsetzungsromane*, die eigentlich keine primär journalistische Form sind, weil Romane meist als Bücher und nur selten in periodischen Schriften veröffentlicht werden. Es gibt aber auch Romane, die eigens für die Presse geschrieben wurden und dann meist eine periodische Akzentuierung der Spannung am Schluß jeder Fortsetzung aufweisen, um auf die nächste begierig zu machen.

Zu den phantasiebetonten Formen, die neben der Sprache auch optische und akustische Gestaltungsmittel anwenden, gehören vor allem die *Hör-* und *Fernsehspiele, Shows* und *Schlagersendungen* der Funkmedien. Das Fernsehen ist inzwischen zum Unterhaltungsmedium par excellence geworden, es wendet entsprechend viel Aufmerksamkeit der Gestaltung dieser Darbietungen zu. Im gleichen Maße spielen die phantasiebetonten Stilformen, die in den Druckmedien die Unterhaltungsfunktion erfüllen, eine immer geringere Rolle.

Illustrative Formen

Teilweise haben die Druckmedien unter dem Einfluß dieser Entwicklung stärker optisch-illustrative Darbietungsformen übernommen, um sich den Mitteln des Bildmediums Fernsehen anzunähern. Allgemein hat der Umfang der Illustration in der Presse erheblich zugenommen. Das gilt in besonderem Maße für *Kaufzeitungen* (die auch ›Bildzeitungen‹ genannt werden) und für *Publikumszeitschriften.* Der *Bildjournalismus*, der sich von der authentischen *Fotografie* bis zur reinen *Zeichnung* einer ganzen Skala grafischer Stilmittel bedient, hat sich zu einer mehr und mehr eigenständigen Profession entwickelt.

Daneben behaupteten sich die beinahe schon ›klassischen‹ illustrativen Stilmittel: *Karikaturen*, die durch pointierten Inhalt oder überspitzte Form belustigen (Witzzeichnungen), kommentieren (*Bildkommentare, editorial cartoons*) oder angreifen (*Kampfbilder*). Es gibt Karikaturen, die in der Form (durch ihren Strich) übertreiben, sie werden gelegentlich auch *Zerrbilder* genannt, weil sie verzerrend vom antiken Schönheitskanon abweichen. Andere Karikaturen übertreiben im Inhalt. Künstlerisch gilt jene Karikatur als gelungen, die sowohl in der Form als auch im Inhalt übertreibt. Politisch und publizistisch ist die Karikatur am wertvollsten, die mit dieser Übertreibung das Wesentliche trifft.

Comics oder *Comic Strips* als textparallele Bildgeschichten pointieren die Aussage nicht in einer einzigen Zeichnung, sondern schildern einen Handlungsablauf in mehreren Bildern, meist sogar Serien, die sich in Zeitungen und Zeitschriften über Jahre erstrecken können (auch *Comic Books*). Wie ihre Vorläufer, die *Bilderbogen* (bekanntes Beispiel: *Neuruppiner Bilderbogen*), dienen sie in der Regel der Unterhaltung. Mitunter haben sie auch eine sozialkritische Tendenz oder werden sogar als politische Kampfmittel eingesetzt, so in der Vergangenheit während der Reformationszeit, im Revolutionsjahr 1848 und in jüngerer Zeit vor allem in der Underground-Presse.

Kurt Reumann

Kommunikationspolitik

Theoretische Grundlagen

Der *Begriff* Kommunikationspolitik wurde relativ spät, Mitte der sechziger Jahre, in die wissenschaftliche Literatur eingeführt, obwohl der bezeichnete Sachverhalt so alt ist wie die Massenmedien. Als Beginn der Kommunikationspolitik kann man die Auseinandersetzungen zwischen feudalistischem Staat und liberalem Bürgertum um die Pressefreiheit betrachten. In den liberalen Demokratien wurde die Organisation und Arbeitsweise der Massenmedien zum Gegenstand der Diskussion zwischen Parteien, Verbänden und Interessengruppen. Durch die Entwicklung der Funkmedien entstanden kommunikationspolitische Probleme auf der zwischenstaatlichen Ebene. Kommunikationspolitik ist damit heute ein Gebiet der Innenpolitik und der Außenpolitik.

Die Bedeutung des Begriffs Kommunikationspolitik ist nicht eindeutig festgelegt. Unterschiede bestehen vor allem in den Ansichten über den Gegenstand der Kommunikationspolitik und den Modus kommunikationspolitischen Handelns. Gegenstand des Begriffs Kommunikationspolitik ist jenes Handeln, das auf die Durchsetzung rechtsverbindlicher Regeln für die Individual- und Massenkommunikation zielt. Der Begriff *Kommunikationspolitik* ist damit weiter gefaßt als der Begriff Medienpolitik (*Roegele* 1973; *Wilke* 1985). Der Begriff *Medienpolitik* bezeichnet nur jenes Handeln, das auf eine Ordnung für die Massenmedien zielt, wodurch die Massenmedien als eigentliches Objekt und ihre Ordnung als eigentliches

Ziel erscheinen. Diese Vorstellung ist mit den zentralen Elementen eines liberalen Rechtsstaates nur schwer vereinbar, weil hier die Individuen das eigentliche Objekt sind, während die Massenmedien und ihre Ordnung nur Mittel zur Verwirklichung ihrer Rechte darstellen. Die Bezeichnung Medienpolitik impliziert dagegen eine Problemverschiebung in Richtung auf eine an Organisationsinteressen orientierte Politik. Der Begriff Kommunikationspolitik im publizistikwissenschaftlichen Sinn ist vom Gebrauch im betriebswirtschaftlichen Sinn (*Marketing*) zu unterscheiden. Dort versteht man unter Kommunikationspolitik die Gestaltung sämtlicher auf den Markt zielender Kommunikationsbeziehungen eines Unternehmens.

Ein zentrales Thema der wissenschaftlichen Betrachtung von Kommunikationspolitik ist die Vereinbarkeit von kommunikationspolitischen Zielen mit den Grundlagen der politischen Ordnung. Politische Ordnungen können durch die Struktur der Herrschaft, die Organisation der Willensbildung und das Ausmaß der Repräsentation charakterisiert werden. Die Herrschaftsstruktur ist entweder monistisch oder pluralistisch. »Im ersteren Falle gibt es auf ein bestimmtes Gesellschaftsgebilde bezogen nur ein einziges Herrschaftszentrum, im zweiten Falle gibt es deren mehrere...« (*Hättich* 1967, 104). Unter *Herrschaftszentren* sind soziale Institutionen zu verstehen, die zu letzten Entscheidungen befugt sind. Die Willensbildung ist entweder monopolisiert oder konkurrierend. Unter *Willensbildung* ist die kommunikative Vorbereitung und Beeinflussung von Entscheidungen zu verstehen. Die *Repräsentation* gesellschaftlicher Sachverhalte auf politischer Ebene ist entweder total oder partiell. Bei totaler Repräsentation kann grundsätzlich jeder gesellschaftliche Sachverhalt zum Gegenstand herrschaftlicher Entscheidung werden. Bei partieller Repräsentation bleiben bestimmte gesellschaftliche Sachverhalte von der herrschaftlichen Entscheidung ausgenommen. Die Massenmedien besitzen zwar gesellschaftliche Macht, aber keine politische Entscheidungsgewalt. Sie gehören deshalb nicht zum Bereich der Herrschaftsausübung, sondern zum Bereich der Willensbildung.

Die Art der Herrschaftsstruktur, Willensbildung und Repräsentation bildet die Grundlage einer Typologie politischer Ordnungen, die zwei reine Typen und sechs Mischformen enthält. Die beiden reinen Typen sind durch folgende Merkmale gekennzeichnet: Moni-

stische Herrschaftsstruktur mit monopolisierter Willensbildung und
totaler Repräsentation, bzw. pluralistische Herrschaftsstruktur mit
konkurrierender Willensbildung und partieller Repräsentation. Beispiele für den ersten Typ bilden Theokratie und totalitäre Dikta-
tur, Beispiele für den zweiten Typ bilden verschiedene Formen der
liberalen Demokratie. In den beiden reinen Typen politischer Ordnungen sind Organisation und Arbeitsweise der Massenmedien unterschiedlich geregelt. In einem politischen System mit monistischer
Herrschaftsstruktur, monopolisierter Willensbildung und totaler
Repräsentation besitzen die Massenmedien nach innen eine Steue-
rungs-, nach außen eine Repräsentationsfunktion. Sie sind deshalb
von der Exekutive weisungsabhängig, der Berufszugang für Journalisten ist staatlich kontrolliert, Nachrichten werden zentral durch
eine Monopol-Agentur verbreitet (→ Nachricht). In einem politischen System mit pluralistischer Herrschaftsstruktur, konkurrierender Willensbildung und partieller Repräsentation nehmen die Massenmedien keine staatlichen Funktionen wahr. Sie sind deshalb von
der Exekutive weisungsunabhängig, der Zugang zum Journalistenberuf ist offen (→ Journalist), Nachrichten aus dem Ausland können
frei beschafft werden. Wegen der unterschiedlichen Regelung von
Organisation und Arbeitsweise der Massenmedien in verschiedenen
politischen Ordnungen erscheinen gleiche Sachverhalte in einem System als funktional, im anderen dagegen als dysfunktional. Dies ist
die Ursache zahlreicher Konflikte im Bereich der internationalen
Kommunikationspolitik, wo nicht nur unterschiedliche Interessen,
sondern auch gegensätzliche Strukturprinzipien aufeinandersto-
ßen.

Das *kommunikationspolitische Handeln* beruht nicht notwendigerweise auf rein kommunikationspolitischen Motiven. In
vielen Fällen werden kommunikationspolitische Ziele nur aus
machtpolitischen, wirtschaftlichen, sozialpolitischen oder anderen
Interessen verfolgt, in anderen Fällen überlagern sich verschiedenartige Motivationen. Die Kommunikationspolitik stellt dann unter
Umständen nur noch ein Mittel dar, um verdeckte Ziele zu erreichen. Eine Aufgabe der kritischen Analyse von Kommunikationspolitik besteht darin, verdeckte Motive und Ziele des Handels zu erkennen. Dabei geht es nicht darum, kommunikationspolitisches
Handeln auf sachfremde Motive zurückzuführen, sondern die kom-

munikationspolitische Bedeutung derartiger Handlungen festzustellen. Die kommunikationspolitische Analyse sucht deshalb in erster Linie nach den objektiven Folgen des Handelns und ihrer Vereinbarkeit mit Systemstrukturen und Systemzielen (*Kepplinger* 1982).

Kommunikationspolitik in der Bundesrepublik

Das politische System der Bundesrepublik Deutschland ist durch eine pluralistische Herrschaftsstruktur (Gewaltenteilung, Föderalismus), eine konkurrierende Willensbildung (Mehrparteiensystem, Pressefreiheit) und eine partielle Repräsentation (Trennung von Kirche und Staat, Schutz der Privatsphäre) gekennzeichet. Die konkurrierende Willensbildung ist im Grundgesetz und in den Länderverfassungen verankert (→ Medienrecht). Diese normativen Grundlagen sind Maßstäbe für die Beurteilung des vorhandenen Mediensystems und seiner Veränderungen durch kommunikationspolitisches Handeln.

Eine konkurrierende Willensbildung, die sich im Neben- und Gegeneinander verschiedener Informationen und Meinungen manifestiert, kann durch unterschiedliche soziale Mechanismen angestrebt werden. In der Bundesrepublik Deutschland haben sich im Bereich der Medien im wesentlichen zwei Verfahren durchgesetzt, die man als *wirtschaftliches Konkurrenzmodell* und als *administratives Kooperationsmodell* bezeichnen kann. Beim wirtschaftlichen Konkurrenzmodell bieten private Unternehmer Informationen, Meinungen, Unterhaltung zum Kauf an. Der Käufer entscheidet mit seiner Kaufentscheidung über den wirtschaftlichen Erfolg des Unternehmers und regelt so über die Nachfrage das Angebot. Das Angebot kann, weil es sich an der Nachfrage orientieren muß, als Spiegel der Interessen, Meinungen und Einstellungen in der Bevölkerung betrachtet werden.

Beim administrativen Kooperationsmodell werden auf der Grundlage von rechtlichen Regelungen Kontrollorgane geschaffen, in denen alle relevanten sozialen Gruppen entsprechend ihrer gesellschaftlichen Bedeutung vertreten sind. Kontrollorgane haben u. a. die Aufgabe, darüber zu wachen, daß die Berichterstattung ein Mindestmaß an Ausgewogenheit besitzt. Auch in diesem Fall kann man

die Berichterstattung als Spiegel der Interessen, Meinungen und
Einstellungen der Bevölkerung betrachten. Das wirtschaftliche Konkurrenzmodell liegt der privatwirtschaftlichen Presse sowie dem privaten Hörfunk und Fernsehen, das administrative Kooperationsmodell dem öffentlich-rechtlichen Rundfunk zugrunde. Im ersten
Fall spricht man auch von *Außenpluralismus*, im zweiten Fall
von *Binnenpluralismus*, womit jedoch die Ziele der Organisationsform mit ihren Strukturen verwechselt werden. In beiden Fällen
ist es eine offene empirische Frage, ob die Ziele tatsächlich erreicht
werden (*Schönbach* 1977; *Kepplinger* 1985).

An der kommunikationspolitischen Diskussion nehmen neben den
Parteien vor allem die verschiedenen *Interessengruppen* und
die betroffenen Organisationen teil. Diese Interessengruppen versuchen in vielfältiger Weise auf die Öffentlichkeit insgesamt, auf die
Parteien, Regierungen, Parlamente und die Rechtsprechung Einfluß
zu nehmen. In diesem Zusammenhang sind vor allem zu nennen die
Interessenvertretungen der Journalisten, der Verleger, der öffentlich-rechtlichen und der privaten Rundfunkanstalten, der Kirchen,
des Öffentlichen Dienstes (Post) sowie einzelner Wirtschaftszweige
(z. B. Elektroindustrie).

Die kommunikationspolitische Diskussion findet auf mehreren
Handlungsebenen statt, die zum Teil organisatorisch und personell
miteinander verbunden sind: dem Bundestag, den Bundesministe-
rien (Innenministerium, Wirtschaftsministerium, Postministerium,
Justizministerium), den Landtagen, den Länderministerien (Innen-
ministerien, Justizministerien), den Landesmedienanstalten, den
Parteitagen, medienpolitischen Tagungen, Verbandstagungen (der
Journalisten und Verleger). Eine besondere Bedeutung für die Meinungsbildung besitzen die Publikationen der Parteien (Parteitagsbe-
schlüsse, Pressedienste) und der verschiedenen Interessengruppen.
Hier sind vor allem zu nennen: *Kirche und Rundfunk* (*epd*),
herausgegeben vom Gemeinschaftswerk der Evangelischen Publizistik e. V.; *Media Perspektiven*, herausgegeben im Auftrag der
Arbeitsgemeinschaft der ARD-Werbegesellschaften; *Funk-Kor-
respondenz*, herausgegeben vom Katholischen Institut für Me-
dieninformation e. V.; *journalist*, herausgegeben vom *Deutschen Journalisten-Verband*; *Publizistik & Kunst*, herausgegeben von der *IG Medien*; *Funk Report*, herausgegeben von

SPD-Politikern. Die erwähnten Publikationen richten sich vor allem an Journalisten und an einen medienpolitisch interessierten Personenkreis.

Seit Gründung der Bundesrepublik Deutschland gab es eine Reihe kommunikationspolitischer Konflikte, die sich aus unterschiedlichen Anlässen an sechs zentralen Problemen entzündeten: der regionalen Gliederung des öffentlich-rechtlichen Rundfunks, seinen Organen, seinem Monopol, der Kompetenzabgrenzung von Bund und Ländern, der Pressekonzentration sowie der inneren Pressefreiheit. In den letzten Jahren sind zu diesen Themen zwei neue Problemfelder hinzugekommen – die Organisation und die Programminhalte des privaten Rundfunks sowie das Verhältnis zwischen den privaten und den öffentlich-rechtlichen Anstalten. Eine besondere Bedeutung hat das von Beginn an spannungsreiche Verhältnis der Länder zum Bund gewonnen. Die regionale Gliederung des *öffentlich-rechtlichen Rundfunks* spiegelte nach Abschluß der Aufbauphase sowohl die historisch gewachsenen Ländergrenzen als auch die Besatzungszonen. Das Kernproblem bildete die Vereinbarung landespolitischer Interessen mit den Erfordernissen der Wirtschaftlichkeit und redaktionellen Unabhängigkeit der Landesrundfunkanstalten. In modifizierter Form zeigt es sich bis heute. Mit dem schwindenden Einfluß der Alliierten setzten sich bei Divergenzen zunehmend die landsmannschaftlichen Gesichtspunkte durch, wobei neben regionalen auch parteipolitische Interessen eine Rolle spielten.

Die Entwicklung begann mit der Abspaltung des *Senders Freies Berlin* (SFB) vom *Nordwestdeutschen Rundfunk* (NWDR) im Jahre 1953. Es folgte 1954/55 die Teilung des NWDR in den *Norddeutschen Rundfunk* (NDR) und *Westdeutschen Rundfunk* (WDR) (→ Rundfunk). Die Überschneidung von Landesgrenzen und Sendegebieten sowie die Finanzprobleme vor allem des *Saarländischen Rundfunks* (SR) veranlaßten 1968 die Ministerpräsidenten von Baden-Württemberg, Rheinland-Pfalz und des Saarlandes zur Einsetzung der ›Kommission zur Untersuchung der rundfunkpolitischen Entwicklung im südwestdeutschen Raum‹ (*Michel-Kommission II*), die sich mehrheitlich für die Bildung einer Landesrundfunkanstalt für Baden-Württemberg und einer gemeinschaftlichen Rundfunkanstalt für die Länder Rheinland-Pfalz

und Saarland aussprach, ohne daß daraus politische Konsequenzen gezogen wurden. Aufgrund einer neuerlichen Initiative der Minister-präsidenten von Baden-Württemberg und Rheinland-Pfalz und eines von ihnen in Auftrag gegebenen betriebswirtschaftlichen Gutachtens kam es zum 1.1.1991 zumindest zu einer vertraglich vereinbarten Kooperation zwischen *Süddeutschem Rundfunk* und *Süd-westfunk* (betrifft vor allem *S 2 Kultur*). Die Dominanz Ham-burgs in der Berichterstattung des NDR bildete neben der Finanz-lage des Senders und der Tendenz seiner Berichterstattung 1978 den Anlaß für die Kündigung des NDR-Staatsvertrages durch Schleswig-Holstein. Nach jahrelangen politischen und juristischen Auseinan-dersetzungen wurde 1980 ein neuer Staatsvertrag geschlossen, der u. a. eine Regionalisierung der Programmproduktion und der Pro-gramminhalte vorsieht. Ursprünglich hatten nach der Herstellung der deutschen Einheit Berlin und Brandenburg die Bildung einer ge-meinsamen öffentlich-rechtlichen Rundfunkanstalt vereinbart, die mit Mecklenburg-Vorpommern und Sachsen-Anhalt zu einer Vier-Länder-Anstalt erweitert werden sollte. Da Sachsen-Anhalt die Gründung einer Drei-Länder-Anstalt mit Thüringen und Sachsen vorzog, den *Mitteldeutschen Rundfunk* (MDR), einigten sich Berlin, Brandenburg und Mecklenburg-Vorpommern auf die Grün-dung einer Drei-Länder-Anstalt, des *Nordostdeutschen Rund-funks* (NOR), der jedoch am Widerstand des Landtags und der FDP-Politiker in der Regierung von Mecklenburg-Vorpommern scheiterte. Als Folge hiervon trat Mecklenburg-Vorpommern dem zur Novellierung anstehenden Staatsvertrag für den NDR bei, der damit als Vier-Länder-Anstalt sein Einzugsgebiet erheblich auswei-tete. Brandenburg entschloß sich zur Gründung einer eigenen Lan-desrundfunkanstalt, des *Ostdeutschen Rundfunks Branden-burg* (ORB). Er kooperiert aufgrund eines Staatsvertrages zwischen Berlin und Brandenburg mit dem SFB, der seinerseits nun für ganz Berlin zuständig ist (*Matzen* 1992, 1993).
Die Organisation des öffentlich-rechtlichen Rundfunks mit den Or-ganen *Rundfunkrat* (bzw. *Fernsehrat*), *Verwaltungsrat* und *In-tendant* wurde unter dem wesentlichen Einfluß der Alliierten fest-gelegt, wobei der Einfluß der Parteien und des Staates um so gerin-ger war, je früher die Anstalten gegründet wurden. Das Kernpro-blem der Diskussion um die Organe des öffentlich-rechtlichen Rund-

funks bildet die Frage, wie die Interessen der Allgemeinheit gegenüber Großorganisationen mit Eigeninteressen wie den Rundfunkanstalten geltend gemacht werden können, ohne sie dabei Partikularinteressen anderer Organisationen, wie den Parteien, zu überantworten (*Kepplinger* 1988). Der *Rundfunkrat* (*Fernsehrat*), der die Allgemeinheit vertritt, wurde schon frühzeitig zum Transmissionsriemen für den Einfluß der Parteien auf den öffentlich-rechtlichen Rundfunk, wobei die Personalpolitik das entscheidende Mittel bildete (*Kepplinger / Hartmann* 1989). Eine wesentliche Station dieser Entwicklung waren die Pläne der CSU, den Rundfunkrat des *Bayerischen Rundfunks* (BR) von 41 auf 59 Mitglieder zu vergrößern und ihm ein Mitbestimmungsrecht bei der Berufung von Hauptabteilungsleitern einzuräumen. Nach heftigen öffentlichen Protesten, vor allem von SPD, FDP und Gewerkschaften, wurde 1973 u. a. die Vergrößerung des Rundfunkrates auf ca. 50 Mitglieder beschränkt, seine Mitbestimmungsrechte bei der Berufung von Hauptabteilungsleitern jedoch beibehalten, was die Möglichkeit der Proporzbildung erleichterte. Gegenwärtig sind in den Rundfunk- und Fernsehräten der öffentlich-rechtlichen Anstalten 539 Personen tätig. Der *Verwaltungsrat* überwacht die Geschäftsführung der Rundfunkanstalten. Eine Sonderstellung bildet seit der Novellierung des Landesrundfunkgesetzes für Bremen im Juni 1979 der Verwaltungsrat von *Radio Bremen* (RB). Sechs seiner neun Mitglieder werden vom Rundfunkrat, drei von den Beschäftigten gewählt. Dabei wurde das Prinzip der Außenkontrolle im Namen der Allgemeinheit aufgegeben. Statt dessen wurden den zu Kontrollierenden Kontrollfunktionen übertragen, die sich u. a. auf die Wahl der Direktoren, die Wirtschaftsführung der Anstalt und – über die Zuständigkeiten des Direktoriums – auf die auch hier generell befristete Beschäftigung leitender Mitarbeiter erstrecken.

Das *Monopol* der *öffentlich-rechtlichen Rundfunkanstalten* wurde seit den fünfziger Jahren wiederholt in Frage gestellt. Das Kernproblem waren dabei zum einen die Interessen von privatrechtlichen Verlagen und öffentlich-rechtlichen Rundfunkanstalten, zum anderen die Autonomie von Journalisten und die Vorlieben der Rezipienten. Den ersten ernstzunehmenden Versuch, das Monopol der öffentlich-rechtlichen Rundfunkanstalten zu brechen, bildete 1960 die Gründung der *Deutschland-Fernsehen GmbH*, die

1961 vom Bundesverfassungsgericht für verfassungswidrig erklärt wurde. Nachdem die Zeitungsverleger eine Wettbewerbsverzerrung durch das Fernsehen moniert hatten, setzte die Bundesregierung 1964 die ›Kommission zur Untersuchung der Wettbewerbsgleichheit von Presse, Funk/Fernsehen und Film‹ (*Michel-Kommission I*) ein, die 1967 in ihrem Untersuchungsbericht die Existenz einer Wettbewerbsverzerrung verneinte. Als die technische Entwicklung neue Übertragungsmöglichkeiten schuf und damit ein wesentliches Argument gegen die Beibehaltung des Monopols beseitigte, berief die Bundesregierung 1973 die ›Kommission für den Ausbau des technischen Kommunikationssystems – KtK‹, die 1976 in ihrem Untersuchungsbericht u. a. die Durchführung von *Pilotprojekten* für Rundfunksendungen in Breitbandnetzen vorschlug. Dadurch wurde der Weg für die Pilotprojekte u. a. in Rheinland-Pfalz und Bayern geebnet, der zur Zulassung privater Fernseh- und Hörfunkanbieter führte. Flankiert wurde diese Entwicklung durch das dritte und vierte *Fernsehurteil* des *Bundesverfassungsgerichtes*, die 1981 und 1986 den rechtlichen Rahmen für ein *duales Rundfunksystem* schufen, d. h. ein System, das öffentlich-rechtliche und private Anbieter zuläßt.

Im Verhältnis der *privaten* zu den *öffentlich-rechtlichen Rundfunkanstalten* sind mehrere Konfliktfelder zu unterscheiden. In der Anfangsphase der Konkurrenz ging es vor allem um die Vergabe von terrestrischen Frequenzen und um die Belegung von Satelliten-Kanälen, wobei die öffentlich-rechtlichen Sender bestrebt waren, möglichst viele Übertragungswege mit eigenen Programmen zu belegen, um so der Konkurrenz vorzubeugen. In den späteren Jahren rückte die Diskussion um die Programme der privaten Sender, vor allem um die Darstellung von Gewalt und Sex, in den Mittelpunkt der Diskussion. Parallel dazu entwickelte sich eine intensive Diskussion um die Finanzierung des öffentlich-rechtlichen Rundfunks. Hier stehen sich mehrere Positionen gegenüber – die Forderung nach einer Lockerung der Beschränkungen für Werbesendungen, die von den Anstalten und den Werbetreibenden erhoben wird (*Kiefer* 1993), die Forderung nach einer *Indexierung* der Gebühren mit automatischen Anhebungen, die u. a. von SPD-Politikern vertreten wird, sowie die Forderung nach einer Privatisierung von ARD oder ZDF, die von einzelnen FDP- und CDU/CSU-

Politikern kommt, jedoch auch bei den privaten Fernsehveranstaltern auf Ablehnung stößt. Sie hätten aus wettbewerbspolitischen Gründen kaum Chancen, eine derartige Anstalt zu übernehmen und müßten folglich die Konkurrenz eines neuen privaten Senders in der Hand anderer Medienkonzerne fürchten. Hintergrund dieser Diskussion sind die schwindenden Werbeeinnahmen der öffentlich-rechtlichen Sender sowie die Behauptung, daß sich die Programme der privaten und öffentlich-rechtlichen Sender zunehmend angleichen (*Stock* 1990; *Stolte* 1992; *Krüger* 1993). Mit seinem Urteil vom 22.2. 1994 hat das Bundesverfassungsgericht das bisherige Verfahren der Gebührenfestsetzung im öffentlich-rechtlichen Rundfunk für verfassungswidrig erklärt und ein Verfahren verlangt, das den Anstalten »die Erfüllung ihrer Aufgaben im dualen System... gewährleistet«.

Das spannungsreiche *Verhältnis zwischen Bund und Ländern* ist eine Folge der Zuständigkeit der Länder für kulturelle Angelegenheiten nach Artikel 70 GG, die mit der Zuständigkeit des Bundes für auswärtige Angelegenheiten und für das Post- und Fernmeldewesen nach Artikel 73 GG in Konflikt geraten kann. Die erste große Kontroverse entstand durch die Gründung von drei Bundesrundfunkanstalten, des *Deutschlandfunks* (DLF), der *Deutschen Welle* (DW) und der *Deutschland-Fernsehen GmbH.* Gegen die Gründung der Deutschland-Fernsehen GmbH klagten mehrere Länder vor dem Bundesverfassungsgericht, das in seinem ersten *Fernsehurteil* von 1961 u.a. feststellte, daß der Bund seine Kompetenzen überschritten hatte. Den zweiten großen Konflikt löste 1984 das ›Grünbuch‹ der EG-Kommission aus, das eine Grundlage für eine Fernsehrahmenordnung in Europa schaffen sollte, von den Ländern jedoch als Eingriff in ihre Kompetenzen verstanden wird. Nachdem die Bundesregierung 1989 der *Fernsehrichtlinie* der Europäischen Gemeinschaft (EG) grundsätzlich zugestimmt hatte, legte Bayern Verfassungsbeschwerde ein, der sich mehrere Länder anschlossen. Zwar lehnte das Bundesverfassungsgericht den Antrag auf eine einstweilige Anordnung ab, in der Sache wurde jedoch vorerst nicht entschieden. Dabei geht es auch um die Frage, ob Fernsehen als Kulturgut (Länderauffassung) oder als Dienstleistung (EG-Auffassung) zu betrachten ist (*Hess* 1990). Auch im Vorfeld des Einigungsvertrages war es zu einer Kontroverse zwischen Bund

und Ländern gekommen, weil die Länder einem Entwurf des Bundesinnenministeriums zu Artikel 36, der die Überleitung des ehemaligen DDR-Rundfunks regelt, als Verletzung ihrer Rechte ansahen. Schließlich sind die Kompetenzstreitigkeiten zwischen Bund und Ländern eine wesentliche Ursache dafür, daß es trotz einer generellen Übereinstimmung in den Zielen und trotz jahrelanger Verhandlungen lange Zeit nicht zur Einrichtung eines bundesweiten öffentlich-rechtlichen Hörfunkprogramms gekommen ist. In dem zum 1.1. 1994 geschaffenen *Deutschlandradio* gingen der *DLF* und *RIAS Berlin*, die mit der deutschen Vereinigung ihre ursprüngliche Funktion verloren hatten, sowie der *Deutschlandsender Kultur*, der mit dem Zusammenbruch der DDR seine Basis verloren hatte, auf.

Neue Bedeutung hat das Verhältnis zwischen Bund und Ländern durch die Gründung der *Landesmedienanstalten* erhalten. Sie wurden als Aufsichtsorgane für den privaten Rundfunk seit 1984 in allen Bundesländern gegründet (Berlin und Brandenburg haben eine gemeinsame Anstalt). Zu ihren Aufgaben gehört u. a. die Erteilung von Lizenzen und die Ahndung von Verstößen gegen die Programmgrundsätze. An der Spitze der Landesmedienanstalten stehen Direktoren, die in der *Direktorenkonferenz* (DLM) bundesweit zusammenarbeiten. Oberstes Beschlußgremium der Landesmedienanstalten sind – analog zu den Rundfunkräten des öffentlich-rechtlichen Rundfunks – *Medienräte*, denen zwischen 7 (Berlin/Brandenburg) und 48 (Bayern) Vertreter der gesellschaftlich relevanten Gruppen (insgesamt 414 Personen) angehören. Die Landesmedienanstalten verfügen, weil ihnen aufgrund des *Rundfunkstaatsvertrags* von 1987 zwei Prozent der Rundfunkgebühren zufließen, über erhebliche Finanzmittel (1990 über 100 Mio DM). Allerdings bestehen entsprechend dem Gebührenaufkommen in den Einzugsgebieten der Sender erhebliche Unterschiede zwischen den finanzstarken und den finanzschwachen Einrichtungen (*Wöste* 1990; *Astheimer* 1991; *Gebel* 1993).

Die *Landesmedienanstalten* haben sich zu Schaltzentralen der Kommunikationspolitik entwickelt. Hierfür sind zwei Gründe ausschlaggebend. Erstens sind die Entscheidungen der Landesmedienanstalten etwa bei der Lizenzvergabe ein Instrument der Standort- und damit der Landespolitik. Dies ist ein Grund dafür, daß *SAT 1* in drei (Rheinland-Pfalz, Hamburg, Berlin) und *RTL* in zwei Bundesländern (Nordrhein-Westfalen, Bayern) angesiedelt sind. Zweitens tangieren die Entscheidungen der Landesmedienanstalten u. U. die Konkurrenzverhältnisse zwischen verschiedenen privaten Anbietern, wie bei der Vergabe terrestrischer Frequenzen an *VOX* durch die Medienanstalt Berlin-Brandenburg, gegen die *PRO 7* 1993 Klage eingelegt hat. Drittens haben die Entscheidungen der Landesmedienanstalten u. U. Konsequenzen, die weit über ihren regionalen Aufgabenbereich hinausgehen, wie 1993 die Entflechtungsforderungen der Landesmedienanstalt für Rundfunk Nordrhein-Westfalen als Bedingung für die Vergabe terrestrischer Frequenzen an *SAT 1*.

Die *Landesmedienanstalten* vertreten z. T. gemeinsame Positionen gegenüber den privaten Rundfunkveranstaltern, so etwa bei den ab 1. 10. 1993 geltenden Richtlinien für die Unterbrecherwerbung, in denen das Bruttoprinzip (Film plus Werbung als Berechnungsgrundlage für die zulässigen Unterbrechungen) durch das Netto-Plus-Prinzip (Film ohne Werbung) ersetzt wurde, was bei einem 90-Minuten-Film zum Wegfall eines Werbeblocks führt. In anderen Fällen vertreten sie jedoch z. T. entgegengesetzte Positionen, etwa die *Landeszentrale für private Rundfunkveranstalter Rheinland-Pfalz* und die *Landesanstalt für Rundfunk Nordrhein-Westfalen* bei der Beurteilung der Gesellschafterverhältnisse von *SAT 1*. Diese und ähnliche Vorgänge belegen, daß sich mit den *Landesmedienanstalten* der Einfluß der Parteien und der jeweiligen Landesregierungen, der durch die Einführung des privaten Rundfunks beschnitten werden sollte, auf die privaten Rundfunkanstalten ausgedehnt hat.

Die *Pressekonzentration* verringerte in den alten Bundesländern von 1954 bis 1991 die Zahl der Vollredaktionen (Publizistische Einheiten) von 225 auf 118, zugleich verdoppelte sich die Zahl der Einzeitungskreise nahezu (→ Presse). Das Kernproblem bildet dabei die Verringerung der Vielfalt des publizistischen Angebots und damit zusammenhängend der Wahlfreiheit der Leser. Verschärft wurde dieses allgemeine Problem durch das fast völlige Verschwinden der sozialdemokratischen Presse und durch den Aufstieg des *Springer-Verlages* zum marktbeherrschenden Anbieter von Boulevard- und Sonntagszeitungen. Unter dem Eindruck der Konzentrationsvorgänge und öffentlicher Proteste gegen den Springer-Verlag setzte die Bundesregierung 1967 die ›Kommission zur Untersuchung der Gefährdung der wirtschaftlichen Existenz von Presseunternehmen und der Folgen der Konzentration für die Meinungsfreiheit in der Bundesrepublik – Pressekommission‹ (*Günther-Kommission*) ein, die 1968 u. a. eine *Marktanteilsbegrenzung* vorschlug, die jedoch an verfassungsrechtlichen Bedenken scheiterte. Um hinreichende Entscheidungsgrundlagen für politische Maßnahmen gegen die Pressekonzentration zu schaffen, verabschiedete der Bundestag 1975 das ›Gesetz über eine Pressestatistik‹, die seither vom Statistischen Bundesamt erhoben wird. Durch eine Änderung des Gesetzes gegen Wettbewerbsbeschränkungen wurde 1976 eine spezielle *Pressefusionskontrolle* in das Kartellrecht eingeführt, die im Laufe der folgenden Jahre mehrere Fusionsvorgänge verhinderte.

In Zusammenhang mit der deutschen Vereinigung hat der Konzentrationsgrad der Presse aufgrund politisch-administrativer Maßnahmen erheblich zugenommen. Nachdem die Zahl der Publizistischen Einheiten 1991 insgesamt auf 158 gestiegen war, ist sie bis 1993 auf 137 zurückgegangen (→ Presse). Verursacht wurde diese Entwicklung durch die Verkaufspolitik der *Treuhandanstalt*, die unter Vernachlässigung ordnungspolitischer Gesichtspunkte die auflagenstarken SED-Bezirkszeitungen an westdeutsche Verlage veräußerte. Die entscheidenden Gesichtspunkte waren Verkaufserlöse, Investitionszusagen und Arbeitsplatzsicherungen (*Röper* 1991; *Schneider* 1992; *Schütz* 1992). Zusätzliche Bedeutung gewinnt die Pressekonzentration durch zahlreiche Verflechtungen zwischen Zeitungsverlagen und privaten Rundfunkanbietern (*Doppelmonopole*). Im Mittelpunkt der Diskussion steht dabei die Beteiligung der *Bertelsmann/CLT-Gruppe* (*RTL, RTL 2, Premiere, VOX*) und der *Springer/Kirch-Gruppe* (*SAT 1, PRO 7, DSF, Kabelkanal*) an mehreren privaten Fernsehgesellschaften, wobei die Verhältnisse in einzelnen Fällen nicht völlig geklärt sind. In anderen Fällen ist ihre rechtliche Zulässigkeit aufgrund komplexer Schachtelungen umstritten (*Röper* 1993; *Heinrich* 1993).

Die *Innere Pressefreiheit* wurde im Zusammenhang mit der Pressekonzentration vor allem in den sechziger und siebziger Jahren zu einem kontroversen Thema. Den Kern des Problems bildet dabei die Abgrenzung der Kompetenzen von Verlegern und Chefredakteuren sowie der übrigen publizistisch tätigen Mitarbeiter von Zeitungs- und Zeitschriftenverlagen. Die langjährigen Diskussionen führten bei einer Reihe von Verlagen zur Verabschiedung von *Redaktionsstatuten*, die die Rechte und Pflichten verlagsintern regelten, sich bei gravierenden Auseinandersetzungen jedoch nicht bewährten. Auf politischer Ebene waren seit 1952 mehrere Versuche verschiedener Bundesregierungen gescheitert, ein *Presserechts-Rahmengesetz* zu verabschieden, zu dem der Bund nach Artikel 75 Ziffer 2 des Grundgesetzes die Kompetenz besitzt. Die letzten Entwürfe stammen aus dem Bundesministerium des Innern (Referentenentwurf, 1974) und vom *Deutschen Journalisten-Verband* (1981). Gesetzgeberische Entscheidungen wurden jedoch nicht getroffen. Maßgebend hierfür sind grundlegende Differenzen über die Ausgestaltung der *Inneren Pressefreiheit,* die sich in unterschiedlichen Vorstellungen über die Kompetenzabgrenzung sowie die betriebliche Mitbestimmung (*Tendenzschutz*) manifestieren. Parallel zur Statutenbewegung in der Presse kam es zur Verabschiedung von Statuten in Rundfunkanstalten, wo jedoch aufgrund der spezifischen Rechtsgrundlagen der öffentlich-rechtlichen Rundfunkanstalten andere Bedingungen bestehen. Wiederbelebt wurde die Diskussion um die *Innere Pressefreiheit* durch die Auseinandersetzung um das Pressegesetz des Landes Brandenburg, das im April 1993 vom Landtag verabschiedet wurde. Der Entwurf hierfür sah in § 4, Abs. 1 die Abgrenzung der Aufgaben von Verlag und Redaktion in einem Redaktionsstatut verbindlich vor. Diese Regelung, die die Interessenvertretungen der Journalisten und der Verleger gegensätzlich bewerten, wurde aufgrund der ablehnenden Haltung der FDP in der dortigen SPD-FDP-Koalition zu einer Kann-Bestimmung abgeändert. Allerdings wurde in Abs. 2 festgelegt, daß Namensbeiträge gegen den Willen der Verfasser »in ihrem Wesensgehalt nicht verändert werden« dürfen.

Im vorpolitischen Raum angesiedelt, jedoch von großer politischer Bedeutung für die Willensbildung ist die Gründung einer *Mediengewerkschaft*, die in Zukunft alle Medienmitarbeiter vertreten soll. Ihre kommunikationspolitische Bedeutung erhält die Gründung einer Mediengewerkschaft zum einen durch die Schlüsselstellung, die eine derartige Organisation im Prozeß der politischen Willensbildung einnehmen kann, zum anderen durch die Verbindung von rein tarifpolitischen Zielsetzungen mit allgemeinpolitischen Forderungen. Die Gründung einer Mediengewerkschaft mit allgemeinpolitischen Zielsetzungen transformiert den traditionellen Konflikt zwischen Verlegern und Intendanten auf der einen Seite und Journalisten und Medientechnikern auf der anderen Seite in einen strukturell neuen Konflikt zwischen den Anforderungen eines politischen Systems mit pluralistischer Willensbildung und dem Anspruch eines Interessenverbandes mit monistischem Selbstverständnis (*M. Wilke / Otto* 1986; *Gärtner / Klemm* 1989).

Im Prozeß der deutschen Vereinigung stießen die kommunikationspolitischen Konzeptionen der Parteien und Interessengruppen z. T. massiv, jedoch von der Öffentlichkeit z. T. kaum beachtet aufeinander. Die DDR-Volkskammer verabschiedete am 5. 2. 1990 einen ›*Medienbeschluß*‹, der das Recht auf freie Meinungsäußerung garantierte und eine Zensur untersagte, jedoch programmliche Vorgaben enthielt, die erhebliche Eingriffe ermöglichten (→ Medien DDR). Kurz vor der Vereinigung beschloß die Volkskammer ein ›Gesetz zur Überleitung des Rundfunks‹, das jedoch durch Artikel 36 des Einigungsvertrages vom 28. 9. 1990 obsolet wurde. Die CDU hatte im Mai, die SPD im Juni 1990 Zielvorstellungen für eine Medienordnung im vereinten Deutschland vorgelegt, die bei erheblichen Unterschieden im Detail darin übereinstimmten, daß Hörfunk und Fernsehen der DDR im vereinten Deutschland in den bestehenden öffentlich-rechtlichen Anstalten aufgehen müßten, weil eine dritte öffentlich-rechtliche Anstalt nicht finanzierbar sei. Die IG Medien der BRD und die entsprechenden Verbände der DDR lehnten dagegen in einer gemeinsamen Erklärung eine Verminderung der DDR-Programme zugunsten von ARD und ZDF ab. Sie wandten sich auch entschieden gegen eine Verminderung des Personals der Rundfunkanstalten der DDR.

Artikel 36 des *Einigungsvertrages* sah die Überführung des Rundfunks der ehemaligen DDR in ein dezentrales, öffentlich-rechtliches System vor. Zuständig hierfür war der Rundfunkbeauftragte, zu dem der ehemalige Präsident der Bayerischen Landeszentrale für Neue Medien, Rudolf Mühlfenzl, gewählt wurde. Mühlfenzl beschloß die Auflösung der Programme des *Deutschen Fernsehfunks*, wies die Frequenzen ARD und ZDF zu und leitete auf der Grundlage eines Sozialplans einen massiven Personalabbau ein. Von den ursprünglich ca. 14 000 Mitarbeitern wurden bis September 1991 etwa 10 500 entlassen. Die im Februar 1991 noch verbliebenen Mitarbeiter – etwa 9450 – sollten in einer schriftlichen Befragung angeben, ob sie mit dem *Ministerium für Staatssicherheit* (MfS) zusammengearbeitet hatten. Insgesamt 1677 Personen wurden als überprüfungsbedürftig eingestuft. In 600 Fällen wurde vor einer Weiterbeschäftigung auf Leitungsebene gewarnt, in 202 Fällen wurde die Entlassung empfohlen. Anders als im Pressebereich, wo die Arbeitsplatzsicherung ein Grundpfeiler der Verkaufspolitik der Treuhand war – weit über die Hälfte der Redakteure bei ostdeutschen Regionalzeitungen haben ihre Ausbildung noch in den Kaderschmieden der DDR erhalten –, fand im Rundfunkbereich eine personelle Erneuerung statt, die jedoch – wie die Besetzung leitender Positionen durch konservative Journalisten – in westdeutschen Verbandsmedien auf massive Kritik stieß (*Kutsch* 1990; *Schneider / Schönbach / Stürzebecher* 1993).

Die *Parteien* und *Interessengruppen* verfolgen in der kommunikationspolitischen Diskussion vor allem vier Taktiken. Sie versuchen erstens, ihre partikularen Ziele als gesamtgesellschaftliche Ziele darzustellen. Dies geschieht durch eine intellektuelle Überhöhung materieller Forderungen. Verleger und Journalisten zum Beispiel besitzen ein natürliches Interesse, ihre Kompetenzen auszuweiten und ihre Einkommen zu verbessern, die öffentlich-rechtlichen Rundfunkanstalten haben ein natürliches Interesse, ihre Privilegien zu erhalten und nach Möglichkeit auf die Neuen Medien auszudehnen. Zur Begründung ihrer Forderungen führen sie jedoch allgemeine Ziele und Werte an – die freiheitlich-demokratische Grundordnung, die Pressefreiheit, den Schutz der Familie usw. Die Förderung der Interessengruppen erscheint dadurch unter Umständen als moralisch-politische Pflicht der Gesamtgesellschaft. Ein neueres Beispiel hierfür ist die Behauptung von Interessenvertretern der Medien, Überlegungen zur besseren Sicherung der Persönlichkeitsrechte gegen irreführende und falsche Anschuldigungen der Medien, wie z. B. in Frankreich oder in England, seien ein Anschlag auf die Pressefreiheit.

Die Parteien und Interessengruppen versuchen zweitens, jene Teilaspekte der Gesamtproblematik zum Zentralthema der Diskussion zu machen, bei denen sie als argumentativer Sieger bereits weitge-

hend feststehen. Im Konflikt um das Monopol der öffentlich-rechtlichen Rundfunkanstalten zum Beispiel versuchten CDU/CSU die
verfassungsrechtliche Problematik in den Mittelpunkt der Diskussion zu rücken, weil sie sich auf diesem Gebiet langfristig durchsetzen konnten. Die SPD und die öffentlich-rechtlichen Rundfunkanstalten versuchten dagegen, die vermeintlichen oder tatsächlichen
negativen Folgen einer Programmausweitung zum Mittelpunkt der
Diskussion zu machen, weil sie hier die Unterstützung von Kirchen,
Elternvereinigungen, Frauenverbänden usw. besaßen. Ein neueres
Beispiel hierfür ist die Diskussion um die Gewaltdarstellung, die politisch auch auf eine Domestizierung der privaten Fernsehveranstal-
ter zugunsten der öffentlich-rechtlichen Fernsehsender zielt.

Die Landesregierungen und Parteien versuchen drittens, ein Junk-
tim zwischen verschiedenen Sachfragen herzustellen, um auf diese
Weise der jeweils gegnerischen Seite Kompromisse abzuringen. So
kündigten die unionsregierten Länder, als auch nach mehreren An-
läufen keine Einigung über einen ›Staatsvertrag zur Neuordnung des
Rundfunks‹ (*Rundfunkstaatsvertrag*) erzielt wurde, den *Ge-
bührenstaatsvertrag*. Die sozialdemokratisch regierten Länder
machten dagegen eine Einigung über einen Staatsvertrag von einer
Bestandsgarantie für die einzelnen Anstalten des öffentlich-
rechtlichen Rundfunks abhängig. Dadurch wurde die bundesweite
Ausstrahlung privatrechtlichen Fernsehens mit der finanziellen Zukunft der öffentlich-rechtlichen Rundfunkanstalten bzw. der Existenz der kleineren Rundfunkanstalten innerhalb der ARD verknüpft. Ähnliche Verknüpfungen bestanden zur Werbung im dritten
Fernsehprogramm des *Hessischen Rundfunks* (HR), im Hörfunk des *Westdeutschen Rundfunks* (WDR) sowie zur Werbung an Sonn- und Feiertagen. Neuerdings werden ähnliche Hintergründe in den Entscheidungen der Landesmedienanstalten z. B. bei
der Vergabe von Frequenzen deutlich, die u. a. an Standortzusagen
der Sender gekoppelt werden.

Die Bundesregierung, die Landesregierungen und die Interessengruppen versuchen viertens, Fakten zu schaffen, die der kommunikationspolitischen Entwicklung eine bestimmte Richtung geben. Die *Kabelpilotprojekte* waren Weichenstellungen für die
Zulassung privater Rundfunkveranstalter, die auch dann praktisch
kaum noch hätte rückgängig gemacht werden können, wenn sich die

Versuche als Fehlschlag erwiesen hätten. Eine ähnliche Funktion erfüllte die Verkabelung, die einen Verzicht auf die Einführung des Kabelfernsehens ausschloß. Die Einführung der Dritten Fernsehprogramme, der vierten Hörfunkprogramme sowie die Regionalisierung des Hörfunkts blockieren Frequenzen für andere Nutzer und setzen zugleich Rahmenbedingungen für mögliche Konkurrenten. Eine ähnliche Funktion erfüllten der Kauf von zusammen fast 3000 Spielfilmen durch die ARD und das ZDF (→ Film) sowie kartellähnliche Vereinbarungen für Sportübertragungen zwischen ARD, ZDF und dem Deutschen Sportbund, mit der die kommunikationspolitisch geplante Konkurrenz zwischen privatrechtlichen und öffentlich-rechtlichen Anbietern unterlaufen wurde.

Alle kommunikationspolitischen Konflikte sind zunächst *Interessenkonflikte*. Dabei stehen sich die Interessen von Bundesregierung und Landesregierungen – zum Beispiel im Bereich der Rundfunkhoheit –, von verschiedenen Landesregierungen – etwa bei der Vergabe von Satelliten-Kanälen an öffentlich-rechtliche und privatrechtliche Rundfunkanbieter –, von Presseverlagen und Rundfunkanbietern – beispielsweise bei der Begrenzung von Werbezeiten im Fernsehen –, von Verlegerverbänden und Journalistenorganisationen – zum Beispiel bei der Regelung der Kompetenzabgrenzung – entgegen. Die Liste der Beispiele ließe sich leicht verlängern, wobei sich auch partielle Überschneidungen von Interessen ergeben, die zu wechselnden Koalitionen führen. Weitaus die meisten der Interessen hinter den kommunikationspolitischen Zielen von Regierungen, Parteien und Interessengruppen sind legitim. Die kommunikationspolitisch entscheidende Frage lautet jedoch, ob die Verwirklichung der jeweiligen Interessen mit der politischen Ordnung vereinbar ist bzw. ob sie eher funktionale oder dysfunktionale Folgen besitzt.

Unter wissenschaftlichen Aspekten betrachtet ist es – angesichts der politischen Ordnung in der Bundesrepublik Deutschland – zweitrangig, welche Interessen sich in der kommunikationspolitischen Auseinandersetzung erfolgreich behaupten. Dies ist nur unter wirtschaftlichen, weltanschaulichen und politischen Gesichtspunkten relevant. Entscheidend ist vielmehr, ob die Verwirklichung bestimmter Interessen das pluralistische Herrschaftssystem, die konkurrierende Willensbildung und die partielle Repräsentation eher stärken oder schwächen. Je eher die Verwirklichung von Interessen die Unabhängigkeit verschiedener Herrschaftszentren – sei es im Sinne der formalen Gewaltenteilung oder im Sinne der regionalen Gliederung – stärkt, je eher sie die konkurrierende Willensbildung aller relevanten Teile der Bevölkerung fördert, und je eher sie eine erzwungene Politisierung aller Lebensbereiche verhindert, desto eher kann sie als funktional betrachtet werden, und zwar unabhängig davon, ob dies der einen oder anderen politischen Partei oder der einen oder anderen Interessengruppe nützt oder schadet.

Internationale Kommunikationspolitik

Die internationale Kommunikationspolitik ist durch zwei fundamentale Gegensätze gekennzeichnet: den Gegensatz zwischen Staaten mit konkurrierender und monopolitisierter Willensbildung sowie den Gegensatz zwischen Industrienationen und Entwicklungsländern. Zwar bestehen zwischen der Wirtschaftsentwicklung von Staaten und dem Grad der Pressefreiheit im Sinne konkurrierender Willensbildung statistische Zusammenhänge (*Nixon* 1970), die beiden Gegensätze überlagern sich jedoch in vielfältiger Weise. In den ehemals kommunistischen Staaten ist die Willensbildung auch heute noch meist monopolisiert, wobei interne Differenzen im Grad der zentralen Steuerung bestehen. Ein Teil dieser Staaten gehört zu den Industrienationen, ein Teil zu den Entwicklungsländern, andere nehmen Zwischenpositionen ein. In den kapitalistischen Staaten ist die Willensbildung in einigen Fällen konkurrierend, in anderen monopolisiert. In der Regel handelt es sich im ersten Fall um Industrienationen, im zweiten Fall um Entwicklungsländer. Auch hier nehmen einige Staaten Zwischenpositionen ein (*Breunig* 1994). Die Organisation der Willensbildung in den einzelnen Staaten steht in deutlichem Zusammenhang mit ihrer Zielsetzung und ihrem Abstimmungsverhalten in der internationalen Kommunikationspolitik. Je größer der Staatseinfluß im gesamten Medienbereich oder in einzelnen Teilbereichen ist, desto eher stimmen die Staaten internationalen Abmachungen zur Regelung des ›grenzüberschreitenden‹ Informationsflusses zu (*Signitzer* 1976).

Grundlagen der internationalen Kommunikationspolitik sind u. a.: die ›Allgemeine Erklärung der Menschenrechte der UN‹ vom

10. 12. 1948, deren Artikel 19 als Grundlage der Forderung nach einem ›*free flow of information*‹ gilt; die ›Europäische Konvention zum Schutze der Menschenrechte und Grundfreiheiten‹ des Europarates vom 4. 11. 1950; der ›Internationale Pakt über bürgerliche und politische Rechte‹ (Menschenrechtspakt) der UN vom 16. 12. 1966; die Schlußakte der ›Konferenz über Sicherheit und Zusammenarbeit in Europa‹ (KSZE) vom 1. 8. 1975; die ›Erklärung über die Grundprinzipien für den Beitrag der Massenmedien zur Stärkung des Friedens und der internationalen Verständigung, zur Förderung der Menschenrechte und zur Bekämpfung von Rassismus, Apartheid und Kriegshetze‹ (*UNESCO-Mediendeklaration*) vom 28. 11. 1978, die als Schritt zu einem ›*balanced flow of information*‹ gilt (*Breunig* 1987).

Spezielle Rechtsgrundlagen bestehen vor allem im Bereich der internationalen Ätherordnung, die durch die *International Telecommunications Union* (ITU), eine UN-Sonderorganisation mit Sitz in Genf, gestaltet wird. Ursprünglich wurden die Frequenzen den Staaten zugewiesen, die sie am ehesten nutzen konnten (›first-come, fist-served‹). Um eine Benachteiligung unterentwickelter Staaten zu vermeiden, wird heute nach dem Prinzip des ›equal access‹ verfahren, d. h. jeder Staat erhält prinzipiell die gleichen Nutzungsrechte, auch wenn dadurch Frequenzen auf absehbare Zeit blockiert werden, weil manche Staaten nicht in der Lage sind, sie tatsächlich zu nutzen (*Engelhard* 1978).

Zu den speziellen Rechtsgrundlagen gehören u. a. die Ergebnisse von drei Konferenzen der ITU. Anläßlich der *World Administrative Radio Conference* (WARC) 1971 verpflichteten sich die Konferenzteilnehmer in Artikel 428 A der Vollzugsordnung für den Funkdienst, alle verfügbaren technischen Mittel zu nutzen, um die Ausstrahlung von Satelliten-Programmen über die eigenen Staatsgrenzen hinaus (*spill over*) so weit wie möglich zu reduzieren. Anläßlich der WARC 1977 wurden jedem Staat in Europa, Asien, Afrika und Australien Frequenzen für die Verbreitung von fünf Fernsehprogrammen über Satellit zugewiesen. Dabei wurde das Bestrahlungsgebiet jedes Satelliten (*coverage area*) dem jeweiligen Land (*service area*) durch technische Einschränkungen möglichst genau angepaßt, um den *spill over* möglichst klein zu halten. Zudem wurden den sozialistischen Staaten generell andere Orbit-

Plätze für ihre Satelliten zugewiesen als den kapitalistischen Staaten, so daß die Programme ohne technische Zusatzeinrichtungen immer nur in einer der beiden Regionen zu empfangen sind. Anläßlich der WARC 1979 wurde der Frequenzbereich für den UKW-Rundfunk von 87,5 bis 100 MHz auf 87,5 bis 108 MHz erweitert. Ende 1984 wurde ein neuer Frequenzplan aufgestellt, nach dem es möglich ist, in der Bundesrepublik u. a. zwei weitere flächendeckende Sendernetze zu errichten. Die Entscheidungen bildeten die Voraussetzung für die Zulassung privater Hörfunkanbieter.

Keine rechtliche Bindewirkung, jedoch allgemeine kommunikationspolitische Bedeutung besitzt der Bericht der EG-Kommission über ›Fernsehen ohne Grenzen – Grünbuch über die Errichtung des Gemeinsamen Marktes für den Rundfunk, insbesondere über Satellit und Kabel‹ vom 14. 6. 1984 (Bundesrats-Drucksache 360/84), in dem die Kommission feststellte, daß der EWG-Vertrag auf den fraglichen Bereich anwendbar ist. Der Bericht enthält u. a. die Forderungen, alle den Dienstleistungsverkehr beschränkenden Diskriminierungen aufzuheben, die Regelungen für die Werbung und den Jugendschutz zu harmonisieren sowie zur Erleichterung der Weiterverbreitung von Rundfunkprogrammen in der EG eine urheberrechtliche gesetzliche Lizenz einzuführen. Politische Bedeutung für die künftige Gestaltung des Rundfunkwesens in Westeuropa besitzen ferner mehrere Entschließungen und Ausschußberichte des *Europäischen Parlaments* (*Schwarze* 1986).

Im März 1989 verabschiedete der *Europarat* das Übereinkommen über grenzüberschreitendes Fernsehen, im Oktober des gleichen Jahres der Ministerrat der *Europäischen Gemeinschaft* die ›Richtlinie des Rates zur Koordinierung bestimmter Rechts- und Verwaltungsvorschriften der Mitgliedstaaten über die Ausübung der Fernsehtätigkeit‹ (*EG-Fernsehrichtlinie*). Streitpunkt im Vorfeld ihrer Verabschiedung waren Forderungen vor allem von Frankreich nach einer Begrenzung von Programmen nichteuropäischer Herkunft, die u. a. auf den Widerstand Deutschlands stießen. Statt fester Quoten wurde eine Empfehlung beschlossen, den Hauptteil der Sendezeit mit europäischen Produktionen zu bestreiten. Die EG-Fernsehrichtlinie enthält darüber hinaus Regelungen zu Dauer, Plazierung und Inhalt von Werbesendungen (keine Tabakwerbung), die durch den ›Staatsvertrag über den Rundfunk im vereinten Deutschland‹ vom 31. 8. 1991 deutsches Recht wurden.

Auf den Widerstand der öffentlich-rechtlichen und der privaten Programmveranstalter traf eine Direktive der EG, bei allen neuen Satelliten statt der *PAL*-Norm als Vorstufe für das hochauflösende Fernsehen (*HDTV*) den *D 2-MAC*-Standard einzuführen. Zustimmung fand dagegen das 1990 aufgelegte Aktionsprogramm ›MEDIA 1991–1995‹, das die Produktion und den Vertrieb von europäischen Produktionen fördern soll (→ Film). Der Widerstand gegen die EG-Satelliten-Direktive beruhte vor allem auf der Ablehnung dirigistischer Maßnahmen sowie der damit verbundenen Kosten. Eine generelle Wende stellt in diesem Bereich die Gründung der *Société Européenne des Satellites* (*SES*) dar, die – gegen den Widerstand der europäischen Telekom-Verwaltungen – auf privatwirtschaftlicher Basis die ASTRA-Satelliten betreibt. Dennoch bildet die Einführung von HDTV einen dauerhaften Konfliktgegenstand. So beschlossen die Vertreter von 24 westeuropäischen Fernsehanstalten 1992 mehrheitlich ein ›*Memorandum of Understanding*‹, das die Pläne bekräftigte. Nur wenige Monate darauf scheiterte jedoch die Verabschiedung eines konkreten Aktionsplanes am Widerstand Großbritanniens (*Kleinsteuber* 1991; *Alscheid-Schmidt* 1991; *Ahrens* 1993).

Die kommunikationspolitische Diskussion findet auf mehreren Handlungsebenen statt, die organisatorisch und personell miteinander verbunden sind: den *United Nations* (*UN*), der *United Nations Educational, Scientific and Cultural Organization* (*UNESCO*), der *International Telecommunications Union* (*ITU*), die als Sonderorganisation der UN anerkannt ist, der *International Association for Mass Communication Research* (*IAMCR*), die den Status einer akkreditierten nichtstaatlichen Organisation der *UNESCO* besitzt. Neben den genannten Organisationen besaß eine Reihe von internationalen Konferenzen erhebliche kommunikationspolitische Bedeutung. Hierzu gehören vor allem die ›Konferenz über Sicherheit und Zusammenarbeit in Europa‹ (*KSZE*) in Helsinki (1975) sowie die Konferenzen der Blockfreien Länder 1976 in Tunis, Neu Delhi und Colombo. Die erwähnten Diskussionsforen haben aufgrund der weltpolitischen Veränderungen der vergangenen Jahre ihre Bedeutung weitgehend verloren. Dafür ist im europäischen Bereich die Bedeutung des *Europarates* gewachsen.

Hauptthemen der internationalen Kommunikationspolitik waren in den siebziger Jahren: der geringe Umfang der Berichterstattung über die Dritte Welt in den Medien der westlichen Industrienationen, der Inhalt der Berichterstattung – Schwerpunkt auf negativen Ereignissen wie Unglücken, Revolten und Kriegen – in den westlichen Industrienationen und die Abhängigkeit der Berichterstattung in den Staaten der Dritten Welt von den Nachrichtenagenturen der westlichen Industrienationen. Zu diesen Hauptthemen gehörten ferner: der große Umfang des Unterhaltungsangebots (Musik, Film, Fernsehen) in den Staaten der Dritten Welt aus den westlichen Industrienationen, speziell aus den USA, die Verbreitung von Hörfunksendungen (Unterhaltung und Information) in Staaten der östlichen Allianz aus westlichen Industrienationen, die Verbreitung direkter Fernsehprogramme über Satellit über die Grenzen der Staaten hinaus, in denen die Sendeanstalten angesiedelt sind, sowie die Verabschiedung einer internationalen Berufsordnung für Journalisten, die unter dem Stichwort ›*Protection of Journalists*‹ die Arbeitsmöglichkeiten von Journalisten staatlich regeln soll. Bereits in den achtziger Jahren hatte diese Diskussion an Bedeutung verloren. Durch den Zusammenbruch des sowjetischen Herrschaftssystems ist sie weitgehend verebbt.

Die Nachrichtendienste der westlichen *Weltagenturen* für die westlichen Industrienationen berichten, wie empirische Untersuchungen zeigen, tatsächlich über relativ wenige Ereignisse aus der Dritten Welt, wobei es sich häufig um negative Ereignisse handelt (→ Nachricht). Ihre Nachrichtendienste für die Dritte Welt enthalten dagegen vorwiegend Berichte über Ereignisse in der Dritten Welt, ohne daß dabei negative Ereignisse dominieren. Die Nachrichtendienste der westlichen Weltagenturen für die Dritte Welt verbreiten damit nicht mehr negative Nachrichten über diese Staaten als ihre Nachrichtendienste für die westlichen Industrienationen (*Stevenson/Shaw* 1984). Dennoch resultiert daraus ein Dilemma. Der Anteil negativer Nachrichten an der Nachrichtengebung über das eigene Land ist in den westlichen Industrienationen das Ergebnis eines historischen Prozesses, den die Länder in der Dritten Welt noch vor sich haben. So betrug der Anteil der Nachrichten über Kritik in der schwedischen Presse von 1912 bis 1960 etwa sieben Prozent. Danach stieg er auf über 20 Prozent an (*Westerstahl/Johansson* 1986). In deutschen Hörfunknachrichten betrug der Anteil der Meldungen über negative Ereignisse in den fünfziger Jahren ca. zwanzig Prozent. Er ist innerhalb von zwanzig Jahren auf über vierzig Prozent angestiegen (*Kepplinger/Weißbecker* 1991). Die *Entwicklungsländer* werden aufgrund solcher Veränderungen des Selektionsverhaltens in den Industrienationen, die sich auch in den Agenturmeldungen niederschlagen, in einem Ausmaß mit negativen Nachrichten über ihre eigenen Länder konfrontiert, die die westlichen Staaten in einer ähnlichen Entwicklungsphase kaum hingenommen hätten. Eine bewußte Reduzierung des Anteils negativer Nachrichten über die Dritte Welt wäre andererseits gleichbedeutend mit dem Verschweigen tatächlich vorhandener Mißstände, die nach den heutigen Standards des Journalismus in liberalen Demokratien berichtet werden müssen.

Internationale kommunikationspolitische Konflikte waren lange durch das Bestreben der UdSSR und der anderen sozialistischen Staaten gekennzeichnet, die Kommunikationsbeziehungen durch rechtlich verbindliche zwischenstaatliche Verträge umfassend zu regeln. Nach ihrem Selbstverständnis besaßen Staaten die Kompetenz, solche Regelungen zu treffen. Auch zahlreiche Staaten der Dritten Welt strebten eine umfassende staatliche Regelung des Kommunikationsflusses an, um einen ›*balanced flow of information*‹ zwischen Entwicklungs- und Industrieländern zu erreichen. Der Kern ihrer Forderungen war ein ›*right to communicate*‹, das neben der Informationsfreiheit auch ein Recht, gehört zu werden, umfaßt. Die UdSSR nutzte diese Bestrebungen und versuchte, die eigenen Ziele mit denen der Staaten der Dritten Welt zu koppeln und eine *New International Information Order* (*NIIO*) zu etablieren, die weitgehende Rechte und Pflichten des Staates zur Kontrolle der Massenmedien vorsah (*Alscheid-Schmidt* 1991).

Hans Mathias Kepplinger

Kommunikationsprozeß

Als Kommunikation bezeichnet man einen Vorgang, der auf bestimmten Gemeinsamkeiten zwischen verschiedenen Subjekten beruht. Der Begriff ist vom Lateinischen *communis = gemeinsam* abgeleitet. Gemeinsam haben Kommunizierende: erstens eine materielle oder energetische Verbindung zur Übertragung von Signalen; zweitens eine durch Erwartungen gekennzeichnete Beziehung, aus der Information entsteht; drittens bestimmte übereinstimmende Kognitionen, d. h. Wissen, Erfahrungen, Bewertungen usw., aus denen sich die Erwartungen ableiten und die den Signalen Bedeutung verleihen; und viertens bestimmte Absichten oder Folgen in bezug auf ihren Zustand oder ihr Verhalten.

Kommunikation wird häufig mit Begriffen umschrieben wie: Verständigung, Mitteilung, Interaktion, Übertragung (vgl. *Merten* 1977). Dadurch wird besonders der dynamische Charakter von Kommunikation betont: Kommunikation ist ein Prozeß. Die einleitend erwähnten Gemeinsamkeiten, die im folgenden ausführlich beschrieben werden, sind einerseits Voraussetzung des Prozesses; ohne diese Voraussetzungen käme Kommunikation nicht in Gang. Sie sind andererseits auch Ergebnis des Prozesses; Kommunikation bestärkt in der Regel die vorhandene Gemeinsamkeit an Erfahrungen oder stiftet neue Gemeinsamkeiten.

Es gibt eine sehr weitgefaßte und eine engere Bedeutung von Kommunikation. Der engere Kommunikationsbegriff bezieht sich auf die Gemeinsamkeiten zwischen verschiedenen Menschen, auf einen sozialen Prozeß. Der umfassende Begriff wird in vielen verschiedenen Bereichen und in den entsprechenden Wissenschaften angewandt, so auch auf Prozesse unter Tieren *(animalische Kommunikation)*, Prozesse innerhalb lebender Organismen *(Biokommunikation)* wie auch innerhalb oder zwischen technischen Systemen *(technische Kommunikation, Maschinenkommunikation)* oder zwischen Menschen und technischen Apparaten, zum Beispiel Computern *(Mensch-Maschine-Kommunikation)*. Die Begrifflichkeit ist noch ziemlich uneinheitlich und verändert sich rasch, so wie der ganze Bereich der Kommunikation sich sehr rasch verändert.

Die Erkenntnis, daß man bestimmte Prozeßaspekte im Nerven-

system eines Tintenfischs, beim Flug der Bienen, bei der Arbeitsweise einer Dampfmaschine oder eines Telegraphen, in den Beziehungen in einer Familie oder im Ablauf eines politischen Wahlkampfes mit denselben theoretischen Konzepten analysieren und erklären kann, ist nicht einmal ein halbes Jahrhundert alt. Gleichwohl
hat diese Erkenntnis unsere Welt in kürzester Zeit revolutioniert,
denn auf ihr beruht die Entwicklung von Automation, Datenverarbeitung und Nachrichtentechnik, von Massenkommunikation, Werbung und politischer Propaganda; sie hat viele Wissenschaften entscheidend beeinflußt, vor allem viele Biowissenschaften und technische Wissenschaften, Psychologie, Nationalökonomie, Linguistik
und Soziologie, und sie hat neue Wissenschaften hervorgebracht,
wie zum Beispiel Kommunikationswissenschaft und Informatik.
Eine generelle, die verschiedensten Wissenschaftsgebiete übergreifende Perspektive hat forschungsökonomische Vorteile: Man
kommt mit einem Minimum an Begriffen, Modellen und theoretischen Sätzen aus. Noch bedeutsamer und für die erwähnte Wissen-
schaftsentwicklung ausschlaggebend sind aber wohl die Transferlei-
stungen und Synergieeffekte. Der generelle Ansatz erlaubt es, die in
einem Wissenschaftsgebiet gewonnenen Erkenntnisse auf andere
Gebiete zu übertragen und Erkenntnissprünge durch Zusammenfüh-
rung von Theorien und Befunden aus unterschiedlichem Kontext zu
erzielen, die über die bloße Addition von Wissen weit hinausgehen
(vgl. etwa *Wieser* 1959).
Der Nachteil eines generellen Ansatzes liegt darin, daß er notwendigerweise sehr abstrakt und formal sein muß, um in den unterschiedlichen Bereichen angewandt werden zu können. Bei der folgenden
Darstellung beziehen wir uns jedoch in erster Linie auf *soziale*
Kommunikation, so daß von vornherein kein so hoher Grad an Allgemeinheit erforderlich ist.
Soziale Kommunikation kann man unterscheiden in interpersonale
(face-to-face) Kommunikation und technisch vermittelte Kommunikation. Massenkommunikation und Telekommunikation sind
technisch vermittelte Kommunikation, auch die verschiedenen
Nachrichtendienste sind überwiegend technisch vermittelt. Während
Massenkommunikation immer öffentlich (d. h. prinzipiell für jedermann zugänglich) ist und sich an ein meist großes, anonymes Publikum richtet, ist *Telekommunikation* eine Verbindung zwi-

schen einzelnen oder wenigen Partnern (Punkt-zu-Punkt-Kommunikation) und in der Regel nicht öffentlich, sondern geschäftlich oder privat. *Nachrichtendienste* sind teils allgemein zugänglich, teils für die Veröffentlichung bestimmt, teils aber auch vertraulich oder geheim. Einen Überblick über die verschiedenen Kommunikationsformen und Medien gibt die folgende Darstellung:

Massenkommunikation
– Printmedien
  Presse: Zeitung, Zeitschrift
  Buch, Plakat, Flugblatt
– Rundfunk
  Hörfunk/Radio (terrestrisch, Kabel-, Satelliten-)
  Fernsehen
– Film/Kino
– Unterhaltungselektronik
  Video, Bildplatte
  Schallplatte, Toncassette, Compact Disc

Telekommunikation
– Sprachkommunikation
  Telefon, Sprechfunk
– Textkommunikation
  Telex, Teletext, Bildschirmtext, Kabeltext
– Festbildkommunikation
  Telefax, Telefoto u. a.
– Bewegtbildkommunikation
  Bildtelefon, Telekonferenz u. a.
– Datenkommunikation
  Datenfernübertragung, Telemetrie, Fernwirken u. a.

Nachrichtendienste
– publizistische Dienste, Archive, Datenbanken
  Nachrichtenagenturen, Korrespondenzen, Bilder-, Filmdienste
– Finanz- und Börsendienste, Datenbanken
– diplomatische Dienste
– politische und militärische Geheimdienste
– wissenschaftliche Dienste, Archive, Datenbanken

Der wertbesetzte Begriffsanteil »Masse« in Massenkommunikation ist im Sinne von *disperses Publikum* zu verstehen: »Gemeint ist damit eine große Zahl von räumlich getrennten Individuen oder kleinen Gruppen (zum Beispiel Familien), die eine durch ein Massenmedium verbreitete öffentliche Aussage empfangen.« *(Maletzke 1976, 4)*

Neuere Entwicklungen der Medientechnik weisen in Richtung auf eine zunehmende Integration mit der Computertechnik. Dadurch werden zugleich die Grenzen zwischen Massenkommunikation, Telekommunikation und Nachrichtendiensten unschärfer. So ermöglicht beispielsweise die mit dem Stichwort *Multimedia* gekennzeichnete Computertechnik – neben der Daten- und Textverarbeitung – auch Daten- und Textkommunikation, den Zugang zu publizistischen, wirtschaftlichen und wissenschaftlichen Datenbanken, das Abspielen verschiedener optoelektronischer Speichermedien (CD, CD-ROM, Foto-CD) und sogar Fernsehempfang.

Kommunikation kann man unter verschiedenen Gesichtpunkten betrachten. Man kann die materiellen und energetischen Prozesse, physische und physiologische Aspekte der Signalübertragung untersuchen; man kann analysieren, wie durch Beseitigung von Ungewißheit in den Erwartungen der Kommunikationspartner Information entsteht; man kann sich auf die Beziehungen zwischen den Kommunikationspartnern, ihren Kognitionen und den übertragenen Signalen konzentrieren; man kann schließlich die Intentionen der Kommunikationspartner und die Funktionen von Kommunikation in den Mittelpunkt der Betrachtung rücken.

Es gibt gewisse ›natürliche‹ Affinitäten verschiedener Wissenschaften zu diesen vier Betrachtungsebenen, und es haben sich teils auch neue Wissenschaftszweige einzelnen dieser Ebenen zugeordnet. Der physische und physiologische Aspekt wird in verschiedenen Natur- und Technikwissenschaften bearbeitet (u. a. Nachrichtentechnik, Informatik, Biologie, Psychologie), ebenso auch der informationelle Aspekt; für die beiden anderen Ebenen gibt es eine Zuständigkeit der Sprachwissenschaften, Psychologie, Soziologie und vor allem der *Semiotik (Zeichentheorie)*, die sich als eine Art Formalwissenschaft der Kommunikation neu entwickelt hat. Die Kommunikationswissenschaft untersucht alle vier Aspekte von Kommunikation und deren Interdependenz. Dabei greift sie auch auf die relevanten

Erkenntnisse, Theorien und Methoden der anderen Wissenschaften zurück.

Die erwähnten Aspekte stehen teils in Analogie zur Unterscheidung der syntaktischen, semantischen und pragmatischen Dimension von Kommunikation, von ›Zeichenprozessen‹, wie *Morris* (1938) es ausdrückte, einer der Begründer der Semiotik, auf den diese Unterscheidung zurückgeht. Unter dem Aspekt der *Pragmatik* geht die Betrachtung von den kommunizierenden Subjekten aus, ihren Absichten, Zielen, Reaktionen; in der Perspektive der *Semantik* wird davon weitgehend abstrahiert, und man betrachtet vor allem, wie die kommunizierten Zeichen und ihre ›Bedeutung‹ zustande kommen; die *Syntaktik* ist noch abstrakter und betrifft nur die strukturellen oder informationellen Eigenschaften der Kommunikationsbeziehung, unter Ausklammerung der Inhalts- und Verwendungsaspekte.

An ausgewählten Modellen und Konzepten werden im folgenden einige wesentliche Aspekte *sozialer Kommunikation* beschrieben. Es gibt freilich Besonderheiten der Biokommunikationen, der Kommunikation zwischen Tieren und der technischen Kommunikation, aber auch bestimmter Typen der sozialen Kommunikation, die man durch zusätzliche Aspekte oder andere Modelle verdeutlichen könnte. In der Literatur findet sich eine Reihe von Beispielen für erweiterte Modelle, die andere Aspekte des Kommunikationsprozesses betonen und hypostasieren (vgl. *Merten* 1977; *McQuail / Windahl* 1981).

Modelle des Kommunikationsprozesses

Eine erste Beschreibung des Kommunikationsprozesses fragt nach seinen Bestandteilen. Diese Betrachtung wurde von *Lasswell* (1948) mit der viel zitierten Formulierung gewählt: »A convenient way to describe an act of communication is to answer the following questions: Who says what in which channel to whom with what effect?« Diese sogenannte *Lasswell-Formel* ist mitunter als »lineares« Kommunikationsmodell mißverstanden worden. Tatsächlich wollte der Autor nur anhand der Elemente des Kommunikationsprozesses die wichtigsten Forschungsfelder der Kommunikationswissenschaft identifizieren, wie folgende Darstellung verdeutlicht:

Who	Says what	In which channel	To whom	With what effect
Communicator	Message	Medium	Receiver	Effect
Kommunikator	Mitteilung	Medium	Rezipient Publikum	Wirkung
Kommunikator-forschung	Inhalts-analyse	Medien-kunde	Publikums-forschung	Wirkungs-forschung

Ein lineares Modell liegt explizit den Überlegungen der *mathematischen Informationstheorie* zugrunde, wie sie von *Shannon* formuliert wurde (*Shannon/Weaver* 1948). Dabei differenziert Shannon auf der Kommunikatorseite zwischen der Informationsquelle (information source) und dem Sender (transmitter) sowie auf der Rezipientenseite zwischen Adressat (destination) und Empfänger (receiver). Diese Betrachtung ist an technisch vermittelter Kommunikation orientiert, beispielsweise einem Telefongespräch. Sie bringt zum Ausdruck, daß die Mitteilung für die Übertragung umgewandelt werden muß. Die umgewandelte Mitteilung nennt Shannon *Signal* (vgl. die folgende Darstellung).

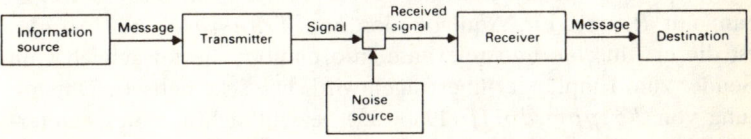

Die Umwandlung der Mitteilung in Signale auf seiten des Kommunikators wird als *Enkodierung* bezeichnet, die Rückübersetzung der empfangenen Signale auf seiten der Rezipienten als *Dekodierung*. Dieses im *Shannon-Modell* enthaltene Prinzip kann man, wie *Schramm* (1954) es getan hat, abstrahieren und an folgendem Schema verdeutlichen:

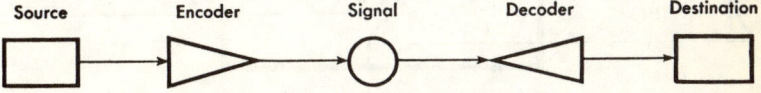

Enkodierung und Dekodierung sind konstitutive Merkmale aller Kommunikationsprozesse, nicht nur solcher, bei denen eine technische Apparatur wie das Telefon zu Hilfe genommen wird. Beim Gespräch, im direkten Kontakt zwischen Personen – man nennt es *interpersonale Kommunikation* (engl. auch *face-to-face communication*) – ist der Kommunikator gleichzeitig Quelle und Enkoder, die Mitteilung wird als akustisches Signal, als Schallschwinung übertragen, und der Rezipient muß die Schallschwingungen rückübersetzen, er ist also gleichzeitig Dekoder und Adressat.

Im Kommunikationsmodell von Shannon ist ein Element enthalten, das er Störquelle (noise source) nennt. Störung oder *Rauschen*, wie es – vor allem in technischem Zusammenhang – oft auch heißt, faßt hier alle Arten der Veränderung der Mitteilung auf dem Wege der Übertragung zusammen: in der Praxis, sei es in der sozialen Interaktion oder in der Massenkommunikation und Telekommunikation, sind Störungen ein großes Problem mit oft weitreichenden, unangenehmen Konsequenzen.

Man kann noch genauer zwischen zwei Arten von (unerwünschten) Veränderungen der Mitteilung unterscheiden, nämlich dem Hinzufügen irrelevanter, störender Information einerseits und dem Verlust von relevanter Information andererseits. Der Informationsverlust wird als *Äquivokation* bezeichnet. Bei jedem Kommunikationsprozeß haben wir es also mit drei Arten von Information zu tun: mit *Rauschen*, Äquivokation und *Transinformation*, das ist die erwünschte und relevante Information, die tatsächlich vom Sender zum Empfänger übertragen wird. Die schematische Darstellung von *Krippendorff* (1986, 25) bezieht sich auf diese Unterscheidungen.

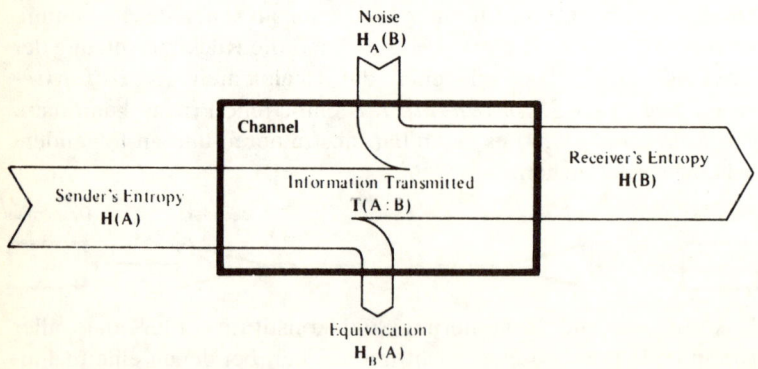

Die Betonung der Linearität in den Flußmodellen von Lasswell und Shannon ist oft kritisiert worden, kennzeichnet aber dennoch *einen* strukturellen Aspekt von Kommunikation. Manche Kritik beruht auf dem Mißverständnis, Kommunikator und Rezipient mit konkreten Personen zu identifizieren. Tatsächlich handelt es sich jedoch in der abstrakten Betrachtung der Kommunikationsmodelle um *Rollen*. Daher ist es möglich, daß diese konkrete Person verschiedene Rollen einnimmt. Bei der interpersonellen Kommunikation übernehmen im allgemeinen beide Partner sowohl die Kommunikator- als auch die Rezipientenrolle, meist abwechselnd, oft auch in so rascher Folge und mit Überschneidungen, daß man von einer gewissen Koinzidenz beider Rollen bei beiden Partnern ausgehen kann.

Kommunikation hat in einer solchen Situation eine symmetrische und reziproke Struktur, wie es die folgende Darstellung (nach *Osgood* zit. bei *Schramm* 1971, 24) verdeutlicht.

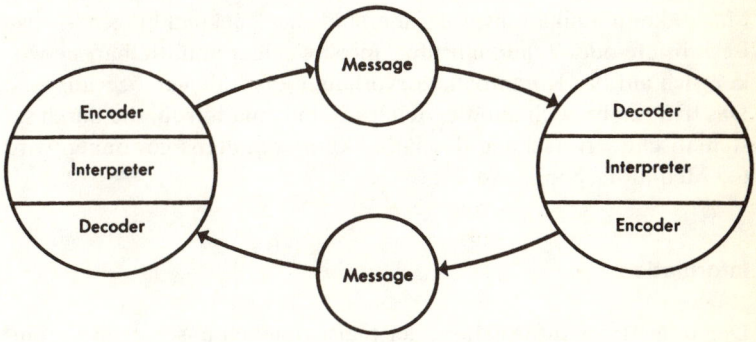

Eine solche Situation würde man weniger als Übertragung, eher als Austausch (von Signalen, Information usw.) charakterisieren; allerdings kann man sich den Austauschprozeß auch als eine Kette denken, zusammengesetzt aus einzelnen Übertragungsvorgängen mit jeweils linearer Struktur. Die symmetrische, reziproke Kommunikation im direkten Kontakt von Personen wird – vor allem in der Soziologie – auch als *Interaktion* bezeichnet.

Auch eine Reihe von Formen der Telekommunikation ermöglicht Interaktion. Massenkommunikation ist dagegen immer Übertragung, niemals Austausch von Mitteilungen, d. h. Kommunikator und Rezipient wechseln ihre Rollen nicht, der Kommunikationsprozeß ist asymmetrisch.

Das schließt die Möglichkeit einer Rückkopplung grundsätzlich nicht aus. *Rückkopplung* (engl. *feedback*) nennt man die entgegen der Hauptübertragungsrichtung vom Rezipienten an den Kommunikator gerichtete Information, die im allgemeinen zur Steuerung der Beziehung zwischen den Kommunikationspartnern dient, beispielsweise zur Optimierung der Verständigung. Eine Kommunikationssituation mit Rückkopplung unterscheidet sich von der schon behandelten reziproken Situation insofern, als die beteiligten Partner ihre Rollen grundsätzlich nicht tauschen.

Das heißt allerdings nicht, daß es in reziproken Situationen keine Rückkopplung gäbe. Tatsächlich sind gerade Interaktionsprozesse sehr stark mit Steuerungsinformationen angereichert, die teils der sprachlichen Mitteilung überlagert sind, teils über zusätzlich *nonverbale Kanäle* (Mimik, Gestik usw.) vermittelt werden. Bei Massenkommunikationsprozessen sind die Rückmeldungen – etwa Leserbriefe oder Telefonanrufe – meist weniger unmittelbar, sie wirken sich auf das Kommunikatorverhalten erst mit Verzögerung aus. Das trifft mehr noch auf die Steuerungsinformation zu, die durch systematische Erforschung des Pubklikumsverhaltens gewonnen wird (→ Mediaforschung).

Information

Der Begriff der Information, der meist ziemlich unscharf in Verbindung mit → Nachricht, Mitteilung, Aussage verwendet wird, läßt sich auch präziser fassen. Umgangssprachlich sind wir es durchaus gewohnt, zwischen der Mitteilung und ihrer Information – oder auch: ihrem Informationsgehalt – zu unterscheiden. Information ist also in unserem Alltagsverständnis ein Merkmal von Mitteilungen. Wir verbinden Information mit: Neuigkeit, Aktualität, Kennenlernen von bisher Unbekanntem.

Eine Mitteilung ist jedoch nicht per se informationshaltig, sondern sie bezieht diese Eigenschaft allein aus ihrer Stellung im Kommunikationprozeß, aus der Beziehung zwischen Kommunikator und Rezipient. Information im Sinne von Neuigkeit oder Dazulernen kann aus dieser Beziehung nur hervorgehen, wenn es zwischen Kommunikator und Rezipient ein Kenntnis- oder Aktualitätsgefälle gibt. Dieses Gefälle wird in der Informationstheorie meist mit dem Begriff der *Ungewißheit (uncertainty)* umschrieben. Information kann man demnach definieren als Verminderung des Kenntnis- oder Aktualitätsgefälles zwischen Kommunikator und Rezipient oder auch als *Beseitigung von Ungewißheit.*

Je größer das Gefälle, je größer die Ungewißheit, desto größer kann der Informationsgehalt der Mitteilung sein. Wenn man nun den Grad der Ungewißheit in einer Kommunikationsbeziehung irgendwie messen kann, dann ist es auch möglich, den Informationsgehalt von Mitteilungen zu quantifizieren. Dies war der Ausgangspunkt der Überlegungen von *Shannon* (1948) und die wichtigste Aufgabe bei der Entwicklung einer *mathematischen Theorie der Information.*

Der Ungewißheitsgrad in einer Kommunikationssituation hängt von zweierlei ab: einmal von den Variationsmöglichkeiten der Enkodierung, die dem Kommunikator zur Verfügung stehen und die sich als Variationen im Zustand des übertragenen Signals manifestieren; zum anderen von den Erwartungen des Rezipienten in bezug auf die verschiedenen Enkodierungsvarianten, die sich ihm als Ausprägungen des Signalmusters darstellen.

Für beides gibt es eine ›natürliche‹ Grundsituation: der Kommunikator braucht für ein Minimum an Variation wenigstens zwei Alternativen und entsprechend zwei Signalzustände, zwischen denen er auswählen kann; und für den Rezipienten ist es zunächst einmal das Einfachste, anzunehmen, daß jede Enkodierungsvariante gleichwahrscheinlich ist. (Eine andere Grundsituation, an die man auch denken könnte, daß nämlich dem Kommunikator nur ein Signalzustand zur Verfügung steht oder daß der Rezipient eine Enkodierungsvariante mit hundertprozentiger Gewißheit erwartet, ermöglicht tatsächlich keine Informationsübertragung, da keine Enkodierungsvariation möglich, keine Ungewißheit vorhanden ist.)

Die beschriebene Grundsituation der Variationsmöglichkeit mit zwei gleichwahrscheinlichen Alternativen definiert in der Informationstheorie die Maßeinheit *bit* für Information, sie ermöglicht die Übertragung von 1 *bit* Information. ›Bit‹ ist ein Kunstwort, abgeleitet von dem englischen Ausdruck *binary digit* für Binärziffer. Diese Bezeichnung wurde gewählt, weil das binäre Zahlensystem, das alle Werte aus nur zwei Ziffern, meist 0 und 1 (anstatt zum Beispiel aus zehn Ziffern wie beim Dezimalsystem) aufbaut, die besten Voraussetzungen für eine mathematische Darstellung von Information bietet.

Der Logarithmus zur Basis 2 (abgekürzt gechrieben $^2 log$ oder auch *ld* für *logarithmus dualis*) ist die passende mathematische Funktion, die den Zusammenhang zwischen den Variationsmöglichkeiten des Kommunikators und dem Informationsgehalt der übertragenen Mitteilung ausdrückt. Wenn wir den Informationsgehalt mit *h* bezeichnen (wie allgemein üblich) und die Zahl der Variationsmöglichkeit mit *n*, dann ist die Beziehung zwischen beiden durch die Formel ausgedrückt:

$$h = \text{ld } n \qquad\qquad (1)$$

Diese Formel setzt Gleichwahrscheinlichkeit der Alternativen *n* voraus. Eine solche Annahme ist allerdings ziemlich unrealistisch. Im allgemeinen hat der Rezipient konkrete Erwartungen bezüglich der Enkodierentscheidungen des Kommunikators oder, was auf dasselbe hinausläuft, bezüglich der Variationen des Signals. Diese Erwartungen leiten sich ab aus dem Vorwissen des Rezipienten über das Thema der Kommunikation, über die Person des Kommunikators, aus der Bobachtung seines Enkodierverhaltens in der Vergangenheit usw.

Eine gegenüber der Formel (1) leicht veränderte Formel, die unterschiedlichen Erwartungen bezüglich der Alternativen *n* Rechnung trägt, lautet

$$h = \text{ld } \frac{1}{p_i} \qquad\qquad (2\,\text{a})$$

wobei p_i für die erwartete Ereigniswahrscheinlichkeit der verschiedenen Alternativen *i* (1, 2, 3…n) steht. Die Formel kann man entsprechend den Transformationsregeln für Logarithmen auch schreiben als

$$h = - \text{ld } p_i \qquad\qquad (2\,\text{b})$$

Dieser Zusammenhang, der den Informationsgehalt einer Nachricht in Abhängigkeit von der Ereigniswahrscheinlichkeit der verschiedenen möglichen Enkodierungs- bzw. Signalvarianten ausdrückt, wird auch als *Überraschungswert* bezeichnet.

Die bisherige Betrachtung bezieht sich auf den Fall, daß die Mitteilung aus einer einzelnen Nachricht besteht, die verschieden lauten kann und die dann einen unterschiedlichen Überraschungswert hat, je nach den Erwartungen des Rezipienten (die wiederum abhängig sind u. a. vom jeweiligen Vorwissen, den vorher empfangenen Nachrichten, dem thematischen Kontext). Wenn die tatsächlich übertragene Nachricht den Erwartungen des Rezipienten weitgehend entspricht, beseitigt sie relativ wenig Ungewißheit, ihr Informationsgehalt ist gering. Widerspricht sie dagegen den Erwartungen, so ist ihr Informationsgehalt bzw. ihr Überraschungswert groß. Überraschende Nachrichten sind also Nachrichten mit hohem Informationsgehalt. In dieser Hinsicht deckt sich die Informationstheorie auch mit unseren Alltagserfahrungen, beispielsweise mit unserer Einschätzung von Nachrichten in den Massenmedien.

Aber die Realität ist komplexer, als es hier zunächst angenommen wurde. So bestehen Kommunikationsvorgänge im allgemeinen nicht aus der Übertragung einer einzelnen Nachricht mit einer in sich abgeschlossenen Erwartungssituation. Reale Vorgänge sind eher durch eine komplexe, zeitlich oder räumlich (flächig) ausgedehnte Mitteilung gekennzeichnet, die man sich zwar als Folge oder Muster von Einzelnachrichten denken kann, zu denen es aber jeweils sehr unterschiedliche Erwartungssituationen gibt. Um die informationelle Charakteristik einer solchen komplexen Mitteilung auszudrücken, wird von der Informationstheorie ein Mittelwert vorgeschlagen, und zwar ein gewogenes Mittel, bei dem der Informationsgehalt jeder Einzelnachricht einer Mitteilung mit ihrem jeweiligen Erwartungswert p_i verrechnet wird:

$$H = - \sum_{i=1}^{n} p_i \, \text{ld} \, p_i \qquad (3)$$

Für diesen Kennwert wurde die ziemlich abstrakte Bezeichnung *Entropie* eingeführt, in Analogie zu einem formal ähnlichen Maß in der Thermodynamik. Das Entropiemaß erreicht, bei einer gegebenen Zahl von Elementen, aus denen sich die Mitteilung zusammensetzt, sein Maximum, wenn alle Einzelnachrichten gleichwahrscheinlich sind. In diesem Fall ist der Entropiewert gleich dem Informationsgehalt jeder Einzelnachricht, der sich seinerseits nach Formel (1) aus der Zahl der Variationsmöglichkeiten bei der Enkodierung ergibt, also:

$$H_{max} = h = ld\ n \qquad (4)$$

Der Entropiewert ist um so geringer, je spezifischer die Erwartungen des Rezipienten bezüglich der Variationen der Enkodierung bzw. des Signals sind, also je mehr sie von der reinen ›Ratesituation‹ abweichen, in der für jede Einzelnachricht angenommen werden muß, daß sie mit gleicher Wahrscheinlichkeit eintrifft.

Der Grad der Abweichung von einer solchen Situation extremer Ungewißheit wird *Redundanz* genannt. Redundanz ist demnach definiert als:

$$R = H_{max} - H \qquad (5)$$

Man kann Redundanz auch umschreiben als Vorhersehbarkeit, Regelhaftigkeit, Ordnung, Struktur einer Mitteilung. Umgekehrt ist eine Mitteilung, der es an Redundanz mangelt, die also ihrem Entropiemaximum nahekommt, charakterisiert durch Unbestimmtheit, Zufälligkeit, Komplexität, Unübersichtlichkeit.

Diese Charakterisierungen können jedoch leicht mißverstanden werden, denn Entropie und Redundanz sind keine Alternativmerkmale einer Mitteilung, sondern unterschiedliche Bezeichnungen einer kontinuierlichen Variablen. Genauer ist es daher, zu sagen, daß eine Mitteilung mehr oder weniger redundant oder mehr oder weniger nahe ihrem Entropiemaximum ist. Die variable und relative Natur des Redundanzmerkmals wird deutlicher, wenn man Redundanz mathematisch in ein Verhältnismaß umformuliert:

$$r = 1 - \frac{H}{H_{max}} \qquad (6)$$

Dies ist ein Kennwert für die *relative Redundanz*, bezogen auf das jeweils mögliche Entropiemaximum. Hier handelt es sich um ein standardisiertes Maß, mit dem unterschiedliche Mitteilungen direkt miteinander verglichen werden können.

Zur Berechnung der informationstheoretischen Maße finden sich in den einschlägigen Lehrbüchern Tabellen, so daß man im allgemeinen mit den Grundrechenarten auskommt (vgl. etwa *Mittenecker/ Raab* 1973).

Aus der Informationstheorie haben sich inzwischen verschiedene Anwendungsbereiche entwickelt, einmal die technische bzw. technikorientierte Anwendung in *Informatik*, Automation und *Nachrichtentechnik* (vgl. etwa *Steinbuch* 1966), zum anderen die Anwendung als *statistische Methode* zur Aufbereitung qualitativer (nominaler) Daten (vgl. etwa *Krippendorff* 1986), die prinzipiell in allen wissenschaftlichen und technischen Bereichen möglich ist, so auch in der Kommunikationsforschung (vgl. etwa *Finn / Roberts* 1984).

Schließlich kann man eine dritte Anwendung der Informationstheorie erkennen, von der in vielen verschiedenen Wissenschaften Gebrauch gemacht wird, nämlich die Anwendung informationstheoretischer Begriffe und teilweise auch deren mathematisch-formale Definition als analytische Paradigma und heuristische Methode. In dieser Weise ist die Informationstheorie fruchtbar für die Analyse von Kommunikation allgemein und für spezielle Formen oder Probleme von Kommunikation, beispielsweise für die Kommunikationsformen Kunst, Sprache, Musik, Malerei und Graphik (vgl. etwa *Moles* 1971; *Fucks* 1968; *Früh* 1980).

Informationsverarbeitung

Information in dem abstrakten, formalen Sinn der Informationstheorie kennzeichnet einen *strukturellen* Aspekt in der Nachrichtenverbindung zwischen Kommunikator und Rezipient. Die Verbindung wird über Signale hergestellt, d. h. über materielle oder energetische Zustände, die vom Kommunikator gezielt variiert und vom Rezipienten entsprechend auch als Variation wahrgenommen werden können. Begriffe wie Information oder Redundanz sagen etwas über den strukturellen oder statistischen Charakter dieser Variation aus.

Eine Signalverbindung und die planvolle Variationsmöglichkeit der Signale sind notwendige Voraussetzungen für Kommunikation; sie sind aber nur ein Teil, ein Aspekt des Prozesses. Ein weiterer, besonders wichtiger Aspekt betrifft die Interpretation der Signale. Das Muster von Druckerschwärze auf dem Papier, die Schallschwingungen im Raum, die Hell-Dunkel- und Farbvariationen auf dem Fernsehbildschirm lassen sich zwar physikalisch und informationell sehr präzis beschreiben, ihren spezifischen Charakter als Mitteilung im

Kommunikationsprozeß erhalten sie aber erst dadurch, daß sie vom Kommunikator und vom Rezipienten in einer bestimmten Weise interpretiert, mit *Bedeutung* erfüllt werden. Auf diesen Vorgang wurde oben bereits mit den Begriffen Enkodierung und Dekodierung Bezug genommen.

An den Enkodierungs- und Dekodierungsvorgängen interessiert im Zusammenhang mit Kommunikation vor allem zweierlei. Erstens: Welche kognitiven Prozesse, d. h. welche Vorgänge des Wahrnehmens, Denkens, Erkennens laufen im einzelnen beim Kommunikator und Rezipienten ab, wenn Signale interpretiert werden? Und zweitens: Wie kommt es zu den Gemeinsamkeiten, den Interpretationsübereinstimmungen zwischen Kommunikator und Rezipient, die Voraussetzung für eine erfolgreiche Kommunikation sind?

Die Forschung behandelt Signalerkennung und -interpretation im allgemeinen aus der Perspektive des Rezipienten. Sie bezeichnet den Vorgang zusammenfassend als *Informationsverarbeitung (information processing)*. Da der Kommunikator als informationsverarbeitendes System nach denselben Gesetzmäßigkeiten wie der Rezipient ›funktioniert‹, gilt alles das, was über die Signalinterpretation auf der Empfängerseite ausgesagt wird, analog auch für die Senderseite. Nur sind die Prozesse beim Kommunikator teils spiegelbildlich zu denen beim Rezipienten, teils aber auch kongruent, denn zur Steuerung des Kommunikationsablaufs gehört, daß der Kommunikator seine eigenen Mitteilungen zur Kontrolle laufend selbst wieder dekodiert; er antizipiert daher den Dekodierprozeß des Rezipienten.

Diese Art des sich Hineinversetzens in die Rolle des Rezipienten ist typisch für soziale Kommunikation. Es handelt sich um eine Art »virtueller« Rückkopplung, durch die Reflexivität zustandekommt. In anderem Zusammenhang wird darauf auch mit Begriffen wie *role taking* oder *Empathie* Bezug genommen.

Im einzelnen umfaßt Informationsverarbeitung eine Reihe von in sich sehr komplexen Operationen: sensorische Wahrnehmung, Aufmerksamkeitssteuerung, Denken, Erinnern, Urteilen, Lernen und anderes mehr. Kennzeichnend für den neueren kognitionspsychologischen (*»social cognition«*) Ansatz der Forschung ist zum einen die Betrachtung der Prozeßaspekte, also der dynamischen Abläufe. Wahrnehmung, Denken, Erinnern, Lernen usw. werden dabei nicht

als isolierte Leistungen, sondern in ihrem Zusammenspiel untersucht; und an der Informationsverarbeitung interessieren weniger
die Strukturparameter wie zum Beispiel Zufluß- und Speicherkapa-
zitäten, sondern Art und Ergebnis der Operationen.

Zum anderen wird dem Individuum eine aktive Rolle bei der Informationsverarbeitung zugeschrieben. Informationsverarbeitung ist von
zwei Seiten gleichzeitig determiniert, von den Signalen einerseits und
vom kognitiven System des Rezipienten andererseits. Mitteilung und
Rezipient interagieren, so daß die dekodierte Information als Resultante aus der *externen* Information der Signale und der *internen*
Information des kognitiven Systems zu begreifen ist.

Bei Analysen von Kommunikationsprozessen wird oft einem Aspekt
des kognitiven Systems besondere Aufmerksamkeit zugewandt, der
mit dem Begriff *Schema* umschrieben wird. Das Schema-Konzept
trägt der Tatsache Rechnung, daß Rezipienten nur einen Bruchteil
der in Mitteilungen üblicherweise enthaltenen Information verarbeiten können (*Brosius* 1991).

In einer weitgefaßten Definition ist das *Schema* gleichzeitig kognitive Struktur, Prozessor und Steuerungselement. Als Struktur repräsentiert es einen organisierten Teilbereich der im Individuum gespeicherten Information von Wissen und Erfahrungen. Die einzelnen, auf
verschiedene Teilbereiche der internen Information bezogenen Schemata sind untereinander vernetzt oder, wie *Neisser* (1976) es ausdrückt, ›eingebettet‹ in eine ›kognitive Landkarte‹ der Welt. Als Prozessor wertet das Schema die Signale der Mitteilung aus, setzt sie zur
bereits gespeicherten Information in Beziehung und verändert diese;
als Steuerungselement dirigiert es das Explorationsverhalten des Systems, insbesondere Aufmerksamkeit und Wahrnehmung.

In der wissenschaftlichen Literatur gibt es eine Reihe von Begriffen
bzw. theoretischen Konzepten, die dem Schema ähnlich sind, beispielsweise: Skript, Plan, Rahmen (*frame*), Prototyp; manche Autoren verwenden abstraktere Bezeichnungen, meinen aber Vergleich-
bares, etwa: Konstrukt, *belief*. Auch der Begriff *Stereotyp* in der
ursprünglichen, von *Lippmann* (1922) verwendeten Bedeutung ist
mit dem Schemabegriff verwandt, ebenso der Begriff des *Image* in
der Fassung von *Boulding* (1956).

Schemata sind weniger als ruhendes Datengerüst zu verstehen, sondern eher als unterschiedlich aktivierte Teilsysteme des kognitiven

Gesamtsystems. Ein Schema kann sich beispielsweise auf einen bestimmten Objektbereich beziehen (Pflanze, Buch, Familie), auf eine Handlung (Essen, Radfahren, Lesen) oder auf bestimmte Erlebnisse und Situationen (Urlaub, Einkaufen, Kino). Die Aktivierung eines Schemas kann auf unterschiedliche Weise erfolgen, außer durch einen Kommunikationsprozeß auch durch selbstinduziertes Explorationsverhalten, durch Vorstellen, Denken, Erinnern. Mit der Aktivierung der Schemata ist im allgemeinen eine mehr oder weniger große Umorganisation der jeweils repräsentierten Information verbunden. Die resultierende Änderung der Schemata hat zwangsläufig Konsequenzen für weitere Informationsverarbeitungsprozesse, da diese schemageleitet sind. So kann man Konsequenzen bezüglich der Auswahl und Interpretation von Signalen bei nachfolgenden Kommunikationsvorgängen erwarten. Solche Veränderungen der Informationsverarbeitung leisten einen neuerlichen Beitrag zur Umorganisation der Schemata und so fort. Informationsverarbeitung kann man also, mit *Neisser* (1976), als einen fortwährenden zyklischen Prozeß begreifen, der sich etwa wie folgt veranschaulichen läßt:

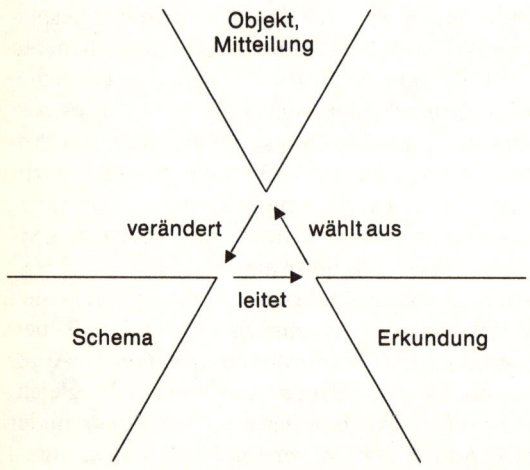

Die Art und Weise, in der Schemata durch Interaktion mit externer Information verändert werden, wurde vor allem am Beispiel der Textverarbeitung, dem Aufbau von Wissensstrukturen durch Lesen, untersucht (vgl. etwa *van Dijk* 1980; *Ballstaedt* u. a. 1981). Die vorliegenden Ergebnisse legen eine analytische Unterscheidung von drei verschiedenartigen Operationen nahe: Inferenz, Elaboration und Reduktion.

Die *inferentielle Verarbeitung* bezeichnet einen Vorgang, bei dem aus der Verknüpfung von Mitteilungsinformation und Schemainformation Erwartungen abgeleitet werden, die entweder als ›Leerstellen‹ an die Mitteilung herangetragen und, nach weiteren Explorationen, aus dieser gefüllt werden oder die über die Mitteilung hinausgehen und als Konklusion gleichsam hinzugedacht werden.

Bei der *elaborativen Verarbeitung* wird die externe Information der Mitteilung durch vielfältige Schemavernetzung mit interner Information angereichert. Die Elaborationen ergänzen die neue Information durch frühere Erfahrung und geben ihr damit auch eine ganz persönliche, ›idiosynkratische‹ Färbung. Als eine Sonderform der Elaboration kann man die in der Theorie der doppelten Kodierung angenommene automatische Benennung bei der Bildwahrnehmung verstehen, so daß zwei Codes gespeichert werden, ein visueller und ein verbaler. Dies ist eine Erklärung für die oft nachgewiesenen besseren Lerneffekte bei audiovisueller Informationsvermittlung.

Reduktive Verarbeitung werden Vorgänge genannt, bei denen Informationsbestandteile verdichtet und zu Makrostrukturen zusammengefaßt werden. Man kann dabei zwei Grundoperationen unterscheiden, Komplexion und Generalisierung. Bei der *Komplexion* wird aus unterschiedlichen Elementen ein Ganzes gebildet, beispielsweise aus Buchstaben ein Wort oder aus Tönen eine Melodie. Bei der *Generalisierung* werden verschiedene Elemente nach Maßgabe gemeinsamer Merkmale zusammengefaßt, beispielsweise alle Wörter, die Verben sind, oder alle Melodien in der Form des Rondo. Das Ergebnis der Generalisierung kann man als *Klasse* oder *Kategorie* bezeichnen, während das Ergebnis der Komplexion am besten mit dem Begriff *Gestalt* zu kennzeichnen ist.

Die Unterscheidung der Operation Inferenz, Elaboration und Reduktion ist eine analytische Unterscheidung; bei faktischen Verarbeitungsprozessen finden alle drei Vorgänge gleichzeitig, miteinander verbunden und einander wechselseitig bedingend statt. Man nimmt ferner eine hierarchische, mehrfach geschichtete Verarbeitung an, bei der auf einer ›unteren‹ Ebene die Signale der Mitteilung zunächst als sensorische Daten, auf der ›nächsthöheren‹ Ebene als strukturell definierte Muster und Figuren, auf weiteren Ebenen dann erst als semantisch definierte Gestalten und Kategorien erkannt werden, also als *Bedeutung*; schließlich können aber auch durch fortschreitende Verarbeitung aus einfachen Gestalten und Kategorien wiederum Makro- und Superstrukturen *(Superzeichen)* gebildet werden, durch die Information weiter verdichtet, komplexere Gestalten oder Kategorien mit umfassender, abstrakterer Bedeutung gebildet werden.

Beschreibt man diesen Vorgang in der Schematheorie, so sind den einzelnen Ebenen jeweils verschiedenartige, hierarchisch verschachtelte Schemata zuzuordnen, beispielsweise syntaktische und semantische Schemata, Figuren-, Gestalten- und Kategorienschemata oder, auf noch höheren Ebenen der Komplexität bzw. Allgemeinheit: Objekt-, Personen-, Handlungs-, Situationsschemata usw. Eine solche Betrachtungsweise ist allerdings ziemlich abstrakt.

Daher stellen manche Autoren den Verarbeitungsvorgang und die verschiedenen beteiligten Prozessor-, Speicher- und Steuerungsfunktionen lieber in einer Art Flußmodell dar, das sich leichter veranschaulichen läßt und unseren Denkgewohnheiten entgegenkommt. Das folgende Modell von *Ballstaedt* u. a. (1981) vereinigt Elemente des Modells hierarchisch verschachtelter Schemata mit Elementen eines Flußmodells und verdeutlicht mit den verschiedenen Pfaden, daß die einzelnen Verarbeitungsebenen jeweils sowohl signalgeleitet als auch schemageleitet sind. Daher kann man den Verarbeitungsprozeß entweder ›aufsteigend‹ *(bottom up)*, von der Mitteilung her, oder ›absteigend‹ *(top down)*, von hochkomplexen und hochabstrakten Schemata ausgehend, beschreiben.

Das Schema-Konzept wird in der Kommunikationsforschung vor allem bei der Analyse der Rezeption und Wirkung von Nachrichten eingesetzt. Wegbereitend war hier eine qualitative Langzeitstudie von *Graber* (1984), die beschreibt, wie Rezipienten die von den Medien angebotenen Nachrichten schematisch verarbeiten und die politische Wirklichkeit entsprechend ihrem Vorwissen und ihren Voreinstellungen konstruieren.

Die Forschungsliteratur zeigt übereinstimmend, daß Rezipienten im

Abbildung 7:
Schema der Verarbeitungsprozesse beim Textverstehen

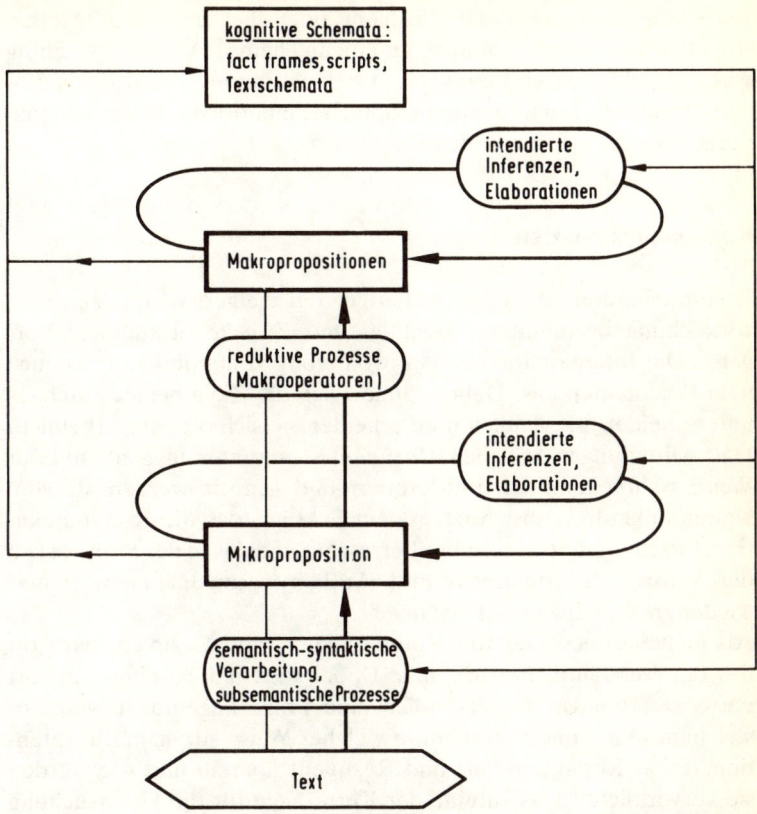

allgemeinen die Nachrichten in den Massenmedien nicht systematisch und gleichsam »wissenschaftlich rational« verarbeiten, um zu
einem wohlbegründeten politischen Urteil zu kommen. Sie wenden
auf politische Information vielmehr die gleichen »Heuristiken« an,
wie sie auch in der alltäglichen Informationsverarbeitung gebräuchlich sind. »Heuristiken sind Entscheidungshilfen oder Faustregeln,
die das Abwägen und Bewerten der vorliegenden Information verkürzen.« (*Brosius* 1994, 153) In der bisher umfassendsten Studie
zur Nachrichtenrezeption kommt Brosius zu dem Schluß, daß Nach-

richten in erster Linie nicht der Erweiterung von Kenntnissen dienen, sondern der Vermittlung unspezifischer Urteile z. B. über die
Bedeutung eines politischen Problems oder über die in der Bevölkerung vorherrschende Meinung zu einem Thema. Die Urteilsbildung
wird vor allem durch besonders auffällige und lebhafte Informationen bestimmt, durch drastische Sprache, emotionale Bilder, dramatische Szenen, illustrierende Fallbeispiele.

Kommunikationsziele

Kommunikation ist intentional, d. h. ein zielgerichteter, zur Verwirklichung bestimmter Absichten und Zwecke bestimmter Vorgang. Die Intentionalität geht sowohl vom Kommunikator als auch
vom Rezipienten aus. Dabei können sich die Ziele beider durchaus
unterscheiden; tatsächlich unterscheiden sie sich oft ganz erheblich.
Daß Mitteilungen von den Rezipienten mitunter in ganz anderer
Weise wahrgenommen, interpretiert und genutzt werden als vom
Kommunikator beabsichtigt, ist ein Faktum, das die Kommunikationsforschung zeitweise sehr überraschte und das in der Praxis, etwa
bei Werbe-, Informations- und Aufklärungsmaßnahmen, immer
wieder große Schwierigkeiten macht.
Als gemeinsames Ziel von Kommunikator und Rezipient wird oft
das der Verständigung genannt. Dabei wird jedoch eine Antwort
vorweggenommen, wo eigentlich eine Frage angebracht wäre. In
welchem Maße und vor allem in welcher Weise stimmen die Intentionen von Kommunikator und Rezipient überein und wie werden
sie verwirklicht? Das ist eine der Kernfragen für die Untersuchung
von Kommunikation. Wenn man Kommunikation dagegen vorab als
Verständigung oder, enger noch, als vollzogene Verständigung definiert (vgl. *Reimann* 1968, 75; im Anschluß daran *W. Schulz*
1971, 90, und *Burkart* 1983, 25), begibt man sich von vornherein
bestimmter Analysemöglichkeiten.
Die angestrebten Ziele von Kommunikation werden oft aus der Perspektive des Kommunikators definiert. Die *Lasswell-Formel*, bei
der die Beschreibung des Kommunikationsprozesses in die Frage
»With what effect?« mündet, ist dafür ein typisches Beispiel. *Wirkung* beim Rezipient zu erzielen, *Einfluß* auf ihn auszuüben, ist

eine vom Kommunikator ausgehende Zieldefinition. Ein großer Teil der Kommunikationsforschung beschäftigt sich speziell mit dieser Frage, nämlich welche Wirkungen unter welchen Bedingungen eintreten oder erzielt werden können (→ Wirkung der Massenmedien).

Die Wirkungsabsicht des Kommunikators kann auf verschiedene Eigenschaften oder Zustände des Rezipienten gerichtet sein, beispielsweise auf dessen Wissen und Vorstellungen, Gefühle und Stimmungen, Meinungen und Wertorientierungen, Handlungen und Verhalten. Verben wie informieren, unterrichten, unterhalten, beeinflussen, überzeugen oder umstimmen bezeichnen diese partiell unterschiedlichen Kommunikatorziele; Begriffe wie Aufklärung, Erziehung, Bildung, Zerstreuung, *Werbung, Propaganda* beziehen sich auf Wirkungsabsichten in unterschiedlichen Kontexten und mit verschiedenen Absichten.

Man kann die Kommunikatorintentionen weiter differenzieren, indem man danach unterscheidet, worauf sich das Wissen, Meinen, Fühlen, Handeln des Rezipienten jeweils bezieht, das beeinflußt werden soll. Hier gibt es zwei Grundsituationen: Zum einen kann es sich um Bezüge auf die nähere oder weitere Umwelt der Kommunikationspartner handeln, also auf Objekte, Personen, Ereignisse, Themen usw., über die man etwas wissen, zu denen man sich eine Meinung bilden oder auf die man sein Handeln ausrichten kann; zum anderen ist aber auch ein Bezug auf den Kommunikationsprozeß selbst und seine Elemente möglich. Mit Blick auf diese Möglichkeit definiert *Luhmann* (1984, 210) Kommunikation als einen durch *Reflexivität* gekennzeichneten Prozeß.

Es kann beispielsweise Absicht des Kommunikators sein, sich selbst darzustellen, seine Gefühle auszudrücken, seine augenblickliche Stimmung zu verdeutlichen und damit den Rezipienten zu beeindrucken, d. h. auf dessen entprechendes Wissen, Meinen, Handeln einzuwirken. Dem Kommunikator kann aber auch daran gelegen sein, Selbstbild und Selbsteinschätzung des Rezipienten zu beeinflussen. Ferner können sich die Kommunikatorabsichten auf den Kommunikationsprozeß als ganzen und auf die durch ihn konstituierte Beziehung richten, etwa mit der konstruktiven Absicht der Steuerung und Optimierung des Verlaufs oder mit dem Ziel, durch Verschleierung, Irreführung oder Lüge eine bestimmte Art von Beziehung vorzutäuschen, oder aber auch in der Absicht, die Beziehung zu verschlechtern, abzubrechen, ihren Stil oder Gefühlswert zu verändern usw. Die hier angesprochene Unterscheidung in einen Inhalts- und einen Beziehungsaspekt von Kommunikation wurde vor allem von *Watzlawick* (1969) analytisch nutzbar gemacht. Dabei kann der Beziehungsaspekt nicht nur die Kommunikatorintentionen bestimmen und sich auf sein Enkodierverhalten auswirken, er kann auch direkt zum Gegenstand der Mitteilung werden. Eine solche ›Kommunikation über Kommunikation‹ *(Luhmann)* oder *Metakommunikation (Watzlawick)* ist typisch für Interaktionsprozesse, für die *interpersonale Kommunikation*. Dabei ist es durchaus nicht ungewöhnlich, daß auch die Metakommunikation wiederum zum Gegenstand der Mitteilung wird, so daß eine *Reflexivität höherer Ordnung* entsteht. Die Komplexität des Interaktionsprozesses wird weiter durch den Rollentausch der Kommunikationspartner erhöht, so daß sich zwei unterschiedliche Inhalts- und Beziehungsperspektiven und entsprechende Reflexivitäten übereinanderschichten.

Da bei interpersonaler Kommunikation im allgemeinen Rollentausch zwischen den Beteiligten stattfindet, stehen sich in einer solchen Situation zwei oder (bei Gruppeninteraktion) auch mehr Kommunikatorrollen gegenüber, so daß ein vielschichtiges System unterschiedlicher Intentionen, unterschiedlicher Inhalts- und Beziehungsperspektiven und entsprechender Reflexivitätshierarchien entsteht. In der Massenkommunikation sind die Verhältnisse meist weniger komplex; doch auch hier spielt Reflexivität oft eine wichtige Rolle, die unter Umständen einen ›virtuellen‹ Charakter hat *(Merten* 1977, 150ff.), also auf bloßen Annahmen und Vorstellungen des Kommunikators über sein Publikum und über die zwischen beiden bestehende Beziehung beruht. Ein Beispiel ist der *Third-Person-Effect:* Nach einer von *Davison* (1983) entwickelten These hat oft die bloße Annahme, die Medien würden eine Wirkung hervorrufen, weit größere Konsequenzen als die Wirkung selbst.

Das komplexe System von Absichten und Bezügen, das vor allem für Interaktionsprozesse typisch ist, macht *Schulz von Thun* (1981) wenigstens partiell durchsichtig und für die praktische Kommunikationsanalyse zugänglich, indem er *Watzlawicks* Unterscheidung mit einem in der Sprachtheorie *Bühlers* (1934) entwickelten Modell zusammenführt, das sich ebenfalls an den Kommunikatorabsichten orientiert. *Bühler* seinerseits knüpft an *Platons* Kratylos-Dialog an, in dem es heißt, die Sprache sei ›*organon*‹, also Werkzeug im Sinne von ›Mittel zum Zweck‹. In diesem Sinne begreift auch *Bühler* Kommunikation als intentionalen, vom Kommunikator determinierten Akt, den er mit seinem ›Organon-Modell‹ der Sprache beschreibt. Er unterscheidet drei ›variable Sinnbezüge‹, die er Ausdruck, Appell und Darstellung nennt. *Schulz von Thun* verwendet entsprechend die Bezeichnung Selbstoffenbarung, Appell und Sachinhalt. Zusammen mit dem Beziehungsaspekt ergibt sich eine vierstellige Relation, die ›vier Seiten einer Nachricht‹, verdeutlicht mit folgendem Schema:

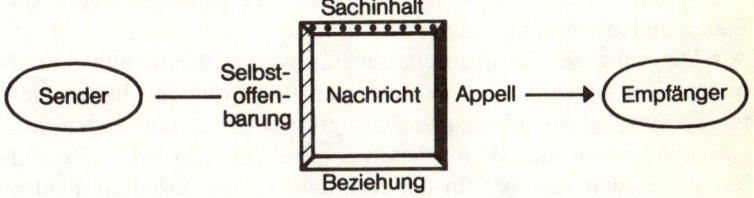

Schulz von Thun zeigt an einer Reihe von anschaulichen Situationen und Konstellationen, wie man mit diesem analytischen Instrument verschiedenartige Probleme der zwischenmenschlichen Kommunikation aufklären und einer Lösung zuführen kann. Eine Übertragung dieses Ansatzes auf den Prozeß der Massenkommunikation ist – mit Einschränkungen – möglich.

Funktionen von Kommunikation

Auch von der anderen Seite, vom Rezipienten, richten sich Absichten, Erwartungen, Motive auf den Kommunikationsprozeß. Möglicherweise definiert der Rezipient die Ziele der Kommunikation genauso oder sehr ähnlich wie der Kommunikator, wahrscheinlich sind jedoch mehr oder weniger große Unterschiede zwischen Kommunikator- und Rezipientenabsichten. Aus der Alltagserfahrung und aus der Kommunikationsforschung sind dafür zahlreiche Beispiele bekannt: politische Nachrichten dienen nicht nur der Unterrichtung, sondern auch der Unterhaltung; Unterhaltung sorgt nicht nur für

Zerstreuung oder Erbauung, sondern vermittelt dem Rezipienten auch soziale Werte und unter Umständen politische Einstellungen; Werbung informiert nicht nur und beeinflußt das Kaufverhalten, sondern stellt auch Handlungsmodelle und Muster für soziale Rollen bereit.

Wenn die Ziele der Kommunikation aus der Perspektive des Rezipienten betrachtet werden, dann nimmt die Kommunikationsforschung darauf mit Begriffen Bezug wie Motive, Bedürfnisse, Nutzen und Belohnung (engl. *uses and gratifications*; vgl. *Rosengren* et al. 1985). Vor allem zwei Fragen stehen dabei im Mittelpunkt des Interesses, einmal die Frage nach dem Ursprung der Rezipientenabsicht, zum anderen die Frage nach ihren Folgen, den Manifestationen im Kommunikationsverhalten.

Als Ursprung der Rezipientenabsichten werden bestimmte Grundbedürfnisse angenommen, in einer mehr oder weniger differenzierten Systematik. So läßt sich zunächst grob zwischen physischen, psychischen und sozialen Bedürfnissen unterscheiden, von denen vor allem die beiden letzteren für das Kommunikationsverhalten relevant sind. Einige Autoren differenzieren sie weiter in einerseits kognitive und affektive, andererseits integrative und interaktive Bedürfnisse.

Die folgende Aufstellung von *McQuail* (1983, 82 f.) korrespondiert mit dieser Gliederung und konkretisiert die einzelnen Bedürfnisarten:

Informationsbedürfnis
- Orientierung über relevante Ereignisse in der unmittelbaren Umgebung, in der Gesellschaft und in der Welt
- Ratsuche zu praktischen Fragen, Meinungen, Entscheidungsalternativen
- Befriedigung von Neugier und allgemeinem Interesse
- Lernen, Weiterbildung
- Streben nach Sicherheit durch Wissen

Bedürfnis nach persönlicher Identität
- Bestärkung der persönlichen Werthaltungen
- Suche nach Verhaltensmodellen

- Identifikation mit anderen (in den Medien)
- Selbstfindung

Bedürfnis nach Integration und sozialer Interaktion
- sich in die Lebensumstände anderer versetzen (soziale Empathie)
- sich mit anderen identifizieren, ein Gefühl der Zugehörigkeit haben
- eine Grundlage für Gespräche und soziale Interaktion erhalten
- einen Ersatz für (fehlende) Geselligkeit oder Partnerschaft finden
- Hilfe bei der Annahme sozialer Rollen bekommen
- den Kontakt zur Familie, zu Freunden und zur Gesellschaft finden

Unterhaltungsbedürfnis
- Wirklichkeitsflucht, Ablenkung von Problemen
- Entspannung
- kulturelle oder ästhetische Erbauung
- Zeit füllen
- emotionale Entlastung
- sexuelle Stimulation

Die Rezipientenabsicht bzw. die ihnen zugrunde liegenden Bedürfnisse und Motive wirken sich auf das Kommunikationsergebnis nicht nur in der eigentlichen Phase der Informationsverarbeitung aus, sondern auch schon vorher, in der präkommunikativen Phase, wie auch nachher, postkommunikativ. Sie steuern präkommunikativ die Auswahl einer Informationsquelle, die Zuwendung zum Kommunikator; während des Kommunikationsprozesses die Dauer und Intensität der Aufmerksamkeit, die Verarbeitung und Interpretation der Mitteilung; und schließlich postkommunikativ Umfang und Inhalt der behaltenen Information und vor allem auch die Art der Reaktion auf die Mitteilung. Die im Kommunikationsprozeß erhaltenen Gratifikationen bestimmen wiederum die Erwartungen, die auf zukünftige Kommunikationsvorgänge bzw. Mediennutzung gerichtet sind. Die Erwartungen steuern dann – zusammen mit einer subjektiven Bewertung des Kommunikationsnutzens – die weitere Suche nach

Gratifikationen. Diese Rückkopplungsprozesse veranschaulichen *Rayburn* und *Palmgreen* (1984) mit dem folgenden Erwartungs-Bewertungs-Modell:

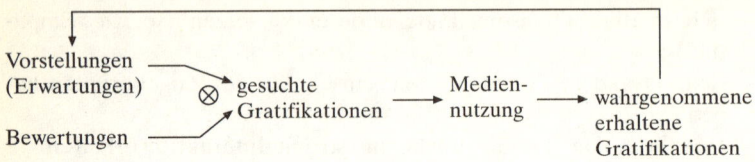

In allen drei Phasen ist Kommunikation durch *Selektivität*, durch Auswahlprozesse gekennzeichnet, und zwar durch selektive Zuwendung (selective exposure), selektive Wahrnehmung und Verarbeitung der Mitteilung, durch selektives Behalten und Erinnern ihres Inhalts. Selektivität ist in den meisten Kommunikationssituationen schon deshalb notwendig, weil die jeweils angebotene Information die Aufmerksamkeits- und Verarbeitungskapazität des Rezipienten bei weitem übersteigt.

Das Phänomen der Selektivität gehört zu den vielen Entdeckungen, die *Lazarsfeld* et al. (1944) mit ihrer klassischen Untersuchung ›The People's Choice‹ machten. Ihr Befund hat die Kommunikationsforschung zeitweise sehr stark beeindruckt, so daß man beispielsweise den Massenmedien nahezu jede Wirkungsmöglichkeit absprach, weil sich die Rezipienten ihrem Einfluß durch selektives Verhalten enziehen können. Dieser Übertreibung wurde u. a. von *Sears* und *Freedman* (1967) sowie *Noelle-Neumann* (1973) entschieden widersprochen. Der Zusammenhang zwischen Selektivität und → Wirkung der Massenmedien ist, wie die neuere Forschung zeigt, viel komplexer als zunächst angenommen *(Cotton* 1985). Vor allem wird Selektivität nicht nur unter dem Aspekt der Vermeidung von Kommunikation, gleichsam als ›Wirkung negativ‹, sondern auch als ›positives‹ Phänomen gesehen, als Ausdruck der Kommunikationsbedürfnisse des Publikums einerseits, des Informations- und Gebrauchswerts der Massenmedien andererseits *(Atkin* 1973).

Das Faktum der Selektivität ist eines der wesentlichen Kennzeichen von Kommunikation und Massenkommunikation. Es ist der Grund dafür, daß sich das *Publikum* der verschiedenen Massenmedien in bezug auf viele Merkmale – Demographie, Persönlichkeit, Einstellungen, Verhalten, Besitz, Verbrauch usw. – unterscheidet, und zwar zum Teil ganz erheblich. Diese Unterscheidungen machen auf der anderen Seite einen gezielten Einsatz der Massenmedien für *Informations-* und *Aufklärungskampagnen,* für *Werbung, Public Relations* und *Propaganda* möglich. Grundlage des Einsatzes sind die Ergebnisse der → Mediaforschung; sie beschreiben *Zielgruppen* als Resultat des medienselektiven Publikumsverhaltens sehr präzise und differenziert.

Selektivität ist eine Folge des internationalen Rezipientenverhaltens, aber nicht die einzige Folge. Vor allem dann, wenn man die Betrachtung auf das kognitive Ergebnis von Kommunikation konzentriert, auf Wissen, Vorstellungen, Überzeugungen, ist das Konzept der Selektivität eine zu grobe Vereinfachung, das die tatsächlichen Vorgänge beim Rezipienten nur unvollkommen beschreibt. Zudem ist das Konzept der Selektivität im Grunde an den Kommunikatorabsichten orientiert und beschreibt das Rezipientenverhalten nach Maßgabe der vom Kommunikator angestrebten Ziele und ausgehend von seiner Mitteilung.

Doch dem Rezipienten stehen nicht nur Selektionsmöglichkeiten zur Verfügung, Möglichkeiten der Annahme oder Ablehnung einer Mitteilung. Da er im Prozeß der Dekodierung die Bedeutung der übertragenen Signale aktiv rekonstruieren muß, bringt er sehr viel mehr an Eigenem in die Kommunikationssituation mit ein als Kriterien der Selektion. Er projiziert sein Wissen, seine Einstellungen und Werthaltungen, seine Motive und Handlungsdispositionen in das vom Kommunikator gesendete Signalmuster. Das Ergebnis, die empfangene Mitteilung, ist also stark abhängig von der Interpretationsleistung des Rezipienten.

Diese Sichtweise vom aktiven Rezipienten wurde vor allem durch einen Aufsatz von *Bauer* (1964) mit dem einprägsamen Titel ›Das widerspenstige Publikum‹ (The Obstinate Audience) bekannt gemacht. *Bauer* beschreibt den Kommunikationsprozeß als einen wechselseitigen Vorgang, bei dem es zu einem ›Aushandeln‹ zwischen den Absichten von Kommunikator und Rezipient kommt; er verwendet den Begriff *Transaktion* in Analogie zum Austausch von Werten im Wirtschaftsprozeß. Das Ergebnis von Kommunikation ist also, dieser Metapher zufolge, ein Ausgleich zwischen ›Angebot‹ und ›Nachfrage‹, bei dem sowohl die Einflußabsichten des Kommunikators als auch die Bedürfnisse des Rezipienten nach Information, Identität, Integration, Unterhaltung usw. befriedigt werden.

Das Transaktionsmodell haben *Früh* und *Schönbach* (1982) aufgegriffen und dabei vor allem seine dynamischen Aspekte betont, also die in der Zeit ablaufenden Veränderungen bei Kommunikator und Rezipient, bei der gesendeten und der empfangenen Mitteilung. Sie ergänzen in ihrem Modell die Transaktionen zwischen den Kommunikationspartnern, die sie auch ›Inter-Transaktionen‹ nennen, durch ›Intra-Transaktionen‹, das sind Prozesse im kognitiven System der Kommunikationspartner. Es handelt sich dabei um Wechselwirkungen zwischen Motiven und Reaktionen, die gleichzeitig Determinante und Resultante der Kommunikation sind und sich im Zeitverlauf des Kommunikationsprozesses oszillierend verändern (vgl. Abbildung 8). Diese Betrachtungsweise hebt die klare Trennung zwischen Ursache und Wirkung, zwischen unabhängiger und abhängiger Variable, wie sie das experimentelle Forschungsparadigma fordert, auf.

Ein anderer Ansatz, der sich ebenfalls von der Vorstellung trennt, Kommunikation sei ein linearer, einseitig-intentionaler Vorgang, an dem man klar Ursache (Mitteilung) und Wirkung (Reaktion der Rezipienten) unterscheiden kann, ist als *funktionale Analyse* bekannt. Er hat eine bestimmte Unterscheidung zur Voraussetzung, nämlich die Unterscheidung zwischen System und Umwelt (*Luhmann* 1984, 35). Als System kann zum Beispiel eine soziale Organisation angesehen werden, eine Gruppe oder auch ein einzelnes Individuum, auf der anderen Seite aber auch die Gesellschaft insgesamt oder bestimmte institutionalisierte Teilbereiche wie etwa Wirtschaft, Bildung, Massenkommunikation. Eine weitere Voraussetzung der funktionalen Analyse ist die Annahme, daß alle Systeme bestimmte ›Erfordernisse‹ (requirements) haben oder ›Probleme‹ lösen müssen, wie beispielsweise das der Anpassung an wechselnde Umweltbedingungen, der Sicherung einer gewissen Stabilität und der Integration der Systemelemente bzw. Subsysteme.

Man kann nun Kommunikation und Massenkommunikation als eine Lösung für diese (und andere) Probleme des Systems ansehen, bei-

Abbildung 8:
Transaktionales Modell der Medienwirkung (*Schönbach* 1992)

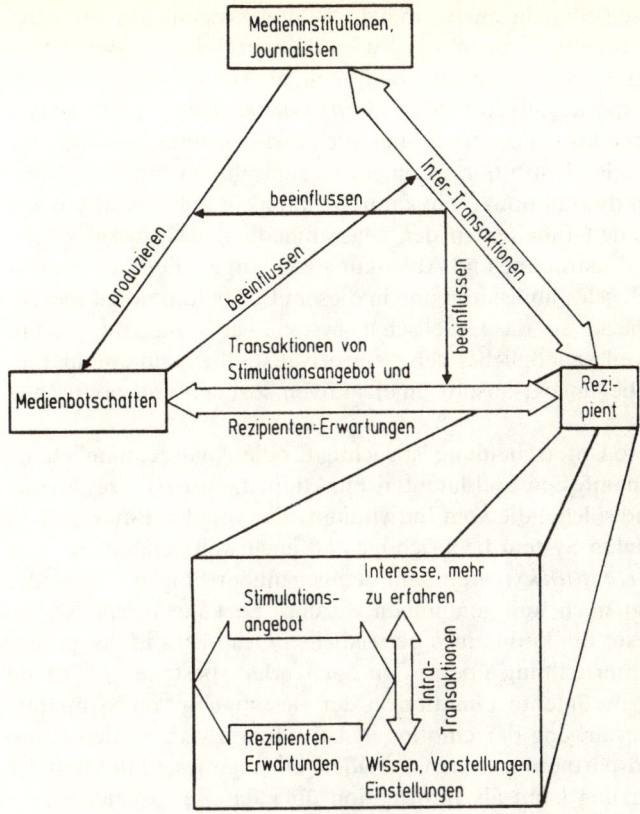

spielsweise für das Individuum oder für die Gesellschaft (der jeweilige Bezugsrahmen muß bei der Anwendung der Methode spezifiziert werden). Neben der Problemlösung durch Kommunikation kann es auch andere Lösungen geben, sogenannte *funktionale Alternativen*. Aus dem Vergleich verschiedener funktionaler Alternativen wird die spezifische Leistung einer bestimmten Lösung deutlich. So kann Kommunikation innerhalb einer Gruppe deren Integration fördern, eine Leistung, die zum Beispiel auch durch aggressives Verhalten gegenüber einer anderen Gruppe erreichbar ist; so kann Massenkommunikation das Wissen in einer Gesellschaft erhöhen, eine Leistung, die auch durch das Bildungssystem erbracht wird. Man bezeichnet die Folgen, die – wie in diesen Beispielen – zur Problemlösung des Systems positiv beitragen, als *funktional* und demgegenüber die negativen Folgen als *dysfunktional*. Die Analyse wird dadurch kompliziert, oft aber auch erst fruchtbar, daß dieselbe Handlung oder Institution in einem Bezugsrahmen funktional und im anderen dysfunktional sein kann. So kann ein hoher Konsum von unterhaltenden Inhalten in den Massenmedien, weil das der Entspannung, Zerstreuung und Ablenkung von Sorgen dient, ein Individuum psychisch stabilisieren und in diesem Bezug funktional sein; er kann – in bezug auf das Gesellschaftssystem – aber auch dysfunktional sein, weil er möglicherweise ein privatistisches und apathisches Verhalten begünstigt anstatt einer aktiven sozialen und politischen Beteiligung.

Eine weitere Unterscheidung ist wichtig für die Analyse, nämlich die zwischen manifesten und latenten Funktionen. *Manifeste Funktionen* sind solche, die vom Individuum oder von den Beteiligten in einem sozialen System beabsichtigt und auch wahrgenommen werden; *latente Funktionen* sind demgegenüber Folgen, die weder beabsichtigt noch wahrgenommen werden. So kann beispielsweise die manifeste Funktion eines persönlichen Gesprächs in der gegenseitigen Unterrichtung über einen Sachverhalt bestehen, während gleichzeitig die latente Funktion in der Bestätigung von Sympathie und der Bestärkung der emotionalen Bindung zwischen den Kommunikationspartnern zu sehen ist. Oder: Die manifeste Funktion der Fernsehnutzung kann als Information über das Zeitgeschehen, als Unterhaltung und Zerstreuung interpretiert werden, während gleichzeitig auch eine latente Funktion darin besteht, den Tagesablauf zu strukturieren und in einem ansonsten monotonen Alltag für Abwechslung zu sorgen. In beiden Beispielen ist das Individuum das Bezugssystem.

Der auf diesen Unterscheidungen beruhende Analyse-Ansatz wurde von *Merton* (1957) entwickelt und vor allem von *Wright* (1960; 1974) auf Massenkommunikationsprozesse angewandt.

Auch schon *Lasswell* behandelt in seinem erwähnten Aufsatz ›The Structure and Function of Communication in Society‹ verschiedene

Funktionen von Kommunikation, und zwar auf einer relativ hohen
Ebene der Abstraktheit, nämlich: die Systemumwelt zu beobachten,
um Bedrohungen oder auch Opportunitäten zu erkennen, die für die
verschiedenen gesellschaftlichen Interessen bedeutsam sind *(sur-
veillance of the environment)*, die verschiedenen Teile der
Gesellschaft aufeinander zu beziehen, um auf die Systemumwelt reagieren zu können *(correlation of the parts of society)*, und
Übertragung des sozialen Erbes von einer Generation auf die nächste *(transmission of the social heritage)*. Andere Autoren
postulieren ebenfalls (mit Blick auf die Gesellschaft allgemein oder
auf das politische System im besonderen) etwa eine Sozialisations-
funktion der Massenmedien, das Herstellen von Öffentlichkeit, eine
Artikulationsfunktion, Bildungsfunktion, Kritik- und Kontrollfunktion (vgl. die Übersicht bei *Burkart* 1983, 138 ff.).
Bei diesen und ähnlichen Katalogen gehen allerdings wesentliche
Präzisierungen der funktionalen Analyse verloren; Funktionen werden nicht als beobachtbare Folgen standardisierter Tätigkeiten oder
Elemente von Systemen begriffen, sondern eher diffus als Leistungen, Zwecke oder Forderungen, oft auch ohne Differenzierung in
funktionale und dysfunktionale, manifeste und latente Funktionen.
Schwerwiegender noch ist die Verwischung des Unterschieds zwi-
schen empirisch beobachtbaren Folgen und normativ erwünschten
Folgen. Funktionen im letzteren Sinne, also als Norm oder Ziel, als
Systemvorgabe, spielen eine wesentliche Rolle in der → Kommunikationspolitik.

Winfried Schulz

Kommunikationstheorien

Theoretische Positionen

In ihren Anfängen war die deutsche Publizistik- und Kommunikationswissenschaft (die sich zunächst *Zeitungskunde*, dann
Zeitungswissenschaft nannte) meist phänomenologisch, kultur-
wissenschaftlich und historisch ausgerichtet. Nach dem Zweiten
Weltkrieg, verstärkt seit Anfang der sechziger Jahre, erfolgt eine Umorientierung in Richtung auf eine empirische, nomothetische (d. h.

nach Gesetzesaussagen strebende) Sozialwissenschaft. Im Vordergrund steht die *Erklärung* der Kommunikationsprozesse. Diese Entwicklung geht einher mit der Einführung exakter Forschungsmethoden wie *Inhaltsanalyse, Umfrage* und *Experiment* → Methoden sowie mit der Rezeption der amerikanischen, soziologisch und psychologisch ausgerichteten Kommunikationsforschung.

Die vorhandenen phänomenologischen Fundamente der Kommunikationswissenschaft wurden allerdings nicht völlig verschüttet. So finden wir z. B. innerhalb des sogenannten Nutzenansatzes Anlehnungen an handlungstheoretische Konzeptionen. Kommunikationsprozesse werden im (mitmenschlichen) Nachvollzug zu *verstehen* versucht. Die jüngste Diskussion über die konstruktivistische Erkenntnistheorie belegt darüber hinaus, daß Verstehen sowohl in der allgemeinen Humankommunikation als auch in der Massenkommunikation einen zentralen Stellenwert besitzt.

Die Publizistik- und Kommunikationswissenschaft steht aber nicht nur in einem (fruchtbaren) Spannungsverhältnis zwischen Erklären und Verstehen, sondern auch in einem solchen zwischen *Mikro*- und *Makro*perspektive. Während durch die Anlehnung an die amerikanische Sozialpsychologie und Kommunikationsforschung zunächst eine stärker individualistische, mikrotheoretische Untersuchung der Kommunikationsprozesse erfolgte – z. B. Handlungstheorie, Lerntheorien und Verhaltenstheorie, Einstellungstheorien, Gruppentheorie –, gewannen schließlich gesamtgesellschaftliche, makrotheoretische Konzepte – insbesondere Funktionalismus und Systemtheorie – immer mehr an Bedeutung.

Massenkommunikation wird als offenes gesellschaftliches Teilsystem gesehen, welches mit den anderen Systemen im Austausch steht. Auf gesamtgesellschaftlicher makrotheoretischer Ebene hat sich schon immer die *kritische Kommunikationsforschung* bewegt; dabei wurden vor allem die Zusammenhänge der Produktion und Konsumtion von Kultur und Massenkommunikation im gesellschaftlichen Kontext analysiert.

Angeknüpft an die geistes- und kulturwissenschaftliche Tradition hat schließlich *Habermas* (1981) mit seiner *Theorie kommunikativen Handelns*, in der handlungstheoretische Aspekte mit dem Systemansatz verbunden werden.

Handlungstheorie und Symbolischer Interaktionismus

Die handlungstheoretische Perspektive will das kommunikative Handeln sozialer Akteure verständlich machen. Dabei werden in der Regel Bezüge zwischen Kommunikation, Sprache und Sozialisation hergestellt, wie sie bei allen Formen *interpersonaler Interaktion* auftreten. Während *Kommunikation* allgemeine Voraussetzung für *soziales Handeln*, für die wechselseitige Beeinflussung und *reziproke* Verhaltensorientierung von Individuen ist, werden durch die *Interaktion* die Formen und der Ablauf kommunikativer Handlungen angezeigt, d. h. Kommunikation und Interaktion bedingen sich gegenseitig. Folgt man *Max Weber* (1922), der *soziales* Handeln als solches Handeln definiert, das seinem Sinn nach auf das Verhalten *anderer* bezogen wird und daran in seinem Ablauf orientiert ist, wird die Funktion von Kommunikation deutlich. Sie erleichtert einerseits die Herausbildung von Regelmäßigkeiten im sozialen Handeln – nämlich das Entstehen eines jeweils typischen und gleichartig *gemeinten Sinnes* bei den Handelnden –, andererseits werden durch sich wiederholende Abläufe von Handlungen (z. B. Brauch, Sitte) vorhandene Kommunikationsprozesse gefestigt.

Kommunikatives (soziales) Handeln ist *intentional* in dem Sinne, daß die sozialen Akteure Verständigung zwischen sich und anderen Personen herzustellen beabsichtigen. Eine vollständige Sinnentsprechung der wechselseitigen Einstellungen und Erwartungen der Akteure ist in der Realität freilich nicht immer gegeben, so daß auch *Kommunikationsstörungen* bzw. *-barrieren* entstehen, die z. B. häufig aus *schichtenspezifischen* Unterschieden resultieren *(Mühlfeld* 1975). Kommunikation erfolgt über *Symbole*, die von den beteiligten Handelnden in einem aktiven Interpretationsprozeß erschlossen werden müssen. Nach *G. H. Mead* (1934) sind dazu drei Schritte nötig: 1. Ein Individuum zeigt ein ›signifikantes Symbol‹ (z. B. eine Geste) an, 2. darauf folgt eine offene oder auch verdeckte Reaktion durch eine andere Person. 3. Die Resultante daraus bildet die Vorstellung, die die Interaktionsteilnehmer aus der kommunikativen Handlung gewinnen. Dabei sind sie nicht nur auf die kommunikative Handlung der jeweils anderen Person angewiesen, sondern können sich selbst ebenso etwas anzeigen. Durch

die Möglichkeit der Rollenübernahme (›*role-taking*‹) kann eine
Person sich aus der Sicht der anderen Personen betrachten (›objekti-
vieren‹) und den Interpretationsprozeß entscheidend vertiefen, eine
wichtige Voraussetzung auch zur Entwicklung des *Selbst* (›self‹) bei
Mead. Das gemeinsame Teilen bzw. Austauschen von *Bedeutung*
ist demzufolge in hohem Maße von der Aktivität der beteiligten
Interaktionspartner abhängig. Kommunikation ist etwas ›Wechsel-
seitiges‹ und kann nicht auf bloße Reaktionen, auf Zeichen und Aussagen reduziert werden. Das wird auch in den Kernsätzen des *symbolischen Interaktionismus* deutlich, die *Blumer* (1969)
nennt: 1. Menschen handeln (sozialen wie nicht-sozialen) Objekten
gegenüber auf der Grundlage der Bedeutungen, die diese Objekte
für sie besitzen; 2. die Bedeutung solcher Dinge erwächst aus der sozialen Interaktion, die die Individuen miteinander eingehen; 3. die
Bedeutungen unterliegen einem interpretativen Prozeß, in dem der
einzelne sich selbst Gegenstände ›anzeigt‹, auf die er sein Handeln
ausrichtet und ihre Bedeutung dann in Abhängigkeit von der gegebenen sozialen Situation prüft, zurückstellt, sie neu ordnet, umformt
usw.
Bei der Massenkommunikation tritt als Besonderheit auf, daß jegliche Interpretation vermittelt erfolgen muß; in den meisten Fällen
entziehen sich die präsentierten Inhalte der Überprüfung durch den
Rezipienten. Dies kann den Aufbau adäquater Vorstellungen erschweren; eine vertiefende Interpretation durch den Rezipienten ist
dann allein im Rahmen der *Alltagskommunikation* möglich.
Die von den Medien übermittelten Themen, Ereignisse, Inhalte
usw. erzeugen ›Bilder in den Köpfen der Menschen‹ *(Lippmann*
1922), führen zu *Themenbewußtsein* (›agenda-setting‹, → Wirkung der Massenmedien auf die Meinungsbildung).
Es wäre aber verfehlt, wollte man ausschließlich die Massenmedien
für die Konstruktion von Realität verantwortlich machen. Die Medien sind nur ein Teil der sinnstiftenden symbolischen Umwelt des
Menschen, ihr Stellenwert wird wesentlich determiniert von den jeweiligen Gegebenheiten der sozialen Situation sowie der Persönlichkeit der Rezipienten *(Hunziker* 1988). In handlungstheoretischer
Hinsicht sind Medieninhalte auch niemals Stimuli oder Reize, sondern – interpretationsbedürftige – Objekte, die vor dem jeweiligen
sozialen Hintergrund und persönlicher Ziele, Absichten und Wert-

setzungen (aktiv) aufgenommen, thematisiert und diagnostiziert werden *(Renckstorf* 1989).

Die konkrete Rezeptionshandlung umfaßt dabei nicht nur den eigentlichen Rezeptionsprozeß, die Auseinandersetzung mit dem Angebot, sondern steht auch im Zusammenhang mit dem situativen und kulturellen Kontext, in dem die Rezeption stattfindet, sowie mit umfassenden Prozessen der Lebensbewältigung. Bereits vorhandene Erfahrungen im Umgang mit Medien, »Routinen« oder »Regeln« erleichtern die Rezeption *(Schütz / Luckmann* 1979, *Höflich* 1988).

Mediennutzung, konzeptionalisiert als soziales Handeln, läßt sich somit nicht auf eine rein ›individualistische Perspektive‹, vergleichbar dem ›*uses and gratifications approach*‹ (→ Wirkung der Massenmedien) reduzieren, auch wenn die Publikumsaktivität beiderseits hervorgehoben wird. Die handlungstheoretische Medien- und Rezeptionsforschung (vgl. *Charlton / Neumann-Braun* 1992) verweist vielmehr auf den Zusammenhang von individuellen (Ziele, Motivation, Kognition, Lebenssituation, Biographie) *und* sozialen (Kontext, Rezeptionssituation) Merkmalen, setzt gleichermaßen am Subjekt wie an der Gesellschaft an (Dualität von Struktur, vgl. *Giddens* 1984).

Aus handlungstheoretischer Sicht führen die im Zusammenhang mit der Mediennutzung stattfindenen »Interpretationen« von Objekten (Inhalte, Ereignisse, Sachverhalte, Fiktionen) zu einer gesellschaftlichen *Konstruktion von Wirklichkeit (Berger / Luckmann* 1966), die die (gemeinte) Realitätserschließung der Journalisten und Produzenten, etwa in der Berichterstattung *(Schulz* 1976), aber auch in der Unterhaltung, ergänzen bzw. sogar rekonstruieren kann.

Die Diskussion über die konstruktivistische Erkenntnistheorie im Rahmen der Publizistikwissenschaft (vgl. Beiträge in *Bentele / Rühl* 1992; *Merten / Schmidt / Weischenberg* 1994) zeigt in dem Zusammenhang, daß Realität, konstruktivistisch gesehen, ein soziales Phänomen darstellt, das durch Kommunikation zwischen Menschen entsteht *(Krippendorf* 1992). Der *Konstruktivismus* ermöglicht jedoch einen stärkeren Einbezug der Person in den Kommunikationsprozeß, so daß eine Durchdringung (Interpenetration) psychischer und sozialer Systeme sichtbar wird. Die Person wird dabei als ein *kognitives*, operativ geschlossenes, sich selbst erhaltendes System betrachtet *(Autopoiesis*, vgl. *Maturana/Varda* 1987). Aus der Erkenntnis der Geschlossenheit des »kognitiven Apparates« wird bindend abgeleitet, daß eine objektive Realitätserschließung nicht möglich sei. Basistheorem des Konstruktivismus lautet: Menschen konstruieren ihre Wirklichkeit subjektiv und eigenverantwortlich. Es gibt demnach so viele Wirklichkeiten, wie es Menschen bzw. kognitive Systeme gibt *(Merten* 1992, 53). Im gesellschaftlichen Prozeß werden somit ständig Realitäten erzeugt, und zwar ausschließlich von den beteiligten individuellen Akteuren *(Reimann* 1992, 57).

Diese Betonung der subjektiven Konstruktion von Realität stellt einerseits eine Ergänzung vorhandener publizistikwissenschaftlicher Ansätze – eine andere Sichtweise – dar, andererseits erscheint das Festhalten an einer subjektiven Perspektive auch problematisch angesichts der organisierten und institutionalisierten Massenkommunikation, in der verschiedene Kommunikationsformen kumulieren und in vielerlei Hinsicht eine große *Dependenz* der Empfänger von den Massenmedien besteht (→ Nachrichtenwesen).

Lern- und Verhaltenstheorien: Persuasion

Während symbolischer Interaktionismus und Handlungstheorie das Schwergewicht auf Bedeutungsvermittlung zwischen selbstreflexiven und -bewußten Individuen legen, die ihr kommunikatives Handeln zudem an einer Vielzahl von Orientierungen (Ziele, Kognitionen, Werte, Normen usw.) und Intentionen ausrichten, haben Theorien der *persuasiven Massenkommunikation* anfänglich weniger den handelnden Organismus, sondern die Stimulusseite der Kommunikation (Reize) in den Vordergrund der Betrachtung gestellt. Die enge Anlehnung an die *Lasswell-Formel* (→ Kommunikationsprozeß) führte zu einer *verhaltenstheoretisch* begründeten Massenkommunikationsforschung, in der freilich die lerntheoretischen Grundprinzipien, wie klassisches *Konditionieren (Pawlow, Watson)* und *Verstärkung (Skinner)*, nur in den seltensten Fällen für die Untersuchung der Massenkommunikation fruchtbar gemacht wurden. Eine Ausnahme bildet das lerntheoreti-

sche Modell der Persuasion von Weiss, in dem die *Hull*schen Lern-
prinzipien auf Persuasionsprozesse angewandt werden *(Weiss*
1968). Dabei werden vier Faktoren unterschieden: 1. Anzahl der
Versuche in der Lernsituation, 2. Erregungs- *(arousal-)* oder
Energieniveau, 3. Motivation (Größe und Anzahl der Verstärker),
4. kontravenierende Prozesse, die dem Lernen entgegenwirken.
Diese Faktoren bestimmen nicht nur das Ausmaß, in dem eine Kommunikation gelernt wird, sondern auch die Geschwindigkeit, mit der
dies geschieht.

Nach dem Modell von Weiss genügt es nicht, daß eine Kommunikation wiederholt präsentiert wird, um Lernerfolge zu erzielen. Es sind
vielmehr auch die Verstärker zu beachten, z. B. die Überzeugungskraft eines Arguments, seine Glaubwürdigkeit, die aktive Beteiligung am Kommunikationsvorgang usw. So kann es durchaus sein,
daß eine einmalige Aussage von hoher Glaubwürdigkeit und Überzeugungskraft, die auch Betroffenheit auslöst, einen größeren Lern-
erfolg erzielt als eine wiederholt gebrachte Aussage von geringer
Glaubwürdigkeit und Überzeugungskraft, die die Rezipienten noch
dazu wenig betrifft. Kognitive Wirkungen wären daher im letzteren
Fall nur bedingt feststellbar.

In vereinfachter Form hat das Reiz-Reaktionsschema der Lerntheorie von Anfang an seine Spuren in der Wirkungsforschung hinterlassen, diesen Zweig der Kommunikationsforschung gewissermaßen
erst belebt (erkennbar am sog. ›hypodermic needle‹-Modell; vgl.
Schulz 1982). Daneben hat allerdings auch die philosophische
Rhetorik Früchte getragen *(Aristoteles;* vgl. *Brockriede*
1968). Das Grundmodell der Wirkungsforschung, das die Hovland-
Gruppe *(Hovland/Janis/Kelley* 1953) vorlegte, bezieht seine
Fruchtbarkeit aus beiden Strömungen – Lerntheorie und Rhetorik –
und führt zudem das für die Untersuchung von Massenkommunikationsprozessen sehr wichtig gewordene *Einstellungskonzept* ein,
das – als intervenierende Größe zwischen Reiz (Stimulus) und Reaktion – die Wirksamkeit jeglicher Kommunikation (Massenkommunikation, Marktkommunikation, interpersonale Kommunikation
usw.) mitbestimmt. Einstellungen drücken nämlich einen mentalen
und neuralen Zustand der Bereitschaft zur Reaktion aus. Einstellungen werden durch Erfahrung gelernt, organisiert und haben direkten
oder dynamischen Einfluß auf das Verhalten *(Allport* 1935). Sti-

mulusvariablen, wie z. B. Kommunikatoreigenschaften, Inhalt und Form der Botschaft, lösen demzufolge nur unter ganz bestimmten Bedingungen *Einstellungsänderungen* – als Maß für Reaktionen – aus (siehe z. B. *McGuire* 1969).

Abgesehen vom gemäßigten lerntheoretischen Ansatz der *Hovland*-Gruppe zum Zusammenhang von Kommunikation und Einstellungswandel sind des weiteren die verschiedenen *Konsistenzmodelle* zur Erklärung der Einstellungsänderungen folgenreich gewesen. Die Konsistenzmodelle führten zum einen zu einer etwas differenzierteren Vorstellung über Einstellungen, indem deren Systemcharakter deutlicher wurde. Zum anderen wurden die persönlichen Dispositionen der Rezipienten stärker erfaßt, die im Reiz-Reaktionsschema noch unberücksichtigt geblieben waren. Den Konsistenzmodellen ist folgende Annahme gemeinsam: Personen tendieren dazu, interne Inkonsistenzen zwischen ihren interpersonalen Beziehungen, intrapersonalen Kognitionen oder zwischen ihren Überzeugungen, Gefühlen und ihrem Verhalten zu minimieren. Die Entwicklung der Konsistenztheorien setzte bereits 1940 ein mit Heiders *Balancetheorie (Heider* 1946; → Wirkung der Massenmedien). Eine genauere Quantifizierung von Einstellungsänderungsbeträgen lieferten *Osgood/Tannenbaum* (1955) mit dem *Kongruenzmodell.* Die *Theorie der kognitiven Dissonanz* von *Festinger* (1957) ist für die Kommunikationsforschung wohl am wichtigsten geworden, da sie explizit Aussagen über das Informationsverhalten macht. Empfinden Individuen nämlich Dissonanz bzw. Inkonsistenz zwischen ihren Kognitionen, Meinungen, Überzeugungen und ihrem Verhalten, werden sie sich *selektiv* verhalten, nämlich: 1. aktiv Informationen suchen, die die Dissonanz reduzieren könnten, und 2. Informationen, die zur Erhöhung der Dissonanz führen, vermeiden.

Die *Assimilations-Kontrasttheorie* weist auf die Spannweite hin, innerhalb deren die Position einer Mitteilung von der des Rezipienten abweichen kann, ohne als unannehmbar zu gelten *(Sherif/ Hovland* 1961). Personen haben in ihrem mentalen System einen Bereich der Akzeptanz (›latitude of acceptance‹) sowie einen Bereich der Ablehnung (›latitude of rejection‹) für einzelne Einstellungspositionen und beurteilen Kommunikationen danach, inwieweit sie in die jeweiligen Bereiche fallen. Mitteilungen, die der eige-

nen Einstellung der Person sehr ähnlich sind, somit in den Akzep-
tanzbereich fallen, werden als näher zur eigenen Position interpretiert (Assimilation), während Mitteilungen, die der eigenen Position
widersprechen und in den Ablehnungbereich fallen, als noch diskre-
panter wahrgenommen werden, als sie es tatsächlich sind (Kontrast-
effekt). Kommunikatoren erzielen demnach nur dann Beeinflus-
sungserfolge, wenn die vertretene Einstellung noch innerhalb des
Annahmebereichs des Empfängers liegt.

Die *Attributionstheorie*, die sich aus Untersuchungen zur
Personenwahrnehmung entwickelt hat, macht darauf aufmerksam, daß Empfänger z. B. auch kausale Schlüsse ziehen – etwa darüber, warum Kommunikatoren bestimmte Positionen vertreten.
Von solchen Kausalerklärungen hängt die tatsächlich erzielte Überzeugungskraft einer Aussage mit ab *(Jones/Davis* 1965). Die ko-
gnitiv-physiologische *Theorie der Emotionen* von *Schachter*
(1964) wurde mit in die Einstellungsforschung einbezogen; Schach-
ters Zwei-Faktoren-Theorie unterstellt einen Zusammenhang zwischen physiologischer *Erregung*, wie sie z. B. bei audiovisuellen
Medien augrund von Inhalt (z. B. Gewaltdarstellungen) und Form
(Bildschnitte, Kameratechnik usw.) entsteht *(Sturm* 1991), und
dem Bedürfnis der Rezipienten, diese Erregung (›arousal‹) zu interpretieren, also kognitiv zu verarbeiten: Die Ursache der physiologi-
schen Erregung wird attribuiert. Dabei ist es durchaus möglich, daß
den Rezipienten eine korrekte Zuschreibung nicht gelingt. Aufre-
gende Episoden der TV-Unterhaltungsprogramme können weiter-
transferiert und fälschlicherweise auch irgendeiner anderen Quelle
zugeschrieben werden. Die durch Massenkommunikation erzeugte
Erregung kann somit auch in den Dienst anderer Ursachen für Verhalten gestellt werden (*Tannenbaum* 1980, 117).

In einigen Beiträgen zum Einstellungskonzept wird vermehrt auch
auf den Zusammenhang von Einstellungen (›attitudes‹) und *Überzeugungen* (›beliefs‹) hingewiesen (*Rokeach* 1969). Überzeugungen sind nach dem Grad der Wichtigkeit bzw. Bedeutung, die sie für
eine Person haben, geordnet; sie variieren nach dem Ausmaß ihrer
Zentralität. Zentrale Überzeugungen sind dabei nur schwer durch
Kommunikation zu verändern. Werte stellen besondere Überzeugungen dar, die im gesamten Überzeugungssystem einer Person
zentral verankert sind, für eine Person also fundamental sind. Ein-

stellungen bilden gewissermaßen die Untermengen von Überzeugungssystemen. Die meisten Einstellungen sind in eine Hierarchie von Überzeugungen eingebettet, die eine Person zu bestimmten übergeordneten Objekten bzw. Konzepten hat. Diese als *struktureller Ansatz* beschriebene Einstellungstheorie findet sich bereits in einer frühen Arbeit von *Rosenberg* (1956), der annimmt, daß eine Einstellung, verstanden als positive oder negative Handlungstendenz gegenüber einem Objekt, determiniert wird durch die Konsequenzen, die sie für bestimmte Werte besitzt. *Fishbein* (1963, 1967; *Fishbein/Ajzen* 1975) hat diesen Ansatz weiterverfolgt, indem er einfach danach fragt, ob die Überzeugungen, die eine Person gegenüber einem Objekt hegt, von dieser Person positiv oder negativ beurteilt werden. Durch die Betonung des interaktiven Charakters der Einstellungen ergibt sich für die Kommunikationsforschung eine Reihe von neuen Ansatzpunkten. Viele Untersuchungen haben den interaktiven Charakter der Einstellungen wenig bedacht. Die häufig beobachtete Wirkungslosigkeit von Aussagen läßt sich wahrscheinlich vielfach darauf zurückführen, daß Einstellungen angesprochen werden, die in einem Systemzusammenhang stehen, wobei andere Einstellungen und Überzeugungen intervenieren. Um eventuelle Einstellungsänderungen zu erzielen, wäre es daher notwendig, auch Aussagen zu kommunizieren, die sich an die in der Hierarchie darüberliegenden Einstellungen und Überzeugungen richten (*Hunter/Levine/Sayers* 1976). Ansatzpunkte ergeben sich auch für die Untersuchungen zur Aussageentstehung (→ Journalist). Hier würde sich z. B. die Frage stellen, inwiefern sich Kommunikatoren bei der Auswahl und Darstellung der Nachrichten von Werten oder Überzeugungen höherer Abstraktion leiten lassen (instrumentelle Aktualisierung; vgl. *Kepplinger* 1989).

Die Kommunikationsforschung hat das Einstellungskonzept aber bisweilen überstrapaziert. Überwiegend befaßte man sich mit involvierten Empfängern, die sich intensiv mit einer Botschaft auseinandersetzen, bevor sie zu einer Einstellungs- oder Meinungsbildung gelangen. In vielen Fällen ist das *Involvement* (Engagement, Ich-Beteiligung) der Empfänger, z. B. bei Werbung oder großer medialer Informationsdichte, jedoch nur gering. Je nach dem Grad des individuellen Involvements (›high-‹ versus ›low-involvement‹) werden daher zwei unterschiedliche kognitive Verarbeitungsmechanismen unterschieden, die als *zentrale* bzw. *periphere* Routen beschrieben werden (*Petty/Cacioppo* 1986). Eine intensive gedankliche Auseinandersetzung mit dem Inhalt einer Botschaft, der Qualität der Argumente usw. (zentrale Route) ergibt sich nur bei hohem Involvement, nur dann resultiert möglicherweise eine Einstellungs- oder Verhaltensänderung. Bei geringem Involvement gewinnen vergleichsweise eher nebensächliche Aspekte einer Botschaft, wie z. B. die emotionalen Reize, die Bilddarstellung, die Quelle, auch Wiederholungen etc., an Bedeutung; Einstellungsänderungen sind, wenn überhaupt, nur vorübergehend, betreffen auch nicht die für die Person zentralen Grundüberzeugungen. Auch können Verhaltensänderungen infolge wiederholter Wahrnehmung von Teilen einer Botschaft (z. B. Produktname) auftreten, ohne daß zuvor überhaupt eine Meinungs- oder Einstellungsbildung notwendig wäre. *Low-Involvement-Strategien* der Kommunikation finden sich besonders häufig im Bereich der *Werbung (Kroeber-Riel* 1991), werden aber auch in der politischen Massenkommunikation vermehrt eingesetzt (*Schenk* 1990).

Theorie der Gruppen und Netzwerke

Der soziale Kontext, in dem sich die Rezeption der Massenmedien vollzieht, wurde bereits in den 40er Jahren mit dem *Kleingruppenkonzept* beschrieben. Die Entdeckung, daß kleine Gruppen die Einstellungen und Verhaltensweisen ihrer Mitglieder in beträchtlichem Umfang beeinflussen und unterstützen (*Lazarsfeld/Berelson/Gaudet* 1944; *Katz/Lazarsfeld* 1955), führte zu einer Zurückweisung der Konzepte *Masse* und *Massengesellschaft* (*Freidson* 1953). Massenkommunikation trifft nicht auf atomisierte und anonyme Individuen. Die Orientierung der Rezipienten an den sozialen Gruppen, die Identifikation mit den Gruppennormen, sozialer Druck, soziale Kontrolle usw. stellen Prozesse dar, die auch im Zusammenhang mit Massenkommunikation von Bedeutung sind. Die Feststellung von sog. *Meinungsführern (opinion leaders)*, die an der Schnittstelle von Massen- und interpersonaler Kommunikation besonderen Einfluß ausüben, zeigt freilich, daß die Möglichkeiten zur Ausübung von Einfluß in den Primärgruppen keineswegs gleich verteilt sind – etwa nach dem Modell des ›kritischen Diskurses‹ *(Habermas)*, sondern es existieren auch hier strategische Positionen und Rollen für Kommunikation und Einfluß: Zu nennen sind 1. die zentralen Meinungsführer, die die Meinungsempfänger beeinflussen, 2. aktive Meinungsaustauscher, die ihre Rollen als Geber und Austauscher wechseln, 3. Isolierte, die in kommunikativer Hinsicht depriviert sind, und 4. Brücken- und marginale Persönlichkeiten, die Verbindungen über mehrere Gruppen und Milieus schaffen (*Schenk* 1983, 1984; → Wirkung der Massenmedien). Abgesehen vom Meinungsführerkonzept sind auch über die gruppendynamischen Prozesse selbst theoretische Aussagen gemacht worden, die in verschiedenen Experimenten überprüft wurden. Es handelt sich hierbei vor allem um die Erklärung bzw. den Nachweis der *Konformität* in sozialen Gruppen (*Sherif* 1935; *Festinger* et al. 1950; *Asch* 1951). Das *Modell der Schweigespirale (Noelle-Neumann* 1980) basiert in theoretischer Hinsicht u.a. auf den Aussagen und Ergebnissen der Konformitätsforschung. Somit läßt sich diese Theorie vom Unterbau her durchaus als eine sozialpsychologische Gruppentheorie beschreiben (→ Öffentliche Meinung).

Das Gruppenkonzept ist in jüngster Zeit um das Konzept des *sozialen Netzwerkes* (›network analysis‹) ergänzt worden. Mit dem Konzept des sozialen Netzwerkes wird der Systemcharakter sozialer Beziehungen deutlich. *Netzwerkanalysen* konzentrieren sich auf die sozialen Beziehungen, die zwischen Personen, aber auch anderen sozialen Einheiten, wie z.B. Gruppen, Organisationen, bestehen. Die Strukturen von Netzwerken werden dazu benutzt, das soziale Verhalten der betreffenden sozialen Einheiten, in der Regel Personen, zu beschreiben und zu erklären. In der Kommunikationsforschung ist die Netzwerkanalyse vor allem im Zusammenhang mit *Diffusionsstudien* eingesetzt worden, zumal die Verbreitung neuer Ideen, Techniken und Praktiken nicht nur von Massenkommunikation, sondern auch (erheblich) von *interpersonaler Kommunikation* im Rahmen vorhandener Netzstrukturen abhängt. Besonders deutlich wurde dies in der Modernisierungsforschung, wo sich zeigte, welchen Einfluß vorhandene Netzstrukturen auf den kulturellen und technischen Wandel besitzen. Wenn sich die Untersuchungseinheiten einem Systemzusammenhang zuordnen lassen, dann führt die (voll entfaltete) Netzwerkanalyse meist zur Feststellung von Cliquen, Clustern, Tripletts, in die einzelne Sets von Akteuren durch direkte und kohäsive Relationen mit Gruppencharakter integriert sind (*Rogers/Kincaid* 1981; *Schenk* 1984). *Zwischen* den einzelnen Gruppen können dagegen z. T. nur recht lose Verbindungen verlaufen. Meist handelt es sich um sogenannte schwach-intensive Kontakte (›weak ties‹), die die Transmission von Informationen zwischen Gruppen leiten. Hierbei spielen auch sogenannte ›Brücken‹ oder ›liaisons‹ eine Rolle. *Innerhalb* der intensiven Beziehungen (›strong ties‹), in den Gruppen und Clustern, verdichten sich Information und Einfluß, wobei auch strukturelle Einzelpositionen, wie z. B. *Meinungsführer* oder Zentrale, persönlichen Einfluß ausüben (*Weimann* 1982). Die Netzwerkperspektive führt damit über die engere Sichtweise der Kleingruppenforschung hinaus, indem sie auf den gesamten Gruppenzusammenhang, soziale Strukuren und Rollen, sowie insbesondere auf das für die Informationsverbreitung wichtige Verbindungsmedium der schwach-intensiven Beziehungen aufmerksam macht. Neben Gesamtnetzen wird in der Meinungsforschung zunehmend das verkürzte Konzept *egozentrierter Netzwerke* angewandt (*Schenk* 1993). Ego-zentrierte Netzwerke lassen sich relativ leicht im Rahmen der gebräuchlichen Massenumfragen erheben. Dabei wird die jeweilige persönliche Umwelt bzw. interpersonale Umgebung der Befragten nach Netzmerkmalen beschrieben (z. B. Größe, Dichte, Homogenität, Konkordanz). Mittels Netzwerkkonzepten lassen sich schließlich auch gesellschaftliche Subgruppen mit eigenem Lebensstil und spezifischen Handlungsweisen identifizieren, in denen Objekte eine ganz bestimmte Bedeutung erlangen; sogenannte *semantische Netzwerke* drücken eine gemeinsame Interpretation von gebräuchlichen Objekten durch die Teilnehmer aus. In der Massenkommunikation zeigen semantische Netzwerke die Koorientierung gegenüber medienrelevanten Objekten (z. B. Themen, Ereignisse) an, die miteinander verbundene Empfänger auszeichnet (auch Konvergenzmodell der Kommunikation, vgl. *Rogers/Kincaid* 1981). Semantische Netzwerke finden sich darüberhinaus besonders bei technisch-vermittelter Individualkommunikation (z. B. Computernetze, vgl. *Höflich* 1991).

Funktionalismus und Systemtheorie

Funktionalismus und Systemtheorie stellen theoretische Ansätze dar, mit deren Hilfe Zusammenhänge zwischen dem gesellschaftlichen Teilsystem Massenkommunikation und dem übergreifenden sozialen Gesamtsystem analysiert werden können. In streng funktionalistischer Sicht werden die *objektiven Konsequenzen* der Massenkommunikation (Medien, Aussagen etc.) in einer Gesellschaft erfaßt (→ Kommunikationsprozeß.) In den verschiedenen Kommunikationsmodellen etwa von *Riley / Riley* (1959) oder *Maletzke* (1963) wird die holistische Analyse, wie sie der Funktionalismus nahelegt, fortgeschrieben. Die Beziehung zwischen den beiden wesentlichen Elementen des Massenkommunikationssystems – Kommunikatoren und Rezipienten – wird dabei aber als zu symmetrisch und machtgleich behandelt. Ganz deutlich zeigt sich dies auch in der *funktionalen Publizistik* – einer Theorie der Massenkommunikation, in der die Beziehung zwischen Publizist und Publikum als *Dialog* zwischen gleichberechtigten Partnern, die sich auf einer horizontalen Ebene im gesellschaftlichen Zwiegespräch begegnen, eingestuft wird: »Alle Publizistik ist Zwiegespräch« (*Prakke* 1968).

Die *struktur-funktionalistische Systemtheorie* rückt den holistischen Systemzusammenhang von Massenkommunikation in den Vordergrund. Zur Entwicklung der struktur-funktionalistischen Systemtheorie hat der amerikanische Soziologe *Parsons* (1951) entscheidend beigetragen. Der allgemeine systemtheoretische Rahmen wird von Parsons für die Analyse der Massenkommunikation jedoch nicht ausgeschöpft (*Kunczik* 1984, 38). Insbesondere fehlt es an einer gründlichen Analyse der Austauschprozesse zwischen dem Teilsystem Massenkommunikation und den Umweltsystemen Politik, Ökonomie, Sozialsystem und Kultur. Die ›Interpenetration‹ von System und Umwelten wird nicht adäquat untersucht. Der Hinweis auf die *Integrationsfunktion* der Massenmedien verdeckt die Input- und Outputprozesse zwischen dem *offenen* sozialen System Massenkommunikation und den verschiedenen Umweltsystemen. Demnach kann Massenkommunikation noch mehr leisten als Integration. Beispielsweise trägt sie zur diskursiven Verarbeitung kultureller Werte bei, hat aber z. B. auch auf der Ebene des ökonomischen Systems Beiträge zu leisten (z. B. Informationen über Arbeitsplatzmöglichkeiten oder im Bereich der Werbung). Schließlich trägt sie im politischen System etwa zur *Thematisierung (agenda-setting)* sowie zur politischen *Meinungs-* und *Willensbildung* bei und prägt die → öffentliche Meinung mit. Umgekehrt stellen auch die Umweltsysteme selbst wiederum Träger von Ereignissen dar, die das System Massenkommunikation als Information aufbereitet und allgemein zugänglich macht. Insofern empfiehlt sich eine Erweiterung der struktur-funktionalen Systemtheorie durch die Anwendung der *Kybernetik (Reimann* 1974). Die konsequente Anwendung kybernetischer Prinzipien auf soziale Systeme führt zu einer dynamischen Betrachtung des Massenkommunikationssystems, wie sie bei der Anwendung der struktur-funktionalistischen Theorie – z. B. in der etablierten Version von *DeFleur* (1966) – zu kurz kommt. Während sich Massenkommunikation noch im Modell von DeFleur in einem stationären Gleichgewicht befindet und angesichts stabiler Umweltverhältnisse nur Inhalte mit geringem kulturellen Niveau verbreiten muß, um seine Bestandserhaltung zu sichern, weist die *kybernetische Systemtheorie* auf eine andere Lösung des Bestandsproblems hin. Durch Selbstregulation und -kontrolle (Feedback), wie sie für kybernetische Systeme kennzeichnend ist, würde es auch dem Teilsystem Massenkommunikation trotz sich verändernder Umwelten gelingen, im Gleichgewicht zu bleiben (homöostatisches Gleichgewicht). Es muß sich dazu nur an seine Umwelten so anpassen, daß die Ziele und Sollwerte noch erreicht werden. Dazu sind ebenso viele Systemstrategien und Regelungsmöglichkeiten notwendig, wie unterschiedliche Umweltereignisse auftreten können. Gegebenenfalls muß das Massenkommunikationssystem sogar seine strukturelle Komplexität steigern, um Gleichgewichtsverluste zu vermeiden; dies kann z. B. durch Veränderungen der Organisation von Redaktionen, der Produktionsverfahren, Arbeitsrollen, journalistischen Ethik usw. – also durch *funktionale Differenzierung* des Massenkommunikationssystems – geschehen.

Damit ist auch eine Problematisierung der Systemstrukturen selbst denkbar, die in der strukturell-funktionalen Theorie nicht erfolgt, da hier das Bestandserhaltungsproblem dominiert; in der *funktional-strukturellen Systemtheorie (Luhmann* 1975, 1984) wird

daher zu Recht nach den *Leistungen* der Systemstrukturen selbst
gefragt, die rational auch einem Vergleich unterzogen werden können (*Äquivalenzfunktionalismus*). Bezogen auf das Massenkommunikationssystem wären z. B. die Informationsleistungen zu
überpüfen, die es bei gegebenen (bzw. alternativen) Strukturen er-
bringt – Leistungen, die zur Lösung des Grundproblems einer lebens-
nahen und handlungsnotwendigen Reduktion von (Welt-)Komplexi-
tät beitragen können. Die besondere Leistung von Journalismus besteht demnach in der Auswahl und nachfolgenden Bearbeitung von
Ereignissen aus einer turbulenten und ständigen Wandlungsprozes-
sen unterworfenen Welt (*Rühl* 1969, 1992; *Saxer* 1992). Neben der
Thematisierung von Ereignissen für die öffentliche Kommunikation lassen sich außerdem nicht-thematisierte Ereignisse in Informa-
tionssystemen präsent halten, um bei Bedarf darauf zurückgreifen zu
können. Massenkommunikation stellt schließlich auch eine institutionelle Vorkehrung gegen die mit wachsender gesellschaftlicher Differenzierung entstehenden unterschiedlichen Informationslagen dar. In
der durch funktionale Differenzierung gekennzeichneten modernen
Gesellschaft nimmt der Anteil der gemeinsam erlebten Handlungen
und Ereignisse ständig ab, die aber durch Massenkommunikation als
Information wiederhergestellt werden.

Systemstrukturen, die dauerhaftes, sinnvolles Handeln ermöglichen
und situationsunabhängig sind, bestehen aus generalisierten Verhaltenserwartungen, die durch primäre Selektion typenmäßig festlie-
gen. Eine solche Generalisierung findet in Systemen in *zeitlicher,
sachlicher* und *sozialer* Hinsicht statt. In der zeitlichen Dimension wird ein Mediensystem jeweils von den Ereignissen der nahen
Vergangenheit bzw. Gegenwart bestimmt. Gleichzeitig wird es angeregt, die vorliegenden Informationskomplexe nach bestimmten redaktionellen und technischen Gesichtspunkten (z. B. Dramaturgie,
Kameratechnik, Druck, Umbruch) zu verarbeiten, damit eine – u. a.
der Aktualität entsprechende – Verarbeitung beim Publikum erzielt
wird. In sachlicher Hinsicht differenziert das System zwischen unterschiedlichen Umwelten und Ebenen, auf die es sich spezifisch einstellt. Es generalisiert Verhaltenserwartungen, die in sozialen Rollen
und Entscheidungsprogrammen zusammengefaßt sind. In der sozialen Dimension tritt das System nun zu den verschiedenen Umwelten
in Beziehung, und zwar mit unterschiedlicher Intensität. Das Me-

dium wird sich gegenüber seinen Informanten, seinem Publikum, konkurrierenden Medien und anderen Systemen jeweils anders verhalten. Von besonderer Bedeutung z. B. für lokale und regionale Tageszeitungen sind die Beziehungen zu und Austauschprozesse mit den *kommunalen Eliten*.

Durch den grunsätzlichen Charakter der ›Offenheit‹ von Journalismus in der funktional-strukturellen Theorie rückt der Begriff der *publizistischen Vielfalt* in den Vordergrund, wohingegen im Rahmen der strukturell-funktionalen Theorie die *Integrationsfunktion* von Massenkommunikation hervorgehoben wird (vgl. *Noelle-Neumann* 1983). Die publizistische Leistung wird dabei in hohem Maße durch den Systemzusammenhang determiniert. Die *reale* Vielfalt des Kommunikationsraumes, die politischen und sozialen Strukturen – z. B. einer Gemeinde – haben beträchtlichen Einfluß auf die tatsächliche Vielfalt der Medieninhalte. In kleinen und homogenen Gemeinden übt z. B. die Presse im wesentlichen die Funktion der Distributionskontrolle aus: Informationen werden so gesteuert und kontrolliert, daß Konflikte zwischen den Teilsystemen nicht zu stark in die Öffentlichkeit gelangen. In größeren und heterogenen Gemeinden werden dagegen in der Presse auch Kontroversen und Konflikte ausgetragen. Außer der reinen Distributionsfunktion wird von den Medien eine Feedback-Kontrollfunktion für die Teilsysteme bzw. das Gesamtsystem wahrgenommen (*Tichenor* 1980).

Michael Schenk

Mediaforschung

Die Mediaforschung untersucht die Nutzung sowohl redaktioneller als auch werblicher Aussagen in Massenmedien. Entsprechend ist zwischen *redaktioneller Publikumsforschung* und *Werbeträgerforschung* für die Printmedien Zeitungen und Zeitschrift, für Hörfunk, Fernsehen und Kino zu unterscheiden. Zwischen beiden Bereichen bestehen Wechselwirkungen insofern, als zum Beispiel das redaktionelle Umfeld einer Anzeige oder eines Werbespots die Beachtung und damit auch die Wirkung der Werbung verstärken oder schmälern kann.

Da der Werbeträgerforschung in der Praxis größeres Gewicht zukommt, wird hier unter dem Stichwort Mediaforschung vor allem auf die Werbeträgerforschung eingegangen. Methoden und Ergebnisse der redaktionellen Leser-, Hörer- und Zuschauerforschung sind auch unter den Stichworten → Film, → Presse, → Methoden der Publizistik- und Kommunikationswissenschaft, → Rundfunk sowie → Wirkung der Massenmedien zu finden.

Die große praktische Bedeutung der Werbeträgerforschung erklärt sich aus ihrem Nutzen für die *Mediaplanung*. Die Entscheidung darüber, in welchem Medium geworben wird, ob man zum Beispiel in Printmedien, im Hörfunk oder Fernsehen wirbt *(Inter-Media-selektion)*, und welche Zeitschriften- oder Zeitungstitel, welche Werbeblöcke welcher Sender man wie häufig belegt *(Intra-Mediaselektion)*, um die anvisierte Zielgruppe für bestimmte Produkte oder Dienstleistungen möglichst effektiv und kostengünstig zu erreichen, wird ganz wesentlich bestimmt durch die Mediennutzungsdaten, die die Werbeträgerforschung den Verlagen, dem Hörfunk und dem Fernsehen sowie den Werbungtreibenden und Werbemittlern (zum Beispiel Werbeagenturen, Annoncenexpeditionen) zur Verfügung stellt. Dabei geht es vielfach um Entscheidungen von großer wirtschaftlicher Tragweite, um mehr als 30 Milliarden DM Werbegelder pro Jahr (vgl. Tabelle 4). Diese Beträge sind nicht zuletzt Voraussetzung für die redaktionelle Leistung der Medien.

Die Zuwächse für die Fernsehwerbung sind ausschließlich auf die Expansion der privaten Fernsehanbieter (vor allem *RTL, SAT 1* und *PRO 7*) zurückzuführen, *ZDF* und *ARD* haben dagegen seit 1991 46 Prozent ihrer Werbeeinnahmen verloren. Der immer schärfere Wettbewerb der verschiedenen Werbeträger um Werbeetats zwingt die Medien zu immer verfeinerteren Nachweisen ihrer Leistung als Werbeträger. Dies hat die Methodenentwicklung in der Mediaforschung ohne Zweifel stimuliert.

Das Interesse der Werbemedien, Werbemittler und Werbungtreibenden an validen, zuverlässigen und auch im Inter-Media-Vergleich mediengerechten, mit forschungsökonomisch vertretbarem Aufwand aktuell sowie über längere Zeiträume hinweg vergleichbar erhobenen und allgemein akzeptierten Nutzungsdaten hat die deutsche Mediaforschung, die von mehreren Forschungsinstituten und Forschergruppen in Konkurrenz betrieben wird, zu hohem For-

Tabelle 4:
Netto-Werbeeinnahmen erfaßbarer Werbeträger in Deutschland in Mio. DM
(ohne Produktionskosten)

Werbeträger	1997	Veränderungen gegenüber dem Vorjahr in Prozent
Tageszeitungen	10 869,7	+ 1,8
Fernsehen	7 438,2	+ 7,8
Werbung per Post, Direktwerbung	5 926,0	+ 3,7
Publikumszeitschriften	3 509,4	+ 2,7
Anzeigenblätter	3 278,8	+ 8,9
Adreßbücher	2 302,0	+ 0,1
Fachzeitschriften	2 162,0	+ 2,5
Hörfunk	1 176,0	+ 2,0
Außenwerbung	1 002,4	− 3,4
Wochen-/Sonntagszeitungen	472,3	+ 7,5
Filmtheater	305,4	+ 1,8
Zeitungssupplements	211,5	− 6,3
Gesamt	38 653,7	+ 3,7

Netto − nach Abzug von Mengen- und Malrabatten sowie Mittlerprovisionen, vor Skonti.
Quelle: ZAW, Werbung in Deutschland 1998

schungsstandard geführt. Heute zählt die empirische Mediaforschung zu den am meisten genutzten, am besten überprüften und am
weitesten entwickelten Bereichen der empirischen Sozialforschung,
wenn auch noch längst nicht alle Methodenprobleme befriedigend
gelöst sind.

Leserschaftsforschung

Entwicklung
Die Anfänge einer systematischen, auf empirische Forschungsmethoden gegründeten Leserschaftsforschung in der Bundesrepublik
Deutschland liegen in den ersten Jahren nach dem Zweiten Weltkrieg. Frühere Leserpostanalysen und erste leserkundliche Erhe-
bungen, wie sie zum Beispiel von *Emil Dovifat* und *Hans
A. Münster* am *Deutschen Institut für Zeitungskunde,*

Berlin, und später auch am *Institut für Zeitungskunde der Universität Leipzig* mit dem Ziel volkspädagogischer Einwirkung initiiert und durchgeführt wurden, können nur sehr eingeschränkt als Vorläufer der heutigen Mediaforschung angesehen werden. Sehr viel größeren Einfluß auf die Entwicklung der Mediaforschung in der Bundesrepublik hatten die Methoden und Erkenntnisse der frühen amerikanischen und englischen Leserschaftsforschung. In den USA hatte man schon Anfang der zwanziger Jahre aus geschäftlichen Motiven (Anpassung an die Leserinteressen zur Steigerung der Auflage, Nachweis des Interesses und der Kaufkraft der Leser zur Steigerung des Anzeigenverkaufs) Massenbefragungen mit standardisiertem Fragebogen unter Zeitungslesern veranstaltet. So führte *George Hotchkiss* 1921 eine erste schriftliche Umfrage zur Ermittlung der Zeitungslesegewohnheiten der gebildeten und kaufkräftigen Einwohner New Yorks durch. Die Methode der schriftlichen Befragung wurde von *Ralph O. Nafziger* und seinen Schülern an der Universität von Wisconsin weiterentwickelt. Zeitlich parallel entwickelte *George Gallup* 1927 an der Universität von Iowa das Verfahren der mündlichen Befragung repräsentativer Leserquerschnitte, wobei die Interviewer sogenannte *Copy-Tests* machten, das heißt zusammen mit dem Befragten ein Zeitungsexemplar vom Vortag Beitrag für Beitrag durchgingen und dazu jeweils ermittelten, ob der Befragte die einzelnen Beiträge gelesen, nur überflogen oder gar nicht beachtet hatte.

Unmittelbar nach Kriegsende wurden die Methoden der amerikanischen Leserschaftsforschung, auf die *Elisabeth Noelle-Neumann* schon in ihrer 1940 als Buch erschienenen Berliner Dissertation ›Meinungsforschung in den USA. Umfragen über Politik und Presse‹ aufmerksam gemacht hatte, zunächst von amerikanischen und britischen Sozialwissenschaftlern im Auftrag ihrer Militärregierungen in Deutschland eingeführt, und zwar von *Public Opinion Research (P.O.R.)*, Bielefeld, aus dem später das *EMNID-Institut* hervorging, und *Opinion Surveys Staff (R.A.S.) of the OMGUS Information Control Division*, Frankfurt, später *DIVO-Institut*. Leser- und Hörerbefragungen, um die Reaktionen der Deutschen auf die Rundfunk- und Pressepolitik der Alliierten zu ermitteln, zählten zu ihren wichtigsten Untersuchungsaufgaben. Diese Studien waren intern und vertraulich, ihre Ergebnisse wurden nicht bekanntgegeben. Als erste öffentliche Leserbefragung gilt eine Umfrage, die *Die Welt* als Lizenzzeitung der britischen Militärregierung am 1. April 1947 mit einem in ihrer Zeitung abgedruckten, von *Elisabeth Noelle-Neumann* entworfenen Fragebogen veranstaltete. Die erste *repräsentative* mündliche Leserschaftsstudie in der Bundesrepublik Deutschland führte das *Institut für Demoskopie (IfD) Allensbach* im Frühjahr 1949 wiederum für *Die Welt* durch.

1949 gründete der *Zentralverband der Werbewirtschaft (ZAW)* die *Informationsgemeinschaft zur Feststellung der Verbreitung von Werbeträgern (IVW)*. Seither werden vierteljährlich *IVW-Auflagen-Listen* veröffentlicht aufgrund aktueller, in Stichproben kontrollierter Auflagenmeldungen der Verlage. Da jedoch Angaben über die Auflage (wie Druckauflage, Verkaufsauflage, tatsächlich verbreitete Auflage) aufgrund der Mitleser, die das Zeitungs- oder Zeitschriftenexemplar neben dem Abonnenten oder Einzelkäufer lesen, weder Zuverlässiges über die Größe der Leserschaft noch irgend etwas über ihre Zusammensetzung aussagen, forderte die Werbewirtschaft umfassende Leserschaftsuntersuchungen zur vergleichenden Insertionswertbestimmung. Schon Ende 1949 führte das *IfD Allensbach* im Auftrag von vier Werbeagenturen eine erste vergleichende Leseranalyse für 25 deutsche Publikumszeitschriften durch. Im Auftrag von *Das Beste aus Reader's Digest* folgte 1951/52 eine umfassende ›Leseranalyse großer deutscher Publikumszeitschriften‹.

Im Januar 1954 gründeten mehrere Verlage und Werbefirmen die *Arbeitsgemeinschaft Leseranalyse e. V.* in Frankfurt. Sie beauftragte *Ernst Braunschweig* mit der Koordination, das IfD Allensbach mit der Fragebogenentwicklung und Berichterstattung sowie – zusammen mit *DIVO* – mit der Durchführung der Interviews für diese erste Untersuchung ›Die Zeitschriftenleser 1954‹ (LA '54). Seither veranstaltet die *Arbeitsgemeinschaft Leseranalysen* (AG.LA), die 1971 nach ihrer Öffnung für die Funkmedien in *Arbeitsgemeinschaft Media-Analyse* (AG.MA) umbenannt wurde, zunächst zweijährlich, seit 1960 jährlich Media-Analysen auf der Basis von Random-Stichproben mit jetzt rund 60000 Fällen seit der ersten gesamtdeutschen MA '93. Mit der MA '87 führte die AG.MA ihr neues *Partnerschaftsmodell* ein. Statt wie bisher in einem sehr langen, überfrachteten Interview (*Single-Source-Erhebung*) werden die Informationen jetzt über getrennte, aber zeitgleiche Untersuchungen, sogenannte *Tranchen*, bei unterschiedlichen Personen erhoben und mittels Stichprobenfusion über sogenannte Bindeglieder (Träger gleicher Merkmale) anschließend zusammengeführt. Allerdings ist dieses Verfahren methodisch sehr umstritten, da eine Stichprobenanpassung über ausgewählte Einzelmerkmale nur näherungsweise möglich ist.

In der Pressemedientranche (PT) der MA'93 wurden 26 808 Personen über ihre Nutzung von Zeitschriften, Tageszeitungen und Kino befragt, in der Elektronische Medientranche (ET) 34 441 Personen zur Nutzung von Fernsehen, Hörfunk und Tageszeitungen. Durch die Zusammenfassung von Befragungswellen aus den Jahren '91, '92 und '93 stellt die MA ein Gesamtdatenband für Tageszeitungsanalysen (Tageszeitungsdatensatz, TZD) mit insgesamt 108 129 Fällen zur Verfügung. Dies ermöglicht auch detaillierte Auswertungen für Zeitungen auf regionaler Basis. Die in der MA enthaltenen Angaben zur Fernsehnutzung sind das Ergebnis einer Fusion von Befragungsdaten der MA mit den elektronisch gemessenen Daten des *GfK-TV-Panels* (vgl. unten Abschnitt Hörer- und Zuschauerforschung).

Unvereinbare Auffassungen über die methodische Anlage der Leseranalyse führten 1958 zur Trennung des IfD Allensbach von der AG.LA und zum Start einer eigenen *Allensbacher Werbeträger-Analyse (AWA)*, die seither als unabhängige Markt-Media-Analyse erscheint. Schon seit 1991 erfaßt die AWA auch die Mediennutzung in den neuen Bundesländern. Die AWA '93 informiert über das Mediennutzungsverhalten von 221 Printtiteln und 66 Tarifkombinationen, Werbefernsehen und Werbefunk. Für die Zielgruppenplanung enthält die AWA seit 1965 auch Konsumdaten, heute für mehrere hundert Märkte und marktpsychologische Zielgruppen. Die AWA ist jetzt die einzige unabhängige, als sogenannte *Single-Source-Erhebung* konzipierte, umfassende Markt-Media-Analyse (rund 20 000 Interviews, *Quota*-Auswahlverfahren). Daneben gibt es Markt-Media-Analysen der Großverlage wie die *Verbraucher Analyse* (VA) des Heinrich Bauer und des Springer-Verlags, die Typologie der Wünsche (TdW) von BURDA oder *Markenprofile* und *Kommunikationsanalyse* von Gruner + Jahr; ferner Analysen zur Mediennutzung spezieller Zielgruppen, zum

Beispiel *Leseranalyse Entscheidungsträger* (LAE), *Schü-ler-Mediaanalyse* (SchüMA), *Leseranalyse Medizinische Fachzeitschriften* (*LA Med*) sowie spezielle käufertypologische Studien (zum Beispiel ›Soll und Haben‹, ›Outfit‹, ›Geschäftsreisen‹ oder ›Persönlichkeitsstärke‹ des *Spiegel Verlags*). Für Tageszeitungen wurden vom *Bundesverband Deutscher Zeitungsverleger* (BDZV), der *Regionalpresse* und der *Standortpresse* mehrere Gemeinschaftsuntersuchungen durchgeführt, zuletzt die Studie ›Junge Leser für die Zeitung‹ (1993). Daneben veranstalten viele Zeitungsverlage eigene Leserschaftsuntersuchungen sowohl für redaktionelle Zwecke als auch für die Anzeigenakquisition.

Grundbegriffe und Methoden
Die zentralen Befunde der Leserschaftsforschung – wie analog auch der Hörer- und Zuschauerforschung (siehe unten) – sind Aussagen über die *Reichweite* des Mediums (Wieviel Personen werden von einer Zeitung oder Zeitschrift erreicht?) und über die *Struktur* der Leserschaft (Aus was für Personen setzt sich die Leserschaft zusammen?). Unter einem ›Leser‹ versteht man in der deutschen wie auch in der internationalen Leserschaftsforschung eine Person, die eine Ausgabe einer Zeitung oder Zeitschrift *gelesen oder durchgeblättert* hat. Konzentriertes, gründliches oder auch nur flüchtiges Lesen sind nicht unbedingt erforderlich, um dieser Definition zu genügen. Schon das Durchblättern einiger Seiten reicht aus für die Chance zum Anzeigenkontakt. Entsprechend gelten als *Leser pro Nummer* (*LpN*) alle Personen, die mit einer *durchschnittlichen* Ausgabe einer Zeitung oder Zeitschrift Kontakt haben, d. h. diese durchblättern oder lesen; abstrakt ausgedrückt sind das »alle Personen, die von der durchschnittlichen belegbaren kleinsten Einheit eines Werbeträgers, das heißt bei einmaliger Insertion, erreicht werden« (*ZAW Rahmenschema für Werbeträger-Analysen* 1994).
Die sehr viel aufwendigere Ermittlung der Leser einer *ganz bestimmten* Ausgabe ist nicht erforderlich, da die Leser einer durchschnittlichen Ausgabe über die Zeit hinweg gleich der durchschnittlichen Anzahl der Leser einer bestimmten Ausgabe im Erscheinungsintervall sind. Die Phänomene des *gehäuften Lesens* (parallelen oder Stapel-Lesens) von über mehrere Erscheinungsintervalle

hinweg angesammelten Heften, die nur in einem Erscheinungsintervall und dann nie wieder gelesen werden (was zu einer Unterschätzung der Reichweite führen könnte), sowie des sogenannten *gedehnten* oder wiederholten Lesens einer Zeitungs- oder Zeitschriftenausgabe über mehrere Erscheinungsintervalle hinweg (was zu einer Überschätzung der Reichweite führen würde), sind verhältnismäßig selten. Gehäuftes und gedehntes Lesen heben sich nach den Ergebnissen einer Untersuchung, bei der Lesetagebücher zur sorgfältigen Registrierung aller Lesevorgänge eingesetzt wurden, gegenseitig in etwa auf und können somit bei Reichweitenuntersuchungen vernachlässigt werden. Bis 1965 wurde in der Bundesrepublik Deutschland zunächst direkt nach dem *Leser im Erscheinungsintervall* gefragt:»Haben Sie in den letzten sieben (bzw. je nach Erscheinungsintervall 14/30) Tagen den/die... (Titel) gelesen oder durchgeblättert?« Diese Fragestellung wurde 1966 durch die vom britischen *Institute of Practioners of Advertising* (IPA) entwickelte Frage nach dem letzten Lesevorgang »Wann zum letzten Mal gelesen?« (*recency question*) abgelöst. Die Umstellung des Abfragemodells hatte erhebliche Änderungen der Reichweitenergebnisse zur Folge. Durch die härtere Frage nach dem ›*letzten Lesen*‹ werden die selteneren Leser ausgesiebt, was Titeln mit einem hohen Anteil regelmäßiger Leser (zum Beispiel Programmzeitschriften) vergleichsweise stabile, Titeln mit einem hohen Anteil unregelmäßiger Leser (beispielsweise aktuellen Illustrierten und Frauenzeitschriften) dagegen niedrigere LpN-Werte bringt.

Da im Rahmen einer Werbekampagne Werbeträger in der Regel nicht nur einmal, sondern mehrfach mit einer Anzeige belegt werden, fehlen bei einer Reichweitenermittlung, die sich lediglich auf den Leser einer durchschnittlichen Ausgabe (LpN) stützt, Informationen über den Zuwachs an Lesern bzw. den Reichweitenanstieg bei mehrfacher Insertion (*kumulative Reichweite*). Deshalb wurde zuerst in der AWA '64, ab 1967 auch in der LA, als Ergänzung zur Frage nach dem letzten Lesen die Frage nach der *Lesehäufigkeit (frequency question)* eingeführt:»Wieviele Ausgaben eines Titels innerhalb eines bestimmten Zeitintervalls gelesen?« Um Erinnerungsverzerrungen aufgrund mangelhafter Zeitidentifikation zu vermeiden, wird dem Befragten eine Frequenzskala als Erinnerungshilfe vorgelegt. Dabei wird – um Vergleichbarkeit bei wöchentlich, 14täglich und monatlich erscheinenden Titeln herstellen zu können – einheitlich auf das zwölffache Erscheinungsintervall zur Abgrenzung des *weitesten Leserkreises* (*WLK*) Bezug genommen. Zum WLK zählen alle Personen, die mindestens eine von zwölf Ausgaben gelesen oder durchgeblättert haben. Das ist zum Beispiel bei Wochentiteln mindestens eine im Vierteljahr, bei 14täglich erscheinenden Titeln mindestens eine im halben Jahr, bei Monatstiteln mindestens eine Ausgabe im Jahr. Da rein numerische Frequenzskalen den Nachteil haben, daß bestimmte Frequenzwerte bevorzugt (etwa ›zehn von zwölf‹), andere dagegen benachteiligt werden (beispielsweise ›sieben von zwölf‹) und rein verbale Frequenzskalen (zum Beispiel ›regelmäßig‹, ›häufig‹ oder ›gelegentlich‹) von den Befragten unterschiedlich interpretiert werden, bieten verbal-numerische Frequenzskalen (etwa »Lese ich regelmäßig, und zwar alle zwölf Hefte«) die vergleichsweise beste Annäherung.

Aus den empirisch ermittelten Häufigkeitsangaben pro Frequenzklasse und den über die Frage nach dem letzten Lesen ermittelten LpN-Werten pro Frequenzklasse können für jede Person individuelle *Nutzungswahrscheinlichkeiten* berechnet werden, die Prognosen des künftigen Verhaltens ermöglichen und als Basis für Computerprogramme zur Optimierung der Streupläne für Werbekampagnen dienen. Über Nutzungswahrscheinlichkeiten wird auch der sogenannte *Leser pro Ausgabe* (*LpA*) ermittelt, eine rein rechnerische Größe, die wie der LpN der Leserschaft einer durchschnittlichen Ausgabe bei einmaliger Insertion entspricht. Als *Kumulation* bezeichnet man den Zuwachs der Leserschaft bei mehrfacher Insertion. Abbildung 9 verdeutlicht, daß sich die Reichweite bei Titeln mit einem hohen Anteil *regelmäßiger Leser*, wie zum Beispiel bei regionalen Abonnementszeitungen, bei zwölffacher Belegung nur um den Faktor 1,2 erhöht (von 66 auf 77 Prozent), während zum Beispiel die Reichweite der Illustrierten *Stern* mit einem hohen Anteil *gelegentlicher Leser* bei zwölfmaliger Schaltung von 15 auf 45 Prozent der Bevölkerung anwächst und sich damit in etwa verdreifacht (Faktor 3,0). Noch größere kumulative Reichweitenzuwächse werden beim Werbefernsehen aufgrund des hohen Anteils unregelmäßiger Seher erreicht. Auf die Gesamtbevölkerung von 62,61 Millionen Personen ab 14 Jahre in Gesamtdeutschland hochgerechnet (*Projektion*) ergibt sich bei *regionalen Abon-*

Abbildung 9:
Die kumulative Reichweite von Werbeträgern

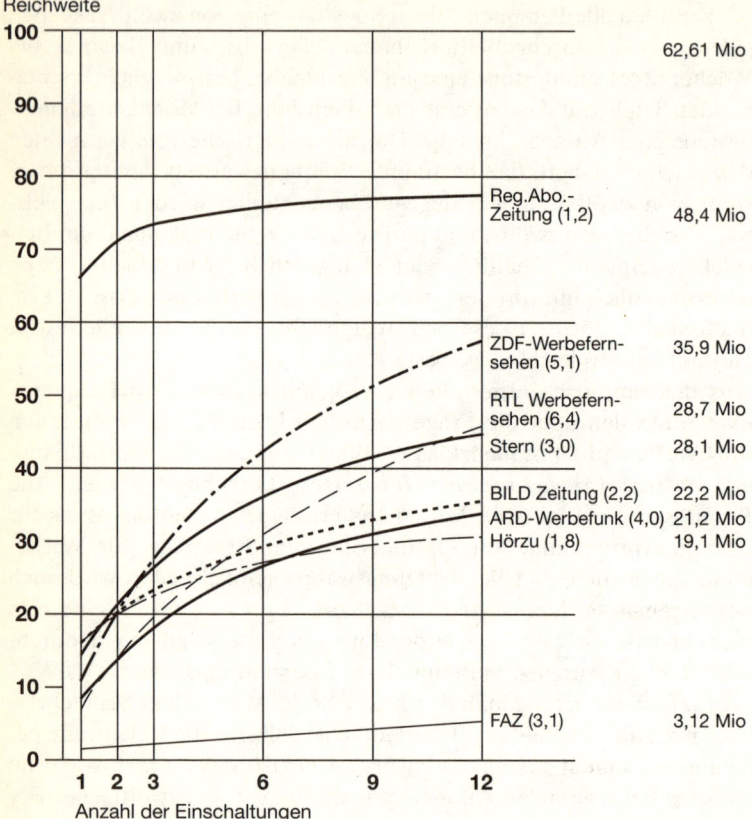

Reichweite

62,61 Mio

Reg.Abo.-
Zeitung (1,2)   48,4 Mio

ZDF-Werbefern-
sehen (5,1)   35,9 Mio

RTL Werbefern-
sehen (6,4)   28,7 Mio

Stern (3,0)   28,1 Mio

BILD Zeitung (2,2)   22,2 Mio
ARD-Werbefunk (4,0)   21,2 Mio
Hörzu (1,8)   19,1 Mio

FAZ (3,1)   3,12 Mio

Anzahl der Einschaltungen

Quelle: Allensbacher Werbeträger-Analyse, AWA '93, Gesamtdeutschland

nementszeitungen bei einmaliger Insertion eine Reichweite von 41,4 Millionen Lesern, bei zwölfmaliger Insertion eine Reichweite von 48,8 Millionen. Beim *Stern* wächst die Reichweite von 9,2 Millionen Lesern bei einmaliger Schaltung der Anzeige auf 28,1 Millionen bei zwölfmaliger Belegung. Die auf die Gesamtbevölkerung bzw. eine bestimmte Zielgruppe hochgerechnete Reichweite bei einmaliger Belegung wird auch benötigt zur Berechnung des sogenannten *Tausend-Leser-Preises* als Quotient aus dem Seitenpreis (mal 1000), dividiert durch die Reichweite (in absoluten Zahlen). Dazu ein Beispiel: Bei einem Seitenpreis von DM 98 840 für eine ganzseitige Farbanzeige im *Stern* und einer Reichweite von 9,24 Millionen Personen ab 14 Jahre (AWA '93) beträgt der Tausend-Leser-Preis im Stern 10,70 DM.

Der Vergleich der Preise pro 1000 Kontakte mit einem Werbeträger dient häufig der Vorauswahl der sogenannten Mediakandidaten (Rangreihen), das sind jene Titel, die in der Endauswahl für die Werbekampagne näher geprüft werden.

Da bei Werbekampagnen in der Regel dieselben Titel mehrfach hintereinander bzw. verschiedene Titel oder Medien parallel mit Anzeigen oder Werbespots belegt werden, kommt es zu Überschneidungen. Dabei ist zwischen *interner Überschneidung* (Überschneidung der Nutzerschaft mehrerer Ausgaben eines Titels) und *externer Überschneidung* (Überschneidung der Nutzer verschiedener Titel) zu unterscheiden. Die Berechnung von Nutzungswahrscheinlichkeiten ermöglicht auch eine Segmentierung des sehr weit gefaßten Leserbegriffs der Leserschaftsforschung. Als ›regelmäßige‹ oder *Kernleser* werden in der MA alle Leser bezeichnet, die mindestens zehn von zwölf Ausgaben lesen, was einer Lesewahrscheinlichkeit von 0,83 bis 1,00 entspricht. Bei den ›ganz seltenen Lesern‹ dagegen beträgt die Lesewahrscheinlichkeit nur 0,01 bis 0,24.

Dividiert man die durch Hochrechnung ermittelte absolute Zahl der Leser pro Nummer bzw. pro Ausgabe durch die Anzahl der Exemplare, die nach IVW von dieser Nummer tatsächlich verbreitet wurden, erhält man die Anzahl der *Leser pro Exemplar* (*LpE*). Diese Meßgröße gibt darüber Auskunft, wieviel Personen ein Durchschnittsexemplar eines bestimmten Titels lesen. Der LpE-Wert liegt heute im allgemeinen zwischen einem und sechs Lesern.

Ein LpE-Wert von 1 bedeutet, daß das Exemplar nur von einem Leser gelesen wird, Mitleser gibt es in diesem Fall nicht. Als Lesezirkel noch größere Bedeutung hatten und die Haushalte im Durchschnitt mehr Personen umfaßten, lag die Zahl der *Mitleser* bei vielen Titeln deutlich höher.

Probleme der Kontaktmessung

Auf dem Weg vom Leser pro Nummer hin zur Berechnung von Nutzungswahrscheinlichkeiten hat die Mediaforschung zweifellos viel an formaler Präzision gewonnen und damit eine wichtige Voraussetzung für die Anwendung computerisierter Optimierungsprogramme geschaffen. Allerdings handelt es sich dabei vielfach nur um Scheingenauigkeit. Da der eigentliche, natürliche Lesevorgang in aller Regel der direkten Beobachtung entzogen ist, ist die Forschung bei dem Versuch einer Annäherung an die Wirklichkeit auf Aussagen des Rezipienten angewiesen, die zum Beispiel durch Prestigedenken und Normvorstellungen gefiltert und insbesondere durch mangelhafte Gedächtnisleistungen bei der Objekt- und Zeitidentifikation begrenzt sind. So können Titel verwechselt, Nutzungszeiträume nicht mehr richtig erinnert werden, oder es mangelt an Abstraktionsvermögen, wenn Aussagen über das allgemeine Leseverhalten in Form von präzisen Frequenzangaben abgefordert werden.

Zur Verbesserung der Gedächtnisleistung werden dem Befragten vielfältige Erinnerungshilfen zur Verfügung gestellt. Mitunter werden sogar vollständige oder ausgedünnte Originalhefte zur genauen Objektidentifikation vorgelegt, wenn es beispielsweise bei Validierungsstudien darum geht, die Leser einer ganz bestimmten Ausgabe eines Titels zu ermitteln (*Recognition-* oder *Wiedererkennungsverfahren*). Bei den großen vergleichenden Reichweitenanalysen mit weit mehr als 100 einbezogenen Titeln wäre ein solches Vorgehen allerdings nicht praktikabel. Hier ist eine stark vereinfachte Erinnerungshilfe gebräuchlich, bei der farbige Titelkarten mit den Original-Signets vorgelegt werden (*aided recall* = passive, gestützte Erinnerung). Um Reihenfolgeeffekte im Interview zu vermeiden, werden die Titelkarten dem Befragten gut gemischt oder in systematischer Rotation überreicht. Durch gleichzeitige Vorlage thematisch ähnlicher Titel in Gruppen (zum Beispiel *Bild + Funk / Bildwoche / Fernsehwoche*) oder hinsichtlich ihres Signets verwechslungsfähiger Titel (beispielsweise *Ski / Ski Magazin* oder *Max* und *Maxi*) wird neuerdings versucht, der Gefahr von Titelverwechslungen zu begegnen, die insbesondere bei vielfach nur sporadisch genutzten *Special-Interest*-Titeln besteht.

Trotz dieser Maßnahmen zur Steigerung der Erinnerungsfähigkeit bleiben auf Interviewaussagen gestützte Reichweitenwerte stark von der konkreten Ausgestaltung des Erhebungsverfahrens abhängige, sehr sensible Daten. Schon geringfügige Variationen des Erhebungsinstruments können zu signifikanten Ergebnisveränderungen führen. Selbst bei identischen Fragebogen und identischen Auswahlverfahren kamen die sechs an den Befragungen für die MA '93 beteiligten Interviewerorganisationen bei einzelnen Titeln zu stark voneinander abweichenden Reichweitenwerten.

Diese sogenannten ›Institutshandschriften‹ belegen die außerordentliche Empfindlichkeit des Erhebungsverfahrens. Besonders deutlich wird dies auch beim Vergleich der in der *MA* bzw. *AWA* ausgewiesenen Reichweitenwerte. Eine Serie von Leserschaftsexperimenten des IfD Allensbach (*Tennstädt* 1984) hat gezeigt, daß die Ergebnisse vergleichsweise wenig vom benutzten Stichprobenverfahren (MA: *Random*-Auswahl, AWA: *Quota*-Auswahl) abhängig sind, stärker dagegen zum Beispiel von der Anzahl der in den Medienvergleich einbezogenen Titel. Mit steigender Titelzahl wächst die vom Befragten geforderte Gedächtnisleistung und verlängert sich das Interview, was sinkende Reichweiten zur Folge hat. So lag beispielsweise die Bruttoreichweite von acht Zeitschriften, wenn sie unter insgesamt 135 einbezogenen Titeln erhoben wurde, um rund ein Fünftel unter dem Reichweitenwert, der bei einer Erhebung unter nur insgesamt 28 Titeln ermittelt wurde (Index 79 : 100). Demnach gibt es Belastbarkeitsgrenzen, die Zahl der im Interview erhobenen Titel kann nicht beliebig erweitert werden. Allerdings kann Ermüdungseffekten aufgrund langatmiger, monotoner Abfrage durch geschickten Fragebogenaufbau, lebendigen Themenwechsel sowie durch eingebaute ›Spielfragen‹ zur Auflockerung entgegengesteuert werden.

Am stärksten wird die Reichweitenmessung beeinflußt durch das im Abfragemodell festgelegte Verhältnis zwischen den zum LpN qualifizierenden und den dazu nicht qualifizierenden, vom LpN wegführenden Antwortkategorien (›Körbchentheorie‹). Während bei der

Abbildung 10:

VERGLEICH DER ABFRAGEMODELLE FÜR WOCHENZEITSCHRIFTEN

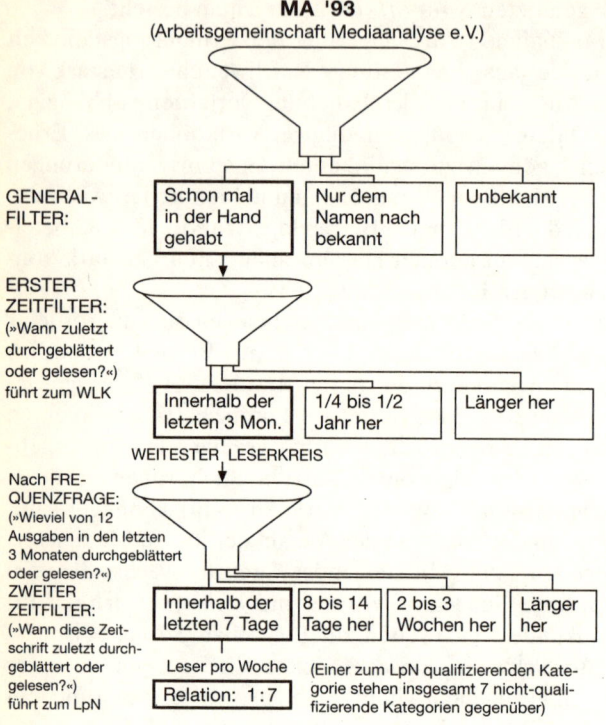

MA '93
(Arbeitsgemeinschaft Mediaanalyse e.V.)

GENERAL-
FILTER:

| Schon mal in der Hand gehabt | Nur dem Namen nach bekannt | Unbekannt |

ERSTER
ZEITFILTER:
(»Wann zuletzt durchgeblättert oder gelesen?«)
führt zum WLK

| Innerhalb der letzten 3 Mon. | 1/4 bis 1/2 Jahr her | Länger her |

WEITESTER LESERKREIS

Nach FRE-
QUENZFRAGE:
(»Wieviel von 12 Ausgaben in den letzten 3 Monaten durchgeblättert oder gelesen?«)

ZWEITER
ZEITFILTER:
(»Wann diese Zeitschrift zuletzt durchgeblättert oder gelesen?«)
führt zum LpN

| Innerhalb der letzten 7 Tage | 8 bis 14 Tage her | 2 bis 3 Wochen her | Länger her |

Leser pro Woche

Relation: 1:7

(Einer zum LpN qualifizierenden Kategorie stehen insgesamt 7 nicht-qualifizierende Kategorien gegenüber)

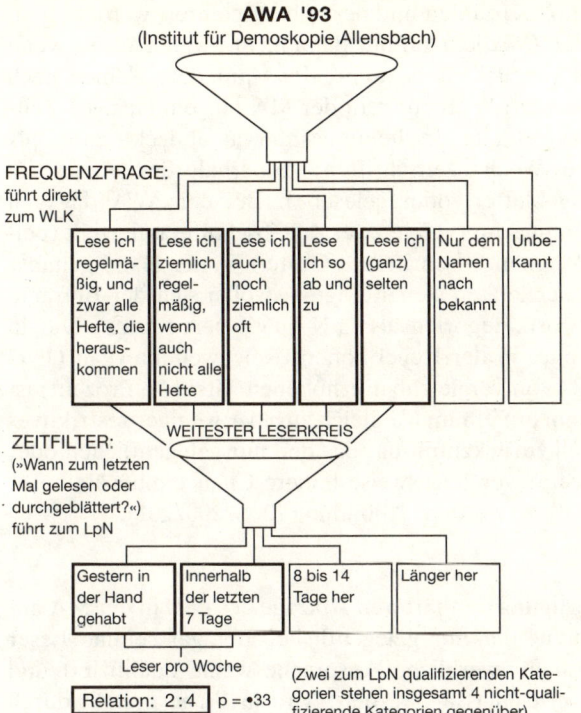

AWA '93
(Institut für Demoskopie Allensbach)

FREQUENZFRAGE:
führt direkt
zum WLK

Lese ich regelmä- ßig, und zwar alle Hefte, die heraus- kommen	Lese ich ziemlich regel- mäßig, wenn auch nicht alle Hefte	Lese ich auch noch ziemlich oft	Lese ich so ab und zu	Lese ich (ganz) selten	Nur dem Namen nach bekannt	Unbe- kannt

WEITESTER LESERKREIS

ZEITFILTER:
(»Wann zum letzten
Mal gelesen oder
durchgeblättert?«)
führt zum LpN

Gestern in der Hand gehabt	Innerhalb der letzten 7 Tage	8 bis 14 Tage her	Länger her

Leser pro Woche

Relation: 2 : 4   p = •33

(Zwei zum LpN qualifizierenden Kategorien stehen insgesamt 4 nicht-qualifizierende Kategorien gegenüber)

MA über einen enggefaßten ersten Zeitfilter alle nur gelegentlichen
Leser, die den Titel nicht innerhalb des zwölffachen Erscheinungs-
intervalls gelesen oder durchgeblättert haben, nicht mehr zum weitesten Leserkreis (WLK) zählen und deshalb ausgefiltert werden, qualifiziert sich in der AWA jemand nur dann nicht für den WLK, wenn
ihm dieser Titel gänzlich ›unbekannt‹ bzw. ›nur dem Namen nach
bekannt‹ ist. Aus dem WLK führt in der MA nur ein einziger Zeit-
abschnitt, der das gesamte Erscheinungsintervall abdeckt, zum LpN
(zum Beispiel bei Wochenzeitschriften: »Innerhalb der letzten sieben Tage durchgeblättert oder gelesen«). Bei der AWA dagegen
wird das Erscheinungsintervall in zwei Zeitabschnitte unterteilt (beispielsweise bei Wochenzeitschriften: »Gestern in der Hand gehabt«
und »Innerhalb der letzten sieben Tage«), wobei sich der Befragte
über beide Antwortkategorien als LpN qualifizieren kann. Das in
der AWA ermittelte, in der Regel höhere Reichweitenniveau (1993
bei insgesamt 122 von vergleichbar erhobenen Titeln 16 Prozent) ist
demnach vor allem auf ein im Vergleich zur MA weniger restriktives
Befragungsmodell zurückzuführen, das den nur gelegentlichen oder
seltenen Lesern eine vergleichsweise höhere Chance gibt, als Leser
pro Nummer erfaßt zu werden (Abbildung 10, S. 200/201).

Kontaktqualität

Das zur Rechtfertigung der härteren Abfrage des LpN in der MA an-
geführte Argument, der nur gelegentliche oder gar seltene Leser
sei als Zielperson für werbliche Ansprache wenig qualifiziert und
könne deshalb vernachlässigt werden, wird in Frage gestellt durch
Erkenntnisse aus Untersuchungen, die sich nicht mit der quantitativen Erfassung von Werbeträger-Kontakten begnügen, sondern nach
Werbemittel-Kontaktchancen und *Kontaktqualitäten* fragen. Der bloße Werbeträgerkontakt (eine Zeitschrift ›gelesen oder
durchgeblättert‹) sagt dem Werbetreibenden nur wenig über die
Wirkungschancen seiner Anzeige. Dagegen lassen sich aus der Qualität des Lesens konkretere Schlüsse auf Anzeigenkontaktchancen
als Voraussetzung für Werbewirkung ziehen: Wer zum Beispiel eine
Zeitschrift von der ersten bis zur letzten Seite aufmerksam liest, hat
eine größere Chance, die Anzeige zu sehen, als derjenige, der diese
Zeitschrift nur anblättert, kurz überfliegt. Über die übliche soziodemographische Charakterisierung der Leserschaft sowie über Kauf-

gewohnheiten und Produktinteressen (›Zielgruppenqualitäten‹) hinaus werden deshalb kontaktqualifizierende Einstellungs- und Verhaltensmerkmale der Leser ermittelt. Diese können als titelbezogene *Kontaktgewichte* bei der Mediaplanung berücksichtigt werden. Zu diesem Zweck wurden seit den sechziger Jahren international, aber auch in zahlreichen deutschen Verlagsuntersuchungen Einstellungs- und Verhaltensmerkmale auf ihre Tauglichkeit zur Kontakt-Qualifizierung geprüft, beispielsweise in den Studien ›Anzeigen-Kontakt-Chancen‹ (Springer Verlag 1969/70), ›Love Story‹ (Verlag Das Beste 1972), ›Lesequalität‹ (Hörzu 1978), ›Qualitäten‹ (Verlag Das Beste 1979) und ›Profile‹ (Gruner + Jahr Verlag ab 1975). Ein Teil dieser Merkmale, wie zum Beispiel Lesefrequenz, Anzahl der Lesetage, Lesedauer, Leseort, Lesemenge, anteilige Heftnutzung oder Anzahl der Seitenkontakte (Ermittlung durch *Copy-Test*: ›auf dieser Seite etwas gründlicher gelesen / nur flüchtig gelesen / Seite nur aufgeschlagen / nicht aufgeschlagen‹), bezieht sich auf die Art der Heftnutzung. Andere Merkmale, etwa die Heftherkunft oder die Unterscheidung von Erst- und Folgelesern (›Primary‹ und ›Pass-along‹ readers, *Politz* 1964) bzw. ›bewußten Erstlesern‹, ›Sekundärlesern‹ und ›Tertiärlesern‹ (*Agostini* 1966), charakterisieren vor allem Bezugsinteresse und Bezugswege. Mit den Merkmalen ›Produktinteresse‹ oder ›Aufgeschlossenheit gegenüber Werbung‹ wird die unterschiedlich große Bereitschaft zur Beachtung von Werbung erfaßt. Hinzu kommen Merkmale, die die Einstellung zur Zeitung oder Zeitschrift charakterisieren, wie zum Beispiel Umfang und Stärke der redaktionellen Leseinteressen, Bewertung der redaktionellen Beiträge, Zufriedenheit mit dem Blatt bis hin zur Messung der ›Nähe zur Zeitung oder Zeitschrift‹ und dem Grad der Enttäuschung, wenn es das Blatt nicht mehr gäbe (Vermissensfrage zur Messung von ›*Involvement*‹). Durch Kombination mehrerer Merkmale werden komplexe Indizes zur Charakterisierung der sogenannten *Leser-Blatt-Bindung* gebildet.

Um die Fülle möglicher Merkmale, die zum Teil hoch miteinander korrelieren, auf ein auch für große vergleichende Medienanalysen praktikables Maß zu reduzieren, wurde in der Grundlagenstudie ›Maßstäbe für Kontaktqualität‹, einer Gemeinschaftsuntersuchung von *Springer-Verlag* und der *GWA Gesellschaft Werbeagenturen* (1984) geprüft, welche von insgesamt 34 untersuchten

Einzelmerkmalen aus 18 verschiedenen Merkmalsbereichen als valide und mediengerechte Merkmale zur Kontaktqualifizierung besonders geeignet sind. Unter den acht Merkmalen, die diese Kriterien erfüllen, waren neben der *Lesemenge* (›in der letzten ausgelesenen Ausgabe keinen Beitrag genauer angesehen, nur ganz wenige, ein Viertel aller Beiträge... bis (fast) alle Beiträge‹) und der ›*Nähe zur Zeitschrift*‹ (Skala ›steht mir sehr nahe‹ bis ›ist mir sehr fern‹) auch zwei Aussagen zur *Werbeaufgeschlossenheit* (›Werbung ist meist unterhaltsam‹ und ›Werbung ist eigentlich ganz hilfreich für den Verbraucher‹). Allerdings schränkt die in der AWA '86 nachgewiesene starke Abhängigkeit der Einstellung zur Werbung vom politischen Standort, Bildungsniveau und Lebensalter des Lesers die Eignung dieses Merkmals wieder ein.

Die Eignung der kontaktqualifizierenden Merkmale zur Voraussage von Anzeigenbeachtung wurde in der Studie ›Maßstäbe für Kontaktqualität‹ mit dem sogenannten *Starch-Test* überprüft. Dabei handelt es sich um die von *Daniel Starch* schon Mitte der dreißiger Jahre vorgenommene Umformung des von *George Gallup* ursprünglich für redaktionelle Zwecke entwickelten *Copy-Tests* zu einem Anzeigen-Copy-Test, bei dem dem Befragten eine Anzeige im Originalheft vorgelegt wird. Dazu werden drei Testfragen gestellt: Anzeige bemerkt, Marke/Firmenname bemerkt, und wieviel vom Text dieser Anzeige wurde gelesen. Bei höherer Kontaktqualität, zum Beispiel größerer Lesemenge und/oder größerer Nähe zur Zeitschrift zeigten sich nach allen drei Prüfungskriterien des Starch-Tests signifikant höhere Anzeigenbeachtungswerte.

In einer weiterführenden Kampagnen-Verlaufs-Studie ›Kontaktqualität und Werbewirkung‹ (*Springer-Verlag* 1987) wurde ergänzend zur Anzeigenbeachtung auch die Wirkungsrelevanz des Instruments Kontaktqualität überprüft. Bei Lesern mit hoher Kontaktqualität wurde bereits bei fünf bis sechs Kontakten ein Wirkungsniveau erzielt, das Leser mit niedriger bzw. mittlerer Kontaktqualität erst bei neun bis zehn Kontakten erreichten. Da viele Mediaplaner inzwischen kontaktqualifizierende Merkmale zur Auswahl und Bewertung von Werbeträgern mit heranziehen, werden solche Merkmale heute in einigen Mediaanalysen standardmäßig mit erhoben, so zum Beispiel die Merkmale ›Lesemenge‹ und ›Nähe zur Zeitschrift‹ in der AWA seit 1985.

Anhand der Angaben der Befragten über die Lesemenge wird die Wahrscheinlichkeit des Kontaktes mit einer durchschnittlichen Ausgabe eines Titels errechnet (*Leser pro Seite – LpS*). Da die Angaben der Befragten zur Lesemenge, wie Validierungsstudien mit Copy-Tests zeigten, nicht wörtlich übernommen werden können, müssen die empirisch ermittelten Angaben anhand von Kalibrierungsgewichten justiert werden. Wer zum Beispiel nach eigener Aussage »Alles, fast alles« gelesen hat, wird in der AWA mit einer Kontaktwahrscheinlichkeit von 95 Prozent verrechnet, wer »Etwa drei Viertel« gelesen hat mit 80, »Etwa die Hälfte« mit 70, »Etwa ein Viertel« mit 50 und »Weniger als ein Viertel« mit einer Kontaktwahrscheinlichkeit von 40 Prozent.

Der *LpS* wird berechnet als Produkt aus der Wahrscheinlichkeit, den Titel zu lesen (LpA), und der Wahrscheinlichkeit, in diesem Titel eine durchschnittliche Seite anzusehen. Mit diesem Schritt vom Werbe*träger*kontakt (LpA) zum Werbe*mittel*kontakt (LpS), der seit 1992 sowohl in der AWA als auch in der MA neben dem LpA als traditioneller Reichweitenwährung ausgewiesen wird, wurde ein dringliches Verlangen der werbetreibenden Wirtschaft erfüllt, näher an den Anzeigenkontakt heranzukommen. Die vom Seitenkontakt erhoffte größere Differenzierung zwischen den verschiedenen Titeln ist jedoch ausgeblieben. Der jeweilige Seitenkontakt pendelt um einen Durchschnittswert von rund 75 Prozent des Werbeträgerkontaktes. Der bisher erkennbare Zusatznutzen und damit die Planungsrelevanz des LpS ist jedenfalls enttäuschend gering. Die besondere Stärke der Printmedien, der Mehrfach-Seiten-Kontakt, wird bisher ohnehin nicht erfaßt und wird wohl auch auf lange Sicht nicht hinreichend gemessen werden können.

In der Grundlagenstudie ›Maßstäbe für Kontaktqualität‹ wurde auch nachgewiesen, daß Lesehäufigkeit, beispielsweise ›regelmäßiges Lesen‹, kein mediengerechtes, für alle Titel gleichermaßen geeignetes kontaktqualifizierendes Merkmal ist. Während bei manchen Titeln regelmäßiges Lesen zu der erwarteten stärkeren Anzeigenbeachtung führt, zeigt sich bei anderen Titeln, die, wie zum Beispiel *Schöner Wohnen* oder *Auto, Motor und Sport*, vielfach gezielt vor Anschaffungsentscheidungen gelesen werden, eine gleich große Beachtungsintensität auch bei gelegentlichen Lesern. Schon aus Copy-Tests der sechziger und siebziger Jahre (*Reader's Digest*

1966, *Anzeigen-Kompass* 1967, *Heinrich Bauer Verlag* 1971) ist bekannt, daß die Anzeigenbeachtung durch gelegentliche oder seltene Leser rund 75 Prozent des bei regelmäßigen Lesern ermittelten Niveaus erreicht (*Tennstädt* 1976). Es bestehen deshalb erhebliche Zweifel, ob die im Fragemodell der MA vorgenommene Ausgrenzung der gelegentlichen Leser als werblich angeblich wenig interessant wirklich gerechtfertigt ist.

Kontaktvalidierung

Zur Entscheidung darüber, welches Abfragemodell die Lesewirklichkeit zuverlässig mißt bzw. ihr zumindest nahe kommt, wäre ein von subjektiven Auskünften der Befragten unabhängiges Außenkriterium wünschenswert. So liegt es zum Beispiel nahe, zu prüfen, mit welchem Abfragemodell Höhe und Entwicklung der Verkaufsauflage am zuverlässigsten nachvollzogen werden können. Da die Verkaufsauflage jedoch vom Kaufverhalten bestimmt wird und nur indirekt von der tatsächlichen Heftnutzung, können durch Vergleiche von Reichweitenwerten und Verkaufsauflagen allenfalls grobe Plausibilitätskontrollen vorgenommen werden.

Anfang der sechziger Jahre hat der englische Mediaforscher *William A. Belson* in ›Studies in Readership‹ vorgeschlagen, in *Intensivinterviews*, die ein zweiter Interviewer am Tag nach der standardisierten Abfrage im Hauptinterview durchführt, für einige wenige tatsächlich oder angeblich gelesene Titel den Lesevorgang genauer zu explorieren. Die Auskunftsperson soll sich den Lesevorgang noch einmal im Detail vergegenwärtigen können, und es wird geprüft, ob es bei den Angaben vom Vortag über das ›letzte Lesen‹ bleibt. Zum Aufspüren der Ursachen für unsichere Angaben müßte dieser Forschungsansatz systematischer fortgeführt werden.

Um näher an den eigentlichen Rezeptionsvorgang heranzukommen und damit die Gefahr von Erinnerungsverzerrungen zu verringern, wurden Leserschaftspanels eingerichtet (zum Beispiel *AG.LA* 1966; *AGB-INDEX* 1983), wobei die Auskunftspersonen über längere Zeiträume hinweg alle Lesevorgänge in ein *Tagebuch* eintragen mußten. Bei diesem Verfahren treten jedoch schwerwiegende Repräsentanz- und Konditionierungsprobleme auf, da nur besonders Motivierte bereit sind, längere Zeit minutiös Tagebuch zu führen. Auch wurde diskutiert, Leserschaftsuntersuchungen als *Stichtags-*

befragungen anzulegen, wobei das Leseverhalten am Stichtag ›gestern‹ rekonstruiert wird. Mit mehreren, jeweils in sich repräsentativen Tagesstichproben müßte dabei nach Möglichkeit das gesamte Erscheinungsintervall abgedeckt werden, um dann durch Addition der jeweiligen ›Erstleser am Vortag‹ die gesamte Leserschaft eines Titels einsammeln zu können.

Seit Ende der sechziger Jahre hat das Institut für Demoskopie Allensbach Serien von *Originalhefttests* durchgeführt, um die abstrakten Befragungsmodelle zur Ermittlung des LpN an originalheftgestützten Reichweitenwerten zu eichen. Das Institut knüpfte dabei an ein Verfahren an, das *Alfred Politz* in seiner Studie über die kumulative Leserschaft von *Life* (1950) bekanntgemacht hatte (*Through-The-Book-Technik*, *TTB*). Erst nachdem der Befragte sich zunächst eingehend mit dem vorgelegten Exemplar beschäftigt hat und sich anhand der vielen Gedächtnishilfen, die das Originalheft bietet, ein sicheres Urteil bilden konnte, wird die eigentliche Testfrage gestellt: »Und erinnern Sie sich: Haben Sie *diese* Nummer von... schon mal vorher gelesen oder durchgeblättert oder diese Nummer nicht?« Nur Personen, die »bestimmt gelesen oder durchgeblättert« antworten, werden als Leser gewertet. Abgesehen vom Problem des ›optimalen Heftalters‹ bei Vorlage im Originalhefttest – späte Leser müssen miterfaßt werden können, frühe Leser dürfen den Lesevorgang noch nicht vergessen haben – zeigte sich, daß auch fiktive oder noch nicht am Kiosk verkaufte Nummern zum Teil beachtliche Originalheftreichweiten erzielten. Offensichtlich sind auch Originalhefte verwechslungsfähig und mißt auch der Originalhefttest eher das gewohnte Leseverhalten sowie allgemeine Leseinteressen. Insofern sind originalheftgestützte Reichweitenwerte möglicherweise bessere, aber sicherlich noch keine idealen Maßstäbe für tatsächliches Lesen.

Durch wiederholte Befragung identischer Personen in Zeitabständen (*Panel*) wurde die Stabilität bzw. Instabilität von Frequenzangaben über längere Zeiträume hinweg überprüft (*Hansen* 1984). Derartige Individualpanels könnten zu sogenannten Milieu-Panels erweitert werden, um durch wiederholte Befragung, zum Beispiel aller erwachsenen Mitglieder eines Haushalts, Angaben über das Erstlesen oder Mitlesen eines Titels zu überprüfen (*Noelle-Neumann* 1988).

Eine gemeinsame Schwäche dieser Validierungsversuche besteht darin, daß sie sich lediglich auf Selbstaussagen von Auskunftspersonen stützen und sich deshalb – ob mit mehr oder weniger Erinnerungshilfen, nach kürzerem oder längerem Zeitabstand – nur unterschiedlich gut an die Wirklichkeit annähern können, während letztlich offen bleiben muß, wie die Lesewirklichkeit aussieht. Ansätze, sich von persönlichen Auskünften unabhängig zu machen, beispielsweise durch den Einsatz von Augenkameras oder elektromagnetischen Sensoren an der Armbanduhr zur Registrierung der Seitenkontakte (*Schreiber/Schiller* 1983) oder Beobachtungsexperimente der AG.MA mit verdeckter Kamera zur Validierung der Seiten-Kontakte, sind bisher über erste Versuche unter realitätsfernen Laboratoriumsbedingungen nicht hinausgekommen.

Hörer- und Zuschauerforschung

Die Hörerforschung in Deutschland begann mit ersten Analysen der Hörerpost, und zwar sowohl von spontanen Hörerzuschriften als auch von Antworten auf von den Sendern oder zum Beispiel von Funkzeitschriften initiierten Aufrufen. Ein frühes Beispiel einer solchen ›Höreraktivierung‹ ist der in der Zeitschrift *Der deutsche Rundfunk* 1924 verbreitete Aufruf: Was wollen Sie vom Rundfunk hören?, wobei nach den vom Publikum gewünschten Programmsparten und Sendezeiten gefragt wurde. Auf Initiative der *Reichs-Rundfunk-Gesellschaft* wurde 1931 die Hörfunknutzung im Tagesverlauf, eine erste ›Tageshörkurve‹, durch Publikumsbefragung ermittelt. Diese frühen Ansätze einer Hörerforschung, die allerdings noch nicht strengeren sozialwissenschaftlichen Anforderungen genügten, wurden nach 1933 nicht mehr fortgeführt. An ihre Stelle trat unter dem Nazi-Regime sicherheitsdienstliches Erkunden der Hörermeinung durch ein Netz von Informanten (Vertrauensleute, Agenten und Zubringer), zunächst im Auftrag des Sicherheitsdienstes (SD), später des Reichssicherheitshauptamtes (RSHA).
Ganz im Gegensatz dazu nahm die empirische Hörerforschung in den USA und Großbritannien in den dreißiger Jahren großen Aufschwung. Schon 1929/30 publizierte *Daniel Starch* die Ergebnisse

einer ersten Radiohörerstudie für NBC (›Study of Radio Broad-casting‹). Auf Initiative der *Rockefeller Foundation* wurde 1937 in Princeton, ab 1940 an der Columbia Universität das *Office of Radio Research* als Zentrum der sozialwissenschaftlichen Hö-rerforschung gegründet, das von zahlreichen Stiftungen und Rund-funkgesellschaften gefördert wurde. Zum wissenschaftlichen Leiter des Forschungsprogramms wurde der aus Österreich immigrierte *Paul F. Lazarsfeld* ernannt, der schon 1930/31 an der Wiener Universität im Auftrag des damaligen Österreichischen Rundfunks, der *Radioverkehrs-Aktien-Gesellschaft* (*RAVAG*), eine schriftliche Befragung mit Zuschriften von mehr als 110 000 Hörerin-nen und Hörern durchgeführt hatte. Zur technischen Registrierung der Radionutzung wurde schon Mitte der dreißiger Jahre ein soge-nannter ›Audiometer‹ von *Elder* und *Woodruff* am Massachu-setts Institute of Technology entwickelt. In England errichtete die BBC 1936 ein *Audience Research Department*, das seither weitgehend unverändert durch tägliche mündliche Befragungen ak-tuelle Hörerzahlen, seit 1952 auch Fernsehzuschauerzahlen, ermit-telt, ergänzt durch schriftliche Urteils- und Reaktionsbefragungen in einem Panel von Hörern und Zuschauern.

Die empirische Hörerforschung im Nachkriegsdeutschland begann unter amerikanischem und britischem Einfluß. Die frühen Arbeiten des *Office of Military Government* (*OMGUS*), später des *Reactions Analysis Staff* des U. S. High Commissioner for Ger-many (HICOG) über die Hörfunknutzung der Deutschen führten zur ersten Stichtagsbefragung in Deutschland (21. 1. 1946). 1947 wurde in der damals größten deutschen Rundfunkanstalt, dem *Nordwest-deutschen Rundfunk* (*NWDR*), nach dem Vorbild der BBC eine eigenständige Abteilung für Hörerforschung eingerichtet, die zu-nächst schriftliche Befragungen in einem Panel von Hörerfamilien durchführte und 1948/49 beim IfD Allensbach eine erste repräsen-tative Hörerumfrage in Auftrag gab. Ergänzt wurden diese For-schungsaktivitäten durch Studiotests, bei denen Hörer ihre Zustim-mung bzw. Ablehnung zu dort vorgeführten Sendungen bekunden konnten. Die Hörerurteile wurden mit dem *Lazarsfeld-Stanton-Program-Analyzer* als Verlaufskurven aufgezeichnet. Anschlie-ßend wurden die aufgezeichneten Verlaufskurven mit den Teilneh-mern diskutiert, um Begründungen zu ermitteln. *Wolfgang Ernst* von der ›Hörerforschung Ernst‹, Vorläufer des Infratest-Instituts, der vorher unter anderem für den *Bayerischen Rundfunk* Hörerbefragungen durchgeführt hatte, wurde 1952 zum Leiter der NWDR-Hörerforschung berufen.

Mit Fernsehzuschauerforschung wurde 1953 unmittelbar nach Beginn der regelmäßigen Ausstrahlung von Fernsehsendungen begonnen, und zwar zunächst mit Telefonumfragen des NWDR in Hamburg und Berlin. Bis zu seiner Auflösung im Jahr 1955 betrieb der NWDR eigene Hörerforschung. Da die Bemühungen um eine Institutionalisierung der Publikumsforschung innerhalb der ARD vergeblich blieben, wurde die Hörerforschung der Landesrundfunkanstalten mehr und mehr als Auftragsforschung an private Forschungsinstitute, vornehmlich an Infratest sowie IfD Allensbach, delegiert. Sie perfektionierten in der Folgezeit die Methode der *Stichtagsbefragung* als ›Paradigma der demoskopischen Reichweitenforschung für das Medium Hörfunk‹ (*Bessler* 1980). So führte das IfD Allensbach von 1950 bis 1971 kontinuierlich und mit vergleichbarer Methode Stichtagsbefragungen für den Süddeutschen Rundfunk durch, was wertvolle Trendvergleiche zum Beispiel über Veränderungen der Hörfunknutzung unter dem Einfluß des Fernsehens 1953 bis 1971 ermöglichte (Abbildung 11, S. 211).

1957 wurde das IfD Allensbach vom Zentralausschuß der Werbewirtschaft (ZAW) beauftragt, eine erste Werbefunk-Analyse unter Hausfrauen durchzuführen. Infratest wurde 1960/61 die erste gemeinsame ARD-Tagesablauf-Studie übertragen. Im Vorfeld des ZDF-Sendebeginns (1963), der erstmals auch Wettbewerb um Fernsehwerbespots bringen sollte, nahm der Druck der Werbeagenturen und Werbetreibenden auf ARD und ZDF zu, ein Meßgeräte-Panel einzurichten, um die Sehbeteiligung unabhängig von persönlichen Auskünften technisch messen zu können. 1963 wurde *Infratam*, einer Beteiligungsgesellschaft von Attwood, Nielsen und Infratest, die kontinuierliche Messung der Geräteeinschaltungen mit sogenannten *Tammeter*-Geräten, die in 625 repräsentativ ausgewählten Fernsehhaushalten an das Fernsehgerät angeschlossen wurden, übertragen. Infratest wurde beauftragt, parallel zu den quantitativen Messungen der Geräteeinschaltquoten, weiterhin Urteils-Indizes zu ermitteln. Dazu wurden durch mündliche Befragung repräsentativer Tagesstichproben von jeweils rund 300 Personen anhand einer ver-

Abbildung 11:
Radiohören unter dem Einfluß des Fernsehens
Entwicklung der Hörbeteiligung im Bereich des SDR zwischen 1953 und
1971

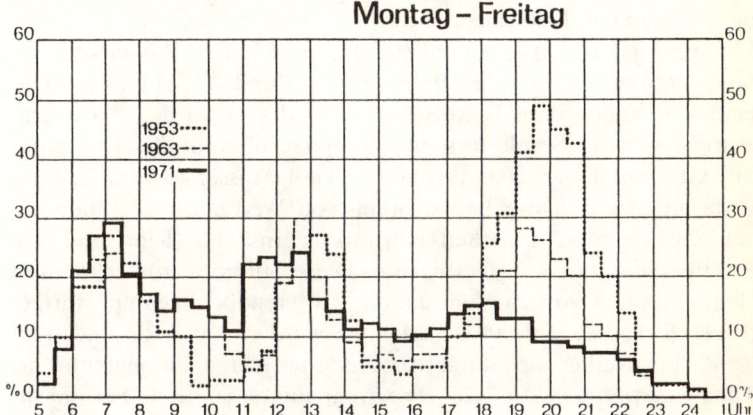

Basis: 1953 und 1963 jeweils 10 Stichtag-Kontrollen mit rund 5000 Interviews.
1971: 10 Stichtag-Kontrollen mit rund 2500 Interviews. Befragungstermine jeweils
Spätherbst. Gebühreneinzugsgebiet SDR

Quelle: Institut für Demoskopie Allensbach: Der Süddeutsche Rundfunk und seine
Hörer, Stichtagskontrollen und Trends 1968–1971. Allensbach am Bodensee, 1972
(Allensbacher Archiv, IfD-Bericht Nr. 1845 I)

balen Urteilsskala von ›ausgezeichnet‹ bis ›sehr schlecht‹ Bewertungen der ›gestern‹ und ›vorgestern‹ gesehenen Sendungen eingeholt.
Die *Tamratings* sowie der *Urteils-Index* von Infratest standen
im Mittelpunkt der Fernsehforschung von 1963 bis 1974.
Zeitlich parallel nahmen die Bemühungen zu, auch die Hörerforschung wieder zu beleben. Ab 1963 wurden von Infratest im Auftrag
des ZAW bevölkerungsrepräsentative Werbefunk-Hörer-Analysen
durchgeführt, die 1974 und 1976 zu *Funkmedien-Analysen*
(FMA) erweitert wurden. Im Zentrum der Ermittlungen steht die
Rekonstruktion des Tagesablaufs ›gestern‹ in Viertel- bzw. Halb-
stundenintervallen anhand detaillierter Vorgaben für Tätigkeiten innerhalb und außerhalb des Hauses.
1967 kam es zur Gründung einer gemeinsamen *Medienkommis-*

sion ARD/ZDF, die sich u. a. um eine Koordination der Fernsehforschung bemühte. Während das ZDF schon seit seiner Gründung
eine dem Intendanten direkt unterstellte Abteilung für Mediaforschung besitzt, wurden vergleichbare Medienreferate in Anstalten
der ARD erst ab 1970 eingerichtet.

Im Auftrag der Medienkommission legten 1972 fünf Wissenschaftler
Gutachten zur Fernsehforschung in der Bundesrepublik Deutschland vor. Neben organisatorischen Vorschlägen wurden darin u. a.
Anregungen für Sonderforschungsprojekte übermittelt. 1964 hatte
die ARD eine Langzeitstudie mit dem Titel ›Massenkommunikation‹
gestartet, die sich die Beobachtung von Wettbewerbsveränderun-
gen, insbesondere zwischen Hörfunk, Fernsehen, Kino und den
Printmedien, zur Aufgabe machte. Diese Studie wurde seitdem in
Zeitintervallen von ca. fünf Jahren als Trendbeobachtung fortgeführt (*Berg/Kiefer* 1992). Daneben wurden von ARD und/oder
ZDF eine Reihe von Sonderforschungsprojekten durchgeführt zu
Themen wie zum Beispiel Programminteressen der Fernsehzuschauer, Kinder und Fernsehen, Jugend und Medien, ältere Menschen und Medien, Kultur und Medien, Fernsehen und Alltag, Viel-
sehen, Massenmedien und Ausländer bis hin zu eigener Begleitforschung zur Einführung neuer Medien. Die Untersuchung des ZDF
über das Fernsehen als Sozialisationsfaktor bezog auch teilnehmende Beobachtungen in Fernsehfamilien ein.

1974 vergab die Medienkommission die kontinuierliche Zuschauerforschung nach einer Ausschreibung an *Teleskopie*, einer
von IfD Allensbach und Infas, Bad Godesberg, gemeinsam gegründeten Gesellschaft für Fernsehzuschauerforschung. Die zuletzt vor
allem in den Redaktionen heftig umstrittenen Infratest-Urteils-Indi-
zes entfielen von nun an ganz. Die entscheidenden Vorzüge des
Teleskopie-Systems bestanden darin, daß mit dem elektronischen
Meßgerät ›Teleskomat‹ (ab 1979: Tele-Metron) weltweit zum ersten
Mal nicht nur Geräteeinschaltquoten, sondern über das Drücken
von Personentasten (*Push-Button-Verfahren*) auch personen-
bezogene, individuelle Sehbeteiligungswerte ermittelt werden
konnten (*Peoplemeter*). Neben der Standardberichterstattung über zeit- bzw. sendungsbezogene Einschaltquoten und Sehbeteiligungswerte hinaus lieferte Teleskopie den Fernsehanstalten zahlreiche Sonderauswertungen, insbesondere auch Kumu-

lations- und Identitätsanalysen für Einzelsendungen, Serien und Mehrteiler.

Im September 1983 entschied die Medienkommission ARD/ZDF nach einer erneuten Ausschreibung, die kontinuierliche Zuschauerforschung ab 1984 der *GfK-Fernsehforschung*, Nürnberg, zu übertragen. Das eingesetzte Meßgerät ›*GfK-Meter*‹ (Telecontrol) erfaßt über Tastendruck auf dem Fernbedienungsgerät die Fernsehnutzung von bis zu acht Personen (einschließlich einer ›Gästetaste‹) bei bis zu vier Fernsehgeräten im Haushalt. Bis zu 98 unterschiedliche Kanäle können registriert werden, was beim erweiterten Programmangebot von Kabel- und Satellitenfernsehen mehr und mehr an Bedeutung gewinnt. Das GfK-Meter stellt Videorecorderaufzeichnungen fest und erkennt die zeitversetzte Wiedergabe von mitgeschnittenen Sendungen sowie die Nutzung von Fremdkassetten. Es erfaßt die Nutzung von Videotext, Bildschirmtext, Telespielen und am Fernsehgerät angeschlossenen Heimcomputern. Alle Nutzungsänderungen werden sekundengenau festgehalten.

Auftraggeber der GfK ist seit 1988 die *Arbeitsgemeinschaft Fernsehforschung (AGF)*, der heute neben den öffentlich-rechtlichen Fernsehanstalten *ARD* und *ZDF* auch die Privatsender *RTL, SAT 1, PRO 7* und *DSF* angehören. Andere private Sender sind als Lizenznehmer zur GfK-Datennutzung berechtigt.

Seit dem 1. Juli 1991 sind auch die neuen Bundesländer in die GfK-Fernsehforschung einbezogen, seit 1993 werden von der GfK gesamtdeutsche Zuschauerdaten berichtet. Im Juli 1993 hat die AGF den Vertrag mit der GfK für weitere 5 Jahre (1995–1999) verlängert. Für 25 Millionen DM pro Jahr wird das Panel auf 4400 Haushalte mit rund 11 000 Personen ab 3 Jahren aufgestockt. Zusätzlich werden erstmals 440 Ausländerhaushalte erfaßt. Nicht ermittelt wird auch weiterhin die Außer-Haus-Nutzung (zum Beispiel in Hotels, Gaststätten, Krankenhäusern, Büros).

Neben Auswertungen für alle Fernsehhaushalte werden regelmäßig auch Auswertungen für Kabel- und Satelliten-Haushalte vorgenommen. Die Meßdaten werden nachts vollautomatisch via Post-Modem abgerufen und nach Durchlaufen von Kontroll- und Gewichtungsprogrammen in einer Datenbank abgespeichert. Dort sind sie für die Schnellberichterstattung ›TV-Quick‹ (am Folgetag ab 10 Uhr) und den allgemeinen Berichts- und Analysedienst sowie im Online-Zugriff für die Auftraggeber zugänglich.

Neben der Standardberichterstattung in Form gedruckter Berichte werden Datenträger für Werbeblock-, Werbeinsel-Reichweiten, das Programmumfeld und die Programmcodierung in elektronischer Form produziert und auf Magnetband, Diskette oder CD-ROM ausgeliefert. Für kurzfristige Sonderanalysen wird den Nutzern das Datenbanksystem INMARKT zur interaktiven Nutzung online angeboten. Nach Durchführung einer erweiterten Strukturerhebung stellt die GfK seit 1993 neben den personen- bzw. haushaltsbezogenen TV-Nutzungsdaten auch Informationen über ausgewählte Marketing-Zielgruppen zur Verfügung. Ferner wurden die Planungssoftware PLAN-TV sowie die Kampagnenkontrollprogramme F und TV-Control entwickelt.

Mit dem Ziel, die TV-Planung durch präzisere Zielgruppendefinition zu verbessern, werden die TV-Daten der GfK jetzt auch in externe Markt-Media-Dateien fusioniert (*VA + TV* getragen von den Verlagen Axel Springer und Heinrich Bauer, *TdW Intermedia* von BURDA und IPA/RTL).

Neben technischen Meßdaten stehen heute für die redaktionelle Programmplanung, aber auch für die Werbestreuplanung, Interviewdaten über die Hörfunk- und Fernsehnutzung zur Verfügung. Die frühere *Funkmedienanalyse* wurde 1983/84 durch eine *Elektronische Medien Analyse* (E.M.A.) fortgesetzt, die auch als Basis-Struktur-Erhebung zum Aufbau des GfK-Meßgerätepanels diente. In der Elektronische Medientranche (ET) der MA wird die Hörfunknutzung senderbezogen im Rahmen einer *Tagesablaufuntersuchung* ermittelt, die alle Viertelstundenabschnitte des Vortags von 5 Uhr morgens bis Mitternacht abdeckt. Mit einer Berichtsbasis von 34471 Befragungen liefert die MA die zentralen Planungswerte für den Werbefunk. Regionale Funkanalysen, die die MA – zum Beispiel durch aktuellere Daten – ergänzen, orientieren sich am Abfragemodell der MA.

Auch in der AWA '93 werden erweiterte Planungsmöglichkeiten für Werbefernsehen und Werbefunk zur Verfügung gestellt, und zwar aktueller und mit größerer Datensicherheit im Rahmen einer *Single-Source-Erhebung* ermittelt, nicht durch Datenfusion. Die Nutzung des *Werbefernsehens* wird in der AWA für ARD,

ZDF, RTL, SAT 1 und PRO 7 jetzt einzeln in Halbstundenabschnitten erfaßt. Für den *Werbefunk* liefert die AWA Rahmendaten für die Nutzung der ARD-Sender und der privaten deutschen Sender ingesamt pro Stunde. Zur Berechnung der Werbemittelkontakte stellt die AWA seit 1993 auch Angaben zur *Seh-* bzw. *Hörmenge* zur Verfügung, die zur besseren Vergleichbarkeit nach demselben Frequenzmodell wie für die Lesemenge erhoben werden. Im Durchschnitt liegt der *Werbemittelkontakt* beim Werbefernsehen und Werbefunk um rund ein Drittel unter dem jeweiligen Werbeträgerkontakt. Damit schafft die AWA sowohl für die Werbeträger- als auch für die Werbemittelkontaktebene intermediale Vergleichbarkeit über alle klassischen Medien hinweg.

Als weiteres Verfahren zur Ermittlung der Reichweiten von Hörfunk und Fernsehen werden gelegentlich auch Tagebucheintragungen (›Diary‹) genutzt, zum Beispiel in den Kabelpilotprojekten oder auch in der Hörerforschung (*Köhler/Steinborn* 1987). Im Vergleich zum technischen Meter-Panel und zu den größere Zeiträume abdeckenden Stichtagsbefragungen ist das *Tagebuchverfahren* weniger kostspielig und für begrenzte Aufgaben flexibler einsetzbar. Die Aussagefähigkeit von Tagebuchergebnissen hängt jedoch ganz davon ab, inwieweit es gelingt, die Teilnehmer repräsentativ zu rekrutieren und zum zuverlässigen, wahrheitsgemäßen Eintragen (zum Beispiel auch der Hörfunknutzung außer Haus am Autoradio) zu motivieren, ohne sie dabei zu konditionieren, das heißt, ohne daß sie vom gewohnten ›natürlichen‹ Hören oder Fernsehen abweichen. Weitere wichtige Voraussetzungen sind ein übersichtliches Eintragungsschema sowie klar strukturierte, vertraute, nicht verwechslungsfähige Programmangebote. Durch die starke Ausweitung der Programmangebote in den letzten Jahren wurde das Problem der korrekten Senderidentifikation verschärft. Die Gefahr zu hoher Reichweitenwerte (Overreporting) ist bei populären Sendungen besonders groß, bei sozial weniger erwünschtem Fernsehen, insbesondere bei Werbung, besteht die Tendenz, die Nutzung herunterzuspielen (Underreporting, *Twyman* 1983).

Nach erfolgreicher Überprüfung in internen und externen Kontrolluntersuchungen gelten Meßgerätemessungen nach dem Push-Button-Verfahren heute als zuverlässige und valide Nutzungsdaten, als »Urmeter« und »valides Eichkriterium, an dem sich andere Methoden zur Ermittlung der Fernsehnutzung überprüfen lassen« (*Pfif-ferling* 1982). Insbesondere überzeugte die hohe Übereinstimmung von technischer Registrierung und telefonischen Auskünften über die zum Zeitpunkt des Anrufs gerade gesehene Sendung (*Coinciden-tal Check*). Da sich die beiden Fehlerarten, ›ferngesehen, aber Personentaste nicht gedrückt‹ und ›nicht ferngesehen, aber Personentaste gedrückt‹ fast völlig kompensieren, sind die Beeinträchtigungen der Meßgenauigkeit minimal. Allerdings zeigen Validierungsstudien, bei denen die Empfangssituation vor dem Bildschirm, in natürlicher Umgebung zu Hause, mit einer unterhalb des TV-Geräts installierten Videokamera (*C-Box*) gefilmt wurde, daß technisch registriertes Fernsehen keineswegs immer kontinuierliches Zuschauen mit konzentrierter Aufmerksamkeit bedeutet und daß kurzfristiges Hin-und-Her-Schalten mit der Fernbedienung (*Zapping*) häufige Praxis ist (*Collett* 1986).

Diese Erkenntnisse aus qualitativen Validierungsstudien führten zu verstärkten Bemühungen, die sogenannten »aktiven Peoplemeter« (der Zuschauer muß sich selbst durch Drücken seiner Personentaste als Zuschauer an- bzw. abmelden) durch »passive Peoplemeter« zu ersetzen, wobei das tatsächliche Sehverhalten ohne Zutun des Zuschauers, zum Beispiel von Infrarot-Sensoren erfaßt wird (Motivac, Scan America, Pocket Peoplemeter usw.). Erste Tests mit diesen Geräten verliefen bisher unbefriedigend, auch fehlte es aufgrund der möglichen Verletzung der Privatsphäre an der nötigen Akzeptanz, so daß bevölkerungsrepräsentative Fernsehnutzungsdaten wohl auf absehbare Zeit weiterhin aktiv ermittelt werden müssen.

Wie in der Leserschaftsforschung gibt es auch in der Hörer- und Zuschauerforschung eine Reihe von Konventionen. So werden in der *Netto-Reichweite* pro Tag (Stunde, Viertelstunde oder zum Beispiel einer bestimmten Sendung) alle Personen erfaßt, die in diesem Zeitraum mindestens einmal Kontakt zu diesem Medium hatten. Eine Netto-Reichweite des Fernsehens pro Tag von 70 Prozent bedeutet demnach, daß 70 Prozent aller Personen in Fernsehhaushalten an diesem Tag mindestens einmal ferngesehen haben. Für den Werbeträgervergleich gelten seit der MA '87 folgende Definitionen: *Seher pro* durchschnittliche *halbe Stunde*: Alle Personen (Erwachsene ab 14 Jahre in Fernsehhaushalten), die das jeweilige Programm mindestens eine Minute lang pro durchschnittlichem

Halbstundenabschnitt mit Werbung angesehen haben (›Minuten-konvention‹). Als *Hörer pro* durchschnittliche *Stunde* zählen alle Personen (Erwachsene ab 14 Jahre), die bei einer Belegung im jeweiligen Werbefunkprogramm erreicht werden können, und zwar berechnet als Mittelwert der Hörerschaft aller Stunden mit Werbung des jeweiligen Programms.

Ausblick

Neue Medienangebote und verändertes Mediennutzungsverhalten stellen die Mediaforscher vor neue Forschungsaufgaben und neue methodische Herausforderungen. So ist in den letzten Jahren der Anteil der unregelmäßigen, gelegentlichen oder nur seltenen Leser an der Gesamtheit der Leser vieler Titel deutlich gestiegen. Dies ist Folge veränderter Vertriebs- und Angebotsformen (rückläufige Bedeutung von Lesezirkeln, selektiverer Kauf nach Vorauswahl, Durchblättern am Selbstbedienungsstand) sowie eines immer größeren Zeitschriftenangebots, insbesondere an zielgruppenorientierten *Special-Interest*-Titeln. Neue, terrestrisch oder über Kabel und Satellit verbreitete öffentlich-rechtliche und private Hörfunk- und Fernsehprogramme führten zu einer deutlichen Ausweitung des Angebots, eine Entwicklung, die sich durch die bevorstehende Digitalisierung verstärkt fortsetzen wird. Die Medienabfragen in den Interviews können jedoch nicht beliebig ausgedehnt werden. Single-Source-Erhebungen stoßen bei den Auskunftspersonen an Belastbarkeitsgrenzen. Andererseits bietet die Fusion von Daten aus unterschiedlichen Quellen bisher keine befriedigende Lösung. Auch wächst die Gefahr von Verwechslungen und Erinnerungsverzerrungen. Daraus resultiert eine Tendenz, sich, wo immer möglich, durch technische Messungen unabhängig zu machen von der begrenzten menschlichen Erinnerungsfähigkeit an länger zurückliegende Rezeptionsvorgänge. Zumindest im Bereich der Printmedien wird die Mediaforschung jedoch noch lange auf direkte Auskünfte der Befragten angewiesen sein.
Zuverlässigkeit und Validität von mündlichen, schriftlichen oder telefonischen Interviews, von Tagebuchaufzeichnungen und auch von technischen Messungen sind je nach konkreter Ausgestaltung mehr

oder weniger begrenzt. So gibt es bisher keine unangreifbare Meß-
latte, an der die verschiedenen Abfragemodelle für die Printmedien
geeicht werden könnten. Die Höhe der ermittelten Reichweite ist
durch die Ausgestaltung des Meßverfahrens, beispielsweise Anzahl
der vorgegebenen Antwortkategorien, ›machbar‹. Dies könnte die
Neigung verstärken, sich weitere, dringend notwendige Forschung zu
ersparen und sich in den Gremien durch politische Entscheidung auf
Konventionen, für gültig erklärte ›Währungen‹ zu einigen (*Noelle-
Neumann* 1987). Dies gilt auch für die anstehende Harmonisierung
der bisher von Land zu Land stark divergierenden Leser-, Hörer- und
Zuschauerforschung in Europa, die angesichts der grenzüberschreitenden Nutzung, insbesondere der via Satellit verbreiteten Fernsehprogramme, immer dringlicher wird.

Welches Verfahren man auch immer wählen würde, nicht alle Medien wären gleichermaßen betroffen, sondern in unterschiedlichem
Maße begünstigt oder benachteiligt. Tageszeitungen und Wochenzeitschriften mit einem hohen Anteil regelmäßiger Leser haben un-
gleich bessere Chancen, richtig erinnert zu werden, als zum Beispiel
Monatstitel mit einem hohen Anteil sporadischer Leser. Durch Ab-
fragen, die auch bei Monatstiteln näher an den eigentlichen Rezeptionsvorgang heranreichen, zum Beispiel durch Ermittlung der
›Erstleser gestern‹, könnte vermutlich mehr Mediengerechtigkeit erreicht werden. Das Problem der Mediengerechtigkeit stellt sich ganz
besonders beim *Intermediavergleich*, der bei zunehmender Planung im *Media-Mix* immer größere Bedeutung gewinnt. So zählt
bisher jemand auch dann zum Werbefernsehzuschauer, wenn er in
einem Halbstundenabschnitt mit Werbefernsehen, beispielsweise im
ZDF zwischen 19 Uhr und 19.30 Uhr, ausschließlich die Nachrichtensendung ›heute‹, aber keinerlei Werbung gesehen hat. Ist die
Werbemittelkontaktchance als Voraussetzung für Werbewirkung
beim flüchtigen Leser, der eine Zeitschrift nur durchblättert, im
Vergleich dazu größer, geringer oder gleich groß? Auf dem Weg zu
mehr Mediengerechtigkeit sowohl bei der intramediären als auch bei
der intermedialen Planung ist weitere Methodenforschung unerläß-
lich zur besseren Annäherung an die soziale Wirklichkeit.

Rüdiger Schulz

Medien DDR

Grundlagen

Mit der deutschen Wiedervereinigung am 3. Oktober 1990 hörte die *Deutsche Demokratische Republik* (DDR), die 1949 als eigener Staat aus der Sowjetischen Besatzungszone (SBZ) hervorgegangen war, auf zu existieren. Damit endete auch ein mehr als 40jähriges Kapitel deutscher Mediengeschichte, das sich grundlegend von den Verhältnissen in der Bundesrepublik unterschied. Zurückzuführen ist dies auf den in beiden Fällen gegebenen Zusammenhang zwischen der jeweiligen politischen Ordnung und dem Mediensystem (→ Kommunikationspolitik). Mit der Auflösung der staatssozialistischen Ordnung in der (ehemaligen) DDR war auch das dortige Mediensystem tiefgreifenden Veränderungen unterworfen. Infolge des Beitritts zur Bundesrepublik mußte dieses den hier geltenden Regeln angepaßt werden. Allerdings bedeutet dies nicht, daß es dabei ganz ohne Kontinuitäten abgegangen wäre. Solche bestehen vor allem in personeller und (im Pressebereich) in struktureller Hinsicht. Wenngleich das Kapitel Medien der DDR abgeschlossen ist, so bleibt es als paradigmatischer Komplex der Erfahrungen mit der Rolle der Massenmedien in Politik und totalitären Gesellschaftsordnungen des 20. Jahrhunderts doch auch fortan beachtenswert.
Die Massenmedien in der DDR arbeiteten nach den Prinzipien der marxistisch-leninistischen Pressetheorie. Während *Karl Marx* ursprünglich noch der liberalen Idee einer freien Volkspresse anhing und der Presse erst später die Aufgabe zuwies, »alle Grundlagen des bestehenden Zustands zu unterwühlen«, wurde *Lenin* zum Schöpfer der modernen sozialistischen Pressekonzeption. Nach seiner klassischen Formulierung ist die Presse kollektiver Propagandist, kollektiver Agitator und kollektiver Organisator (›Womit beginnen?‹ 1905). Um die Interpretation dieser Grundprinzipien rankte sich seitdem eine umfangreiche Literatur (*Richert* 1958; *Herrmann* 1963). Als *Propagandist* soll die Presse den Marxismus-Leninismus in allen Bevölkerungsschichten verbreiten. Ihr Ziel ist langfristig die politisch-ideologische Erziehung durch Darlegung und Erläuterung kommunistischer Überzeugungen und Theorien. Als *Agitator* hat die Presse die aktuelle Politik der staatsbeherrschen-

den Partei zu unterstützen und die Bevölkerung zur Erfüllung der jeweils gestellten Aufgaben zu aktivieren. Der Agitation dient die bewußte und parteiliche Auswahl von Ereignissen und Tatsachen, die Gegenstand der Berichterstattung sind. Als *Organisator* soll die Presse ferner anleitend und kontrollierend in die geplante politische und kulturelle Entwicklung eingreifen und zu konkreten Ergebnissen führen. Sie soll die Werktätigen zum Aufbau des Sozialismus mobilisieren und zu bereitwilliger Planerfüllung bewegen. In diesem Sinne galt auch die Presse in der DDR als »Instrument der Partei zur Durchsetzung ihrer revolutionären Politik« und nicht nur als Mittel zur »Interpretation und Aufklärung« (*Budzislawski* 1966).

Weitere Grundprinzipien des sozialistischen Journalismus bildeten *Parteilichkeit, Wissenschaftlichkeit* und *Volksverbundenheit* (*Hüther* 1969). Die zunächst für die Presse entwickelte Funktionsbestimmung ist später im wesentlichen auch auf die anderen Massenmedien übertragen worden. Das grundlegende Dilemma bei derart instrumentalisierten Medien bestand seit je in dem Widerstreit zwischen ideologischer Ausrichtung und Lenkungsabsicht einerseits sowie Publikumsbedürfnissen und Breitenwirkung andererseits. Die Kritik an einer zu geringen Massenwirksamkeit zog sich wie ein roter Faden auch durch offizielle medienpolitische Verlautbarungen der DDR.

Ein Pressegesetz gab es in der DDR nicht. Artikel 9 der Verfassung von 1949 garantierte die Freiheit der Meinungsäußerung »innerhalb der Schranken der für alle geltenden Gesetze« und legte fest, daß keine Pressezensur stattfinde. Artikel 6 erklärte jedoch »Boykotthetze gegen demokratische Einrichtungen und Organisationen, Mordhetze gegen demokratische Politiker, Bekundung von Glaubens-, Rassen-, Völkerhaß, militaristische Propaganda sowie Kriegshetze« zu Verbrechen im Sinne des Strafgesetzbuches. Die 1968 in Kraft getretene neue Verfassung der DDR deklarierte in Artikel 27: »(1) Jeder Bürger der Deutschen Demokratischen Republik hat das Recht, den Grundsätzen dieser Verfassung gemäß seine Meinung frei und öffentlich zu äußern. Dieses Recht wird durch kein Dienst- oder Arbeitsverhältnis beschränkt. Niemand darf benachteiligt werden, wenn er von diesem Recht Gebrauch macht. (2) Die Freiheit der Presse, des Rundfunks und des Fernsehens werden gewährleistet.«

Auf den ersten Blick konnte es scheinen, als ob die verfassungsrechtlich verbürgten Freiheitsrechte für die Massenmedien in der DDR
gar nicht so sehr von denen in der Bundesrepublik abwichen (vgl.
Artikel 5 GG, → Medienrecht). Aber bei genauerem Hinsehen zeigten sich doch entscheidende Unterschiede. Diese traten jedoch erst
dann vollends hervor, wenn man nicht nur auf den Verfassungstext
blickte, sondern die weitere rechtliche und praktisch-organisatori-
sche Gängelung der Massenmedien beachtete.

Pressefreiheit wurde in der DDR nicht als ›Menschenrecht‹, sondern nur als ›Bürgerrecht‹ proklamiert. Von dem in der alten Verfassung noch enthaltenen Zensurverbot war keine Rede mehr. Auch
gab es keine Garantie der *Informationsfreiheit*. Als Grenzen
der Pressefreiheit wurden nicht mehr »allgemeine Gesetze«, sondern
die »Grundsätze der Verfassung« genannt. Diese erschienen
einerseits diffuser, andererseits aber zugleich enger gezogen. Ein
»Grundsatz« ist weniger exakt bestimmt als ein Gesetz, auch wenn
die Verfassung der DDR in der Präambel und in Abschnitt I solche
»Grundsätze« nannte. Dazu gehörten u. a. die führende Rolle der
Partei, der »demokratische Zentralismus«, die Ausübung der politischen Macht durch die »Werktätigen« sowie das unwiderrufliche
Bündnis mit der UdSSR.

Verstöße gegen diese Grundsätze galten als »konterrevolutionär«
und waren nicht durch *Meinungs-* und *Pressefreiheit* gedeckt.
Deren Grenzen waren überdies enger gezogen durch die einschlägigen Bestimmungen des politischen Strafrechts. Nach Artikel 6 der
Verfassung wurden »militärische und revanchistische Propaganda in
jeder Form, Kriegshetze und Bekundung von Glaubens-, Rassen-
und Völkerhaß« als Verbrechen geahndet. Das seit 1968 geltende
neue Strafrecht der DDR stellte u. a. »Kriegshetze und -propa-
ganda« (§ 89), »faschistische Propaganda«, »Völker- und Rassen-
hetze« (§ 92) sowie »staatsfeindliche Hetze« (§ 106), »öffentliche
Herabwürdigung« (§ 220) und »Beeinträchtigung staatlicher oder gesellschaftlicher Tätigkeit« (§ 214) unter Freiheitsstrafen.

Direkt oder indirekt unterstanden die Massenmedien der DDR der
Anleitung und Kontrolle durch den Staats- und Parteiapparat. Oberste Lenkungsinstanz war die Abteilung *Agitation und Propaganda* des Zentralkomitees der SED (Sozialistische Einheitspartei
Deutschlands). Personell gab es enge Verknüpfungen zwischen amt-

lichen Funktionen und solchen im Mediensystem. Das System der Medienlenkung reichte von langfristigen Planungen bis zu aktuellen Argumentationsanweisungen. Praktisch ausgeübt wurde die Presse-kontrolle vor allem durch das mit Weisungsrecht ausgestattete *Presseamt beim Vorsitzenden des Ministerrats* der DDR. Es koordinierte die publizistische Tätigkeit der zentralen Staats-organe, gab Kommuniqués heraus, veranstaltete Pressekonferenzen und ließ mehrmals wöchentlich gedruckte »Presse-Informationen« erscheinen. Die inzwischen zugänglichen, noch vorhandenen Unter-lagen des Presseamts belegen vielfältig dessen weitreichende Befug-nisse und Einflußmöglichkeiten. Sie reichten von Zensurmaßnah-men, Sprachregelungen und Vorschriften zur inhaltlichen Gestaltung und Aufmachung über die Lizenzerteilung und Papierkontingentie-rung bis zur Auswertung der nicht der SED gehörigen Presse sowie zur staatlichen Öffentlichkeitsarbeit und Befassung mit den »feind-lichen« Medien (*Bürger* 1990; *Holzweißig* 1991). Hinzu kamen spezifische Lenkungsinstanzen für *Rundfunk*, *Fernsehen* und *Film* (*Geserick* 1989).

Von Bedeutung in diesem Zusammenhang war ferner das Monopol der staatlich organisierten *Nachrichtenagentur ADN* (Allgemei-ner Deutscher Nachrichtendienst; → Nachricht). Die staatliche Ein-flußnahme vollzog sich auch durch die Personalpolitik sowie durch Festlegung wirtschaftlicher und finanzieller Vorgaben (z. B. Finan-zierung von Leistungen aus dem Staatshaushalt). Ein weiteres Mittel der Kontrolle bildete schließlich der staatlich geordnete Zugang zum Journalistenberuf. Die obligatorische Ausbildung für den Journalis-mus erfolgte durch die Sektion für Journalistik an der Karl-Marx-Universität Leipzig (*Klump* 1978; *Blaum* 1985). Ausländische, d. h. auch westdeutsche Korrespondenten waren in der DDR be-stimmten Reglementierungen unterworfen. Beispielsweise mußten Themen und Interviews von der Abteilung ›Journalistische Bezie-hungen‹ genehmigt werden (*Geserick / Kutsch* 1984).

Presse

Die Grundstruktur der Presse in der DDR wurde bereits unmittelbar nach der Kapitulation von der Pressepolitik der sowjetischen Besat-zungsmacht bestimmt. Zwar gab es anfangs mit den westlichen Alliierten durchaus gemeinsame, in den Kontrollratsbeschlüssen festgelegte Absichten wie die Ausschaltung des Nationalsozialismus und die Umerziehung des deutschen Volks. Doch setzten sich bald eigene politisch-ideologische Vorstellungen der Sowjets in der Lizenzierungspraxis durch. Im Unterschied zu den westlichen Besatzungsmächten (→ Presse) vergaben sie *Lizenzen* für Zeitungen nicht an Privatpersonen, sondern an Parteien und Massenorganisationen. Dabei wurde die KPD, nach 1946 die SED bevorzugt, in der KPD und SPD zwangsweise vereinigt worden waren. Die wenigen überparteilichen Zeitungen, die in den ersten Jahren zugelassen wurden, mußten zwischen 1948 und 1953 ihr Erscheinen einstellen. Die Zahl der Tageszeitungen blieb durch zentrale Planung seitdem praktisch unverändert.

Ohne *Lizenz* durfte keine Zeitung oder Zeitschrift in der DDR herausgegeben werde (Verordnung vom 12.4.1962). Dies stand in offensichtlichem Widerspruch zur verfassungsmäßigen Gewährleistung der *Pressefreiheit*. Die Lizenzierung der Periodika, die an bestimmte Bedingungen geknüpft war, oblag dem *Presseamt beim Vorsitzenden des Ministerrats*, das auch für die Anleitung und Kontrolle der Zeitungen der mit der SED in der Nationalen Front zusammengeschlossenen bürgerlichen Parteien (Blockparteien) zuständig war. Kreis- und Betriebszeitungen sowie andere regionale Publikationen bedurften der Genehmigung durch die Vorsitzenden der Bezirksräte.

Wie schon Mitte der fünfziger Jahre, so erschienen bis unmittelbar vor der Wende 39 Tageszeitungen in der DDR, in der Regel fünfmal in der Woche mit durchschnittlich sechs bis acht Seiten. Mitte der siebziger Jahre gab es zeitweise 40 Tageszeitungen, bis die für die Bezirke Leipzig und Halle angebotene Abendzeitung *Azet* eingestellt wurde (*Holzweißig* 1989). Die SED besaß 15 Zeitungen mit 218 Lokalausgaben (vgl. die Übersicht in Tabelle 5). Die Christlich Demokratische Union (CDU) verfügte über sechs Zeitungen, die Liberal-Demokratische Partei Deutschlands (LDPD) über fünf, die National-Demokratische Partei Deutschlands (NDPD) über sechs und die Demokratische Bauernpartei Deutschlands (DBD) über eine. Die *Junge Welt*, die Tageszeitung der Freien Deutschen Jugend (FDJ), erreichte die höchste Auflage aller Tageszeitungen in der DDR und hatte das SED-Zentralorgan *Neues Deutschland*, das jahrzehntelang die Spitzenstellung einnahm, überholt. Auch der Freie Deutsche Gewerkschaftsbund (FDGB) und der Deutsche Turn- und Sportbund (DTSB) hatten je eine eigene Tageszeitung. Schließlich besaß (und besitzt) die Organisation der sorbischen Minderheit Domovina eine Zeitung in sorbischer Sprache. Die restlichen Zeitungen waren keine offiziellen Parteiorgane, hatten jedoch SED-offiziösen Charakter und wurden von Verlagen herausgegeben, die zum VOB *Zentrag* (SED) gehörten. Die *BZ am Abend* war die einzige Boulevardzeitung der DDR.

Die *Gesamtauflage* der Tagespresse, die nur gelegentlich bekanntgegeben wurde, betrug nach amtlichen Angaben 1989 9,7 Millionen Exemplare (1965: 6,5 Millionen). Den größten Anteil daran besaßen die SED-Zeitungen mit über 6 Millionen Exemplaren. Rechnet man noch die Tageszeitungen der von der Staatspartei kontrollierten Massenorganisationen (FDJ, FDGB, DTSB) hinzu, so blieb für die Zentralorgane und Bezirkszeitungen der Blockparteien nur ein geringer Auflagenanteil. Auch verfügte nur die SED in den 14 Bezirken der DDR über je eine Tageszeitung mit 8 bis zu 23 Kreisausgaben. Durch die so ermöglichte Anpassung an kleinere Verbreitungsgebiete waren die SED-Zeitungen den regional weniger differenzierten anderen Parteizeitungen überlegen. Als Organe der SED-Parteileitung erschienen in unterschiedlicher Erscheinungsweise überdies 662 *Betriebszeitungen* mit über 2 Millionen Exemplaren (1987): Sie sollten innerbetriebliche Probleme lösen helfen, zur Produktionssteigerung beitragen, neue Arbeitsmethoden propagieren und der »Feindpropaganda« entgegenwirken. Andere Parteien als die SED durften in der Regel keine eigenen Betriebszeitungen herausbringen.

Die Verlage und ihre wichtigsten Produktionsmittel, die Setzerei- und Druckereibetriebe, die nach der Besetzung Mitteldeutschlands durch die Rote Armee enteignet worden waren, wurden später in organisationseigene Betriebe (VOB) oder in volkseigene Betriebe (VEB) überführt. Die Zentrale Druckerei-, Einkaufs- und Revisionsgesellschaft (*Zentrag*), die dem SED-Zentralkomitee unterstand, verfügte über mehr als 90 Druckereien, Zeitungsverlage bzw. Vertriebsorgane und erbrachte 90 Prozent der Druckkapazität der DDR. Das Monopol für Wirtschaftswerbung lag bei der Deutschen

Tabelle 5:
Tageszeitungen in der DDR 1989

Titel	Verbreitungsgebiet	Auflagen
SED		
Neues Deutschland (Zentralorgan)	DDR	1094000
Freie Presse	Karl-Marx-Stadt	614500
Freiheit	Halle	533900
Sächsische Zeitung	Dresden	513800
Leipziger Volkszeitung	Leipzig	445400
Volksstimme	Magdeburg	412800
Das Volk	Erfurt	359900
Märkische Volksstimme	Potsdam	285300
Ostsee-Zeitung	Rostock	260400
Lausitzer Rundschau	Cottbus	252300
Volkswacht	Gera	215200
Freie Erde	Neubrandenburg	174000
Schweriner Volkszeitung	Schwerin	173800
Neuer Tag	Frankfurt (Oder)	170200
Freies Wort	Suhl	157400
SED-nahe		
Berliner Zeitung	DDR	393500
BZ am Abend	Berlin und Umgebung	199000
DBD		
Bauern-Echo		92400
CDU		
Neue Zeit (Zentralorgan)	DDR	104000
Die Union	Dresden, Leipzig, Karl-Marx-Stadt	60800
Der Neue Weg	Halle, Magdeburg	36300
Thüringer Tageblatt	Erfurt, Gera, Suhl	28600
Der Demokrat	Rostock, Schwerin, Neubrandenburg	18000
Märkische Union	Cottbus, Potsdam, Frankfurt (Oder)	4100
LDPD		
Der Morgen (Zentralorgan)	DDR	56700
Sächsisches Tageblatt	Dresden, Leipzig	66400
Liberal-Demokratische Zeitung	Halle, Magdeburg	55800
Thüringische Landeszeitung	Erfurt, Gera, Suhl	47600
Norddeutsche Zeitung	Rostock, Schwerin, Neubrandenburg	21600
NDPD		
National-Zeitung (Zentralorgan)	DDR	55300
Norddeutsche Neueste Nachrichten	Rostock, Schwerin, Neubrandenburg	31400
Sächsische Neueste Nachrichten	Dresden, Karl-Marx-Stadt	29800
Thüringer Neueste Nachrichten	Erfurt, Gera, Suhl	29000
Brandenburgische Neueste Nachrichten	Potsdam, Cottbus	23100
Mitteldeutsche Neueste Nachrichten	Leipzig, Halle, Magdeburg	18500
FDGB		
Tribüne		409000
FDJ		
Junge Welt		1325000
DTSB		
Deutsches Sportecho		182000
Domovina		
Nova Doba		1000

Werbe- und Anzeigengesellschaft (*Dewag*), die ebenfalls partei-
eigener Betrieb der SED war. Der gesamte Vertrieb periodischer
Publikationen, die in der DDR erschienen oder in die DDR im-
portiert wurden, lag in den Händen der Deutschen Post. Auch die
Zeitungskioske wurden von der Post betrieben, und Zeitungsträger
waren Angestellte der Post. Es durften nur Periodika vertrieben
werden, die in die *Postzeitungsliste* des Ministeriums für Post-
und Fernmeldewesen aufgenommen worden waren.

Auch die *Zeitschriften* unterlagen in der DDR zentraler staatlicher Planung. Die Anzahl der Titel und einzelner Sachgruppen
zeigt Tabelle 6:

Tabelle 6:
Zeitschriftenproduktion der DDR nach Sachgruppen 1989

	Anzahl der Titel	Auflagen ins Tsd.
Politik und Gesellschaft	101	4 189
Kulturpolitik, Literatur und Kunst	33	1 167
Erziehungs- und Bildungswesen	77	5 712
darunter Kinder- und Jugendzeitschriften	14	4 679
Gesundheits- und Sozialwesen	61	716
Sport und Freizeitgestaltung	20	2 573
Mathematik / Naturwissenschaften	71	298
Ökonomie und Technik der Wirtschaftsbereiche	101	2 231
Land-, Forst- und Nahrungsgüterwirtschaft	34	1 037
Mode und Wohnkultur	11	3 516
Theologische, kirchliche und kirchenpolitische Periodika	34	382
insgesamt	543	21 881

Quelle: Statistisches Jahrbuch der DDR 1990. Hrsg. vom Statistischen Amt der DDR.
Berlin 1990, S. 351.

In der DDR dominierten *Zeitschriften* mit technisch-naturwissen-
schaftlicher Thematik sowie solche aus den Bereichen Politik, Gesellschaft, Staat, Rechts- und Wirtschaftswissenschaften und Medi-
zin. Doch erreichten allein 30 Wochenzeitungen und Illustrierte eine
Gesamtauflage von über 9 Millionen Exemplaren. Zu den populär-
sten Wochenblättern gehörten die Funk-/Fernseh-Programm-Illu-
strierte *FF – dabei* (1,4 Millionen Exemplare), die Familienzeit-
schrift *Wochenpost* (1,24 Millionen), die Frauenzeitschrift *Für
Dich* (941 000), die Modezeitschrift *Pramo*, die *Neue Berliner*

Illustrierte (731000) sowie das monatlich erscheinende *Magazin* (569000) und die satirische Zeitschrift *Eulenspiegel* (498000). Wegen der staatlichen Kontingentierung des Druckpapiers konnte die Nachfrage nach diesen Titeln häufig aber kaum gedeckt werden. Politisch richtunggebend waren als Organe des ZK der SED die Monatsschrift *Einheit* für Theorie und Praxis des Sozialismus (258000), die Halbmonatsschrift *Neuer Weg* (205000) für Fragen der praktischen Parteiarbeit und *Was und Wie*, die für die Arbeit der SED-Funktionäre herausgegeben wurde. Einflußreiche kulturpolitische Wochenblätter waren der vom Kulturbund herausgegebene *Sonntag* und das von der FDJ herausgegebene *Forum*. Auch sonst erreichten die vom Zentralrat der FDJ getragenen Organe sehr hohe Auflagen. Dazu gehörten die monatlich erscheinende Unterhaltungszeitschrift *Neues Leben* (558000 Exemplare), *Mosaik* (891000) und *Die ABC-Zeitung* (885000). Gering blieben im Vergleich hierzu die Auflagen von Zeitschriften der Religionsgemeinschaften, die nur in Nischen des Systems existieren konnten (*Hackel* 1987).

Rundfunk

Nachdem am 8. Mai 1945 der nationalsozialistische Rundfunk seine Sendungen eingestellt hatte, nahm die *Sowjetische Militäradministration* (SMAD) in ihrem Besatzungsgebiet auch den Wiederaufbau des Rundfunks in die Hand. Bereits am 13. Mai erteilte der sowjetische Stadtkommandant Berlins die Erlaubnis, den Rundfunkbetrieb aufzunehmen. Am Abend des gleichen Tages wurde die erste Sendung aus dem alten, im britischen Sektor befindlichen Rundfunkgebäude ausgestrahlt. Erst 1949 erfolgte der Umzug in den Ostsektor Berlins.
Zwischen September 1945 und Januar 1946 entstanden weitere regionale Sender, und zwar in Leipzig, Dresden, Schwerin, Erfurt, Potsdam, Halle und Weimar. Am 21. Dezember 1945 wurde das gesamte Rundfunkwesen der *Deutschen Zentralverwaltung für Volksbildung* unterstellt, doch lagen die Kontroll- und Zensurrechte zunächst noch bei der Besatzungsmacht. Bereits im August 1946 kam es zu einer ersten Reorganisation des Rundfunks. Jetzt

wurde eine Generalintendanz für alle Rundfunksender eingerichtet, die im Dezember des gleichen Jahres erstmals Richtlinien für die Rundfunkarbeit herausgab. Auch der Rundfunk sollte künftig der Erziehung des sozialistischen Menschen dienen.

Am 1. September 1952 wurde das *Staatliche Rundfunkkomitee* als oberste Lenkungsinstanz gegründet und dem Ministerrat unterstellt. Der Rundfunk wurde in Berlin zentralisiert, die Landessender mußten ihre Eigenprogramme einstellen. Auch später ist der Rundfunk (Hörfunk) in der DDR mehrfach umorganisiert worden (*Riedel* 1977). Nach der 1955 vorgenommenen Aufgliederung gab es den *Berliner Rundfunk* (für Hörer in Ost-, aber auch in West-Berlin), *Radio DDR* (für die Bevölkerung der DDR) und den bereits 1949 errichteten *Deutschlandsender* (für Hörer in der Bundesrepublik). Im Jahre 1955 entstand ferner *Radio Berlin International* für die Veranstaltung von Auslandssendungen. Als Propagandasender der Phase des kalten Krieges kamen der *Freiheitssender 904* und der *Soldatensender 935* hinzu. Der erste nahm seine Sendungen 1956, am Tag nach dem Verbot der KPD in der Bundesrepublik, auf und diente fortan der illegalen West-KPD und dem Staatssicherheitsdienst der DDR als Sprachrohr (*Sartoris* 1992). Der zweite wandte sich seit 1960 bevorzugt an Bundeswehrsoldaten. Beide Sender stellten ihre Tätigkeit 1971 bzw. 1972 im Zuge der Entspannungspolitik ein.

Eine neue Struktur- und Programmreform des *Hörfunks* in der DDR wurde zum 1. Dezember 1987 wirksam. Neben den bis dahin bestehenden vier Hörfunkstationen gab es seitdem als neuen Sender mit eigenem Vollprogramm das *Jugendradio DT 64*. Die bisherigen Sender wurden gleichzeitig stärker profiliert (*Kabel* 1988). *Radio DDR 1* sendete ein aktuelles Informations- und Musikprogramm. *Radio DDR II*, das 1964 aus den nach und nach aufgebauten UKW-Senderketten hervorging, brachte vormittags Regionalprogramme und anschließend Sendungen zur Bildung und gehobenen Unterhaltung. Der *Berliner Rundfunk* bot ein Programm vor allem mit Lokalkolorit für die Hauptstadt. Die *Stimme der DDR*, Nachfolgerin des ehemaligen Deutschlandsenders, richtete sich mit Informationen und Musik an deutschsprachige Hörer außerhalb der DDR, *Radio DDR International* sendete auf Kurz- und Mittelwelle weltweit Programme in Deutsch und in zehn Fremdsprachen. Die

Auslandssender hatten die Aufgabe, die Fortschritte bei der Entwicklung des Sozialismus in der DDR und den mit ihr befreundeten Ländern ausländischen Hörern zu schildern. Das neu geschaffene *Jugendradio DT 64* sollte jugendliche Zuhörer gewinnen, vor allem durch attraktive Musikprogramme, die sich an westlichen Vorbildern orientierten. Die einzelnen Sender standen nicht in Konkurrenz zueinander, sondern sollten sich ergänzen. Bestimmte Programmteile wurden daher auch zentral produziert.

Im Jahre 1950 begann man in der DDR auch mit dem Aufbau eines eigenen *Fernseh*systems. Als erste Sendung wurde am 21. Dezember 1952 die Nachrichtensendung »Aktuelle Kamera« ausgestrahlt. Die Entwicklung verlief langsam, das offizielle Programm des *Deutschen Fernsehfunks* wurde 1956 eröffnet. Organisatorisch erhielt das Fernsehen zunächst einen Intendanzbereich innerhalb des *Staatlichen Rundfunkkomitees*. Im Jahre 1968 wurde dieser jedoch ausgegliedert und zu einem eigenen *Staatlichen Komitee für Fernsehen* verselbständigt (*Schmidt* 1982; *Geserick* 1989). Dadurch sollte der gewachsenen Bedeutung des Fernsehens Rechnung getragen werden, in dem die politische Führung jetzt das wirksamste Mittel zur Ausbreitung des sozialistischen Bewußtseins erblickte. Im *Staatlichen Komitee für Fernsehen* waren die Vertreter der verschiedenen Programmbereiche und Direktionen dieses Mediums vertreten, wobei der Bereich Publizistik wegen seiner politisch-ideologischen Leitfunktion dominierte.

Im Oktober 1969 wurde ein zweites Fernsehprogramm eingeführt. Gleichzeitig ging man dazu über, dieses Programm in Farbe auszustrahlen. Man hatte sich für das französische *SECAM*-System entschieden, um sich von der Bundesrepublik abzugrenzen und den Empfang westdeutscher Programme zu beeinträchtigen, die im *PAL*-System gesendet werden. Daraufhin blieb die Anschaffung von Farbfernseh-Geräten hinter den Erwartungen zurück. Später konnten jedoch *PAL*-taugliche Geräte erworben werden. Im Jahr 1972 wurde der *Deutsche Fernsehfunk* in *Fernsehen der DDR* umbenannt. Im Unterschied zur Bundesrepublik war die Post in der DDR nicht nur für die Übertragungstechnik, sondern auch für die Studiotechnik verantwortlich. Die Kameras waren z. B. Posteigentum und die Mitarbeiter in den technischen Berufen Beamte der Post.

Die zwei in der DDR angebotenen Fernsehprogramme wurden zum größten Teil in den Studios von Berlin-Adlershof produziert. Regionalprogramme gab es nicht, vorhandene Außenstudios (Rostock, Halle u. a.) dienten lediglich als Zulieferbetriebe. Das erste Programm bot eine Mischung von Information und Unterhaltung für ein breites Publikum. Das nur zur Hauptsendezeit ausgestrahlte zweite Programm war anspruchsvoller und stärker darauf angelegt, Bildung zu vermitteln. Nach der Kritik, die *Erich Honecker* auf dem Parteitag der SED 1971 an der langweiligen Programmgestaltung des DDR-Fernsehens geübt hatte, versuchte man dieses attraktiver zu machen. Dazu wurden Unterhaltungsprogramme ausgeweitet und besser plaziert; und in der ideologischen Argumentation zeigte sich das Bemühen um mehr Differenzierung. Besondere Aufmerksamkeit schenkte man auch der Sportberichterstattung sowie den Kinder- und Ratgebersendungen.

Gab es im Jahre 1953 lediglich 600 Besitzer von Fernsehgeräten in der DDR, so wurden 1955 13 600 Empfangsgenehmigungen registriert. Im Jahre 1960 waren es bereits über eine Million. Die Zahl der Empfangsgenehmigungen wurde für 1988 mit 6,2 Millionen angegeben, d. h. 95 Prozent der Haushalte waren mit einem Fernsehgerät ausgestattet. Damit hatte das *Fernsehen* inzwischen ebenso eine Sättigungsgrenze erreicht wie schon seit längerem der *Hörfunk*, für den 1989 6,78 Millionen Empfangsgenehmigungen erteilt waren (= 99 Prozent der Haushalte). Die Ausstattung mit Empfangsgeräten besagt aber noch nichts über die tatsächliche Nutzung. Um diese zu ermitteln und an ihr die Programmplanung auszurichten, bediente man sich auch in der DDR der Methoden der *Hörer-* und *Zuschauerforschung* (vgl. *Stiehler* 1990; *Wiedemann/Stiehler* in Medien und Medienwissenschaft in der DDR 1990). Ergebnisse wurden in der Regel jedoch nicht mitgeteilt. Der Rundfunk finanzierte sich in der DDR primär aus Gebühren (seit 1969 10 Mark für Hörfunk und Fernsehen). Da ein Teil der Gebühren an die Post abgeführt wurde, mußte der Staat aus seinem Haushalt zusätzlich Subventionen bereitstellen. In geringerem Maße lieferte ferner die *Werbung* einen Beitrag, in der die Erfolge der sozialistischen Volkswirtschaft angepriesen wurden.

Ein besonderes Problem bestand für die DDR von Anfang an darin, daß in weiten Teilen ihres Territoriums Hörfunk- und Fernsehprogramme aus der benachbarten Bundesrepublik empfangen werden konnten (*Hesse* 1988). 80 Prozent der Bevölkerung hatten Zugang zum *ARD*- und *ZDF*-Programm. Im Hörfunk konnten vor allem Sendungen von *RIAS Berlin* und dem *Sender Freies Berlin* empfangen werden, aber auch der *Deutschlandfunk*, *NDR* und *Bayern 3*. Der Empfang westlicher Sender wurde anfangs bekämpft, zum Teil demontierten Brigaden der FDJ die nach Westen ausgerichteten Antennen. Auch wurden zeitweise Störsender betrieben. Die Versuche, den West-Empfang wegen seiner innenpolitisch destabilisierenden Wirkungen zu behindern, riefen in der Bevölkerung der DDR immer wieder Unruhe hervor. Eine Wende trat hier Anfang der siebziger Jahre ein. Maßgeblich war dafür *Erich Honeckers* Aussage Ende Mai 1973, daß die »westlichen Massenmedien, vor allem der Rundfunk und das Fernsehn der BRD, bei uns jeder nach Belieben ein- oder ausschalten kann...«. Als Folge davon gehörte die Auseinandersetzung mit westlichen Informationen in der DDR zur Tagesordnung und schuf manchen innenpolitischen Zündstoff. So wurde es in der DDR auch üblich, daß politische Instanzen auf Nachrichten aus der Bundesrepublik reagierten.

Die Entwicklung neuer Verbreitungstechniken für den Rundfunk vollzog sich in der DDR aus wirtschaftlichen Gründen langsamer als in der Bundesrepublik. Seit Anfang der Siebziger setzte man auf den Ausbau von *Großgemeinschaftsantennenanlagen*, von denen Hörfunk- und Fernsehprogramme über *Kabel* an die angeschlossenen Haushalte weiter verbreitet wurden. 1985 konnten bereits 40 Prozent der Haushalte über solche Anschlüsse versorgt werden. Man wollte damit den Empfang verbessern, Versorgungslücken schließen, auch die »Antennenwälder« abbauen und Metall sparen.

Die Tolerierung westlicher Programme bedeutete aber keine Anerkennung des Prinzips des *freien Informationsflusses* durch die DDR. Sie hatte sich in den internationalen kommunikationspolitischen Debatten mit den anderen sozialistischen Ländern vielmehr gegen dieses Prinzip ausgesprochen und trat für die Prinzipien der Staatsverantwortung und des ›*prior consent*‹ ein (→ Kommunikationspolitik). Grenzüberschreitende Abstrahlungen sollten an die vorherige Zustimmung der jeweils betroffenen Länder gebunden sein. Diese Forderung wurde im Hinblick auf die Möglichkeiten direktstrahlender *Rundfunksatelliten* erhoben.

Nachrichtenwesen

Eine wesentliche Funktion im Lenkungssystem der Massenmedien der DDR kam dem *Allgemeinen Deutschen Nachrichtendienst (ADN)* zu, der zentralen Nachrichtenagentur der DDR (→ Nachrichten). Sie besaß eine Monopolstellung. Die *Sowjetische Militäradministration (SMAD)* hatte 1945 in ihrem Besatzungsgebiet zunächst das *Sowjetische Nachrichtenbüro (SNB)* gegründet, um die Presse zu informieren und zu kontrollieren. Am 5. Oktober 1946 wurde *ADN* lizenziert, zunächst in Form einer GmbH. Die Agentur unterstand noch dem SNB, das erst 1950 aufgelöst wurde. Im Jahre 1953 wurde *ADN* in eine staatliche Institution umgewandelt und seitdem konsequent zu einem Instrument amtlicher Nachrichtenpolitik ausgebaut. Auch *ADN* war dem *Presseamt beim Vorsitzenden des Ministerrats* der DDR unterstellt und von seinen Weisungen abhängig. Der Ministerrat ernannte den Generaldirektor. Eine Regierungsanordnung von 1966 verpflichtete die Agentur zu *parteilicher* Information. Die Mitarbeiter mußten sich in ihrer Tätigkeit ständig für die Durchsetzung der Politik der SED und des Staates einsetzen. Nach den Grundsätzen der maxistisch-leninistischen Pressetheorie wird unter Nachrichten die »Agitation durch Tatsachen« verstanden.

ADN hatte seine Zentrale in Berlin und verfügte über 14 Bezirksredaktionen in der DDR. 1987 besaß ADN 47 Auslandsbüros. Korrespondenten waren in 87 Ländern akkreditiert. Darüber hinaus hatte *ADN* Austauschverträge mit 89 anderen Agenturen, vor allem mit *TASS* und denen anderer sozialistischer Länder. *ADN* bot einen Inlandsdienst und einen Auslandsdienst sowie bestimmte Sonderbulletins, die aber nur genau festgelegten Bezieherkreisen zugänglich waren. Außerdem gab *ADN* einen eigenen Fotodienst heraus. Die Nachrichtenagentur der DDR trat auch auf dem Nachrichtenmarkt der Bundesrepublik als Anbieter auf, wurde aber so gut wie nicht genutzt.

Abgesehen vom SED-Zentralorgan *Neues Deutschland* durften andere Zeitungen keine eigenen Auslandskorrespondenten unterhalten. Lediglich zu besonderen Anlässen konnten Sonderkorrespondenten entsandt werden. Wohl aber verfügte der Rundfunk der DDR über eigene Korrespondenten im Ausland. Als zusätzliche inländische Informationsquelle schuf die SED Ende der vierziger Jahre nach dem Vorbild der sowjetischen Arbeiter- und Bauernkorrespondenten wie auch der Arbeiterkorrespondenten der KPD-Presse in der Weimarer Republik die Volkskorrespondentenbewegung. Die *Volkskorrespondenten*, ausgewählt und angeleitet von den einzelnen Redaktionen, sollten von ihrem Arbeitsplatz bzw. aus ihrem Wohnbezirk vorbildliche oder kritikwürdige Einzelheiten berichten (*Richter* 1993). Die Gesamtzahl der Volkskorrespondenten der SED-Zeitungen wurde auf 20000 geschätzt. Die mangelnde Aktivität vieler Volks- und Arbeiterkorrespondenten ist von Parteifunktionären immer wieder und offenbar vergeblich kritisiert worden.

Film

Bereits im Mai 1946 erhielt die *Deutsche Film AG* (DEFA) als erste deutsche Produktionsgesellschaft eine sowjetische Lizenz mit einem politisch-propagandistischen Auftrag im Sinne des Marxismus-Leninismus (*Kersten* 1963; *Blunk/Jungnickel* 1990; *Mückenberger / Jordan* 1993; *Schenk* 1993). Noch vor der Lizenzierung entstand die erste Ausgabe der Wochenschau ›Der Augenzeuge‹, und im Herbst 1946 wurde der erste DEFA-Spielfilm (und erste deutsche Nachkriegsfilm überhaupt), *Wolfgang Staudtes* ›Die Mörder sind unter uns‹, aufgeführt. Dieser leitete eine Serie von Filmen ein, die sich mit der jüngsten Vergangenheit auseinandersetzten.

Die DEFA wurde zunächst bis 1950 unter Mehrheitsbeteiligung des Ministeriums für Filmindustrie der UdSSR als sogenannte sowjetische Aktiengesellschaft geführt, dann aber ganz in deutsche Hände übergeben, der Aufsicht des 1952 gegründeten *Staatlichen Komitees für Filmwesen* unterstellt und 1953 in einen Volkseigenen Betrieb (VEB) umgewandelt. Im Jahre 1954 löste man das *Staatliche Komitee für Filmwesen* wieder auf. Seine Aufgaben gingen auf die *Hauptverwaltung Film des Ministeriums für Kultur der DDR* über (ihr Leiter war zugleich Stellvertreter des Ministers). Hierdurch war auch der Film mit einer medienspezifischen Aufgabenstellung der Vermittlung sozialistischer Denk- und Lebensformen in das System staatlicher Medienlenkung eingefügt.

Beratende Funktion übernahm seit 1973 ein *Komitee für Film-kunst.*

Die Filmproduktion ist in der DDR in starkem Maße bestimmt gewesen durch die politische und gesellschaftliche Entwicklung des Landes. Dabei kam es im Laufe der Jahre durchaus auch zu inhaltlichen und filmästhetischen Veränderungen. So war in den fünfziger Jahren der ›sozialistische Realismus‹ beherrschend. Zeitweise bevorzugte man historische Stoffe zur Förderung des eigenen Geschichtsbewußtseins. Seit den sechziger Jahren wurde die thematische und stilistische Vielfalt größer. Es entstanden große Literaturverfilmungen, aber auch Filme, die sich mit der Gegenwart und individuellen Problemen in der DDR beschäftigten. Als Regisseure bekannt wurden jetzt vor allem *Heiner Carow, Slatan Dudow, Egon Günther* und *Konrad Wolf.* Wegen ihrer z. T. ungeschminkten Darstellung wurden diese Filme auf dem 11. Plenum des Zentralkomitees der SED 1965 scharf kritisiert. Eine ganze Jahresproduktion wurde aus dem Verkehr gezogen und in die Archive verbannt, darunter *Frank Beyers* ›Spur der Steine‹, ein Film, der erst nach der Wende 1989 wieder aufgeführt werden konnte.

In den Studios der DEFA wurden jährlich etwa 15 bis 20 Spielfilme für das Kino und etwa doppelt soviele für das *Fernsehen* produziert. Hinzu kam eine größere Anzahl von Dokumentar- und Trickfilmen. Die Finanzierung erfolgte mit Hilfe hoher staatlicher Subventionen (35 Millionen jährlich allein für Kinofilme). Beschäftigt waren bei der DEFA, die auf dem alten UFA-Gelände in Potsdam-Babelsberg angesiedelt war, mehr als 3000 Mitarbeiter. Sämtliche in der DDR gezeigten Filme, auch die aus dem Ausland, wurden über den *Progress Film-Vertrieb* (seit 1955 ebenfalls VEB) an 15 Bezirksfilmdirektionen verliehen. Den Filmexport betrieb die *DEFA Außenhandel* selbst. In den Kinos der DDR wurden pro Jahr mehr als 100 Spielfilme neu aufgeführt. Zwei Drittel davon stammten aus den sozialistischen, ein Drittel aus den westlichen Ländern. Die Kinos waren im Besitz von Gemeinden oder gesellschaftlichen Organisationen. In der DDR entstanden in den achtziger Jahren ebenfalls neue Kinoformen, wie z. B. Film-Diskotheken, Filmkunstbühnen und einige Klub-Kinos mit gastronomischem Angebot. Daneben bestanden in größerer Zahl traditionelle Filmklubs. Wie selbst die *Hauptverwaltung Film beim Ministerium für*

Kultur der DDR noch im März 1989 feststellte, verfielen in den achtziger Jahren aber auch immer mehr Kinos, so daß weniger als ein Drittel der mehr als 800 vorhandenen Filmtheater in einem zumutbaren Zustand war (*Wiedemann/Stiehler* 1990).

Ähnlich wie in der Bundesrepublik (→ Film) büßte der Kinofilm in der DDR mit der Ausbreitung des Fernsehens viel von seiner einstigen Zugkraft ein. Die Anzahl der Filmtheater reduzierte sich – nach Angaben der *Staatlichen Zentralverwaltung für Statistik* – von 1369 (1960) auf 808 (1988), die Zahl der Sitzplätze gleichzeitig von 529570 auf 234723, die der Filmvorstellungen von 2538127 auf 736200. Waren es 1949 168 Millionen Kinobesucher, so wurde 1957 mit 316 Millionen ein Höchststand erreicht. Danach ging die Zahl der Kinobesucher stark zurück. Zehn Jahre später waren es erstmals weniger als 100 Millionen, und 1988 wurden noch 69,2 Millionen Kinobesucher in der DDR gezählt. Die durchschnittliche Anzahl der jährlichen Kinobesuche ging von 18,4 (1957) auf 3,6 (1989) pro Einwohner zurück. Damit gingen die Bürger der DDR gleichwohl noch häufiger ins Kino als die Bürger der Bundesrepublik (1,7 mal im gleichen Jahr). Mit ausschlaggebend dafür dürfte gewesen sein, daß die Menschen in der DDR, obwohl sie über weniger Freizeit verfügten, wegen der Politisierung der eigenen Fernsehprogramme und einem ingesamt geringeren Angebot an Ablenkungen im Privatleben häufiger Kinos zur Unterhaltung aufsuchten.

Von der Wende zur deutschen Einheit

Die sich seit der Mitte der achtziger Jahre in der Sowjetunion und anderen Ländern Osteuropas abzeichnenden politischen Veränderungen wirkten sich zwangsläufig auch auf die Verhältnisse in der DDR aus. Allerdings sperrte sich die politische Führung gegen die vom Generalsekretär der KPdSU und sowjetischen Staatspräsidenten *Michail Gorbatschow* eingeleitete, unter den Schlagworten ›Perestrojka‹ und ›Glasnost‹ betriebene Politik der wirtschaftlichen und gesellschaftlichen Umgestaltung, die eine Öffnung zur Transparenz der öffentlichen Kommunikation einschloß. Symptomatisch war in diesem Zusammenhang, daß das *Presseamt beim Vorsitzenden des Ministerrats* der DDR am 19.11.1988 noch die sowjetische Zeitschrift *Sputnik* verbot, ein Organ der Auslandspresseagentur *Nowosti*, das vor allem aus Übernahmen aus Medien der UdSSR bestand. Anlaß dafür war eine darin geführte Debatte über das Verhältnis von deutschen Kommunisten und Sozialdemokraten vor 1933 und über den Hitler-Stalin-Pakt 1939.

Die Zuspitzung der politischen Verhältnisse in der DDR seit dem Frühjahr 1989, insbesondere die Aktivitäten der inneren Opposition und die einsetzende Fluchtwelle fanden in den Medien des Landes aber lange Zeit so gut wie keinen Niederschlag. Noch funktionierten die staatliche Kontrolle und der Lenkungsapparat. Das unterdrückte Kommunikationsbedürfnis machte sich im Oktober 1989 öffentlich in den Massen-Demonstrationen und den dabei mitgeführten Transparenten mit zunehmend kritischen Losungen Luft. Vorenthaltene Informationen waren wiederum den westlichen (Funk-)Medien zu entnehmen. Die wachsende Unzufriedenheit ließ die mittlerweile entstandenen Bürgerbewegungen immer häufiger auch die Forderung nach der Freiheit der Medien und einer neuen Medienpolitik erheben. Diese Forderungen wurden auch am *Runden Tisch* laut, an dem sich zwischen Dezember 1989 und März 1990 Vertreter von Staat und Gesellschaft (darunter die Gruppierungen Neues Forum, Demokratie jetzt, Demokratischer Aufbruch) um eine Verständigung bemühten (*Herles / Rose* 1990).

Daraufhin beauftragte der DDR-Ministerrat das Justizministerium, ein *Mediengesetz* auszuarbeiten. Dies geschah durch eine etwa 50köpfige *Mediengesetzgebungskommission*, die pluralistisch zusammengesetzt war. Aufgrund ihrer Vorlage verabschiedete die Volkskammer am 5.2.1990 einen ›Beschluß über die Gewährleistung der Meinungs-, Informations- und Medienfreiheit‹. Darin wurde jegliche Zensur der DDR-Medien untersagt. Wurden durch den Medienbeschluß Freiheitsrechte gewährleistet, die es bis dahin in der DDR nicht gegeben hatte (u. a. Gegendarstellungsrecht, Auskunftspflicht staatlicher Behörden, Zeugnisverweigerungsrecht), so schimmerte z. T. noch die jahrelang gewohnte Diktion durch (z. B. Verbot »faschistischer und anderer antihumanistischer Propaganda«, Art. 2). Zur Überwachung der Einhaltung des Medienbeschlusses wurde ein *Medienkontrollrat* eingerichtet. Nach den ersten freien Volkskammerwahlen vom 18.3.1990 nahm das neu gegründete DDR-Medienministerium seine Arbeit auf. Ende Mai konstituierte sich der *Volkskammer-Ausschuß Presse und Medien*, der die weiteren Entwürfe der fortbestehenden *Mediengesetzgebungskommission* beraten sollte. Zu der ursprünglich vorgesehenen Ausarbeitung eines Mediengesetzes kam es im Zuge der sich überstürzenden Entwicklung zur deutschen Einheit dann aber nicht mehr. Die Gesetzgebungskommission löste sich im Sommer auf, und der *Volkskammer-Ausschuß Presse und Medien* war mit dieser Aufgabe überfordert. Nur im Rundfunkbereich konnte er nennenswerte Ergebnisse vorweisen.

Nach dem Rücktritt *Erich Honeckers* als Generalsekretär der SED am 18. 10. 1989 hatte die SED (durch die Wahl von *Egon Krenz* als Nachfolger) ihre Macht zu erhalten gesucht. Doch begannen sich von diesem Zeitpunkt an die Presseorgane von ihren Bindungen an Parteien und Organisationen zu lösen. Die bisherigen Chefredakteure wurden abgelöst. Dies galt zunächst für die Blätter der Blockparteien, dann aber auch für die Bezirkszeitungen der SED. Dies wirkte sich auch im Inhalt der meisten Zeitungen aus, in denen jetzt früher nicht zugelassene Informationen und Meinungen zu lesen waren. Seit Jahresbeginn 1990 entstanden ferner Neugründungen im Pressewesen (zumal solche von Akteuren der Bürgerbewegung, u. a. *Aufbruch*, *Wir in Leipzig*, *Die Andere*), denen aber die noch unzulängliche Zuteilung von Papier zu schaffen machte.

Gleichzeitig drängten westdeutsche Presseverlage auf den Pressemarkt der DDR. Dabei erwiesen sich vor allem die dort vorhandenen Vertriebsmöglichkeiten als völlig unzulänglich. Der Aufbau eines leistungsfähigen Vertriebssystems gehörte deshalb zu den dringlichen Erfordernissen (*Wilke* 1992). Hierüber kam es zu einem mehrmonatigen Konflikt, nachdem die vier westdeutschen Großverlage *Springer, Gruner + Jahr, Bauer* und *Burda* sich zusammen mit der Deutschen Post der DDR insgeheim den *Pressevertrieb* in der DDR zu sichern versucht hatten. Hierdurch drohte die Gefahr eines verlagsabhängigen, nicht chancengleichen *Pressegrossos*. Um dem zu wehren, erließ das Medienministerium der DDR im Mai 1990 eine *Pressevertriebsverordnung* und schuf damit die Grundlagen auch für das Entstehen verlagsunabhängiger Vertriebsformen (wie in der Bundesrepublik). Geblieben ist dennoch – anders als in den alten Bundesländern – ein Mischsystem. Von den 19 Gros-

sisten arbeiten in den neuen Bundesländern neun mit Verlagsbeteili-
gung, in sieben Fällen ist eine solche nicht gegeben (drei Gebiete
sind westdeutschen Grossisten zugeschlagen worden).

Noch bevor am 26.1.1990 die Erlaubnis zur Einfuhr westdeutscher
Zeitungen und Zeitschriften in die DDR erteilt wurde, war es zu ersten Kooperationen zwischen westdeutschen und ostdeutschen Zeitungen gekommen, die sich auf technische, wirtschaftliche und journalistische Bereiche erstreckten. Die Zahl dieser Kooperationen
nahm in den folgenden Monaten zu, Mitte des Jahres wurden vom
BdZV 43 gezählt. Dabei taten sich wiederum westdeutsche Großverlage hervor. Allein der bis dahin gar nicht in der Tagespresse behei-
matete Hamburger Bauer-Verlag betrieb eine Kooperation mit
sechs DDR-Zeitungen. Diese Kooperationen stellten einen für den
Fortbestand alter Pressestrukturen in Ostdeutschland folgenreichen
Einstieg westdeutscher Verlagsunternehmen dar. Der Verlag *Gruner + Jahr*, der bis dahin im Westen nur eine Tageszeitung (*Hamburger Morgenpost*) besaß, erwarb (zusammen mit dem britischen Großverleger *Robert Maxwell*) den Berliner Verlag (mit
der *Berliner Zeitung* und dem *Berliner Kurier*).

Am 12.2.1990 brachte die linksalternative Berliner *taz* als erste
westdeutsche Zeitung eine eigene DDR-Ausgabe heraus. Grenz-
nahe Zeitungen suchten in der Folgezeit durch Ausgaben mit eigenen Lokalseiten in angrenzenden DDR-Gebieten Fuß zu fassen.
Westdeutsche Presseorgane, die seit Ende Januar 1990 in der DDR
frei angeboten werden konnten, hatten – von *Bild* abgesehen – großenteils nur mäßigen Erfolg. Dies galt sowohl für die überregionalen
Abonnementzeitungen als auch für Wochenblätter, Illustrierte sowie
Nachrichten- und Wirtschaftsmagazine. Ihr geringer Absatz hatte
vor allem mit den für DDR-Verhältnisse hohen Preisen pro Exemplar zu tun, weswegen die Verlage zeitweise z.T. mit gespaltenen
Vertriebspreisen operierten. Aber auch die mangelnde Vertrautheit
mit der Fülle des Lesestoffs dürfte für die geringe Resonanz ausschlaggebend gewesen sein. Am stärksten nachgefragt wurden zunächst noch Zeitschriften, die praktischen Nutzen versprachen
(Auto-, Wohn- und Heimwerker-Zeitschriften) oder etwas boten,
was es bis dahin in der DDR nicht gab (Erotik-, Jugend-Zeitschrif-
ten). DDR-eigene Zeitschriften mußten angesichts der neuen Konkurrenz ihr Erscheinen z.T. einstellen, z.T. fusionierten sie mit

westdeutschen Blättern oder wurden von westlichen Verlagen übernommen. Versuche, sie fortzuführen, waren nur partiell erfolgreich.
Noch bevor es zur deutschen Einheit kam, deren Herannahen sich
seit der zum 1. Juli 1990 vereinbarten Wirtschafts- und Währungs-
union beschleunigte, setzte im Pressewesen der DDR ein Schrump-
fungs- und *Konzentrationsprozeß* ein. Die Auflage der im Dezember 1989 erscheinenden Zeitungen ging bis Juni 1990 von 9,9 auf
7,1 Millionen Exemplare zurück. Doch konnte dieser Schwund zunächst durch neugegründete Tageszeitungen (Auflage 2,4 Millionen)
praktisch ausgeglichen werden. Auflagenverluste hatten in diesem
Zeitraum insbesondere das SED-Zentralorgan *Neues Deutschland* (von 987000 auf 354000) und das ehemalige FDJ-Organ
Junge Welt (1,5 Millionen auf 400000) hinnehmen müssen. Später
sank die Auflage des *Neuen Deutschland* sogar unter 100000 Exemplare. Am 30. Juni 1990 stellte mit der *Berliner Allgemeinen*
(ehemalige *National-Zeitung* der NDPD) die erste überregionale
DDR-Tageszeitung (inzwischen zum Springer Verlag gehörig) ihr
Erscheinen ein bzw. fusionierte mit der liberalen Tageszeitung *Der
Morgen.*
Als chancenlos erwiesen sich auf dem sich neu formierenden Pressemarkt insbesondere die in der Umbruch-Zeit entstandenen Neugründungen, denen es nicht gelang, die zur Fortexistenz notwendigen rentablen Auflagen zu erzielen.
Auch im *Rundfunk* der DDR begannen seit Oktober 1989 grundlegende Veränderungen Platz zu greifen. Diese kamen z. T. von
innen, indem die Mitarbeiter in den Programmen zunehmend an
Freiraum gewannen und eine offenere Nachrichtengebung betrieben, sich aus den alten Kontrollmechanismen lösten und Formen der
praktischen Mitbestimmung erprobten. Die Veränderungen kamen
aber auch von außen, bedingt durch (medien-)politische Intentionen
zur rechtlichen und organisatorischen Umstrukturierung des bestehenden Rundfunksystems. Je mehr die deutsche Einheit näher-
rückte, um so mehr setzten sich die Bemühungen durch, den DDR-
Rundfunk analog zum Rundfunk der (alten) Bundesrepublik zu organisieren. Den Bruch mit der eigenen Vergangenheit signalisierte
auch die Umbenennung von Sendern und Programmen: Man kehrte
zu alten Namen (*Deutschlandsender, Deutscher Fernseh-*

funk, Radio Berlin International) zurück oder schuf für neue
Programme neue Namen (z. B. *Sachsen-Radio*).
Als Rechtsgrundlage für die geplante Umstrukturierung der Funkmedien in der DDR legte das Medienministerium Anfang Juni 1990
den Entwurf eines *Rundfunküberleitungsgesetzes* vor. Damit
sollten Regelungen im Vorgriff auf später zu erlassende Rundfunk-
und Mediengesetze der zu gründenden Bundesländer getroffen werden. Die Rückbesinnung auf den deutschen Föderalismus sollte auch
hier den Zentralismus der alten DDR beseitigen. Doch blieb das
Überleitungsgesetz, das fünf Landesfunkdirektoren vorsah, sehr
umstritten, vor allem wegen der geplanten Ernennung durch den Ministerpräsidenten und dem Staatseinfluß bei der Aufsicht durch den
Ministerrat. Die Suche nach einem Kompromiß zog sich wochenlang
hin und führte dazu, daß das Überleitungsgesetz erst am 26. 9. 1989
in Kraft trat, nur wenige Tage, bevor es durch die deutsche Einheit
praktisch seine Geltung verlor (*Schütz* 1992). Allerdings war es in
Form eines Ausführungsgesetzes in den deutschen *Einigungsvertrag* aufgenommen worden.
Die Umstrukturierung des Hörfunks war im Jahre 1990 in der DDR
vor allem durch Föderalisierung bzw. Regionalisierung bestimmt.
Neben dem in *Radio Aktuell* unbenannten *DDR 1* und dem un-
veränderten *Berliner Rundfunk* gab es am 1. August fünf Lan-
desprogramme, und zwar in Mecklenburg-Vorpommern, Sachsen
(Leipzig), Brandenburg (Potsdam), Sachsen-Anhalt (Halle) und
Thüringen (Weimar). Die ehemals für Hörer in der Bundesrepublik
betriebene *Stimme der DDR* wurde in den *Deutschlandsender Kultur* (*DLK*) mit einem entsprechenden anspruchsvollen
Programm umgewandelt. *Radio Berlin International* (*RBI*)
trat in eine Kooperation mit dem Kölner Auslandssender *Deutsche Welle* ein, in dem es später dann aufging. Das erfolgreiche
Jugendradio DT 64 wechselte als erstes den Intendanten und war-
tete zum 1. April mit einem gewandelten Programmschema (Übergang zu einem Jugend-Vollprogramm) auf. Dennoch blieb das
Schicksal dieses Programms unsicher, nicht zuletzt wegen Finanz-
problemen, mit denen der Rundfunk in der DDR jetzt insgesamt zu
kämpfen hatte. Der Versuch eines Zusammenschlusses zwischen
DT 64 und *RIAS Berlin*, dessen Programmauftrag durch die politische Wende in der DDR praktisch entfallen war, dauerte – wegen

fehlender Rechtsgrundlage und massiven Hörerprotesten – nur wenige Stunden. Nach der Wiedervereinigung wurde das *Jugendradio* schließlich von dem privatisierten *RIAS 2* aufgefangen.

Zur Finanzierung des Hörfunks in der DDR wurde *Werbung* eingeführt, wobei man die Zusammenarbeit mit den Werbetochtergesellschaften der Landesrundfunkanstalten der Bundesrepublik suchte. Zu einer nennenswerten Etablierung privater Radiosender kam es in der DDR vor dem 3. Oktober 1990 noch nicht, obwohl das *Rundfunküberleitungsgesetz* dafür Modalitäten vorsah. Gründungsversuche hat es allerdings gegeben.

Unklar blieb 1990 in der DDR zunächst lange Zeit, in welcher Form künftig das *Fernsehen* organisiert sein würde. Auch bei diesem Medium gab es Änderungen zunächst im Programm, wovon vor allem das Programm *DDR 2* (mit der Nachrichtensendung ›AK 2‹, die sehr bald in das Sprachraumprogramm *3 sat* übernommen wurde) betroffen war. Strittig war, ob der *Deutsche Fernsehfunk (DFF)* seine Eigenständigkeit bewahren und ein – neben *ARD* und *ZDF* drittes – öffentlich-rechtliches System bilden sollte. Auch hier setzte sich schließlich das Prinzip der Regionalisierung und die Angleichung an die bundesdeutschen Verhältnisse durch. Seit August wurden über die Frequenzen von *DFF 1* das ARD-Programm ausgestrahlt (mit Zulieferung durch den *DFF* für die Regionalsendungen vor 20 Uhr), ferner über drei Frequenzketten das *ZDF*-Programm sowie *DFF 2* als Vollprogramm aus Adlershof. In dieser Form überlebte der *DFF* auch den Beitritt der DDR zur Bundesrepublik und fusionierte seine bisherigen Programme am 15. 12. 1990 unter dem Namen *Neue Länder Kette (NLK)*. Die Finanzierungsprobleme des Fernsehens suchte man, ebenfalls durch Einführung von Werbung (zunächst mit einem französischen Partner) zu lösen. Schwierigkeiten bereitete ferner die nach westlichen Maßstäben enorme personelle Überbesetzung beim Fernsehen (aber auch beim Hörfunk) der DDR. Hier kam es schon bald zu Kündigungen bzw. Entlassungen. Dabei spielte auch die politische Belastung bestimmter Mitarbeiter eine Rolle. Systematisch wurde diese Frage aber erst nach der Herstellung der deutschen Einheit durch den dann eingesetzten Rundfunkbeauftragten angegangen (→ Rundfunk; → Kommunikationspolitik). Private Fernsehanbieter konnten in der DDR ebenfalls erst nach der Herstellung der Einheit Fuß fassen. Doch wa-

ren die Programme der landesweiten bundesdeutschen Anbieter
SAT 1 und *RTL* dort schon vorher zu empfangen, ja die Möglichkeiten dazu hatten sich durch den Erwerb von Satellitenschüsseln
so verbessert, daß sie alsbald stärker genutzt wurden als die öffentlich-rechtlichen Programme von *ARD* und *ZDF*.

Ungelöst blieb längere Zeit auch die künftige Existenz des Fernsehprogramms *Elf 99*, das erst am 1. September 1989 in der DDR seine
Sendungen aufgenommen hatte, um vor allem Jugendliche mit
einem attraktiven Programmangebot zurückzugewinnen. (Benannt
war es nach der Postleitzahl des Studiokomplexes in Berlin Adlershof). Das Programm machte durch zahlreiche systemkritische Beiträge von sich reden und wurde damit zu einer Antriebsfeder der politischen Wende. Angesichts der zu erwartenden Abwicklung unter-
nahmen die Mitarbeiter von *Elf 99* im März 1990 den Versuch
einer Privatisierung. Ab Januar 1992 im Programmumfeld von
RTL, wechselte man im September 1993 zu *VOX*.

Der am 31.8.1990 unterzeichnete *Einigungsvertrag* bestimmte in
§ 36, daß der *Rundfunk der DDR* und der *Deutsche Fernsehfunk* als gemeinschaftliche, staatsunabhängige Einrichtung der
neuen Bundesländer bis zum 31.12.1991 weitergeführt würden. Ein
Rundfunkbeauftragter sollte die Einrichtung leiten. Ihm stehe ein
Beirat aus Vertretern gesellschaftlich relevanter Gruppen zur Seite.
Damit war der Zeitraum gesetzt, bis zu dem die Auflösung des
DDR-Rundfunks bzw. seine Überführung in neue, den bundesdeutschen (Rechts-)Verhältnissen entsprechende Organisationsformen
abgeschlossen sein mußte.

Auch bei der zentralen Nachrichtenagentur *ADN* standen personelle Veränderungen am Beginn der Wende. Der Entwurf zu einem
neuen *ADN*-Statut wurde Mitte März 1990 vom *Medienkontrollrat* abgewiesen. Moniert wurde, daß die Verhinderung weiterer
»Regierungsnähe« nicht sichergestellt sei. Zu diesem Zeitpunkt
schlossen *ADN* und die bundesdeutsche Nachrichtenagentur *dpa*
einen ersten Vertrag zur wechselseitigen Rechtevermarktung. Doch
begann gleichzeitig ein Konkurrenzkampf, da *dpa* im anderen Teil
Deutschlands Abonnenten warb und ihr eigenes Korrespondentennetz dort aufbaute. Trotz eines Fusionsangebotes von *dpa* entschied
die *ADN*-Leitung im weiteren Verlauf des Jahres, die Selbständigkeit des eigenen Dienstes zu erhalten, obwohl die wirtschaftlichen

Schwierigkeiten zunahmen und zu einer drastischen Personalredu-
zierung zwangen. Die Zusammenarbeit im Bereich des Bilderdien-
stes blieb zunächst jedoch bestehen.

Die politische Wende 1989 und die Wiedervereinigung wirkten sich
tiefgreifend auch auf das *Film-* und Kinowesen der (Ex-)DDR aus.
Seitdem blieben den Filmtheatern großenteils die Zuschauer weg.
Hatten diese dort 1988 noch 87 Millionen Besucher, so waren es
1991 nur noch 13 und 1992 12,4 Millionen. Die Zahl jährlicher Kinobesucher pro Einwohner sank auf 0,8 und war damit fast nur noch
halb so hoch wie in der alten Bundesrepublik. Nahezu jedes zweite
Kino schloß seine Pforten, 1992 bestanden in Ostdeutschland nur
noch 429. Ausschlaggebend dafür waren nicht nur deren z. T.
schlechter Zustand (s. o.) und ein verändertes Freizeitverhalten,
sondern auch wirtschaftliche Schwierigkeiten. Vom Kinobesuch
hielten die Zuschauer nicht nur die erhöhten Eintrittspreise ab, sondern auch veränderte Freizeitgewohnheiten, zumal das enorm ge-
wachsene, jetzt zugängliche Spielfilmangebot des (West-)Fernsehens
(insbesondere der privaten Anbieter).

Die für die Reprivatisierung der Staatswirtschaft der (ehemaligen)
DDR geschaffene *Treuhandanstalt* war auch für den Verkauf der
volkseigenen Lichtspielhäuser zuständig. 380 Abspielstellen wurden
vorzugsweise im Paket angeboten, wovon die UFA-Theater AG
Düsseldorf allein rund 100 erwarb. Auch mittelständische Unternehmer aus dem Westen kamen zum Zuge, während Lichtspielleiter aus
dem Osten leer ausgingen. Auch die Privatisierung der *DEFA* gehörte zu den Aufgaben der Treuhand. Ihre Überführung in die Hand
neuer Eigentümer zog sich längere Zeit hin. Mitte 1992 übernahm
dann die französische Compagnie Immobilière Phénix Deutschland
GmbH (CIP), eine Tochtergesellschaft des Energiekonzerns Compagnie Générale des Eaux (CGE), die *DEFA*-Studios. Der Konzern
legte ein Nutzungskonzept vor mit der Absicht, dort ein Medienzen-
trum zu errichten, dessen Kern ein Filmproduktionsstudio bildet.
Die Treuhand rechnete mit Investitionen von mehr als einer Mil-
liarde DM. Alle 780 verbliebenen Mitarbeiter der *DEFA* wurden
übernommen. In zehn Jahren sollen wiederum mehr als 3500 Beschäftigte auf dem Filmgelände arbeiten. Um die ehrgeizigen Pläne
umzusetzen, hat die *Studio Babelsberg* GmbH – einer ihrer Geschäftsführer ist der deutsche Regisseur *Volker Schlöndorff* –

zusammen mit der international tätigen Filmproduktionsgesellschaft Island World B. V. Amsterdam eine gemeinsame Produktionsgesellschaft gegründet. Diese *Babelsberg International Film Produktions GmbH* soll jedes Jahr etwa acht Spielfilme produzieren. Ein weiteres Gemeinschaftsunternehmen gibt es mit der UFA Film- und Fernseh GmbH, einem Bestandteil des *Bertelsmann* Konzerns. Ob die Studios in Babelsberg wieder (wie schon in den zwanziger Jahren) eine der bedeutendsten Filmproduktionsstätten Deutschlands sein werden, bleibt abzuwarten.

Jürgen Wilke

Medienrecht

Presserecht

Das Presserecht basiert auf Verfassungsrecht, Bundesrecht und den Landespressegesetzen. Zum Presserecht im weiteren Sinn gehören alle für die Presse geltenden Rechtsvorschriften. Es umfaßt zahlreiche Rechtsgebiete, zum Beispiel auch die für das Pressewesen wichtigen Normen des Arbeits-, Zivil-, Straf-, Wettbewerbs-, Urheber-, Kartell- und Verlagsrechts. Presserecht im engeren Sinn umfaßt lediglich pressespezifische Normen.

1. Rechtsquellen

Das in der Bundesrepublik geltende Presserecht beruht auf nationalen und internationalen Rechtsquellen. Im Vordergrund der nationalen Rechtsquellen steht der spezifische Grundrechtsschutz, den die Verfassung in Art. 5 Abs. 1 Satz 2 Halbs. 1 GG der Presse gewährt.

Grundgesetz Artikel 5

(1) Jeder hat das Recht, seine Meinung in Wort, Schrift und Bild frei zu äußern und zu verbreiten und sich aus allgemein zugänglichen Quellen ungehindert zu unterrichten. Die Pressefreiheit und die Freiheit der Berichterstattung durch Rundfunk und Film werden gewährleistet. Eine Zensur findet nicht statt.

(2) Diese Rechte finden ihre Schranken in den Vorschriften der

allgemeinen Gesetze, den gesetzlichen Bestimmungen zum Schutze der Jugend und in dem Recht der persönlichen Ehre.

Die *Pressefreiheit* ist weiterhin in § 1 aller 16 *Landespressegesetze* verankert. Das Recht, Pressegesetze zu erlassen, steht gemäß Art. 70 GG grundsätzlich den Ländern zu. Dieses Recht wird beschränkt durch die Rahmengesetzgebungskompetenz des Bundes. Art. 75 Ziff. 2 GG ermächtigt den Bund zum Erlaß von Rahmenvorschriften über die allgemeinen Rechtsverhältnisse der Presse. Der Bund hat von seiner Kompetenz noch keinen Gebrauch gemacht. Die wiederholten Versuche eines *Presserechtsrahmengesetzes* sind bisher alle gescheitert. Als höherrangiges unmittelbar geltendes Verfassungsrecht geht Art. 5 GG allen Landesgesetzen und Landesverfassungen vor. Einzelbestimmungen der Landespressegesetze können den grundrechtlich garantierten Freiheitsbereich der Presse in gewissem Umfang nur einschränken, wenn sie verfassungskonform im Sinne des Art. 5 Abs. 2 GG sind.

Die einzelnen internationalen Rechtsquellen sind wichtige Maßstäbe für die Auslegung des Grundrechts der *Pressefreiheit*. Art. 10 der Europäischen Menschenrechtskonvention (MRK) erwähnt nicht expressis verbis die Pressefreiheit selbst, garantiert aber ohne Rücksicht auf die Landesgrenzen die *Meinungs-* und *Informationsfreiheit*. Art. 25 MRK gibt jedem Bürger der Bundesrepublik das Recht, bei Verletzung dieser Freiheiten den Europäischen Gerichtshof anzurufen. Nach Art. 19 der ›Allgemeinen Erklärung der Menschenrechte‹ der Vereinten Nationen gehört die Meinungsfreiheit zum Kreis der jedermann zustehenden allgemeinen Menschenrechte. Der Umfang der Gewährleistung deckt die insbesondere für die Pressefreiheit wichtige (legale) Beschaffung und Verbreitung von Informationen. An der Abfassung der KSZE-Schlußakte von Helsinki (1975) waren neben west- auch osteuropäische und neutrale Staaten beteiligt. Alle Teilnehmer einigten sich darauf, die Menschenrechte und Grundfreiheiten entsprechend der Charta der Vereinten Nationen und der Allgemeinen Erklärung der Menschenrechte zu achten und zu respektieren (→ Kommunikationspolitik).

Zu den für das Grundrecht der *Pressefreiheit* wichtigsten Rechtsquellen zählt auch die höchstrichterliche Rechtsprechung. Das trifft im besonderen Maße auf das *Bundesverfassungsgericht*

(BVerfG) zu, dem als Hüter der Verfassung für die Ausgestaltung unserer Rechts- und Gesellschaftsordnung eine wichtige Bedeutung zukommt. Das BVerfG hat in einer Reihe von richtungsweisenden Entscheidungen die Garantie der Freiheiten im Medienbereich markiert und in ständiger Rechtsprechung die gewonnenen Maßstäbe weiter entwickelt (*Keidel* 1967; *Ricker* 1976; *Schumacher* 1987). Rechtsschöpferische Grundlagen in der Rechtsprechung des BVerfG zur Sicherung der Pressefreiheit sind das Lüth-Urteil (BVerfGE 7, 198 bezüglich der allgemeinen Gesetze) und das Spiegel-Urteil (BVerfGE 20, 162 bezüglich der öffentlichen Aufgabe). Sie enthalten die wichtigsten Feststellungen des Gerichts über Bedeutung und Inhalt des Grundrechts der Pressefreiheit wie auch über dessen Schranken.

2. Die öffentliche Aufgabe der Presse

Nach der Rechtsprechung des BVerfG steht die *Meinungsfreiheit* aufgrund ihrer besonderen Bedeutung im Zentrum der Garantien des Art. 5 GG. Die Meinungsfreiheit ist als unmittelbarer Ausdruck der Persönlichkeit in der Gesellschaft eines der vornehmsten Menschenrechte überhaupt. Für die freiheitlich-demokratische Grundordnung ist sie schlechthin konstituierend, indem sie den geistigen Kampf, die freie Auseinandersetzung der Ideen und Interessen gewährleistet, die für die Funktionsfähigkeit dieser Staatsordnung lebensnotwendig ist (BVerfGE 12, 125; 5, 205; 7, 208). Das BVerfG hat die wichtige Rolle der Presse bei der Verwirklichung der Meinungsfreiheit anerkannt. Neben dem Rundfunk ist vor allem die Presse sowohl Motor, der die öffentliche Diskussion in Gang hält, als auch Sprachrohr, durch das sich die *öffentliche Meinung* artikuliert (BVerfGE 12, 260; 20, 175). Zudem ist die Presse Organ der Kontrolle und Kritik des politischen, wirtschaftlichen und kulturellen Geschehens. Dieser privilegierten Stellung der Presse korrespondiert ihr spezifischer Verfassungsschutz. Art. 5 Abs. 1 Satz 2 Halbs. 1 GG gewährt sowohl ein eigenes *Abwehrrecht* gegen Eingriffe staatlicher Behörden in den Kommunikationsvorgang als auch die *institutionelle Funktionsgarantie* des Staates für ein freies Pressewesen. Der Staat kommt seiner besonderen Garantenpflicht einmal durch Vergünstigungen, etwa durch den verbilligten *Postzeitungsdienst* oder einen ermäßigten Mehrwertsteuersatz auf die

Vertriebserlöse, aber auch durch Eingriffe, wie etwa die Erschwerung von Pressefusionen im Interesse eines pluralistischen Meinungsmarktes, nach. Neben dieser verfassungsrechtlichen Basis der Pressefreiheit hat der Gesetzgeber den Freiheitsraum der Presse durch zahlreiche weitere Privilegien abgesichert. Die causa für den besonderen Schutz der Presse in der Verfassung und in der übrigen Rechtsordnung ist in der *öffentlichen Aufgabe*, die die Presse zu erfüllen hat, zu sehen (BVerfGE 20, 173). Diese Funktion als besonderer Verfassungsauftrag der Presse ist in den *Landespressegesetzen* ausdrücklich normiert (vgl. §3 LPG; in Hessen fehlt eine entsprechende Vorschrift). Die *öffentliche Aufgabe* der Presse besteht nach überwiegender Ansicht (vgl. *P. Schneider* 1962, 93 ff.; *Löffler* 1984, Bd. II §3 Rdz. 19, 23; *Löffler/Ricker* 1986; 3. Kap. Rdz. 19 ff.; im Gegensatz hierzu steht die staatsbezogene Sicht, vgl. *Dagtoglou* 1963, 23 ff., und die wertbezogene Sicht, vgl. *v. Mangoldt/Klein* 1957, 254) in der Erfüllung ihrer spezifischen Funktion im Interesse der für den einzelnen und die Demokratie erforderlichen Publizitätsentfaltung. Ausgangspunkt für diese funktionale Interpretation ist die Frage nach dem Gemeinwohl. Die Sorge um Probleme des Gemeinwohls ist nicht beim Staat monopolisiert. Auch der einzelne ist aufgrund seiner vom BVerfG anerkannten Aktivbürgerschaft zur Pflege und Förderung des Gemeinwohls aufgerufen (BVerfGE 20, 162). Auf der Grundlage des Subsidiaritätsprinzips besitzt der einzelne bei seiner Aufgabenerfüllung einen Handlungsvorrang vor den Institutionen des Staates. Wegen des in der Demokratie notwendigen Prozesses der Willensbildung vom Volk her zu den Staatsorganen und nicht in umgekehrter Richtung (BVerfGE 20, 56) fällt der Presse die essentielle Aufgabe zu, als Motor die öffentliche Diskussion in Gang zu halten wie auch als Sprachrohr zu fungieren, durch das sich die *öffentliche Meinung* äußert. Diese ihr zugewiesene *öffentliche Aufgabe* erfüllt die Presse im wesentlichen auf dreifache Weise: Sie setzt zunächst den öffentlichen Kommunikations- und Meinungsbildungsprozeß in Gang, indem sie einen allgemeinen Meinungsmarkt herstellt. Die Presse leistet weiterhin einen Bildungsbeitrag im weitesten Sinn, der dem Leser die freie eigene Meinungsbildung durch Zustimmung oder Ablehnung erleichtert. Die Konstituierung eines politischen Forums durch die Presse ermöglicht schließlich die Vorformung politischer Aussagen und die Kommunikation zwischen der Bevölkerung und ihren Repräsentanten. Diese umfassende funktionelle Interpretation der öffentlichen Aufgabe der Presse hat für die Auslegung der *Landespressegesetze* wichtige Konsequenzen: Die dort unter dem Begriff der öffentlichen Aufgabe ausdrücklich hervorgehobenen Tätigkeiten besitzen nur beispielhaften Charakter.

3. Die Pressefreiheit

Der durch das Grundrecht der Pressefreiheit geschützte Freiheitsbereich ist gleichermaßen Grundlage und Wesensmerkmal des demokratischen Lebens wie auch elementare persönliche Freiheit des Menschen. Die Presse trägt als Medium, das Kommunikation vermittelt, entscheidend zur freien öffentlichen Meinungsbildung bei. Eine ebenso große Bedeutung kommt dem Grundrecht der *Pressefreiheit* jedoch auch für die Persönlichkeitsentfaltung des einzelnen zu (BVerfGE 27, 81). Der Begriff ›Presse‹ im Sinne des Art. 5 Abs. 1 Satz 2 Halbs. 1 GG erfaßt als Sammelbegriff das gesamte Pressewesen. Darunter fallen sowohl alle Druckerzeugnisse, die zur Verbreitung geeignet und bestimmt sind (vgl. die Legaldefinition in den Landespressegesetzen; BVerfGE 34, 283), als auch die im Pressewesen tätigen Personen und Presseunternehmen mit ihrem technischen, wirtschaftlichen und organisatorischen Apparat. Nach der Rechtsprechung des BVerfG stellt sich die Pressefreiheit als *Abwehrrecht* gegenüber staatlichen wie auch wirtschaftlichen Machtgruppen (mittelbare *Drittwirkung*) dar (BVerfGE 25, 256). Neben der individualrechtlich verstandenen *Pressefreiheit* der im Pressewesen Tätigen gewährleistet das Grundrecht darüber hinaus auch die institutionelle Eigenständigkeit der Presse. Zum gegenständlichen Schutzbereich des Art. 5 Abs. 1 Satz 2 Halbs. 1 GG gehört die gesamte, wesensmäßig mit der Pressearbeit zusammenhängende, Tätigkeit von der Beschaffung von Informationen bis zur Veröffentlichung und Verbreitung von Nachrichten und Meinungen. Die freie Tätigkeit der Presse wird zusätzlich geschützt durch das Verbot einer *Vorzensur*, d. h. von einschränkenden staatlichen Maßnahmen vor der Veröffentlichung und Verbreitung von Nachrichten und Meinungen (Art. 5 Abs. 1 Satz 3 GG). Den Schutz der Pressefreiheit genießt der gesamte Inhalt der Presse, Unterhaltungs- und Anzeigenteil eingeschlossen. Der individualrechtliche Schutz des Grundrechts kommt einem weitgespannten Personenkreis zugute. Grundsätzlich kann jedermann Träger der *Pressefreiheit* sein. Im Pressewesen tätigen Personen und Unternehmen gewährt Art. 5 Abs. 1 Satz 2 Halbs. 1 GG ausnahmslos ein subjektives Grundrecht (BVerfGE 20, 162). Im Einzelfall ist allerdings nach Art und Intensität der Mitwirkung am geschützten Kommunikationsvorgang zu differenzieren.

Die Presse genießt besonderen Schutz vor Beschränkungen, um die *öffentliche Aufgabe* sachgemäß erfüllen zu können. Zusätzlich abgesichert wird die ungehinderte Tätigkeit der Presse durch folgende Privilegien: In die durch Art. 5 Abs. 1 Satz 2 Halbs. 1 GG hochrangig geschützte *Pressefreiheit* darf nur aufgrund eines allgemeinen Gesetzes im Sinne des Art. 5 Abs. 2 GG eingegriffen werden. Darunter sind solche Gesetze zu verstehen, die nicht den Zweck haben, die Pressefreiheit einzuschränken, sondern dem Schutz eines anderen wichtigen Rechtsguts dienen (BVerfGE 21, 271). Unzulässig sind daher Sondergesetze, die sich gegen die Presse richten. Um die Gefahr einer Aushöhlung der Pressefreiheit zu verhindern, muß dieses Rechtsgut jedoch im Lichte der Bedeutung der Pressefreiheit gesehen werden. Es ist seinerseits aus der Erkenntnis der wertsetzenden Bedeutung der Pressefreiheit für die freiheitlich demokratische Grundordnung auszulegen und so in seiner die Pressefreiheit beschränkenden Wirkung selbst wieder einzuschränken (BVerfGE 7, 208 f.; ständige Rechtsprechung).

Die freie Presse wird zusätzlich durch die folgenden Privilegien geschützt: Für die Presse gibt es keinen *Standeszwang* noch eine Standesgerichtsbarkeit (§ 1 Abs. 4 LPG). Die sogenannte *Zulassungsfreiheit* (§ 2 LPG) garantiert die freie Gründung von Presseunternehmen und den freien Zugang zu den Presseberufen. Die Tätigkeit der Presse genießt den wichtigen Schutz der Wahrnehmung berechtigter Interessen im Sinne des § 193 StGB. § 4 LPG gewährt der Presse einen *Informationsanspruch* gegenüber Behörden. Den für periodische Zeitungen und Zeitschriften Tätigen steht vor Gericht zum Schutz ihrer Informationsquellen ein *Zeugnisverweigerungsrecht* zu (§ 53 Abs. 1 Ziff. 5 StPO; § 383 Abs. 1 Ziff. 5 ZPO). Eine bevorrechtigte Stellung kommt der Presse bei der *Beschlagnahme* von Presseunterlagen und der Durchsuchung von Presseunternehmen zu (§§ 97, 98, 103, 111 m, 111 n StPO). Für

Presseinhaltsdelikte gilt das Privileg der kurzen *Verjährung* (§ 23 LPG). Im Bereich des Arbeitsrechts genießen Presseunternehmen gem. § 118 BetrVerG sogenannten *Tendenzschutz*, der die Mitwirkung des Betriebsrats im Interesse der publizistischen Unabhängigkeit einschränkt.

4. Innere Pressefreiheit

Bei der inneren Pressefreiheit geht es um die rechtliche Sicherung bestimmter Strukturprinzipien im Verhältnis zwischen Verleger und Chefredakteur und den übrigen redaktionellen Mitarbeitern eines Presseunternehmens. Dabei sind die Abgrenzungen publizistischer Kompetenzen sowie die Mitwirkung bei personellen und wirtschaftlichen Maßnahmen zu unterscheiden. Nach ständiger Rechtsprechung des BVerfG verkörpern die Grundrechte zugleich eine objektive Wertordnung, die sich als verfassungsrechtliche Grundentscheidung auf alle Rechtsbereiche auswirkt (BVerfGE 7, 205; 35, 114). Aus dem objektiv rechtlichen Gehalt der Grundrechte hat das Gericht die Verpflichtung des Staates hergeleitet, das Institut »Freie Presse« zu schützen (BVerfGE 10, 121; 12, 260; 20, 176; 21, 279). Die causa für diese staatliche Schutzfunktion ist die der Presse übertragene *öffentliche Aufgabe*. Die Presse erfüllt sie nach privatwirtschaftlichen Grundsätzen und privatrechtlichen Organisationsformen (BVerfGE 20, 175). Vor diesem konkreten Hintergrund der *institutionellen Garantie* der Pressefreiheit ergibt sich für die Abgrenzung der Kompetenzen der einzelnen Grundrechtsträger im Presseunternehmen eine Leitungsbefugnis des Verlegers, die sich in seinem arbeitsrechtlichen Direktionsrecht manifestiert. Ausgehend von der Erfordernis vielfältiger Presseangebote kommt dem Verleger die Funktion zu, als integrierende Kraft die Grundhaltung der Zeitung festzulegen und auf deren Einhaltung insbesondere in Streitfällen zu achten.

In der Diskussion über eine Kompetenzabgrenzung unterscheidet man zwischen Grundsatz-, Richtlinien- und Detailkompetenz. Die *Grundsatzkompetenz* umfaßt das Recht, die grundsätzliche publizistische Haltung und Richtung der Zeitung zu bestimmen, jene dauerhafte publizistische Linie also, die die besondere Eigenart eines Presseprodukts ausmacht. Die Grundsatzkompetenz steht dem Verleger zu. Er hat um der *öffentlichen Aufgabe* der Presse willen eine besondere Rechtsposition inne. Die Presse kann ihre Aufgabe nur erfüllen, wenn die Grundhaltung der Zeitung klar festgelegt ist und die publizistische Aussage ihr entspricht. Hinzu kommt, daß die Einheitlichkeit des publizistischen Bildes auch für die wirtschaftliche Existenz der Zeitung wichtig ist.

Die *Richtlinienkompetenz* bedeutet das Recht, über neu auftretende Fragen von grundsätzlicher, d. h. über die Tagesaktualität hinausgehender Bedeutung für die allgemeine publizistische Haltung der Zeitung zu entscheiden. Auch die *Richtlinienkompetenz* ist dem Verleger zuzuordnen, weil er andernfalls ohne Einfluß auf die publizistische Richtung der Zeitung wäre, die sich gerade bei wichtigen Zeitfragen bewähren muß. Den Redakteuren steht allerdings in Streitfällen über die *Grundsatzkompetenz* wie auch bei Fragen, welche die *Richtlinienkompetenz* tangieren, ein umfassendes Informations- und Anhörungsrecht zu. Diese Bindungen des Verlegers ergeben sich zum einen aus der *Pressefreiheit* der Redaktionsmitglieder und zum anderen aus der Integrationsfunktion des Verlegers, die ihm wegen der durch Art. 5 Abs. 1 Satz 2 Halbs. 1 GG abgesicherten Organisationsstruktur des Presseunternehmens zukommt.

Die *Detailkompetenz*, die die Entscheidung tagesaktueller publizistischer Fragen betrifft, wird in der Regel vom jeweils zuständigen Redaktionsmitglied wahrgenommen. Allerdings besitzt der Verleger ein uneingeschränktes Informationsrecht über die redaktionelle Arbeit und in wichtigen Einzelfragen, vor allem bei Gefahr einer zivil- oder strafrechtlichen Haftung, das Recht zur abschließenden Entscheidung. Dieser Grundsatz ergibt sich aus der haftungsrechtlichen und nicht zuletzt finanziellen Verantwortung des Verlegers für die Existenz der Zeitung. Der Verleger muß ferner unter Beachtung des Informations- und Anhörungsrechts der Redakteure das Redaktionspersonal, vor allem den Chefredakteur als seine Vertrauensperson, in eigener Verantwortung ernennen und entlassen können. Hier handelt es sich um eine wichtige unternehmerische, aber auch publizistische Entscheidung. Zur Regelung der Kompetenzfragen wurden in der Bundesrepublik seit den sechziger Jahren von einigen Presseunternehmen innerbetriebliche *Redaktionsstatute* vereinbart, die nur noch zum Teil in Kraft sind (*Holtz-Bacha* 1986).

Durch das Pressegesetz des Bundeslandes Brandenburg vom

13.5.1993 wurde in §4 erstmals eine gesetzliche Regelung der Zusammenarbeit zwischen Verleger und Redaktion normiert. Ebenso wie die dargelegten Grundsätze geht die Vorschrift von der *öffentlichen Aufgabe* der Presse als Grundlage der Zusammenarbeit aus. Einzelheiten zur Abgrenzung der Aufgaben und Verantwortlichkeiten werden in der Bestimmung nicht zwingend vorgeschrieben, sondern der privatautonomen Vereinbarung der Parteien vorbehalten. Außerdem normiert das Gesetz den auch im Manteltarifvertrag für Redakteure in Tageszeitungen vom 28.5.1990 niedergelegten *Gesinnungsschutz* für die Journalisten.

5. Presseordnungsrecht

Die wichtigsten Regelungen betreffen das *Impressum* (§8 LPG; Ausnahme: Hessen und Sachsen §6 LPG, Bayern, Berlin, Mecklenburg-Vorpommern, Sachsen-Anhalt und Thüringen §7 LPG), die Offenlegung der Besitzverhältnisse (Hessen §5 LPG, Mecklenburg-Vorpommern §7 Abs.4 LPG, Bayern, Sachsen und Thüringen §8 LPG, Brandenburg §9 LPG) und die Kennzeichnung entgeltlicher Veröffentlichungen (Anzeigen) (§10 LPG, Ausnahme Hessen §8 LPG, Bayern, Berlin, Mecklenburg-Vorpommern, Sachsen, Sachsen-Anhalt §9 LPG, Brandenburg §11 LPG).

6. Pressedelikte

Pressedelikte sind Straftaten oder Ordnungswidrigkeiten von Presseangehörigen bei ihrer Berufsausübung. Man unterscheidet zwischen Presseinhaltsdelikten, Presseordnungsdelikten und Presseordnungswidrigkeiten. Ein Presseinhaltsdelikt liegt vor, wenn durch eine bestimmte rechtswidrige Presseveröffentlichung ein Tatbestand des allgemeinen Strafrechts erfüllt ist (z.B. Ehrverletzungen, §§185ff. StGB). Grundsätzlich nur für Presseinhaltsdelikte finden die Sonderbestimmungen über die subsidiäre strafrechtliche Haftung des verantwortlichen Redakteurs/Verlegers, über die presserechtliche Verjährung sowie den Sondergerichtsstand der Presse Anwendung. Presseordnungsdelikte sind vorsätzliche Verstöße gegen bestimmte in den Landespressegesetzen verankerte wichtige Ordnungsvorschriften (Presseordnungsrecht). In Brandenburg, Sachsen und Thüringen gibt es keine Presseordnungsdelikte. Dort werden auch vorsätzliche Verstöße gegen die presserechtlichen Ordnungsvor-

schriften als Ordnungswidrigkeiten geahndet. Von Presseordnungswidrigkeiten spricht man bei fahrlässigen Verstößen gegen diese
wichtigen Ordnungsvorschriften sowie vorsätzlichen/fahrlässigen
Verstößen gegen weniger wichtige Ordnungsvorschriften.

7. Pressehaftung

Der Presse kommt bei der Erfüllung ihrer wichtigen *öffentlichen
Aufgabe* als Medium und Faktor der individuellen und öffentlichen Meinungsbildung ein besonderer, grundrechtlich garantierter
Freiraum zu. Trotzdem ist der einzelne, sofern die Berichterstattung
gerade ihn betrifft, nicht schutzlos gestellt. Nach den zivilrechtlichen
Bestimmungen des Bürgerlichen Gesetzbuches (BGB) kann er bei
unwahren Tatsachenbehauptungen der Presse deren Unterlassung,
Widerruf und unter Umständen auch finanziellen Schadenersatz verlangen. Ansprüche auf Unterlassung und Schadenersatz können sogar bei Meinungsäußerungen der Presse gegeben sein, sofern es sich
bei ihnen um eine ehrverletzende Schmähkritik handelt. Dabei
droht auch eine strafrechtliche Verurteilung, insbesondere bei Ehrverletzungen (§§ 185 ff. StGB). Die von den Gerichten auszuspre-
chenden Sanktionen sind deshalb angemessen, da auch die Presse
das verfassungsrechtlich verankerte Persönlichkeitsrecht jedes einzelnen (Art. 1 Abs. 1 und Art. 2 Abs. 1 GG) zu achten hat.
Andererseits ist zu berücksichtigen, daß die Presse wie ebenso die
übrigen Medien ihrer in einem freiheitlich demokratischen Staat als
essentiell vorausgesetzten Informations- und Kontrollfunktion gerecht werden muß. Gerade bei kritischen Meinungsäußerungen
kommt ihr deshalb der grundrechtlich geschützte Grundsatz der
freien Rede zugute.
Auch wenn es hinsichtlich der prinzipiellen Gleichwertigkeit der beiden Rechtsgüter für den einzelnen Betroffenen beschwerend erscheinen mag, hat das BVerfG aufgrund einer umfassenden Güter-
und Interessenabwägung den Grundsatz der freien Rede unter bestimmten Voraussetzungen als vorrangig erachtet: Nach seiner
Rechtsprechung ist der Begriff der *Meinung* weit zu verstehen und
deshalb im Zweifel eine Presseäußerung als Meinungsäußerung auszulegen, wenn sie durch die Elemente der Stellungnahme und des
Dafürhaltens geprägt ist. Dies gilt auch bei einer Vermischung mit
Tatsachenelementen, soweit keine Trennung möglich ist und der tat-

sächliche Gehalt gegenüber der Wertung in den Hintergrund tritt, wie dies insbesondere bei verkürzten pauschalen Äußerungen vor allem im (politischen) Meinungskampf der Fall ist (BVerfG in AfP 1982, 216 – CSU; BVerfG in NJW 1984, 1745 – *Wallraff*).

Im Interesse des öffentlichen Meinungsbildungsprozesses muß bei Werturteilen, die im allgemeinen Interesse liegende Fragen berühren, die Vermutung für die Zulässigkeit der freien Rede sprechen (BVerfGE 54, 208 ff., 219 – *Böll/Walden*).

Ob die Presse für ihre Berichterstattung und öffentlich verbreitete Kritik letztlich doch die Haftung übernehmen muß, hängt grundsätzlich von der Beachtung der journalistischen *Sorgfaltspflicht* ab. Denn von dieser hängt im Bereich der Presse das Unwerturteil über die gefällten Äußerungen ab. Auf den *Rechtfertigungsgrund* der Wahrnehmung berechtigter Interessen der Öffentlichkeit (§ 193 StGB) kann sich die Presse nur berufen, wenn sie ihrer Pflicht zur Wahrhaftigkeit und Beachtung der Ehre des Betroffenen nachgekommen ist. Insoweit hat sie ihre publizistische Tätigkeit auf Inhalt, Wahrheit und Herkunft im gebotenen Umfang zu überprüfen. Nach der Rechtsprechung des BVerfGs ist dabei aber zu beachten, daß eine Übersteigerung der *Sorgfaltspflicht* gerade im Hinblick auf mögliche Sanktionen zu einer Einschränkung und Lähmung der Medien, insbesondere bei ihrer öffentlichen Kontrolle, führen kann (BVerfGE 54, 208 ff., 220 – *Böll/Walden*). Die Güterabwägung zwischen der Pressefreiheit und den Rechten Dritter fordert aber grundsätzlich eine um so größere *Sorgfaltspflicht*, je schwerer der Eingriff für den Betroffenen wiegt. Ein geringerer Maßstab ist dagegen bei einem sofortigen Abdruckbedürfnis wegen eines drängenden aktuellen Informationsinteresses geboten. Geringere Anforderungen werden ebenfalls hinsichtlich des *Anzeigenteils* gestellt. Die Presse haftet hier nur bei groben und leicht erkennbaren Rechtsverstößen.

8. Recht der Gegendarstellung

Das Gegendarstellungsrecht als Ausfluß des verfassungsrechtlich geschützten allgemeinen Persönlichkeitsrechts (Art. 1 und 2 GG) ist in § 11 LPG (in Hessen, Bayern, Berlin, Mecklenburg-Vorpommern, Sachsen und Sachsen-Anhalt in § 10 LPG, in Brandenburg in § 12 LPG) normiert. Die *Gegendarstellung* ist eine Entgegnung aus der eigenen Sicht des Betroffenen in dem gleichen Medium, in dem die Erstdarstellung erfolgte. Mit ihr hat der (unmittelbar oder mittelbar) Betroffene vor etwa gleichem Publikum mit etwa gleichem Publizitätsgrad die Möglichkeit, über ihn veröffentlichten angeblich unwahren *Tatsachenbehauptungen* entgegenzutreten ohne Rücksicht darauf, ob seine Darstellung richtig ist. Anspruchsberechtigt sind alle Personen, Stellen oder Behörden, die durch die Sachdarstellung in der Presse betroffen sind. Betroffen ist jeder, dessen eigene Interessensphäre durch die Erstdarstellung individuell berührt wird. Damit reichen allgemeine Interessen oder Interessen, die der Betroffene mit einem größeren Personenkreis gemeinsam hat (»Die Studenten«), nicht aus. Die Identität des Betroffenen muß für den sachlich interessierten Leser durch einen entsprechenden Hinweis im Text erkennbar sein oder sich zumindest ohne große Mühe ermitteln lassen. Anspruchsgegner ist nach einschlägigen presserechtlichen Bestimmungen der verantwortliche Redakteur und/oder der Verleger. Nur Tatsachenbehauptungen, keine Werturteile berechtigen den Betroffenen zur Gegendarstellung. Unter den Begriff der Tatsache fallen sowohl sinnlich wahrnehmbare Sachverhalte, Zustände, Eigenschaften (sog. äußere Tatsachen) wie auch Motiv und Absichten des Handelns (sog. innere Tatsachen). Wichtiges Abgrenzungskriterium gegenüber dem subjektiven Werturteil ist die objektive Beweiszugänglichkeit einer Darstellung. Im Zweifel ist der Begriff der Tatsache hier weit zu fassen, um so im Interesse einer freien Meinungsbildung die Gegendarstellung zu ermöglichen (KG Berlin in ZUM 1985, S. 105). Im Unterschied zur *Pressehaftung* ist sie deshalb gerechtfertigt, weil die Gegendarstellung keine Presseaktion darstellt. Eine gegendarstellungsfähige Tatsache muß abstrakt beweiszugänglich sein.

Die notwendige schnelle Reaktion des Betroffenen auf die Erstdarstellung bedingt den formellen Charakter des *Gegendarstellungsrechts*, wonach dieser weder den konkreten Beweis für die Unrichtigkeit der angegriffenen Behauptung noch für die Wahrheit seiner Entgegnung erbringen muß. Die abzudruckende Entgegnungserklärung muß schriftlich fixiert und vom Betroffenen bzw. von dessen gesetzlichem Vertreter unterzeichnet sein. Das Abdruckverlangen, wodurch der Anspruch auf Abdruck und Veröffentlichung der Gegendarstellung gefordert wird, kann hingegen auch mündlich gestellt werden. Abdruckverlangen und Gegendarstellung müssen unverzüglich, spätestens 3 Monate nach der Veröffentlichung der Presse zugehen. Der Anspruchsgegner hat die Gegendarstellung in der Regel in der nächsten Ausgabe an gleichwertiger Stelle wie die Erstmitteilung unverändert zu veröffentlichen. Der Umfang der Gegendarstellung muß im Verhältnis zum beanstandeten Text »angemessen« sein. Eine redaktionelle Stellungnahme zur Gegendarstellung (sogenannter Redaktionsschwanz) ist grundsätzlich zulässig. Die Durchsetzung des Gegendarstellungsanspruchs erfolgt über den Erlaß einer einstweiligen Verfügung (§§ 935 ff. ZPO). Verschärft wurde das Gegendarstellungsrecht in dem 1994 neu gefaßten saarländischen Pressegesetz (Redaktionsschwanz dort jetzt nicht mehr erlaubt; bei Verwendung graphischer oder photographischer Mittel, die im Zusammenhang mit dem beanstandeten Text stehen, soll eine Gegendarstellung »mit gleichwertigen graphischen oder photographischen Bestandteilen erfolgen«.)

Rundfunkrecht

1. Rundfunkbegriff

Art. 5 Abs. 1 Satz 2 GG garantiert die Freiheit der Berichterstattung durch den *Rundfunk*. Unter Rundfunk werden gleichermaßen *Hörfunk* und *Fernsehen* verstanden (BVerfGE 12, 246). Die folgende Rundfunkdefinition enthält Art. 1 § 2 Abs. 1 Satz 1 des ›Staatsvertrages über den Rundfunk im vereinten Deutschland‹ vom 31. 8. 1991 (→ Rundfunk): »Rundfunk ist die für die Allgemeinheit bestimmte Veranstaltung und Verbreitung von Darbietungen aller Art in Wort, in Ton und in Bild unter Benutzung elektrischer Schwingungen ohne Verbindungsleitung oder längs oder mittels eines Leiters.« Diesen Rundfunkbegriff hatten bereits die Rundfunkreferenten der Bundesländer sowohl 1975 ihrem ›Schliersee-Papier‹, das eine einheitliche rechtspraktische Anwendung des Rundfunkbegriffs bezweckte, als auch 1979 ihrem ›Würzburger-Papier‹, bei dem es um die medienrechtliche Zuweisung neuer Teleschriftformen ging, zugrunde gelegt. Gemäß Art. 1 § 2 Abs. 1 Satz 2 des Staatsvertrages von 1991 schließt der Rundfunkbegriff nunmehr ausdrücklich auch »Darbietungen ein, die verschlüsselt verbreitet werden oder gegen ein besonderes Entgelt empfangbar sind, sowie Fernsehtext«. Neben dieser Festlegung des Rundfunkbegriffs von Länderseite gliedert sich die Vorstellung, was inhaltlich unter Rundfunk zu begreifen ist, in eine technische Komponente (fernmelderechtlicher Rundfunkbegriff, vgl. insbesondere §1 Abs.1 FAG; BVerfGE 12, 237f.), sowie in eine kulturrechtliche Komponente (Rundfunk als Instrument der Massenkommunikation inklusive seiner Organisationsstrukturen und programmlichen Funktionen; vgl. BVerfGE 12, 229; BVerfGE 29, 163).

2. Verfassungsrechtlicher Rahmen

Das rechtliche Verständnis der in Art. 5 Abs. 1 Satz 2 GG garantierten *Rundfunkfreiheit* ist maßgeblich durch die Rundfunkurteile des BVerfG von 1961 (BVerfGE 12, 205ff.), 1971 (BVerfGE 31, 314ff.), 1981 (BVerfGE 57, 295ff.), 1986 (BVerfGE 73, 118), 1987 (BVerfGE 74, 297), 1991 (BVerfGE 83, 238), 1992 (BVerfGE 87, 181) und 1994 (ZUM '94, 173) geprägt worden. Das Bundesverfassungsgericht hat in ständiger Weiterentwicklung seiner Rechtsprechung zur wirksamen Absicherung der Rundfunkfreiheit Strukturprinzipien aufgestellt, die als allgemeine Leitlinien vom Landesgesetzgeber bei der Regelung der Rundfunkorganisation berücksichtigt werden müssen. Der objektiv-rechtliche Grundrechtsschutz aus Art. 5 Abs. 1 Satz 2 GG weist dem Staat eine besondere Garantenstellung für die Entfaltung und Sicherung der *Rundfunkfreiheit* zu. Der Grund hierfür liegt nach den Feststellungen des BVerfG im dritten Rundfunkurteil in der Skepsis, daß sich die in der privatrechtlich organisierten Presse vorhandene Meinungsvielfalt im Rundfunk nicht ohne staatliche Regelung einstellt, und in der Befürchtung, daß ohne staatlichen Schutz einzelne oder einzelne Gruppen bestimmenden Einfluß auf den Rundfunk nehmen könnten (BVerfGE 57, 320f.). Adressat dieser Funktionsverantwortung ist der Landesgesetzgeber. Deshalb enthält Art. 5 Abs. 1 Satz 2 GG einen Gesetzesvorbehalt für das Organisations- und Verfahrensrecht (*Parlamentsvorbehalt*; BVerfGE 57, 321). Der Rundfunk darf grundsätzlich weder dem Staat noch einer gesellschaftlichen Gruppe ausgeliefert werden. Er muß vielmehr allen gesellschaftlich relevanten Gruppen die freie Meinungsäußerung ermöglichen (BVerfGE 12, 262). Rundfunk im Sinne des Art. 5 Abs. 1 Satz 2 GG ist Medium und Faktor des verfassungsrechtlich geschützten Meinungsbildungsprozesses. »Demgemäß ist Rundfunkfreiheit primär eine der Freiheit der Meinungsbildung in ihren subjektiven und objektiv-rechtlichen Elementen dienende Freiheit... Sie dient der Aufgabe, freie und umfassende Meinungsbildung durch den Rundfunk zu gewährleisten« (BVerfGE 57, 320f.), nicht jedoch zur Selbstverwirklichung des Grundrechtsträgers (BVerfGE 87, 181). Essentielle Bedingung für eine freie Meinungsbildung ist die Freiheit von staatlicher Beeinflussung. Aus dem Prinzip der Staatsfreiheit folgt das Verbot für den Staat, weder personell (bei der Auswahl der Meinungsträger, die im Programm zu Wort kommen) noch inhaltlich Einfluß auf die Programmgestaltung zu nehmen. Weiteres Strukturprinzip der *Rundfunkfreiheit* ist die Pluralität der Programme (BVerfGE 12, 262 ff.; 31, 325 ff.). Es wurzelt im Sozialstaatsgebot wie auch im Demokratieprinzip der Verfassung. Dieses Pluralismusgebot verpflichtet den Landesgesetzgeber, die Rundfunkfreiheit durch eine pluralistische Kommunikationsstruktur zu effektuieren und dadurch das Medium Rundfunk allen zu öffnen, die es nutzen wollen. Die Sicherung der Meinungsbildung und Meinungsvielfalt war früher ausschließlich bei den binnenplural strukturierten Rundfunkanstalten monopolisiert: Rundfunkprogramme durften nur von den *öffentlich-rechtlichen* staatsunabhängigen Anstalten ausgestrahlt werden, deren gesellschaftlich-pluralistisch zusammengesetzte Kontrollgremien (*Rundfunk-* bzw. *Fernsehrat*) dafür sorgen sollen, daß alle relevanten Meinungsträger im Gesamtprogramm angemessen zu Wort kommen. In seinem dritten Rundfunkurteil (FRAG-Urteil) ist das BVerfG von dieser Rundfunkordnung abgewichen. Erstmals hat es das Individualrecht Rundfunkfreiheit grundsätzlich bejaht, seine Realisierung jedoch in das Ermessen der Landesgesetzgeber gestellt. Bis auf Bayern, das in Art. 111 a eine besondere Verfassungslage besitzt, haben alle Länder von dieser Möglichkeit Gebrauch gemacht und privaten Rundfunk eingeführt. Dieser Teil des Rundfunksystems ist durch die eigenverantwortliche Programmtätigkeit privater Veranstalter geprägt, die je nach Gesetzeskonzeption binnenpluralistisch oder außenpluralistisch ausgestaltet ist. Wesentlicher Ausfluß der *Rundfunkfreiheit* ist schließlich die Programmfreiheit. Während das BVerfG in seinem ersten Rundfunkurteil verlangte, daß im Interesse der *Meinungsfrei-*

heit das Gesamtprogramm ein Mindestmaß an Sachlichkeit, gegenseitiger Achtung und *Ausgewogenheit* aufweisen müsse (BVerfGE 12, 263), hat es im dritten Rundfunkurteil für den Fall auf das letztgenannte Erfordernis verzichtet, daß sich der Landesgesetzgeber für ein *außenplurales Rundfunksystem* entscheidet (BVerfGE 57, 323). In diesem Falle kommt es darauf an, daß die Gesamtheit der Programme aller Veranstalter ausgewogen ist.

Nach dem vierten Rundfunkurteil des BVerfG vom November 1986 wird von den privaten Veranstaltern ein Grundstandard verlangt, der die wesentlichen Voraussetzungen von Meinungsvielfalt umfaßt: Alle Meinungsrichtungen – auch diejenigen von Minderheiten – müssen im privaten Rundfunk zum Ausdruck gelangen können (zum Beispiel durch die Einrichtung eines ›offenen Kanals‹). Außerdem muß zur Sicherung von gleichgewichtiger weltanschaulicher Vielfalt auch im *Privatfunk* als notwendiger Voraussetzung eines freien Meinungskampfes ein einseitiger, höchst ungleichgewichtiger Einfluß einzelner Veranstalter oder Programme auf den Prozeß der öffentlichen Meinungsbildung ausgeschlossen sein. Zu diesem Zweck sind umfangreiche Konzentrationsbestimmungen gesetzlich vorzusehen, die bereits das Entstehen vorherrschender Meinungsmacht z. B. durch die Fusion von privaten Veranstaltern verhindern. Dem ist durch Art. 21 RStV Rechnung getragen worden. An die inhaltliche Vielfalt der Programmangebote (*Programmpluralismus*) werden noch geringere Anforderungen gestellt. Sie könnten von den von Werbeeinnahmen abhängigen und deshalb auf massenattraktive Programme angewiesenen Veranstaltern auch nicht erwartet werden.

Dagegen wird nach dem vierten Rundfunkurteil von dem *öffentlich-rechtlichen Rundfunk* die unverkürzte Darstellung der Meinungsvielfalt und ein inhaltlich umfassendes Programmangebot verlangt. Das BVerfG begründet dies damit, daß dieser mit seinen terrestrisch ausgestrahlten Programmen nahezu die gesamte Bevölkerung erreicht und ihm das Privileg der Gebühreneinnahmen zusteht. Deshalb kommt im *dualen Rundfunksystem* den *öffentlich-rechtlichen* Rundfunkanstalten die Aufgabe der *Grundversorgung* der Bevölkerung mit Rundfunkprogrammen zu, bei deren Gestaltung sie sich an den klassischen Programmauftrag (Information, Bildung, Kultur und Unterhaltung) halten müssen. Solange und soweit die Wahrnehmung dieser Aufgabe, die die essentielle Funktion des Rundfunks für die demokratische Ordnung ebenso wie für das kulturelle Leben in der Bundesrepublik Deutschland umfaßt, durch den öffentlich-rechtlichen Rundfunk wirksam gesichert ist, sieht es das BVerfG als gerechtfertigt an, an den gleichgewichtigen Meinungspluralismus und vor allem an den Programmpluralismus im *Privatfunk* weniger hohe Anforderungen zu stellen als im *öffentlich-rechtlichen Rundfunk*. Die vom Gesetzgeber zu treffenden Vorkehrungen müssen aber bestimmt und geeignet sein, ein möglichst hohes Maß gleichgewichtiger Vielfalt auch im privaten Rundfunk zu erreichen und zu sichern. Nach dem vierten Rundfunkurteil genügt den Anforderungen der Rundfunkfreiheit eine Konzeption der Ordnung privaten, durch *Werbeeinnahmen* finanzierten Rundfunks, welche neben allgemeinen Mindestanforderungen die Voraussetzungen der gebotenen Sicherung von Vielfalt und *Ausgewogenheit* der Programme klar bestimmt, die Sorge für deren Einhaltung sowie alle für den Inhalt der Programme bedeutsamen Entscheidungen einem externen, vom Staat unabhängigen, unter dem Einfluß der maßgeblichen gesellschaftlichen Kräfte und Richtungen stehenden Organ überträgt und wirksame gesetzliche Vorkehrungen gegen eine Konzentration von Meinungsmacht trifft (→ Rundfunk). In seinem 6. Rundfunkurteil (BVerfGE 83, 238) hat das Bundesverfassungsgericht eine besondere verfassungsrechtliche Absicherung des öffentlich-rechtlichen Rundfunks festgestellt, solange nur er in der Lage ist, die Grundversorgung zu gewährleisten.

In dem fünften Rundfunkurteil vom 24.3.1987 nahm das Bundesverfassungsgericht anhand des Mediengesetzes von Baden-Württemberg eine Funktionsabgrenzung zwischen dem *öffentlich-rechtlichen* und dem *privaten Rundfunk* vor. Dabei traf es folgende Feststellungen: Die verfassungsrechtliche Gewährleistung der Freiheit des Rundfunks verwehrt es dem Gesetzgeber prinzipiell, die Veranstaltung bestimmter Rundfunkprogramme und rundfunkähnlicher Kommunikationsdienste zu untersagen oder andere Maßnahmen zu treffen, welche die Möglichkeit verkürzen, durch Rundfunk verbreitete Beiträge zur Meinungsbildung zu leisten. Auch jenseits der *Grundversorgung* durch die *öffentlich-rechtlichen* Anstalten ist es dem Gesetzgeber daher versagt, die Veranstaltung dieser Programme und Dienste ausschließlich privaten Anbietern vorzubehalten.

Soweit das Landesmediengesetz Baden-Württembergs die Landesrundfunkanstalten von der Veranstaltung regionaler und lokaler Rundfunkprogramme ausschloß und die Veranstaltung von Ton- und Bewegtbilddiensten auf Abruf durch die Landesrundfunkanstalten unter den Vorbehalt einer besonderen Zulassung durch das Gesetz oder den Staatsvertrag stellte, ist dies mit Art. 5 Abs. 1 Satz 2 GG nicht vereinbar. Verfassungsrechtlich nicht zu beanstanden sind hingegen das *Werbeverbot* im öffentlich-rechtlichen Regional- und Lokalfunk, der Vorbehalt einer besonderen gesetzlichen oder staatsvertraglichen Zulassung für Rundfunkprogramme der Landesrundfunkanstalten, welche Abonnenten oder Einzelentgeltzahlern vorbehalten bleiben, die Beschränkungen einer Kooperation zwischen *privaten* Rundfunkveranstaltern und *öffentlich-rechtlichen* Rundfunkanstalten und die Verpflichtung der Landesrundfunkanstalten, freie *Videotext*kapazitäten ihrer Programme privaten Anbietern zur Verfügung zu stellen.

In seinem 6. Rundfunkurteil (BVerfGE 83, 238) hat das Bundesverfassungsgericht dem Gesetzgeber die Befugnis eingeräumt, von dem bisher praktizierten dualen Rundfunksystem abzuweichen und sich statt dessen auch für Mischmodelle zu entscheiden. Als ein solches ist das nordrhein-westfälische ›Zwei-Säulen-System‹ zu verstehen, in dem das Recht zur Programmveranstaltung Gruppen zugewiesen wird, die im Gesetz abschließend aufgeführt sind, während die wirtschaftliche Verantwortung für diese Form von Rundfunk Betriebsgesellschaften zugewiesen wird, in denen zum Schutz ihres Anzeigenaufkommens der Presse eine starke Stellung eingeräumt wird. Das Bundesverfassungsgericht bejaht die Verfassungsmäßigkeit dieses Systems, indem es eine Pflicht des Gesetzgebers zur Modellkonsistenz ablehnt. Bei der Gestaltung der Ordnung privaten Rundfunks habe der Gesetzgeber nur zu vermeiden, daß durch seine Konzeption privater Rundfunk erheblich erschwert oder unmöglich gemacht werde (zum 7. Rundfunkurteil s. 5. Finanzgrundlagen).

3. Öffentlich-rechtliche Rundfunkanstalten

Rundfunk ist im Programmbereich grundsätzlich Ländersache. Der sendetechnische Bereich fällt hingegen in die Gesetzgebungskompe-

tenz des Bundes (Art. 73 Ziff. 7 GG). Elf der insgesamt vierzehn bestehenden öffentlich-rechtlichen Rundfunkanstalten beruhen auf
Landesrecht. Als Hörfunkstation mit spezifischen Aufgaben ist die
Deutsche Welle aufgrund eines Bundesgesetzes geschaffen worden. Von allen Bundesländern gemeinsam wurde das *ZDF* errichtet.
Ebenfalls auf der Grundlage eines Staatsvertrages ist der Rundfunksender *Deutschlandradio* 1994 auf Sendung gegangen (vgl.
hierzu § 3 *Rundfunkfinanzierungsstaatsvertrag*). Die bin-
nenplurale Struktur der bestehenden *öffentlich-rechtlichen*
Rundfunkanstalten wird auch als Integrationsmodell bezeichnet.
Ziel des Integrationsrundfunks ist es, Meinungspluralismus durch
eine möglichst große Zahl von Informations- und Meinungsträgern
herzustellen. Zur Regelung dieser materiellen Integration sollen
Leitungsorgane und pluralistische Kontrollgremien einen ausbalan-
cierenden, steuernden Einfluß auf die Programminhalte ausüben.
Organe sind in der Regel der *Rundfunkrat* (beim ZDF der Fernsehrat), der *Verwaltungsrat* und der *Intendant*. Die Leitung der
Rundfunkanstalt liegt beim Intendanten, der rechtlich kompetent ist
für Sachentscheidungen über die Gestaltung des Programms und den
sonstigen gesamten Anstaltsbetrieb. *Radio Bremen* wird als einzige Rundfunkanstalt von einem Direktorium unter Vorsitz des Intendanten geleitet. Im Vordergrund der Aufgaben der Anstaltsgre-
mien steht die Überwachung der Programmgestaltung. Sie ist Aufgabe des *Rundfunkrats* bzw. *Fernsehrats*. Zudem wählt er in
der Regel die Mitglieder des Verwaltungsrats und auf dessen Vorschlag den Intendanten. Der *Verwaltungsrat* kontrolliert vor allem die wirtschaftliche Tätigkeit der Rundfunkanstalt einschließlich
der Geschäftsführung des Intendanten. Die vom BVerfG geforderte
Repräsentanz der gesellschaftlich relevanten Gruppen in diesen
Gremien (BVerfGE 12, 262 f.) führt in der Praxis zu der schwierigen
Frage, wie der Begriff der gesellschaftlichen Relevanz mit seiner erheblichen Deutungsweite definiert werden soll. Streitpunkt sind dabei vor allem Art und Umfang der Beteiligung von Staatsorganen
und von politischen Parteien.

4. Programmrecht
Nach Ansicht des BVerfG sollen verbindliche Leitlinien für das
Gesamtprogramm »ein Mindestmaß an inhaltlicher Ausgewogen-

heit, Sachlichkeit und gegenseitiger Achtung gewährleisten«
(BVerfGE 12, 263). Im Gegensatz zum detailliert geregelten Organi-
sations- und Verfahrensrecht sind deshalb die normativen Programmgrundsätze der *öffentlich-rechtlichen* Rundfunkanstalten recht vage formuliert. Im Rahmen seiner programmsteuernden
Kompetenz hat der *Intendant* von sich aus dafür zu sorgen, daß
die unterschiedlichen Meinungen fair, ausgewogen und angemessen
zu Wort kommen. Das Gebot der *Ausgewogenheit* bezieht sich
auf das Gesamtprogramm und nicht auf einzelne Sendungen. Hingegen bestimmen die von den *ARD*-Anstalten vereinbarten Grundsätze für die Zusammenarbeit im Gemeinschaftsprogramm, daß
nicht nur das Gesamtprogramm, sondern auch die einzelnen Programmsparten ausgewogen sein müssen. Relevante Programmziele
sind vor allem für die Bereiche Bildung, Unterrichtung sowie Unterhaltung normativ festgelegt. Inhaltliche Programmbindungen bestehen weiterhin für eigenverantwortliche Sendungen Dritter (z.B.
Parteien, Kirchen, Regierungsstellen).
Die verfassungsrechtliche Stellung der Programmitarbeiter wird geprägt durch die Doppelfunktion des Rundfunks als Medium und
Faktor der Meinungs- und Willensbildung, wie das BVerfG den
Rundfunk mehrmals bezeichnet hat (BVerfGE 12, 260f.; 35, 222;
57, 319f.). Für den medialen Tätigkeitsbereich (Rundfunk als Vermittler objektiver Berichterstattung i.e.S. und wichtiger, ohne ihn
bestehender Meinungsströme) können sich die Rundfunkjournalisten prinzipiell nicht auf das Grundrecht der *Meinungsfreiheit*
berufen. Dagegen ist die Übermittlung eigener meinungsrelevanter
Programmbeiträge (Rundfunk in seiner Faktorfunktion) rechtlich
als Betätigung des Grundrechts der Meinungsfreiheit zu werten, weil
hierbei der eigene Meinungsbeitrag des Redakteurs von außen erkennbar im Vordergrund seiner Leistung steht. Diese faktorale Mit-
arbeitertätigkeit unterliegt allerdings den Schranken des Integra-
tionsmodells. Dieses Modell ist auch Maßstab für die Beantwortung
der Frage, ob und inwieweit eine interne Mitbestimmung der Mitarbeiter rechtlich zulässig ist (vgl. hierzu BVerfGE 87, 181). Als Funk-
tionshelfer der Grundrechtsträger der *Rundfunkfreiheit* partizipieren sie an der grundrechtlich abgesicherten Unabhängigkeit der
Rundfunkanstalten nur gegenüber dem Staat. Eine anstaltskonträre
Rechtsposition besitzen die Rundfunkjournalisten nicht, soweit

diese auf eine verbindliche Mitbestimmung am internen Willens-
bildungs- und Entscheidungsprozeß abzielt (*Klein* 1978). Verbindliche Mitbestimmungsrechte würden auf eine Aushöhlung des
Intendantenprinzips und Verzerrung der Kontrollfunktion hinaus-
laufen. Für private Rundfunkveranstalter hat das BVerfG jedoch die
Beteiligung der redaktionell Beschäftigten an der Programmgestaltung und Programmverantwortung als eine Möglichkeit der Sicherung
von Meinungsvielfalt angesehen (vgl. BVerfGE 83, 238 [320]).

5. Finanzgrundlagen

Aus der Schutzfunktion der Rundfunkgewährleistung folgt als
weitere Pflicht des Staates, die Funktionsfähigkeit der Rundfunkanstalten durch eine angemessene Finanzierung sicherzustellen (vgl.
7. Rundfunkurteil; BVerfGE 87, 181). Für die Freiheit und Unabhängigkeit der Rundfunkanstalten ist es wesentlich, daß sie ein
eigenes Finanzaufkommen erhalten, welches ihnen die Grundversorgung mit Rundfunkprogrammen ermöglicht. Nach der Auffassung des BVerfG kann der Grundversorgungsauftrag durch eine
überwiegende Werbefinanzierung nicht hinreichend erfüllt werden.
Diese Finanzierungsart könne daher vom Gesetzgeber nach Zeit,
Dauer und Häufigkeit im Interesse des Rundfunkauftrages und der
anderen Medien begrenzt werden. Die Gewährleistung des erforderlichen Finanzierungsrahmens werde durch das Merkmal der Erfor-
derlichkeit bestimmt. Die Grundzüge der Finanzierung, Haushalts-
führung und Rechnungslegung der einzelnen Rundfunkanstalten
sind in den Rundfunkgesetzen und -verträgen festgelegt. Die Anstalten finanzieren sich und ihre Programme in erster Linie aus den
Rundfunkgebühren (Anstaltsnutzungsgebühr; BVerwGE 29,
214ff.). Diese Teilnehmergebühr ist von denjenigen zu zahlen, die
ein Empfangsgerät bereithalten. Da die einzelnen Landesrundfunkanstalten über unterschiedlich große Gebühreneinzugsgebiete verfügen, unterstützen die Anstalten mit großen Gebührenaufkommen
kleinere Sender... (vgl. § 10 Abs. 2 RStV und §§ 6ff. *Rundfunkfinanzierungsstaatsvertrag*). Die Höhe der Rundfunkgebühr
und das Einzugsverfahren sind durch Staatsvertrag der Länder bzw.
Verwaltungsabkommen der Rundfunkanstalten geregelt (s. § 1
Rundfunkfinanzierungsstaatsvertrag). Mit der Gebührener-
hebung haben die Rundfunkanstalten die *Gebühreneinzugszen-*

trale (GEZ) beauftragt. Jeder Gebührenerhöhung müssen alle Länderparlamente zustimmen. Vorbereitet wird eine geplante Erhöhung
der Rundfunkgebühr durch die *Kommission zur Ermittlung
des Finanzbedarfs* (KEF). Seit 1977 begutachtet diese von den
Ministerpräsidenten der Länder eingesetzte Kommission den Finanzbedarf der Rundfunkanstalten für die nächsten zwei Jahre. Der
Maßstab ihrer Arbeit wird in § 12 RStV festgelegt. (Eine Änderung
steht infolge des 8. Rundfunkurteils bevor.) Die Rundfunkanstalten
finanzieren sich außer durch die Rundfunkgebühren, teilweise bis
zur Hälfte ihres Haushaltsvolumens (*ZDF*), durch die entgeltliche
Vergabe von Sendezeiten für Wirtschaftswerbung. Für die Ausstrah-
lung von kommerziellen *Werbesendungen* enthält der Rundfunk-
Staatsvertrag von 1991 in § 15 verbindliche Richtlinien: Die zeitliche
Länge des Werbeprogramms ist auf 20 Minuten im Jahresdurch-
schnitt begrenzt, wobei pro Sendetag die Werbezeit höchstens 25
Minuten betragen darf. Für die Hörfunkwerbung gibt es ähnliche
Beschränkungen.

6. Staatsaufsicht

Die *Rundfunkaufsicht* schließt eine beschränkte *Staatsaufsicht* über den Rundfunk nicht aus. Die causa wie auch die Schranken dieser Staatsaufsicht ergeben sich aus der staatlichen Funktionsgarantie für den Rundfunk und deren spezifischen Grenzen. Da den
öffentlich-rechtlichen Rundfunkanstalten das Recht der Selbstverwaltung zusteht, beschränkt sich die Staatsaufsicht darauf, die
Einhaltung der gesetzlich normierten Verhaltensgebote zu kontrollieren (Rechtsaufsicht, keine Fachaufsicht; BVerfGE 12, 261;
BVerwGE 54, 36).

7. Privater Rundfunk und duales Rundfunksystem

Bei der Entwicklung des Rundfunkrechts stellte sich zunächst vor
allem die Aufgabe, Rechtsgrundlagen auch für einen *privatwirtschaftlich* betriebenen Rundfunk bzw. für ein *duales Rundfunksystem* zu schaffen. Notwendig wurde die Schaffung solcher
Rechtsgrundlagen vor allem, weil neue technische Übertragungsmöglichkeiten (insbesondere *Kabel* und *Satelliten*) die frühere
Einschränkung auf eine *öffentlich-rechtliche* Rundfunkstruktur
hinfällig gemacht hatten. Zur rechtlichen Regelung der damit aufge-

worfenen organisatorischen Fragen haben die Bundesländer seit 1984 entsprechende Landesrundfunk- oder Landesmediengesetze erlassen (vgl. ausführlicher → Rundfunk).

Von grundlegender Bedeutung ist außerdem der 1991 abgeschlossene Staatsvertrag über den Rundfunk im vereinten Deutschland (vgl. ebd.). Er räumt den privaten Rundfunkanbietern eine Entwicklungschance ein.

Im Rahmen seiner institutionellen Garantie ist es Sache des Landesgesetzgebers zu entscheiden, welches Modell privaten Rundfunks verwirklicht wird. Die meisten Länder haben sich für das zuerst im Kabelpilotprojekt Ludwigshafen realisierte Konzept entschieden, wonach der private Rundfunk privatrechtlich und privatwirtschaftlich unter der vor allem für den Schutz des Pluralismus zuständigen Landesmedienanstalt betrieben wird. Das Land Nordrhein-Westfalen hat sich dagegen für ein ›Zwei-Säulen-Modell‹ entschieden, in dem die Programmveranstaltung von den betriebswirtschaftlichen Erfordernissen getrennt ist. Aufgrund der besonderen Verfassungslage im Freistaat Bayern besteht dort kein privater Rundfunk, sondern ein alternatives öffentlich-rechtliches Modell. Danach ist Programmveranstalter die Bayerische Landeszentrale für Neue Medien (BLM), die sich der Programmzulieferung privater Anbieter bedient.

Im *dualen System* ist es Aufgabe des öffentlich-rechtlichen Rundfunks, die *Grundversorgung* herzustellen. Das Bundesverfassungsgericht hat hierfür drei Komponenten hervorgehoben: Die tatsächliche Erreichbarkeit, die uneingeschränkte weltanschauliche Vielfalt und die Spartenvielfalt. Der private Rundfunk hat dagegen nur die Aufgabe, einen *Grundstandard* zu verwirklichen. Vor allem im Bereich der Spartenvielfalt obliegen dem nicht überall empfangbaren Rundfunk nicht gleich hohe Anforderungen wie dem anderen Teil des dualen Rundfunksystems. Solange der private Rundfunk nicht ebenfalls zur Grundversorgung in der Lage ist, genießt der öffentlich-rechtliche Rundfunk besonderen verfassungsrechtlichen Schutz aus Artikel 5 GG. Dies kommt auch im achten Rundfunkurteil vom 22.2.1994 zum Ausdruck, mit dem das Bundesverfassungsgericht dem Gesetzgeber auferlegt hat, ein neues Verfahren der Gebührenfestsetzung zu schaffen, »das dem öffentlich-rechtlichen Rundfunk die zur Erfüllung seiner Aufgabe erforderlichen Mittel gewährleistet«, wobei die »Gebühr nicht zu Zwekken der Programmlenkung oder der Medienpolitik eingesetzt werden« darf.

Reinhart Ricker

Methoden der Publizistik- und Kommunikationswissenschaft

Die Publizistikwissenschaft hat sich erst stärker zu entwickeln begonnen, seitdem sie nicht mehr nur auf philosophische, historische und philologische, d. h. traditionell geisteswissenschaftliche Methoden angewiesen ist. Die Methoden der empirischen Sozialforschung, Beobachten und Befragen als Mittel der Datenbeschaffung und insbesondere kontrollierte Feldexperimente, haben Erkenntnismöglichkeiten eröffnet, die die Bedingungen kumulativer Erfahrungswissenschaft erfüllen: Wiederholbarkeit und Überprüfbarkeit der Forschungsschritte, weitgehende interpersonelle Übereinstimmung über den Inhalt eines Ergebnisses und Beweischarakter der Resultate durch Ausschaltung aller denkbaren Erklärungen bis auf eine im kontrollierten Experiment. Die Befragung – mehr zur Zeit wenigstens, als die Beobachtung – hat den Weg freigemacht, um die am → *Kommunikationsprozeß* beteiligten Personen und Institutionen, Publizisten und Publikum zu untersuchen, die die *Zeitungswissenschaft* im Anfangsstadium aus Mangel an geeigneten Untersuchungsmethoden weitgehend ausgespart hatte.

Als Methoden der im engeren Sinn empirisch-quantitativ arbeitenden Publizistikwissenschaft sind zu nennen:

1. Zur Vorbereitung von Untersuchungen *Intensivinterview, Gruppendiskussion, teilnehmende Beobachtung.*
2. Sekundärstatistische Analysen: Auswertung vorhandener Daten der *Medienstatistik.*
3. → *Inhaltsanalyse.*
4. Repräsentativ-statistische *Feldforschung*, in erster Linie mündliche persönliche Befragungen und Telefon-Interviews.
5. *Laboratoriumsuntersuchungen*: Untersuchungen in künstlicher Umwelt.

Wie stark sich diese empirischen quantitativen Methoden in der Kommunikationsforschung durchsetzten, zeigte schon in den fünfziger Jahren eine Statistik, die *Schramm* (1957) anhand der amerikanischen Fachzeitschrift ›*Journalism Quarterly*‹ aufstellte (Tabelle 7).

Tabelle 7:
Der Gebrauch quantitativer Methoden bei Forschungsberichten über Druckmedien, die im *Journalism Quarterly* veröffentlicht wurden

	Gesamtzahl der Artikel über Druckmedien	Davon Prozentsatz quantitativer Arbeiten
1937–1941	101	10
1942–1946	110	19
1947–1951	132	38
1952–1956	143	48

Die Entwicklung geht in die Richtung, Untersuchungen zunehmend mit Kombinationen verschiedener Methoden voranzutreiben, um die Befunde besser abzusichern, aber auch um mehr Phänomene studieren zu können, die sich den bisherigen Untersuchungen mit jeweils einer einzelnen Methode noch entzogen haben (→ Wirkung der Massenmedien).

Speziell publizistikwissenschaftliche Methodenentwicklung

Die Frage, ob die Publizistikwissenschaft eigenständige Methoden hervorgebracht hat, kann bejaht werden. Man wird diese Eigenständigkeit immer dort suchen, wo die Besonderheiten eines Untersuchungsgegenstandes liegen. Bei der Kommunikationsforschung ergibt sich zunächst das Erfordernis, neben den am → Kommunikationsprozeß beteiligten Personen (Kommunikator – Rezipient) auch die in Wort, Schrift und Bild gefaßte *Aussage* zu untersuchen. Die dafür benutzte systematische, objektive, quantifizierende Methode der → *Inhaltsanalyse* ist maßgeblich im Zuge der Erforschung der Massenmedien entwickelt worden.
Die Massenkommunikation als Forschungsgegenstand bietet die Schwierigkeit, daß sie oft flüchtig ist (häufig nur in der Art einer Ne-

benbeschäftigung abläuft) und der Eindruck einer Kommunikation zudem rasch von folgenden Kommunikationen überdeckt wird, und zwar nicht nur von folgenden Massenkommunikationen, sondern auch – im ›Zwei-Stufen-Fluß der Kommunikation‹ *(La-zarsfeld* et al. 1944) – von persönlicher Kommunikation, also *Ge-sprächen* über die Massenkommunikation (siehe auch *Kepplin-ger/Martin* 1986).

Daher gibt es in der Kommunikationsforschung auffallend viele Untersuchungsverfahren, mit denen man sich möglichst dicht an den Zeitpunkt der Kommunikation heranschiebt: *Laboratoriums-experimente, Studiotests, Heimtests*, um Reaktionen während und unmittelbar nach der Kommunikation zu erfragen; *Tele-fon-Interviews, Stichtagsbefragungen* zur Rekonstruktion der ›gerade eben‹ oder ›gestern‹ aufgenommenen Mitteilung, wenn nicht sogar *technische Messungen* zur unmittelbaren Beobachtung der Kommunikation eingesetzt werden: Meßinstrumente in Rundfunk- und Fernsehgeräten, ›GFK-Meter‹ (→ Mediaforschung), Augenkameras zur Beobachtung des Lesevorgangs, ›Rezeptions-Sensor‹, eine Fortentwicklung des Programmanalysators (*Lazarsfeld-Stanton-Program-Analyzer*) vom Anfang der vierziger Jahre (*Lazarsfeld/Stanton* 1944, *Millard* 1992), Feststellung von Fingerabdrücken auf Zeitschriftenseiten als Beweis dafür, daß diese Seiten aufgeschlagen wurden, oder *Messungen physiologischer Reaktionen*, wie galvanischer Hautwiderstand (›elektrodermale Reaktionen‹, *Kroeber-Riel* 1984), Blutdruck, Herzfrequenz, EEG und anderer Erregungssymptome während der Aufnahme einer Massenkommunikation.

Solche Verfahren sind nicht nur wegen der Flüchtigkeit des Kommunikationsvorgangs entwickelt worden, sondern auch wegen einer weiteren charakteristischen Schwierigkeit: Die Aufnahme der Mitteilung verläuft zum Teil unbewußt, könnte also auch bei gutem Willen von Rezipienten nicht zuverlässig beschrieben werden.

Die Verfügbarkeit technischer Geräte wie des Rezeptions-Sensors oder der Augenkamera legt es nahe, derartige Untersuchungen im ›Laboratorium‹ durchzuführen oder auch als *Studiotest*, bei dem die Testpersonen in ein Hörfunk- oder Fernsehstudio eingeladen werden. Derartige Studiotests gab es als Teil der Hörerforschung bei der BBC seit Beginn der Hörerforschung Ende der dreißiger Jahre.

Sie spielen aber auch heute weiter eine wichtige Rolle, zum Beispiel in den Rundfunkanstalten oder auch bei *Werbemitteltests* im Studio.

Um die Verzerrung von Ergebnissen durch das künstliche Umfeld von Laboratorien oder Studios zu vermeiden, wurde der *Heimtest* entwickelt. Der Heimtest ist ein Test von Sendungen des Hörfunks und Fernsehens in den Wohnzimmern eines repräsentativen Bevölkerungsquerschnitts (*Noelle-Neumann* 1967). Die Interviewer erfragen und beobachten während und unmittelbar nach der Ausstrahlung die Reaktionen. Die Befragten bleiben also in ihrer gewohnten Umgebung. Sie werden nicht abstrakt befragt, sondern stehen unter dem Eindruck der Sendung. So wurden beispielsweise Hörfunk-Nachrichtensendungen mit 5 Minuten, 7 bis 8 Minuten und 10 Minuten Dauer im Heimtest untersucht, um die günstigste Länge festzustellen.

Der Heimtest eignet sich auch als *Werbemitteltest*, beispielsweise von Fernsehspots unter möglichst wirklichkeitsnahen Umständen (*Geiger* 1973).

Der Heimtest ist auch geeignet, um damit *kontrollierte Experimente* (vgl. S. 298) unter natürlichen Bedingungen durchzuführen (*Allensbacher Archiv*, IfD-Berichte 1956 und 3259). Er erfordert allerdings eine große Interviewer-Organisation, da Hunderte von Interviewern zur selben Zeit in den Wohnungen eines repräsentativen Querschnitts von Fernsehzuschauern oder bestimmten Zielgruppen mit den Befragten zusammen die Sendungen ansehen und ihre Fragen dazu stellen müssen.

Das Wesen des → Kommunikationsprozesses besteht darin, daß ein Bewußtseinsinhalt zunächst vom Kommunikator verschlüsselt und dann vom Rezipienten wieder entschlüsselt wird. Mit dieser zweimaligen Umwandlung einer Mitteilung und dem damit verbundenen Risiko eines Inhaltsverlustes und einer Bedeutungsveränderung hängt die Entwicklung von Methoden zusammen, die möglichst konkret feststellen sollen, welche angebotenen Inhalte vom Empfänger entschlüsselt worden sind und welche *Bedeutung* die ›*Botschaften*‹ beim Entschlüsseln angenommen haben. So wird beim *Copytest* anhand der Original-Nummern von Zeitungen und Zeitschriften im persönlichen Interview mit dem Leser ermittelt, welche Beiträge entschlüsselt, also gelesen, überflogen, betrachtet wurden; alle in den Test einbezogenen Beiträge in der betreffenden Nummer (engl. *copy*) werden entsprechend markiert. Dieses Verfahren wurde schon in den zwanziger Jahren in den USA von *Daniel Starch* angewendet, um die Beachtung von Anzeigen zu messen, und von *George Gallup*, um die Leserzahlen redaktioneller Beiträge in Zeitungen festzustellen.

Aus praktischen Gründen kann man anstelle des Anstreichens in den Original-Ausgaben auch die Original-Ausgabe als Vorlage zur Unterstützung der Erinnerung im Interview benutzen, aber die Schlagzeilen der Beiträge auf einer Liste aufführen und danach notieren, was ganz gelesen wurde, nur überflogen oder teilweise gelesen oder nicht gelesen wurde. Man kann sich beim *Copytest* auf eine Auswahl von Beiträgen beschränken (*Donsbach* 1991). Das Prinzip des Copytests läßt sich auch auf Fernsehprogramme und Fernseh-Werbespots übertragen. Der Interviewer führt dem Befragten Programmteile am Tag nach der Sendung vor. Der Copytest verlangt in der Regel sowohl für Zeitungen und Zeitschriften als auch für Hörfunk und Fernsehen, daß die betreffenden Nummern bzw. Programme unbefangen, das heißt ohne Kenntnis, daß später um ein Interview dazu gebeten wird, gelesen oder angesehen worden sind. Copytest-Ergebnisse dürfen allerdings nicht überbewertet werden. Sie leiden unter der Neigung, eher Auskunft über normale Verhaltensweisen zu geben, d. h. was man normalerweise liest oder sich anschaut, als über konkretes, auf den speziellen Fall bezogenes Verhalten. Dennoch läßt sich dieses Verfahren bis heute noch nicht durch ein besseres, strenger an der Realität orientiertes anderes Vorgehen ersetzen.

Um etwas über die Bedeutung zu erfahren, die eine Kommunikation beim Entschlüsseln annimmt, wurden viele Frageformen entwickelt, die von dem *Modell des semantischen Differentials* ausgehen: Nach diesem Verfahren des ›*Measurement of Meaning*‹ (*Osgood / Suci / Tannenbaum* 1957) wird die Bedeutung eines Begriffes von Testpersonen durch Einordnung zwischen gegensätzlichen Eigenschaften bestimmt (zum Beispiel gut – schlecht, stark – schwach, warm – kalt, hell – dunkel); dabei besteht die Aufgabe darin, den Platz des Begriffs jeweils zwischen den Polen der Eigenschaftspaare auf einer zumeist siebenstufigen Skala zu lokalisieren. Durch Verwendung von oft 20 oder mehr verschiedenen Gegensatzpaaren kann

im ›semantischen Raum‹ der ›psychologische Ort‹ des Begriffs quantitativ bestimmt oder in einem sogenannten *Polaritätenprofil* dargestellt werden. Abwandlungen in der Praxis, beispielsweise beim
Werbemitteltest, sehen so aus, daß einfache Zuordnungen einer
Reihe von Aussagen zu einem bestimmten Produkt gefordert werden
und danach das ›Profil‹ der Eindrucksqualitäten gezeichnet wird.

Auch die verschiedenen, aus dem *Programmanalysator* von
Lazarsfeld und *Stanton* (1944) weiterentwickelten computerge-
stützten Instrumente, bei denen die Fernsehzuschauer mit Hilfe von
Drucktasten ihre Reaktionen während des Ablaufs der Sendung
kontinuierlich mitteilen können, und die daraus gewonnenen Verlaufskurven kann man als Hilfsmittel betrachten, um Zustimmung
oder Ablehnung, Interesse oder Langeweile, aber auch andere Reaktionen zu verfolgen und dabei auf den Entschlüsselungsprozeß zu-
rückzuschließen (*Program Evaluation Analysis; Baggaley*
1986; *Millard* 1992).

Als eigenständige Entwicklung der Massenmedienforschung kann
auch die *Panel-Methode* bezeichnet werden, ein besonderer Typ
der Repräsentativerhebung, bei dem der einzelne Befragte nicht nur
einmal, sondern in Abständen immer wieder befragt wird (vgl.
S. 296). Zunächst wurden Panels (*Leserschaftspanel* der amerikanischen Frauenzeitschrift *Woman's Home Companion*,
1935; *BBC-Hörer-Panel* seit 1938) wegen ihrer organisatorischen
Vorteile eingerichtet: Die Fragebogen wurden mit der Post an einen
festen Empfängerkreis versandt: Unmittelbar darauf folgte die Entdeckung des Panels als Analyseinstrument (Erie County-Studie,
Ohio, 1940; vgl. *Lazarsfeld/Berelson/Gaudet*, ›The People's
Choice‹, 1944; vorangegangen waren bereits Panelbefragungen von
Rice 1924/28 und *Newcomb* 1935–1939/43, jedoch ohne angemessene statistische Analyse). Eine besonders klare frühe Darstellung des Panels gibt *Hans Zeisel* in ›Say it with Figures‹ (1947).

Für die Untersuchung der → *Wirkung der Massenmedien* ist
dieses Instrument aus zwei Gründen besonders geeignet (vgl. auch
S. 296 zum Thema Panelanalyse):

1. Der einzelne Medienkontakt hat in der Regel nur eine schwache
   Wirkung, die Wirkung muß in erster Linie kumulativ gesehen
   werden und läßt sich darum durch wiederholte Befragung am besten untersuchen.

2. Unter den Wirkungen interessiert besonders die Veränderung von Einstellungen und Verhaltensweisen durch Massenmedien: solche Veränderungen lassen sich präzise nur durch wiederholte Befragungen derselben Personen feststellen.

Leitstudien

Die Grundformen empirischer Untersuchungen hat die Publizistikwissenschaft mit den übrigen Sozialwissenschaften gemein. In der Phase der Vorbereitung – Exploration und Hypothesenbildung – werden in erster Linie wenig strukturierte Intensivinterviews, gelegentlich auch Gruppendiskussionen und teilnehmende Beobachtungen benutzt.

Intensivinterviews (auch als Tiefeninterviews, offene Interviews, unstrukturierte oder halbstrukturierte Interviews bezeichnet, weil sie in der Regel nur nach einem stichwortartigen Leitfaden geführt werden) sollen alle wesentlichen und insbesondere im voraus nicht vermutete Gesichtspunkte und Zusammenhänge zeigen. Das Entdeckungspotential eines Intensivinterviews ist um so größer, je besser es dem Interviewer, der in diesem Fall auch Aufgaben des Forschers übernimmt, gelingt, den Befragten zum spontanen Sprechen zu bringen und dabei wachsam zu protokollieren, während der Gesprächsverlauf im wesentlichen vom Befragten bestimmt wird.

Auch bei der *Gruppendiskussion* wird ein möglichst spontaner Gedankenaustausch angestrebt, der ausgelöst wird durch einen Grundreiz, zum Beispiel einen Zeitungsartikel, der zu Beginn der Zusammenkunft vom Diskussionsleiter vorgelesen wird. Die Gruppen – natürliche Gruppen, zum Beispiel Arbeitskollegen, befreundete Hausfrauen oder ad hoc, also speziell für die Diskussion, gebildete Gruppen – sollten aus nicht mehr als fünf bis sechs Personen mit möglichst ähnlichem Status bestehen. Die Diskussion – anonym, unter Decknamen geführt – wird auf Tonband aufgenommen. Die Dauer beträgt zwischen einer und vier Stunden. Die Auswertung erfolgt nach den Prinzipien der → *Inhaltsanalyse*.

Als Vorzüge der Gruppendiskussion sind zu nennen: Die Gesprächsteilnehmer regen sich gegenseitig zu detaillierten und freie-

ren Äußerungen an, man erhält mehr Argumente und Anhalts-
punkte für Ausdrucksweisen (Vokabular), als wenn man dieselben
Personen einzeln interviewt (*Mangold* 1960). Als Nachteil wird oft
empfunden, daß die Gruppendiskussion in ihrem Tenor und Verlauf
stark durch besonders dominierende Teilnehmer beeinflußt wird, so
daß je nach Zusammensetzung der diskutierenden Gruppe ganz verschiedene Schlüsse gezogen werden. Man kann in dieser Eigentüm-
lichkeit der Gruppendiskussion aber auch gerade einen Vorteil sehen, weil sich realistische Beobachtungsmöglichkeiten für Prozesse
der ›*Schweigespirale*‹ (*Noelle-Neumann* 1991), also der Bildung → öffentlicher Meinung bieten.

Die Methode *teilnehmender Beobachtung* ist geeignet, beispielsweise Formen der redaktionellen Zusammenarbeit, der infor-
mellen und formellen Kontakte und Entscheidungen zu studieren
(*Rühl* 1969; *Wilke/Rosenberger* 1991). Mit der Methode der
teilnehmenden Beobachtung wurde untersucht, welche Rolle Inhalte der Massenkommunikation im Privatgespräch spielen (*Kepp-
linger/Martin* 1986). Dabei handelt es sich um einen bisher noch
weitgehend vernachlässigten Forschungsbereich der Publizistikwissenschaft, wie nämlich öffentliche Kommunikation und private
Kommunikation miteinander verknüpft sind.

Von teilnehmender Beobachtung kann nur gesprochen werden,
wenn der Sozialforscher ein voll in die zu beobachtende Gruppe in-
tegriertes Mitglied geworden ist und aus dieser Position heraus die
Gruppe in unverfälschter Wirklichkeit studieren kann. Neben der
aktiven Form der teilnehmenden Beobachtung gibt es *passive* Be-
obachtungsverfahren verschiedener Art, zum Beispiel die Verhal-
tensbeobachtung durch Einwegfenster (*v. Cranach/Frenz* 1969)
bei Laboratoriumsuntersuchungen. Auch bei mündlichen Beobach-
tungsumfragen protokolliert der Interviewer, neben den Antworten
auf Fragen, Beobachtungen über zum Beispiel Aussehen, Verhalten, Umgebung des Befragten.

Man muß den Intensivinterviews – ebenso wie der Gruppendiskussion und der teilnehmenden Beobachtung – den Charakter eines Be-
weisinstruments absprechen, weil »keine interpersonelle Konstanz
der Ergebnisse bei gleicher Vorgehensweise« besteht (*Scheuch*
1967). Um diese interpersonelle Konstanz, also *Verläßlichkeit
(reliability)* sowie *Überprüfbarkeit* und *Verallgemeine-*

rungsfähigkeit, der Ergebnisse zu erreichen, sind folgende Maßnahmen erforderlich: Anwendung des statistisch-repräsentativen Stichprobenprinzips bei der Auswahl der Untersuchungseinheiten bzw. Testpersonen (falls es sich nicht um Vollerhebungen handelt); Übersetzung der Forschungsaufgabe in eine geeignete Untersuchungsanlage mit standardisiertem Erhebungsbogen (dabei heißt standardisiert: Wortlaut und Reihenfolge der Fragen und Antwortvorgaben sind festgelegt); Trennung der Rolle von Forscher und Interviewer.

Stichprobe

Nach der Festlegung der Untersuchungsaufgabe sind am Beginn eines empirischen Forschungsprojekts zwei Fragen zu beantworten: Über welchen Kreis von Personen, welche Sozialgebilde (zum Beispiel Familien, Redaktionen) oder Objekte (zum Beispiel Leitartikel) soll eine Aussage gemacht werden? Also Bestimmung der Grundgesamtheit (›Universum‹); und zweitens: Soll eine Vollerhebung oder Teil- bzw. Stichprobenerhebung stattfinden?

Neben Umfragen, bei denen die Stichprobe aus einzelnen Personen gebildet ist, gibt es auch Untersuchungen, bei denen alle Erwachsenen, die im selben Haushalt leben, in einer sogenannten *Zellenanalyse* befragt werden. Ebenso ist es möglich, eine Stichprobe aus Orten, Organisationen oder aus Arbeitsgruppen zu bilden. Ein Beispiel liefert eine Umfrage in Redaktionen. Die Zelle wurde gebildet durch Befragung des Chefredakteurs der Zeitung, eines nach dem Zufallsprinzip bestimmten Ressortleiters und eines Redakteurs (*Noelle-Neumann* 1974, 1977).

Für die Bildung einer repräsentativen Stichprobe gilt der Grundsatz, daß jede Einheit der Grundgesamtheit die gleiche oder eine berechenbare Chance haben muß, in die Stichprobe zu gelangen. Ist nach diesem Prinzip verfahren worden, kann die *Wahrscheinlichkeitsrechnung* (›Gesetz der großen Zahl‹) angewandt werden, um abzuschätzen, innerhalb welcher Toleranzen das gefundene Ergebnis für die Grundgesamtheit verallgemeinert werden kann.

Die Formel $\qquad s_p = \sqrt{\dfrac{p \cdot q}{n}} \cdot \sqrt{\dfrac{N-n}{N-1}}$

(s = Standardabweichung, p = in der Stichprobe ermittelter Prozentwert, q = 100 − p, n = Umfang der Stichprobe, N = Umfang der Grundgesamtheit) mit dem Korrekturfaktor für die Größe des *Auswahlsatzes* läßt erkennen, daß schon bei einer Grundgesamtheit von 100 000 Einheiten in erster Linie die *absolute* Zahl der Interviews die Genauigkeit des Ergebnisses bestimmt, nicht, welcher relative Anteil des Universums in die Untersuchung einbezogen wurde; der Korrekturfaktor ist nahezu 1. Darum muß beispielsweise in der Schweiz mit 6,7 Millionen Einwohnern, in der Bundesrepublik mit rund 80 Millionen und in den USA mit 250 Millionen die gleiche Zahl von Personen, angenommen 1000, befragt werden, um die gleiche Genauigkeit von ± 3 Prozent zu erreichen (Signifikanz auf dem 95-Prozent-Niveau – etwa für ein Ergebnis: 35 Prozent haben eine Fernsehdiskussion gesehen, 65 Prozent haben sie nicht gesehen). Diese Genauigkeit bedeutet: In 95 von 100 Wiederholungen der Untersuchung werden die Ergebnisse nicht mehr als ± 3 Prozent vom gefundenen Wert entfernt liegen; man folgert: sie liegen mit großer Wahrscheinlichkeit auch nicht mehr als ± 3 Prozent entfernt vom wirklichen Wert, der sich bei einer perfekten Vollerhebung ergeben hätte, und nennt das *Repräsentationsschluß*.
Für die Bildung repräsentativer Stichproben bieten sich zwei Verfahren an. Beim *Randomverfahren* (englisch »at random« = zufällig) wird die Stichprobe nach dem ›Lotterieprinzip‹ aus der Grundgesamtheit ausgewählt, um die Bedingungen zur Berechnung der statistischen Toleranzgrenzen zu erfüllen. Um diese Auswahl treffen zu können, muß die Grundgesamtheit physisch oder symbolisch (z. B. Abonnenten-Kartei, Listen, Nachschlagwerke wie ›Leitende Männer der Wirtschaft‹, ›Stamm-Leitfaden‹ oder Telefonbücher) vollständig erreichbar sein. Nachteile des Randomverfahrens: Durch die Adressenauswahl wird die Anonymität zerstört; vor allem wird die Abschätzung von Toleranzgrenzen durch die in der Praxis immer unvollständige Ausschöpfung der Stichprobe eingeschränkt, das heißt, das Prinzip, jede Einheit der Grundgesamtheit muß die gleiche oder eine berechenbare Chance haben, in die Stichprobe zu gelangen, kann nicht eingehalten werden; besonders bewegliche,

aktive Personen und vor allem junge Menschen werden zuwenig erreicht, weil sie weniger zu Hause anzutreffen sind; die Ausschöpfung, d. h. die tatsächliche Befragung der in die Stichprobe geratenen Personen, ist zeitraubend und kostspielig. In der Praxis der Medienforschung wird große Mühe aufgewandt, um einen möglichst hohen Prozentsatz der für die Stichprobe ausgewählten Personen zu erreichen, um die Wahrscheinlichkeitsrechnung auch tatsächlich auf die Ergebnisse anwenden zu können. Aber der Prozentsatz der tatsächlich interviewten Personen geht in den meisten Ländern mit stark entwickelter Umfrageforschung ständig weiter zurück. Das *Allensbacher Institut* führte bei einer Teleskopie-Erhebung über sechs Monate (1981/82) einen Versuch durch, bei einer Stichprobe von rund 12 000 Personen den Prozentsatz der tatsächlich interviewten Personen so hoch wie möglich zu treiben. Es wurden darum in praktisch unbegrenzter Zahl Wiederholungsbesuche bei den Zielpersonen unternommen und auch Versuche, das Interview durch andere Interviewer zu bekommen, wenn dem ersten Interviewer das Interview verweigert wurde. Die *Ausschöpfung*, der Prozentsatz tatsächlich befragter Personen also, konnte unter winterlichen Bedingungen nicht über 70 Prozent, unter sommerlichen Bedingungen nicht über 74 Prozent hinaus gesteigert werden (IfD-Umfragen 1503, 1510).

Das zweite Verfahren zur Bildung einer repräsentativen Stichprobe, das *Quotenverfahren*, setzt voraus, daß von der Grundgesamtheit einige wichtige Proportionen bekannt sind, z. B. die Verteilung nach Altersgruppen, Berufsgruppen, Ortsgrößen. Nach diesen Daten werden ›Quoten‹ berechnet, die auf die Interviewer verteilt werden, die ihrerseits nach den ihnen angegebenen Quoten die Auswahl der zu Befragenden treffen. Ein Beispiel einer Anweisung an einen Interviewer zur Auswahl der Befragten nach dem Quotensystem findet sich auf S. 278.

Das Quotenverfahren, das in der Praxis eine sehr große Rolle spielt, wird oft mißverstanden. Die Repräsentanz der Quoten-Stichprobe wird *nicht* schon gesichert, indem lediglich bestimmte ›quotierte‹ Merkmale – Geschlecht, Alter usw. – genauso verteilt sind wie in der Grundgesamtheit. Man kann sich zahlreiche Stichproben denken – beispielsweise Patienten von Krankenhäusern oder Reisende der Bundesbahn –, die in ihrer Zusammensetzung nach Geschlecht, Al-

Abbildung 12:
Quotenanweisung

Name des Interviewers: *L. Mahler*

Wohnort: *Berlin*

Insgesamt: ...*5*... Interviews

im Wohnort/in: *Berlin*

Umfrage 1767

Fragebogen
Nr.: *51–55*

Gemeindegröße:

Gemeinden unter 2000 Einwohner*	1	2	3	4	5	6	7	8	9	10
2000 – unter 5000 Einwohner*	1	2	3	4	5	6	7	8	9	10
5000 – unter 20000 Einwohner*	1	2	3	4	5	6	7	8	9	10
20000 – unter 100000 Einwohner*	1	2	3	4	5	6	7	8	9	10
100000 – unter 500000 Einwohner*	1	2	3	4	5	6	7	8	9	10
500000 und mehr Einwohner*	1	2	3	4	5	●	7	8	9	10

Alter:

					2 männlich				*3* weiblich	
16–29 Jahre	1	2	3	4	5	1	●	3	4	5
30–44 Jahre	1	●	3	4	5	1	2	3	4	5
45–59 Jahre	1	2	3	4	5	1	●	3	4	5
60 Jahre und älter	1	●	3	4	5	1	●	3	4	5

Berufstätige:

Landwirte und mithelfende Familienangehörige in der Land- und Forstwirtschaft (auch Gartenbau und Tierhaltung)	1	2	3	4	5	1	2	3	4	5
Arbeiter (auch Landarbeiter, Facharbeiter, nicht-selbständige Handwerker und Auszubildende)	1	2	3	4	5	1	●	3	4	5
Angestellte und Beamte (auch Auszubildende und Soldaten)	1	●	3	4	5	1	2	3	4	5
Selbständige und mithelfende Familienangehörige in Handel und Gewerbe (auch freie Berufe)	1	●	3	4	5	1	2	3	4	5

Nichtberufstätige (auch Arbeitslose):

(Bei Rentnern [-innen] frühere Berufsstellung,
bei Arbeitslosen letzte Berufsstellung,
bei Hausfrauen, Schülern [-innen],
Studenten [-innen] usw. Berufsstellung
des Ernährers)

Landwirte (auch Gartenbau, Tierhaltung)	1	2	3	4	5	1	2	3	4	5
Arbeiter (auch Landarbeiter, Facharbeiter usw.)	1	2	3	4	5	1	2	3	4	5
Angestellte und Beamte	1	2	3	4	5	1	●	3	4	5
Selbständige in Handel und Gewerbe (auch freie Berufe)	1	2	3	4	5	1	●	3	4	5

Anmerkung:

Gültig sind die Zahlen vor jedem Punkt. Wäre zum Beispiel in der Zeile »Arbeiter, weiblich« die Zahl 3 gestempelt, so wären in diesem Falle zwei Arbeiterinnen zu interviewen. Im übrigen streichen Sie bitte die zutreffenden Angaben der Statistik nach jedem Interview ab, damit Sie gleich übersehen können, wieviel Interviews in der betreffenden Kategorie noch weiterhin durchzuführen sind.

* Maßgebend ist die Einwohnerzahl der gesamten Gemeinde, nicht die Größe von Ortsteilen oder eingemeindeten Vororten.

ter, Berufsgruppe, regionaler Verteilung den Proportionen der erwachsenen Bevölkerung der Bundesrepublik genau entsprechen, ohne deshalb in irgendeiner Weise eine repräsentative Stichprobe der gesamten erwachsenen Bevölkerung zu bilden.

Die wirkliche Funktion der Quoten ist: Sie sollen den Interviewer zu einer echten Zufallsauswahl innerhalb des Rahmens seiner Quotenvorgabe veranlassen, bei der jedes Mitglied der Grundgesamtheit praktisch die gleiche Chance hat, in die Stichprobe zu gelangen; ohne das Wirken eines solchen Zufallsmechanismus ist die Bildung einer repräsentativen Stichprobe nicht möglich. Unter Berücksichtigung von Merkmalen, die im wesentlichen Einstellungen und Verhalten bestimmen, wirken die Quoten außerdem wie eine ›Schichtung‹ bei Random-Stichproben, indem sie in bestimmten Merkmalen die Übereinstimmung zwischen Stichprobe und Universum sichern. Es ist wichtig (die wirkliche Aufgabe der Quoten besteht darin, den Interviewer zu einer Zufallsauswahl zu veranlassen), den richtigen Schwierigkeitsgrad der Quote zu finden, weder zu leicht noch zu schwer, und als Quoten solche Merkmale zu wählen, bei denen es mit der Zufallsauswahl hapern könnte. So muß der Interviewer z. B. durch Quoten gezwungen werden, aus seiner eigenen sozialen Schicht und Altersgruppe bei der Suche nach geeigneten Befragten herauszugehen.

Die Funktionsfähigkeit der Quotenmethode hat sich beispielsweise bei zehn aufeinanderfolgenden Allensbacher Bundestagswahl-Prognosen (Tabelle 8), die vor ersten amtlichen Zahlen 1957 und 1961 in der *Frankfurter Allgemeinen Zeitung*, ab 1965 im Fernsehen, 1987 in der *Welt*, 1990 und 1994 in der *Frankfurter Allgemeinen Zeitung* bekanntgegeben wurden, erwiesen. Die dabei verzeichnete Abweichung zwischen Prognose und amtlichem Ergebnis für die Erststimmen oder Zweitstimmen einer Partei betrug durchschnittlich weniger als 1 Prozent.

Das Quotenverfahren verlangt Vorkehrungen, um die Zufallsauswahl der Interviewer nicht zu beeinträchtigen, z. B. einen Fragebogen mit Themenmischung, weil ein klarer thematischer Schwerpunkt im Interview – etwa Buchlektüre – die Auswahl verzerrt, und zwar in der Richtung, daß von den Interviewern überwiegend intensive Buchleser ausgewählt werden, eine Tendenz, der man erfahrungsgemäß durch Anweisungen an die Interviewer nicht ausrei-

Tabelle 8:
Allensbacher Bundestagswahl-Prognosen, bekanntgegeben vor ersten amtlichen Wahlresultaten als Test der Umfragemethode und Quotenauswahl für Stichprobenbildung

| Bundestagswahlen 1957–1990 | | | | | |
Erst-stimmen	Maximal-abweichung*	Durchschnitts-abweichung*	Zweit-stimmen	Maximal-abweichung*	Durchschnitts-abweichung*
1957	0,8%	0,40%			
1961	1,5%	0,75%			
1965	1,6%	0,80%			
1969	1,9%	0,96%**			
1972	1,2%	0,60%	1972	1,9%	1,05%
1976	0,3%	0,18%	1976	1,8%	0,95%
1980	1,2%	0,75%	1980	1,0%	0,80%
1983	1,3%	0,60%**	1983	1,8%	1,08%**
			1987	1,7%	0,96%**
			1990	3,4%	1,50%***

* Abweichungen der Prognosen des Instituts für Demoskopie Allensbach gegenüber dem amtlichen Erststimmen- und Zweitstimmenergebnis. – Berechnet auf der Basis: CDU/CSU, SPD, FDP und sonstige Parteien.
** Die Prognose war auf fünf Parteiwerte angelegt, 1969 wurde die NPD gesondert ausgewiesen, 1983 und 1987 die GRÜNEN.
*** Die Prognose für 1990 war auf sechs Parteiwerte angelegt: CDU/CSU, SPD, FDP, GRÜNE/Bündnis 90, PDS und sonstige Parteien. Die Prognose bezieht sich auf Gesamtdeutschland (West und Ost).

Durchschnittliche Zahlenbasis: rund 2000 Interviews

chend entgegenwirken kann. Bei *Stichtagsbefragungen* (→ *Mediaforschung*) bleibt allerdings oft keine Wahl, weil nur nach der Quotenmethode alle Interviews innerhalb eines Tages nach dem Stichtag ›gestern‹ durchgeführt werden können. Wegen der günstigen Wirkung der Themenmischung insbesondere bei Gebrauch der Quotenmethode hat sich die *Mehr-Themen-Umfrage* (›Omnibus‹) stark entwickelt: Umfragen, bei denen thematisch ganz verschiedene und sich gegenseitig nicht störende, sondern sogar neutralisierende Untersuchungskomplexe in einem abwechslungsreichen Interview kombiniert werden.

Persönliche, telefonische, schriftliche Befragung

Der größte Teil der Befragungen in der Mediaforschung erfolgt durch persönliche Interviews, die bei professioneller Steuerung in ihrer Qualität anderen Befragungsformen überlegen sind.

Abgesehen von dem Sonderfall solcher *Telefon-Umfragen*, die Verhalten und Meinung während laufender Sendungen oder kurz nach den Sendungen erfassen, haben Telefon-Befragungen aus Kosten- und Zeitgründen eine zunehmende Bedeutung. Man kann außerdem bestimmte Berufsgruppen (Unternehmer, Ärzte, Personen in gehobenen Positionen allgemein) besser erreichen und die Interviewer in der Telefon-Interview-Zentrale besser kontrollieren. Die Einheitlichkeit der Befragung erscheint vor allem bei *CATI-Systemen* (*C*omputer *A*ssisted *T*elephone *I*nterview) besonders gut gesichert.

Untersuchungen, bei denen persönliche und telefonische Interviews systematisch verglichen werden, zeigten folgende Vor- und Nachteile der Telefon-Interviews:

Vorteile:

o Die Stichprobe ist örtlich besser verteilt.

o Die Interviews laufen einheitlicher ab.

o Es gibt weniger Interviewfehler bei Nachfragen.

o Die Feldzeiten sind kürzer.

o Die Interviewer können besser kontrolliert werden.

Nachteile:

o Personen ohne Telefon werden nicht erreicht, die Umfrage repräsentiert dann nicht die ganze erwachsene Bevölkerung.

o Die Verweigerungsrate ist höher, und das Interview wird eher abgebrochen.

o Die Verweigerung der Antwort auf bestimmte Fragen ist häufiger. Merkmale für Personen oder Haushalte, die das Interview verweigern, können am Telefon überwiegend nicht ermittelt werden.

o Interviewereinfluß ist stärker, weil der einzelne Interviewer eine größere Zahl von Interviews durchführt. Er ist auch stärker, weil Telefon-Interviewer homogener sind als Interviewer einer Feldorganisation.

o Rückfragen sind schwieriger, Verständigung ist schwieriger.

o Aufgaben, wie Rangreihen angeben, lange Fragen beantworten, offene Fragen beantworten, Auskünfte über Ereignisse oder Projekte geben, sind schwieriger.

o Die Interviewer können keine Beobachtungen über die Befragten, den Haushalt, die Nachbarschaft notieren.

o Interviews werden als weniger interessant, als größere Belastung empfunden. Sie dauern – bei gleichem Fragebogen – kürzer als persönliche Interviews. Die Antworten sind weniger ausführlich und unvollständiger; dennoch werden die Telefon-Interviews als länger empfunden (*Smith* 1984).

Eine vergleichende Untersuchung von schriftlichen, telefonischen und mündlichen Interviews in der Bundesrepublik Deutschland zeigte (*Geiger/Erben* 1979), daß die Stichprobenausfälle bei schriftlichen Umfragen am größten sind, bei telefonischen Interviews wiederum in der Regel größer als bei mündlichen. Die telefonischen Interviews dauern bei gleichem Fragebogen durchschnittlich nur halb so lang wie persönlich durchgeführte Interviews, ein Zeichen, daß am Telefon kürzer, flüchtiger geantwortet wird. Schließlich können – von umständlichen Vorkehrungen, bei denen Unterlagen den Befragten vor dem Telefon-Interview durch die Post zugeschickt werden, abgesehen – nur sehr vereinfachte Frageformen am Telefon verwendet werden. Zahlreiche entwickelte Frageformen, bei denen Listen vorgelegt, Kartenspiele sortiert, Anzeigen, Titelkarten, Illustrationen gezeigt werden, Methoden der psychologischen Individualdiagnostik, wie *Rorschach-*, *TAT-* oder andere *projektive Tests*, sind in Telefon-Interviews nicht anwendbar (vgl. auch *Zeh* 1986; *Lavrakas* 1987).

Obwohl schon seit der amerikanischen Präsidentschaftswahl von 1936, also seit mehr als einem halben Jahrhundert, auch außerhalb enger Expertenkreise bekannt ist, daß es nicht nur auf die absolute Zahl der Befragten bei einer Umfrage ankommt, sondern ebenso darauf, daß die Stichprobe der Befragten repräsentativ zusammengesetzt ist, wird immer wieder versucht, durch in Zeitungen und Zeitschriften eingedruckte oder eingelegte Fragebogen Meinungen und Verhaltensweisen zu erforschen. Ob jemand den Fragebogen beantwortet oder nicht beantwortet, wird bei diesem Verfahren nicht vom statistischen Zufall gesteuert, wie es notwendig wäre, um die Ergebnisse für den Leserkreis oder womöglich für die gesamte Bevölkerung verallgemeinern zu können; vielmehr entscheiden die Befragten selbst, ob sie den Fragebogen beantworten wollen oder nicht. Bei einer solchen ›Selbst-Selektion‹ der Befragten ist eine Verallgemeinerungsmöglichkeit nicht mehr gegeben, und zwar unabhängig davon, ob die Befragung persönlich, telefonisch oder schriftlich erfolgt.

Dieser Sachverhalt führt zu einem Konflikt zwischen Sozialforschung, die sich auf repräsentative Stichproben stützen muß, und der Praxis der Datenschutzbehörden, die durchsetzen möchten, daß Interviews nur durchgeführt werden, wenn die Befragten ausdrücklich auf die Freiwilligkeit hingewiesen werden und ihre Zustimmung zur Auswertung ihrer Antworten schriftlich geben. Damit würde jedoch die ›Selbst-Auswahl‹ der Person in der Stichprobe geradezu künstlich herbeigeführt, ohne daß ein Schutzbedürfnis wirklich vorläge. Daß niemand zur Beantwortung von Fragen gezwungen wird, ist ohnehin klar und wird schon durch den üblichen Wortlaut der Bitte um das Interview deutlich.

Allerdings müssen Erfordernisse des *Datenschutzes* überall da besonders beachtet werden, wo die Auswahl der Befragten durch Adressen gesteuert wird (wie in der Regel bei der Randomauswahl), wo die Adressen der Befragten notiert werden, um sie – wie bei der Panelmethode – wieder befragen zu können, oder wo das Festhalten der Adressen als Maßnahme zur Kontrolle der Interviewer dient. Hier sind organisatorische Vorkehrungen erforderlich, um unmittelbar nach Ablieferung der Interviews in der Forschungsstelle Fragebogen und Adressen zu trennen und die Adressen nach den Vorschriften des Datenschutzes räumlich getrennt von den Fragebogen verschlossen aufzubewahren und vor unberechtigtem Zugriff zu schützen oder zu vernichten.

Bei *schriftlichen Umfragen* mit in der Regel durch die Post übersandten Fragebogen besteht die Schwierigkeit vor allem darin, einen ausreichend großen Prozentsatz der Fragebogen ausgefüllt zurückzuerhalten. Um einen groben, praktischen Anhaltspunkt zu geben: Wenn weniger als 50 Prozent der Empfänger den Fragebogen zurückschicken, kann man nicht von einer ›repräsentativen Umfrage‹ sprechen; man kann die Ergebnisse nicht für die Gruppe, deren Einstellung und Verhalten erforscht werden sollen – Bevölkerung, Abonnenten, bestimmte Berufsgruppen –, verallgemeinern.

Besonderen Einfluß auf die Höhe der *Rücksendequote* haben:

1. Motivierung der Befragten durch das Thema der Umfrage, Absender, Begleitbrief, Angebot eines kleinen Geschenks oder Angebot späterer Information über die Umfrageergebnisse;

2. Aufmachung der Sendung, graphische Gestaltung des Fragebogens;
3. Der Fragebogeninhalt: Der Fragebogen muß kurz sein, er sollte
in zehn bis fünfzehn Minuten beantwortbar sein und den Befragten so wenig Mühe wie möglich bereiten. Die Fragen sollen nach
Aufbau und Formulierung interessant sein. Der Fragebogen muß
mehrfach vorgetestet und überarbeitet werden, zuerst im persönlichen Interview, dann schriftlich. Man kann eine kleine Stichprobe vorweg aussenden, um zu prüfen, wie hoch die Antwort-
quote sein wird, und danach eventuell die Anlage noch einmal
verbessern;
4. Erinnerungen, Bitte um Rücksendung bis zu einem bestimmten
Termin. Da in der Regel die Anonymität auch bei schriftlichen
Umfragen gesichert sein muß (keine Kennzeichnung der Fragebogen durch Nummern, die mit den Nummern einer Befragten-
liste übereinstimmen!), hat sich ein bestimmtes Verfahren
bewährt, um zu wissen, wer den Fragebogen noch nicht zurückgesandt hat und darum gemahnt werden muß: Man bittet die Befragten, getrennt von der Fragebogen-Sendung eine mit ihrem
Namen versehene Postkarte mit der Nachricht zu schicken, *daß*
der Fragebogen zurückgesandt wurde.

Analyse

Die Mehrzahl der Umfragen, die heute im Zusammenhang mit
Massenmedien durchgeführt werden, dienen weniger der Forschung als dem Registrieren von Leser-, Hörer- und Zuschauerzah-
len und der Ermittlung der statistischen Zusammensetzung dieser
Personenkreise (→ Mediaforschung). Mit Forschung im Sinn von
Erforschen unbekannter Zusammenhänge, Verhaltensweisen, Aufdecken von Ursachen und Wirkungen, Motiven, latenten und manifesten Funktionen haben diese Registrierdienste nichts zu tun.
Aber die praktischen Bedürfnisse der Werbewirtschaft und der Redaktionen, Größenordnungen und Beschaffenheit von Publikums-
kreisen festzustellen, haben zur Methodenentwicklung viel beigetragen (*Allensbacher Werbeträger-Analysen [AWA]*, ab
1985 gesonderte Methodenbände). Die analytische Verarbeitung

der erhobenen Datenmassen bleibt allerdings dahinter weit zurück.

Ein einfaches Auswertungsmodell bildet die *Korrelationsanalyse*, bei der der Zusammenhang zwischen Merkmalen einer Kategorie und Merkmalen einer anderen Kategorie geprüft und durch einen Korrelationskoeffizienten rechnerisch ausgedrückt wird. Ein Beispiel zeigt die Tabelle 9 aus einer Zeitungsleser-Umfrage in den Orten E und F, in denen zwei Tageszeitungen im Wettbewerb miteinander erscheinen.

Eine derartige Korrelationsanalyse läßt in der Regel mehrere Interpretationen zu. Den in Tabelle 9 gezeigten Befund könnte man dahingehend interpretieren, daß ein Motiv für die Auswahl einer regionalen Abonnementszeitung (in Mehr-Zeitungs-Gebieten) wahrscheinlich darin liegt, die gleiche Zeitung lesen zu wollen wie der Freundes- und Bekanntenkreis. Der ausgeprägte statistische Zusam-

Tabelle 9:
Beispiel einer Korrelationsanalyse

Frage: »Welche Zeitung wird in Ihrem Freundes- und Bekanntenkreis mehr gelesen: Zeitung A, Zeitung B oder eine andere Tageszeitung?«

	Umfrage in F Abonnenten der Zeitungen		Umfrage in E Abonnenten der Zeitungen	
	A (n = 125)	B (n = 177)	A (n = 141)	B (n = 342)
Zeitung A	62%	20%	59%	12%
Zeitung B	16%	61%	25%	80%
andere Zeitung, weiß nicht	26%	23%	25%	14%
	104%	104%	109%	106%
Kontingenzkoeffizient (C_{max} = .58)	C = .43		C = .47	

Quelle: Allensbacher Archiv, IfD-Bericht 1659 (1970), Tabelle A 12

menhang läßt ein solches Motiv vermuten, obgleich es auf eine direkte Frage nach den Gründen, sich für Zeitung A und nicht B oder für B und nicht A zu entscheiden, nicht genannt wird. Wenn man dieser Interpretation im Sinne einer *Motivforschung* folgte, ergäbe sich für die Abonnentenwerbung, daß man die Werbung nicht allzuweit streuen sollte, sondern konzentriert ein örtliches Segment nach dem anderen erobern muß. Motivforschung stützt sich in erster

Linie *nicht* auf direkte Aussagen über Motive, sondern auf das Beweismaterial statistischer Zusammenhänge (vgl. auch Experiment, S. 298).

Es gibt aber auch eine andere denkbare Interpretation derselben Befunde: Man sucht sich seinen Freundes- und Bekanntenkreis nach übereinstimmenden Einstellungen aus. Freunde und Bekannte wie man selbst entscheiden sich dann weitgehend für die gleiche Zeitung, weil diese der gemeinsamen politischen Grundeinstellung mehr entspricht als die Konkurrenzzeitung. Die beiden Interpretationen schließen sich nicht gegenseitig aus. Wollte man dem Gewicht des einen oder anderen Motivs nachgehen, würde man zusätzliche Erklärungsvariablen in die Analyse einführen. Die Antworten würden nicht nur nach *einem* Merkmal – Leser der Zeitung A, Leser der Zeitung B – analysiert, sondern nach einer Kombination von mehreren Merkmalen. So könnte man das Merkmal ›gelesene Zeitung‹ mit der Angabe der politischen Richtung, der die Mitglieder des Freundes- bzw. Bekanntenkreises zuneigen, verbinden. Auf diese Art ließe sich feststellen, ob die politische Einstellung der Freunde und Bekannten ein ausschlaggebendes Merkmal ist, daß man sich mit ihnen zusammen für die gleiche – politisch adäquate – Tageszeitung entscheidet.

Zahlreiche mathematisch-statistische Verfahren und Computer-Software-Pakete sind in den letzten Jahrzehnten zur Analyse von Daten entwickelt worden. Viele Analyseverfahren, die früher zu zeitraubend waren, um routinemäßig angewendet zu werden, sind heute in wenigen Minuten durchführbar, wie Faktoren-, Varianz-, Cluster-, Segmentations-, Regressions- und Pfadanalysen, zeitverschobene Kovarianzanalysen und andere Analysen, mit denen man sich über den Nachweis von Zusammenhängen hinaus dem Nachweis von Kausalität wenigstens nähern kann. Sogenannte *multivariate Verfahren* ermöglichen es sogar, mehrere in Frage stehende Merkmale oder Verhaltensweisen (abhängige Variablen) auf die Wirkung einer oder mehrerer Erklärungsgrößen (unabhängige Variablen) zurückzuführen (kanonische Korrelationsanalyse, Strukturgleichungsmodelle; vgl. *Moosbrugger* 1978; *Hodapp* 1984).

In der Massenkommunikationsforschung ist die analytische Bearbeitung von Datensammlungen wichtig, beispielsweise des Datenmaterials von Copytests oder der Zuschauer- oder Hörerbeteiligung für Stichtage und -wochen.

Aus dem Rohmaterial der Faktensammlung einer großen Zahl von *Copytests* oder *Stichtagsbefragungen* lassen sich bei entsprechender statistischer Bearbeitung Regeln über das Verhalten des Publikums ableiten, z. B. die Regel: Beim Hörfunk und Fernsehen filtern vorangehende Programme das Publikum für die folgenden Sendungen, d. h. die Hörerschaft eines Konzerts ist nach einem vorangehenden Kriminalhörspiel anders zusammengesetzt als nach einem Vortrag über Kirchenarchitektur. Eine weitere Regel konnte aus Copytests bei *Illustrierten* abgeleitet werden: Eine Romanfortsetzung, die beispielsweise mit einer großen Illustration eröffnet wird, findet etwa ein Drittel mehr Leser, als wenn auf die Illustration verzichtet wird (*Allensbacher Archiv*, IfD-Berichte 736, 1959, und 473, 1956).

Nicht nur für die Anwender sind Analysen von Copytests und Stichtagsdaten wichtig, sondern auch für die Grundlagenforschung. Beispielsweise ließ sich das Problem der *selektiven Wahrnehmung* von *Medieninhalten*, das die Kommunikationsforschung seit Jahrzehnten beschäftigt hat (→ Wirkung der Massenmedien), erst in wichtigen Einzelheiten aufklären, als Ergebnisse von Copytests in Kombination mit Einstellungsdaten analysiert wurden (*Noelle-Neumann* 1973; *Donsbach* 1991).

Trendanalyse

Eine unentbehrliche und zugleich scheinbar einfache Analyseform ist die Trendanalyse, bei der Ergebnisse, die zu verschiedenen Zeitpunkten gewonnen wurden, eine Aussage über Entwicklungen erlauben. Die Tabellen 10 und 11 (S. 288 f.) zeigen als Trend zwischen 1955 und 1991, was Zeitungsleser in der *Tageszeitung* besonders interessiert und wie die Bevölkerung ab 16 Jahre zwischen 1967 und 1987 nach subjektiver Einschätzung ihre Zeit zwischen den verschiedenen Medien aufteilte.

Aus derartigen Trendanalysen sind zahlreiche Erkenntnisse abzuleiten. Wie bei vielen anderen Umfragen der sechziger und siebziger Jahre sieht man, daß auch die stärksten Veränderungen der Interessen von Zeitungslesern sich zwischen 1955 und 1972 zugetragen haben, also in der Phase der Ausbreitung des Fernsehens. Wichtig

Tabelle 10:
Beispiel einer Trendanalyse

Frage: »Auf dieser Liste stehen verschiedene Beschäftigungen. Könnten Sie mir sagen, was davon Sie in Ihrer <u>Freizeit</u> manchmal tun, ich meine so durchschnittlich wenigstens einmal in der Woche?« (Vorlage einer Liste)

	1967 %	1973 %	1977 %	1983 %	1987 %
Fernsehen	80	94	91	92	94
Zeitung lesen	81	89	84	90	90
Radio hören	64	77	74	82	82
Illustrierte, Zeitschriften lesen	61	71	65	75	72
Ein Buch zur Unterhaltung lesen	44	44	45	50	47
Schallplatten hören	23	35	40	44	37
Ein Buch lesen, das zur Weiterbildung beiträgt	23	26	29	32	30
Mache nichts davon	2	1	1	*	*
	378	437	429	465	452

Frage: »Würden Sie jetzt für jede der Beschäftigungen noch sagen, wieviel Zeit Sie pro Woche etwa darauf verwenden – so ganz grob geschätzt?«

	1967 Std./Min.	1973 Std./Min.	1977 Std./Min.	1983 Std./Min.	1987 Std./Min.
Fernsehen	9'40	12'22	11'31	12'12	12'09
Zeitung lesen	3'47	3'59	3'37	3'54	3'46
Radio hören	5'17	7'38	7'26	8'36	8'20
Illustrierte, Zeitschriften lesen	2'19	2'23	2'22	2'18	2'05
Ein Buch zur Unterhaltung lesen	2'08	1'56	2'05	1'54	1'45
Schallplatten hören	0'50	1'33	1'52	1'48	1'28
Ein Buch lesen, das zur Weiterbildung beiträgt	1'06	1'08	1'17	1'18	1'08
	25'07	30'59	30'10	32'00	30'41
n =	2016	2024	4024	1001	1051

* = weniger als 0,5 Prozent
Basis: Bevölkerung ab 16 bzw. ab 14 Jahre

Quelle: Allensbacher Archiv, IfD-Umfragen 2032, 2098, 3036/38, 4024, 4097/I

Tabelle 11:
Beispiel einer Trendanalyse

Frage:»In den Tageszeitungen steht heute soviel, daß man gar nicht immer alles lesen kann. Können Sie nach dieser Liste sagen, was Sie im allgemeinen immer lesen?« (Listenvorlage)

	März 1955 %	Juni 1972 %	Aug./Sept. 1976 %	März 1978 %	Okt./Nov. 1981 %	April 1984 %	Jan./Febr. 1987 %	März 1991 %
Lokale Berichte hier aus dem Ort und der Umgebung	72	80	80	84	82	83	82	78
Politische Meldungen und Berichte aus Deutschland (Innenpolitik)	46	61	61	59	63	62	59	66
Anzeigen	51	55	54	58	53	52	48	46
Politische Meldungen und Berichte aus dem Ausland (Außenpolitik)	39	47	46	44	52	49	46	54
Tatsachenberichte aus dem Alltag	44	42	40	46	44	46	42	41
Sportberichte, Sportnachrichten	35	40	41	44	41	41	41	37
Leserbriefe	37	38	37	48	43	42	40	40
Leitartikel	26	38	34	41	44	41	39	36
Gerichtsberichte, Berichte über laufende Prozesse	41	34	30	39	33	34	32	33
Frauenseite (Mode, Haushaltsfragen, Kindererziehung)	39	33	33	35	36	32	32	29
Aus dem kulturellen Leben (Film, Theater, Bücher, Musik, Malerei)	37	29	27	33	33	30	28	26
Wirtschaftsteil, Wirtschaftsnachrichten	21	28	26	28	28	27	26	29
Aus Technik und Wissenschaft	24	21	25	26	24	25	22	21
Fortsetzungsroman	30	18	13	18	16	13	12	9
Keine Angaben	9	5	4	4	4	4	3	3
	551	569	551	607	596	581	552	548

Basis: Bevölkerung ab 16 Jahre

Quelle: Allensbacher Archiv, IfD-Umfragen 082, 2083, 3033/II, 3054, 4001, 4043, 4064, 4087/I, 5049

für die Reaktion der Tageszeitungen auf die Ausbreitung des Fernsehens (*Noelle-Neumann* 1986) war beispielsweise, daß der *Leitartikel* für die Leser nicht an Interesse verlor, sondern sogar gewann; damit wurden Erwartungen widerlegt, das Fernsehen werde zu oberflächlicherem Interesse bei der Zeitungslektüre führen. Die Zunahme des *Interesses an Politik*, die durch das Fernsehen bewirkt wurde, führte auch zu einem verstärkten Interesse am politischen Teil der Zeitung (→ Wirkung der Massenmedien auf die Meinungsbildung). Tabelle 12 stützt sich lediglich auf grobe, subjek-

Tabelle 12:
Leser der regionalen Abonnementzeitungen in den Altersgruppen der 14- bis 29jährigen

Dargestellt werden die Leser pro Tag, d. h., in welchem Anteil am Tag vor dem Interview Zeitung gelesen wurde

	14- bis 19jährige %	20- bis 29jährige %
Es lasen am Tag vor dem Interview regionale Abonnementzeitungen –		
1977	58,6	66,3
1978	54,5	62,8
1979	52,0	64,3
1980	54,5	60,8
1981	50,9	59,7
1982	49,3	60,9
1983	52,9	61,6
1984	50,7	62,9
1985	50,0	59,4
1986	47,1	57,6
1987	49,4	58,3
1988	49,1	58,1
1989	49,1	56,5
1990	51,1	58,5
1991 (West)	53,5	57,8
1992 (West)	48,7	52,9
1993 (West)	43,6	51,4

Basis: Allensbacher Werbeträger-Analyse, 8000 bis 13500 Interviews pro Jahr, repräsentativer Bevölkerungsquerschnitt ab 14 Jahre

tive Schätzungen. Dennoch ist erkennbar, daß mit Zunahme der Freizeit und Zunahme des Anteils der Bevölkerung mit höherer Schulbildung die Zeitung trotz der Ausbreitung des Fernsehens bis 1987 nicht verdrängt wurde. Auf der anderen Seite nahm trotz der Ausweitung des Kreises von Personen, die Bücher zur Unterhaltung lesen, die Zeit, die dafür durchschnittlich aufgewendet wird, ab.

Das Bild, das durch derartige Trendanalysen entsteht, kann sich sehr ändern, wenn man die Trends nicht pauschal, sondern für ausgewählte Bevölkerungsschichten verfolgt. So ergeben sich durchaus Anzeichen für ein Zurückdrängen der Tageszeitung, wenn man den Trends für die jüngste Altersgruppe der 14- bis 29jährigen folgt (*Noelle-Neumann/R. Schulz* 1993; *Berg/Kiefer* 1992).

Da Trendanalysen nichts über Ursachen und Wirkungen aussagen, ist Vorsicht bei der Interpretation geboten. Zuviel unbekannte Faktoren mögen ein Ergebnis beeinflußt haben, ein Zusammenhang kann lediglich eine *Scheinkorrelation* sein, hervorgerufen durch einen dritten unerkannten Faktor, einen *Störfaktor*, der sowohl mit der einen wie mit der anderen Seite eines gefundenen Zusammenhangs eng assoziiert ist. Ein Beispiel einer solchen Scheinkorrelation weist die Tabelle 13 auf.

Tabelle 13:
Beispiel einer Scheinkorrelation

Frage: »Könnten Sie abschätzen, wieviel Stunden Sie täglich im Durchschnitt fernsehen – einmal abgesehen vom Samstag und Sonnatg?«
Fernsehteilnehmer im Gebühreneinzugsgebiet des Südwestfunks, die zu Hause Fernsehsendungen empfangen können seit:

| | 1956 und früher | Fernsehgeräte-Besitz seit | | | | |
		1957–1959	1960–1962	1963–1965	1966	1967–1968
Geschätzte durchschnittliche tägliche Dauer des Fernsehens	2'10	1'58	1'55	1'53	1'53	1'50

Quelle: Allensbacher Archiv, IfD-Bericht 1547/II, Tabelle 102, rund 2600 Befragte

Zunächst legt Tabelle 13 folgende Interpretation nahe: Je länger jemand ein Fernsehgerät besitzt, desto mehr Zeit verbringt er mit Fernsehen. Prognose: Man wird in Zukunft immer länger und länger fernsehen. Tatsächlich unterscheiden sich langjährige Besitzer eines Fernsehgerätes von Leuten, die erst seit kurzem ein Gerät haben, nicht nur durch die Dauer des Gerätebesitzes, sondern auch durch den Grad ihres *Interesses am Funkmedium*: Besonders interessierte Personen, die bereits vor der Einführung des Fernsehens dem Radio überdurchschnittlich viel Zeit widmeten, hatten sich gleich in den ersten Jahren ein Fernsehgerät angeschafft. Dieses unterschiedliche Interesse der einzelnen Gruppen am Funkmedium ist der Störfaktor, der es verbietet, die unterschiedliche tägliche Fernsehzeit als Einfluß der Dauer des Gerätebesitzes zu interpretieren.

Eine falsche Prognose von *Belson* (1961; vgl. dazu *Parker* 1963), daß das Fernsehen am ehesten die seriösen englischen Wochenzeitungen und Monatszeitschriften beeinträchtigen werde, ging auf einen ähnlichen Störfaktor zurück: Die miteinander verglichenen Fernseh- und Nichtfernsehzuschauer unterschieden sich trotz sorgfältigem ›*matching*‹ (d. h. Gleichstellung in demographischen Merkmalen, die hoch mit Besitz eines Fernsehgeräts korreliert waren) in ihrer grundsätzlichen Interessenstruktur, ganz wie bei dem eben angeführten deutschen Beispiel: Die weniger an seriösem Journalismus Interessierten schafften sich eher ein Fernsehgerät an. Man konnte darum aus dem Verhalten der Fernsehzuschauer von 1961 keine Prognose über das Verhalten zukünftiger Fernsehkonsumenten ableiten. Ähnliche Probleme ergaben sich, als in der Bundesrepublik Deutschland das *Kabelfernsehen* eingeführt wurde (*Noelle-Neumann / R. Schulz* 1989).

International vergleichende Umfragen

So wie man bei der Trendanalyse Vergleiche zwischen verschiedenen Zeitpunkten anstellt, sind auch räumlich übergreifende Vergleiche, international oder interkulturell vergleichende Umfragen ein wichtiges Erkenntnismittel. Zur Illustration kann eine Umfrage unter Journalisten über *Berufsmotive und Berufsnormen* dienen, die mit gleichem Fragebogen 1980/1981 in der Bundesrepublik Deutschland und in England durchgeführt wurde (*Köcher* 1985), später auch in anderen Ländern, z. B. Taiwan (*Shaw-Weng* 1986). Die Tabellen 14 und 15 zeigen zwei Ergebnisse.

Auch ganze Untersuchungsmodelle wurden international vergleichend übernommen. Die amerikanischen Kommunikationsforscher *Rothman* und *Lichter* (1982) entwickelten ein Modell, nach dem

Tabelle 14:
Beispiel einer international vergleichenden Umfrage

Frage: »Wenn Sie einmal von heute aus urteilen: Was von diesen Punkten finden Sie persönlich heute an Ihrem Beruf besonders anziehend? Wenn Sie mir bitte die entsprechenden Karten herauslegen.«
(Vorlage eines Kartenspiels)

Question: »What aspects of your present job do you particularly like? Please pick out all the cards that apply!«
(Presentation of cards)

	Deutsche Journalisten %	Britische Journalisten %	Diffe-renz %
– Auszug aus den Angaben –			
Die Möglichkeit, Mißstände aufzudecken und zu kritisieren The chance of uncovering and criticizing grievances	70	57	+13
Die Möglichkeit, anderen Wissen zu vermitteln, ihren Horizont zu erweitern The chance of imparting knowledge to others, to expand their horizon	46	60	−14
Die Möglichkeit, sich für Werte und Ideale einzusetzen The chance of championing values and ideas	42	44	− 2
Die Möglichkeit, politische Entscheidungen zu beeinflussen The chance of influencing political decisions	29	18	+11
Die interessanten Leute, mit denen man zusammenarbeitet, die Kollegen The interesting people one works with	22	42	−20
Es reizt mich, unter Termindruck zu arbeiten Having to work under time pressure	20	62	−42
n =	450	405	

Quelle: Köcher 1985, S. 78 f.

Tabelle 15:
Beispiel einer international vergleichenden Umfrage

Frage an deutsche und englische Journalisten:
»Zwei Journalisten sind von verschiedenen Redaktionen zum
Jahreskongreß einer großen Partei geschickt worden. Beide finden den
Kurs dieser Partei gefährlich, aber sie haben verschiedenen Auffassungen,
wie sie ihre Berichte schreiben werden. Hier lesen Sie, was die beiden
sagen – welcher sagt das, was auch Sie denken?«
(Vorlage eines Bildblattes)

Question: »Two journalists were sent by different editorial offices to attend
the annual congress of a major political party. Both of them find the policy
of this political party dangerous, but have different views on how to write
their reports. Here you can read their comments. Which of them says what
you also think?«
(Presentation of an illustration)

	Deutsche Journalisten %	Britische Journalisten %
»Ich finde den Kurs, der hier eingeschlagen wird, wirklich verhängnisvoll. Aber ich werde über die Diskussionen und Entscheidungen völlig neutral berichten und es meinen Lesern überlassen, die Gefahr zu erkennen.«	32	70
»I regard this policy as dangerous. But in the account I write I shall simply report the discussions and decisions and leave my readers to see the danger for themselves.«		
»Ich halte diesen Kurs auch für gefährlich und werde daher in meinem Artikel vor allem die gefährlichen Aspekte schildern und hervorheben. Meine Leser sollen klar erkennen, daß ich sie warne.«	53	22
»I regard this policy as dangerous too, and in my account I shall select and emphasize the dangerous aspects. My readers should be in no doubt that I am giving them a warning.«		
Unentschieden Undecided	15	8
n =	100 450	100 405

Quelle: Köcher 1985, S. 131

mit einheitlichem Fragebogen zu kontrovers diskutierten wissenschaftlichen Entwicklungen einerseits die wissenschaftlichen Experten dieser Gebiete befragt wurden, andererseits Wissenschaftsjournalisten, Journalisten führender amerikanischer Medien, wie z. B. der *New York Times* oder der *Washington Post*, und Bevölkerung. Dieses Modell wurde auch in der Bundesrepublik seit Beginn der achtziger Jahre mehrfach angewandt (*Allensbacher Archiv*, Berichte 3380 und 3023). Die Tabelle 16 illustriert eines der Ergebnisse (siehe auch *Noelle-Neumann* 1992 sowie → Wirkung der Massenmedien auf die Meinungsbildung).

Tabelle 16:
Gegenüberstellung von Expertenmeinungen und Journalistenmeinungen.
Politiker und Bevölkerung stehen in ihren Ansichten den Journalisten näher als den Experten
– Nach einem von Rothman/Lichter (1982) entwickelten Modell –

Frage (1984):
»Eine Frage zu Atomkraftwerken: Auf dieser Liste stehen drei Standpunkte. Könnten Sie sagen, wofür Sie sind, was auch Ihre Meinung ist?«
(Vorlage einer Liste)

	Energie-wissen-schaftler %	Journa-listen %	Politiker %	Bevölkerung ab 16 Jahre insgesamt %
Wir müssen weitere Atomkraftwerke bauen	83	42	44	19
Wir sollten keine neuen Atomkraftwerke mehr bauen, aber die bestehenden weiterbetreiben	13	44	42	50
Wir sollten mit der Erzeugung von Kernenergie ganz aufhören und die bestehenden Atomkraftwerke stillegen	1	9	13	16
Unentschieden	3	5	1	15
	100	100	100	100
n =	40	93	122	1066

Quelle: Allensbacher Archiv, IfD-Umfragen 2237/W, J, P, 4045–1984

Panelanalyse

Die Trenduntersuchung zeigt Veränderungen nicht für die befragten Individuen, sondern nur per saldo, als Netto-Veränderung, bezogen auf die Gesamtbevölkerung oder bestimmte ausgewählte Gruppen. Alle individuellen Veränderungen, die sich zahlenmäßig gegenseitig aufheben können, bleiben unsichtbar. Bei scheinbar völliger Stabilität (keine Netto-Veränderung) können viele einzelne Personen ihre Position gewechselt haben. Die schon erwähnte Panelmethode (S. 272) dagegen erfaßt durch wiederholte Befragung *derselben* Individuen die Veränderungsvorgänge vollzählig und eröffnet damit die Möglichkeit, Personen, die ihre Einstellung geändert haben, als Analysegruppe zusammenzufassen und besonders sorgfältig zu untersuchen. Dabei ist nicht nur das Vorliegen, sondern auch die Richtung der Veränderung von Interesse. Die ›16-Felder-Tabelle‹ von *Lazarsfeld* im Vorwort zur 1968 erschienenen Auflage von ›The People's Choice‹ illustriert, wie man mit Panelanalyse erkennen kann, ob Wähler, die den Kandidaten der Partei A bevorzugen, aber sonst mehr zur Partei B neigen, sich bei der Harmonisierung ihrer Einstellung eher zugunsten der Person des Spitzenkandidaten entscheiden oder eher zugunsten der Partei. Das letztere wird durch die 16-Felder-Tabelle (Tabelle 17) nachgewiesen.

Das Beispiel der 16-Felder-Tabelle wird hier vor allem aus Gründen

Tabelle 17:
16-Felder-Tabelle von Lazarsfeld zur Analyse von Panel-Ergebnissen
Gleichzeitiger Wechsel der Wahlabsicht und der Einstellung zum Präsidentschaftskandidaten Willkie
(Erie County, Ohio, amerikanische Präsidentschaftswahl von 1940)

Erstes Interview	Parteineigung Einstellung zu Willkie	Zweites Interview				Gesamt
		+ +	+ −	− +	− −	
(++) Republikaner für Willkie		129	3	1	2	135
(+−) Republikaner <u>gegen</u> Willkie		11	23	0	1	35
(−+) Demokraten <u>für</u> Willkie		1	0	12	11	24
(−−) Demokraten <u>gegen</u> Willkie		1	1	2	68	72
Gesamt		142	27	15	82	266

Quelle: Lazarsfeld et al., 1944a, 1968, S. IX

der historischen Perspektive angeführt. Heute spielen in der Panelanalyse die *Pfadmodelle* bzw. *LISREL*-Modelle im ›cross-lag-
design‹ eine größere Rolle (vgl. *Weede* 1977; *Markus* 1979;
Kessler / Greenberg 1981; siehe auch *Scherer* 1990).

Unter den zahlreichen Vorzügen der Panelanalyse für alle Aufgaben, bei denen *Wirkungen* untersucht werden sollen, sei vor allem
die bessere Möglichkeit genannt, *Störvariablen* (vgl. S. 291) aus-
zuschalten. Mit einem drastischen Beispiel soll das illustriert werden.

In einer Großstadt war zehn Wochen lang eine Plakatkampagne für
Bier gelaufen. Nun sollte der Erfolg gemessen werden. Es wurde
eine Repräsentativumfrage durchgeführt, bei der ermittelt wurde,
ob der Befragte eine Bierplakat-Kampagne bemerkt hatte, und an
anderer Stelle im Interview, ob er Bier trinkt. Bei der Analyse wurden Personen, die die Bierplakat-Kampagne bemerkt hatten, mit
Personen verglichen, die sie nicht bemerkt hatten. Ergebnis: Personen, die die Kampagne bemerkt hatten, sagten zu 70 Prozent, daß
sie Bier trinken, Personen, die sie nicht bemerkt hatten, sagten nur
zu 35 Prozent, daß sie Bier trinken. Kann man folgern, daß man hier
die Wirkung der Kampagne sieht, daß sich also durch die Kampagne
der Kreis der Biertrinker praktisch verdoppelt hat?

Mit einer Panelbefragung, bei der die Personen der Stichprobe vor
Beginn der Kampagne und am Ende der Kampagne, also zweimal
befragt werden können, lassen sich solche Irrtümer ausschalten.
Man erkennt, daß die Personen, die die Kampagne für Bier sahen,
schon vor der Kampagne in hohem Anteil Bier tranken, und die,
die sie nicht sahen, überwiegend kein Bier trinken. Der Störfaktor – Personen, die Bier trinken, beachten eher eine Bierplakat-
Kampagne – ist damit ausgeschaltet. Die Ergebnisse werden für
Personen, die Bier trinken und die Kampagne beachteten oder
nicht beachteten, analysiert und getrennt davon für Personen, die
vor Beginn der Kampagne kein Bier tranken. Nun lassen sich Veränderungen im Verhalten und in den Einstellungen je nachdem,
ob die Kampagne gesehen oder nicht gesehen wurde, beobachten.
Für jedes Merkmal, in dem sich die von den Plakaten erreichte
Gruppe deutlich unterscheidet von der von den Plakaten nicht erreichten Gruppe, kann man getrennt analysieren (das Merkmal,
den möglichen Störfaktor ›konstant halten‹), wie sich die Einstel-

lungen vor und nach der Kampagne entwickelt haben. Die Unterschiede zwischen Personen, die die Bierkampagne beachteten und die sie nicht beachteten, werden nicht als Wirkung der Kampagne interpretiert, wenn sie bereits vor Beginn der Kampagne existierten. Die wiederholte Befragung einer Panel-Stichprobe, insbesondere die Vorher-Nachher-Befragung, ist das wichtigste Instrument zur *Erfolgskontrolle* von publizistischen Kampagnen, Aufklärungsaktionen und Werbung. Eine allerdings problematische Alternative zur Panelbefragung sind retrospektive Berichte von Befragten: Dabei werden Personen aufgefordert, aus dem Gedächtnis über Änderungen von Einstellungen und Verhalten Auskunft zu geben. Bei dieser Vorgehensweise macht man aber den gravierenden Fehler, die – zumal interindividuell recht unterschiedliche – Wahrnehmungs- und Erinnerungsfähigkeit der Befragten zu überfordern.

In der Medienwirkungsforschung kann man das Ausmaß des Medienkonsums als erklärenden Faktor in einer Panelanalyse einführen und damit Entwicklungen von Einstellungen und Verhaltensweisen in Abhängigkeit zum Beispiel von einem unterschiedlich großen Fernsehkonsum betrachten. Man verfolgt dabei Veränderungen von Einstellung und Verhalten getrennt für Personen mit großem, mittlerem oder geringem Fernsehkonsum. Eine Illustration dazu findet sich bei → Wirkung der Massenmedien auf die Meinungsbildung (S. 553). Darüber hinaus bietet die Panelanalyse auch die Möglichkeit zu überprüfen, ob auf Änderungen der Intensität des Fernsehkonsums Einstellungs- bzw. Verhaltensänderungen auf anderen Gebieten folgen.

Das kontrollierte Experiment

Die experimentelle Untersuchungsanordnung ist gekennzeichnet durch die folgenden Elemente (vgl. *Noelle-Neumann* 1965; *W. Schulz* 1970):

a) Aus einer Stichprobe werden nach ›Lotterieprinzipien‹ zwei oder mehr Testgruppen gebildet, die sich statistisch nicht unterscheiden: ›Egalisierung der Ausgangsbedingungen‹;

b) der Faktor, dessen Wirkung untersucht werden soll, wird als ›ex-

perimenteller Faktor‹ (im einfachsten Untersuchungsmodell) bei einer ›*Testgruppe*‹ zur Wirkung gebracht, während eine zweite Gruppe, die *Kontrollgruppe*, unbeeinflußt bleibt;
c) Testgruppe und Kontrollgruppe werden danach Messungen unterworfen. Signifikante Unterschiede zwischen den beiden Gruppen sind als Wirkung des experimentellen Faktors anzusehen, weil nach der Logik des Experiments keine anderen Erklärungen möglich sind.

Die experimentelle Untersuchungsanordnung wird in der Kommunikationsforschung mit allen eben genannten Untersuchungstypen kombiniert. Beispiel: Einbau kontrollierter Experimente in das Basismodell der Repräsentativumfrage: Eine repräsentative Bevölkerungsumfrage mit 2000 Interviews wird gegabelt in zwei statistisch gleiche Querschnitte mit je 1000 Interviews, um Reaktionen auf den Handlungsablauf eines *Unterhaltungsfilms* (»Vergiß mein nicht«) zu testen. Der einen Gruppe wird der Filminhalt mit tragischem Ende, der anderen die gleiche Handlung mit glücklichem Ende erzählt (*Allensbacher Archiv*, IfD-Bericht 741, August 1959). Am Schluß lautet die Frage an regelmäßige Kinobesucher: »Würden Sie sich den Film nach dem, was Sie eben darüber gehört haben, gern ansehen?« Der Vergleich zeigt: Das Interesse, den Film zu besuchen, ist wesentlich größer bei glücklichem Ausgang der Handlung.

Ein klassisches Beispiel, Wirkung von Information auf die Einstellung durch ein kontrolliertes, in eine allgemeine Bevölkerungsumfrage eingebautes Experiment zu prüfen, bietet die *Hyman-Sheatsley*-Studie (›Some Reasons Why Information Campaigns Fail‹ 1947) über die Befürwortung einer amerikanischen Anleihe an England. Hier wurde die Testgruppe eingehend über die Gründe für eine solche Anleihe informiert, die Kontrollgruppe erhielt keine Information; anschließend wurde festgestellt, wieweit die Testgruppe und wieweit die Kontrollgruppe die Anleihe an England befürworteten. Die Ergebnisse dieses Experiments boten einen bedeutenden Einblick in die → Wirkung der Massenmedien: Nur bei Personen, die England gegenüber freundlich oder neutral eingestellt waren, bewirkten die detaillierten Informationen eine deutlich höhere Zustimmung zu der Anleihe im Vergleich zu der nicht besonders informierten Kontrollgruppe. Bei Personen, die gegenüber England

Tabelle: 18
Zwei Beispiele für kontrollierte Experimente mit Frageformen, bei denen nur eine oder beide Alternativen durch eine dritte Antwortmöglichkeit voll ausformuliert waren

Frageform I:
»Finden Sie, daß in einem Betrieb alle Arbeiter in der Gewerkschaft sein sollten?«

Frageform II:
»Finden Sie, daß in einem Betrieb alle Arbeiter in der Gewerkschaft sein sollten, oder muß man es jedem einzelnen überlassen, ob er in der Gewerkschaft sein will oder nicht?«

	Ohne ausformulierte Alternative (Frageform I) %	Ausformulierte Alternative (Frageform II) %
Alle sollen in der Gewerkschaft sein	44	24
Bin dagegen, ist Sache des einzelnen	20	70
Unentschieden	36	6
	100	100

Quelle: Allensbacher Archiv, IfD-Umfrage 082, März 1955, jeweils rund 350 Befragte (Arbeiter)

Frageform I:
»Welche Stunden sind Ihnen ganz allgemein am liebsten: die Stunden während der Arbeit oder die Stunden, wenn Sie nicht arbeiten?«

Frageform II:
»Welche Stunden sind Ihnen ganz allgemein am liebsten: die Stunden während der Arbeit oder die Stunden, während Sie nicht arbeiten, oder mögen Sie beide gern?«

	Ausformulierung von zwei Antwortalternativen (Frageform I) %	Ausformulierung von drei Antwortalternativen (Frageform II) %
Während der Arbeit	9	5
Wenn ich nicht arbeite	49	35
Mag beide gern	36	56
Unentschieden	6	4
	100	100

Quelle: Allensbacher Archiv, IfD-Umfrage 2029, Juni 1967, jeweils rund 600 Befragte (Berufstätige)

Mißtrauen hegten, verfehlten die Informationen ihre Wirkung. So erwies sich, daß Informationen zwar zur Kenntnis genommen werden und dennoch Haltungen oder Einstellungen nicht verändern, wenn die angebotenen Fakten den Grundhaltungen zuwiderlaufen.

Im Bereich der Methodenforschung wird das kontrollierte *Feldexperiment* in Form gegabelter Repräsentativumfragen laufend benutzt, um die Wirkung von Frageformulierungen und Antwortvorgaben, Gestaltung des Fragebogens, Reihenfolgeneffekte der Fragen, aber auch Formulierungen der Intervieweranweisungen und statistischer Auswahlverfahren zu prüfen (vgl. Tabelle 18, S. 300; *Noelle-Neumann* 1962, 1970; Allensbacher *Quota-Random*-Experimente 1961, 1979 und im Rahmen der *AWA* '86; vgl. auch: *Schmidtchen* 1961; *Noelle-Neumann / Piel* 1983; *AWA* 1986).

Aus derartigen kontrollierten Experimenten läßt sich nachweisen, daß die Formulierung von Fragen im standardisierten Fragebogen von ausschlaggebender Bedeutung ist; sie beeinflußt die Ergebnisse in viel größerem Ausmaß als beispielsweise die Methode der Stichprobenbildung, auf die sich die Fachdiskussion lange Zeit konzentriert hatte. Auf diesem Sachverhalt gründet die Forderung, daß Ergebnisse politischer Meinungsforschung nicht nur mit der Angabe des Umfragetermins, Angabe der Zahl der Befragten und Quellenangabe publiziert werden sollten, sondern auch mit dem vollen Wortlaut der Fragen.

Weitere Beispiele einer Kombination verschiedener Untersuchungsmodelle mit kontrollierten Experimenten:

Trendanalyse. Eine *Werbung*, die zu Fischkonsum auch im Sommer ermuntern soll, wird in Nordrhein-Westfalen durchgeführt. In anderen Bundesländern wird diese Werbung nicht plaziert. Vor Beginn der Kampagne im März 1960 wird die Einstellung zu Fischmahlzeiten im ganzen Bundesgebiet festgestellt; nach Abschluß der Kampagne wird die Erhebung wiederholt. Im Insertionsgebiet ist die Abneigung, Fisch im Sommer zu essen, zurückgegangen, in den übrigen Gebieten ist die Lage unverändert (*Allensbacher Archiv*, IfD-Bericht 865, Februar 1961).

Copytest. Zu prüfen war, ob eine *Illustrierte* – damals noch nicht bunt – in brauner oder schwarzer Druckfarbe mehr Interesse weckt und aktueller wirkt. Zwei statistisch gleiche Lesergruppen erhielten eine Nummer der Illustrierten zugeschickt. Einziger Unterschied: Gruppe A erhielt die Illustrierte in schwarzer, Gruppe B erhielt sie in brauner Druckfarbe. Bei der späteren Befragung wurden die Leserzahlen der einzelnen Beiträge und pro Seite gemessen und am Schluß die Frage gestellt:»Wenn Sie dieses Heft noch einmal durchblättern: würden Sie sagen, dieses Heft ist sehr aktuell, etwas aktuell oder wenig aktuell?« Ergebnis: Bei schwarzem Druck bezeichneten 57%, bei braunem Druck nur 40% das Heft als ›sehr aktuell‹ (*Allensbacher Archiv*, IfD-Bericht 681, 1958). – Ein berühmtes Experiment mit Zeitschriften-Heften, das die Wirkung einmaliger oder zweimaliger Begegnung mit einer Anzeige ermitteln sollte, führte *Politz* in den USA durch (*Rochester Study*, 1960). In diesem Experiment wurden Gruppen mit einmaligem, zweimaligem und gar keinem Kontakt mit der Anzeige einer bestimmten Marke miteinander verglichen. Es konnte gezeigt werden, daß der zweimalige Kontakt mit einer Anzeige einen bisweilen sogar mehr als doppelt so großen Effekt zeitigte als der einmalige Anzeigen-Kontakt – und zwar sowohl im Hinblick auf den Bekanntheitsgrad der Marke, den Bekanntheitsgrad der Werbeaussage, die Glaubwürdigkeit der Werbeaussage als auch die Kaufbereitschaft für eine Marke.

Heimtest. Zwei statistisch vergleichbare Gruppen von Fernsehteilnehmern wurden von Interviewern für Heimtests von *Werbefernsehprogrammen* besucht (vgl. S. 269). Eine Gruppe sah ein Programm, das eine Werbung für Elektrizität enthielt, die andere Gruppe sah Werbefernsehen ohne diese spezielle Werbung. Nach Ansehen des Programms wurden beide Gruppen mit gleichem Fragebogen befragt. Der Vergleich der Ergebnisse zeigte für die Testgruppe eine stärkere Wertschätzung von Elektrizität, aber auch allgemein ein stärkeres Interesse für andere Energien wie Erdöl und Erdgas. Durch die Elektrizitätswerbung war also ganz allgemein das Interesse für Energieformen aktiviert worden (*Allensbacher Archiv*, IfD-Bericht 1339, April 1966).

Panelanalyse. In Paneluntersuchungen können jederzeit Gabelungen in Testgruppe und Kontrollgruppe vorgenommen werden, um die Wirkung eines experimentellen Faktors zu prüfen.

Quasi-Experiment

Von Quasi-Experiment spricht man in jenen Fällen, in denen Testgruppe und Kontrollgruppe nicht wirklich egalisiert sind, sondern in denen die Zuordnung unter dem Einfluß von *Selbst-Selektion* (vgl. S. 282) erfolgte (*Campbell/Stanley* 1963). Dies ist unvermeidlich, wenn ein echtes Ereignis den experimentellen Faktor bildet, wie z. B. bei einer Allensbacher Paneluntersuchung über die *Wirkung des Fernsehens* in Deutschland in den sechziger Jahren (*Allensbacher Archiv*, IfD-Bericht 1489, August 1968) oder einer Paneluntersuchung über die Wirkung des Kabelfernsehens im Pilot-Projekt Ludwigshafen in den achtziger Jahren (*Noelle-Neumann* 1985; *Noelle-Neumann/R. Schulz* 1989). Bei diesen Studien sind die Ausgangsgruppen – Personen, die sich nach dem ersten Interview ein Fernsehgerät anschafften, und Personen, die sich kein Fernsehgerät anschafften, oder Personen, die an das Kabelfernsehen angeschlossen waren oder nicht angeschlossen waren – nicht durch statistische Zufallsverfahren egalisiert. In solchen Fällen, in denen die statistische Gleichartigkeit von Experimentalgruppe und Kontrollgruppe nicht gewährleistet ist, muß das kontrollierte Experiment nach dem Modell der *Vorher-Nachher-Messung* angelegt sein, für das *Stouffer* (1950) das folgende Schema (Abbildung 13) entworfen hat:

Abbildung 13:

	Vorher	Nachher	Veränderung zwischen erstem und zweitem Zeitpunkt
Experimentelle Gruppe	X_1	X_2	$d = X_2 - X_1$
Kontrollgruppe	X'_1	X'_2	$d' = X'_2 - X'_1$

Wirkungen des experimentellen Faktors $W = d - d'$

Trotz der durch Selbst-Selektion bewirkten Verschiedenheit von Test- und Kontrollgruppe bei quasi-experimenteller Anlage kann die Wirkungsforschung dennoch zu relativ gesicherten Aussagen kommen, indem Experiment und Panelanalyse kombiniert werden. Da die meisten Unterschiede zwischen Testgruppe und Kontrollgruppe schon bei der ersten Messung, der Vorher-Messung, hervortreten, werden alle unterschiedlichen Verhaltensweisen und Einstellungen, die bereits vor Beginn des Experiments bestanden, nicht mehr als Effekt des *experimentellen Faktors* betrachtet. So gelingt es, die Zahl der *Störfaktoren*, die neben dem experimentellen Faktor unterschiedliche Entwicklungen bei Test- und Kontrollgruppe erklären könnten, außerordentlich zu reduzieren. Damit sinkt die Gefahr, etwas für Wirkung zu halten, was tatsächlich keine Wirkung des experimentellen Faktors ist (*Noelle-Neumann* 1979).

Laboratoriumsuntersuchungen

Die bisher beschriebenen Untersuchungsformen entstammen sämtlich – bis auf den kurz erwähnten Studiotest – der Feldforschung. Unter *Feldforschung* versteht man dabei Untersuchungen, bei denen die Testpersonen in ihrer natürlichen Umwelt bleiben. Bei den meisten Feldexperimenten ist den Befragten nicht einmal bewußt, daß sie an einem Experiment teilnehmen. Bei Laboratoriumsuntersuchungen dagegen werden die Versuchspersonen in das Laboratorium geholt; das ist der einzige grundsätzliche Unterschied zum Feldexperiment. Das Laboratorium kann ein schlichtes Zimmer (auch Klassenzimmer, Hörsaal) sein oder ein mit Apparaturen ausgerüsteter Versuchsraum. In jedem Fall ist ein Element der Künstlichkeit unvermeidbar, wenn man Versuchspersonen an einen bestimmten Ort zur Durchführung eines Experiments holen muß. Für die Kommunikationsforschung wirkt sich besonders erschwerend die Tatsache aus, daß man es im Laboratorium mit einem ›gefangenen Publikum‹ zu tun hat. Normales Medienverhalten im Alltag wird durch starke *Selektion*, welcher Kommunikation man sich aussetzt oder nicht, bestimmt. Gerade dieser Selektionsmechanismus ist bei den meisten Laboratoriumsstudien ausgeschaltet; die Versuchspersonen werden unterschiedslos wie nie in der Wirklichkeit mit Kommunikation konfrontiert. Beispiele für Laboratoriumsexperimente: → Nonverbale Kommunikation: Darstellungseffekte.

Methodologische Grundsätze

Bestimmte Grundsatzfragen, die in Methodendiskussionen eine große Rolle zu spielen pflegen, werden hier nicht behandelt, z. B. die Frage, ob am Ausgangspunkt eines empirischen Forschungsprojekts eine ausformulierte Hypothese stehen muß, die dann durch das Untersuchungsergebnis widerlegt oder bestätigt wird. Daß gewisse, wenn auch manchmal recht vage Annahmen jeden Entwurf eines Forschungsvorhabens leiten, ist sicher. Je weiter ein Fachgebiet wissenschaftlich erforscht ist, desto höher wird der Anteil von Untersuchungen mit präzise formulierten Ausgangshypothesen sein.

Die durch die Öffentlichkeit gehende Kommunikation ist ein noch wenig erschlossenes Forschungsgebiet. Dabei geht es hier weniger darum, zu verifizieren oder zu falsifizieren, sondern um Entwicklung einer Suchstrategie. Die zahlreichen registrierenden Untersuchungen (→ Mediaforschung) sind nützlich, weil sie eine Grundlage von Fakten schaffen. Aber Fortschritte wird die Publizistikwissenschaft nur machen, wenn sie jene Methoden und Untersuchungsanlagen bevorzugt anwendet, die ein Entdeckungspotential haben. Gemeint sind solche heuristischen Verfahrensweisen, die das Auffinden unvorhergesehener Ergebnisse begünstigen, die – soweit sie sich verallgemeinern lassen – einen entscheidenden Beitrag zur Theorienbildung liefern. Dazu gehören Untersuchungsanlagen wie Experimente und Quasi-Experimente (*Noelle-Neumann/R. Schulz* 1989), Panelanalysen, Trendbeobachtungen von Inhaltsanalysen und repräsentativen Bevölkerungsumfragen kombiniert (*Kepplinger* u. a. 1986; *Kepplinger* u. a. 1989, insbes. S. 73 ff.; *Kepplinger* 1989, insbes. S. 173 ff.), Extremgruppenanalysen (*Noelle-Neumann/Ring* 1984), international vergleichende Untersuchungen. Auch im Umgang mit Signifikanzberechnungen muß man den Stand der Forschung beachten: Im frühen Suchstadium spielen Signifikanzberechnungen keine Rolle, man muß auch die nichtsignifikanten, aber theoretisch vielleicht fruchtbaren Anzeichen beachten und ihnen nachgehen und prüfen, ob sie sich bei breiterer Zahlenbasis oder sensiblerer Frage- oder Analysetechnik bestätigen. Erst bei weit fortgeschrittener Theorienbildung werden mit wachsender Aufmerksamkeit für Bestätigungen oder Falsifizierung von zentralen Themen Signifikanzberechnungen unentbehrlich.

Große Bedeutung hat in der empirischen Kommunikationsforschung das *Validitätsproblem* oder *Gültigkeitsproblem*. Es entsteht aus dem Umstand, daß sich viele Sachverhalte nicht direkt erfragen, sondern nur indirekt erschließen lassen. Ob jemand Besitzer eines Fernsehgeräts oder Abonnent der Zeitung X ist, läßt sich unmittelbar feststellen, nicht dagegen solche Merkmale wie ›politisches Interesse‹ oder ›Bedürfnis nach Wirklichkeitsflucht‹. Wann immer eine Information nur indirekt zu gewinnen ist, muß ein *Indikator* (bzw. eine Kombination von Indikatoren) gefunden werden, der stellvertretend das Vorhandensein oder Nichtvorhandensein des gesuchten Merkmals anzeigt. Trifft der Indikator wirklich das gesuchte Merkmal?

Diese Frage – ob der Indikator Validität, ob er Gültigkeit für den zu untersuchenden Gegenstandsbereich besitzt – ist oft schwer zu entscheiden. Hinzu kommen die verschiedenen Einflüsse, die Reihenfolge und Formulierung der Fragen auf die Antworten ausüben. Die vom Fragebogen selbst ausgehende Beeinflussung der Ergebnisse wirkt sich nicht nur auf die Validität, sondern auch auf die Verläßlichkeit der Erhebungsinstrumente und der Befunde aus. Unter der Forderung nach *Verläßlichkeit* (*Reliabilität*) ist zu verstehen: Es müssen bei Wiederholung der Untersuchung unter gleichen Bedingungen auch gleiche Ergebnisse erzielt werden – unabhängig von den als Forscher, Mitarbeiter, Interviewer beteiligten Personen. Die *Stabilität* der Aussagen von Befragten, d. h., ob bei gleicher Einstellung zu verschiedenen Zeiten auch die gleiche Antwort gegeben wird, ist ein weiteres methodologisches Problem (vgl. z. B. *Converse* 1964). Viele Eigentümlichkeiten, die an der Methode der Umfrageforschung befremdend wirken, hängen unmittelbar mit dem Bemühen um Reliabilität zusammen. Das völlig standardisierte Interview, die zentrale Steuerung der großen Interviewerorganisation, die Trennung der Rolle von Forscher und Interviewer sollen den größtmöglichen Grad von Invarianz des Vorgehens auf allen Stufen der Erhebung sichern. Der Gesichtspunkt der *Invarianz* hat den Vorrang vor allen anderen Erwägungen; denn zählen, auswerten, statistisch arbeiten kann man nur, wenn zuvor Einheitlichkeit und Vergleichbarkeit bei der Datenerhebung hergestellt sind (*Noelle* 1963).

Die Aufmerksamkeit für Methodenfragen ist bei der publizistischen

Verwendung von Umfrageergebnissen gering. Wie bei Nachrichten allgemein ist auch bei Umfrageergebnissen *Quellenkritik* erforderlich: Wie zuverlässig ist die Quelle, aus der die Ergebnisse stammen? Als selbstverständliche Grundsätze des seriösen Gebrauchs von Umfrageergebnissen gelten Angabe der Quelle, des Wortlauts der Fragen, das Datum der Umfragen, die Zahl der Befragten, auf die sich die Umfrage stützt, und für welchen Personenkreis die Stichprobe repräsentativ ist. Von nachweisbar großem Einfluß auf die Zuverlässigkeit der Ergebnisse ist auch die Zahl der mitwirkenden Interviewer (Regel: möglichst nicht mehr als zehn Interviews pro Interviewer); sie sollte ebenfalls routinemäßig mitgenannt werden. 1986 verabschiedete die *European Society for Opinion and Marketing Research (ESOMAR)* entsprechende Grundsätze für die Behandlung von Umfrageergebnissen in den Medien.

Elisabeth Noelle-Neumann

Nachricht

Der Begriff Nachricht hat eine weitere und eine engere Bedeutung. Er steht einmal ganz allgemein für ›Mitteilung‹ oder ›Botschaft‹ im → Kommunikationsprozeß. Ganz ähnlich wird der Begriff in der Informationstheorie und in der Nachrichtentechnik verwendet. Eine speziellere Bedeutung hat er dagegen im Journalismus. Eine Zeitungs-, Hörfunk- oder Fernsehnachricht ist eine Mitteilung über ein aktuelles Ereignis, für das ein öffentliches Interesse besteht, oder – noch spezieller – eine nach bestimmten Regeln gestaltete → journalistische Darstellungsform (Wort-, Bild- oder Filmnachricht).

Mit der Nachrichtenberichterstattung nehmen die Massenmedien eine wichtige öffentliche Aufgabe – die *Informationsfunktion* – wahr. Sie stützen sich dabei auf ein weltumspannendes System von Nachrichtenagenturen, das sich mit der modernen Massenkommunikation seit der Mitte des 19. Jahrhunderts entwickelt hat. Ein vielfältiges Nachrichtenangebot und ungehinderter Zugang zu den Informationsquellen ist nach dem Selbstverständnis liberaler Demokratien wesentliche Voraussetzung der politischen Freiheit und einer rationalen politischen Willensbildung. Daher ist im Grundgesetz der

Bundesrepublik Deutschland (Artikel 5) neben der Meinungs- und Pressefreiheit auch das Grundrecht der Informationsfreiheit verbrieft (→ Medienrecht).

Die Forderung nach Nachrichtenvielfalt, nach ›*free flow of information*‹ ist jedoch international nicht allgemein anerkannt (→ Kommunikationspolitik). Staaten mit monopolisierter Willensbildung sehen in den Nachrichtenmedien eher ein Instrument zur Lenkung und Kontrolle der Gesellschaft. In diesen Ländern ist die Nachrichtengebung unmittelbar der Regierung unterstellt; sie wird durch eine staatliche Nachrichtenagentur ausgeübt, die ein Nachrichtenmonopol hat und deren Nachrichtengebung für alle Redaktionen verbindlich ist. Der NS-Staat und die DDR sind dafür historische Beispiele (→ Medien DDR, → Pressegeschichte, Drittes Reich).

Im historischen Rückblick erkennt man eine starke Affinität zwischen Nachricht und Herrschaft. Schon der Begriff macht das deutlich: er entstand im Absolutismus und bedeutete in der älteren Form ›Nachrichtung‹ soviel wie Anweisung (wonach man sich zu richten hat), auch Mitteilung, Botschaft, Neuigkeit. Bis zum 17. Jahrhundert umfaßte der Begriff *Zeitung* diese Bedeutungen.

Man kann mit Nachrichten auch Geschäfte machen. Das Streben nach Gewinn, nach wirtschaftlichen Vorteilen war eine wichtige Triebfeder für die Entwicklung der Nachrichtenagenturen.

Schließlich ist die Geschichte des Nachrichtenwesens aufs engste verknüpft mit der Entwicklung von Naturwissenschaft und Technik. An den großen industriellen Revolutionen des 19. und 20. Jahrhunderts haben die Erfindungen in der Nachrichtentechnik – oder wie man heute auch sagt: der Informations- und Kommunikationstechnik – einen erheblichen Anteil.

Geschichte

Frühe staatliche und interne Nachrichtensysteme.
Organisierte Nachrichtensysteme gab es schon im Altertum. Es waren Mittel der Kriegführung und der staatlichen Verwaltung. Wichtige Erfindungen – wie zum Beispiel das *Stafetten*- oder *Relais-Prinzip* – wurden etwa um 500 v. Chr. im persischen Großreich ge-

macht, später von den Griechen und Römern übernommen und teilweise weiterentwickelt. Aus der antiken griechischen Literatur, zu
deren Hauptthemen die Perserkriege gehören, wissen wir von den
Fanalen, den Feuer- und Rauchsignalen der Perser. Sie eigneten
sich zur Übertragung einfacher Botschaften, etwa militärischer
Kommandos, deren Bedeutung vorher verabredet sein mußte. Das
persische Großreich war mit einem Netz von Feuersignallinien über-
zogen. Sie verbanden die entfernten Provinzen mit den Residenzen
in Susa und Ekbatane, dienten der militärischen Logistik, der Sicherung der Grenzen und der Kontrolle von eroberten Gebieten.
Der griechische Dichter *Aischylos* beschreibt in seinem Drama
»Agamemnon« ausführlich die Meldung von der Einnahme Trojas
über eine Art Feuertelegraphenlinie von mehr als 500 km Länge.
Agamemnon soll so die Siegesnachricht an seine Gemahlin Klytäm-
nestra in Mykene übermittelt haben (*Oberliesen* 1982, 24 ff.).
Fanale und *Feuersignalstafetten* konnten nur ganz bestimmte,
vorher verabredete Botschaften übermitteln. Der Historiker *Polybios* (etwa 200 bis 120 v. Chr.) berichtet aber auch schon von der
Idee, für die Buchstaben des Alphabets jeweils unterschiedliche An-
zahlen von Fackeln zu verwenden und auf diese Weise Texte mit
prinzipiell unbegrenzter Bedeutung zu signalisieren. Polybios selbst
verbesserte die Erfindung des Fackelalphabets durch eine vereinfachte, aber differenzierte Buchstabencodierung (*Riepl* 1913, 92 f.).
Praktisch angewandt wurden diese Erfindungen jedoch nicht.
Die Idee der *optischen Telegraphie* geriet zunächst in Vergessenheit und wurde erst zur Zeit der Französischen Revolution von
neuem erfunden. Im ausgehenden 18. Jahrhundert entwickelte der
Abbé Claude Chappe einen aus beweglichen Stangen konstru-
ierten Apparat zur Signalgebung. Chappes optischer Telegraph
wurde erstmals für eine Verbindungslinie mit 22 Relaisstationen zwischen Paris und Lille 1794 eingesetzt. Sie diente allein militärischen
Zwecken und bewährte sich sofort beim Aufstand in der Vendée.
Bis zur Mitte des 19. Jahrhunderts wurden – von *Napoleon* und seinen Nachfolgern energisch gefördert – alle strategisch wichtigen
Orte Frankreichs mit einem insgesamt rund 5000 km langen Telegra-
phennetz verbunden (*Oberliesen* 1982, 61).
Auch die anderen kriegführenden Parteien zur Zeit der Revolution
und Restauration in Europa richteten optische Telegraphenlinien

ein. Dabei wurden andere, teils leicht verbesserte Systeme verwendet, so in Preußen ein von *Carl Heinrich Pistor* entwickelter optischer Telegraph mit drei Flügelpaaren. Die preußische Linie zwischen Berlin und Koblenz wurde 1835 in Betrieb genommen, aber schon 1849 wieder eingestellt: Die Erfindung des elektrischen Telegraphen verdrängte in kürzester Zeit die umständlichen optischen Signalanlagen.

Neben den Signalsystemen dienten in der Antike Kurier- und Botenlinien zur Nachrichtenübertragung. Im persischen Großreich zur Zeit der Herrscher *Kyros* und *Darius I.* gab es ein Stafettensystem laufender und reitender Boten zwischen den entfernten Provinzen und der Machtzentrale. Die längste *Botenstafette*, die »Königstraße« zwischen Susa und Sardes, war rund 2500 km lang und hatte 111 Relaisstationen. Auch im römischen Reich unter *Cäsar* und *Augustus* wurden für administrative und militärische Zwecke Botensysteme eingerichtet, die sich über den ganzen Mittelmeerraum und im Norden bis nach Schottland erstreckten. Ein Netz hervorragender Straßen, der *cursus publicus*, steigerte Schnelligkeit und Sicherheit dieser Verbindungen. Es hatte zur Zeit seiner größten Ausdehnung eine Länge von 76 000 km.

Botendienste dienten auch im Mittelalter zur Nachrichtenübertragung. Es waren jeweils eigenständige interne Nachrichtensysteme der Klöster, Universitäten und Städte, der Landesherren und Ritterorden. Sie wurden nur bei Bedarf eingesetzt, verkehrten also nicht regelmäßig, nutzten auch nicht mehr das Prinzip des Relais. Die Boten händigten die ihnen anvertrauten Schreiben persönlich dem Empfänger aus. Im Spätmittelalter entwickelten sich daraus, vor allem in Italien und Spanien, genossenschaftlich organisierte *Botenanstalten*. Seit dem ausgehenden 14. Jahrhundert unterhielten die bedeutenden Handelsstädte regelmäßige Botenverbindungen (*Sporhan-Krempel* 1968).

Mit der Machtausweitung der habsburgischen Monarchie entstand um 1500 ein in höherem Grad organisiertes Nachrichtenwesen. Im Auftrag der Habsburger begannen die Brüder *Tassis* 1490, einen regelmäßigen Kurierdienst zwischen Innsbruck, der Residenz Maximilians I., und den Niederlanden zu errichten, der nach und nach auf weite Teile Mitteleuropas ausgedehnt wurde. In mehreren Verträgen zwischen 1501 und 1517 wurden dem Familienunternehmen, das sich später *Thurn und Taxis* nannte, Privilegien zuerkannt, die schließlich auf das Postmonopol hinausliefen. Mit der Taxisschen Post wurde das Prinzip wieder eingeführt, weite Entfernungen rasch mit Relaisstationen – *Posten* genannt – zu überbrücken. Die durchschnittliche tägliche Beförderungsleistung erhöhte sich dadurch von etwa 20 auf 120 bis 150 Kilometer. Der Abstand zwischen den Stationen betrug zunächst etwa fünf Meilen und wurde später auf zwei Meilen (15 Kilometer) verkürzt. Neben der kaiserlichen Post beförderten die Taxis bald auch Nachrichten der Städte und Wirtschaftsunternehmen. 1549 eröffneten sie in Augsburg das erste Postamt (*Dallmeier* 1990).

Im 17. und 18. Jahrhundert gründeten mehrere absolutistische Landesherren eigene *Landesposten* als Konkurrenz zur privatwirtschaftlichen, kaiserlich privilegierten Taxis-Post. Mit dem Verfall der Reichsgewalt setzten sich schließlich die Landesposten gegenüber der Taxis-Post durch. Ihre Reste gingen 1876 gegen eine Entschädigung von drei Millionen Talern an den Preußischen Staat über.

Die großen gesellschaftlichen Umbrüche zur Zeit der Renaissance und Reformation brachten nicht nur neue Organisationsformen für den Nachrichtenverkehr mit sich, sondern steigerten auch das Nachrichtenangebot in einem zuvor nicht erreichten Maße. Dafür waren mehrere Entwicklungen zugleich verantwortlich: Das geistige Leben befreite sich aus der dogmatischen Zucht der Kirche; die modernen, prinzipiell auf Vermehrung von Information angelegten Wissenschaften nahmen ihren Anfang; Entdeckungen und weltweite Expeditionen sorgten für neue, sensationelle Kunde; die Entwicklungen weitreichender Handelsbeziehungen schufen ein Bedürfnis für Nachrichten (über Warenangebote, Preise, Ernten, Sicherheit von Transportwegen usw.) und etablierten zugleich auch Transportwege für Nachrichten; nicht zuletzt vereinfachte, verbilligte und beschleunigte die Erfindung der Drucktechnik durch *Gutenberg* den Austausch von Nachrichten.

Im ausgehenden 15. Jahrhundert wurden auf Märkten und Messen erste gedruckte Blätter mit ›*Newen Zeitungen*‹ angeboten, Berichten über politische Ereignisse wie Fürstenhochzeiten oder Kriege, oft auch über Kuriosa und sonderbare Naturerscheinungen, Katastrophen, Verbrechen. Das Wort ›*Zeitung*‹ hatte die Bedeutung von Nachricht, Neuigkeit. Zeitungen im heutigen Sinne – also periodisch erscheinende Druckwerke mit aktuellem Inhalt – sind erst seit 1609 belegt (→ Pressegeschichte).

Bereits vor der Erfindung des Drucks und auch noch lange danach wurden ›*geschriebene Zeitungen*‹ ausgetauscht, d. h. handschriftlich notierte Neuigkeiten, meist als Anhang zu Privat- oder Geschäftsbriefen. Am bekanntesten – weil in großem Umfang erhalten – sind die *Fugger-Zeitungen* aus den Jahren 1568–1605, eine Sammlung von Nachrichten, die das Augsburger Handelshaus Fugger aus seiner Korrespondenz mit den Niederlassungen und aus anderen Quellen zusammenstellen ließ. Ein Teil dieser Nachrichten stammte von den berufsmäßigen Nachrichtenhändlern *Jeremias Crasser* und *Jeremias Schiffle* in Augsburg, die sich *Nouvellanten* nannten. Der Nachrichtenhandel kam bereits im 14. Jahrhundert in den italienischen Städten auf; ein Hauptzentrum des Nachrichtenumschlags war zu dieser Zeit Venedig.

Auch die geschriebenen Zeitungen waren, wie das Beispiel Fugger verdeutlicht, eine Art internes Nachrichtensystem. ›Zeitungsschreiber‹, meist nebenberufliche *Korrespondenten* wie Beamte, Diplomaten und vor allem auch Postmeister, die sich von der Lieferung vertraulicher Informationen einen persönlichen Vorteil versprachen, belieferten vor allem Regierende, Adel und Handelsherren (*Koszyk* 1972, 42). Selbst die gedruckten Zeitungen hatten nur begrenzte Reichweite, zum einen weil sie teuer waren, zum anderen weil die große Mehrheit der Bevölkerung nicht lesen konnte. Zudem sorgten die Zensurvorschriften der Obrigkeit dafür, daß die Zeitungen in den meisten Territorien nur einen geringen Nachrichtenwert hatten. Der vorherrschende Nachrichtentyp war die *Kriegs-* und *Hofberichterstattung*; es wurde fast ausschließlich über das Handeln der gesellschaftlichen Elite – Fürsten, Feldherren, Staatsmänner – berichtet (*Wilke* 1984, 143).

Entstehung des öffentlichen Nachrichtensystems.
Im 19. Jahrhundert führten tiefgreifende gesellschaftliche und politische Veränderungen auch zu einem Umbruch im Medien- und Nachrichtensystem. Die demokratische Bewegung, die Gründung von Parteien, die Politisierung und politische Beteiligung großer Bevölkerungskreise, Welthandel und Weltpolitik steigerten das Nachrich-

tenbedürfnis ganz erheblich. Durch eine systematische *Alphabetisierung* der Bevölkerung – Entwicklung der Lesefähigkeit durch die Schulpflicht – und nicht zuletzt durch die Bevölkerungsexplosion wuchs zugleich die Nachfrage nach gedruckter Information. Es entstand die moderne *Massenpresse* und mit ihr ein auf *Öffentlichkeit*, auf möglichst weite Nutzung und Verbreitung angelegtes Nachrichtenwesen.

Die Presseentwicklung und die parallele Entwicklung des Nachrichtensystems war aber zu einem erheblichen Teil auch durch technische Erfindungen, durch die Industrialisierung und durch Veränderungen im Wirtschaftssystem bedingt. Starke Impulse gingen von der Entstehung eines Banken- und Börsenwesens, größerer Wirtschafts- räume und durch den Kolonialismus begünstigte internationale Wirtschaftsbeziehungen aus. Die Geschwindigkeit der Nachrichten- übertragung bekam ökonomische Bedeutung. Wie schnell man von einer Aktiennotierung, einer Waren- oder Finanztransaktion erfuhr, konnte über erhebliche Gewinne oder Verluste entscheiden.

Geschwindigkeit, Reichweite und Volumen der Nachrichtenübertra- gung wurden durch die Erfindung der *elektrischen Telegraphie* und *Kabeltechnik*, durch Eisenbahn und Dampfschiffahrt sowie – ausgangs des 19. Jahrhunderts noch einmal – durch *Telefon* und *Funktechnik* erheblich gesteigert. Die Versuche mit dem elektri- schen Telegraphen reichen bis zur Mitte des 18. Jahrhunderts zu- rück. Verschiedenste technische Lösungen wurden ausprobiert, bis sich schließlich das von dem amerikanischen Kunstmaler *Samuel Morse* entwickelte System durchsetzte. Die erste Telegraphenlinie in den USA wurde 1844 zwischen Washington und Baltimore in Be- trieb genommen. In Deutschland entstand 1848 unter der Leitung von *Werner Siemens* die erste größere Telegraphenstrecke zwi- schen Berlin und Frankfurt am Main. Siemens hatte auch Anteil an der technischen Entwicklung des Telegraphen.

Nachrichtenagenturen entstanden in der ersten Hälfte des 19. Jahrhunderts. Eine Vorform war das *Korrespondenzbüro* des badischen Publizisten *Eduard Singer*. Er lieferte um 1830 aus Straßburg an etwa zwei Dutzend Abonnenten – darunter *Metter- nich* – eine Korrespondenz, die er mit Hilfe der von *Senefelder* erfundenen *lithographischen Technik* vervielfältigte (*Wuttke* 1875, 109). Dieses Verfahren übernahm später *Heinrich Börn-*

stein in Paris, aus dessen *Correspondance Garnier* die erste Nachrichtenagentur, die *Agence Havas*, hervorging.

Als *Nachrichtenagenturen* werden Unternehmen bezeichnet, die Nachrichten aller Art sammeln, bearbeiten und vervielfältigt an eine große Zahl von Abnehmern – in der Regel gegen Entgelt – liefern. *Nachrichtendienst* nennt man das publizistische Produkt, also die kontinuierliche Nachrichtenlieferung einer Agentur. Zeitungen verweisen in der Regel auf die Verwendung von Agenturdiensten als Quelle ihrer Nachrichten oder Berichte mit einem Kürzel am Beginn des Artikels, in der sogenannten Datumszeile (*date line*).

Der Kaufmann *Charles Havas* übernahm 1835 das Büro Börnstein in Paris und baute es zur ersten großen Agentur aus, die der französischen Presse ›kollektiv‹ Nachrichten beschaffte und Anzeigen vermittelte (*Wilke* 1993). Havas benutzte bis zur Freigabe des elektrischen Telegraphen in Frankreich (1850) das neue Verkehrsmittel Eisenbahn, aber auch Brieftauben für den Nachrichtentransport. In Berlin gründete *Bernhard Wolff*, der Geschäftsführer und spätere Besitzer der ›National-Zeitung‹, nach Freigabe des elektrischen Telegraphen für den privaten Gebrauch 1849 das *Telegraphische Korrespondenzbureau (B. Wolff)*. Der aus Kassel stammende *Paul Julius Reuter* richtete in London 1851 die Agentur *Reuters Telegram Company* ein, nachdem er vorher in Paris und Brüssel lithographierte Korrespondenzen und zwischen Aachen und Brüssel eine Taubenpost betrieben hatte. Wie übrigens auch Wolff hatte Reuter zeitweilig im Büro von Havas gearbeitet (*Basse* 1991, 15). In New York schlossen sich 1848 sechs Zeitungen zur *Harbour News Association* zusammen, um gemeinsam die Nachrichtenbeschaffung aus Übersee besser zu organisieren. Später nannte sich die Genossenschaft *Associated Press*.

Jede dieser vier sogenannten *Gründeragenturen* steht für eine spezifische Innovation im Nachrichtenwesen: »Havas zog als erste die kollektive Zeitungsberichterstattung im großen Stil auf. Wolff war der erste, der sich des Telegraphen als Nachrichtenbeförderungsmittel bediente und Weltnachrichten an große und kleine Zeitungen verkaufte. Reuters' größter Verdienst war zweifellos die systematische nachrichtenmäßige Erschließung fremder Erdteile, und Associated Press entwickelte das Genossenschaftswesen zur ge-

eignetsten Agenturform« (*Höhne* 1977, Bd. 2, 44). Politisch folgenreich waren die Beziehungen zwischen den vier Gründeragenturen,
ihr Kampf um den Weltnachrichtenmarkt und die meist aus wirtschaftlichen Zwängen resultierenden Kooperationen und Kartelle.
Nach verschiedenen zwei- und mehrseitigen Abmachungen über
einen Nachrichtenaustausch schlossen 1870 die drei europäischen
Agenturen einen Kartellvertrag, in den später auch *Associated
Press* einbezogen wurde. Er teilte die Welt in vier Einflußzonen
auf, für die jeweils eine Agentur das exklusive Recht der Nachrich-
tensammlung und -verbreitung zugestanden bekam (vgl. Abbildung 14). Die deutsche Agentur blieb damit auf den kontinental-
europäischen Bereich beschränkt, was sich später für die deutschen
politischen und außenwirtschaftlichen Interessen als nachteilig erweisen sollte. Das Kartell blieb bis zum Ersten Weltkrieg, partiell bis
1934, bestehen und wirkt sich teilweise noch heute auf die Weltnach-

Abbildung 14: Kartellverträge der Gründeragenturen (*Hagen* 1994)

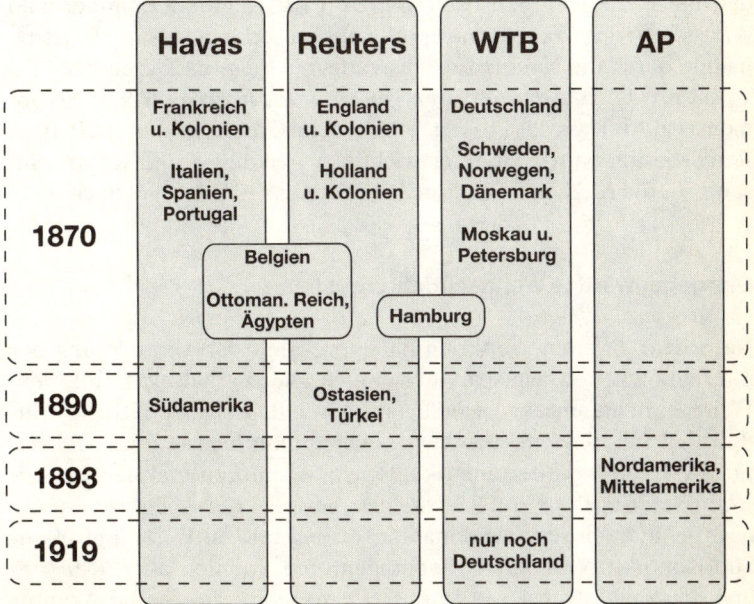

richtenströme aus. Zur Auflösung des Kartells trug wesentlich das Expansionsstreben der amerikanischen Agenturen bei; neben *Associated Press* (*AP*) waren 1907 die *United Press Association* und 1909 der *International News Service* gegründet worden, die 1958 zur *United Press International* (*UPI*) fusionierten.

Wolff's Telegraphisches Bureau (*WTB*) kam 1865 nach Kapitalaufstockung unter Regierungseinfluß und galt seitdem als offiziöse Institution. Durch seine Einbindung in die Kartellverträge konnte es auf dem Weltnachrichtenmarkt nur begrenzt tätig sein. Regierung und Wirtschaftskreise suchten durch Agenturneugründungen diesen Mangel zu kompensieren. 1915 entstand aus einem lockeren Syndikat die *Transocean GmbH*, die 1916 in die Agenturen *Transocean* (*TO*) und *Deutscher Überseedienst DÜD*) geteilt wurde. Die Transocean wurde als nachrichtenpolitisches Instrument des Auswärtigen Amtes eingerichtet, der DÜD diente vor allem den Außenwirtschaftsinteressen der Industrie. Daneben wurde 1913 durch Zusammenschluß mehrerer privater Korrespondenzbüros die *Telegraphen-Union* (*TU*) gegründet, an der bald *Alfred Hugenberg* die Kapitalmehrheit erlangte. Nach Inbesitznahme durch die Nationalsozialisten legten diese im Dezember 1933 TU und WTB zum *Deutschen Nachrichtenbüro* (*DNB*) zusammen (vgl. *Wilke* 1991). Das DNB, eine GmbH in unmittelbarem Reichsbesitz, wurde zu einer wichtigen Lenkungs- und Kontrollinstanz für die Medien im Nationalsozialismus (→ Pressegeschichte).

Das gegenwärtige Weltnachrichtensystem

Nach dem Zweiten Weltkrieg haben sich mit der Veränderung der internationalen Machtstrukturen auch die Verhältnisse auf dem Weltnachrichtenmarkt grundlegend gewandelt. Der politische Einfluß der Supermächte USA und Sowjetunion bereitete das Terrain für die Expansion der amerikanischen Agenturen und der sowjetischen Staatsagentur *TASS*, zugleich gerieten die Agenturen in die nachrichtenpolitische Auseinandersetzung im Ost-West- und Nord-Süd-Konflikt. Von den Gründeragenturen konnten aber *Reuters* und der Nachfolger der *Agence Havas*, die französische Agentur

Agence France-Presse (*AFP*) ihre Position auf dem Weltnachrichtenmarkt halten und zum Teil sogar ausbauen.

Die auffälligste Entwicklung der Nachkriegsjahrzehnte war der Zuwachs an neuen Agenturen. Im Zuge der politischen Emanzipation der Staaten der Dritten Welt und parallel zur weltweiten Entwicklung der Massenkommunikation entstanden in den meisten Ländern der Erde nationale Agenturen. Von 55 Agenturen in 30 Ländern im Jahre 1945 ist der Bestand bis Anfang der achtziger Jahre auf über 180 Agenturen in 125 Ländern angewachsen (*Höhne* 1984a).

Die meisten der neuen Agenturen sind organisatorisch schwach, auf den nationalen Markt begrenzt, ohne internationalen Einfluß und selbst in der inländischen Nachrichtengebung – zumindest was das Weltgeschehen betrifft – von anderen Agenturen, oft von einer der großen europäischen oder amerikanischen Agenturen, abhängig. Es handelt sich hier um eine Variante des politischen und ökonomischen Ungleichgewichts zwischen Nord und Süd, vor allem zwischen den westlichen Industriestaaten und den sogenannten Entwicklungsländern. Sie führte einerseits zur Forderung nach einer ›*Neuen Internationalen Informationsordnung*‹ (→ Kommunikationspolitik), andererseits aber auch zu Anstrengungen der Industrieländer und der *UNESCO*, die Ungleichgewichte durch Kooperation und gezielte Entwicklungshilfe abzubauen (*Breunig* 1987; *Alscheid-Schmidt* 1991).

Schließlich hat die technische Entwicklung das Nachrichtenwesen weiter perfektioniert und ihm ganz neue Möglichkeiten erschlossen. Der kabelgebundene *Telegraph*, wichtigstes Übertragungsmittel der Gründeragenturen, wurden noch im 19. Jahrhundert durch das *Telefon* ergänzt. Nach der Jahrhundertwende kam die (drahtlose) *Funktelegraphie* hinzu, und schließlich ersetzte der *Fernschreiber* mit seinen alphanumerischen, also ›Klartext‹-Nachrichten, den *Morsetelegraphen*. Bedienungskomfort und vor allem Übertragungsgeschwindigkeit des Fernschreibers wurden erheblich gesteigert. An diesen Verbesserungen hat auch die Weiterentwicklung der *Kabeltechnologie* ihren Anteil.

Die militärische *Raketen-* und *Satellitentechnik* schuf auch für die nicht-militärische Nutzung ganz neue Möglichkeiten. Über Satelliten als Relaisstationen wird heute ein großer Teil des internationalen wie auch des nationalen Nachrichtenverkehrs abgewickelt. Vor

allem durch die *Synchronsatelliten* (seit 1963), die sich ›geo-
stationär‹, d. h. synchron zur Erdumdrehung bewegen, können
große Entfernungen zuverlässig überwunden und weite Gebiete
ständig versorgt werden. *Intelsat*, das 1964 gegründete *International Telecommunications Consortium* mit über 100 Ländern als Vertragspartnern, organisiert den weltweiten Betrieb von
Satelliten-Übertragungssystemen. Daneben gibt es eine Reihe nationaler und regionaler Satellitensysteme, so in Europa das von der
Eutelsat-Organisation betriebene *ECS-System*, an dem die Post-
und Fernmeldeverwaltungen der europäischen Staaten beteiligt sind
(*Müller-Römer* 1990).

Die großen Agenturen haben für ihren Übertragungsbedarf eigene
Satellitenkanäle fest gemietet, die kleineren partizipieren an der
neuen Technik über die von den Fernmeldeverwaltungen betriebenen Kanäle und Dienste. Neben der Nachrichtenübertragung wurden in letzter Zeit vor allem die Nachrichtenspeicherung und -ver-
arbeitung erheblich verbessert, und zwar durch Einführung der
Computertechnik in den Arbeitsprozeß der Agenturen. Dabei
wurde der Computer zunächst zur Nachrichtenverwaltung eingesetzt, dann folgte die Nachrichtenbearbeitung durch elektronische
Textsysteme. Heute bieten viele Agenturen ihre Dienste auch über
Datenleitungen an, einige auch für den On-line-Zugriff als *Nachrichtendatenbank*, so daß sie direkt in die *elektronischen Re-
daktionssysteme* der Medien eingespeist und dort am Bildschirm
weiterverarbeitet oder unbearbeitet veröffentlicht werden können.

Die neuen Techniken veränderten Organisation und Arbeitsweise
sowie das Diensteangebot insbesondere der großen Agenturen. Neben den ›universellen‹ Mediendienst mit allgemeinen Nachrichten
für die verschiedenen Ressorts traten immer mehr *Spezialdien-
ste*. Die britische Agentur *Reuters* macht beispielsweise nur noch
etwa sechs Prozent ihres Umsatzes mit dem Mediendienst; das
Hauptgeschäft sind Wirtschafts- und Finanzdienste für Endverbrau-
cher in Handel und Industrie, Banken und Börsen. Im Nachrichten-
vertrieb wurde das herkömmliche Verteilverfahren durch Abruf-
und Dialogdienste ergänzt. Schrittmacher ist hier der Monitordienst
von Reuters, ein globales *Computerinformationssystem*, in
dem sich einzelne Teilnehmer auch zu einem ›geschlossenen‹ Netzwerk zusammenschalten können (*Read* 1992).

Alle größeren Agenturen bieten neben ihrem allgemeinen Dienst
auch verschiedene thematisch und regional differenzierte *Spezial-
dienste* und fremdsprachige Dienste, außer Wortnachrichten auch
Bild-, Film-, Audio- und Videonachrichten. Neben den *Universal-
agenturen* entstanden *Spezialagenturen*, z. B. für Wirtschaftsnachrichten, sowie Foto-, Radio- und Fernsehagenturen.

Bedeutende Nachrichtenagenturen

Unter den Nachrichtenagenturen gibt es einerseits wenige große, die
weltweit tätig und verbreitet sind und die als *Weltagenturen* bezeichnet werden, andererseits die Mehrheit der kleinen unbedeuten-
den, die nur im Inland tätig sind und die, soweit sie überhaupt internationale Nachrichten bieten, das Angebot anderer Agenturen
auswerten. Der Übergang zwischen diesen Extremen ist fließend; im
Zwischenbereich kann man eine Gruppe von Agenturen mit regionaler bzw. internationaler Bedeutung – mit relativ großer Verbreitung und breiterem Angebot an Diensten – erkennen.
Zum kleinen Kreis der Weltagenturen gehören *Reuters*, *AP*,
AFP und – heute nur noch mit starken Einschränkungen – *UPI*. Sie
sammeln unabhängig voneinander Nachrichten über ein eigenes
weltweites Korrespondentennetz, und ihre Dienste werden in den
meisten Ländern der Erde genutzt. Die Agentur *TASS* wurde zur
Zeit der Sowjetunion oft als ›kommunistische Version‹ einer Welt-
agentur in diesen Kreis mit einbezogen, obwohl sie sich in mehrfacher Hinsicht von den ›Big Four‹ unterschied (*Boyd-Barrett* 1980;
Fenby 1986), u. a. dadurch, daß sie staatlicher Kontrolle unterlag
und zur parteilichen Nachrichtengebung verpflichtet war. Empirische Analysen zeigten zudem, daß *TASS* außerhalb des Ostblocks
kaum genutzt wurde (*UNESCO* 1985). Mit dem Niedergang des So-
wjetimperiums verlor TASS auch noch seine Bedeutung in den ehemaligen Ostblockstaaten. Die Regierung Jelzin verfügte 1992 die
Umbenennung in *ITAR-TASS*. International anerkannt ist inzwischen die 1989 gegründete unabhängige russische Agentur *Interfax*
mit ihrer Zentrale in Moskau, Tochterunternehmen in der Ukraine
und Weißrußland und Auslandsvertretungen in Denver (USA), London und Frankfurt a. M.

Reuters ist, gemessen am Umsatz und an der Zahl der Korrespondenten, die mit Abstand größte Agentur der Welt. Das Unternehmen wurde 1851 in London von dem aus Deutschland zugewanderten *Paul Julius Reuter* gegründet (s. S. 314), war zeitweise eine Aktiengesellschaft, danach ein Treuhandunternehmen ohne Gewinnabsicht. Seit 1984 ist Reuters wieder eine Aktiengesellschaft, kontrolliert durch einen Treuhänderrat, der die Unabhängigkeit der Agentur sichern soll. In den siebziger und achtziger Jahren expandierte die Agentur sehr stark, vor allem im Bereich der Wirtschafts- und Finanzdienste. Reuters bietet neben seinem englischsprachigen Weltdienst eine große Zahl von englisch- und fremdsprachigen regional diversifizierten Auslandsdiensten, aber keinen eigenen Inlandsdienst. Das besorgt die innerenglische Agentur *Press Association*, eine Genossenschaft der Presse und einer der Hauptaktionäre bei Reuters. Die Reuters-Zentrale ist nach wie vor London, wichtige redaktionelle Aufgaben gingen aber inzwischen an die Nebenzentren Hongkong und New York über sowie an mehrere regionale Zentren, darunter Bonn, wo Reuters einen deutschen Dienst mit internationalen und Inlandsnachrichten herausbringt (*Wilke* 1993).

Associated Press (*AP*) ist die größte und älteste der amerikanischen Agenturen, hervorgegangen aus einer genossenschaftlichen Gründung New Yorker Zeitungen im Jahr 1848. Noch immer ist AP eine Kooperative mehrerer hundert amerikanischer Zeitungen und Radiostationen. Im Unterschied zu Reuters sind die Inlandsdienste die traditionelle Basis der Agentur. In großem Stil weltweit tätig ist AP erst seit dem Zweiten Weltkrieg. Die Agentur bietet heute ihre Dienste in sechs verschiedenen Sprachen an, zum Teil mit ganz unterschiedlichen, auf die verschiedenen Verbreitungsgebiete zugeschnittenen Inhalten, so auch einen in Frankfurt redigierten deutschen Dienst mit Inlands- und internationalen Nachrichten. Zu den AP-Angeboten gehören über Satelliten verbreitete digitalisierte Farbfotos und Computergrafik, ferner Radionachrichten und ein mit dem inneramerikanischen Wirtschaftsdienst *Dow Jones* erarbeiteter Wirtschafts- und Finanzdienst. Neben der AP-Zentrale in New York ist London ein wichtiger Knotenpunkt im AP-Netz für die Sammlung und Verbreitung von Nachrichten (*Wilke/Rosenberger* 1991).

United Press International (UPI) entstand 1958 durch Fusion zweier amerikanischer Nachrichtenagenturen, der 1907 vom Verleger *Scripps* gegründeten *United Press* und dem seit 1909 bestehenden *International News Service* des Verlegers *Hearst*. UPI ist eine der wenigen als reines Geschäftsunternehmen betriebenen Agenturen. Das Hauptgeschäft sind die Inlandsdienste, darunter auch spezifische Angebote für Radiostationen. Nach wirtschaftlichen Schwierigkeiten infolge mangelnder Anpassung an Veränderungen des nationalen und internationalen Marktes wechselte die Agentur seit 1982 mehrere Male den Besitzer und meldete zweimal Konkurs an, bevor sie 1992 von einer saudiarabischen Fernsehgesellschaft mit Sitz in London übernommen wurde. UPI baute viel Personal und Auslandsaktivitäten ab und verlor den größten Teil seiner früheren Kunden (*Alleyne/Wagner* 1993). Die UPI-Zentrale wurde 1983 von New York nach Washington verlegt.

Agence France-Presse (AFP) trat das Erbe der Gründeragentur *Agence Havas* an, entstand jedoch tatsächlich erst 1944 aus den französischen Agenturen, die während der deutschen Besatzung im Widerstand und im Exil arbeiteten. Die Agence Havas war 1940 von der Vichy-Regierung übernommen worden (*Wilke* 1993). In der Nachkriegszeit unterstand AFP zunächst der Kontrolle der Regierung, hat aber seit 1957 den Status einer unabhängigen öffentlich-rechtlichen Körperschaft. Regierungseinfluß besteht nach wie vor über Aufsichtsrechte und Personalpolitik sowie dadurch, daß Regierungsstellen und Behörden als Großabnehmer von AFP-Diensten einen Teil des Budgets bestreiten. Ein großer Teil des Umsatzes wird mit Inlandsdiensten gemacht, doch konnten in den letzten Jahren die Erlöse im Ausland stark gesteigert werden. AFP bietet Dienste in sechs Sprachen, darunter auch einen in deutscher Sprache. Die meisten Dienste werden in der Pariser Zentrale redigiert, einige aber auch in den Regionalzentren Washington, Hongkong und Nikosia. Der deutsche Dienst entsteht in Bonn.

Eine Zwischenstellung zwischen den Weltagenturen auf der einen Seite und der Vielzahl kleiner und kleinster nationaler Agenturen auf der anderen Seite nehmen einige international bzw. regional tätige Agenturen ein. Dazu gehören die chinesische Staatsagentur *Xinhua*, die japanische Agentur *Kyodo*, die *Deutsche Presse-Agentur*, die spanische *Agencia Efe* und die italienische Agentur *ANSA* (Agenzia Nazionale Stampa Associata). Daneben entstand, teilweise gefördert durch das Unesco-Entwicklungsprogramm *IPDC* (International Programme for the Development of Communication), eine Reihe von internationalen bzw. regionalen Agenturen und Nachrichten-Austauschsystemen mit dem Ziel, den weltweiten Süd-Süd- und Süd-Nord-Nachrichtenfluß zu verbessern.

Am bedeutendsten davon ist die »Dritte Welt Nachrichtenagentur« *Inter Presse Service (IPS)*. Sie ging 1964 als Mitarbeiter-Kooperative aus einer von christlich-demokratischen Kräften geförderten kleinen italienischen Agentur hervor, die seit 1962 Nachrichten über Lateinamerika verbreitete. Im Besitz der Inter Press Holding, einer internationalen Non-Profit-Organisation mit Sitz in Italien, ist die in Panama registrierte Inter Press Service Third World Ltd., die wiederum eine Vielzahl von IPS-Firmen in aller Welt kontrolliert. Die IPS-Zentrale ist in Rom, regionale Zentren gibt es in Afrika (Harare), Asien (Manila), Mittel- und Südamerika (Kingston/Jamaica und Costa Rica), USA (New York) und – für die arabische Welt – in Tunis. Neben den internationalen Diensten in Englisch und Spanisch und drei regionalen Diensten in Arabisch, Kisuaheli und Nepalesisch bietet IPS in einer Reihe von europäischen Ländern – darunter auch in Deutschland – Dienste in deren Landessprache an (*Giffard/van Horn* 1992; *Orrego* 1993).

International tätig ist auch der *Non-Allligned News Agencies Pool (NANAP)*, der 1975 aus der Zusammenarbeit der (früher so genannten) blockfreien Staaten unter Führung der jugoslawischen Agentur *Tanjug* entstand. An ihm sind heute Agenturen und staatliche Nachrichtendienste von über hundert Ländern gleichberechtigt beteiligt. Sie tauschen untereinander Nachrichten aus, die in neun Distributionszentren übersetzt und von einem Komitee koordiniert werden, dessen Vorsitz unter den beteiligten Ländern wechselt. Darüber hinaus gibt es eine Reihe von Nachrichtenaustauschsystemen für verschiedene geopolitische Regionen, u. a. *Pan African News Agency (PANA)*, ein von der Organisation Afrikanischer Staaten (OAU) gegründeter Pool aus dem Agenturangebot von 47 afrikanischen Staaten; *Asia-Pacific News Network (ANN)*, an dem Agenturen aus Indonesien, Malaysia, Thailand und den Philippinen beteiligt sind; *Acción de Sistemas de Información Nacional (ASIN)*, ein Pool aus unabhängigen und staatlichen

Agenturen in 20 Ländern Mittel- und Südamerikas; *Caribbean News Agency* (*CANA*), eine Agentur im Besitz privater Medien in sieben englischsprachigen Karibikstaaten, die mit *Reuters* zusammenarbeitet (*Boyd-Barrett / Thussu* 1992).

Die Entwicklung der audiovisuellen Medien hat dazu geführt, daß neben herkömmlichen Wortdiensten zunehmend auch Fernsehbilder nachgefragt werden. Die Nachfrage wird zum großen Teil über Austauschsysteme befriedigt, von denen der *Eurovision News Exchange* (EVN) der in der *Europäischen Rundfunk-Union* (EBU/UER) zusammengeschlossenen Fernsehsender in Europa, Nordafrika und dem Nahen Osten die größte Bedeutung hat. In der Dritten Welt wurden mit *Asiavision*, *Arabvision* und *Caribvision* ähnliche Austauschsysteme – teilweise mit Unterstützung der Friedrich-Ebert-Stiftung und deutscher Rundfunkanstalten – etabliert (*Keune* 1990).

Fernsehnachrichtenbeiträge werden daneben von Agenturen und privaten Fernsehsendern angeboten, insbesondere von den US-amerikanischen Networks *ABC*, *CBS*, *NBC* und *CNN*. Diese liefern auch einen erheblichen Teil des über die Eurovision und andere Austauschsysteme verbreiteten Nachrichtenmaterials. Ebenso speisen die beiden großen *Fernsehnachrichtenagenturen*, *Reuters Televison* und *WTN*, die Austauschsysteme. Darüber hinaus beliefern sie Hunderte von Fernsehstationen in über 80 Ländern der Welt. Mit dem Aufkommen privater Anbieter in den achtziger Jahren – Folge der Deregulierung des Rundfunks in vielen Ländern der Welt – ist der Markt für Fernsehnachrichten stark expandiert.

Reuters Television (früher *Visnews*) ist seit 1992 im alleinigen Besitz der britischen Agentur Reuters. Die Zentrale in London koordiniert weltweit über 400 Kamerateams und 21 Auslandsbüros, darunter zwei in Deutschland in Frankfurt a. M. und Berlin. Die zweite global operierende TV-Agentur, *Worldwide Television News Corporation* (*WTN*), hat Zentralen in London und New York sowie eine große Zahl von Auslandsbüros, darunter eines in Frankfurt a. M. Die Agentur, die zeitweise der amerikanischen Agentur UPI gehörte und bis 1985 den Namen *UPITN* trug, ist heute im Mehrheitsbesitz des US-Fernsehnetworks *ABC* (*Wilke* 1993).

Deutsche Agenturen und Dienste

Mehrere in- und ausländische Agenturen bieten Dienste in deutscher Sprache an. Die Medien in der Bundesrepublik haben ein so vielfältiges Quellenmaterial zur Verfügung, wie das in keiner anderen Weltregion der Fall ist (*Höhne* 1992). Das gilt ebenfalls für Österreich und Teile der Schweiz, da die Agenturen meist mit ihren deutschsprachigen Diensten auch auf den Nachrichtenmarkt dieser Länder zielen. Eine dominierende Stellung im deutschsprachigen Raum hat die *Deutsche Presse-Agentur*. Praktisch alle Tageszeitungen, Rundfunkanstalten, politischen Magazine und Wochenzeitungen in der Bundesrepublik beziehen dpa.

Die *Deutsche Presse-Agentur* (*dpa*) entstand 1949 aus drei Westzonen-Agenturen, die unter Kontrolle der Alliierten die Nachfolge der nationalsozialistischen Staatsagentur *Deutsches Nachrichtenbüro* (*DNB*) angetreten haben. Die Deutsche Presse-Agentur hat die Rechtsform einer GmbH; ein Statut gibt ihr genossenschaftlichen Charakter und sichert ihre Unabhängigkeit. Die rund 200 Gesellschafter sind ausschließlich Presseverlage, öffentlich-rechtliche und private Rundfunk- und Fernsehanstalten. Der Kapitalanteil eines einzelnen Gesellschafters darf maximal 1,5 Prozent betragen, der Anteil der Funkmedien ist auf 25 Prozent begrenzt. Die Agentur ist durch eigene Büros in 46 Ländern der Erde vertreten und hat mehr als 600 Direktkunden in aller Welt. Seit den siebziger Jahren werden die Nachrichtenströme in der dpa-Zentrale in Hamburg mit Hilfe einer elektronischen rechnergesteuerten Nachrichten-Vermittlungsanlage (*ERNA*) verarbeitet. Die meisten Kunden empfangen die Dienste von dpa inzwischen via Satellit.

Wichtigster Dienst der Agentur ist der Basisdienst mit einer inhaltlich universellen Berichterstattung über das In- und Ausland. Er wird mit regionalen Nachrichten ergänzt durch zwölf verschiedene Landesdienste. Daneben bietet dpa im Inland eine Reihe von Spezial- und Sonderdiensten an, darunter auch einen *Bilderdienst* und eine *Nachrichtendatenbank* sowie *Selektionsdienste*, die nach individuellen Anforderungsprofilen aus der Nachrichtenfülle das von einzelnen Nutzern gewünschte Angebot herausfiltern. Im Ausland vertreibt dpa neben dem Europadienst in deutscher Sprache und dem englischsprachigen Weltnachrichtendienst eine Reihe von anderen fremdsprachigen Diensten.

Seit 1971 gibt es eine zweite rein deutsche Agentur mit universellem Nachrichtenangebot, den *Deutschen Depeschen Dienst* (*ddp*). Die Agentur wurde von Journalisten und Mitarbeitern von *UPI* gegründet, die ihren Arbeitsplatz verloren, als UPI seinen deutschen Dienst einstellte (*U. Schenk* 1985). Anfänglich war das Gesellschaftskapital der als GmbH geführten Agentur überwiegend im Besitz der Mitarbeiter. 1983 geriet ddp in finanzielle Schwierigkeiten und mußte Konkurs anmelden, wurde dann aber schon nach wenigen Wochen neugegründet. Nach Übernahme der ehemaligen DDR-Staatsagentur ADN wurde 1992 die *ddp/ADN* GmbH gegründet. Sie gibt seit 1994 nur noch einen vereinigten Basisdienst heraus, dazu Landesdienste aus den neuen Bundesländern und einige Sonderdienste. Das Schwergewicht liegt auf der Inlandsberichterstattung. Die ddp/ADN-Zentrale hat ihren Sitz in Berlin.

Mit Ausnahme von *UPI* bieten alle Weltagenturen auch einen deutschsprachigen Dienst an. Am stärksten genutzt von den Medien im Inland wird der deutsche Dienst von *AP*, relativ am wenigsten der von *AFP*. Der deutsche Dienst der britischen Agentur Reuters erscheint seit 1971, als UPI seinen deutschen Dienst einstellte und Reuters seinen Kooperationsvertrag mit dpa löste. Die deutsche *Reuters AG* hat ihre Zentralredaktion in Bonn und mehrere Inlandsbüros. Auch die amerikanische Agentur AP hat sich mit der *Associated Press GmbH* schon 1950 ein deutsches Tochterunternehmen zugelegt. Der deutsche AP-Dienst wird in der Frankfurter Zentralredaktion redigiert. Daneben unterhält AP Büros in den meisten Landeshauptstädten. Die französische Agentur *Agence France-Press* bietet bereits seit 1948 einen deutschen Dienst an, den sie jahrzehntelang in der AFP-Zentralredaktion in Paris zusammenstellte. 1987 wurde die deutsche Redaktion schließlich nach Bonn ausgelagert (vgl. *Wilke* 1993; *Resing/Höhne* 1993; *Hagen* 1994).

Auch die Dritte Welt-Nachrichtenagentur *Inter Press Service* (IPS) gibt in ihrem Bonner Büro einen deutschen Tagesdienst und einige Themendienste heraus, die schwerpunktmäßig Ereignisse und Tendenzen in Afrika, Asien und Lateinamerika behandeln.

Neben diesen Agenturdiensten mit universeller, primär politischer Berichterstattung wird auf dem deutschen Markt eine Reihe von weiteren Diensten angeboten, deren Nachrichtenperspektive thematisch eingegrenzt ist. Nach Zahl der Dienste und Kunden sind die *Vereinigten Wirtschaftsdienste GmbH* (*VWD*) an erster Stelle zu nennen. Es handelt sich um eine Agentur für Wirtschafts- und Finanzdienste, gegründet 1949, die weit stärker noch von Wirtschaftsunternehmen als von den Massenmedien genutzt wird. Die Gesellschafteranteile der Agentur sind zu gleichen Teilen im Besitz der *Frankfurter Allgemeinen Zeitung*, der Wirtschaftszeitung *Handelsblatt* und *Dow Jones*, einer inzwischen zum Medienkonzern expandierten internationalen Wirtschaftsnachrichten-Agentur mit Sitz in New York. In der VWD-Zentrale in Eschborn bei Frankfurt a. M. werden über »VideoTicker« Nachrichten, Daten und Realtime-Kurse herausgegeben, die per Satellit oder Datenleitung den Beziehern direkt in ihren Computer überspielt werden. Darüber hinaus bietet die Agentur täglich über 20 schriftliche Branchendienste und ein englischsprachiges Nachrichtenprogramm (*Wilke* 1993).

Der *Sport-Informationsdienst* (*sid*) ist eine auf die in- und ausländische Sportberichterstattung spezialisierte Agentur in der Rechtsform der GmbH und Co KG mit Sitz in Düsseldorf, die schon 1945 gegründet wurde und heute von den meisten Medien in der Bundesrepublik genutzt wird.

Eigene Nachrichtendienste bieten in der Bundesrepublik auch die großen Kirchen an. Das Gemeinschaftswerk der Evangelischen Publizistik in Frankfurt und kirchliche Träger auf Landesebene geben den *Evangelischen Pressedienst* (*epd*) heraus, der – mit zwangsweiser Unterbrechung während des Nazi-Regimes – seit 1910 besteht. Das epd-Angebot umfaßt einen aktuellen Funkdienst und eine werktäglich als Brief vertriebene Zentralausgabe, ferner eine Reihe von Spezialdiensten, u. a. mit entwicklungspolitischer und medienpolitischer Thematik.

Die Bistümer und verschiedene katholische Verlage gründeten 1952 eine eigene Agentur, die *Katholische Nachrichten-Agentur GmbH* (*KNA*), deren Zentralredaktion in Bonn arbeitet. Sie bietet einen aktuellen Funkdienst an, der auch als Briefdienst zu beziehen ist. Darüber hinaus vertreibt KNA sieben Landesdienste und eine Reihe von thematisch spezialisierten Diensten, die teilweise – ähnlich wie beim *epd* – für die kirchlichen Medien und die innerkirchliche Kommunikation bestimmt sind. Seit 1987 gibt es von KNA auch einen aktuellen Rundfunkdienst mit gesprochenen Meldungen, Berichten, Kommentaren und Interviews.

Auch andere Agenturen in der Bundesrepublik, so etwa dpa, bieten *Audio-Dienste* an, die auf die Bedürfnisse des Hörfunks, vor allem der vielen neuen Privatradios, zugeschnitten sind. Daneben haben sich inzwischen einige Hörfunk- und Fernsehprogrammagenturen etabliert, von denen die in Bonn ansässige *Rufa – Rundfunknachrichtenagentur GmbH* die bei weitem meisten Kunden hat. Die Agentur gehört mehrheitlich dem Bertelsmann-Konzern (*Wöste* 1991).

Nachrichtenfluß und Nachrichtenauswahl

Zu den Voraussetzungen der freien Meinungs- und Willensbildung in einer liberalen Demokratie gehören eine möglichst große Nachrichtenvielfalt und ein ungehinderter Nachrichtenfluß – ›free flow of information‹. Die gesellschaftlichen Bedingungen der Nachrichtenübertragung und Nachrichtenauswahl haben daher kommunikationspolitisch eine zentrale Bedeutung.

Die Nachrichtenkette vom Ereignis zum Rezipienten ist unterschiedlich lang. Dementsprechend durchlaufen manche Nachrichten wenige, andere sehr viele Verarbeitungsstufen. Vor allem zwei Trends führen dazu, daß heute ein Großteil der veröffentlichten Nachrichten immer mehr Verarbeitungsstufen durchläuft:

1. die zunehmende Differenzierung und Arbeitsteilung in den nationalen und internationalen Nachrichtensystemen und

2. das Anwachsen der internationalen Berichterstattung als Folge der zunehmenden weltweiten politischen und ökonomischen Verflechtung. Je weiter das berichtete Ereignis vom berichtenden Medium entfernt ist, desto länger die Nachrichtenkette.

Die Kommunikationsforschung hat sich in den letzten Jahrzehnten verstärkt den daraus resultierenden Fragen zugewandt (*B. Schenk* 1987): Welche Faktoren beeinflussen den Nachrichtenfluß, vor allem den Fluß internationaler Nachrichten? Nach welchen Kriterien werden Nachrichten von den Agenturen und Medien ausgewählt? Welches Bild der Wirklichkeit vermitteln die Nachrichten und welche Wirklichkeitsvorstellung entwickeln die Rezipienten anhand der Nachrichtenberichterstattung?

Faktoren im Nachrichtenfluß

Man kann, in Anlehnung an *Östgaard* (1965), zwischen endogenen und exogenen Einflüssen auf den Nachrichtenfluß unterscheiden. Endogen sind die Faktoren, die im Nachrichtenfluß selbst – vom Ereignis über Agentur und Medium bis zum Rezipienten – angelegt sind. Exogene Einflüsse sind solche, die von außerhalb auf den Nachrichtenfluß einwirken.

Zu den *exogenen Faktoren* gehören politische und rechtliche Maßnahmen der Kommunikationskontrolle, Zensurvorschriften, ökonomische Begünstigungen oder Beschränkungen, wie zum Beispiel Besteuerung oder Subventionierung, nicht zuletzt auch Behinderungen der Tätigkeit von Journalisten, etwa ausländischen Korrespondenten. Die wechselvolle Geschichte der Pressefreiheit und der Zustand vieler Mediensysteme der Welt bieten dafür reichlich Beispiele (→ Pressegeschichte, → Kommunikationspolitik).

Besonders der internationale Nachrichtenaustausch ist in starkem Maße von politischen und wirtschaftlichen Bedingungen abhängig. Die Beachtung eines Landes in der Berichterstattung hängt weitgehend von seiner Wirtschaftskraft, seinen Handelsbeziehungen und seiner politischen Rolle als Kooperationspartner oder Konfliktgegner ab (*Ahern* 1984). Es ist anzunehmen, daß diese Bedingungen einerseits das Auswahlverhalten der Journalisten, andererseits aber auch die Strukturen der Nachrichtenlogistik bestimmen und sich dadurch auf den transnationalen Nachrichtenfluß auswirken.

Von den *endogenen*, den im Nachrichtensystem selbst angelegten, Einflüssen interessierte die Forschung zunächst die Person des *Journalisten*. Die von dem Psychologen *Kurt Lewin* vorgeschlagene und von *White* (1950) aufgegriffene Metapher des ›gatekeepers‹ hat dabei zunächst die Untersuchungsperspektive in starkem Maße geprägt. Die Rolle des Journalisten im Nachrichtenfluß wird, dieser Auffassung zufolge, mit der des Torhüters verglichen, der darüber entscheidet, wer oder was das Tor passieren darf. Dabei wird vermutet, daß sich die Individualität des Journalisten, seine persönlichen Vorlieben und Abneigungen, Interessen und Einstellungen in seiner Nachrichtenauswahl manifestieren.

Tatsächlich schien die Untersuchung von *White* (1950), eine Fallstudie am Nachrichtenredakteur einer kleinen Zeitung im amerikanischen Mittelwesten, diese Annahme zu bestätigen. »Mr. Gates«,

wie White sein Untersuchungsobjekt nannte, ließ vom Nachrichtenangebot der drei Agenturen, die ihm zur Verfügung standen, nur etwa zehn Prozent passieren. Einige der Auswahlentscheidungen begründete er auf Befragen mit subjektiven Urteilen wie »not interesting«, »no good«, »trivial«, »propaganda«. Auf die Frage, ob seine Nachrichtenauswahl auch von Vorurteilen beeinflußt sein könnte, bekannte sich Mr. Gates freimütig zu seinen Vorlieben und Abneigungen, u. a. gegen Trumans Wirtschaftspolitik und die katholische Kirche. White resümiert: »... we see how highly subjective, how based on the ›gatekeeper's‹ own set of experiences, attitudes and expectations the communication of ›news‹ really is.«
Eine Neuinterpretation der Ergebnisse dieser Studie durch *Hirsch* (1977) macht dagegen deutlich, daß sich Mr. Gates dem Nachrichtenangebot gegenüber sehr passiv verhielt und ziemlich genau das Nachrichtenbild der Agenturen reproduzierte. Daß dies auch heute gängige Praxis ist, zeigt eine Reihe neuerer Untersuchungen über die Verarbeitung des Agenturmaterials durch die Medien: Sie übernehmen Agenturmeldungen oft unverändert und beschränken sich, soweit sie das Material der Nachrichtenagenturen redigieren, meist auf Kürzungen vom Ende her (*Hagen* 1994).
Mr. Gates begründete die meisten seiner Auswahlentscheidungen unter Bezug auf handwerkliche Kriterien oder Produktionszwänge (z. B. Redaktionsschluß, zu wenig Platz). Eine Reihe anderer Untersuchungen bestätigt auch diesen Befund, daß sich nämlich Journalisten aufgabenorientiert verhalten, daß professionelle Normen und organisatorische Zwänge die Nachrichtenauswahl bestimmen (vgl. *Shoemaker / Reese* 1991).
Dabei müssen zweierlei Einflüsse der nachrichtenverarbeitenden Organisation – Agentur, Presse- oder Funkmedium – unterschieden werden. Auf die Nachrichtenauswahl wirken sich zum einen bürokratische Routine und Produktionsanforderungen, vor allem Zeit- und Kapazitätsvorgaben aus; so hängt die Auswahlchance von Nachrichten u. a. ab von der Menge und Vielfalt des gesamten Nachrichtenaufkommens, vom Zeitpunkt im Produktionsablauf bzw. in der Erscheinungsperiodik, zu dem die Nachricht vorliegt, und z. B. beim Fernsehen auch davon, ob Bildmaterial verfügbar ist.
Zum anderen drücken sich im Nachrichtenbild mehr oder weniger deutlich auch politische und ideologische Orientierungen aus, etwa

die vom Verleger bestimmte Grundrichtung einer Zeitung oder die Gruppennorm, die sich im Kollegenkreis der Redaktion herausgebildet hat, wobei auch Wertorientierungen, die der Berufsgruppe der Journalisten insgesamt zu eigen sind, bestimmend sein können (→ Journalist). Diese Art von Einflüssen wird als besonders problematisch empfunden, da sie der Norm der *Trennung von Nachricht und Meinung* zuwiderläuft, der die Massenmedien zur Wahrnehmung ihrer Informationsfunktion verpflichtet sind.

Empirische Untersuchungen über politische oder ideologische Verzerrungen der Berichterstattung liegen inzwischen in großer Zahl vor. Besonders bei kontroversen Themen läßt sich häufig nachweisen, daß die Berichterstattung den im Kommentarteil ausgedrückten politischen Positionen angeglichen ist. Soweit die Untersuchungen einen Vergleich des Verhaltens der Nachrichtenauswahl der Journalisten mit ihren durch Befragung ermittelten Einstellungen zulassen, zeigen sich zum Teil frappierende Übereinstimmungen (→ Journalist).

Verzerrungen gehen vor allem auch von den journalistischen Kriterien für Nachrichtenwert aus. Der *Nachrichtenwert* eines Ereignisses entscheidet darüber, ob es berichtenswert ist und auch, wie stark es von den Medien durch Plazierung, Umfang und Aufmachung herausgestellt wird. In amerikanischen Lehrbüchern für Reporter finden sich mitunter die Ingredienzen einer Nachricht nach Art eines Kochbuchs zusammengestellt, so beispielsweise bei *Warren* (1934) folgende zehn Elemente: Neuigkeit, Nähe, Tragweite, Prominenz, Dramatik, Kuriosität, Konflikt, Sex, Gefühle, Fortschritt.

Östgaard (1965) hat darauf hingewiesen, daß diese Elemente den Journalisten nicht nur Entscheidungshilfe sind, um Berichtenswertes zu erkennen, sondern daß sie zugleich auch die Berichterstattung verzerren: Sie sind für ein Bild der Welt in den Nachrichten verantwortlich, das sich von dem unterscheidet, »was wirklich geschah«. *Galtung / Ruge* (1965) haben diesen Ansatz weitergeführt und zu einer wahrnehmungspsychologisch begründeten *Nachrichtentheorie* ausgebaut. Sie führen eine Liste von insgesamt zwölf Kriterien für Nachrichtenwert auf, die sie ›*Nachrichtenfaktoren*‹ nennen (s. S. 331). Diese Faktoren wirken auf den Nachrichtenfluß selektiv, verzerrend und replikativ: Am ehesten werden Ereignisse

Nachrichtenfaktoren (nach *Galtung / Ruge* 1965)

F1: **Frequenz**
Je mehr der zeitliche Ablauf eines Ereignisses der Erscheinungsperiodik der Medien entspricht, desto wahrscheinlicher wird das Ereignis zur Nachricht.

F2: **Schwellenfaktor (absolute Intensität, Intensitätszunahme)**
Es gibt einen bestimmten Schwellenwert der Auffälligkeit, den ein Ereignis überschreiten muß, damit es registriert wird.

F3: **Eindeutigkeit**
Je eindeutiger und überschaubarer ein Ereignis ist, desto eher wird es zur Nachricht.

F4: **Bedeutsamkeit (kulturelle Nähe / Betroffenheit, Relevanz)**
Je größer die Tragweite eines Ereignisses, je mehr es persönliche Betroffenheit auslöst, desto eher wird es zur Nachricht.

F5: **Konsonanz (Erwartung, Wünschbarkeit)**
Je mehr ein Ereignis mit vorhandenen Vorstellungen und Erwartungen übereinstimmt, desto eher wird es zur Nachricht.

F6: **Überraschung (Unvorhersehbarkeit, Seltenheit)**
Überraschendes (Unvorhersehbares, Seltenes) hat die größte Chance, zur Nachricht zu werden, allerdings nur dann, wenn es im Rahmen der Erwartungen überraschend ist.

F7: **Kontinuität**
Ein Ereignis, das bereits als Nachricht definiert ist, hat eine hohe Chance, von den Medien auch weiterhin beachtet zu werden.

F8: **Variation**
Der Schwellenwert für die Beachtung eines Ereignisses ist niedriger, wenn es zur Ausbalancierung und Variation des gesamten Nachrichtenbildes beiträgt.

F9: **Bezug auf Elite-Nation**
Ereignisse, die Elite-Nationen betreffen (wirtschaftlich oder militärisch mächtige Nationen), haben einen überproportional hohen Nachrichtenwert.

F10: **Bezug auf Elite-Personen**
Entsprechendes gilt für Elite-Personen, d. h. prominente und/oder mächtige, einflußreiche Personen.

F11: **Personalisierung**
Je stärker ein Ereignis personalisiert ist, sich im Handeln oder Schicksal von Personen darstellt, desto eher wird es zur Nachricht.

F12: **Negativismus**
Je ›negativer‹ ein Ereignis, je mehr es auf Konflikt, Kontroverse, Aggression, Zerstörung oder Tod bezogen ist, desto stärker wird es von den Medien beachtet.

beachtet, bei denen die Nachrichtenfaktoren stark ausgeprägt sind; diese Merkmale werden in der Berichterstattung akzentuiert; die Selektion und Verzerrung wiederholt und verstärkt sich dabei, je länger die Nachrichtenkette ist. Das ist besonders bei der internationalen Berichterstattung der Fall.

Die Nachrichtentheorie von Galtung und Ruge ist inzwischen in einer Reihe von Untersuchungen empirisch bestätigt und konzeptionell weiterentwickelt worden (*W. Schulz* 1976, 1982, 1989; *Kepplinger* 1989; *Staab* 1990). Schulz sieht – wie schon *Lippmann* (1922) – in den Nachrichtenfaktoren weniger Merkmale von Ereignissen als vielmehr journalistische Hypothesen von Wirklichkeit, d. h. Annahmen der Journalisten über Inhalt und Struktur von Ereignissen, die ihnen zu einer als sinnvoll angenommenen Interpretation der Realität dienen. Im Unterschied zu dieser konstruktivistischen Deutung favorisieren *Kepplinger* und *Staab* zur Ergänzung des ursprünglichen Kausalmodells, das Nachrichtenfaktoren als Determinanten der Auswahl versteht, ein »Finalmodell«. Es verweist auf die Möglichkeit der Instrumentalisierung von Nachrichtenfaktoren. Demzufolge spielen bei der Nachrichtenselektion politische Einstellungen der Journalisten eine wichtige Rolle; Nachrichtenfaktoren sind bloß Nebenprodukt oder Legitimation der letztlich durch politische Absichten gesteuerten Auswahlprozesse.

Das Problem der Objektivität.
Angesichts der Ergebnisse der Nachrichtenforschung und bestärkt durch Beobachtungen der Medien wird immer wieder die Frage nach dem Wahrheitsgehalt der Nachrichten aufgeworfen. Kann die Berichterstattung der Medien bei den vielen verschiedenartigen Einflüssen auf die Nachrichtenauswahl und -übertragung überhaupt ein tendenz- und verzerrungsfreies, objektives Bild der Wirklichkeit vermitteln?

Der erfahrene Journalist und Leiter einer Journalistenschule *Wolf Schneider* (1984, 9ff.) kommt zu dem Ergebnis: »Wir werden nicht richtig informiert. Wir leben mit der Desinformation… Das liegt erstens an den Regierungen, zweitens an den Schwächen und Anfechtungen von Journalisten und drittens an den Sachzwängen des Journalismus.« Eine solche Feststellung steht in scharfem Kontrast zur Verpflichtung des Journalismus auf Sorgfalt und Wahrheit in den verschiedenen Rechtsgrundlagen der Massenmedien. Sehr deutlich heißt es auch im *Pressekodex*, den vom *Deutschen Presserat* und den journalistischen Berufsorganisationen beschlossenen publizistischen Grundsätzen: »Achtung vor der Wahrheit und wahrhaftige Unterrichtung der Öffentlichkeit sind oberstes Gebot der Presse.« (→ Journalist)

Bei der Diskussion der Frage, wie objektiv Nachrichten sind und sein können, wird auf verschiedenen Ebenen argumentiert. Einige der Widersprüche lassen sich lösen, wenn man die verschiedenen Betrachtungsebenen voneinander unterscheidet. Mit dem Begriff der Objektivität verbindet sich erstens eine *professionelle Norm*, zweitens eine *politische Forderung* und drittens ein *theoretisches Problem*.

Vom Standpunkt journalistischer *Professionalität* aus betrachtet ist Objektivität eine Zielvorstellung, handlungsleitende Norm, die sich empirisch weder bestätigen noch falsifizieren läßt. Sie hat die Aufgabe, bestimmte professionelle Standards zu sichern, die Informationsqualität der Berichterstattung zu verbessern. *Objektivität* läßt sich dann verstehen als »Intersubjektivität der Realitätsbeschreibungen« (*Donsbac*h 1991) und mit Begriffen umschreiben wie Sachgerechtigkeit (Richtigkeit, Relevanz) und Unparteilichkeit (Ausgewogenheit, Fairneß, Neutralität) (*Schatz/ Schulz* 1992). In diesem Sinne sind auch die Begriffe Objektivität und Wahrheit in den Gesetzestexten und im Pressekodex zu verstehen.

Es gibt eine Reihe von Untersuchungen, die den so definierten Objektivitäts- und Wahrheitsgehalt von Nachrichten empirisch überprüfen. Eine Nachprüfbarkeit ist unter bestimmten Bedingungen möglich, und zwar etwa dann, wenn es über die berichteten Fakten und Geschehnisse statistische Daten oder andere, medienunabhängige Dokumentationen gibt (vgl. etwa *Rosengren* 1979), wenn Eindrücke von Augenzeugen herangezogen werden können (*Lang/ Lang* 1953; *Halloran* et al. 1970) oder wenn es gelingt, Konzepte wie Sachgerechtigkeit und Unparteilichkeit zu operationalisieren und inhaltsanalytisch zu messen (*Hagen* 1994). Ein anderes, weniger valides, aber häufig angewandtes Verfahren ist die auch schon von *White* (1950) praktizierte ›Konsensprüfung‹. Dabei wird festgestellt, »ob die Häufigkeit der Nachrichten über verschiedene Sachverhalte in einem Medium der Häufigkeit der Nachrichten in anderen Medien entspricht« (*Kepplinger* 1985, 15).

Die Aussagefähigkeit empirischer Objektivitätstests ist begrenzt, zum einen weil die Maßstäbe, an denen die Nachrichten überprüft werden, auch nur mehr oder minder gute Annäherungen an die Wahrheit sind, zum anderen weil ihre Ergebnisse im Grunde nur bestätigen, was definitionsgemäß sein muß: daß nämlich die journalistische Praxis von der professionellen Norm mehr oder weniger stark abweicht. Wäre das nicht so, würde die Norm ihre regulative Funktion nicht erfüllen und bedürfte der Revision. Die Objektivitätstests sind gleichwohl nützlich, da sie systematisch und spezifisch belegen können, von welchen Medien, auf welche Weise und in welchem Maße von der Objektivitätsnorm abgewichen wird, um damit Vorschläge zur Verbesserung der journalistischen Qualität rational zu begründen.

Als *politische Forderung* hat der Begriff der Objektivität eine instrumentelle, strategische Funktion. Er dient dazu, die Nachrichtenauswahl im Sinne bestimmter partikularer Interessen zu beeinflussen und damit letzten Endes über die Massenmedien das gesellschaftliche Gefüge von Macht und Einfluß zu verändern oder auch zu konservieren. Am deutlichsten wird das, wenn in Wahlkampfzeiten den Medien von der einen oder anderen Partei Einseitigkeit vorgeworfen wird. In der Diskussion in der Bundesrepublik rückt dabei oft der Begriff der *Ausgewogenheit* in den Vordergrund, weil Programmausgewogenheit ein Gebot für den öffentlich-rechtlichen → Rundfunk ist, das sich aus seiner medienpolitischen Sonderstellung ergibt.

Auch in der internationalen politischen Diskussion spielen die Begriffe Objektivität und Ausgewogenheit eine Rolle, auch hier haben sie eine strategische Funktion, nämlich die Strukturen des Weltnachrichtensystems zu ändern und eine ›*Neue Internationale Informationsordnung*‹ zu etablieren (→ Kommunikationspolitik). Dabei sollen die Dominanz der westlichen Nachrichtenagenturen reduziert werden und die Interessen der Entwicklungsländer stärker im internationalen Informationsfluß zur Geltung kommen. Zur Zeit des Ost-West-Konflikts verbanden sich mit diesen Absichten auch die Interessen der kommunistischen Länder an einer Begrenzung des transnationalen Einflusses westlicher Medien.

Empirische Untersuchungen, die im Dienste der politisch motivierten Objektivitätsforderung durchgeführt werden, kontrastieren die Nachrichtenberichterstattung mit einem Wirklichkeitsmodell, das aus bestimmten politischen Zielvorstellungen abgeleitet ist. So werden auf der *innenpolitischen* Szene, vor allem in Wahlkampfzeiten, Nachrichten oft mit der Parteienstärke im Parlament verglichen. Zielvorstellung ist hier, daß die Nachrichten das politische Kräfteverhältnis, das sich in Parlamentswahlen manifestiert, durch eine entsprechende Beachtung von Ereignissen, Akteuren, Argumenten usw. abbilden.

Bei Untersuchungen zur *internationalen* Berichterstattung werden die Nachrichten im allgemeinen an einem theoretischen Weltmodell gemessen, das von der Vorstellung der Gleichheit und Gleichverteilung ausgeht. Damit wird implizit unterstellt, daß Industrienationen und Entwicklungsländer, Ost und West, Zentrum und Peripherie prinzipiell den gleichen Nachrichtenwert haben, so daß eine Beachtungsstruktur in den Nachrichten, die von dem egalitären Weltmodell abweicht, als unausgewogen und verzerrt zu beurteilen ist. Wir finden einen solchen Ansatz beispielsweise in der Untersuchung von *Galtung/Ruge* (1965) und besonders ausgeprägt in einer international vergleichenden Analyse der Nachrichtenweltbilder in verschiedenen geopolitischen Regionen von *Gerbner/Marvanyi* (1977).

Über die Objektivitätskriterien solcher Untersuchungen läßt sich streiten, und Kritik wird naturgemäß immer von der Seite geäußert, die andere Gesellschafts- oder Weltmodelle als Zielvorstellungen hat, als sie in der jeweiligen Nachrichtenanalyse zugrunde gelegt sind, oder die andere Interessen verfolgt als die Autoren oder Initiatoren der Untersuchungen. Aus diesem Grunde sind Nachrichtenanalysen gelegentlich Austragungsort politischer Kontroversen, mitunter auch Ansatzpunkt einer weitreichenden Gesellschafts- oder Ideologiekritik (*Hackett* 1984).

Der Objektivitätsbegriff verweist schließlich auf ein *theoretisches Problem*, das in der Literatur aus unterschiedlichen Blickwinkeln – u. a. der Erkenntnistheorie, der Wahrnehmungspsychologie, der Wissenssoziologie, der Ideologiekritik – diskutiert wird. Zum ersten Mal ausführlich wurde das Problem von dem amerikanischen Publizisten *Walter Lippmann* in seinem 1922 erschienenen Buch ›Public Opinion‹ behandelt (dt. *Lippmann* 1964).

Das Problem besteht darin, daß die reale Umwelt viel »zu groß, zu komplex und auch zu fließend« ist, wie *Lippmann* (1964, 18) es ausdrückt, »um direkt erfaßt zu werden«. Bei der individuellen Wahrnehmung wie auch bei der Umweltbeachtung durch die Nachrichtenmedien kann die Realität immer nur in einem stark vereinfachten Modell »rekonstruiert« werden. Und dabei trifft der Beobachter nicht bloß eine Auswahl, sondern geht aktiv und schöpferisch vor. »Meistens schauen wir nicht zuerst und definieren dann, wir definieren erst und schauen dann.« Die Definitionen, mit denen sich der Betrachter seiner Umwelt nähert, nennt Lippmann ›*Stereotypen*‹. Es sind, so würde man in heutiger Terminologie sagen, Kategorien oder *Schemata*, mit deren Hilfe bei der Informationsverarbeitung die Umweltkomplexität reduziert und den Eindrücken Sinn verliehen wird (→ Kommunikationsprozeß). Der von Lippmann eingeführte Begriff des Stereotyps (der aus der Drucktechnik stammt) ist inzwischen in der Sozialpsychologie in verengter Bedeutung zum Terminus technicus geworden.

Nach Lippmanns Auffassung sind Nachricht und Wahrheit streng voneinander zu unterscheiden. Auch der Reporter oder Redakteur kommt wie jeder Beobachter nicht ohne Stereotypen, nicht ohne standardisierte Routine aus. Die Nachrichtenstereotypen werden ihm in den Regeln und Konventionen der journalistischen Profession bereitgestellt. Sie definieren, was Nachrichtenwert hat, und helfen ihm, die komplexe Umwelt auf eine für die Medien handhabbare Gestalt zu reduzieren, helfen ihm auch, »mit der Aufmerksamkeit sparsam zu wirtschaften«. Was *Lippmann* Stereotype nannte, ist mit den Nachrichtenfaktoren in der Theorie von *Galtung / Ruge* (1965) vergleichbar.

Obgleich die frühe Nachrichtenforschung – von den Gatekeeperstudien bis zur Nachrichtentheorie von Galtung und Ruge – eine Reihe der von Lippmann theoretisch entwickelten Fragestellungen weiterführte und mit empirischem Gehalt füllte, blieb sie in einem Punkt doch hinter dem Ansatz Lippmanns zurück. Ihre Sichtweise war auf die *Auswahl* von Nachrichten verengt. Ihre zentralen Fragen – welche Ereignisse werden zu Nachrichten und welche Faktoren hindern den Nachrichtenfluß – zielten an der von Lippmann aufgeworfenen Erkenntnisproblematik vorbei.

Diese ergibt sich daraus, daß die Unterscheidung zwischen Ereignis und Nachricht nur in der analytischen Abstraktion eindeutig möglich ist, in der realen Wahrnehmungssituation wie auch in der journalistischen Praxis jedoch im allgemeinen nicht. Denn das, was die Medien als ›Ereignis‹ begreifen, ist bereits das Ergebnis von Selektions- und Verarbeitungsprozessen. Ereignisse sind in der natürlichen und sozialen Umwelt nicht ›roh‹ vorfindbar, so daß man sie mit ihrem journalistischen ›Abbild‹, den Nachrichten, vergleichen könnte. Auch Ereignisse müssen erst als solche definiert werden, indem das kontinuierliche Geschehen interpunktiert, indem sinnvolle ›Figuren‹ von einem irrelevanten ›Hintergrund‹ abgehoben werden. Ohne derartige *konstruktive* Operationen des Betrachters ist Wahrnehmung, ist auch Nachrichtenberichterstattung nicht möglich.

Dieser Vorgang der *Konstruktion von Realität* wird von den Massenmedien geleistet. Man kann die Medien daher auch als ›kollektive Organe‹ begreifen, mit der Funktion, gesellschaftliche Wirklichkeit in Nachrichten zu konstruieren (*W. Schulz* 1989). Damit stellt sich die Frage der Objektivität der Nachrichten nicht nur als ein Abbildungs- und Selektionsproblem, sondern auch als Frage nach der *Interpretation* von Wirklichkeit: Welche Interpretationsschemata, welche Hypothesen über die Realität wenden die Medien an, wenn sie uns die Welt durch Nachrichten deuten und damit wahrnehmbar machen?

Winfried Schulz

Nonverbale Kommunikation: Darstellungseffekte

Begriff und Gegenstand

Als Darstellungseffekte werden alle Wirkungen von Fernsehbeiträgen, Hörfunkbeiträgen und Pressefotos betrachtet, die auf der nonverbalen und paraverbalen Selbstdarstellung von Personen sowie auf ihrer visuellen und akustischen Darstellung durch Fotografen, Kameraleute, Beleuchter, Tontechniker, Cutter und Journalisten beruhen. Im wesentlichen handelt es sich bei den Wirkungen um die *Vorstellungen*, die die Betrachter und Zuhörer von den Eigenschaften der präsentierten Personen gewinnen und die Folgerungen, die sie daraus ziehen. Das nonverbale und paraverbale Verhalten sowie die technischen Mittel ihrer Darstellung werden folglich als Ursachen, die Wahrnehmung der Personen anhand der Berichterstattung und die daraus gezogenen Verallgemeinerungen als Wirkungen verstanden.

Darstellungseffekte sind das Ergebnis eines mehrstufigen Wirkungsprozesses. An seinem Beginn steht das *reale Verhalten* einer Person, ihre Sprechweise, Gestik und Mimik, die von der Aufnahmesituation beeinflußt sein können. Es folgt das *dargestellte Verhalten*. Das dargestellte Verhalten muß, obwohl es nahezu zeitgleich mit dem realen Verhalten stattfindet, vom realen Verhalten unterschieden werden, weil es faktisch davon verschieden sein kann. Die dritte Stufe bildet das *wahrgenommene Verhalten*. Das wahrgenommene Verhalten muß vom realen und dargestellten Verhalten unterschieden werden, weil es durch Merkmale der Betrachter, Zuhörer oder Zuschauer, darunter ihre Einstellung zur präsentierten Person, ihre Sensibilität für nonverbale Verhaltensweisen und journalistische Darstellungstechniken, modifiziert werden kann. Das wahrgenommene Verhalten umfaßt die Sprechweise, die Gestik und Mimik sowie den Gesamteindruck, den eine Person bzw. ihre Darstellung hervorruft. Auf der vierten Stufe folgt das *attribuierte Verhalten*. Hierbei handelt es sich vor allem um die *Glaubwürdigkeit* sowie die Intentionen und möglichen Verhaltensweisen, die einer Person aufgrund ihrer Wahrnehmung anhand von Pressefotos, Hörfunkbeiträgen oder Fernsehfilmen zu- oder abgesprochen werden.

Auch die Glaubwürdigkeit von Aussagen über eine Person, die durch optische und akustische Eindrücke beeinflußt sein kann, gehört dazu. Attributionen stellen bewußte oder unbewußte Folgerungen aus den Wahrnehmungen dar, die die Rezipienten ziehen. Darstellungseffekte gehen folglich weit über eine reine Reproduktion des realen und dargestellten Verhaltens durch die Rezipienten hinaus, obwohl sie darin sind (*Kepplinger* 1987).

Theoretische Grundlagen

Presse und Hörfunk sind Einkanalmedien – ihre Informationen werden über die Augen bzw. über die Ohren wahrgenommen. Fernsehen ist ein Zweikanalmedium – seine Informationen werden über die Augen und die Ohren rezipiert. Dies führt zu der Frage, ob die unterschiedlichen Wahrnehmungskanäle einen Einfluß auf die Verarbeitung der Informationen besitzen. Presse-, Hörfunk- und Fernsehberichte präsentieren Textinformationen in verschiedenen Modalitäten – geschrieben bzw. gesprochen. Presse- und Fernsehbeiträge enthalten zudem Bildinformationen – Fotos oder Filme, die in der Regel mit Texten kombiniert sind. Dies führt zu der Frage, ob *Bilder* und *Texte* unterschiedlich verarbeitet werden. Bei der Beantwortung beider Fragen sind drei Aspekte zu unterscheiden – die Aufnahme, die Speicherung und die Abrufung der Informationen: Gibt es modalitätsspezifische Verarbeitungsprozesse, und existieren unterschiedliche Speicher für Texte und Bilder? Diese Fragen wurden unter anderem durch die Erkenntnis geweckt, daß Bilder besser behalten werden als Worte (*Bildhaftigkeitseffekt*).
Allan Paivio (1971) schlug zur Erklärung der Bildhaftigkeitseffekte ein *Zwei-Speicher-Modell* vor. Danach werden Bildinformationen direkt in einem bildhaften System gespeichert und als Vorstellungsbilder bereitgehalten. Darüber hinaus werden sie – wie Texte – in einem verbalen System gespeichert, das lexikalische Informationen verzeichnet (*dual coding*). Zwischen beiden Speichern bestehen Verbindungen, so daß Texte Vorstellungsbilder hervorrufen und Vorstellungsbilder in Begriffe gefaßt werden können. Weil Bilder doppelt gespeichert sind, können sie nach *Paivio* leichter abgerufen werden als Texte. Die theoretischen Annahmen von *Paivio* werden vor allem mit zwei Argumenten kritisiert. Bilder enthalten mehr Informationen (*Nelson* 1979,) und sie wecken mehr Aufmerksamkeit als Texte (*Nisbett/Ross* 1980). Falls diese Annahmen zutreffen, wofür zahlreiche Befunde sprechen, ist die Annahme einer doppelten Speicherung überflüssig. Diese und ähnliche Argumente führten zur Entwicklung eines Modells, das nur einen Speicher für Bilder und Texte, jedoch zwei verschiedene Zugriffsmöglichkeiten vorsieht. Sie sind für Bilder besser als für Texte, was die leichtere Erinnerung an Bilder erklärt. Diese Annahme ist, wenn

auch nicht zwingend, durch experimentelle Befunde belegt (*Klimesch* 1982; *Bajo* 1988).

Die Untersuchung von Texten und Bildern als Teil von Medienbotschaften wirft eine Reihe von Fragen auf, die sich bei Studien mit isolierten Bildern und einzelnen Worten nicht stellen. Erstens: Rufen vergleichbare Bilder und Texte die gleiche Aufmerksamkeit hervor? Zweitens: Besitzen Bilder – ähnlich wie Texte – Tendenzen, die man von den reinen Sachinformationen unterscheiden kann? Drittens: Werden Bilder und Texte gleichermaßen als Repräsentationen von Realität akzeptiert? Viertens: Werden die Tendenzen von Bildern und Texten ähnlich genau erkannt? Fünftens: Verringert die Wahrnehmung der Tendenz von Bildern und Texten ihre *Wirkung*? Sechstens: Welche Wechselwirkungen bestehen zwischen den Wirkungen von Bildern und Texten bei Bild-Text-Kombinationen – z. B. in illustrierten Reportagen? Ausgehend von diesen Fragen kann man ein Modell der Darstellungseffekte entwickeln, in dem die Rezeptionsfilter – unmittelbare Reaktionen der Betrachter auf die Informationsangebote – eine zentrale Stelle einnehmen (*Kepplinger* 1987).

Sabine Holicki (1993) hat die modelltheoretischen Annahmen getestet, im Kern bestätigt und im Detail revidiert. Danach besitzen vergleichbare Pressefotos und Pressetexte, die isoliert dargeboten werden, ähnliche Wirkungen. Bei der Kombination von Pressefotos und Pressetexten beeinflussen die Fotos die Wahrnehmung der dargestellten Personen stärker als die Texte. Dies ist vermutlich darauf zurückzuführen, daß Fotos unvermittelter wirken als Texte, was im Einklang mit den Erwartungen steht. Allerdings werden – entgegen den Erwartungen – die Tendenzen der Fotos besser erkannt als die Tendenzen der Texte, was jedoch ihre Wirkung eher erhöht als abschwächt. Auch bei Fernsehberichten können neutrale Informationen und Tendenzen unterschieden und gemessen werden.

Merkmale aktueller Darstellungen

Die Charakteristika der Selbstdarstellung von Personen und der Mittel ihrer Darstellung durch Aufnahme und Editionstechnik, die sich in der aktuellen Berichterstattung von Presse, Hörfunk und Fernsehen finden, müssen von ihrer Wahrnehmung und von ihrer Wirkung unterschieden werden. Die Darstellungscharakteristika können mit Hilfe intersubjektiver Klassifikationen – analog zur quantitativen → *Inhaltsanalyse* verbaler Aussagen – ermittelt werden. Dabei bildet die Übereinstimmung zwischen mehreren Codierern, die mit Hilfe formalisierter Anweisungen die einzelnen Darstellungselemente erfassen, ein Maß für die Güte der Messung. Die Wahrnehmung kann mit Hilfe von *Rezeptionsanalysen* erfaßt werden. Dies geschieht direkt anhand von Schätz-Skalen oder indirekt durch Inhaltsanalysen von Wahrnehmungsprotokollen. Eine dritte Möglichkeit bieten technische Hilfsmittel wie z. B. der *Program Evaluation Analysis Computer* (PEACS) (*Millard* 1992). Die *Wirkung* dieser Darstellungscharakteristika kann in *Experimenten* oder *Quasi-Experimenten* untersucht werden. Dabei bilden die Unterschiede der Reaktionen verschiedener Testgruppen ein Maß für die Art und Stärke der gemessenen Effekte.

Die Form der aktuellen *Berichterstattung des Fernsehens* hat sich in den vergangenen Jahrzehnten erheblich gewandelt. Sie differiert darüber hinaus von Land zu Land, wobei die Unterschiede zwischen den Ländern erheblich größer sind als zwischen den Fernsehsendern eines Landes. Die Form der Berichterstattung ist unter anderem die Folge von Konventionen. In den USA ist die durchschnittliche Länge der Stellungnahmen von Politikern in den Fernsehnachrichten über Wahlkämpfe von 1968 bis 1988 von 43 auf 9 Sekunden zurückgegangen. Im gleichen Zeitraum hat sich der Anteil der negativen Berichte von 10 auf 26 Prozent erhöht (*Hallin* 1992). Die durchschnittliche Dauer von Fernsehinterviews betrug 1984 in Südafrika 49 Sekunden, in Großbritannien 26 Sekunden und in den USA 13 Sekunden (*Cohen* 1989). Die zeitlichen Entwicklungen und nationalen Differenzen besitzen erhebliche Konsequenzen für die politische Kommunikation, vor allem für die Möglichkeit der Darstellung komplexer Sachverhalte bzw. für die Notwendigkeit zur formelhaften Reduzierung von Aussagen.

In den USA treten Politiker in den *Fernsehnachrichten* häufiger auf als in Deutschland und Frankreich, allerdings sind sie wesentlich kürzer auf dem Bildschirm zu sehen. Dafür werden sie dort wesentlich intensiver in Großaufnahmen gezeigt als hier. In den USA spielt daher die Mimik von Politikern eine größere, ihre Gestik dagegen eher eine geringere Rolle. In den USA und in Frankreich ist die Berichterstattung erheblich stärker auf einige wenige Politiker konzentriert als in Deutschland. So entfielen 1987 auf die Regierungschefs in den USA und Frankreich etwa 20 Prozent, auf den Regierungschef von Deutschland etwa 10 Prozent der Sendezeit visueller Zitate (*Bente/Frey* 1992). Allerdings hing die Konzentration der Berichterstattung auf einzelne Politiker im Wahljahr 1986 von den Parteien ab. Sie war bei der CSU und bei der FDP erheblich größer als bei der CDU und vor allem bei der SPD (*Kepplinger/Gotto/Brosius/Haak* 1989). Auch diese Unterschiede wirken sich erheblich auf die politische Kommunikation aus, z.B. die Sichtbarkeit einzelner Politiker sowie der relative Einfluß ihrer Mimik und Körpersprache auf die Wahrnehmung der Bevölkerung.

In der Fernsehberichterstattung über den amerikanischen Präsidentschaftswahlkampf 1976 zeigten drei Nachrichtensprecher (anchormen) bei der Erwähnung des Namens Carter einen positiveren Gesichtsausdruck als bei der Erwähnung des Namens Ford. Ein Nachrichtensprecher verhielt sich umgekehrt, die einzige Nachrichtensprecherin ließ keinen Unterschied erkennen. Der Gesichtsausdruck hing nicht mit den mehr oder weniger positiven Inhalten der Nachrichten zusammen (*Friedman/Mertz/DiMatteo* 1980).

Während des Bundestagswahlkampfes 1980 hatten die Spitzenkandidaten der CDU/CSU, Franz-Josef Strauß, und der SPD, Helmut Schmidt, in Fernsehinterviews unterschiedliche Körperhaltungen. Schmidt saß immer, Strauß nur in jedem dritten Interview, mit lokker zurückgelegtem Oberkörper. Die Arme von Schmidt waren immer frei vom Oberkörper, die Arme von Strauß lagen immer eng am Körper. Schmidt und Strauß nickten beim Antworten mit dem Kopf, bei Strauß war dieses Nicken jedoch wesentlich häufiger und länger. Ähnliche Unterschiede zeigten sich in der Mimik. Schmidt sah die Interviewer beim Zuhören sehr selten, beim Antworten fast immer, in beiden Fällen jedoch nur kurz an. Strauß sah dagegen sowohl beim Zuhören als auch beim Antworten die Interviewer nahezu immer und dabei relativ lange an (*Ostertag* 1991).

Während des amerikanischen Präsidentschaftswahlkampfes 1972 stellten *ABC, CBS* und *NBC* den Spitzenkandidaten der Demokraten, George McGovern, relativ häufiger in Großaufnahmen dar als den Spitzenkandidaten der Republikaner, Richard Nixon. Hierbei handelte es sich um Aufnahmen, die man aufgrund der filmtheoretischen Literatur als günstig betrachten kann. In den *Fernsehdebatten* zwischen dem Spitzenkandidaten der Demokraten, Jimmy Carter, und dem Spitzenkandidaten der Republikaner, Gerald Ford, im Präsidentschaftswahlkampf 1976, zeigte CBS durch die Wahl der Einstellungsgrößen und durch die Zentrierung der Aufnahmen Carter häufiger bildbeherrschend als Ford (*Tiemens* 1978). Während des Bundestagswahlkampfes 1976 stellte das ZDF den Spitzenkandidaten der SPD, Helmut Schmidt, relativ häufiger aus der Augenhöhe dar als den Spitzenkandidaten der CDU/CSU, Helmut Kohl. Kohl wurde dementsprechend häufiger aus der Vogel- oder Froschperspektive gezeigt, wobei der Anteil der Aufnahmen aus der starken Draufsicht deutlich größer war als der Anteil aus der starken Untersicht. Sowohl Vogel- als auch Froschperspektive wurden in einer Befragung von Kameramännern als ungünstig bezeichnet (*Kepplinger* 1980). Die verbalen Angriffe von Walter Mondale gegen Ronald Reagan in ihren Fernsehdebatten im Präsidentschaftswahlkampf 1984 wurden visuell nicht angemessen wiedergegeben. Die Bilder vermittelten einen irreführenden Eindruck von der Aggressivität der drei Debatten, wobei sie Reagan begünstigten (*Morello* 1988).

In seiner Berichterstattung über den Parteitag der Demokraten zur Nominierung ihres Kandidaten für den Präsidentschaftswahlkampf 1972 veröffentlichte *NBC* mehr als doppelt so viele Interviews mit Anhängern von George McGovern als mit Anhängern jedes anderen Kandidaten (*Paletz/Elson* 1976). Während des amerikanischen Präsidentschaftswahlkampfes 1972 zeigten *ABC, CBS* und *NBC* den Spitzenkandidaten der Demokraten, George McGovern, relativ länger mit Wählern im Bild als den Spitzenkandidaten der Republikaner, Richard Nixon. Darüber hinaus stellten die amerikanischen Fernsehgesellschaften Angehörige der Demokratischen Partei häufiger zusammen mit positiv reagierenden Wählergruppen dar als die Angehörigen der Republikanischen Partei (*Hofstetter* 1976). In den Berichten über eine Rede des schwarzen Politikers Jesse L. Jackson anläßlich des Konvents der Demokratischen Partei 1984, an der nur etwa 19 Prozent Schwarze teilnahmen, zeigten alle amerikanischen Fernsehstationen deutlich mehr schwarze als weiße Zuhörer im Bild – vor allem schwarze Frauen über 35, die im Publikum kaum vertreten waren. Die Fernsehberichte erweckten dadurch den falschen Eindruck, es habe sich um die Rede eines Schwarzen für Schwarze gehandelt (*Tiemens / Sillars / Alexander / Werling* 1988). Während des Bundestagswahlkampfes 1976 zeigten *ARD* und *ZDF* bei Auftritten des Spitzenkandidaten der SPD, Helmut Schmidt, seltener negative Publikumsreaktionen als bei Auftritten des Spitzenkandidaten der CDU/CSU, Helmut Kohl. Der Anteil negativer Publikumsreaktionen an allen gezeigten Publikumsreaktionen war dabei in der Berichterstattung über Kohl 24mal so groß wie in der Berichterstattung über Schmidt. Ein vergleichbarer Unterschied fand sich nicht in den verbalen Aussagen über die Publikumsreaktionen, so daß eine Diskrepanz zwischen der verbalen und visuellen Wahlberichterstattung bestand (*Kepplinger* 1980).

Die Pressefotografen David Douglas Duncan und Larry Burrows vermittelten auf ihren Fotos zwei völlig verschiedene Ansichten vom Vietnamkrieg. Duncan stellte auf fast vier Fünftel, Burrows dagegen auf weniger als der Hälfte seiner Aufnahmen das Kampfgeschehen dar. Duncan zeigte auf keiner Aufnahme Zivilisten, Burrows dagegen auf jedem zweiten Bild. Duncan präsentierte fast nie verwundete oder tote Nicht-Amerikaner, Burrows dagegen auf der Hälfte seiner Aufnahmen. Burrows bevorzugte für seine Darstellungen Nahaufnahmen, während Duncan sie generell vermied (*Thompson / Clarke* 1974). *Time, Life* und *Newsweek* publizierten während des Höhepunktes der Auseinandersetzung um das amerikanische Engagement in Vietnam erheblich mehr Fotos von amerikanischen Soldaten und von Kämpfen als in den Zeiträumen vorher und nachher, als die Mehrheit eindeutig für bzw. gegen den Truppeneinsatz war (*Sherer* 1989). Der *Spiegel* veröffentlichte von 1965 bis 1972 in seiner Berichterstattung über Demonstrationen in der Bundesrepublik Deutschland 84 *Fotos*, auf denen Polizisten oder Demonstranten Gewalt ausübten bzw. Gewalt erlitten. Die weitaus meisten Fotos stellten Gewalt gegen Personen dar, nur relativ wenige Gewalt gegen Sachen. Der *Spiegel* zeigte als Aggressoren weit überwiegend Polizisten, als Opfer ausschließlich Demonstranten. Die visuelle Darstellung der Auseinandersetzungen entsprach, allerdings in pointierter Weise, ihrer verbalen Beschreibung (*Kepplinger* 1979). *ARD* und *ZDF* vermittelten 1984 in ihren Bild- und Textbeiträgen zur Lage in Nicaragua und El Salvador divergierende

Eindrücke. So beschrieben z. B. die Journalisten in ihren Textbeiträgen die Lebensbedingungen in den beiden Ländern ganz anders, als ihre Bilddokumente auswiesen. Auch berichteten sie meist über ablehnende Publikumsreaktionen, während ihre Bilder überwiegend Beifall zeigten (*Gaßner* 1992).

Sonderfälle der Analyse von Darstellungscharakteristika bilden Experimente und Quasi-Experimente mit Presse-, Hörfunk- und Fernsehbeiträgen. Hierbei handelt es sich um Wirkungsstudien, die unter Laborbedingungen den Einfluß der Berichterstattung auf die Personenwahrnehmung ermitteln. Zu nennen sind hier drei Arten von Studien: Analysen zur Wirkung von Pressefotos, zur ›Wirkungsqualität‹ (*Schulz* 1975) der Medien und zur Wirkung nonverbaler Verhaltensweisen. Der *Stern* veröffentlichte im Bundestagswahlkampf 1980 von Helmut Schmidt eher ungünstige oder neutrale, von Genscher zum Teil günstige, zum Teil ungünstige Fotos, im Bundestagswahlkampf 1982/83 dagegen von Schmidt überwiegend günstige, von Genscher überwiegend ungünstige Aufnahmen. Schmidt erschien auf den Fotos im Bundestagswahlkampf 1982/83 sicherer, heiterer und optimistischer, Genscher dagegen betrübter, passiver und unehrlicher als auf den Fotos im Bundestagswahlkampf 1980. Der *Stern* veröffentlichte von 1980 bis 1983 von Ronald Reagan ungünstigere Fotos als *Time*. Dies traf auch, allerdings in wesentlich geringerem Maß, auf die Fotos von Leonid Breschnew zu. Reagan erschien auf den Fotos des *Stern* im Vergleich zu den Fotos von *Time* weniger kompetent, offen, intelligent, beherrscht und heiter. Breschnew erschien weniger verkrampft, verschlossen und angriffslustig. Die Auswahl der Fotos besaß in der Regel einen größeren Einfluß auf die Wahrnehmung von Eigenschaften der Politiker als die Einstellungen der Betrachter (*Kepplinger* 1987).

Die Betrachter eines Ausschnittes der Fernsehdiskussion zwischen Willy Brandt, Walter Scheel, Rainzer Barzel und Franz-Josef Strauß im Bundestagswahlkampf 1972 beurteilten die Glaubwürdigkeit der beiden Regierungs- und Oppositionsvertreter unterschiedlicher als Zuhörer einer Hörfunkversion des gleichen Ausschnitts und Leser einer Presseversion. Das Fernsehen führte folglich zu einer Polarisierung der Urteile über die beiden Lager, was möglicherweise darauf zurückzuführen ist, daß es stärker als der Hörfunk oder die Presse bereits bestehende Einstellungen aktualisierte. Dagegen hatte die Präsentationsform keinen Einfluß auf die Erinnerung an die Diskussionsinhalte (*Wagner / Brandstätter* 1980).

Die Betrachter eines Ausschnitts der *Fernsehdiskussion* zwischen Helmut Schmidt, Hans-Dietrich Genscher, Helmut Kohl und Franz-Josef Strauß im Bundestagswahlkampf 1976 erhielten von Genscher einen besseren, von Schmidt einen schlechteren Gesamteindruck als die Zuhörer einer Hörfunkversion des gleichen Ausschnitts. In der Wahrnehmung von Kohl und Strauß glichen sich positive und negative Unterschiede gegenseitig aus. Die Unterschiede der Wahrnehmung einzelner Eigenschaften der Politiker wurden durch ihr nonverbales Verhalten mitverursacht. Der Eindruck der Nervosität, den Kohl im Fernsehen stärker als im Hörfunk erweckte, beruhte unter anderem darauf, daß er häufig den Oberkörper bewegte, viele Handgesten benutzte und oft die Brauen hochzog bzw. nach oben blickte. Der Eindruck der Offenheit, den Genscher im Fernsehen deutlicher als im Hörfunk vermittelte, beruhte ebenfalls unter anderem darauf, daß er häufig den Oberkörper bewegte und vor allem viele Handgesten benutzte. Gleiche oder ähnliche Verhaltensweisen besaßen damit bei Genscher und Kohl entgegengerichtete Wirkungen (*Kepplinger* 1987). Der Gesamteindruck, den Spitzenpolitiker in *Fernsehinterviews* während des Bundestagswahlkampfes 1980 vermittelten, wurde zu etwa einem Drittel durch nonverbales Verhalten geprägt. Zu einem günstigen Gesamteindruck verhalfen vor allem eine lockere, zurückgelehnte Sitzhaltung sowie ein dauerhafter Blickkontakt zum Interviewer während des Zuhörens und während des Sprechens. Zu einem ungünstigen Gesamteindruck trugen dagegen vor allem rhythmische Bewegungen beim Sprechen, das Umklammern von Armlehnen und ein beim Zuhören starrer Mund bei. Hierbei handelt es sich um generelle Befunde für alle Spitzenpolitiker. Betrachtet man einzelne Personen, werden zum Teil große individuelle Unterschiede sichtbar (*Ostertag* 1991).

Sonderfälle der Analyse aktueller Darstellungen in Presse, Hörfunk und Fernsehen bilden auch Untersuchungen, in denen der Einfluß der aktuellen Berichterstattung auf die Wahrnehmung der dargestellten Personen ermittelt, jedoch nicht auf einzelne Ursachen zurückgeführt wurde. Folglich geben diese Untersuchungen keine Auskunft darüber, ob die ermittelten Wirkungen von technischen

Darstellungsmitteln, von der nonverbalen und paraverbalen Selbstdarstellung oder von der verbalen Selbstdarstellung, also den jeweiligen Aussagen, der Personen hervorgerufen wurden. Im amerikanischen Präsidentschaftswahlkampf 1960 besaßen die Fernsehdebatten
zwischen Richard Nixon und John F. Kennedy einen schwachen Einfluß auf das Präsidenten-Image von Kennedy, jedoch einen starken
Einfluß auf das Präsidenten-Image von Nixon. Das Präsidenten-
Image von Nixon verschlechterte sich dadurch in der Art, daß es sich
vom Image eines Ideal-Präsidenten entfernte. Die Verschlechterung
vor allem des Präsidenten-Images von Nixon ging einher mit negativen Urteilen über die Art seiner Selbstdarstellung in den Fernseh-
batten. In den entsprechenden Urteilen über Kennedy zeigten sich
die gleichen Tendenzen, allerdings waren sie schwächer ausgeprägt.
Die Effekte traten vor allem nach den beiden ersten Debatten auf
und schwächten sich nach der dritten Debatte wieder ab, so daß sich
die Images unter dem Eindruck der Fernsehdebatten wellenförmig
entwickelten (*Tannenbaum/Greenberg/Silverman* 1962).
Spätere Fernsehdebatten zwischen anderen Präsidentschaftskandidaten besaßen ähnliche positive und negative Einflüsse auf die
Wahrnehmung der Politiker. Auch zeigte sich erneut ein wellenför-
miger Verlauf der Image-Entwicklungen. Man kann deshalb annehmen, daß die dritten Debatten generell die relativ starken Effekte
der ersten beiden Debatten abschleifen, ohne sie jedoch völlig zu beseitigen (*Miller/MacKuen* 1979).

Einflüsse auf das Verhalten

Das Verhalten von Personen, die auf Pressefotos, in Hörfunkbeiträgen oder in Fernsehbeiträgen präsentiert werden, wird durch mehrere Faktoren beeinflußt. Die Selbstdarstellung ist deshalb sowohl
eine Ursache von Darstellungseffekten als auch eine Folge der interaktionsspezifischen und medienspezifischen Handlungsbedingungen.
Zu den medienspezifischen Handlungsbedingungen gehören vor allem die Präsenz der Berichterstatter, z. B. von Journalisten, Be-
leuchtern, Fotografen, Kameramännern, und der für die Berichterstattung erforderlichen technischen Geräte, z. B. von Mikrofonen,

Lampen, Fotoapparaten, Fernsehkameras. Berichterstatter und technische Geräte beeinflussen das nonverbale Verhalten auf zweifache Weise. Zum einen schaffen sie durch ihre Präsenz für die Dargestellten häufig ungewohnte Handlungssituationen. Dies gilt vor allem für *Fernsehaufnahmen* mit ihrem unter Umständen erheblichen technischen Aufwand. Zum anderen vermitteln sie durch ihre Präsenz das Bewußtsein zumindest potentieller Öffentlichkeit, die Vorstellung, für eine anonyme Masse zu agieren und von einer anonymen Masse beobachtet und beurteilt zu werden. Dadurch erhält die Beziehung zwischen den Interaktionspartnern, z. B. Journalisten und Politikern, eine neue Qualität. Adressaten des Verhaltens der Interaktionspartner sind nicht nur ihre jeweiligen Gegenüber, sondern vor allem das Publikum. Die Folge sind unter anderem sogenannte ›reziproke Effekte‹. Hierbei handelt es sich um die bewußte oder unbewußte Umorientierung des Verhaltens auf das Publikum, die durch die Präsenz von Medien hervorgerufen wird.

Personen, die erkennen, daß sie in der Öffentlichkeit gefilmt werden, reagieren darauf mit spontanen Verhaltensänderungen. Sie wechseln unter anderem ihre Blickrichtung, ändern ihre Körperhaltung und beschleunigen oder verlangsamen ihren Gang. Diese Effekte treten jedoch in der Regel nur dann auf, wenn die Aufnahmen aus relativ kurzer Distanz gemacht werden (*Smith/McPhail/Pickens* 1975). Teilnehmer an neutralen *Fernsehinterviews*, die wissen, daß sie aufgenommen werden, zeigen ein anderes nonverbales Verhalten als Interviewpartner, die verdeckt aufgenommen werden. Sie machen unter anderem mehr partnerbezogene Gesten, nikken häufiger zustimmend mit dem Kopf, spielen seltener mit Gegenständen. Zugleich zeigen sie weniger nonverbale Verhaltensweisen, die Angst indizieren. In der ersten Minute des Interviews ist die Zahl der angstindizierenden Zeichen jedoch sehr hoch. Sie sinkt zur zweiten Minute stark und anschließend schwach ab. Nach der vierten Minute ändert sie sich kaum noch (*Wiemann* 1981). Personen, die sich zu kontroversen Themen äußern und wissen, daß sie gefilmt werden, sprechen länger und antworten schneller als Personen, die nicht wissen, daß sie aufgenommen werden. Darüber hinaus benutzen sie bei ihren Antworten eine gewähltere Sprache (*Hoyt* 1976).

Zu den interaktionsspezifischen Handlungsbedingungen gehören vor allem das vorangegange Verhalten der Dargestellten sowie das vorangegangene und zeitgleiche Verhalten ihrer Interaktionspartner und Beobachter. Das vorangegangene Verhalten eines Dargestellten, etwa das Verhalten eines Redners am Beginn seiner Rede, beeinflußt sein späteres Verhalten, etwa am Ende seiner Rede. Das gleiche gilt analog für das Verhalten von Teilnehmern an Interviews und Gesprächsrunden. Zu den interaktionsspezifischen Handlungsbedingungen gehört ferner das vorangegangene und zeitliche Verhalten von Interaktionspartnern der Dargestellten (Interviewer, Gesprächspartner usw.) und von Dritten, die dem Geschehen beiwohnen (Publikum in Unterhaltungssendungen, Talkshows usw.). Auch ihr Verhalten beeinflußt das Verhalten der Dargestellten. Auf Fernsehaufnahmen und Pressefotos ist häufig weder das vorangegangene Verhalten der Dargestellten noch das vorangegangene und zeitgleiche Verhalten von Interaktionspartnern und Dritten vollständig erkennbar. Der Zuschauer oder Betrachter besitzt deshalb meist nur rudimentäre Informationen über die Ursachen des dargestellten Verhaltens. Obwohl Interviews, Gesprächsrunden, Talkshows usw. wesentliche Bestandteile der Berichterstattung von Hörfunk und Fernsehen sind, wurden die Einflüsse in publizistikwissenschaftlichen Studien selten untersucht. Für die Analyse der Wirkung nonverbaler Verhaltensweisen muß man deshalb auf psychologische und methodologische Studien zurückgreifen, die die medienspezifischen Elemente von Interviews ausklammern.

Personen, denen in einem *Interview* peinliche Frage gestellt werden, blicken ihre Gesprächspartner seltener an als Personen, denen neutrale Fragen gestellt werden. Die Reduzierung des Blickkontaktes erfolgt jedoch nur, wenn die Interviewten sprechen, nicht wenn sie zuhören oder beide Partner schweigen. Sie tritt jedoch auch dann ein, wenn die Interviewten aufgefordert werden, ihre Gefühle zu verbergen. Daraus kann man folgern, daß es sich um ein relativ schwer kontrollierbares Verhalten handelt. In Interviews mit peinlichen Fragen sprechen darüber hinaus die Befragten kürzer als in Interviews mit neutralen Fragen. Die Zeit, in der sie zuhören oder mit dem Interviewer schweigen, bleibt dagegen gleich (*Exline / Gray / Schuette* 1965).

Interviewer, die ihren Gesprächspartnern erfreuliche Informationen mitteilen, werden von ihnen angenehmer empfunden, wenn sie sie häufig anblicken. Interviewer, die ihre Gesprächspartner mit uner-

freulichen Informationen konfrontieren, werden dagegen von ihnen
angenehmer empfunden, wenn sie sie selten anblicken. Der häufige
Blickkontakt ruft damit bei erfreulichem Gesprächsverlauf positive,
bei unerfreulichem Gesprächskontakt negative Reaktionen der Interviewten hervor. Zugleich beurteilen die Interviewten im ersten
Fall den gesamten Gesprächsverlauf eher positiv, im zweiten Fall dagegen eher negativ (*Ellsworth/Carlsmith* 1968). Interviewer,
die am Ende ihrer Fragen systematisch die Stimme anheben, erhalten häufiger zustimmende Antworten als Interviewer, die am Ende
ihrer Fragen die Stimme systematisch absenken. Zugleich erscheinen den Interviewten die Gespräche interessanter, wenn die Interviewer am Ende ihrer Frage die Stimme systematisch anheben
(*Barath/Cannell* 1976).

Wirkungen des nonverbalen Verhaltens

Das nonverbale und paraverbale Verhalten von Personen besitzt
einen Einfluß auf die Wahrnehmung der Zuschauer. Stellenbewer-
ber, die bei Einstellungsgesprächen häufig Blickkontakt suchen,
häufig lächeln und sich ihrem Gesprächspartner zuwenden, werden
im Vergleich zu Stellenbewerbern, die selten Blickkontakt suchen,
selten lächeln und sich von ihrem Gesprächspartner abwenden, von
unabhängigen Juroren als qualifizierter, motivierter und erfolgreicher beurteilt. Zugleich vermitteln sie eher den Eindruck, daß sie
die angebotene Arbeit bewältigen können. Dabei spielt es keine
Rolle, ob die Juroren das Verhalten direkt oder anhand von Fern-
sehaufzeichnungen beurteilen (*Imada/Hakel* 1977). Journalisten
und Politiker, die sich in *Fernsehinterviews* defensiv verhalten,
vermitteln im Vergleich zu Politikern und Journalisten, die aggressiv
sind, einen positiveren Eindruck von ihrem sozialen Verhalten, jedoch einen negativeren Eindruck von ihrer Qualifikation und ihrem
Durchsetzungsvermögen (*Kepplinger* 1987). Gesprächspartner,
die nahe beieinander sitzen, rufen bei Betrachtern im Vergleich zu
Gesprächspartnern, die weit auseinander sitzen, den Eindruck großer Vertrautheit und Harmonie hervor. Dieser Eindruck wird noch
gesteigert, wenn sie häufig Blickkontakt suchen. Dagegen erscheint
das Verhältnis zwischen Gesprächspartnern, die in großer Distanz

zueinander sitzen, den Oberkörper zurücklehnen und einen ernsten Gesichtsausdruck zeigen, als fremd und disharmonisch. Die Kombination von Verhaltensweisen mit ähnlichen Effekten verstärkt bis zu einem gewissen Grad die Wirkung. Dagegen führt die Kombination von Verhaltensweisen mit entgegengesetzten Effekten eher zu einer Umdeutung der Gesprächssituation als zu einem mittleren Urteil über die Vertrautheit und Harmonie der Gesprächspartner (*Burgoon / Buller / Hale / deTurck* 1984).

Das soziale Verhalten von Politikern und Journalisten, die in zwei Versionen des gleichen Fernsehinterviews defensiv sind, erscheint positiver, wenn ihr Gesprächspartner aggressiv ist, als wenn er defensiv ist. Dagegen erscheint das soziale Verhalten von Journalisten und Politikern, die in zwei Versionen des gleichen Fernsehinterviews aggressiv sind, negativer, wenn ihr Gesprächspartner defensiv ist, als wenn er ebenfalls aggressiv ist (*Kontrast-Effekte*). Ähnliche Kontrast-Effekte treten in der Wahrnehmung der Qualifikation und des Durchsetzungsvermögens auf. Aus theoretischer Sicht bedeutet dies, daß man das nonverbale Verhalten eines Interviewpartners nicht als eine Menge wohldefinierter Stimuli betrachten kann, die ihre Wirkung unabhängig vom Verhalten des Gesprächspartners entfalten. Man muß vielmehr davon ausgehen, daß gleiche Verhaltensweisen in verschiedenen Gesprächssituationen unterschiedliche Wirkungen besitzen. Daraus folgt, daß man die Wirkungen, die das Verhalten hervorruft, nicht zwingend auf das Verhalten selbst zurückführen kann. Aus praktischer Sicht bedeutet es, daß in Fernsehinterviews das nonverbale Verhalten eines Gesprächspartners die Wahrnehmung des anderen Gesprächspartners beeinflussen kann, was sich in einer Intensivierung oder Abschwächung positiver oder negativer Eindrücke niederschlägt (*Kepplinger* 1987). Die Präsentation der positiven und negativen Verhaltensweisen von Politikern im Fernsehen besitzt bedeutsame Einflüsse auf emotionale Reaktionen der Zuschauer. Sie sind bei Anhängern der Politiker stärker als bei Gegnern, werden jedoch in keiner der beiden Gruppen von den vorhandenen Einstellungen eliminiert. Besonders deutlich zeigen sich diese emotionalen Wirkungen in autonomen Reaktionen, d. h. unkontrollierbaren Verhaltensweisen, wie Muskelbewegungen im Gesicht der Betrachter. Je näher eine Wahlentscheidung rückt, desto intensiver reagieren die Zuschauer emotional auf positive und negative Politikerdarstellungen. Allerdings zeigt sich diese Entwicklung nicht bei der Darstellung von allen Politikern (*Sullivan / Masters* 1988; *McHugo / Lanzetta / Bush* 1991).

Wirkung von Aufnahmetechniken

Die Charakteristika von Pressefotos, Hörfunkbeiträgen und Fernsehbeiträgen werden durch Aufnahmetechniken beeinflußt. Diese Techniken erstrecken sich unter anderem auf die Art der Beleuchtung, der Tonaufzeichnung und des Kameraeinsatzes. Der Einsatz der verschiedenen Techniken wird durch die jeweils gegebenen Möglichkeiten eingeschränkt. Diese Einschränkungen resultieren unter anderem aus den räumlichen Gegebenheiten, technischen Möglichkeiten, organisatorischen Zwängen und berufsspezifischen Konventionen. Innerhalb dieser Einschränkungen bestehen jedoch in der Regel große Variationsmöglichkeiten, die sich auch in der aktuellen Berichterstattung niederschlagen. Zum *Einfluß der Beleuchtung* liegt ein Experiment vor. Personen, die durch eine seitlich versetzte Lichtquelle aus mittlerer Höhe beleuchtet werden, vermitteln auf Fotos einen besseren Eindruck als Personen, die von unten oder oben beleuchtet werden. Allerdings vermittelt die Beleuchtung von unten bei einigen Personen ebenfalls positive Eindrücke, so daß man hier von einem Zusammenspiel zwischen Personentyp und Beleuchtungsart sprechen kann (*Tannenbaum / Fosdick* 1960). Eine Studie belegt den Einfluß der Reproduktionstechnik auf die Wahrnehmung von Personen. Danach rufen verschiedenartige Abzüge von einem Negativ unterschiedliche Urteile hervor (*Shoemaker / Fosdick* 1982). Zum Einfluß der *Einstellungsgrößen* von Fotoaufnahmen auf die Wahrnehmung von Personen wurde ebenfalls ein Experiment durchgeführt. Daraus geht hervor, daß Großaufnahmen, auf denen nur der bildfüllende Kopf zu sehen ist, einen sympathischeren Eindruck vermitteln als Nahaufnahmen, die auch die Schultern und Arme zeigen. Allerdings erscheinen die dargestellten Personen dabei zugleich weniger dynamisch (*Brosius / Holicki / Hartmann* 1987).
Zur *Wirkung von Kameras* liegen mehrere Untersuchungen vor. Hier müssen Experimente zur Wirkung von *Einstellungsgrößen*,

vertikalen *Kamerawinkeln* (links – rechts) und horizontalen *Kameraperspektiven* (hoch – niedrig) unterschieden werden (*Zettl* 1977). Aufnahmen aus der Nähe (Groß- und Nahaufnahmen) vermitteln günstigere Eindrücke als Aufnahmen aus der Ferne (Halbtotale). Dies gilt unabhängig von der Länge der Einstellungen (*Schulz / van Lessen / Schlede / Waldmann* 1976). Großaufnahmen, auf denen nur der bildfüllende Kopf zu sehen ist, lassen die dargestellte Person positiver erscheinen als Nahaufnahmen, die auch den Oberkörper und die Hände zeigen. Dies gilt sowohl für Aufnahmen aus der Augenhöhe als auch für Aufnahmen aus der starken Untersicht. Dabei spielt es keine Rolle, ob die dargestellte Person freundlich-entspannt oder ärgerlich-angespannt ist (*Baggaley* 1980; *Kepplinger* 1987). Bei Aufnahmen aus der starken Untersicht vermittelt jedoch die ›Amerikanische‹ Einstellung, bei der neben Kopf und Oberkörper Teile des Unterkörpers oder eines Rednerpultes zu sehen sind, einen günstigeren Eindruck als Groß- und Nahaufnahmen. Dies trifft auch dann zu, wenn das Gesicht eines Redners von Mikrofonen verstellt ist (*Kepplinger* 1987). Aufnahmen aus einer seitlich versetzten Kameraposition, die eine Person im Halbprofil zeigen, lassen den Dargestellten positiver erscheinen als Aufnahmen direkt von vorne. Durch die seitlich versetzten Aufnahmen erscheint der Dargestellte vor allem zuverlässiger und sachkundiger (*Zillmann / Harris / Schweitzer* 1993).

Horizontale Kameraperspektiven besitzen einen erheblichen Einfluß auf die Wahrnehmung der dargestellten Personen, jedoch fast keinen Einfluß auf die Erinnerung an ihre Aussagen. Der Einfluß der Kameraperspektiven auf die Wahrnehmung der Personen erstreckt sich auf die Tendenz der Wahrnehmung im Sinne eines eher positiven oder negativen Gesamteindrucks und auf die Homogenität der Wahrnehmung im Sinne eines mehr oder weniger diskrepanten Persönlichkeitsbildes. Je extremer horizontale Kameraperspektiven sind, desto auffälliger und negativer erscheinen sie den Fernsehzuschauern. Dies gilt vor allem für Draufsichten (Vogelperspektiven). Aufnahmen aus der leichten Untersicht sind am wenigsten auffällig, werden am ehesten als neutral beurteilt und vermitteln den insgesamt besten Eindruck. Sie verbessern darüber hinaus etwas die Erinnerung an Aussagen der Dargestellten. Aufnahmen aus der starken Draufsicht sind dagegen sehr auffällig, werden selten für neutral gehalten und lassen die dargestellten Personen eher ungünstig erscheinen.

Bei gleichen Abweichungen der Kamera von der Augenhöhe der Dargestellten besitzen Draufsichten (Vogelperspektiven) einen größeren Einfluß auf die Wahrnehmung als Untersichten (Froschperspektiven). Gleich große Veränderungen der Aufnahmewinkel zeigen folglich unterschiedlich starke Wirkungen. Jede Kameraperspektive beeinflußt dabei die Wahrnehmung zweier Typen von Persönlichkeitsmerkmalen gegenläufig. Eine positive Darstellung der Merkmale des Typs A ist mit einer negativen Darstellung der Merkmale des Typs B verbunden, wobei die *Kontrasteffekte* um so größer sind, je extremer die Aufnahmewinkel werden (geringe Homogenität). Zum Typ A gehören unter anderem die Eigenschaften friedlich – aggressiv, zum Typ B unter anderem die Eigenschaften angespannt – entspannt (*Kepplinger* 1987). Zwischen den Einflüssen der Kameraperspektiven und den Einflüssen von Merkmalen der dargestellten Personen bestehen Wechselwirkungen, d. h. die Wirkungen werden von den Eigenheiten der dargestellten Personen modifiziert (*Zillmann/Harris/Schweitzer* 1993).

Horizontale Kameraperspektiven beeinflussen die *Anhänger* der dargestellten Personen erheblich stärker als ihre *Gegner*. Dies betrifft die Wahrnehmung positiver und negativer Eigenschaften. Aufnahmen aus der starken Untersicht und aus der starken Draufsicht nivellieren die Wahrnehmung der Anhänger und Gegner. Die Anhänger und Gegner nehmen dadurch die dargestellten Personen ähnlich wahr. Die im Vergleich zu den Gegnern stärkere Reagibilität der Anhänger zeigt sich auch in den Reaktionen auf die Darstellung von positiven und negativen *Emotionen*. Sie werden von Anhängern wesentlich intensiver nachempfunden als von Gegnern (*McHugo/Lanzetta/Sullivan/Masters/Englis* 1985).

Wirkung von Editionstechniken

Einen wesentlichen Einfluß auf die Wirkung von Pressefotos, Hörfunkbeiträgen und Fernsehbeiträgen besitzt die Art ihrer Edition. Hierbei handelt es sich um die Auswahl der zu veröffentlichenden aus den vorhandenen Bild- und/oder Tonaufnahmen sowie um ihre

Aufbereitung für die Publikation. Zur Aufbereitung gehören unter anderem die räumliche und zeitliche Ordnung der Aufnahmen (Plazierung, Reihung), die Kombination von Bildern und Texten (Untertiteln, Texten) und die Komposition verschiedener Beiträge oder einzelner Beitragselemente (Schnitt, Montage). Die Anwendung der verschiedenen Möglichkeiten hängt von den vorhandenen Bild- und/oder Tonaufnahmen ab. Innerhalb dieser Einschränkungen bestehen jedoch auch hier große Variationsmöglichkeiten, die die aktuelle Berichterstattung prägen. Bei Analysen der aktuellen Berichterstattung kann in der Regel nicht festgestellt werden, ob Unterschiede der Darstellung auf Unterschieden bei der Aufnahme oder bei der Edition beruhen. Daher müssen beide Möglichkeiten in Betracht gezogen werden.

Von jeder Person gibt es typische *Fotos*, die auf nahezu perfekte Weise jenen Eindruck vermitteln, den sie durchschnittlich auf einer größeren Menge von Fotos erweckt. Aus jeder größeren Menge von Fotos einer Person können andererseits Kontrast-Serien hergestellt werden, die sehr unterschiedliche Eindrücke von ihrem sozialen Verhalten, ihrem Durchsetzungsvermögen und ihrer Stimmung hervorrufen. Hierbei handelt es sich um Charakterfiktionen, fiktionale Darstellungen und Eindrücke in den Grenzen vorgegebener Personenmerkmale, die keine angemessenen Rückschlüsse auf tatsächliche Charaktereigenschaften zulassen (*Kepplinger* 1987). Kontrast-Serien, die zu Charakterfiktionen führen, lassen sich sowohl von unbekannten als auch von bekannten Personen herstellen (*van Tubergen/Mahsman* 1974) und in der aktuellen Presseberichterstattung nachweisen (*Kepplinger* 1987). Die wiederholte Präsentation von ähnlichen Fotos einer Person ruft innerhalb weniger Wochen sehr stabile Personen-Stereotype hervor. Durch die Konfrontation verschiedener Betrachter mit Fotos aus Konstrast-Serien entstehen unterschiedliche *Personen-Stereotype*. Diese Unterschiede brechen jedoch bei einer Konfrontation der Betrachter mit der dargestellten Person zusammen. Optisch induzierte Stereotype besitzen damit zwar eine große Persistenz, jedoch nur eine geringe Resistenz gegen Realeindrücke (*Kepplinger* 1987).

Die Kombination von Fotos oder Filmen mit Texten kann die Wahrnehmung der dargestellten Personen, die Vermittlung von Sachinformationen sowie der Meinungen zu Personen und Sachen beeinflussen. Im Mittelpunkt der meisten Studien zur Kombination von Fotos und Texten steht die Wahrnehmung der Personen. Dabei hängt der Einfluß der Fotos und Texte von ihrem relativen Gewicht in der Meldung ab. Deshalb müssen die Kombination von Fotos mit Bildunterschriften und die *Illustration* von Artikeln mit Fotos unterschieden werden. Die Illustration von Artikeln mit jeweils einem Foto der Personen, deren Verhalten beschrieben wird, ändert die Wahrnehmung der Personen. Die gleichen Artikel vermitteln mit und ohne Fotos unterschiedliche Eindrücke, wobei die Art der Eindrücke vom Typ der jeweils fotografierten Person abhängt (*Lain / Harwood* 1992).

Die Kombination von Fotos mehr oder weniger attraktiver Menschen mit wertenden *Bildunterschriften* ruft andere Eindrücke hervor als die alleinstehenden Fotos und Texte. Dabei beeinflussen die verbalen Aussagen vor allem die Bewertungen der Personen, die visuellen Darstellungen dagegen den Eindruck von Kraft und Aktivität, den sie vermitteln. Weisen die verbalen und visuellen Charakterisierungen in die gleiche Richtung, verstärken sie sich gegenseitig, widersprechen sie sich, entstehen dagegen eher mittlere Eindrücke (*Kerrick* 1959). Der Einfluß von Fotos auf Urteile über die Attraktivität von Menschen ist im Vergleich zum Einfluß verbaler Charakterisierungen um so größer, je negativer die dargestellten Menschen sind oder erscheinen. Fotos von unattraktiven Menschen bzw. Fotos, die Menschen unattraktiv zeigen, besitzen im Vergleich zu verbalen Charakterisierungen deshalb einen größeren Einfluß auf Urteile über ihre Attraktivität als Fotos von attraktiven Menschen bzw. Fotos, die Menschen attraktiv zeigen (*Lampel / Anderson* 1968). Die visuelle Darstellung von Polizisten und Demonstranten als Aggressoren bzw. Opfer von Gewalt in Fernsehberichten besitzt einen erheblichen Einfluß auf die Wahrnehmung der Anhänger der beiden Gruppen. Sie nehmen ihre Aktivisten, wenn sie als Opfer gezeigt werden, überhöht positiv, die aggressiven Gegner dagegen extrem negativ wahr. Die verbale Kommentierung des Geschehens besitzt dagegen keinen Einfluß auf die Wahrnehmung der Kontrahenten (*Kepplinger / Gießelmann* 1993).

Im Mittelpunkt der meisten Studien zur Visualisierung von *Fernsehnachrichten* steht die *Informationsvermittlung*. Dabei geht es vor allem um die Frage, wie die Informationsvermittlung verbessert werden kann. Hierbei müssen zwei Verfahren unterschieden werden, der Einsatz von Nachrichtenfilmen und die zusammengefaßte Wiederholung von Meldungen. Nachrichtenfilme werden in der Regel besser erinnert als reine Sprechermeldungen. Fernsehnachrichten mit Filmeinspielungen werden besser erinnert als reine Sprechermeldungen. Dies gilt vor allem für Fernsehberichte, in denen die Bild-Text-Informationen redundant sind (*Drew / Grimes* 1987; *Son / Reese / Davie* 1987). Die Überlegenheit der Filmberichte zeigt sich jedoch nur bei der Erinnerung an die behandelte Thematik, nicht bei der Erinnerung an einzelne Informationen in den Beiträgen: Filmisch berichtete Ereignisse werden besser erinnert, jedoch nicht besser verstanden. Die bessere Erinnerung an die Filmberichte dürfte darauf zurückzuführen sein, daß die berichteten Ereignisse intuitiv bedeutsamer erscheinen (*Brosius* 1989, *Graber* 1990). Ähnlich wirken Standbilder in Fernsehnachrichten (*Findahl / Höijer* 1981) und Fotos in Presseberichten. Je größer die Fotos in Presseberichten sind, desto bedeutsamer erscheinen den Lesern die berichteten Ereignisse (*Wanta* 1988). Die Film- und Sprechermeldungen in Fernsehnachrichten mit wechselnden Präsentationsformen werden besser erinnert als die Meldungen in Fernsehnachrichten, die nur Film- oder Sprechermeldungen enthalten. Am besten werden Filmberichte in abwechselnd gestalteten Fernsehnachrichten erinnert. Dies dürfte darauf zurückzuführen sein, daß der Wechsel der Präsentationsform die Aufmerksamkeit für Film- und Textbeiträge erhöht (*Brosius* 1991).

Filmberichte rufen eher das Interesse an den gezeigten Ereignissen hervor, z. B. Diskussionen; Sprechermeldungen über die gleichen Ereignisse wecken dagegen mehr das Interesse an den diskutierten Themen. Letzteres trifft auch auf entsprechende Zeitungsberichte zu (*Gaßner / Menning-Heinemann* 1992). Besondere Aufmerksamkeit finden Filmberichte über negative Ereignisse wie z. B. Unglücke (*Behnke / Miller* 1992). Dramatische Filmberichte über derartige Ereignisse haben zudem den Effekt, daß vor allem die vorangegangenen Meldungen nicht erinnert werden (Rückwärtsmaskierung), was die Bedeutung dramatischer Berichte für die Realitätsvorstellungen der Zuschauer noch erhöht (*Mundorf / Zillmann* 1991). Die Betrachter von Fernsehnachrichten ergänzen intuitiv die gesehenen und gehörten Informationen, wobei sie unter Umständen

Fehler machen. Typisch sind Vermischungen von Meldungen und Übergeneralisierungen (*Findahl/Höijer* 1985). Die Zuschauer ergänzen häufiger Sprechermeldungen als Filmberichte. Dies geschieht nicht willkürlich, sondern schemageleitet (*Graber* 1990).

Meinungen über Personen und Sachen sind in der Regel, wenn sie etabliert sind, relativ stabil. Richtung und Intensität von Meinungen lassen sich folglich schwerer verändern als Art und Umfang von Kenntnissen. Bebilderte Fernsehberichte über Sachthemen besitzen keinen größeren Einfluß auf die Meinungen der Zuschauer als reine Sprechermeldungen. Dramatische Aufnahmen, z. B. von Unglükken, führen jedoch zu einer Überschätzung, neutrale Aufnahmen zu einer Unterschätzung der tatsächlichen Gefahren (*Brosius/Kayser* 1991). Bebilderte Meldungen über wertende Äußerungen von Politikern zu kontroversen Sachverhalten, die die jeweiligen Urheber zeigen, verändern die Urteile über die Politiker und Sachverhalte mehr als reine Textmeldungen. Bebilderte Meldungen über positive Äußerungen positiv bewerteter Politiker zu negativ bewerteten Sachverhalten bewirken eine Annäherung der Urteile der Leser über Politiker und Sachverhalte. Die Politiker werden nach der Lektüre weniger positiv, die Sachverhalte dagegen weniger negativ beurteilt (*Mehling* 1959). Ähnliche Unterschiede bestehen in der Wirkung verschieden aufbereiteter Fernsehnachrichten. Fernsehbeiträge, in denen zwei Personen gegensätzliche Positionen vertreten, bewirken eher eine Polarisierung der Zuschauermeinungen; Fernsehberichte, in denen eine Person die gleichen Argumente referiert, führen dagegen eher zu einer Angleichung ihrer Ansichten (*Göhring/Pfeifenberger/Schneider* 1981). Die Unterschiede dürften darauf zurückzuführen sein, daß die Präsenz der Opponenten die Überzeugungskraft ihrer Argumente erhöht, während die Präsentation der Journalisten sie eher einebnet. Die Illustration von Vorwürfen durch Filmaufnahmen, die die Aussagen optisch belegen, verstärken negative Urteile, die auch aufgrund von Sprechermeldungen entstehen. Persönliche Stellungnahmen der Angegriffenen in den Nachrichtensendungen schwächen diese negativen Urteile deutlich ab. Negative Urteile, die durch die Illustration von Vorwürfen entstanden sind, bleiben über einen langen Zeitraum stabil, wenn sie nicht sofort durch persönliche Stellungnahmen konterkariert werden (*Weinberger/Allen/Dillon* 1984).

Wesentliche Gestaltungsmerkmale von Hörfunk- und Fernsehbeiträgen bilden *Schnitt* und *Montage*. Hierbei müssen formale und
inhaltliche Variationen unterschieden werden. Zu den formalen Variationen gehören die Reihenfolge der Beiträge innerhalb von Sendungen, die Reihenfolge einzelner Sequenzen innerhalb von Beiträgen und die Aufeinanderfolge von Aufnahmen aus verschiedenen
Kameraperspektiven. Zu den inhaltlichen Variationen gehören unter anderem die optische und akustische Kommentierung des Geschehens durch Zwischenschnitte (*Kepplinger* 1980). In beiden
Fällen sind Einflüsse auf die Wahrnehmung von Personen und auf
die Vermittlung von Informationen möglich. Allerdings liegen nur zu
einigen Teilaspekten Untersuchungsergebnisse vor. Die Aufeinanderfolge von Aufnahmen einer Person aus verschiedenen Kameraperspektiven auf ihre Wahrnehmung durch Betrachter kann theoretisch
drei Effekte besitzen. Die einzelnen Aufnahmen können erstens so
wahrgenommen werden, als handelte es sich um Einzelaufnahmen.
Die vorangegangenen Aufnahmen können zweitens als Referenzper-
spektiven die Einflüsse der folgenden Aufnahmen modifizieren. Die
Einflüsse der einzelnen Aufnahmen können sich drittens zu einem
Gesamteindruck vermischen. Die bisher vorliegenden Untersuchungsergebnisse sind widersprüchlich. Daher ist keine Aussage darüber möglich, welche Annahme zutrifft (*Kepplinger* 1987).
Die *Schnittgeschwindigkeit* eines Films besitzt einen Einfluß
auf den Eindruck der Kraft und Aktivität, die die dargestellten Personen oder Sachen besitzen. Je größer die Schnittgeschwindigkeit
ist, desto eher entsteht der Eindruck von Kraft und Aktivität. Die
Schnittgeschwindigkeit steht jedoch in keinem Zusammenhang zur
Bewertung von Personen und Sachen. Eine Beschleunigung oder
Verlangsamung der Schnittgeschwindigkeit kann unterschiedliche
Eindrücke hervorrufen, je nachdem, welche Personen oder Sachen
die Szenen zeigen. Eine wesentliche Rolle spielt hierbei die Geschwindigkeit, mit der sich die dargestellten Personen und Sachen
selbst bewegen (*Penn* 1971). Filme, die ein Geschehen in chronolo-
gischer Reihenfolge zeigen (*linear-sukzessives Syntagma*),
werden generell unter anderem als gehaltvoller, klarer und origineller beurteilt als Filme, die das Geschehen in achronologischer Reihenfolge (*achronologisches Syntagma*) präsentieren. Dies trifft
vor allem auf Filme mit langen Einstellungen zu, die aus geringen

Kameradistanzen aufgenommen wurden (Nah- und Großaufnahmen). Filme mit chronologischem Aufbau vermitteln generell deutlich mehr Informationen als Filme mit achronologischem Ablauf. Dies gilt für Bildinformationen und für Textinformationen, wobei vor allem die Bildinformationen besser erinnert werden. Allerdings ist die Informationsvermittlung durch achronologische Filme mit kurzen Einstellungen und geringen Kameradistanzen ähnlich gut. Filme mit chronologischem Aufbau besitzen möglicherweise auch einen stärkeren Einfluß auf die Meinungen über die im Film gezeigten Personen. Allerdings sind die Unterschiede zu achronologischen Filmen nur gering (*Schulz u. a.* 1976; *Schulz / Waldmann* 1985; *Lang* 1989).

Bei der Darstellung gegensätzlicher Standpunkte hängt die Wirkung der Argumente unter anderem von ihrer Reihenfolge ab. Die vorliegenden Ergebnisse lassen jedoch keine allgemeine Aussage darüber zu, ob das erste Argument (primacy) oder das letzte Argument (recency) eine stärkere Wirkung besitzt. Der Grund hierfür besteht darin, daß unter verschiedenen Bedingungen unterschiedliche Effekte auftreten (*Allen* 1973). Die angesprochenen Studien zu Reihenfolge-Effekten wurden anhand kontroverser Sachinformationen durchgeführt. Ein anderes Ergebnis zeigen Studien zu entgegengesetzten Personendarstellungen. Positive Informationen über eine Person rufen günstige Eindrücke, negative Informationen ungünstige Eindrücke hervor, wobei die Effekte positiver und negativer Informationen etwa gleich stark sind. Die günstigen Eindrücke werden durch anschließende Negativ-Informationen stärker abgeschwächt als die ungünstigen Eindrücke durch nachfolgende Positiv-Informationen. Darüber hinaus verschlechtern sich langfristig die Eindrücke, die durch die nachfolgenden Positiv-Informationen verbessert worden waren, wieder; während die Eindrücke, die durch die nachfolgenden Negativ-Informationen verschlechtert worden waren, langfristig erhalten bleiben (*Richey / McClelland / Shimkunas* 1967; *Briscoe / Woodyard / Shaw* 1967). Aufgrund dieser Ergebnisse ist zu vermuten, daß publizistisch induzierte Negativ-Images von Personen dauerhafter sind als entsprechenden Positiv-Images.

Redner erscheinen im Fernsehen unter anderem unbeliebter, uninteressanter, unkundiger und verwirrter, wenn in ihre Ausführungen Aufnahmen eines gelangweilten statt eines interessierten Publikums eingeschnitten werden. Werden die Redner ausdrücklich als sachkundig und erfahren vorgestellt, dann jedoch mit einem gelangweilten Publikum gezeigt, wirken sie uninteressanter und unbeliebter, als wenn sie ausdrücklich als unkundig und unerfahren vorgestellt, dann jedoch mit einem interessierten Publikum gezeigt werden. Die visuelle Darstellung negativer und positiver Publikumsreaktionen überlagert hier die entgegengesetzte verbale Vorstellung (*Baggaley* 1980). Die visuelle Darstellung von positiven und negativen Publikumsreaktionen auf die Rede eines Politikers beeinflußt die Wahrnehmung der Rede stärker als die Wahrnehmung des Publikums. Dies deutet darauf hin, daß die dargestellten *Publikumsreaktionen* nicht vorrangig als eigenständige Informationen wahrgenommen, sondern intuitiv als Indikatoren zur Bewertung der Rede herangezogen werden (*Donsbach/Brosius/Mattenklott* 1993). Redner, die sich im Hörfunk engagiert zu einem kontroversen Thema äußern, werden von den Zuhörern schlechter beurteilt, wenn an mehreren Stellen Mißfallen statt Beifall zu hören ist. Das Mißfallen beeinflußt die Beurteilung der Redner dabei deutlich mehr als der Beifall. Bei einem aus der Sicht der Zuhörer attraktiven Publikum sind die Effekte stärker als bei einem unattraktiven Publikum. Sie erstrecken sich auch auf die Wirkung der Rede. Die Redner beeinflussen die Meinungen ihrer Zuhörer erheblich stärker, wenn an mehreren Stellen Beifall zu hören ist, als wenn keine Publikumsreaktionen erkennbar sind. Am geringsten ist ihr Einfluß auf die Meinungen der Zuhörer, wenn Mißfallen ertönt. Die Publikumsreaktionen besitzen auch hier dann stärkere Effekte, wenn das Publikum aus der Sicht der Zuhörer attraktiv ist (*Landy* 1972).

Die *Plazierung* von Meldungen innerhalb von Hörfunk- und Fernsehnachrichten besitzt einen vom Thema unabhängigen Einfluß auf die Erinnerung an die Inhalte. Radiohörer erinnern sich wesentlich besser an Meldungen am Anfang und am Ende der Sendungen als an Beiträge in der Mitte. Dabei ist die Erinnerung an die letzten Meldungen noch besser als die Erinnerung an die ersten Nachrichten (*Tannenbaum* 1954). Fernsehzuschauer erinnern sich an einzelne Meldungen zu einem einzigen Themenbereich um so schlechter, je weiter hinten sie plaziert sind. Werden in die Nachrichten Meldungen zu anderen Themen eingefügt, treten keine vergleichbaren Erinnerungsverluste auf (*Gunter/Berry/Clifford* 1981). Fernsehzuschauer erinnern sich am besten an Werbespots in Spielfilmen, wenn sie an wenig erregenden Stellen plaziert sind. Weniger gut ist die Erinnerung bei der Plazierung nach Konflikthöhepunkten und Konfliktlösungen. Am schlechtesten ist sie bei einer Plazierung zwischen beiden Teilen (*Bryant / Comisky* 1978). Der wertende Gehalt von Fernsehmeldungen vor und nach einem Beitrag beeinflußt die emotionalen Reaktionen gegenüber dem Beitrag. Dabei verstärkt ein negativer Kontext die positiven emotionalen Reaktionen auf positive Meldungen. Das gleiche gilt analog für einen positiven Kontext (*Kontrast-Effekte*), allerdings besitzt ein negativer Kontext stärkere Wirkungen als ein positiver Kontext, auch ist der Einfluß der folgenden Meldung größer als der Einfluß des vorangegangenen Beitrags (*Mundorf* 1987).

Generalisierung von Wahrnehmungen

Menschen neigen generell dazu, hinreichende Gründe für das Verhalten anderer zu suchen, weil dies eine Voraussetzung dafür ist, daß sie dieses Verhalten verstehen, voraussagen und kontrollieren können. Dabei kann man theoretisch zwei Klassen von Gründen unterscheiden, *Dispositionen von Personen* und *Aspekte von Situationen*. Im ersten Fall führen die Beobachter das Verhalten auf Eigenschaften der Akteure, im zweiten Fall auf die Umstände ihres Handelns zurück. Dispositionen von Personen sind ihre Fähigkeiten und ihre Motivation. Die Motivation umfaßt ihre Intention und ihre Anstrengung zur Verwirklichung von Zielen. Aspekte der Situation sind die Schwierigkeit von Aufgaben und die Rolle des Zufalls bei ihrer Bewältigung. Aus diesen theoretischen Annahmen lassen sich zahlreiche Folgerungen ableiten. Haben z. B. alle Personen mit einer Handlung Erfolg, wird er eher auf Aspekte der Situation (Schwierigkeit, Zufall) zurückgeführt; haben nur zwei Personen Erfolg, wird er eher den Dispositionen der Personen zugeschrieben (Fähigkeit, Motivation), hat sich eine der beiden Personen dabei weniger angestrengt, wird er durch ihre größeren Fähigkeiten erklärt. In allen Fällen handelt es sich um *Interpretationen* der Beobachter, durch die das beobachtete Verhalten auf nicht beobachtete Ursachen zurückgeführt (attribuiert) und dadurch kausal erklärt wird. Die Zurückführung des Verhaltens auf Dispositionen von Personen (persönliche Kausalität) legt darüber hinaus Voraussagen über ihr

Verhalten in vergleichbaren Situationen nahe. Hierbei handelt es sich um Interpretationen der Beobachter, durch die das zukünftige Verhalten mit Hilfe der erschlossenen Ursachen prognostiziert wird. Die Beobachter besitzen ein Interesse daran, das Verhalten anderer richtig zu erklären und zu prognostizieren. Dennoch kommt es aufgrund von Informationsmängeln, Falschinformationen und Verarbeitungsmängeln zu Fehlinterpretationen (Attributionsfehlern). In diesen Fällen wird das vergangene Verhalten falsch erklärt und das zukünftige Verhalten falsch prognostiziert.

Den Betrachtern, Zuhörern und Zuschauern von Pressefotos, Hörfunkbeiträgen und Fernsehbeiträgen bleiben die interaktionsspezifischen und medienspezifischen Handlungsbedingungen der dargestellten Akteure mehr oder weniger verborgen, weil die Darstellungen nur Ausschnitte aus dem Handlungszusammenhang wiedergeben. Die Ausschnitte werden durch zeitliche und räumliche Grenzen definiert, die mehr oder weniger willkürlich gezogen sind. Durch die zeitliche Begrenzung der Ausschnitte, bei Fotos Bruchteile von Sekunden, bleibt das vorangegangene Geschehen, das eine Ursache des Verhaltens sein kann, unbekannt, sofern es nicht erwähnt wird. So enthält die Darstellung von aggressiven Gesten unter Umständen keinerlei Hinweise darauf, ob sie durch aggressive Verhaltensweisen anderer provoziert wurden oder nicht. Durch die räumliche Begrenzung des Ausschnitts bleibt das Umfeld des Geschehens, das ebenfalls eine Ursache des gezeigten Verhaltens sein kann, unbekannt, sofern es nicht beschrieben wird. So enthält die Darstellung nervöser Gesten unter Umständen keinerlei Hinweise darauf, ob sie durch das Verhalten Dritter, etwa des Publikums von Talkshows, verursacht wurden oder nicht. In dem Maße, in dem Informationen über die interaktions- und medienspezifischen Handlungsbedingungen der dargestellten Akteure fehlen, wird ihr Verhalten vermutlich auf ihre persönlichen Dispositionen zurückgeführt. Es entsteht der Eindruck persönlicher Kausalität und Verantwortung, wobei dieser Eindruck richtig oder falsch sein kann.

Handelnde Personen besitzen in der Regel mehr und andere Informationen über den Handlungskontext als passive Beobachter. Sie neigen daher theoretisch zu unterschiedlichen Verhaltensinterpretationen. Während handelnde Personen ihr Verhalten vor allem auf Aspekte der Situation zurückführen, erklären es passive Beobachter eher durch Dispositionen der Akteure (*Jones/Nisbett* 1971). Betrachter von Fernsehaufnahmen eines Gesprächs führen das gezeigte Verhalten eher auf Aspekte der Situation als auf Dispositionen der Personen zurück, wenn sie an dem Gespräch als Partner und nicht nur als Beobachter teilgenommen haben. Sehen die Gesprächsteilnehmer die Situation aus ihrer eigenen Handlungsperspektive (Aufnahmen vom Gegenüber), erklären sie ihr eigenes Verhalten eher mit Aspekten der Situation, als wenn sie es aus der Handlungsperspektive ihrer Gesprächspartner (Aufnahmen von sich selbst) wahrnehmen (*Storms* 1973; *Stafford/Waldron/Infield* 1989). Betrachter von Fernsehaufnahmen, die aufgefordert werden, sich in die Lage der gezeigten Personen zu versetzen, führen das Verhalten dieser Personen eher auf Aspekte der Situation zurück als naive Beobachter (*Regan/Totten* 1975).

Die Variation des Kontextes von Personen durch Editionstechniken besitzt aus den skizzierten Gründen einen zum Teil erheblichen Einfluß auf die Wahrnehmung von Emotionen und die Zuschreibung von Dispositionen. Die bekanntesten Beispiele hierfür lieferte in den dreißiger Jahren der Filmregisseur *Lew Kuleschow* (*Kuleschow-Effekte*). Systematische Belege finden sich in einer Reihe experimenteller Untersuchungen. Die Betrachter von Pressefotos interpretieren die Emotionen der dargestellten Personen zum Teil sehr unterschiedlich, je nachdem, ob der jeweilige Bildausschnitt nur Kopf und Schulter oder aber auch Körper und Umfeld zeigt. Die völlige Beseitigung des Handlungskontextes kann dazu führen, daß die Betrachter von Pressefotos genau das Gegenteil dessen zu erkennen glauben, was die Dargestellten tatsächlich empfanden, Schmerz statt Freude, Abneigung statt Zuneigung usw. (*Spignesi/Shor* 1981). Die Präsentation positiver oder negativer Publikumsreaktionen lassen einen Redner kompetenter oder inkompetenter erscheinen (*Landy* 1972; *Baggaley* 1980).

Zwischen den Eigenschaften, die die Betrachter von Personenfotos wahrnehmen, und der Art der Motive, die sie den dargestellten Personen zuschreiben, bzw. der Handlungen, die sie ihnen zutrauen, bestehen hohe Übereinstimmungen. Dies gilt vor allem für die Wahrnehmung des sozialen Verhaltens und der Durchsetzungskraft der dargestellten Personen. Betrachter, die eine Person als vertrauenerweckend bzw. zaghaft wahrnehmen, schreiben ihr folglich vor allem Motive und Handlungen zu, die von unabhängigen Juroren als vertrauenerweckend bzw. zaghaft beurteilt werden, während Betrachter, die eine Person als hinterlistig bzw. energisch wahrnehmen, ihr entgegengesetzte Motive und Handlungen attribuieren. Nehmen verschiedene Betrachter die gleiche Person anhand von Fotos wahr, die sie unterschiedlich darstellen, schreiben sie dieser Person zum Teil unterschiedliche Motive und Handlungen zu. Zugleich erscheinen ihnen positive und negative Aussagen über die dargestellte Person mehr oder weniger glaubwürdig, wobei vor allem negative Behauptungen durch negative Darstellungen Glaubwürdigkeit gewinnen (*Kepplinger* 1987).

Die Beobachter von Personen schreiben das Verhalten der Akteure vor allem dann ihren Intentionen zu, wenn es aus der Sicht der Betrachter ungewöhnlich ist und freiwillig geschieht (*Jones / Davis* 1965). Dies gilt auch für formale oder ästhetische Besonderheiten des Auftretens von Personen. Das Verhalten von Personen, die in Fernsehinterviews auffällig gekleidet sind oder durch Beleuchtungseffekte in den Mittelpunkt gerückt werden, wird von den Betrachtern eher auf die Dispositionen der Akteure zurückgeführt als das Verhalten von Personen, die unauffällig gekleidet sind und nicht entsprechend im Mittelpunkt stehen (*McArthur / Post* 1980). Aufgrund der generellen Unterschiede der Verhaltensinterpretationen durch Akteure und Beobachter und der spezifischen Unterschiede in den Vorstellungen von ungewöhnlichen und freiwilligen Verhaltensweisen können Akteure und Beobachter verschiedene Vorstellungen von den Ursachen desselben Verhaltens entwickeln. Die Unterschiede zwischen Beobachtern und Akteuren dürften dabei um so größer sein, je größer die Distanz zwischen ihnen ist. Je näher die Beobachter den Akteuren stehen, desto eher werden sie ihr Verhalten vermutlich auf Aspekte der Situation zurückführen, je ferner sie ihnen stehen, desto eher aber auf die Dispositionen der Akteure. Aus dem gleichen Grund dürften verschiedene Beobachter mit unterschiedlichen Einstellungen das Verhalten derselben Person auf unterschiedliche Ursachen zurückführen. Nachgewiesen wurden derartige Einflüsse jedoch nur für die Rezeption von Unterhaltungssendungen (*Leckenby*, 1977, 1981; *Girodo* 1973).

Hans Mathias Kepplinger

Öffentliche Meinung

»Es gibt keine allgemein akzeptierte Definition für öffentliche Meinung.« Mit diesem Satz eröffnete der Professor für Journalismus der Columbia-Universität, New York, *W. Phillips Davison,* seinen Artikel über öffentliche Meinung in der 1968 erschienenen ›International Encyclopedia of the Social Sciences‹. »Dennoch«, fuhr er fort, »nimmt der Gebrauch dieses Begriffs immer mehr zu.« Was bedeutet diese Hartnäckigkeit, mit der an dem Begriff ›öffentliche Meinung‹ trotz aller Definitionsschwierigkeiten festgehalten wird? Wir können daraus schließen, daß der Begriff öffentliche Meinung eine Wirklichkeit trifft, auch wenn es noch Schwierigkeiten macht, diese Wirklichkeit wissenschaftlich präzise zu fassen.

Die Erscheinung, die hier unter dem Begriff öffentliche Meinung behandelt wird, ist – soweit sich das heute erkennen läßt – pankulturell, das heißt, man trifft die öffentliche Meinung bei allen Völkern und zu allen Zeiten. Selbst in der Bibel, dem Alten Testament, findet man zahlreiche Stellen, die sich nur aus dem Prozeß der öffentlichen Meinung erklären lassen (*Lamp* 1988). Man kann den Prozeß der öffentlichen Meinung in Märchen und Sagen verfolgen (*Otterbein* 1985). In der Antike findet sich in einem Brief von *Cicero* an Atticus vom 20. Februar 50 v. Chr. das lateinische ›publicam opinionem‹, im vierten Jahrhundert bei dem spanischen Ketzerbischof *Priscillianus* ›publicae opinionis‹ (*Schepss* 1789), und ebenfalls im vierten Jahrhundert erschienen in chinesischen Texten die zwei Schriftzeichen ›öffentlich‹ und ›Meinung‹ zusammengerückt. *Erasmus von Rotterdam* verwendete den Plural ›opiniones publicae‹ 1516. In der Einzahl benutzte *Montaigne* (1588) den Begriff ›l'opinion publique‹ mehrfach *(Raffel* 1983) und zweihundert Jahre später *Rousseau* seit 1744 wie selbstverständlich in vielen Texten.

Die bisher erste Fundstelle des Begriffs im Deutschen findet sich 1702 in der Übersetzung einer lateinischen Schrift von *Christian Thomasius* aus dem Jahre 1701 über Hexenprozesse, worin der lateinische Begriff ›Persuasio publico‹ mit ›öffentlicher Meinung‹ übersetzt wird. 1777 gebraucht der Schweizer Historiker *Johannes von Müller* den Ausdruck schon so selbstverständlich, daß er damals bereits allgemein eingeführt gewesen sein muß.

Auf die Bedeutung dieser Erscheinung weist auch die Tatsache hin, daß sie mit vielen anderen Namen belegt wurde. Ganz einfach: Opinione, opinion (frühe Nachweise bei *Machiavelli, Shakespeare, David Hume*), climate of opinion (im Englischen zuerst nachgewiesen bei *Glanvill* 1661); law of opinion, law of reputation, law of fashion (*John Locke* 1690; *Noelle-Neumann* 1991).

Öffentliche Meinung ist gegründet auf das unbewußte Bestreben von in einem Verband lebenden Menschen, zu einem gemeinsamen Urteil zu gelangen, zu einer Übereinstimmung, wie sie erforderlich ist, um handeln und wenn notwendig entscheiden zu können. In der griechischen und römischen Antike war die auf öffentliche Meinung gestützte *soziale Kontrolle,* die alle betraf und Konsens voraussetzte, wie etwas ganz Selbstverständliches bekannt (*Niedermann* 1991). *Sokrates*‹ nannte sie ›ungeschriebene Gesetze‹, Gesetze also, die ohne staatliche Machtanwendung, nur aufgrund ihrer psychologischen Wirkungen befolgt wurden, und rechnete dazu »das bescheidende Schweigen der Jüngeren in Gegenwart der Älteren«, »die Ehrfurcht der Kinder vor ihren Eltern«, die Haartracht, den Zuschnitt der Kleider, das Schuhwerk und die gesamte körperliche Erscheinung. Und auch der Umsturz der ungeschriebenen Gesetze in einem alle erfassenden Wandel war bekannt. »Eine neue Art von Musik einzuführen«, sagte Sokrates, »muß man sich hüten, weil es das Ganze gefährden heißt; denn nirgend wird an den Weisen der Musik gerüttelt, ohne daß die wichtigsten Gesetze des Staates mit erschüttert werden...« In Gestalt eines Spiels und unter dem Schein, daß nichts Böses angerichtet werde, schleiche sich das Neue ein. Und sein Gesprächspartner *Adeimantos* ergänzt: »Sie richtet auch nichts an, als daß sie allmählich sich festsetzt und in aller Stille unter der Hand sich an die Sitten und Beschäftigungen heranmacht, von diesen aus in größerem Maße im gegenseitigen Verkehr zutage tritt und dann vom Verkehr aus an die Gesetze und Staatseinrichtungen geht mit großer Frechheit, Sokrates – bis sie zuletzt alles in den persönlichen und öffentlichen Verhältnissen umstürzt.« (*Platon,* Der Staat, 4. Buch). Seit der Renaissance waren das in Europa wieder vertraute Gedankengänge. *Machiavelli* lehrt den Fürsten – wie auch *Erasmus von Rotterdam*, der Lehrer von Karl V. –, daß sich eine Regierung ohne Zustimmung nicht an der Macht halten kann. Der politische Berater König Karls II. von England, *Sir*

William Temple, dessen Schriften von *Jonathan Swift* herausgegeben worden sind, erklärt 1672: »Die Zustimmung des Volkes bildet die Kraft der Regierung. Die Regierenden, die nur wenige sind, sind gezwungen, dem Willen der Regierten, die viele sind, zu folgen« (*Temple* 1731). Und der englische Philosoph *David Hume*, der Temples Schriften kannte, wiederholt diese These: »It is... on opinion only that government is founded« (*Hume*, Essays 1741/42). *John Locke* beschreibt, daß nicht einer unter zehntausend Menschen so unempfindlich ist, daß es ihm gleichgültig sei, wenn ihm die Zuneigung und die Achtung seiner Umwelt entzogen wird, und daß darum das Gesetz der Meinung sorgfältiger als das göttliche Gesetz oder die geschriebenen Gesetze des Staates befolgt wird: Wenn nämlich jemand die religiösen Gesetze übertrete, so beruhige er sich mit dem Gedanken an eine spätere Vergebung, wenn er gegen staatliche Gesetze verstoße, so hoffe er, daß er unentdeckt bleibe. »Niemand aber entgeht der Strafe des Tadels und Mißfallens seiner Umwelt, der gegen die Mode und die Ansicht derjenigen Gemeinschaft verstößt, der er angehört...« (*Locke*, An Essay Concerning Human Understanding, 1690).

Die öffentliche Meinung zwingt sowohl die Regierung als auch das einzelne Glied der Gesellschaft, sie zu respektieren. Wenn die Regierung die öffentliche Meinung nicht beachtet, nichts tut, um eine feindselige öffentliche Meinung für sich zu gewinnen, droht ihr der Sturz, der Machtentzug. Der einzelne ist bedroht durch Isolation, bedroht, aus der Gemeinschaft ausgestoßen zu werden. Das Ergebnis des Respektierens der öffentlichen Meinung ist hier wie da Integration, Stärkung des Zusammenhalts und damit Handlungs- und Entscheidungsfähigkeit.

Dem Defizit in theoretischer und empirischer Erforschung der öffentlichen Meinung liegt eine mangelnde Aufmerksamkeit für Integrationsprobleme zugrunde. Dies hat schon der Jurist *Rudolf Smend* in seiner 1956 veröffentlichten ›Integrationslehre‹ betont: »Der Integrationsvorgang ist weithin nicht bewußt, sondern verläuft vermöge einer nicht intendierten Gesetzlichkeit oder ›List der Vernunft‹. Er ist... deshalb auch nur ausnahmsweise Gegenstand theoretischer Besinnung...« Der Zusammenhalt des sozialen Verbandes ist scheinbar gegeben, scheinbar kommt fast von allein die Übereinstimmung zustande, was zu billigen und was zu mißbilligen sei.

Keine Rede ist davon, daß dieser Zusammenhalt vielleicht Ergebnis einer pausenlosen sozialen Anstrengung sei. Seit langer Zeit ist der für das Individuum so bittere Konflikt zwischen seinen Bedürfnissen und denen des Verbandes nicht mehr so scharf herausgearbeitet worden, wie das Rousseau getan hatte, als er als Aufgabe des Gesellschaftsvertrages beschrieb: »Wie findet man eine Gesellschaftsform, die mit der ganzen gemeinsamen Kraft die Person und das Vermögen jedes Gesellschaftsmitgliedes verteidigt und schützt und kraft dessen jeder einzelne, obgleich er sich mit allen vereint, gleichwohl nur sich selbst gehorcht und so frei bleibt wie vorher? Dies ist die Hauptfrage...« (*Rousseau*, Der Gesellschaftsvertrag, 1762).

So wach in unserem Jahrhundert das Interesse am Konflikt ist, dieser Konflikt wird nicht beleuchtet: die ständige Zerreißprobe zwischen Individuum und der Gemeinschaft, die auf Zusammenhalt besteht. Wenn man diesen Zusammenhalt für problemlos gegeben hält, gleichsam eine Naturerscheinung, dann wird man dafür auch keine Anstrengung und erst recht keine Opfer für erforderlich halten. Aus dieser Sicht wird im europäischen Kulturkreis vor allem das *Individuum* gelobt, das sich nicht scheut, gegen die öffentliche Meinung zu stehen, die Mißbilligung der Spießer nicht fürchtet, dem Konformitätsdruck nicht nachgibt, kein Mitläufer ist.

Öffentliche Meinung hat eine sehr seltsame *Begriffsgeschichte*. Seit Jahrtausenden wurde der Begriff zur Beschreibung des Konformitätsdrucks der Gesellschaft, der sozialen Kontrolle zur Sicherung des Zusammenhalts der Gesellschaft gebraucht, wenn auch oft abgekürzt einfach als ›Meinung‹ bezeichnet. Mit zahlreichen Synonymen, zum Beispiel seit der Antike mit der würdevollen und die ganze Macht ausdrückenden Bezeichnung ›ungeschriebene Gesetze‹, »Lois parlante« zur Zeit *Richelieus*. Aber mit dem Beginn des 18. Jahrhunderts, mit der Aufklärung, setzte eine Begriffswandlung ein. ›Öffentliche Meinung‹ nahm die Bedeutung von: die Meinung der urteilsfähigen, der gut informierten, der verantwortungsbewußten Bürger, an, die Meinung derer, die zur Mitwirkung am Gemeinwesen bereit seien, und die durch Raisonnement, durch öffentlichen Austausch von Argumenten als *Kontrolle* und *Korrelat* zur Regierung wirkten.

Die *Aufklärung* ging mit dem Begriff öffentliche Meinung, den sie ja nachweisbar vorgefunden hatte, um, als ob er eine leere Muschel sei, die sie für ihre Vorstellung vom guten Urteil verantwortungsvoller, raisonnierender Bürger usurpieren könne. Die Muschel war aber nicht leer, sondern das uralte Verständnis von öffentlicher Meinung als Integration der Gesellschaft bewirkender Konformitätsdruck war durchaus lebendig, und nun schoben sich zwei gänzlich verschiedene Bedeutungen von öffentlicher Meinung ineinander. Wenn man die als deutsche Klassiker zum Thema öffentliche Meinung geltenden Autoren *Wilhelm Bauer* und *Ferdinand Tönnies* mit darauf gerichteter Aufmerksamkeit liest, so entdeckt man, daß sie öffentliche Meinung abwechselnd mal in der alten Bedeutung von ›*sozialer Kontrolle*‹ gebrauchen und mal in der neuen, von der Aufklärung geprägten Bedeutung: öffentliche Meinung als gutes, verantwortungsbewußtes *politisches Urteil*. Kein Wunder, daß dies zu großer Konfusion führte. Bauer und Tönnies gerieten in einen leidenschaftlichen, öffentlich ausgetragenen wissenschaftlichen Streit. Bauer behauptete, öffentliche Meinung habe es schon immer gegeben, die Weltgeschichte sei von ihrer Realität durchzogen, und Tönnies behauptete, öffentliche Meinung sei erst in den letzten zwei Jahrhunderten, seit der Aufklärung unter Bildung des liberalen Bürgertums entstanden. Tatsächlich sprachen sie, ohne daß das bei ihrem öffentlichen Streit klar wurde, von öffentlicher Meinung in zwei verschiedenen Bedeutungen. Auch das berühmte Kapitel: ›The Nature and History of Public Opinion‹ im Buch ›Public Opinion‹ von *Harwood Childs* (1965) mit seinen 50 Definitionen von öffentlicher Meinung läßt sich mühelos ordnen, wenn man die aufgezählten Definitionen in zwei Gruppen einsortiert. Eine für die Definitionen, bei denen öffentliche Meinung Konformitätsdruck bedeutet, soziale Kontrolle, ungeschriebene Gesetze, und eine für jene, bei denen öffentliche Meinung bedeutet: das gute, verantwortungsbewußte Urteil einer politischen Elite.

Das *Elitekonzept* von öffentlicher Meinung verbreitete sich zunehmend gegen Ende des 18. Jahrhunderts, wahrscheinlich unter dem Einfluß des Konservatismus von *Edmund Burke,* der damit die Auffassung von öffentlicher Meinung, wie sie in der französischen Revolution popularisiert worden war (*Roegele* 1988), einzudämmen suchte. Man kann sich gut vorstellen, warum dieses Konzept so erfolgreich war. Unter dem Namen ›öffentliche Meinung‹ wurde die politische Wirkung einer Elite wieder legitimiert, und zwar zu einer Zeit, als sich im 19. Jahrhundert der demokratische Gedanke weithin ausbreitete und damit seine Schwierigkeiten deutlicher hervortraten: daß Urteilsfähige und Unwissende, Verantwortungsbewußte und Gleichgültige, Erfahrene und Unerfahrene gleiches Gewicht in wichtigen politischen Entscheidungen hatten.

Das *Elitekonzept* und das *Integrationskonzept* unterscheiden sich nicht so sehr in ihrer Beschreibung der Beziehung zwischen öffentlicher Meinung und Regierung: Eine notwendige Beziehung wird in beiden Konzepten unterstellt, Ignorieren von öffentlicher Meinung über einen längeren Zeitraum hinweg führt zum Sturz der Regierung. Der eigentliche Unterschied liegt in der Beziehung zwischen öffentlicher Meinung und Individuum. Das *Elitekonzept* von öffentlicher Meinung – die Meinung der Urteilsfähigen, Verantwortungsbereiten – stellt ab auf politische Partizipation. Es hängt vom *Individuum* ab, ob es sich beteiligen oder heraushalten will. Der einzelne kann sich in die Privatsphäre zurückziehen, braucht am Raisonnement nicht teilzunehmen, wenn auch die Tendenz besteht, ihn als Staatsbürger leise zu verpflichten. Beim *Integrationskonzept* sind *alle* in den Prozeß der öffentlichen Meinung einbezogen; von freier Entscheidung, ob man dabei sein oder sich draußen halten will, ist keine Rede. Durch ihre soziale Natur, die sie um ihren Ruf bangen und sich vor Isolation fürchten läßt, sind alle Menschen dem *Konformitätsdruck*, genannt öffentliche Meinung, unterworfen, jeder wird für Nichtbeachtung mit Sanktionen bedroht.

Der Effekt beim Elitekonzept ist Verstärkung der Intelligenz in den öffentlichen Geschäften; beim Integrationskonzept ist der Effekt Zusammenhalt der Gemeinschaft, ein Konsens, wenn nicht tief im Innern in der Brust des einzelnen, so doch in dem, was öffentlich zur Schau getragen wird, eine Übereinstimmung, die unentbehrlich ist, um ein Gemeinwesen fähig zu halten für Entscheidungen und Handlungen, zum Beispiel auch zur Selbstverteidigung. Ohne gewaltigen sozialpsychologischen Druck läßt sich Konsens in einer aus Individuen und Gruppen mit verschiedenem Wesen und antagonistischen Interessen zusammengesetzten Gesellschaft nicht haben.

Die begriffliche Gemengelage, die mit der Sinnverschiebung seit Anfang des 18. Jahrhunderts entstanden ist, kann man mit einer von *Robert Merton* eingeführten Unterscheidung aufklären. Merton hat vorgeschlagen, zwischen *manifesten* und *latenten Funktio-*

nen in der Gesellschaft zu unterscheiden. Manifeste Funktionen sind bewußte, beabsichtigte Funktionen. In diesem Fall also: die Funktion der öffentlichen Meinung als Korrelat zur Regierung (*Hennis* 1957; *Habermas* 1962; *Foucault* 1979; *Bourdieu* 1979). Latente Funktionen sind nach Merton dagegen unbewußt und unbeabsichtigt, aber erkennbar wirksam. Das ist die öffentliche Meinung als soziale Kontrolle (allerdings muß man bei Übernahme dieser Unterscheidung darauf achten, daß ›latent‹ hier nicht eine noch verborgene Realität, Disposition bedeutet, die irgendwann einmal ausbrechen kann).

Für die Klarheit der wissenschaftlichen Diskussion wäre es zweckmäßig, den Begriff öffentliche Meinung wieder auf seine ursprüngliche Wurzel, auf seine *ursprüngliche Bedeutung* im Sinne von ›ungeschriebenen Gesetzen‹ zurückzuführen und damit auch die Macht der öffentlichen Meinung zu verdeutlichen, unter deren Druck sowohl Regierungen als auch die Mitglieder der Gesellschaft ihr Handeln einrichten müssen. Denn das *Elitekonzept* von öffentlicher Meinung kann überhaupt nicht erklären, wie denn diese intellektuelle öffentliche Meinung Regierungen stürzt und den einzelnen mit solcher Furcht erfüllt, daß nach *John Lockes* ›Gesetz der Meinung, Mode und Reputation‹ »nicht einer unter Zehntausenden« es wagt, sich gegen sie zu stellen. Die intellektuelle Macht der politischen Elite, auch der veröffentlichten Meinung, bleibt ganz unberührt davon, ob man sie als öffentliche Meinung oder nicht als öffentliche Meinung bezeichnet.

Die Elitemeinung kann man sich vorstellen wie eine Intarsie in der allgemeinen öffentlichen Meinung. Die Elitemeinung, vertreten durch die *Meinungsführer* (*Lazarsfeld* et al. 1944), die teils durch die Medien (*John Stuart Mill,* On Liberty 1859), teils im persönlichen Gespräch ihre Meinung zur Geltung bringen, führt die allgemeine öffentliche Meinung an. Nicht immer setzt sich die Elitemeinung durch, nicht immer wird die *veröffentlichte* Meinung zur *öffentlichen* Meinung; aber ohne das Wortführertum der Elitemeinung setzt sich eine neue öffentliche Meinung auch nicht durch.

Der Zusammenhalt eines Verbandes, wie die öffentliche Meinung ihn bewirkt, ist weniger erforderlich, wenn keine äußere Bedrohung besteht. Und er ist leichter aufrecht zu erhalten, wenn die Mitglieder einen großen Bestand an Gemeinsamkeit aus Rasse, Geschichte, Religion, Kultur besitzen und wenn, wie in primitiven Gesellschaften, Lebensverhältnisse und Auffassungen sich gar nicht oder nur sehr langsam verändern. Unter solchen Umständen wird dem einzelnen der Konformitätszwang kaum spürbar. Dagegen greift er scharf zu unter allen Bedingungen, die den Zusammenhang gefährden, besonders also in Kriegszeiten oder in Revolutionen und allgemein in Zeiten eines starken *Wertewandels*. Wandel gefährdet den Zusammenhalt und muß darum geübt werden.

Ein Bereich, in dem *Kompromißfähigkeit* eingeübt wird, ist, wie schon *Sokrates* hervorgehoben hat, Kleidung, Haartracht, die ganze äußere Erscheinung. Der Kompromiß wird geübt durch jene strikt zeitgebundene überschwengliche Übereinstimmung, die man *Mode* nennt, eine auf den Wechsel abstellende Äußerungsform von öffentlicher Meinung. *John Locke* spricht darum auch anstelle von ›Gesetz der Meinung oder Reputation‹ vom ›Gesetz der Mode‹. Schon *Rabelais* (1534) arbeitete die Bedeutung der Kleidung als Integrationsmittel heraus. Mode hat spielerische Themen, aber die Sache ist kein Spiel. Sie erfordert vom einzelnen eine enorme Beobachtung der Umwelt, und sie läßt ihm keineswegs die Freiheit zu entscheiden, ob er Mode beachten, das heißt, durch einen Kompromiß befolgen, oder nicht beachten will. Nicht beachten heißt: als Zeitgenosse von der Umwelt ausgeschlossen werden, eine ›Vogelscheuche‹ werden, die üblicherweise mit abgelegten Kleidungsstücken ausgestattet wird. Die Umweltbeobachtung bei wechselhaften Verhältnissen, die durch Mode trainiert wird, braucht der einzelne, um zu wissen, wie er *Isolation* vermeidet, beispielsweise in Zeiten des moralischen Wertewandels. Wie stark im europäischen Kulturkreis die Tendenz ist, die soziale Natur des Menschen zu leugnen, zeigt sich an den meist negativ besetzten Sprachwendungen in Verbindung mit Mode: modisch, Modeteufel, Modegeck, eine reine Modeerscheinung und so weiter. Aufschlußreich und zum Nachdenken einladend ist, wie lächerlich die vergangene Mode wirkt. Hübsch bzw. nicht hübsch würde die Reaktionen nicht erklären. Wenn etwas nicht hübsch ist, dann ist es ja nicht lächerlich. Warum also lachen die Menschen beim Anblick der gerade vergangenen Mode?

Öffentliche Meinung ist eine an Ort und Zeit gebundene Erscheinung; später kann man den Druck, den sie auszuüben vermag, nicht mehr sehen, wie Gewitterwolken, die sich verzogen haben; aber der Politiker, der unter diesen Gewitterwolken handelte – man kann an *Adenauer* denken und seine Wiederbewaffnungspolitik 1956 –, vor dem steht die öffentliche Meinung wie eine Wand.

Unser Ideal des mündigen und vernünftigen *Individuums* steht der unbefangenen Beschäftigung mit der sozialen Natur des Menschen und der Funktion von öffentlicher Meinung entgegen. Nur so kann man wohl auch die Einseitigkeit der sozialpsychologischen Forschung erklären. Nachahmung beispielsweise ist im sozialwissenschaftlichen Schrifttum des 19. und 20. Jahrhunderts erklärt aus einer einseitigen rationalen Auslegung von Lerntheorie: Übernahme objektiv vernünftiger Denk- oder Verhaltensweisen. Die *Isolationsfurcht,* die den Zusammenhalt menschlicher Gesellschaften sichert, als treibendes Motiv für Nachahmung, ist unerforscht. Erst die *Konformitätsexperimente* von *Solomon Asch* (1951) und *Stanley Milgram* (1961) in den fünfziger und sechziger Jahren haben gezeigt, daß Menschen sich Mehrheitsurteilen auch da anschließen, wo sie mit eigenen Augen klar sehen oder mit eigenen Ohren einwandfrei hören können, daß diese Urteile falsch sind – nur vorausgesetzt, daß sie sonst mit ihrer Ansicht ganz isoliert wären. Diese *Asch-Milgram*-Ergebnisse sind als Beweis für eine beklagenswerte menschliche Schwäche mißverstanden worden. Intellektuell ansprechend sind die Reaktionen, die aus der sozialen Natur des Menschen stammen, sicher nicht, aber mit diesem Maßstab sind sie auch nicht zu messen, sondern als Vorbedingung für die Existenzfähigkeit von Gemeinwesen.

Wenn man die Funktion der auf Isolationsfurcht gestützten öffentlichen Meinung darlegt, muß das nicht als Lob des Opportunismus aufgefaßt werden. Es handelt sich nur darum, beiden Seiten – *individueller* und *sozialer Natur* – gerecht zu werden, wie das *Rousseau* versucht hat.

Verständlich, daß wir in Deutschland nach den Erfahrungen in der nationalsozialistischen Vergangenheit besonders allergisch gegenüber Konformität, Mitläufertum sind. Aber gerade diese Vergangenheit werden wir nicht verstehen können, wenn wir im Verständnis der sozialen Natur des Menschen so mittelalterlich zurückbleiben, so blind sind wie bisher (→ Pressegeschichte, Drittes Reich; → Wirkung der Massenmedien).

Zur Mündigkeit des Menschen gehört, daß er sich seiner *sozialen Natur* bewußt wird, keine falschen Unabhängigkeitsgefühle hegt. Ein Ausspruch wie der: »Die Schule der öffentlichen Meinung muß man durchmachen und suchen, ganz gleichgültig gegen dieselbe zu werden« (*Lenau* 1954), klingt gut für uns, und man muß auch wissen, wie wichtig es ist, sich im Ernstfall mutig gegen öffentliche Meinung zu äußern. Aber man soll auch wissen, warum das nicht die Regel sein darf. *Montaigne* am Ende des 16. Jahrhunderts hat es klar gesehen: »... daß der Weise zwar innerlich seine Seele aus dem Gedränge herausführen und sie zur freien Beurteilung der Dinge frei und fähig erhalten soll, daß er aber, was das Äußere anbetrifft, sich den gebräuchlichen Formen und Manieren gänzlich anbequemen muß« (*Montaigne,* Versuche 1588).

Die holländische Psychologin van Zuuren entwickelte als Methode, um sich der eigenen sozialen Natur bewußt zu werden, Selbstversuche, bei denen man vorsätzlich die Regeln des gebilligten Verhaltens in der Öffentlichkeit bricht und dabei die Empfindung von *Peinlichkeit* bei sich selbst und bei anderen, die sich an den Versuchen beteiligen, beobachten kann (*van Zuuren* 1983).

Schon *Darwin* hatte auf das Empfinden der Peinlichkeit mit dem Symptom des Errötens als Ausdruck der sozialen Natur des Menschen hingewiesen. An der Peinlichkeit, einer milden Form des Gefühls der Isolation, kann man die Wirkungsweise der öffentlichen Meinung als soziale Kontrolle beobachten. Man kann sogar eine Skala des Peinlichkeitsempfindens konstruieren, das bei verschiedenen Personen oder auch verschiedenen Kulturen verschieden stark entwickelt ist; mit einer solchen Skala kann man die Reaktion auf Isolationsdrohung, auf den Konformitätsdruck der öffentlichen Meinung messen (*Hallemann* 1986, 1989).

Peinlichkeit war auch zentrales wissenschaftliches Thema für *Erving Goffman,* der die Bedeutung der Öffentlichkeit für *sozialpsychologische Phänomene* als erster herausarbeitete (›Behavior in Public Places‹, 1963). Das Element öffentlich, Öffentlichkeit, ist sozialpsychologisch zu verstehen, nicht als Rechtsbegriff (»jeder hat Zutritt«) oder als politischer Begriff (»der Sache nach inhaltlich das Gemeinwesen betreffend«), Legitimation durch Transparenz.

Sozialpsychologisch gesehen ist *Öffentlichkeit* jener Zustand, wo der einzelne von allen gesehen und beurteilt wird, wo sein Ruf und seine Beliebtheit auf dem Spiel stehen, Öffentlichkeit als Tribunal. In der Öffentlichkeit will der einzelne sich nicht isolieren, nicht sein Gesicht verlieren. Das macht den *Pranger* auch dann, wenn kein Haar gekrümmt wird, zu einer so bitteren Strafe, die man offenbar in allen Kulturen antrifft. Wir können die sozialpsychologische Bedeutung von öffentlich sprachlich identifizieren: Die Wendung, ›in aller Öffentlichkeit‹ sei das oder jenes geschehen, verrät uns, worum es sich handelt. Niemand wird sagen: ein Konzert habe »in aller Öffentlichkeit« stattgefunden. Schon im Lateinischen gibt es mit gleichem Unterton die Wendung *coram publico,* und in der englischen Sprache gibt es die Wortprägungen ›*Public Eye*‹ und ›*Public Ear*‹, offenbar zuerst gebraucht von *Edmund Burke* in einer parlamentarischen Streitschrift von 1791.

Von hier aus kommt man zu der *Definition von öffentlicher Meinung:* Wertgeladene, insbesondere moralisch aufgeladene Meinungen und Verhaltensweisen (›gut‹ gegenüber ›schlecht‹, ›geschmackvoll‹ gegenüber ›geschmacklos‹, im Französischen auch ›klug‹ gegenüber ›dumm‹), die man – wo es sich um fest gewordene Übereinstimmung handelt, zum Beispiel Sitte, Dogma – öffentlich zeigen *muß,* wenn man sich nicht isolieren will; oder bei im Wandel begriffenem »flüssigem« *(Tönnies* 1922) Zustand öffentlich zeigen *kann,* ohne sich zu isolieren. Gruppen, die einen Wandel herbeiführen wollen, müssen darauf hinarbeiten, daß ihre Position öffentlich gezeigt werden kann ohne Gefahr der Isolation, und daß die vorher gültige Position öffentlich nicht mehr vertreten werden kann ohne Isolationsgefahr.

Es gibt kurzfristige, aber auch sehr langfristige, über Jahrhunderte hinwegführende Prozesse öffentlicher Meinung, also Durchsetzung einer Auffassung und Vernichtung der Gegenmeinung bis zur rechtlichen Verankerung. Wichtig ist zu beachten, daß öffentliche Meinung immer eine *irrationale, wertgeladene Komponente* hat, einen moralischen oder auch ästhetischen Wert – zumindest im germanischen Kulturkreis (der Stand der Forschung erlaubt noch keine begründete Aussage, ob sich der Prozeß der öffentlichen Meinung, immer gegründet auf Isolationsdrohung und Isolationsfurcht, in verschiedenen Kulturkreisen auf verschiedene Wertebereiche stützt). Wer anders denkt, ist nicht dumm, sondern schlecht. Aus dem moralischen Element zieht die öffentliche Meinung ihre Kraft, ihre Isolationsdrohung.

Man kann ohne *moralische Begründung* öffentliche Meinung nicht in Gang bringen, oder anders: Man kann ohne moralische Begründung Politik nicht oder nur sehr erschwert durchsetzen, ohne die Hilfe der öffentlichen Meinung nämlich. Es ist aus diesem Grund immer ein Fehler, wenn man ein politisches oder wirtschaftliches Konzept – egal, welche nachweisbaren rationalen Vorzüge es hat – nicht auch emotionell, also zum Beispiel moralisch durchzusetzen versucht (Beispiel: die soziale Marktwirtschaft).

Man muß sich darüber klar sein, daß die Auseinandersetzung, was »öffentliche Meinung« ist, nicht beendet ist. So formulierte beispielsweise der Presserechtler *Martin Löffler* in einer 1981 veröffentlichen Arbeit: »Unter öffentlicher Meinung versteht man die in der Bevölkerung eines Ortes oder Gebietes vorherrschenden Ansichten über Angelegenheiten von allgemeinem (öffentlichem) Interesse.« Und der Bundesverfassungsrichter *Gottfried Mahrenholz* formulierte in einem Vortrag 1993, die öffentliche Meinung sei weitgehend identisch mit der veröffentlichten Meinung und »sie orientiert sich wie die Politik am Gemeinwohl« (*Mahrenholz* 1993). Wenn man von den geistesgeschichtlichen Wurzeln der öffentlichen Meinung im Sinne der ›ungeschriebenen Gesetze‹ ausgeht, kann man sich dieser Definition aus doppeltem Grund nicht anschließen.

Einerseits kann man zahlreiche vorherrschende Ansichten über Angelegenheiten von öffentlichem Interesse finden, die gleichsam ganz kraftlos sind, ganz unbesetzt mit jener moralischen Ladung, die es dem einzelnen zur Pflicht macht, sich öffentlich zu dieser Ansicht zu bekennen oder ihr zumindest in der Öffentlichkeit nicht zu widersprechen, sich also dem *Konformitätsdruck* zu beugen, auf dem die Wirksamkeit von öffentlicher Meinung als sozialer Kontrolle nach übereinstimmender Ansicht von *Sokrates* über *Montaigne* bis *Rousseau* beruht; und andererseits muß man den Begriff »öffentliche Angelegenheiten« ganz außerordentlich dehnen, wenn man damit als Gegenstand der öffentlichen Meinung und der davon

ausgehenden ungeschriebenen Gesetze auch wie *Sokrates* oder
Montaigne die Haartracht, das Schuhwerk, das Verhalten der Kinder beim häuslichen Mittagstisch, ganz allgemein Mode und Sitten,
einschließen will. *Löffler* oder auch *Mahrenholz* haben an solche Gegenstände bei ihren Definitionen bestimmt nicht gedacht, obgleich gerade in unserer Zeit das Explosive, Provokatorische von
langen Haaren, Barttracht und Schmuckstücken bei Männern (in
den 60er Jahren) und von kurzen Haaren bei Frauen (in den 20er
Jahren) deutlich erkennbar geworden ist.

Wie entsteht öffentliche Meinung, wie setzt sie sich durch, und wie
ist sie umzustürzen? Manchmal ist die *Entstehung der öffentlichen Meinung* nicht geheimnisvoll, wenn sie nämlich die Antwort auf einen eklatanten Übelstand ist; aber nicht immer führt
ein eklatanter Übelstand zur Durchsetzung von öffentlicher Meinung. Umgekehrt kommen Prozesse öffentlicher Meinung in Gang,
indem man Verhältnisse, die zuvor normal erschienen, als eklatante
Übelstände zu sehen beginnt (Beispiel: Benachteiligung der Frauen,
Rassismus, Benachteiligung von Minderheiten im 20. Jahrhundert).

Sein Urteil über öffentliche Meinung, was moralisch gebilligt und
nicht gebilligt wird, bildet sich der einzelne aus zwei Quellen: der
unmittelbaren *Umweltbeobachtung* und ihren Signalen von Billigung und Mißbilligung, das ist die eine; aus den *Massenmedien,*
indem Signale, die sich gegenseitig bestätigen, in den Medien beobachtet werden, das ist die andere. Auf diesem Wege, so ist nach dem
gegenwärtigen Stand der Erkenntnis anzunehmen, kommt die
→Wirkung der Massenmedien auf den *Zeitgeist* (ein anderer Begriff für relativ dauerhafte, thematisch übergreifende Elemente von
öffentlicher Meinung) zustande, und der Zeitgeist wiederum beeinflußt die Einstellung und das Verhalten des einzelnen.

Wie man sich die *Interaktion* vorstellen kann, durch die öffentliche Meinung verändert wird, das läßt sich mit dem Bild der
Schweigespirale (*Noelle-Neumann* 1973, 1974, 1991) beschreiben. Schweigespirale heißt: Menschen wollen sich nicht isolieren, beobachten pausenlos ihre Umwelt, können aufs Feinste registrieren, was zu-, was abnimmt. Wer sieht, daß seine Meinung zunimmt, ist gestärkt, redet öffentlich, läßt die Vorsicht fallen. Wer
sieht, daß seine Meinung an Boden verliert, verfällt in Schweigen.

Indem die einen laut reden, öffentlich zu sehen sind, wirken sie stärker, als sie wirklich sind, die anderen schwächer, als sie wirklich sind. Es ergibt sich eine optische oder akustische Täuschung für die wirklichen Mehrheits-, die wirklichen Stärkeverhältnisse, und so stecken die einen andere zum Reden an, die anderen zum Schweigen, bis schließlich die eine Auffassung ganz untergehen kann. Im Begriff Schweigespirale liegt die Bewegung, das Sich-Ausbreitende, gegen das man nicht ankommen kann. Je besser man aber den Prozeß der öffentlichen Meinung versteht, desto eher kann man auch auf diesen Prozeß einwirken, durch eigene Anstrengung der Schweigespirale entgegenarbeiten.

Die Schweigespirale ist nicht identisch mit dem bekannten *Bandwagon Effect*, der besagt, die Menschen würden »dem Wagen mit der Musikkapelle nachlaufen«, weil jeder, so wird dieser »Mitläufereffekt« erklärt, auf der Seite des Siegers stehen wolle. Richtig ist, daß beides – Bandwagon Effect und Schweigespirale – Reaktionen auf die Umweltbeobachtung sind, welches Lager stärker wird und welches schwächer. Der Unterschied ist: Beim Bandwagon Effect winkt eine Belohnung, nämlich die, auf der Seite des Siegers zu sein. Die Schweigespirale wird dagegen von Furcht vor Bestrafung in Gang gesetzt, von der Furcht, isoliert, ausgestoßen zu werden.

Die Endstation der *Schweigespirale* ist entweder: Das Thema ist tot, es hat sich erledigt, niemand spricht mehr davon. Oder es wird – wie zum Beispiel bei ungelösten Wertekonflikten – ein *Tabu* verhängt. Das heißt, das Thema darf nicht mehr öffentlich diskutiert werden, es wird unter Schweigen begraben. Aber man kann sicher sein: Unter jedem Tabu befindet sich vulkanischer Boden, ein Konflikt, der immer wieder aufbrechen kann. Anfang der 90er Jahre bürgerte sich anstelle des Begriffs »Tabu« in den USA der positiv gewendete Begriff *political correctness* ein, das heißt, man darf nur in einer bestimmten Weise und nicht anders über ein bestimmtes, wertbesetztes Thema sprechen.

Es sind inzwischen vor allem in den USA zahlreiche Versuche unternommen worden, die *Schweigespirale* zu testen (*Deisenberg* 1986). Geeignete Testbedingungen bieten Situationen, in denen sich Einstellungen, Werte schnell verändern. In einer solchen Situation, beim dramatischen Popularitätsverlust von Präsident Bush nach dem Golfkrieg, vor der Präsidentschaftswahl 1992, wurde die Schweigespirale getestet und die zurückgehende Redebereitschaft der Anhänger Bushs in der Öffentlichkeit einwandfrei bestätigt (*Ladd* 1993; *Katz / Baldassare* 1994).

Mit dem Bild der Schweigespirale wird ein Verstärkereffekt von Reden und Schweigen vor allem in Situationen des *Wertewandels* dargestellt. Unter dem Gesichtspunkt der Massenkommunikationsforschung ist Reden und Schweigen interessant, weil *Massenmedien* ja mit Reden und Schweigen eng verknüpft sind. Die Massenmedien sind definitionsgemäß Öffentlichkeit und demonstrieren – insbesondere, wenn sie sich *konsonant* gegenseitig bestätigen –, was man in der Öffentlichkeit zeigen darf oder zeigen muß. Sie machen außerdem sprechfähig, geben Formulierungshilfen, haben eine *Artikulationsfunktion*. Die Schweigespirale hängt also nicht nur mit der Lust und dem Mut zu sprechen zusammen, sondern auch mit der überwiegend aus den Massenmedien bezogenen Fähigkeit dazu. Dies ist ein Punkt großer Aktualität in bezug auf das deutsche Mediensystem, den Wert von Verfassungsrang: *publizistische Vielfalt* – beim Rundfunkmedium auch *Ausgewogenheit* genannt. Bisher ist das *Rundfunksystem* in der Bundesrepublik aufgrund der Annahme geregelt, daß Ausgewogenheit in den elektronischen Medien zu erreichen wäre über die Aufsicht unter Mitwirkung der gesellschaftlich relevanten Gruppen, durch Kontrolle von oben also; aber vielleicht müssen wir erkennen, daß publizistische Vielfalt nur zu erreichen ist durch die produzierenden *Journalisten*, also von der Basis her. Hier ist ein Stück Aufklärungsarbeit unter Journalisten nötig – Aufklärung also über das, was zuerst der Journalist *Walter Lippmann* in seinem Buch ›Öffentliche Meinung‹ (1922) eingehend zusammenhängend dargestellt hat: daß nämlich jeder Mensch, also auch der Journalist, durch seine Einstellung entscheidend gesteuert wird in dem, was er sieht und wie er es interpretiert und was ihm wichtig erscheint, so wichtig, daß er es zeigt und veröffentlicht (→ Journalist). Dieser von *Lippmann* beschriebene Vorgang wurde für das Publikum, die Bevölkerung unter dem Stichwort *selektive Wahrnehmung* in der Wahlforschung Anfang der 40er Jahre (*Lazarsfeld* et al. 1944, 1948; *Donsbach* 1991; → Wirkung der Massenmedien) neu entdeckt, er ist heute auch für die Journalistik, die Kommunikation empirisch nachgewiesen (*Kepplinger* 1989). Wenn das so ist, dann kann Vielfalt nur entstehen durch die

vielfältigen politischen Orientierungen der Angehörigen des journalistischen Berufsstandes.

Die *Funktion der Massenmedien* beschreibt das Bundesverfassungsgericht als Information, Beitrag zur Meinungsbildung, Kontrolle (auch noch: Unterhaltung und ›Erbauung‹). Aus dem Nachdenken über öffentliche Meinung erfahren wir, daß hinzugefügt werden muß: die *Artikulationsfunktion.* Alle Standpunkte, und
insbesondere die im breiten Spektrum der demokratischen Bevölkerung legal eingenommenen Positionen, müssen in den Medien formuliert werden, sonst können Menschen im Gespräch ihre Standpunkte nicht vertreten, und zwar müssen sie formuliert werden nicht
als erkennbares ›Minderheiten-Votum‹, sondern in ausreichender
Breite und Kumulation, also ohne daß ihr eine ›Isolationsdrohung‹
anhaftet. Es kommt sonst zur Erscheinung der ›schweigenden Mehrheit‹. Das ist immer eine Bevölkerungsmehrheit, die durch die tonangebenden Medien keine Unterstützung erfährt, sondern umgekehrt verurteilt wird. Und schließlich ist als stärkster Einfluß auf die
öffentliche Meinung die *Integrationsfunktion* hervorzuheben:
Aus den Massenmedien entnimmt der einzelne die Information, was
er sagen und tun kann, ohne sich zu isolieren.

Welche Rolle spielt in diesem Zusammenhang die *Meinungsforschung*? Nur ein kleiner Teil der Umfrageforschung ist speziell der
Erforschung der öffentlichen Meinung gewidmet, öffentlicher Meinung im Sinne des Konformitätsdrucks. Insofern ist der Begriff
›Meinungsforschung‹ irreführend. Andererseits ist die Entwicklung
der repräsentativen Umfragemethode von großer Tragweite: Erst
durch sie läßt sich öffentliche Meinung, auch das Ringen um öffentliche Meinung, kontinuierlich messen und Einblick in die hier beschriebenen Prozesse gewinnen. Die weit verbreitete Vorstellung,
daß veröffentlichte demoskopische Zahlen die öffentliche Meinung
beeinflussen oder formen, läßt sich empirisch nicht bestätigen
(*Donsbach* 1984; *Brosius* 1994). Interessant ist der eine Fall, in
dem demoskopische Ergebnisse tatsächlich die öffentliche Meinung
beeinflussen: Das geschieht, wenn *›pluralistic ignorance‹* vorliegt, ein in der amerikanischen Soziologie der zwanziger Jahre ge-
prägter Begriff, den man übersetzen kann: »Die Mehrheit täuscht
sich über die Mehrheit.« Wenn eine bestimmte Einstellung in einer
moralisch geladenen Streitfrage fälschlich für eine Minderheiten-

einstellung gehalten wird, mit der man sich isoliert, und demoskopische Ergebnisse zeigen, daß es tatsächlich eine weit verbreitete Einstellung (oder Verhaltensweise) ist, dann hat das Einfluß, die Bereitschaft zum öffentlichen Bekenntnis wächst, und damit kommt eine Anstoßwirkung in Gang.

Elisabeth Noelle-Neumann

Presse

Tageszeitungen

Gegenwärtig erscheinen in der Bundesrepublik Deutschland einige hundert *Tageszeitungen* mit unterschiedlichen Titeln. Die heutige Titelvielfalt ist jedoch nur ein kleiner Restbestand der Unmenge von Blättern mit verschiedenen Namen, die gegen Ende der Weimarer Republik mit einer Zahl von über 4000 den Höchststand erreichte (→ Pressegeschichte). Im einzelnen verlief die Entwicklung wie folgt (vgl. *Schütz* 1969):

Jahr	Zahl der Titel	
1881	1963	
1914	3716	(Erster Weltkrieg, »erstes Zeitungssterben«)
1917	2925	
1921	3243	(Wirtschaftskrise, »zweites Zeitungssterben«)
1925	2974	
1932	4275	
1934	2988	(Auswirkungen der nationalsozialistischen Pressepolitik)
1943	988	

Nach Ende des Zweiten Weltkrieges führten die alliierten Besatzungsmächte einen *Lizenzzwang* für die Presse ein (*Kieslich* 1963; *Koszyk* 1986). Lizenzen erhielten nur nationalsozialistisch ›unbelastete‹ Personen; die Verleger, die vor 1945 Zeitungen herausgebracht hatten, waren von der Lizenzvergabe ausgeschlossen, ganz gleich, wie ihre politische Haltung gewesen war.

Die Lizenzpolitik der Alliierten war in unterschiedlichem Maße vorbereitet und nicht einheitlich: Die Engländer strebten ein Nebeneinander verschiedener richtungsgebundener Zeitungen an und vergaben daher meist an einem Ort mehrere Lizenzen an Personen, die unterschiedlichen politischen Parteien nahestanden. In der amerikanischen Besatzungszone dagegen sollten überparteiliche Zeitungen entstehen und deshalb erging hier jede Lizenz an mehrere Träger unterschiedlicher politischer Parteirichtung zur gemeinsamen Herausgabe einer Zeitung, wobei sich die Verbreitungsgebiete solcher ›Gruppen‹-Zeitungen im allgemeinen nicht überschnitten. Die Franzosen fußten bei ihrem Vorgehen zwar auf den amerikanischen Maßnahmen, bevorzugten aber einzelne Lizenznehmer und waren bei deren Auswahl weniger streng. Andererseits achteten sie darauf, daß in den Redaktionen die wesentlichen politischen und konfessionellen Richtungen vertreten waren. Als Ergebnis dieser in den redaktionellen Bereich verlagerten ›Ausgewogenheit‹ entstanden in der Regel überparteiliche Informationszeitungen (*Schölzel* 1986). Einen eigenen Weg schlugen sogleich die Sowjets ein, die Lizenzen nur an Organisationen erteilten (→ Medien DDR).

Als der Lizenzzwang in den westlichen Besatzungszonen zwischen Juni und September 1949 aufgehoben wurde, konnten auch die sogenannten *Altverleger* wieder ihre Zeitungen herausbringen. Dadurch stieg die Zahl der Titel, die vorher unter 150 gelegen hatte, sehr rasch auf über 600 an. Damit war der Markt jedoch überfordert. So setzte auch bald schon ein Konzentrationsprozeß ein. Der Wiederaufbau des Zeitungswesens in der Bundesrepublik nach 1945 ist somit zu verstehen als »die Synthese ›oktroyierter‹ westlicher Pressereformen, gewisser Rückgriffe auf eigenständige Positionen und der lebendigen Zeitungsentwicklung in wirtschaftlicher, politischer wie von der Gesellschaft bedingter Hinsicht selbst« (*Kieslich* 1963, 276). Nachdem sich die Pressestrukturen in der Bundesrepublik über Jahre hinweg weitgehend konsolidiert hatten, kam es Anfang der neunziger Jahre durch die deutsche Wiedervereinigung nochmals zu größeren Veränderungen.

Auffallendstes Kennzeichen der Struktur des Zeitungswesens ist in der Bundesrepublik schon aus pressegeschichtlicher Tradition die Lokalgebundenheit der *Zeitungen*, die sich in der Titelvielfalt ausdrückt; fast ausnahmslos erscheinen alle Blätter heute als *Morgen-*

zeitungen; charakteristisch ist ferner, daß sich nur noch wenige Blätter offen und ausdrücklich zu einer parteipolitischen, gesellschaftspolitischen oder weltanschaulichen Richtung bekennen, obgleich ein noch immer großer Teil von ihnen in den Meinungsbeiträgen deutlich Stellung nimmt (1932 bezeichnete sich noch die Hälfte der Zeitungen im damaligen Deutschen Reich, 1967 nur noch vier Prozent der Blätter in der [alten] Bundesrepublik als fest- oder grundrichtungsbestimmt).

Ein weiteres Strukturmerkmal der Tagespresse ist die Vielfalt von Formen der Zusammenarbeit, die sich zwischen den Zeitungsverlagen ausgebildet hat. Die *Michel-Kommission*, die in ihrem Bericht (1967) diese Formen erstmals durchleuchtete, ermittelte folgende Varianten der Selbständigkeit bzw. Abhängigkeit:

a) *Selbständige Zeitungen* ohne Zusammenarbeit mit anderen Zeitungen;

b) *Redaktionsgemeinschaft* mehrerer kleinerer Verlage ohne sonstige Gemeinsamkeiten;

c) Zusammenarbeit meist kleinerer Verlage, bei der die redaktionelle Kooperation auf gemeinsame wirtschaftliche Interessen ausgedehnt ist;

d) *Redaktionsgemeinschaft* mit größerer Zeitung als Mittel- und Schwerpunkt ohne Ausdehnung der Zusammenarbeit auf sonstige Bereiche;

e) *Matern*lieferung einer größeren Zeitung an kleine, angeschlossene Zeitungen ohne sonstige Kooperation;

f) Gemeinschaft mehrerer Verlage, mit einer großen Zeitung als Mittelpunkt, bei der die redaktionelle Zusammenarbeit auf wirtschaftlichem Gebiet ergänzt wird (→ Pressewirtschaft).

Entsprechend vielfältig sind die Begriffe zur Kennzeichnung von *Zeitungen* mit unterschiedlichem Status der publizistischen und wirtschaftlichen Selbständigkeit. Da aber Bezeichnungen wie *Vollredaktion, Zentralredaktion, Stammzeitung, Hauptausgabe, Nebenausgabe, Kopfblatt* usw. in unterschiedlicher, meist kaum exakt definierter Bedeutung verwendet wurden oder werden, mußten von der Zeitungsstatistik neue Begriffe eingeführt werden, die eine möglichst exakte Beschreibung der Struktur des Pressewesens ermöglichen. Die durch ein Gesetz vom 1. April 1975 eingeführte *amtliche Pressestatistik* unterscheidet noch zwi-

schen Hauptausgaben und Nebenausgaben. Andererseits hat sich
aber die von *Walter J. Schütz* anhand von Stichtagssammlungen
(Sammlungen aller an bestimmten Stichtagen erschienenen Zeitungsausgaben) entwickelte Terminologie in der pressestatistischen
Arbeit eingebürgert und bewährt. Ausgangspunkt ist dabei zunächst
eine Abgrenzung des Mediums *Tageszeitung* von anderen Publikationen durch zwei Kennzeichen: a) sie erscheinen in der Regel an
jedem Werktag, mindestens jedoch zweimal in der Woche, und b) sie
haben einen aktuellen politischen Teil. Davon ausgehend, kann
man
1. die Anzahl der in der Bundesrepublik erscheinenden verschiedenen politischen Teile ermitteln (der aktuelle politische Teil der Zeitungen, im allgemeinen mindestens die Seiten 1 und 2, wird auch
Zeitungsmantel genannt); dabei ist es gleichgültig, ob der Zeitungsmantel von Blättern mit sonst verschiedenem Inhalt oder mit
unterschiedlichem Titel veröffentlicht wird; alle im Inhalt – mehr
oder weniger – verschiedenen Blätter mit dem gleichen *Mantel* gelten als eine einzige *Publizistische Einheit.*
2. Man kann dann alle Verlage zählen, die als Herausgeber von Zeitungen firmieren und in dieser Eigenschaft Inhalt oder Haltung mindestens des lokalen Teils ihrer Zeitungen bestimmen, oft auch die
Linie des allgemeinen politischen Teils (eventuell in Absprache mit
anderen Verlagen, wenn sie mit diesen zusammen denselben Zeitungsmantel veröffentlichen); wer der *Verlag als Herausgeber*
ist, läßt sich in der Regel anhand des *Impressums* einer Zeitung
feststellen.
3. Weiter läßt sich die Zahl der Verlage ermitteln, die wirtschaftlich
selbständig oder mit anderen Verlagen zu einer wirtschaftlichen Einheit verbunden sind (etwa durch Kooperation in einzelnen Bereichen der Verlagswirtschaft oder durch wechselseitige finanzielle Beteiligungen oder dadurch, daß sie im Besitz derselben Person oder
Personengruppe sind); diese Fälle von *Verlagen als wirtschaftliche Einheiten* müssen nicht identisch sein mit Verlagen als Herausgebern, doch praktisch sind sie es in vielen Fällen. Die tatsächlichen Besitz- und Beteiligungsverhältnisse sind häufig nur schwer
feststellbar.
4. Und schließlich kann als kleinste Zähleinheit jede Zeitung gewählt werden, die sich durch irgendwelche inhaltlichen Besonder-

Tabelle 19:
Strukturdaten zur Entwicklung der Tagespresse in der Bundesrepublik
Deutschland 1954 bis 1997

	1954	1964	1969	1976	1981	1989	1991	1997
Verlagsbetriebe, die Tageszeitungen herausgeben	624	573	517	403	392	358	410	371
darunter: Straßenverkaufszeitungen	(13)	(12)	(10)	(9)	(8)	(8)	(12)	(7)
Redaktionelle Ausgaben von Tageszeitungen	1500	1495	1372	1229	1258	1344	1673	1582
darunter: Straßenverkaufszeitungen	(17)	(23)	(.)	(35)	(40)	(32)	(47)	(48)
Vollredaktionen (sogenannte Publizistische Einheiten)	225	183	149	121	124	119	158	135
darunter: Straßenverkaufszeitungen	(12)	(11)	(10)	(8)	(7)	(6)	(11)	(7)
Verkaufsauflagen aller Tageszeitungen in Millionen Exemplaren	13,4	17,3	18,1	19,5	20,4	20,3	27,3	24,6
darunter: Straßenverkaufszeitungen	(2,5)	(5,4)	(5,5)	(6,3)	(6,2)	(5,6)	(6,9)	(5,9)
Leserdichte (Tageszeitungsexemplare je 1000 Einwohner)	344	390	399	428	430	381	406	362
Ein-Zeitungs-Kreise Anzahl	85	121	164	156	152	160	.	242
in % aller Kreise	15,2	21,4	29,8	45,3	46,2	48,8	.	55,1
Einwohner der Ein-Zeitungs-Kreise in Millionen	4,4	7,3	12,0	20,1	21,4	22,3	.	33,6
in % der Gesamtbevölkerung	8,5	12,5	20,0	32,7	34,7	36,5	.	41,1

Quelle: Walter J. Schütz: Deutsche Tagespresse 1997. In: Media Perspektiven H. 12/1997, S. 663 ff.

heiten, meist im lokalen Teil, oder auch nur im Titel von anderen Zeitungen unterscheidet; man spricht dann davon, daß man die Zahl der *Zeitungsausgaben* ermittelt.

Die Tabelle 19 gibt eine Übersicht über die Strukturdaten zur Entwicklung der Tagespresse in der Bundesrepublik seit 1954.

Ein Vergleich der Daten zeigt, daß seit Anfang der fünfziger Jahre ein Prozeß der *Konzentration* im Pressewesen einsetzte: Immer weniger *Publizistische Einheiten* vereinigten auf sich eine (nur geringfügig verminderte) Vielzahl von Lokalausgaben; mit anderen Worten, die Zahl der selbständig redigierten politischen Teile ging zwischen 1954 und 1976 um ein Drittel zurück (Prozeß der *publizistischen Konzentration*); dabei wird die Vielzahl von Ausgaben von immer weniger Verlagen herausgebracht (Prozeß der *Verlagskonzentration*). Mit Beginn der siebziger Jahre ist die Pressekonzentration in der Bundesrepublik zunächst jedoch nicht weiter fortgeschritten, ja es kam erstmals wieder zu mehreren Neugründungen, die (zunächst) überlebten. Erst in jüngster Zeit hat wieder eine erneute Konzentrationsbewegung eingesetzt: Die Zahl der Publizistischen Einheiten fiel (in den alten Bundesländern) bis 1989 auf den Stand von 1976 zurück. Von den Einstellungen und Zusammenschlüssen waren im Konzentrationsprozeß in erster Linie Zeitungen mit geringer *Auflage* betroffen. Während die Zahl der *Publizistischen Einheiten* mit einer *Auflage* unter 40000 bis Ende der sechziger Jahre um weit mehr als die Hälfte zurückging, blieb die Zahl der Einheiten mit Auflagen über 40000 im gleichen Zeitraum konstant. Die publizistische Konzentration hat damit, wie nachgewiesen wurde, vorwiegend Zeitungen mit einer relativ schwachen journalistischen Leistung betroffen (*Noelle-Neumann* 1968). Die größeren und damit durchweg auch leistungsfähigeren Zeitungen überlebten. Der weit überwiegende Teil der lokalen und regionalen Tageszeitungen hat heute im Kernbereich des eigenen Verbreitungsgebietes eine marktbeherrschende (Erstanbieter-) Position.

Eine *Konzentration* zugunsten der größeren, in der Regel qualitätsvolleren Zeitung konnte allerdings nur im Hinblick auf die allgemeine, insbesondere politische Berichterstattung und Kommentierung als nicht bedrohlich angesehen werden, da auf diesem Sektor auch *Hörfunk, Fernsehen* und *Zeitschriften* als Konkurrenz im publizistischen Wettbewerb auftreten. Auf dem Gebiet der lokalen Berichterstattung und Kommentierung hat dagegen die Konzentration zu publizistischen Einschränkungen geführt. Die Zahl der Zeitungsausgaben mit unterschiedlichem Regional- oder Lokalteil ist zwar nicht in dem Maße zurückgegangen wie die Zahl der Publizistischen Einheiten. Aber die Überschneidungen verschwanden häufig, d. h. es ging die Zahl der Gebiete zurück, in denen die lokale Berichterstattung von mehreren, publizistisch und wirtschaftlich voneinander unabhängigen Zeitungen wahrgenommen wird.

Zwei typische Fälle der Beseitigung lokaler Konkurrenz bildeten sich heraus:

1. Von zwei Zeitungen mit dem gleichen Verbreitungsgebiet muß die kleinere, wirtschaftlich schwächere ihr Erscheinen einstellen bzw. mit der größeren fusionieren, so daß nur noch eine Lokalausgabe für das Gebiet übrigbleibt.

2. Zwei Zeitungen, die miteinander konkurrieren, treffen eine Absprache zur ›Arrondierung‹ ihres Verbreitungsgebietes, teilen also das bisherige Wettbewerbsgebiet unter sich auf, so daß für die beiden Teilgebiete dann nur noch jeweils eine Lokalausgabe übrigbleibt; für die betreffenden Verlage besteht der Nutzen dieses Vorgehens darin, daß der journalistisch ›abzudeckende‹ Bereich verkleinert und damit der redaktionelle Aufwand verringert wird; gleichzeitig verkürzen sich die Vertriebswege, und das bedeutet eine weitere Kostenersparnis.

Die Zahl der *Ein-Zeitungs-Kreise* (Kreisfreie Städte und Landkreise) stieg auf diese Weise zwischen 1954 und 1989 fast auf das Doppelte an. In diesen Gebieten leben mehr als 22 Millionen Menschen, d. h. gut jeder dritte Einwohner des (alten) Bundesgebietes ist für die Unterrichtung über das lokale Geschehen auf eine Zeitung angewiesen, hat also keine Wahlmöglichkeit mehr (*Schütz* 1989). Die *Zeitungsdichte* der Bundesrepublik, d. h. die Zahl dieser Zeitungen pro Kreis, zwischen denen die Leser im Bundesdurchschnitt wählen können, betrug 1954 noch 2,7 und liegt Anfang der neunziger Jahre bei 1,6. Die absolute Zahl der Zeitungen, die Lokalberichterstattung für ein und dieselbe kreisfreie Stadt bzw. ein und denselben Landkreis bringen, ergibt die sogenannte *Brutto-Zeitungsdichte*. Die *Netto-Zeitungsdichte* erhält man, wenn man diese Angabe bereinigt und all die Fälle abzieht, in denen kein echter lokaler Wettbewerb besteht, wo also zum Beispiel die vorhandenen Zeitungen aus demselben Verlag kommen oder – trotz unterschiedlichen Lokalteils – denselben *Mantel* haben, so daß sich die Verbreitungsgebiete dieser Ausgabe innerhalb des jeweiligen Kreises nicht überschneiden.

Starke Befürchtungen begleiteten die Entstehung von *Lokalmonopolen*. Deren Auswirkungen wurden denn auch in einer Reihe von Studien empirisch untersucht. Man kam zunächst zu dem Ergebnis, daß im subjektiven Urteil der Leser über ihre Zeitung zwischen

Monopol- und Wettbewerbssituation keine nennenswerten Unterschiede festzustellen waren; allenfalls wurde Nachrichtenunterdrückung von Lesern im Monopolgebiet tendenziell sogar weniger für möglich gehalten als im Wettbewerbsgebiet; dennoch waren die Leser in ihrer allgemeinen Einstellung zur Zeitung im Monopolgebiet weniger mit ihrem Blatt zufrieden (*Noelle-Neumann* 1976). Bei Inhaltsanalysen zeigte sich, daß Monopolzeitungen gegenüber vergleichbaren Wettbewerbszeitungen einen weniger umfangreichen Lokalteil anboten und daß sie weniger meinungsfreudig waren bei der Kommentierung lokalpolitischer Themen (*Knoche/Schulz* 1969).

In einer anderen Studie wurde ein Vergleich angestellt zwischen Tageszeitungen, die 1961 noch im Wettbewerb standen und 1971 eine Monopolstellung hatten, und Tageszeitungen vergleichbarer Auflagen, die zu beiden Zeitpunkten mit anderen Regionalzeitungen konkurrierten. Bei beiden Typen von Tageszeitungen vergrößerte sich im Untersuchungszeitraum die Zahl der genutzten Quellen und der Umfang des selbstbeschafften Materials, auch stieg die durchschnittliche Anzahl der Meinungsartikel im politischen Teil. Bei späteren Monopolzeitungen kam diese Entwicklung jedoch nach 1967 zum Stillstand. Es zeigte sich u. a. ferner, daß die politische Tendenz der Zeitungen, deren Marktposition sich geändert hatte, nach der Erringung der Monopolstellung etwas ausgeglichener war als zur Zeit publizistischen Wettbewerbs (*Noelle-Neumann* 1976). Im ganzen waren die Befunde über die Auswirkungen der Pressekonzentration nicht eindeutig, relativierten aber doch manche überzogene Befürchtung.

Durchbrechungen von Lokalmonopolen – zumindest erfolgreiche – sind seitdem selten geblieben. 1987 eröffnete die Koblenzer *Rhein-Zeitung* eine Bezirksausgabe auch für Mainz und Rheinhessen (*Mainzer Rhein-Zeitung*), wo bis dahin die Mainzer *Allgemeine Zeitung* ein Monopol hatte. Das Blatt bleibt aber (mit rd. 10 000 Exemplaren) hinter der etablierten Zeitung (64 000) zurück. Wie eine Inhaltsanalyse zeigte, führte die neue Konkurrenz bei der bisherigen Monopolzeitung zu einem starken Ausbau des Lokalteils. Allerdings wurde die eingeleitete Expansion nach einiger Zeit z. T. wieder zurückgeschraubt (*Schug* 1993).

Bezeichnend für die Entwicklung der deutschen Presse seit den fünfziger Jahren war ein Auflagenzuwachs, der in diesem Ausmaß in den meisten vergleichbaren Industrieländern nicht stattfand. Zwischen 1954 und 1969 stieg die *Gesamtauflage* der Tagespresse in der alten Bundesrepublik von 13,4 auf 18,1 Millionen (verkaufter) Exemplare. Ein Höchststand wurde hier 1983 mit 21,2 Millionen Exemplaren erreicht, so daß auch die *Leserdichte* (Zahl der Zeitungsexemplare pro 1000 Einwohner) deutlich anwuchs. Am meisten hatte die *Bild - Zeitung* seit den fünfziger Jahren vom Auflagenzuwachs der Kaufzeitungen profitiert. In den letzten Jahren ist es aber gerade bei diesem Typ zu Auflagenminderungen gekommen.

Mit dem Auflagenwachstum ging die *Auflagenkonzentration* einher. Dieser dritte Typ von Konzentration, neben der publizistischen Konzentration und der Verlagskonzentration, hatte zur Folge, daß heute mehr als die Hälfte aller täglich verkauften Zeitungsexemplare von nicht mehr als drei Prozent der Zeitungsverlage herausgebracht wird. Wenn man die wirtschaftlichen Zusammenhänge und Querverbindungen mit berücksichtigt, werden die größten Einzelanteile an der Auflage von den folgenden Verlagsgruppen kontrolliert (unter Einschluß der einigungsbedingten Zukäufe seit 1991) (*Röper* 1997):

1. Axel Springer-Verlag AG, Hamburg/Berlin: Marktanteil 23,7 Prozent (Bild, B.Z. Berlin, Hamburger Abendblatt, Berliner Morgenpost, Die Welt, Bergedorfer Zeitung, Elmshorner Nachrichten, Beteiligungen an Leipziger Volkszeitung [50%], Ostsee-Zeitung Rostock [74,5%], Lübecker Nachrichten [49%], Kieler Nachrichten [25%], Pinneberger Tageblatt [28%], Harburger Anzeigen und Nachrichten [25%], Tageblatt Naumburg [37,5%], Dresdner Neueste Nachrichten [50%]).

2. Zeitungsgruppe WAZ, Essen, mit Westdeutsche Allgemeine Zeitungsverlagsgesellschaft E. Brost & J. Funke GmbH & Co. KG, Zeitungsverlag Westfalen GmbH & Co. KG, Zeitungsverlag Niederrhein GmbH & Co. KG, Westfalenpost GmbH: Marktanteil 5,9 Prozent (Westdeutsche Allgemeine Zeitung, Essen, Westfälische Rundschau, Dortmund, Neue Ruhr/Rhein Zeitung Essen, Westfalenpost, Hagen, Thüringer Allgemeine, Erfurt [50%], Ostthüringer Zeitung, Gera, Iserlohner Kreisanzeiger und Zeitung [25%]).

3. Verlagsgruppe Stuttgarter Zeitung/Die Rheinpfalz, Ludwigsha-

fen/Südwestpresse, Ulm: Marktanteil 5,0 Prozent (Stuttgarter Zeitung, Stuttgarter Nachrichten, Die Rheinpfalz, Ludwigshafen, Südwestpresse, Ulm, Leonberger Kreiszeitung [50%], Rundschau für den Schwäbischen Wald, Gaildorf, Geislinger Zeitung [50%], Waiblinger Kreiszeitung [36%], Freie Presse, Chemnitz, Märkische Oderzeitung, Frankfurt/Oder, Kreisnachrichten, Calw, Alb-Bote, Münsingen, Reutlinger Nachrichten, Fellbacher Zeitung).

4. Verlagsgruppe M. DuMont Schauberg, Köln: Marktanteil 4,0 Prozent (Kölner Stadt-Anzeiger, Express, Köln, Düsseldorf Express [50%], Mitteldeutsche Zeitung, Halle, Tageblatt, Naumburg [25%]).

5. Gruner & Jahr AG & Co. KG, Hamburg: Marktanteil 3,4 Prozent (Sächsische Zeitung [60%], Berliner Zeitung, Hamburger Morgenpost, Morgenpost für Sachsen [60%], Dresden, Berliner Kurier).

Die nächstgroßen Verlagsgruppen sind die Verlagsgruppe Süddeutsche Zeitung/Friedmann Erben (Marktanteil 3,2%), Frankfurter Allgemeine Zeitung/Frankfurter Societäts-Druckerei GmbH (3,0%), Verlagsgruppe Münchener Zeitungsverlag/Zeitungsverlag tz/Westfälischer Anzeiger/Dirk Ippen (2,7%), Georg von Holtzbrinck & Co KG (2,5%) und die Verlagsgruppe Madsack/Gerstenberg (2,3%). Die zehn auflagenstärksten Verlagsgruppen kommen auf einen Marktanteil von 55,6 Prozent (1993). Bei *Kaufzeitungen* repräsentieren die fünf größten Anbieter praktisch das gesamte Angebot.

Alle diese Anteilsberechnungen zur *Auflagenkonzentration* sind unter Berücksichtigung zweier Tatsachen zu beurteilen:

1. Die Auflagenkonzentration ist nur zum Teil das Ergebnis von Aufkäufen, Fusionen und wirtschaftlichen Beteiligungen, zu einem erheblichen Teil ist sie Folge des Auflagenzuwachses von erfolgreichen Presseprodukten gewesen.

2. Bei Anteilsberechnungen sind Zeitungen unterschiedlichen Typs, nämlich überregional und regional/lokal verbreitete *Kauf-* und *Abonnementzeitungen*, zusammengefaßt; die verschiedenen Zeitungstypen erfüllen aber für die Leser unterschiedliche Aufgaben, und sie richten sich auch teilweise an jeweils andere Leserkreise.

Die Daten in Tabelle (19) für 1991 und 1993 zeigen die Veränderungen durch die und nach der deutsche(n) Wiedervereinigung und dokumentieren die Struktur des seitdem bestehenden gesamtdeutschen Zeitungsmarkts. In der DDR bestanden bis zur Wende 37 *Publizistische Einheiten* mit 290 *Ausgaben* und einer Auflage von 9,4 Millionen Exemplaren (→ Medien DDR). Im Zuge der politischen Umwälzung kam es hier zudem zur Gründung einer ganzen Reihe neuer Zeitungen. Doch konnten sich diese Blätter, obwohl sie z. T. in mehreren zehntausend Exemplaren erschienen, nicht halten. Schon vor dem 3. Oktober 1990 setzte ein Schrumpfungsprozeß ein, der sich danach rapide fortsetzte. Ihm fielen auch Zeitungen der ehemaligen Blockparteien zum Opfer, die gegenüber den SED-Zeitungen in nachrangiger Position gestanden hatten. Nachdem westdeutsche Verlage mit den letzteren noch zu DDR-Zeiten Kooperationen eingegangen waren, bot die zur Überführung der Staats- in die Privatwirtschaft bestellte *Treuhandanstalt* im Frühjahr 1991 diese Zeitungen zum Verkauf an. Den Zuschlag erhielten durchweg große westdeutsche Verlage, die allein die hohen Verkaufspreise zahlen und Übernahme-Konzepte (mit Arbeitsplatzsicherung und Investitionszusage) vorlegen konnten. Dabei leiteten die Partner aus den zuvor eingegangenen Kooperationen Vorkaufsrechte ab. Allerdings erhielt kein Verlag mehr als eine Zeitung zugesprochen.

Die Verkaufspolitik der *Treuhand* hat – zusammen mit der Dynamik des Wettbewerbs in einem verzerrten Markt – die Dominanz der ehemaligen SED-Bezirkszeitungen auf dem Gebiet der Ex-DDR damit gestärkt. Zugleich weist der Zeitungsmarkt dort einen höheren Konzentrationsgrad auf als in den alten Bundesländern. (Sechs von den zehn auflagenstärksten deutschen Tageszeitungen befinden sich in den neuen Bundesländern.) Die *Konzentration* hat zwischen 1991 und 1993 durch den Wegfall von 19 *Publizistischen Einheiten* noch deutlich zugenommen. Profitiert haben davon die ohnedies schon starken westdeutschen Großverlage, deren Stellung weiter gefestigt wurde. Von einer Belebung des publizistischen Wettbewerbs der Tagespresse in den neuen Bundesländern kann daher keine Rede sein. Der Verzicht auf medienpolitische oder kartellrechtliche Überlegungen bei der Überführung der Presse der ehemaligen DDR in das vereinte Deutschland ist mit Recht kritisiert worden (*Schneider* 1992).

Zu den Gewinnern der deutschen Einheit auf publizistischem Gebiet gehört überdies die Sozialdemokratische Partei Deutschlands (SPD). 40 Prozent Anteile an der *Sächsischen Zeitung* (Dresden) wurden ihr von der *Treuhand* zugesprochen, und zwar als einmalige Entschädigung für ihre Ansprüche auf neun von 15 ehemaligen SED-Bezirkszeitungen, deren frühere sozialdemokratische Besitzer 1933 von den Nationalsozialisten enteignet worden waren. Damit erhöhte sich der schon bei einigen anderen Presseobjekten bestehende Mitbesitz (Minderheitsanteile) der Partei an Verlagsunternehmen (*Hannoversche Allgemeine*, *Frankenpost*/Hof, *Neue Presse*/Coburg).

Die übliche Unterscheidung der Zeitungstypen erfolgt nach zwei Kriterien: dem Verbreitungsgebiet und der Vertriebsform. Während die größte Gruppe der Tageszeitungen in der Bundesrepublik nahezu ihre gesamte Auflage in einem relativ kleinen, umgrenzten Gebiet absetzt (*Regionalzeitungen*, *Lokalzeitungen*), sind einige wenige Zeitungen mit dem größten Teil ihrer Auflage im gesamten Bundesgebiet verbreitet (überregional oder national verbreitete Zeitungen). Während die Mehrzahl der *Tageszeitungen* den überwiegenden Teil (mindestens 50 Prozent) ihrer Auflage im *Abonnement* vertreibt (d. h. ihre Käufer zum Bezug der Zeitung während eines bestimmten Zeitraumes verpflichtet hat), setzt eine kleine Gruppe von Blättern ihre Auflage vorwiegend im Einzelverkauf ab (*Kaufzeitungen* oder *Straßenverkaufszeitungen*, auch: *Boulevardzeitungen*).

Die beiden Unterscheidungskriterien sind kombinierbar: Es gibt regionale/lokale Abonnementzeitungen und regionale/lokale Straßenverkaufszeitungen sowie überregionale Abonnementzeitungen und den Typ der überregionalen Straßenverkaufszeitung. Daten zu diesen Typen und die wichtigsten bzw. auflagenstärksten Titel sind Tabelle 20 zu entnehmen.

Eine nationale Verbreitung besitzen im strengen Sinne vor allem die *Frankfurter Allgemeine* und *Die Welt*. Beide werden mitunter auch als Qualitätszeitungen apostrophiert, ebenso die *Süddeutsche Zeitung* und die *Frankfurter Rundschau*, die ebenfalls überregional angeboten werden (die *SZ* mit einer eigenen Bundesausgabe), überwiegend allerdings in der Region ihrer Erscheinungsorte (München bzw. Frankfurt). Auch die *Frankfurter*

Allgemeine und *Die Welt* haben einen lokalen ›Bezugspunkt‹, sie bringen neben der Deutschlandausgabe eine Stadtausgabe heraus, die *FAZ* für Frankfurt und Umgebung, *Die Welt* für Hamburg und auch Berlin (seitdem ihre Redaktion Mitte 1993 dorthin übergesiedelt ist). *Die Welt*, die *Frankfurter Allgemeine*, die *Süddeutsche Zeitung* und die *Frankfurter Rundschau* re-

Tabelle 20:
Typologische Gliederung der Tageszeitungen in Deutschland

	Lokale/ regionale Abonnement- zeitung	Lokale/ regionale Straßen- verkaufs- zeitung	Über- regionale Abonnement- zeitung	Über- regionale Straßen- verkaufs- zeitung
Anzahl der Publizistischen Einheiten	121	7	6	1
Gesamtauflage (IV/1997) (in Mio.)	18,7	1,4	0,8	4,4
Titel mit verkaufter Auflage (4/1998)	Westdeutsche Allgemeine Zeitung (WAZ), Essen (605000)	Express, Köln/ Düsseldorf (321000)	Frankfurter Allgemeine (400000)	Bild (4409000)
	Sächsische Zeitung, Dresden (494000)	B.Z., Berlin (279000)	Die Welt (218000)	
	Freie Presse, Chemnitz (435000)	Abendzeitung, München/ Nürnberg (180000)	Neues Deutschland (65000)	
	Süddeutsche Zeitung, München (413000)	tz, München (150000)	taz (58000)	
	Mitteldeutsche Zeitung, Halle (435000)	Berliner Kurier (180000)	Junge Welt (41000)	
	Rheinische Post, Düsseldorf (395000)	Hamburger Morgenpost (140000)	Deutsche Tagespost (14000)	
		Morgenpost für Sachsen, Dresden, Chemnitz, Leipzig (119000)		

Quelle: IVW-Auflagenliste 4/1998

präsentieren im ganzen zudem das politische Spektrum der bundesdeutschen Tagespresse zwischen rechts, gemäßigt rechts, gemäßigt links und links und werden daher gern empirischen Spektrumsanalysen zugrunde gelegt.

Andere überregionale Blätter sind auf enge Marktsegmente beschränkt. Die *taz* ist ein Organ der linken, alternativen Szene (*Flieger* 1992), die *Deutsche Tagespost* ist eine katholische Zeitung, die nur dreimal wöchentlich erscheint. Von dem halben Dutzend überregional verbreiteter Blätter der DDR sind das zur PDS, der SED-Nachfolgepartei, gehörige *Neue Deutschland* sowie die früher der Ost-CDU eigene, jetzt im Besitz der *FAZ* befindliche *Neue Zeit* (am 4. 7. 1994 eingestellt) und das ehemalige FDJ-Organ *Junge Welt* übriggeblieben. Der Anteil überregionaler Blätter am gesamten Markt der Tagespresse ist in Deutschland, zumal im Vergleich zu Ländern wie England oder Frankreich, begrenzt. Die hier erzielten Auflagen reichen z. T. nicht zur Rentabilität. Während die *Frankfurter Allgemeine* und insbesondere die *Süddeutsche Zeitung* durch Auflagenzuwächse erfolgreich sind, ist *Die Welt* seit langer Zeit defizitär, wird aber als »Flaggschiff« vom Springer Verlag weiter subventioniert. In wirtschaftliche Schwierigkeiten geriet in den letzten Jahren auch die *taz*, denen man durch den Aufruf zur aktionärsartigen Mitfinanzierung entgegenzuwirken suchte. Ganz erheblich unter ihren einstigen Auflagen liegen *Neues Deutschland* und *Junge Welt*. Zuschußbedürftig war auch die *Neue Zeit*.

Stagnierend bis rückläufig ist seit einiger Zeit die Entwicklung der Straßenverkaufspresse. Die *Bild*-Zeitung, die einzige überregionale Kaufzeitung, hatte früher in der alten Bundesrepublik eine Auflage von rund fünf Millionen Exemplaren, heute sind es in Gesamtdeutschland noch 4,3 Millionen, davon 3,8 Millionen in den alten, gut eine halbe Million in den neuen Bundesländern (wo nach der Wende zunächst das Doppelte verbreitet wurde). *Bild* bleibt damit dennoch die auflagenstärkste deutsche Zeitung. Sie wird täglich von einem Sechstel der erwachsenen Bevölkerung in Deutschland gelesen (1967 noch von gut einem Drittel). Die regionalen Straßenverkaufszeitungen haben ihre Auflagen, von gewissen Schwankungen abgesehen, weitgehend halten können. In den neuen Bundesländern werden neben *Bild* Ableger regionaler westlicher Straßenverkaufsblätter (*Mitteldeutscher Express* in Halle, *Morgenpost für Sachsen* mit Ausgaben für Dresden, Chemnitz und Leipzig) und der (jetzt zum – von Gruner + Jahr übernommenen – Berliner Verlag gehörige) *Berliner Kurier* verbreitet. Der von Burda 1991 gemachte Versuch, mit *Super!* eine eigene Straßenverkaufszeitung für die neuen Bundesländer herauszubringen, hatte anfänglich zwar Erfolg, wurde aber nach (durch Preiserhöhung bedingten) Auflageneinbußen und wegen seines vielkritisierten, Ressentiments zwischen Ost und West anheizenden Journalismus aufgegeben.

Die Unterscheidung der Zeitungstypen nach Verbreitungsgebiet und Vertriebsform folgt nur scheinbar äußerlichen Kriterien. Tatsächlich hängen mit dieser Differenzierung auch sehr substantielle Unterschiede in der Reichweite, Leserschaftsstruktur, in Zeitungsinhalt und Aufmachung zusammen.

In der Bundesrepublik Deutschland sind (im Unterschied beispielsweise zu Großbritannien) bis vor einigen Jahren an Sonntagen nur wenige Zeitungen erschienen. Daran hat sich mittlerweile jedoch einiges geändert. Im Jahre 1985 wurde immerhin schon fast jeder zehnte Bezieher einer örtlichen/regionalen Abonnementzeitung nicht nur sechsmal wöchentlich, sondern täglich mit einer Zeitung beliefert. Am auflagenstärksten ist *Sonntag aktuell*, die einer ganzen Reihe von Zeitungen im südwestdeutschen Raum als zusätzliche, nicht gesondert berechnete siebte Ausgabe dient (ca. 900 000 Exemplare). Sonntagsausgaben liefern in den alten Bundesländern u.a. die *Hessisch Niedersächsische Allgemeine* und die *FAZ* mit der *Frankfurter Allgemeinen Sonntagszeitung*, die über den werktäglichen Verbreitungsradius der lokalen ›Mutterzeitung‹ hinaus verbreitet wird (Auflage ca. 100 000). In den neuen Bundesländern gibt es außer der Sonntagszeitung der Kasseler *Mitteldeutschen Allgemeinen* in Thüringen die (Magdeburger) *Volksstimme am Sonntag* (in Halberstadt, Magdeburg und Stendal) sowie die *Altmark-Zeitung* (Salzwedel). Die *Lübekker Nachrichten* sind die einzige Zeitung in Deutschland, die eine Sonntags-, aber dafür keine Montagsausgabe herausbringt. Früher war dies auch bei den Berliner Abonnementzeitungen *Berliner Morgenpost* und *Der Tagesspiegel* der Fall. Beide sind inzwischen aber zu einem siebentägigen Erscheinen übergegangen. Die

(Ost)-*Berliner Zeitung* hat bisher keine Sonntagsausgabe, wohl aber der im gleichen Verlag herauskommende *Berliner Kurier*. Während alle diese am Sonntag erscheinenden Zeitungen nur lokal/regional verbreitet sind und daher auch nur eine Reichweite von örtlich begrenzter Bedeutung haben, werden die beiden auflagenstarken Sonntagszeitungen *Bild am Sonntag* (Auflage 2,5 Millionen) und *Welt am Sonntag* (400000) zusammen jede Woche von rund einem Fünftel der Bevölkerung gelesen. Beide Zeitungen gehören zum *Axel Springer-Verlag*. Obgleich die Titel der Zeitungen an einen Zusammenhang mit den entsprechenden Tageszeitungen desselben Verlages denken lassen, sind doch sowohl *Bild* und *Bild am Sonntag* als auch *Die Welt* und *Welt am Sonntag* redaktionell voneinander getrennt. Man kann daher strenggenommen die beiden überregionalen *Sonntagszeitungen* eher zu den *Wochenzeitungen* als zu den Tageszeitungen rechnen, wenn sie auch tagesaktuell informieren: Sie stoßen allwöchentlich in die Lücke, die die Tageszeitungen am Sonntag lassen (*Wilke* 1989).

Wie schon seit längerem z. B. im Ruhrgebiet gibt es in Chemnitz und Zwickau sonntäglich erscheinende Anzeigenblätter mit aktuellen Sportnachrichten. Damit will die Verlagsgruppe der dortigen *Freien Presse* ihre Wettbewerbsposition gegenüber den überregionalen Sonntagszeitungen stärken.

Einen Sonderfall bildet die Wirtschaftszeitung *Handelsblatt*, die zwar das Kriterium des mindestens zweimal wöchentlichen Erscheinens erfüllt (das *Handelsblatt* erscheint fünfmal wöchentlich, Montag bis Freitag), die aber gegenüber einer üblichen Tageszeitung so sehr spezialisiert ist, daß die Wirtschaftsberichterstattung im ganzen dominiert. *Schütz* nimmt sie daher auch nicht in seine Zeitungsstatistik auf, da es sich nach seiner Definition um eine mehrmals wöchentlich erscheinende *Fachzeitschrift* handelt. Das gleiche gilt für die *Börsen-Zeitung*, das Pflichtblatt deutscher Wertpapierbörsen (an ihr besitzt das *Handelsblatt* inzwischen eine Unterbeteiligung). Fünfmal in der Woche, montags bis freitags, erscheint ferner eine eigene *Ärzte Zeitung*.

Anzeigenblätter

Eine Pressegattung eigener Art bilden die *Anzeigenblätter*. Dabei handelt es sich um periodisch, überwiegend einmal wöchentlich erscheinende Druckwerke, die unentgeltlich und unbestellt verbreitet werden und die überwiegend aus Anzeigen bestehen. Ihre Vorläufer waren die sogenannten *Intelligenzblätter*, die in Deutschland im 18. Jahrhundert aufkamen (→ Pressegeschichte). Auch heute erscheinen in der Bundesrepublik wieder zahlreiche Anzeigenblätter mit hoher Gesamtauflage. Sie enthalten im wesentlichen lokale Geschäftsanzeigen und private Kleinanzeigen, sind aber zunehmend dazu übergegangen, auch einen – meist lokalbezogenen – Textteil zu gestalten. Dieser bietet als Service-Angebot vor allem Hinweise auf Termine und Veranstaltungen, auch praktische Ratschläge und Tips, allenfalls am Rande etwas Berichterstattung. Weitaus die meisten Anzeigenblätter verfügen über eine verlagseigene Redaktion.

Seit den siebziger Jahren ist es in der Bundesrepublik zu einer erheblichen Expansion von Anzeigenblättern gekommen. Die Gründungswelle ging zunächst von eigenen Anzeigenblattverlagen aus. Die Tageszeitungsverleger, die Anzeigenverluste befürchteten, suchten diese Entwicklung zunächst durch juristische Schritte zu unterbinden. Als dies mißlang, begannen sie zunehmend selbst damit, eigene Anzeigenblätter zu gründen oder andere aufzukaufen. Inzwischen bilden die Anzeigenblätter eine – wenn auch spezielle – Ergänzung des Medienspektrums. Publizistische Lücken im lokalen und sublokalen Raum können sie wegen der geringen journalistischen Leistung aber nur sehr begrenzt füllen. Insofern tragen sie auch kaum zu einer Stärkung der publizistischen Vielfalt bei, was man angesichts der *Pressekonzentration* anfangs mitunter von ihnen erwartet hatte. Der Markt der Anzeigenblätter ist unübersichtlich, ihre Gesamtzahl schwer zu erfassen. Zwar haben viele von ihnen ihre Marktstellung gefestigt, doch gibt es noch immer eine gewisse Fluktuation. Zudem besteht bisher nur teilweise eine den Tageszeitungen vergleichbare Auflagenkontrolle. Die verfügbaren Daten stützen sich auf die *amtliche Pressestatistik* des Statistischen Bundesamts, die Titelmeldungen des *Verleger-Verbands Deutscher Anzeigenblätter* (VVDA) und der Anzeigenblätter der

Tageszeitungen (AdZ) im BDZV (*Bundesverband Deutscher Zeitungsverleger*) sowie auf die regelmäßig erscheinende Media Daten Sonderpublikation Anzeigenblätter.

Die Zahl der Anzeigenblätter von 312 im Jahre 1978 hatte sich bis Anfang der achtziger Jahre mehr als verdoppelt. Die amtliche Pressestatistik wies für das Jahr 1990 (in den alten Bundesländern) 1101 Anzeigenblätter (darunter 22 sogenannte Offertenblätter) mit einer Auflage von 63,5 Millionen Exemplaren nach. Doch dürften damit nicht alle Organe dieser Art erfaßt sein, so daß die tatsächliche Anzahl von Titeln und deren Auflagenhöhe vermutlich über diesen Daten liegen. Die Bandbreite der Auflagen für einen Titel reicht zwischen gut 1000 bis zu 2,5 Millionen Exemplaren. Nach der politischen Wende in der DDR und dem Übergang zur Marktwirtschaft sind auch dort alsbald *Anzeigenblätter* aufgekommen. Einen zahlenmäßigen Nachweis liefert für 1994 die in Gesamtdeutschland durchgeführte *amtliche Pressestatistik*.

Die regionale Verteilung der Anzeigenblätter entspricht weitgehend der der Tagespresse, d. h. der Markt ist für sie dort lukrativ, wo Bevölkerungszahl und Wirtschaftsstruktur eine starke Tagespresse ermöglichen. Wenig durchsichtig sind bislang auch die Eigentumsverhältnisse in diesem Bereich. Ein wesentlicher Grund dafür ist, daß Zeitungsverleger, als sie in diesen Markt einstiegen, ihre Anzeigenblätter häufig nicht unter dem Namen des eigenen Verlags erscheinen ließen. Die Tageszeitungsverleger haben ihren Marktanteil zunehmend ausgebaut und die Altblätter mehr und mehr verdrängt. An dem florierenden Geschäft einer Ausschöpfung des lokalen Anzeigenmarktes sind sie damit wesentlich selbst beteiligt (*Kopper* 1991; *Pätzold / Röper* 1992).

Kokurrenz ist den Anzeigenblättern durch sogenannte Handelsmedien oder Handelszeitungen entstanden. Eine Reihe von Unternehmen, insbesondere Selbstbedienungsketten, bringen kostenlose Druckwerke von Faltblättern bis zu Farbmagazinen heraus, die teilweise auch etwas redaktionellen Stoff enthalten. Ihre Auflage soll bereits über mehrere Millionen Exemplare betragen.

Wochenzeitungen/Wochenzeitschriften

Eine Reihe von Presseorganen sieht im äußeren Erscheinungsbild den Zeitungen ähnlich, doch sind diese nach ihren publizistischen Merkmalen genaugenommen den *Zeitschriften* zuzurechnen. Sie dienen weniger der aktuellen Berichterstattung als der Hintergrundinformation und der tagesübergreifenden Meinungsbildung. Als Vorbild solcher politischen Wochenzeitungen kann zum Beispiel der britische *Observer* gelten. Im Unterschied zur Tagespresse sind die politischen Wochenzeitungen in der Regel mehr oder weniger richtungs- oder festrichtungsbestimmt. In dieser Gattung findet man auch die Reste der früher stark ausgeprägten Parteipresse: *Bayernkurier* (CSU) sowie *Deutsche Wochen-Zeitung* und *Deutsche National-Zeitung* (beides Organe der rechtsextremen DVU).

Wochenzeitungen, die den Religionsgemeinschaften nahestehen, sind *Rheinischer Merkur* (Auflage 108 000), *Deutsches Allgemeines Sonntagsblatt* (Auflage 90 000) und die *Allgemeine jüdische Wochenzeitung* (Auflage 6000). Während der *Rheinische Merkur*, ursprünglich katholisch, sich seit der Fusion (1979) mit der evangelischen Wochenzeitung *Christ und Welt* als christlich versteht, ist das *Deutsche Allgemeine Sonntagsblatt* protestantisch geprägt. Beide Wochenzeitungen benötigen jedoch Subventionen der katholischen Bischöfe bzw. der Evangelischen Kirche in Deutschland (1993 jeweils 9 Millionen DM). Beim *Deutschen Allgemeinen Sonntagsblatt* hat auch eine 50-Prozent-Beteiligung des Süddeutschen Verlags den wirtschaftlichen Niedergang nicht aufhalten können. Beide genannten Zeitungen suchen Vorteile in einer gemeinsamen Anzeigenkombination. Auch die Existenz der 1946 gegründeten *Allgemeinen jüdischen Wochenzeitung* stand 1994 zur Disposition (Übergang vorerst zu zweiwöchentlichem Erscheinen).

Die Bundeszentrale für politische Bildung gibt *Das Parlament* heraus, dessen Inhalt auch durch den Untertitel ›Die Woche im Bundeshaus‹ charakterisiert wird. Das Blatt wird im wesentlichen aus dem Bundeshaushalt finanziert und nur zu einem geringen Teil verkauft. Ein Organ der Vertriebenenverbände ist u. a. *Das Ostpreußenblatt*. Die *Deutsche Handwerkszei-*

tung erreicht wöchentlich eine Auflage von knapp 400 000 Exemplaren.

Erfolgsreichste politische Wochenzeitung ist *Die Zeit* (Auflage 490 000), die unabhängig ist von Parteien, Verbänden und Konfessionsgruppen. Das heißt aber nicht, daß sie in ihren Ressorts nicht bestimmte Linien verfolgte. Neuerdings ist das in der Bundesrepublik an sich schwach entwickelte Angebot an Wochenzeitungen größer geworden. Die früher in der DDR veröffentlichte *Wochenpost* wurde umgestaltet und erscheint jetzt in ganz Deutschland, seit Februar 1992 beim Berliner Verlag, der im Eigentum von *Gruner + Jahr* ist. Der ebenfalls einst in der DDR erscheinende *Sonntag* hat sich im Herbst 1990 mit der *Volkszeitung* vereinigt, die aus der DKP-nahen, von der DDR finanziell unterstützten *Deutschen Volkszeitung* in Düsseldorf hervorgegangen ist. Seitdem heißt das Organ *Freitag* (und hat eine Auflage von knapp 25 000 Exemplaren). Eine eigene West-Gründung ist *Die Woche*, die seit 1993 im Jahreszeiten-Verlag erscheint. Sie ist politisch eher links einzuordnen und stellt vor allem durch ihr farbiges Layout und die zahlreichen Grafiken (nach dem Modell von *USA Today*) sowie durch zusammenfassende Textblöcke eine publizistische Innovation dar (Auflage nach Verlagsangaben 100 000 Ende 1993). Seit Anfang 1994 erscheint das rechtsintellektuellen Kreisen nahestehende Monatsblatt *Junge Freiheit* wöchentlich.

Zeitschriften

Das Angebot an periodischen Publikationen, die mit dem Sammelbegriff *Zeitschrift* bezeichnet werden, ist nur schwer überschaubar. Ihre Gesamtzahl läßt sich kaum vollständig ermitteln. Bei den meisten handelt es sich um *Fachzeitschriften*, Standes-, Berufs- und Verbandszeitschriften, Kunden-, Haus- und Werkzeitschriften. Diesen Organen ist gemeinsam, daß ihr Inhalt spezialisiert ist und daß sie sich in der Regel an einen kleinen, meist begrenzten Leserkreis wenden, folglich auch nur eine geringe Auflage erreichen, sieht man von den Blättern der Organisationen mit sehr großen Mitgliederzahlen (wie Kirchen, Gewerkschaften, Automobilclubs) einmal ab.

Die Vielzahl der Zeitschriften hat sich schon seit dem 18. Jahrhundert herausgebildet (→ Pressegeschichte). Der sich im 19. Jahrhundert verstärkende Aufschwung im deutschen Zeitschriftenwesen wurde durch den Ersten Weltkrieg und die nachfolgende Inflation unterbrochen. Im einzelnen läßt sich die Entwicklung durch folgende Daten belegen (*Bohrmann* 1979):

Jahr	Zahl der Titel
1848	688
1890	3441
1913	6421
1919	3886
1931	7652
1939	5647
1944	458

Tabelle 21:
Basisdaten zur Struktur des Zeitschriftenwesens in Deutschland
(Auflage im 4. Quartal 1994 in Tsd. Ex.)

	Anzahl	Auflage insgesamt	Einzel-verkauf	Abonne-ment	Unent-geltlich abgeg. Auflage
Politische Wochenblätter	96	2769	833	1099	837
Konfessionelle Zeitschriften	337	5841	165	5676	564
Publikumszeitschriften	1673	130780	68750	35611	26419
Fachzeitschriften mit überwiegend wiss. Inhalt	1752	11874	1310	6821	3743
Andere Fachzeitschriften	1837	76733	2858	26729	47147
Kundenzeitschriften	126	50510	1	27	50482
Amtliche Blätter	1350	3374	122	2333	919
Anzeigenblätter	1436	85809	1398	10	84381
Kostenlos verteilte kommunale Amtsblätter	433	2672	–	–	2672
Sonstige Zeitschriften	53	16941	3	89	16850
Insgesamt	9093	387867	75460	78394	234014

Quelle: Statistisches Bundesamt (Hrsg.): Fachserie 11. Bildung und Kultur. Reihe 5. Presse 1994. Stuttgart 1996.

Grunddaten zum Zeitschriftenwesen der Bundesrepublik Deutschland liefert seit Mitte der siebziger Jahre die *amtliche Pressestatistik* (vgl. Tabelle 21, Daten für 1991 erstmals unter Einschluß der neuen Bundesländer). Da diese Pressestatistik aber nur gewerblich faßbare Unternehmen einbezieht, weist sie nicht den Gesamtbestand an Zeitschriften nach, zu dem auch nicht verlagsmäßig vertriebene Organe gehören. Dieser Gesamtbestand dürfte schätzungsweise bei über 20 000 Titeln liegen. Tabelle 21 zeigt die Anteile für die einzelnen, durch die amtliche Pressestatistik gebildeten Zeitschriftengruppen einschließlich ihrer Vertriebsformen. Die einzelnen Gruppen lassen sich typologisch weiter untergliedern.

Publizistisch interessant sind vor allem die auflagenstarken Zeitschriften, deren Inhalt gar nicht oder doch nur so weit eingeschränkt ist, daß er auch von Nicht-Fachleuten und Außenstehenden noch verstanden werden kann und die heute im allgemeinen als *Publikumszeitschriften* bezeichnet werden, und zwar weil sie sich an ein durch Beruf, Stand oder Mitgliedschaft prinzipiell nicht begrenztes, sondern an ein möglichst breites Publikum wenden; die sich weniger der Bildung und Unterrichtung, dafür mehr der Beschäftigung ohne Anstrengung, der Unterhaltung oder Beratung widmen. Das Angebot an Publikumszeitschriften hat sich in der Bundesrepublik im letzten Jahrzehnt noch beträchtlich vergrößert. Die verkaufte Auflage stieg nach Angaben der *Informationsgemeinschaft zur Feststellung der Verbreitung von Werbeträgern* (IVW)

Tabelle 22:
Arten von Publikumszeitschriften in der Bundesrepublik 1994

Art/Spezialisierung	Anzahl	Auflage (Mio.)
Illustrierte, Magazine usw.	333	44,6
Motor, Freizeit, Reise, Hobby	416	30,1
Frauen, Familie, Mode, Wohnen	108	30,6
Jugendzeitschriften	79	5,9
Politik, Kultur, Populärwissenschaft	440	9,8
Romane, Rätsel, Comics	53	4,8
Sport	239	4,6
Sonstige	5	1,4
Insgesamt	1673	131,8

Quelle: Statistisches Bundesamt (Hrsg.): Fachserie 11. Bildung und Kultur. Reihe 5. Presse 1994. Stuttgart 1996.

Tabelle 23:
Auflagen und Reichweiten ausgewählter Zeitschriften in Deutschland

Titel	Durchschnittlich verkaufte Auflage im Erscheinungsintervall (4/98)	Reichweite in Prozent der Bevölkerung ab 14 Jahre (1998)
Aktuelle Illustrierte		
Stern	1 102 075	11,4
Bunte	682 736	5,9
Super Illu	583 365	3,9
Neue Revue	392 464	3,7
Unterhaltende Wochenzeitschriften		
Neue Post	1 319 974	3,6
Tina	1 175 180	4,7
Freizeit Revue	1 124 644	5,0
Frauen- und Modezeitschriften		
Bild der Frau	1 765 499	7,6
Brigitte	940 790	6,4
Für Sie	610 180	5,0
Frau im Spiegel	678 175	3,5
Freundin	606 171	5,2
Emma	56 080	–
Programmzeitschriften		
TV Movie	2 852 796	8,8
TV Spielfilm	2 716 933	12,3
Hörzu	2 215 384	11,9
Auf einen Blick	2 210 688	7,0
TV Hören und Sehen	1 690 973	7,0
TV Today	1 629 868	5,3
Funk Uhr	1 295 369	5,6
Fernsehwoche	1 187 689	5,9
Politische und Wirtschafts-Magazine		
Spiegel	1 056 673	9,1
Focus	782 685	8,2
Capital	294 087	3,9
Autozeitschriften		
ADAC Motorwelt	12 718 686	22,3
Auto Bild	837 013	4,4
Auto Motor und Sport	508 144	4,5
Kulturzeitschriften		
Geo	519 661	6,7
Merian	110 563	1,9

Titel	Durchschnittlich verkaufte Auflage im Erscheinungsintervall (4/98)	Reichweite in Prozent der Bevölkerung ab 14 Jahre (1998)
Wohn- und Lifestyle Magazine		
Mein schöner Garten	427964	5,6
Schöner Wohnen	387169	5,0
Essen + Trinken	300021	3,3
Kinder- und Jugendzeitschriften		
Bravo	969681	3,4
Bravo Girl	563094	1,9
Micky Maus	664629	–
Mädchen	314215	1,4
Sportzeitschriften		
Sport-Bild	532145	4,6
Kicker/Sport-Magazin (Mo)	290824	3,9

Quellen: IVW-Auflagenliste 4/1998 und Allensbacher Werbeträger-Analyse (AWA) 1998

von rund 90 Millionen (1983) auf rund 106 Millionen Stück (1990). Dies ging mit einer erheblichen, überproportionalen Vermehrung von Titeln einher, wobei etablierte Titel großenteils an Auflage verloren. Einen weiteren Anstieg der Gesamtauflage (und der Titel) brachte die deutsche Wiedervereinigung, und zwar auf 122,85 Millionen Exemplare je Erscheinungsintervall (1993).

Die Gruppe der *Publikumszeitschriften* läßt sich nach Arten bzw. der thematischen Spezialisierung noch weiter aufgliedern (Tabelle 22). Die auflagenstärkste Zeitschrift hierunter ist die *ADAC-Motorwelt*, die Mitgliederzeitschrift des Allgemeinen Deutschen Automobilclubs (vgl. Tabelle 23, S. 404). Sieht man von diesem Organ ab, so werden die höchsten Auflagen von den *Illustrierten*, den *Rundfunkprogrammzeitschriften*, den *Unterhaltenden Wochenblättern* und den *Frauenzeitschriften* erreicht. Nach einer Reihe von Einstellungen, Verkäufen und Fusionen seit den fünfziger Jahren sind nur noch drei Illustrierte übriggeblieben: Der *Stern* (Verlag Gruner + Jahr), die *Bunte* (Burda GmbH) und die *Neue Revue* (Bauer Verlag). Die Illustrierte *Quick* (ebenfalls Bauer Verlag) wurde 1992 (bei einer Auflage von 700000) eingestellt. Auch die Auflagen der drei verbliebenen Illustrierten sind seit Jahren rückläufig. Als Illustrierte eigens für Leser in den neuen Bundesländern hinzugekommen ist die *Super Illu* von Burda. Die hier genannten Aktuellen Illustrierten erscheinen wöchentlich; sie sind thematisch im Prinzip nicht spezialisiert (besitzen also das Merkmal der Universalität; vgl. → Pressegeschichte), praktisch überwiegen jedoch Berichte über menschliche Probleme, individuelle Schicksale, Prominente. Aber auch politische Themen werden behandelt, ja deren Anteil hat langfristig zugenommen.

Zu den Organen, die sich an eine bestimmte Zielgruppe wenden, gehören auch die *Frauen-* und *Modezeitschriften*. Bereits seit längerem eingeführt sind *Brigitte* (in der 1969 die Zeitschrift *Constanze* aufging), *Für sie*, *Freundin* und *Frau im Spiegel*. Als sehr erfolgreich hat sich das seit 1983 vom Springer-Verlag herausgebrachte *Bild der Frau* erwiesen. Als Frauenzeitschrift mit einem alternativen, feministischen Redaktionsprogramm ist *Emma* am bekanntesten geworden.

Eine eigene Gruppe mit hohen Auflagen bilden die *Programmzeitschriften*. Gerade hier herrscht ein starker Wettbewerb, der in den letzten Jahren zu erheblichen Umschichtungen geführt hat. Die jahrzehntelang dominierende *Hörzu* (Springer-Verlag) wurde von der jüngeren Kreation *Auf einen Blick* (Bauer-Verlag) überholt. Andere Neugründungen (*TV-Movie*, *TV-Spielfilm*), die hohe Auflagen erzielen, kamen hinzu. Dies ist vor allem auf die Vermehrung der Fernsehprogramme insbesondere durch private Anbieter zurückzuführen. Der Wettbewerb läuft hier z. T. über den Einzelverkaufspreis, z. T. über die Erscheinungsweise (wöchentlich/vierzehntäglich) und über das inhaltliche Konzept. Traditionelle Funk- und Fernsehzeitschriften (außer *Hörzu*, *TV Hören und Sehen*, *Fernsehwoche*, *Funk-Uhr*, *Gong*, *Bild und Funk*) verloren durch die Neugründungen z. T. erheblich an Auflage. Mit *Super TV* gibt es auch eine Programmzeitschrift, die so gut wie ausschließlich in den neuen Bundesländern abgesetzt wird. Ähnliches gilt für *F. F.*, die die einstige DDR-Programmzeitschrift *FF dabei* fortsetzt (jetzt bei Gruner + Jahr). Marktbeherrschend ist in diesem Sektor der *Bauer-Verlag*, aus dem heute etwa jede zweite Programmzeitschrift stammt.

Das Angebot an Jugendzeitschriften in der Bundesrepublik ist ge-

kennzeichnet durch eine geringe Anzahl von vergleichsweise auflagenstarken kommerziellen Organen und eine große Zahl überwiegend auflagenschwacher nicht-kommerzieller Periodika (*Knoche /
Lindgens/ Meissner* 1979). Unter den kommerziellen Jugendzeitschriften besitzt *Bravo* den größten Marktanteil, gefolgt von dem in
den letzten Jahren hinzugetretenen Ableger *Bravo Girl*. (vgl. Tabelle 23, S. 405). Diese Zeitschriften erscheinen im Magazinformat
und legen inhaltlich das Schwergewicht auf Berichte über Musik-,
Film-/Fernseh- und Sportstars. Eine ähnliche Zweiteilung besteht
beim Zeitschriftenangebot für Kinder. Zu den kommerziellen Organen gehören hier insbesondere *Comic*-Zeitschriften, aber auch
Schülermagazine, Leseanfängermagazine sowie *Beschäftigungszeitschriften* (*Sommer* 1994). Dominierend ist *Micky
Maus*.
Zeitschriften, die besonders Funktionen der Beratung für bestimmte
Lebensphasen oder Lebensbereiche erfüllen wollen, sind z. B.
*Spielen und Lernen, Eltern, Schöner Wohnen, Essen +
Trinken, Das Haus, Auto-Bild, Auto Motor und Sport,
heim + garten*. Vergleichsweise begrenzt ist noch immer das Angebot an allgemeinen Sportzeitschriften.
Der Mangel an Zeitungen während der Lizenzperiode und zumal
das Bedürfnis, den politischen Umbruch nach dem Ende der nationalsozialistischen Herrschaft publizistisch zu reflektieren, bildeten
die wichtigsten Voraussetzungen für die Gründung politischer und
kulturpolitischer Zeitschriften in der unmittelbaren Nachkriegszeit.
Schon im Titel vieler Zeitschriften drückte sich der Wille der Herausgeber aus, an der politischen Neugestaltung Deutschlands mitzuwirken. Die meisten dieser Organe wie *Der Ruf, Die Gegenwart, Die Wandlung. Ost und West* mußten ihr Erscheinen
schon nach wenigen Jahren einstellen. Dies gilt z. B. auch für die
nach 1945 wieder aufgenommene, traditionsreiche *Deutsche
Rundschau*. Andere Organe unterbrachen ihr Erscheinen zeitweise (*Der Monat*), haben nur zusammen mit einem anderen Organ überlebt (*Die Neue Gesellschaft / Frankfurter Hefte*)
oder sind dazu übergegangen, ihr Erscheinungsintervall zu verlängern (*Merkur*). Die Auflagen der verbliebenen Zeitschriften dieses
Typs erreichen kaum noch mehere tausend Exemplare.
Unter den Kulturzeitschriften lassen sich wiederum verschiedene

Typen unterscheiden: vergleichsweise politikfreie Organe (z. B. *Merian, art*), ›klassische‹ Rundschauzeitschriften (*Die Neue Rundschau, Merkur*), Organe der Linksintellektuellen (*Das Argument, Kursbuch, Freibeuter*). Die Studentenbewegung Ende der sechziger Jahre brachte den letztgenannten Typ zur Hochblüte. Das publizistische Hauptorgan war das *Kursbuch* mit einer Auflage von zeitweilig 65000 Exemplaren. Im konservativen Lager angesiedelt ist die Monatszeitschrift *Die politische Meinung*. Zu den traditionsreichsten literarischen Zeitschriften der Bundesrepublik gehört *akzente* (seit 1954).

Solche politischen oder kulturpolitischen Zeitschriften sprechen lediglich kleine intellektuelle Minderheiten an. Als erfolgreich erwies sich dagegen eine andere Form der politischen Zeitschrift: *Der Spiegel*, ein politisches Magazin nach dem Vorbild des amerikanischen Magazins *Time*, aber einzigartig in seinem publizistischen Stil und daher auch umstritten. Dem *Spiegel* kommt im bundesdeutschen Journalismus heute weitgehend noch die Rolle eines Meinungsführers zu. Die lange Jahre vertretene Behauptung, daß neben dem Spiegel kein Platz für ein weiteres deutsches Nachrichtenmagazin ist, kann inzwischen als widerlegt gelten. Seit Anfang 1993 bringt der *Burda-Verlag* mit Erfolg sein Magazin *Focus* heraus, dessen Auflage sich bei einer halben Million stabilisiert hat. Es unterscheidet sich vom *Spiegel* durch seinen anderen journalistischen Stil (vor allem kürzere, übersichtliche Beiträge) und seine Aufmachung (farbige Illustration, zahlreiche Grafiken).

Im Unterschied zur weitgehend konsolidierten Tagespresse unterliegt der Sektor der Zeitschriftenproduktion laufenden Veränderungen. Er wird stark von der Dynamik des gesellschaftlichen Wandels bestimmt. Dabei ist die Entwicklung gekennzeichnet durch Diversifizierung und Spezialisierung. Immer mehr Zeitschriften richten sich mit Lebenshilfe, Beratung, allgemein mit einem sachlich-thematisch spezialisierten Angebot an Zielgruppen, die durch bestimmte, teilweise an demographische Merkmale (wie Geschlecht, Alter, Familienstand) gebundene Interessen, aber auch durch Konsumverhalten oder Lebensstil gekennzeichnet sind. Hierbei werden auch die vielfältigen Freizeitgewohnheiten wirksam. Man spricht bei den solche Bedürfnisse befriedigenden Organen heute von ›*Special Interest*‹-Zeitschriften. Selbst deren Diversifizierung schreitet inzwischen

weiter voran, so daß schon von ›*Very Special Interest*‹-Zeit-
schriften die Rede ist. So gibt es z. B. auf dem Markt der *Auto-
Zeitschriften* neben thematisch breiter angelegten Organen auch
solche, die sich an Fahrer von Oldtimern, Gelände- und Allradfahr-
zeugen, Cabriolets u. ä. wenden. Ausgelöst wird die Gründung von
›*Special Interest*‹-Zeitschriften außer durch den Gesellschafts-
wandel vielfach auch durch einen neuen Anzeigenmarkt und durch
Marketing-Konzepte, die diesen Markt auszuschöpfen suchen. Dabei steht letzteres nicht selten eher am Ausgangspunkt einer Neugründung als das publizistische Konzept. Förderlich auf die Produktion solcher Zeitschriften haben sich ferner die Verfahren des
Desktop-Publishing mit Hilfe von Personal Computern ausgewirkt. Sie ermöglichen die Herstellung von Zeitschriften auf eine
Weise, die auch kleine Auflagen rentabel macht.
Bei der Neugründung von *Publikumszeitschriften*, zumal solchen, die sich nur bei hohen Auflagen rechnen, greifen heute
Marktforschung, publizistische und gestalterische Kreativität sowie
hochgradig entwickelte Produktionstechnik eng ineinander (→ Mediaforschung). Eine erste erfolgreiche Neugründung, die auf diese
Weise zustande kam, war 1979 *die aktuelle.* Als erfolgreich haben
sich vor allem Mischkonzepte zwischen Zeitung und Zeitschrift erwiesen, wofür *Auto-Bild* und *Sport-Bild* Beispiele sind. Andererseits gibt es hier auch Beispiele für gescheiterte Neueinführungen
(*Ja* im Springer-Verlag 1987). Nicht zuletzt spielt der Vertriebspreis
im Wettbewerb eine bedeutsame Rolle. Mehrere Neugründungen
der letzten Jahre sind gerade den Billigblättern zuzurechnen.
Im Zeitschriftenmarkt hat sich die deutsche Wiedervereinigung 1990
für die Leser in Westdeutschland kaum, durchgreifend aber für die
in der ehemaligen DDR ausgewirkt. Die dort früher angebotenen
Titel haben ihr Erscheinen großenteils eingestellt. Von den Publikumszeitschriften wurden einige Titel von westdeutschen Verlagen
übernommen und umgestaltet (Beispiel: *F. F.*, Erscheinen 1996 eingestellt). Doch blieb deren Verbreitung auch danach fast ausschließlich auf die ehemalige DDR beschränkt. Marktsättigung und andere
Gewohnheiten standen einem Interesse hierfür in Westdeutschland
entgegen. Als Ausnahme ließe sich das Satireblatt *Eulenspiegel*
anführen.
Zu einem gespaltenen Zeitschriftenmarkt im wiedervereinigten

Deutschland trägt bisher ferner die Produktion neuer Zeitschriften bevorzugt für die Leser in den neuen Bundesländern bei. Hierzu gehören insbesondere *Super TV* und *Super Illu.* andere Verlage haben – zumindest vorübergehend – eigene, auf den Osten des Landes zugeschnittene Ausgaben ihrer West-Titel herausgebracht (z. B. *Wirtschaftswoche, Capital*). Mit der Angleichung der Lebensverhältnisse geht man davon aber wieder ab. Schließlich werden in den neuen Bundesländern die angestammten West-Titel verbreitet. Die höchsten Auflagen erreichen davon (1993) *ADAC Motorwelt, Auf einen Blick, Bild und Frau, Bravo* und *Das Beste.* Gerade Zeitschriftentypen, die in der DDR früher nicht angeboten wurden, stießen dort nach der Wende auf Interesse (z. B. westliche *Jugendzeitschriften*). Dabei wirken die z. T. vergleichsweise hohen westlichen Vertriebspreise vielfach noch hinderlich. Es bedarf aber offenbar auch erst einer Gewöhnung an das im westlichen Deutschland übliche publizistische Angebot.

Zwar stellen die *Publikumszeitschriften* in Deutschland zusammen den weitaus höchsten Auflagenanteil. Doch die meisten Titel gibt es bei den *Fachzeitschriften* (vgl. Tabelle 21, S. 402). Hierbei handelt es sich um die vielen Organe, die der fachlichen, insbesondere beruflichen Unterrichtung dienen. Auch ihre Spezialisierung nimmt weiter zu. Dementsprechend bestimmt sich auch die jeweilige Auflage, die vielfach begrenzt ist auf wenige hundert bis einige tausend Exemplare. Einen eigenen Typ bilden hier die sog. *Kennzifferzeitschriften.* Die in ihnen enthaltenen redaktionellen Beiträge weisen Kennziffern auf, über welche Interessenten weiteres spezifisches Informationsmaterial anfordern können. Da dieses als Werbematerial eingestuft wird, sind *Kennzifferzeitschriften* von gewissen Vergünstigungen im Postzeitungsdienst ausgenommen.

Zu den konfessionellen Zeitschriften gehören die (in den Auflagen seit Jahren rückläufige) katholische *Bistumspresse* und die evangelischen *kirchlichen Landeszeitungen*. Fast durchweg unentgeltlich abgegeben werden die der Kundenpflege und PR dienenden *Kundenzeitschriften* (z. B. *Bäckerblume*, vgl. Tabelle 21, S. 402).

Wie bei den Zeitungen, so ist auch im Zeitschriftenwesen eine Tendenz zur Verlagskonzentration zu erkennen. Als Ergebnis der

(Ver-)Käufe, Fusionen und Beteiligungen haben sich in der Bundesrepublik seit den sechziger Jahren vier große Verlagsgruppen herausgebildet (Röper 1998):

1. Heinrich Bauer Verlag KG, Hamburg: Ungewichteter Marktanteil (bei Nicht-Berücksichtigung unterschiedlicher Erscheinungsintervalle) ca. 16,55 Prozent (u. a. Auf einen Blick, TV Hören und Sehen, Fernsehwoche, Neue Post, Tina, TV-Movie, Bravo, Das Neue Blatt, Neue Revue, Bravo Girl, Praline).

2. Axel Springer-Verlag AG, Hamburg: Ungewichteter Marktanteil 8,88 Prozent (u. a. Hörzu, Funk Uhr, Bild der Frau, Auto-Bild, Bildwoche).

3. Burda GmbH, Offenburg: Ungewichteter Marktanteil 8,88 Prozent (u. a. Das Haus, Freizeit Revue, Bunte, Bild + Funk, Freundin, Meine Familie und ich, Mein schöner Garten; 1993 hinzugekommen: Focus).

4. Bertelsmann AG, Gütersloh/Gruner + Jahr AG & Co KG, Hamburg: Ungewichteter Marktanteil 9,33 Prozent (u. a. Stern, Brigitte, Frau im Spiegel, Eltern, Prima, Geo, P. M., Schöner Wohnen).

Trotz der Veränderungen im Markt der *Publikumszeitschriften* und seiner Erweiterung auf Ostdeutschland sind Veränderungen der Marktanteile dieser vier Großverlage weitgehend ausgeblieben.

Auflagenzahlen geben besonders für Zeitschriften nur annäherungsweise ein Bild von der tatsächlichen Verbreitung der Blätter. Das liegt einmal daran, daß die Auflagenzahlen nur etwas über die gedruckten oder verbreiteten Exemplare aussagen, nichts aber über die Zahl der Leser. Zum anderen ist die Zahl der *Leser pro Exemplar* bei Zeitschriften je nach Erscheinungsintervall und dem Charakter eines Blattes sehr unterschiedlich, sie variiert zum Beispiel zwischen im Durchschnitt 1,2 bei der Wochenzeitschrift *Das Neue* und 16,9 bei *Auto Sport* (MA 93). Selbst innerhalb ein- und derselben Gattung gibt es Unterschiede.

In solchen Daten sind auch die Exemplare berücksichtigt, die in *Leserzirkeln* kursieren und auf diese Weise hohe Leserzahlen erreichen. Allerdings ist der Bezug von Lesemappen gegenüber den fünfziger Jahren stark zurückgegangen. Immerhin werden pro Erscheinungsintervall 3,3 Millionen Zeitschriftenexemplare durch die

Lesezirkel verbreitet. Handelte es sich früher großenteils um Standardtitel, so sind heute insgesamt 140 Zeitschriftentitel im Angebot. Rund zwei Drittel der LZ-Abonnenten sind Privathaushalte, der Rest liegt in Wartezimmern von Ärzten und Anwälten, in Cafés und Friseursalons aus. Ein vollständigeres Bild über die Verbreitung von Zeitschriften als Auflagenzahlen geben die *Reichweiten*daten, die mit *Leseranalysen* ermittelt werden (→ Mediaforschung). Eine Übersicht über die *Reichweiten* ausgewählter großer Zeitschriften gibt Tabelle 23, S. 404f.

Alternativer Pressemarkt

In der Bundesrepublik ist seit den siebziger Jahren ein sog. alternativer Pressemarkt entstanden. Dabei ist mit *Alternativpresse* an sich keine eigene Pressegattung gemeint. Typologisch handelt es sich hier in der Regel um *Zeitschriften*. Gleichwohl wird die Alternativpresse inzwischen oft als ein eigener Zweig im Pressewesen hervorgehoben. Dabei ist jedoch ziemlich unbestimmt, was unter Alternativpresse oder einer Alternativzeitschrift zu verstehen ist. Einerseits stellt der Begriff auf Inhaltliches ab, auf zu den ›etablierten‹ Medien ›alternative‹ Inhalte und publizistische Ziele, wie sie zum Beispiel von Bürgerinitiativen und Initiativgruppen vertreten werden. Andererseits gelangt diese Presse nicht nur über die herkömmlichen, sondern häufig auch über eigene, spezielle *Vertriebswege* an die Leser. Dies gilt insbesondere für die überregional verbreiteten Alternativzeitschriften. Doch werden diesem Pressetyp auch lokal verbreitete Blätter wie beispielsweise *Stadtteilzeitungen* zugezählt.

Ermöglicht wurde die Blüte der Alternativpresse vor allem durch die Entwicklung von Kleinoffset-Maschinen, die die drucktechnische Herstellung kleiner Auflagen vereinfachten und preisgünstig machten. *Desktop Publishing* hat sich hier ebenfalls als nützlich erwiesen. Schon wegen des unpräzisen Begriffs, aufgrund der Besonderheiten der Produktion und des Vertriebs, auch wegen der nicht seltenen Kurzlebigkeit der einzelnen Titel ist es schwer, einen vollständigen Überblick über den alternativen Pressemarkt zu erhalten. Eine 1980 durchgeführte Bestandsaufnahme überregional erschei-

nender Alternativzeitschriften ermittelte 242 Titel (*Bohr* 1984).
Das »Verzeichnis der Alternativmedien« registrierte in seiner Ausgabe 1991/92 insgesamt 1250 Titel in der Bundesrepublik (und 69 in Ostdeutschland). Die Druckauflagen bewegen sich meistens zwischen 10000 und 50000 Stück. Fünfstellige Auflagen erreichen Blätter in großen Ballungszentren, zum Beispiel sogenannte *Stadtmagazine* und *Stadtillustrierte.*
Die Gesamtauflage der alternativen Lokalpresse wird auf mehr als eine Million Exemplare geschätzt. Inzwischen hat die anfangs rasch wachsende Alternativpresse aber einen Sättigungsgrad erreicht, ist jedoch nach wie vor durch Titelvielfalt gekennzeichnet. Das Bemühen bei den auflagenstärksten Blättern ist vor allem auf Konsolidierung gerichtet, nicht wenige haben sich in der Aufmachung professionalisiert und auch kommerziell etabliert. Daß die Alternativpresse sich überhaupt in solchem Ausmaß entfalten konnte, ist auf Lücken in den publizistischen Leistungen der ›etablierten‹ Medien zurückgeführt worden.

Grenzaufhebungen zwischen Presse und Funkmedien

Im Mediensystem der Bundesrepublik, so wie es nach dem Zweiten Weltkrieg entstand, gab es zunächst eine klare Trennung zwischen privatwirtschaftlicher Presse und öffentlich-rechtlich organisiertem *Rundfunk* (→ Rundfunk). Schon seit den fünfziger Jahren haben jedoch die Verleger immer wieder einen Zugang auch zu den Funkmedien gefordert. Dieser blieb ihnen aber versagt, aus Gründen, die das Bundesverfassungsgericht in seinem *Fernsehurteil* von 1961 ausgeführt hat (→ Medienrecht). Die Verleger rechtfertigten ihren Anspruch vor allem mit einer angeblichen *Wettbewerbsverzerrung* zwischen privatwirtschaftlicher Presse und öffentlich-rechtlichem (Monopol-) Rundfunk, die die zur Prüfung dieser Frage eingesetzte *Michel-Kommission* in ihrem Bericht (1967) aber widerlegte.
Verändert hat sich die Situation, seitdem der Frequenzmangel aufgrund neuer Entwicklungen der Kabel- und Satellitentechnik sowie des Frequenzsplittings weggefallen ist. So ist es zu einer »Grenzaufhebung« (*Mast* 1986b) zwischen Presse und Funkmedien gekom-

men, nicht nur hinsichtlich der Leistungsangebote, sondern auch bezogen auf die Besitzverhältnisse. Zahlreiche Presseunternehmen sind zu Programmanbietern auch in Hörfunk und Fernsehen geworden. Die Vielzahl der Aktivitäten, Beteiligungen und Kooperationsformen läßt sich nur noch schwer überblicken (*Röper* 1992).

Dennoch kann man zwei wesentliche Tendenzen feststellen: Die großen Verlagskonzerne im Pressewesen sind insbesondere an Veranstaltern landesweiter Fernsehprogramme beteiligt. So sind die *Bertelsmann AG*, die *Westdeutsche Zeitung* und die *FAZ* Anteilseigner von *RTL*, der *Bauer-Verlag* – nach jahrelanger Funkabstinenz – an *RTL 2* ebenso wie *Burda* (wenn auch in ganz unterschiedlicher Stärke). Der *Springer*-Konzern ist zu 20 Prozent an *SAT 1* beteiligt, außerdem an mehreren privaten Radiostationen. Der *Holtzbrinck-Konzern* ist ebenfalls ein Teilhaber bei *SAT 1*. *Bertelsmann* und *Holtzbrinck* waren zugleich Partner bei *Vox*. Die regionalen Abonnementzeitungen bzw. deren Verleger haben ihre Chancen dagegen eher im regionalen und lokalen Hörfunk (vereinzelt auch Fernsehen) gesucht und dies mit der Sorge um Verluste im Anzeigengeschäft begründet. (*Mast* 1986a). Zum Teil bilden Zeitungs- und Zeitschriftenverlage auch Konsortien zur gemeinsamen Veranstaltung von Rundfunk. Die Gesellschaft Bayerischer Tageszeitungsverleger ist z. B. Anteilseigner von *Antenne Bayern*. Und 140 Presseverlage bilden zusammen *APF (Aktuell Presse Fernsehen)*, das die Nachrichtensendungen für *SAT 1* produziert. Durch die Grenzaufhebung ist es auch in Deutschland zu medienübergreifenden Konzentrationsformen (Stichwort: *Doppelmonopole*) gekommen, die entsprechende Bestimmungen der Landesmediengesetze einzudämmen suchen (→ Rundfunk).

Internationalisierung

Die Presse ist traditionell ein ›nationales‹ Medium, bedingt durch die Gebundenheit an die gedruckte Sprache, den mechanischen Vertrieb und rechtliche Regelungen. Landesgrenzen bildeten für dieses Medium daher immer ein Verbreitungshindernis. Als Folge davon war die Presse auch so gut wie ausschließlich in nationalem Besitz. Dies hat sich in den letzten Jahren aber zu ändern begonnen. Obwohl dazu weniger prädestiniert als Film (→ Film) und Fernsehen (→ Rundfunk), ist auch die Presse von einem Prozeß der Internationalisierung erfaßt worden (*Wilke* 1990). Daran sind gerade deutsche Verlage beteiligt. Die Gründe für ihr Auslands-Engagement liegen in einer weitgehenden Marktsättigung im eigenen Land, begrenzten Expansionsmöglichkeiten (durch Kartellbestimmungen) einerseits und noch vorhandenen Marktzutrittschancen in anderen Ländern andererseits. Dabei ist dieser Prozeß eingebunden in wirtschaftliche, politische und kulturelle Internationalisierungsvorgänge.

Die *Internationalisierung* im Pressewesen vollzieht sich auf verschiedenen Ebenen und in verschiedenen Formen. Es kann sich um wirtschaftliche und/oder publizistische Internationalisierung handeln. Verlage können ins Ausland expandieren, indem sie dort Verlage aufkaufen und übernehmen, mit solchen Kooperationen eingehen, die sich auf unterschiedliche Bereiche erstrecken, oder indem sie dort eigene Tochterunternehmen gründen. Publizistisch gibt es ebenfalls verschiedene Grade der Internationalisierung: Eher die Ausnahme ist, daß ein Organ woanders unverändert, lediglich in eine andere Sprache übersetzt, angeboten wird. Erfolgversprechender ist der Export publizistischer Konzepte, wenn eine nationale Adaption erfolgt, durch Bezugnahme auf die Lebenswirklichkeit der Leser im jeweiligen Land. Der Anteil des eigenständigen, publikumsgemäßen Stoffes kann jedoch variieren. Im Ausland zu Erfolg gelangte publizistische Konzepte können möglicherweise auch ins eigene Land reimportiert werden. Schließlich gibt es im eigentlichen Sinne internationale Publikationen, die in mehreren, wenn nicht zahlreichen Ländern vertrieben werden. Hierzu gehören sog. *Lingua Franca*-Organe, d.h. Blätter, die sich bisher vor allem des Englischen bedienen, aber auf eine internationale Zielgruppe angelegt sind. Beispiel dafür ist die 1988 von dem britischen Großverleger *Robert Maxwell* gegründete Wochenzeitung *The European*. Die Mehrzahl der Exemplare dieser Zeitung, die nach dem Tod des Gründers mehrfach den Besitzer wechselte und in Krisen geriet, werden noch in Großbritannien abgesetzt (knapp die Hälfte). Die in Deutschland angebotene Auflage betrug in der zweiten Jahreshälfte 1992 im Durchschnitt 19560 Exemplare (= 12,8%), womit – nach Frankreich – der dritte Platz in der Rangfolge belegt wurde.

Deutscher Vorreiter bei der Expansion ins Ausland war der *Heinrich Bauer-Verlag*. Er brachte (über seine US-Tochter) 1981 in den Vereinigten Staaten die Frauenzeitschrift *Woman's World* heraus und ließ 1989 *First for Women* folgen. Mit *Maxi* begab er sich auf den französischen, mit *Bella* auf den britischen Zeitschriftenmarkt. Sieben seiner 40 Titel erscheinen im Ausland, das Geschäft dort macht ein Sechstel des Umsatzes aus. Stark ausgeprägt ist auch das Auslands-Engagement von *Gruner + Jahr*. Zwar scheiterte die Einführung von *Geo* in den USA, sie gelang aber in Frankreich. Dort positionierte der Verlag auch Frauenzeitschriften (*Prima, Femme Actuelle*) sowie eine Fernsehzeitschrift (*Télé Loisirs*). Mehrere Titel wurden ferner in Spanien herausgebracht: *Dunia, Ser Padres, Muy interesante* (als Version von *P. M.*, das ebenfalls in Frankreich unter dem Titel *Ça m'interesse* erscheint). Mit *Prima* und *Best*, einer englischen Version von *Femme Actuelle* ist der Verlag auch in Großbritannien präsent. Mitte 1994 übernahm der Verlag in den USA eine Gruppe von sieben Frauenzeitschriften der New York Times Company. Der *Springer-Verlag* faßte durch den Erwerb des Verlagsunternehmens *SARPE* in Spanien Fuß, über den er mehrere Zeitschriften, insbesondere wiederum für Frauen, publiziert. Der Versuch, in Spanien mit *Claro* 1991 den dort bisher nicht vorhandenen Typ der Straßenverkaufszeitung zu etablieren, wurde jedoch nach vier Monaten abgebrochen. Sehr erfolgreich verlief hingegen der Export von *Auto-Bild* durch Ausgaben in Großbritannien, Ungarn, Norwegen und Frankreich. Springer ist außerdem an verschiedenen Verlagen mit Zeitungen und Zeitschriften in Österreich beteiligt. Auch hat der Verlag von der Öffnung Osteuropas profitiert und sich in die Tagespresse Ungarns eingekauft, was dort allerdings Proteste hervorrief. Vergleichsweise begrenzt ist die Internationalisierung bisher bei *Burda*, obwohl Ausgaben von *Burda Moden* (aus dem Teilverlag Aenne Burda) in 18 Sprachen mit am Anfang dieser Entwicklung standen. Zusammen mit dem französischen Verlag Hachette bringt Burda eine deutsche Ausgabe von *Elle* heraus. *Forbes von Burda* ist die Übernahme eines populären amerikanischen Wirtschaftsmagazins. Weitere, im Ausland aktive deutsche Presseunternehmen sind die *WAZ* (mit Beteiligungen an den beiden österreichischen Straßenverkaufszeitungen *Neue Kronen-Zeitung* und

Kurier) sowie die Motor-Presse Stuttgart (mit dem Export von
›*Special Interest*‹-Zeitschriften in mehr als 20 Ausgaben).
Ein Schwerpunkt der Auslandsaktivitäten deutscher Verlage liegt
seit der Öffnung des Ostblocks in den osteuropäischen Ländern.
Dort ist man mit nahezu 80 Publikums- und 80 bis 100 Fachzeitschriften präsent. Die umfangreichsten Aktivitäten entwickelte dort der
Bauer-Verlag (mit mehr als 10 Titeln in Polen, Tschechien, der
Slowakei, Ungarn, Rumänien und Rußland). In der Regel handelt
es sich um Adaptionen von deutschen Vorbildern.
Die hier beschriebene Internationalisierung ist bisher einseitig ausgeprägt: Weit mehr sind deutsche Verlage im Ausland als ausländische Verlage in Deutschland tätig. Letzteres sind eher Einzelfälle
geblieben (z. B. *Hachette*, bis zu seinem Tod *Maxwell*, der
australische Medienunternehmer *Rupert Murdoch* bei der ostdeutschen, inzwischen eingestellten Boulevardzeitung *Super!*).

Jürgen Wilke

Pressegeschichte

Die Presse ist das älteste publizistische *Massenmedium* (→ Kommunikationsprozeß). Sie besitzt eine jahrhundertelange historische
Tradition. Daher ist es angebracht, ja gerechtfertigt, ihre Geschichte
für sich genommen darzustellen. Denn diese bildet den wesentlichen
Teil der Mediengeschichte im ganzen. Neuerdings wird zwar versucht, die Medienfixierung in der Geschichtsschreibung aufzugeben
und eine allgemeine Kommunikationsgeschichte zu entwickeln.
Doch gibt es hierzu bisher kaum mehr als erste Ansätze (*Bobrowsky / Langenbucher* 1987). Der Begriff *Presse* wurde
früher übrigens für alle Druckwerke verwendet. Die umgangs-
sprachliche Einengung auf die Periodika erfolgte erst im 19. Jahrhundert. Differenziert hat sich die Presse im wesentlichen in zwei
Gattungen, die *Zeitung* und *Zeitschrift*.
Vier Merkmale kennzeichnen die Zeitung: 1. *Publizität*, also Öffentlichkeit, allgemeine Zugänglichkeit; 2. *Aktualität*, also auf die
Gegenwart bezogen, die gegenwärtige Existenz betreffend, sie be-
einflussend, neu und gegenwärtig wichtig; 3. *Universalität* – kein
Thema ist ausgenommen; 4. *Periodizität*, und zwar nicht be-

grenzte, sondern unbegrenzte Periodizität, d. h. in regelmäßigen
Abständen immer wiederkehrend, angelegt auf fortlaufende Erscheinungsweise. Es gehört zur Zeitung, daß bei den vier genannten
Kriterien eine Steigerung, ein Höchstmaß, das äußerst Mögliche angestrebt wird. *Dovifat* definiert daher: »Die Zeitung vermittelt
jüngstes Gegenwartsgeschehen in kürzester regelmäßiger Folge der
breitesten Öffentlichkeit.« (*Dovifat / Wilke* 1976, I, 16). Fixie-
rung in Schrift und Druck muß man als Merkmal der Zeitung zur
Abgrenzung von anderen Formen und Techniken öffentlicher Kommunikation (→ Rundfunk) inzwischen hinzufügen.

Vorläufer der Zeitung

Mit den zuvor genannten Kriterien ausgerüstet, kann man bestimmen, inwieweit die mannigfachen, als Vorläufer der Zeitung vorge-
schlagenen Erscheinungen tatsächlich schon eine Verwandtschaft mit
der Zeitung zeigen. Frühe ›öffentliche Aussagen‹ wie Gesetzestexte,
Lieder, religiöse und politische *Rhetorik*, besitzen nur das Merkmal
der *Publizität*. Die ›*acta diurna*‹, oder ›*acta urbis*‹, die an
öffentlichen Plätzen Roms angeschlagen wurden, boten eine Chronik
der Tagesereignisse und besaßen *Aktualität* und *Universalität* in
so dürftigem Anteil wie ein *Amtsblatt* mit Ernennungen und einem
Veranstaltungskalender. Die Antike hat keine Zeitungen hervorgebracht. Daß Caesar in den ›*acta urbis*‹ auch die Protokolle der Verhandlungen des Senats veröffentlichte, um die Macht dieser politischen Institution zu schwächen, kann man aber als einen frühen, dezi-
diert medienpolitischen Akt ansehen (→ Kommunikationspolitik).
Der Privatbrief bildet den geschichtlichen Kern der Zeitung. Auch
der Begriff *Zeitung* stammt daher. Es handelt sich hier um ein im
14. Jahrhundert zuerst in der kölnisch-flämischen Handelssphäre in
der Form ›zidinge‹, ›zidunge‹ auftretendes Wort, das als ein Lehn-
wort aus dem mittelniederdeutschen bzw. mittelniederländischen ›ti-
dinge‹ für Botschaft, *Nachricht* anzusehen ist. So wie der Begriff
Zeitung schon vor der Entstehung des eigentlichen Zeitungswesens
in Umlauf war, so ist er im Sinne einer mündlichen oder schriftlichen
Botschaft später noch bis ins 19. Jahrhundert gebraucht worden.
Fürsten, Kirchen, Universitäten und Handel entwickelten im ausge-

henden Mittelalter einen zunehmenden Briefverkehr, zum Teil mit bezahlten Korrespondenten. In einer Zweiteilung der Briefe wurden dem privaten Teil politische, wissenschaftliche oder geschäftliche Nachrichten – auch zur Weitergabe an Freunde – angehängt. Die Grenzen zwischen privater und zur weiteren Verbreitung bestimmter Korrespondenz waren fließend. Ein berühmtes Beispiel bilden die nicht für die Öffentlichkeit bestimmten sogenannten ›*Fuggerzeitungen*‹ (→ Nachricht), interne Zusammenstellungen von *Nachrichten*, die im Kontor des Augsburger Handelshauses einliefen. Geschriebene Zeitungen erreichten ihre Hochblüte in der ersten Hälfte des 16. Jahrhunderts, als es schon gedruckte Nachrichtenblätter gab. Sie behaupteten sich neben gedruckten *Zeitungen* noch jahrhundertelang, und zwar in charakteristischer Weise, die sich später bei jedem technischen Fortschritt im Bereich der Massenmedien wiederholte: durch Spezialisierung auf jene Leistungen, in denen das alte Medium gegenüber dem neuen überlegen ist. Geschriebene Zeitungen konnten sich besser der Kontrolle der *Zensur* entziehen und sie konnten exklusiv, früher und vertraulicher informieren. Ihre Nachfahren sind die vertraulichen Informationsdienste der Gegenwart.

Die Erfindung von *Johann (Gensfleisch zum) Gutenberg* (um 1400 bis 1468), die Technik der *Druckerpresse*, hat der ganzen Gattung *Presse* ihren Namen gegeben. Das entspricht ihrer tatsächlichen Bedeutung für das Zeitungswesen. Gutenberg hat nicht den Druck schlechthin erfunden. Tontafeln und Ton-Rollzylinder zum Drucken gab es in Babylon schon im 2. Jahrtausend v. Chr., Druckstempel aus Ton und Metall bei den Römern. Das Entscheidende seiner geheimen Erfindung, um 1440 in Mainz vollendet, waren die beweglichen Lettern, aus denen der Druckstock zusammengesetzt wurde. Auch bewegliche Lettern hatte es schon in China in der Mitte des 11. Jahrhunderts gegeben, aber aus gebranntem Ton, also nicht sehr haltbar. Die geniale Leistung *Gutenbergs* lag in der Erfindung eines Gießgeräts, mit dem Buchstaben und Zeichen aus Metall hergestellt werden konnten. Damit wurde der Gedanke des Drucks mit beweglichen Lettern erst praktikabel. Dieses Gerät war so perfekt, daß es Jahrhunderte hindurch praktisch unverändert gebraucht wurde. Das gleiche gilt für die Technik der Druckerpresse.

Die Ahnenreihe der *Zeitung* nach Ausbreitung des Drucks und der damit möglich gewordenen *Publizität* bildeten zwischen Ende des 15. und Anfang des 17. Jahrhunderts verschiedene nichtperiodische Druckgattungen (vgl. *Schottenloher / Binkowski* 1985): *Einblattdrucke*, d. h. Mitteilungen unterschiedlichen Inhalts auf *einem* Blatt; *Neue Zeitungen* (abgeleitet vom Titel *Newe Zeytung*, seit etwa 1480): nicht selten großformatige, einseitige oder mehrseitige Drucke, in denen ein kurz zuvor stattgefundenes Ereignis ausführlich geschildert wurde oder mehrere Berichte über verschiedene Geschehnisse zusammengefaßt waren; *Flugblatt* (abgeleitet von frz. *feuille volante*): genutzt vor allem für Beiträge zur aktuellen Meinungsbildung (Polemik, Aufruf, Stellungnahme, Warnung); *Flugschriften*: mehrseitige Drucke zur nachhaltigen, propagandistisch-agitatorischen Meinungsbildung, darunter im bekanntesten Luthers Flugschriften, von denen rund 3000 Titel dem Namen nach bekannt sind. Bemerkenswert ist hier die frühe, geradezu medienspezifische Trennung zwischen Nachricht und Meinung (→ Nachricht). Dabei war die Unterscheidung zwischen *Neuen Zeitungen* und *Flugschriften* eindeutiger als die zwischen *Einblattdrucken* und *Flugblättern*.

Typologisch kennzeichnend für die *Flugblätter* und *Neuen Zeitungen* waren auch die Illustrationen (zunächst Holzschnitt, später auch Kupferstich). Hierdurch sowie durch die Aktualität, die schlagzeilenartigen attraktiven Überschriften und den Vertrieb auf Marktplätzen erscheinen die *Neuen Zeitungen* als Vorläufer der Sensationspresse, wie sie erst (wieder) im 19. Jahrhundert aufkam. Die Anzahl *Neuer Zeitungen*, deren Vorkommen bis 1700 nachweisbar ist, wird auf 5000 bis 8000 geschätzt. Die Beschäftigung mit Neuen Zeitungen, Flugblättern und Flugschriften hat sich in jüngster Zeit wieder stark belebt, sowohl durch einschlägige Editionen (*Harms* 1985 ff.; *Paas* 1985 ff.) als auch durch zum Teil breit angelegte Forschungsprojekte (vgl. *Köhler* 1981 u. a.) und Einzeldarstellungen (u. a. *Lang* 1987; *Schilling* 1990; *Pfarr* 1994).

Das Wort *Zeitung* erschien in den Nachrichtenblättern zunächst nur als Zwischentitel (1502 *Newe Zeytung von Orient und Auffgange*, Kriegsnachrichten über die Wiedereroberung der Insel Lesbos 1500 durch Franzosen und Venezianer), als Haupttitel 1508 in der *Copia der Newen Zeytung auß Presillg Landt*

(Brasilien). Man spricht hier vom Typ der *Entdeckerzeitung* und sieht daran, daß das Interesse an der Berichterstattung gerade aus der unbekannten Ferne wesentlich als Motiv zur Entstehung der *Zeitung* beigetragen hat.

Publizität, Aktualität, in gewissem Maße auch die *Universalität* sind erreicht, es fehlt zur *Zeitung* noch das Element der *Periodizität*. Dieses Merkmal besaßen als erste Druckerzeugnisse die *Meßrelationen*, halbjährlich zu den Frühjahrs- und Herbstmessen herausgegebene Chroniken. Am Anfang stand *Michael von Aitzing* mit seiner *Relatio historica* 1583 in Köln. Nach dem Kölner Vorbild erschienen seit 1591 in Frankfurt am Main Meßrelationen, seit 1601 in Magdeburg und seit 1605 in Leipzig, vorübergehend auch an anderen Orten. Was diesen Druckwerken fehlte, war die *Aktualität*. Sie standen insofern der chronologischen Geschichtsschreibung näher als den aktuell-periodischen Zeitungen. Deshalb bestanden sie auch nach deren Aufkommen fort (in Leipzig bis 1730, in Frankfurt sogar bis 1806). Eine Verkürzung der *Periodizität* zu monatlichem Erscheinen zeigte 1597 ein Organ mit dem Namen *Annus Christi* auf dem Jahrestitelblatt, das nach seinem Herkunftsort auch *Rorschacher Monatsschrift* genannt wird (*Barth* 1976).

Erste Zeitungen

Mit zwei Zeitungsjahrgängen von 1609 – dem *Aviso* aus Wolfenbüttel und der Straßburger *Relation* – gilt Deutschland als Ursprungsland der Zeitung. In beiden Fällen handelte es sich um periodische Wochenzeitungen. Neuere Belege bestätigen, daß die *Relation* bereits seit 1605 erschien (*Weber* 1992). Es folgten erste Zeitungen in den Niederlanden 1618, in den Spanischen Niederlanden (Belgien) 1620, in England 1621, in der Schweiz 1622, in Frankreich 1631, in Italien 1643, in schwedischer Sprache 1645, in Spanien und Polen 1661, in den Vereinigten Staaten 1690 (bzw. 1704), in Rußland 1703. *Aviso* und *Relation* erschienen zunächst achtseitig im Quartformat, die ersten Zeitungen in Holland und England als Einblatt Kleinfolio mit zweispaltig gesetztem Text. Die Erscheinungsweise der ersten Zeitungen war meist wöchentlich, bedingt durch das wöchentliche Eintreffen der Post. Wo sich Postlinien kreuzten, kam bald der Übergang zu häufigerer Erscheinungsweise (Tendenz zur Steigerung des Zeitungsmerkmals *Aktualität*): zweimal wöchentlich das Frankfurter *Diarium Hebdomadale* 1620, 1650 in Leipzig die erste Tageszeitung der Welt, *Einkommende Zeitungen*. Eine derartige Erscheinungshäufigkeit blieb zunächst jedoch die Ausnahme. Im deutschsprachigen Raum entwickelte sich die periodische Presse rasch und am reichhaltigsten, so daß es im 17. Jahrhundert hier mehr Zeitungen gab als in allen anderen europäischen Ländern zusammen. Gründe dafür waren die territoriale Zersplitterung, die konfessionelle Spaltung und die Lage im Schnittpunkt verschiedener Postlinien. Am Ende des 17. Jahrhunderts bestanden schon ca. 70 Zeitungen (*Bogel/Blühm* 1971, 1985).

Beigetragen hat zum Entstehen der Zeitung außer der Erfindung des Drucks mit beweglichen Lettern die schrittweise Institutionalisierung des Nachrichtenumschlags (→ Nachricht): Eine zunehmende Zahl von Personen machte sich das Sammeln und Austauschen von *Nachrichten* zum Beruf. Hinzu kamen die Organisation eines regelmäßigen Boten- und Postdienstes (Taxissche Reichspost, vgl. *Behringer* 1990) zum Transport der Nachrichten, dann des Transports der Zeitungen; das Vorhandensein einer Gesellschaft, gesellschaftlicher Gruppen, denen an einem periodischen Nachrichtenempfang gelegen war; nach der Scheu vor der *Öffentlichkeit* im Mittelalter ein verändertes Verhältnis zu ihr; Unternehmergewinnstreben wurde wichtiger als staatliches Publikationsbedürfnis, und zwar von zwei Seiten: Gewinnstreben der Buchdrucker, die Zeitungen gründeten, und Nachrichtenbedürfnis der Handelsunternehmer. Eher nebenberuflicher Art waren die Motive der an Zeitungen beteiligten Postmeister.

Die beim Aufkommen jedes neuen Massenmediums später charakteristische kulturkritische Alarmstimmung breitete sich unter Geistlichen und Gelehrten auch schon im 17. Jahrhundert gegenüber der *Zeitung* aus. In Pamphleten (*Ahasver Fritsch*) wurde gegen die ›Zeitungssucht‹, ›eitles, unnötiges, unzeitiges und daher arbeitsstörendes, mit unersättlicher Begierde getriebenes Zeitungslesen‹ gewettert. Von anderen wurde die Zeitung jedoch positiv als Mittel zum Wissenserwerb gepriesen (*Christian Weise, Kaspar von Stieler*).

Die durchschnittliche *Auflage* der frühen deutschen Tagespresse lag bei 350 bis 400 Exemplaren je Nummer. Einzelne Blätter erreichten schon höhere Auflagen (*Frankfurter Journal* 1680 1500 Exemplare). Geht man davon aus, daß im letzten Jahrzehnt des 17. Jahrhunderts 60 Zeitungen nebeneinander bestanden und daß man infolge des häufigen Kollektivbezugs und der damaligen Lese- und Rezeptionsgewohnheiten mit mindestens zehn Lesern pro Exemplar zu rechnen hat, so wurden in dieser Zeit bereits 200000 bis 250000 Personen erreicht. Kein anderes weltliches Druckerzeugnis vermochte bereits damals eine ähnliche Reichweite zu erzielen (*Welke* 1976).

Thematische Vielfalt, *Universalität*, war in den Zeitungen anfangs nur schwach ausgeprägt. Es dominierte die politisch-militärische Berichterstattung. Zu einer breiten Diversifizierung des Zeitungsinhalts kam es erst im 19. Jahrhundert (*Wilke* 1984). In deren Folge bildete sich auch die Spartengliederung der *Zeitung* heraus. Voran ging dabei der Kulturteil, dessen erste Ansätze in Deutschland schon in den dreißiger Jahren des 18. Jahrhunderts beim *Hamburgischen Unpartheyischen Correspondenten* festzustellen sind (»Von merkwürdigen und gelehrten Sachen«). Die Abgrenzung eines eigentlichen *Feuilletons* wird auf den *Abbé de Geoffroy* zurückgeführt (*Journal des Débats*, 1800). Handels- und Wirtschaftsteil verselbständigten sich im Laufe, der Sportteil seit dem Ende des 19. Jahrhunderts. Auch eine journalistische Aufmachung gab es in der Frühzeit der Zeitungen noch nicht. Nachrichten wurden nach dem Eingang unter ihrem Herkunftsort und Datum aneinandergereiht. Eine Gliederung des Zeitungsinhalts durch Auszeichnung mit Überschriften wurde überwiegend erst im 19. Jahrhundert eingeführt, und zwar als Selektionshilfe für den Leser angesichts des stark angewachsenen Zeitungsstoffs. Diese Stoffvermehrung betraf nicht nur die Berichterstattung, sondern galt auch für unterhaltende, phantasiebetonte Stilformen (→ Journalistische Darstellungsformen) wie *Zeitungsroman, Kurzgeschichte, Reiseskizzen* u. ä.

Zensur und Privilegien

Bis zum Ende des 18. Jahrhunderts war die Entwicklung der Presse durch staatliche und kirchliche Eingriffe bestimmt und damit im wesentlichen gebremst worden. Bereits wenige Jahrzehnte, nachdem es erfunden worden war, zog das Drucken die Aufmerksamkeit der Obrigkeiten auf sich. Die ersten Spuren einer Kontrolle in Deutschland weisen in den siebziger Jahren des 15. Jahrhunderts nach Köln. 1486 erließ *Berthold von Henneberg*, Fürstbischof von Mainz, die Verordnung, eine Zensurkommission für das gesamte Bistum einzurichten. Im Jahr darauf erging die erste päpstliche Bulle mit allgemeinen Richtlinien für die Handhabung der *Zensur*. Die erste kaiserliche Maßnahme war die Bestellung eines Genralsuperintendenten für das Bücherwesen durch *Maximilian I.* 1496 (*Eisenhardt* 1970).

Die Kontrolle des Druckwesens wurde in drei Phasen etabliert (*Schneider* 1966): Nach der anfänglichen rein kirchlichen Aufsicht wurde diese zunehmend subsidiär von weltlichen Instanzen übernommen, bis schließlich die weltliche *Zensur* in den Vordergrund trat. Dabei verlagerten sich auch die Zensurprinzipien von der Reinerhaltung des Glaubensgutes und moralischen Erwägungen zu Gründen der inneren und äußeren Staatsräson. Im Laufe des 16. Jahrhunderts wurde das Kontrollsystem mehrfach erneuert und verschärft. Der Reichstag zu Speyer 1529 beschloß die staatliche Vorzensur für das Reichsgebiet, der Reichstag zu Augsburg 1530 machte die Angabe von Drucker und Druckort zur Pflicht (*Impressum*), aus dem Jahr 1540 kennt man das erste kaiserliche Verzeichnis verbotener Bücher, in der Polizeiverordnung von 1548 wurde die Kontrolle auch auf sonstige Formen nicht-gedruckter Kommunikation ausgedehnt. Auf dem Konzil von Trient wurde 1564 der päpstliche *Index* verbotener Bücher erlassen. Der Reichstag zu Speyer bestimmte 1570, daß Druckereien nur noch in Reichs-, Residenz- und Universitätsstädten erlaubt seien. Die ständige Erneuerung und Verschärfung der einschlägigen Vorschriften deuten darauf hin, daß sie nur unzureichend durchgesetzt werden konnten. Seinen Grund hatte dies in der Gewaltenteilung zwischen Kaiser und Landesherren, wodurch der kommunikationspolitische Zentralismus gemildert wurde. Die Rechtfertigung der Kontrolle ergab sich aus dem kaiserlichen Hoheitsrecht (*Bücherregal*) und aus den ›*arcana imperii*‹, der Abschirmung des Hofes gegen öffentliche Mitsprache.

Positive, d. h. hervorrufende, in Gang setzende, und negative, d. h. unterbindende Maßnahmen staatlicher Pressepolitik sind zu unterscheiden: Positive: Erteilung von Konzessionen und *Privilegien* zur Herausgabe von Zeitungen, Gründung von Zeitungen (*Gustav Adolf* in eroberten deutschen Gebieten), sogar Mitarbeit als Berichterstatter, um damit die Unterrichtung der Öffentlichkeit zu beeinflussen (zum Beispiel *Friedrich der Große*). Negative: Prüfmaßnahmen wie *Vor-* und *Nachzensur*, Identifizierung der Urheber des Druckwerks durch *Impressum*, Zulassungsbestimmungen zum Beruf (beispielsweise *Buchdruckereid*); Verbotsmaßnahmen: Einziehung und Verbot von Zeitungen, Entzug von Konzessionen und *Privilegien*, Untersagung bestimmter Themen und Aussageformen; Beförderungsverbot, Importverbot, Verkaufsverbot, Verbot des Erwerbs und Besitzes von Zeitungen (*Index*); Berufsverbot für Journalisten, Kerker- und Geldstrafen, Landesverweis; Maßnahmen, um die Aktualität und damit die Wirksamkeit der Druckwerke herabzusetzen, zum Beispiel durch Beschränkung der Erscheinungshäufigkeit; wirtschaftliche Hemmungen: Zeitungssteuer (*Stempelsteuer*), um sie teuer zu machen, *Kautionszwang*, hohe Beförderungsgebühren.

Das Kontrollsystem war im wesentlichen entwickelt, als die ersten Zeitungen aufkamen. Es hatte, wenn auch zeitweise durchlöchert, Bestand bis zur Auflösung des Reiches 1806. Im Prinzip wurde die Ausübung der Staatsgewalt gegenüber den Zeitungen – zumindest in Deutschland – bis ins letzte Drittel des 18. Jahrhunderts als berechtigt empfunden, der Kampf um *Pressefreiheit* setzte erst dann ein. Ziel der Kontrollmaßnahmen war auch das Verbot oder die starke Einschränkung innenpolitischer Nachrichten. Informationen aus der eigenen Stadt, dem eigenen Land oder selbst dem Deutschen Reich waren lange Zeit in der Minderzahl oder fehlten fast völlig (*Wilke* 1984). Von besonderer Bedeutung für die *Zensur* war, daß sich die Zeitungen auf den Abdruck von Nachrichten zu beschränken hatten und Räsonnement, Meinungsbeiträge nicht zugelassen waren. Bis ins späte 18. Jahrhundert gehörte es aber auch journalistisch zum Grundprinzip, den Leser nur unparteiisch zu unterrichten und ihm seine Meinungsbildung selbst zu überlassen.

Anzeigenwesen und Intelligenzblatt

Die heute in der Zeitung zusammengeführten drei Elemente
Nachricht, Meinung und Anzeigen befanden sich im 17. und
18. Jahrhundert noch weitgehend in getrennten Publikationen. Es
bestand zwar praktisch vom Beginn des Zeitungswesens an die
Verbindung zwischen *Nachricht* und *Anzeige.* Aber gerade
das geschäftliche Interesse an Anzeigen, an der auch wirtschafts-
politisch zu verstehenden Organisation der Beziehung zwischen Verkäufer und Käufer legte im Zeitalter des Merkantilismus den
Gedanken nahe, staatliche Anzeigenmonopole zur Kontrolle und
Ankurbelung des heimischen Wirtschaftslebens und zugleich als Ein-
nahmequelle einzurichten. Damit verbunden war die Gründung
besonderer Zeitungen, der *Intelligenzblätter* (mit Zwangs-
abonnement für bestimmte Personenkreise), die amtliche Bekannt-
machungen enthielten und bezahlte Anzeigen, die sie entweder
allein veröffentlichen oder die in anderen Zeitungen erst erscheinen durften, wenn sie zuvor im *Intelligenzblatt* gestanden hatten.
Das erste derartige *Intelligenzblatt* erschien in Paris 1633, publiziert von dem Arzt *Th. Renaudot* auf Anregung Ludwigs XIII.,
hervorgegangen aus seinem ab 1630 betriebenen Anzeigenbüro, in
dem Kaufangebote und Kaufgesuche eingesehen werden konnten
(daher von lat. »intellegere« der Name dieser Pressegattung). Die
ersten *Anzeigen* – für Bücher und Medikamente – in deutschen
Zeitungen erschienen 1665, die ersten Intelligenzblätter 1722 in
Frankfurt/M., 1727 in Preußen. Intelligenzblätter blieben lokal bzw.
regional orientiert, politische Meldungen waren ihnen untersagt,
aber Gelehrtenartikel, von Professoren geschrieben (berühmteste
Verfasser *Johann Peter von Ludewig*, Kanzler der Universität Halle, ab 1729 in dem Intelligenzblatt *Wöchentliche Hal-
lische Frage- und Anzeigungs-Nachrichten*, und *Justus
Möser* in den *Wöchentlichen Osnabrückischen Anzeigen*,
1766–1782), sollten dazu beitragen, Leser zu gewinnen. Erst 1850
wurde in Preußen das staatliche Anzeigenmonopol aufgehoben, es
kam dann rasch zu einer starken Entfaltung des Anzeigenteils der
Zeitungen. Damit veränderten sich die Kalkulationsgrundlagen im
Zeitungsgewerbe (*Reumann* 1968), die *Massenpresse* entstand.

Nachfolge gefunden haben die *Intelligenzblätter* in der Bundesrepublik Deutschland durch die inzwischen wieder stark verbreiteten
Anzeigenblätter (→ Presse).

Zeitschriften

Noch im 17. Jahrhundert bildete sich neben der Zeitung eine zweite
Gattung periodischer Publizistik heraus, die *Zeitschrift (Kirchner* 1958/62). Auch diese hat man auf Vorläufer zurückgeführt, zum
Beispiel auf *Flugschriften* oder auf die *Serien-Zeitungen* des
16. Jahrhunderts, die über ein Ereignis in mehreren Fortsetzungen
berichteten. Die *Zeitschrift* besitzt mit der *Zeitung* gemeinsam
die Merkmale *Publizität* und *Periodizität*, dagegen ist eines der
Merkmale *Aktualität* und *Universalität* (oder beide) nur abgeschwächt, ›begrenzt‹ (*Groth*) oder gar nicht vorhanden. Die Zusammenfassung aller Ausgaben eines Jahres zum Jahrgang bedingt
den ›Buch‹-Charakter. Das Wort *Zeitschrift* im Sinne von Periodi-
kum ist zum erstenmal nachgewiesen 1751, lange nach dem Entstehen der Gattung, die heute damit bezeichnet wird. Zuvor sprach
man von Journal, Magazin, Monatsschrift, Sammlungen u. ä.
Zuerst entwickelte sich im 17. Jahrhundert der Typ der Gelehrten-
Zeitschrift mit der Aufgabe, den schwerfälligen Gelehrtenbrief-
wechsel zu ersetzen: Ab 1665 das heute noch erscheinende *Journal
des Savants (Sçavans)* in Paris, die *Philosophical Transac-
tions* in London, wissenschaftliche Universalorgane mit wenigen
großen Aufsätzen, kurzen Referaten und vor allem Buchrezensio-
nen. Wie sehr Deutschland noch durch den Dreißigjährigen Krieg
zurückgeworfen war, zeigte sich daran, daß die erste Gelehrten-
Zeitschrift mit zwanzigjähriger Verzögerung erschien und auch nicht
in der Landessprache, sondern im Lateinischen: *Acta Erudi-
torum* in Leipzig ab 1682 (Gründer und Herausgeber: *O. Mencke*,
Mitarbeiter *Leibniz*). Als wenige Jahre später, 1688, der unkon-
ventionelle Professor der Rechte, *Christian Thomasius* (erste
Vorlesung in deutscher Sprache »Grundregeln, vernünftig, klug und
artig zu leben«, Universität Leipzig 1688), die sog. *Monats-Ge-
spräche* als erste populärwissenschaftlich-kritische *Zeitschrift* in
deutscher Sprache herausbrachte, bedeutete das mit dem Versuch

einer lebendigeren Behandlung des Stoffs (von ihm selbst verfaßte
Gespräche in die nach antikem Muster, zum Beispiel *Lukian*, ein
Meinungsaustausch gekleidet war) den Beginn neuer journalistischer
Formen in mehrerer Hinsicht: Populärwissenschaftliche Zeitschrift,
Persönlichkeits- und Individualzeitschrift, kritische Meinungs-Zeit-
schrift, literarische Zeitschrift.

Die Gelehrten-Zeitschrift hat in dreierlei Hinsicht eine wichtige
Rolle für die Entwicklung der periodischen Presse gespielt: 1. als
Ursprung der *Fachzeitschrift* mit einer schon gegen Ende des
17. Jahrhunderts einsetzenden und dann fortschreitenden Spezialisierung auf bestimmte Disziplinen; 2. als Wurzel der späteren
populärwissenschaftlichen Zeitschriften; 3. für die Entstehung des
Meinungsjournalismus. Die aus der Zeitung durch Zensurbestim-
mungen ferngehaltene Meinungsäußerung drängte auf dem Weg
über die von der Gelehrten-Zeitschrift angeregten Gelehrtenartikel
im *Intelligenzblatt* und über die Meinungsäußerung in Buchre-
zensionen in die periodische Presse, und das um so leichter, als das
Zensoramt im 17. und 18. Jahrhundert bevorzugt Universitätsprofes-
soren übertragen wurde, die ihrerseits in ihren Zeitschriftenbeiträ-
gen oft zensurfrei blieben. Hier lagen auch Ansätze der Entwicklung
zum späteren Kulturteil der Tageszeitungen.

Schon in Frankreich kam 1672 mit dem *Mercure galant* ein zweiter Zeitschriftentyp auf, das ›*Salonblatt*‹ mit Mitteilungen und
Neuigkeiten aus der mondänen Welt. An ein ähnliches Publikum
wie dieses, vor allem an die Hof- und Adelskreise, aber auch an das
städtische Patriziat wandten sich in Deutschland die historisch-politi-
schen Blätter. »Die Tradition der Meßrelationen und der politischen
Flugblattliteratur thematisch-intentional fortsetzend, begegnet diese
Zeitschriftengruppe entweder als trockene Dokumentensammlung
aus diplomatischem Akten- und Schriftverkehr, oder sie erscheint in
Brief- und Gesprächsform und bietet unterhaltsam galanten, à-la-
modischen Hofklatsch bzw. meinungsbildend politisches Hintergrundmaterial und eigene politische Vorstellung ihrer Herausgeber
zu aktuellen Zeitfragen« (*Kieslich*). Man kann sich diese Blätter
als Vorläufer eines Journalismus vorstellen, der heute durch den
Spiegel repräsentiert wird. Die trockene und die amüsante Spezies
zusammengenommen, erschienen um 1720 in Deutschland 75 histo-
risch-politische *Zeitschriften*. Als Autoren mehrerer Titel sind

vor allem *Ph. B. Sinold von Schütz* und *D. Faßmann* zu nennen.

Die Ära der Familienzeitschriften, Erbauungsblätter, Frauenzeitschriften, Gesellschaftszeitschriften begann im frühen 18. Jahrhundert mit der aus England importierten Gattung der *Moralischen Wochenschriften* (1709–1713 *R. Steele* und *J. Addison: Tatler, Spectator, Guardian*). Die Moralischen Wochenschriften, die durch ganz bestimmte Gattungsmerkmale gekennzeichnet sind (vielfach originelle Titel, fiktive Verfasserschaft, enge Leserbindung, Verwendung bestimmter didaktischer Formen), betrachteten es als ihre Aufgabe, bürgerliche Gesittung und Tugenden zu verbreiten (*Martens* 1968). »Es reicht nicht«, so hieß es jetzt, »ein guter Christ zu sein, man muß auch ein nützliches Glied der Gesellschaft sein.« Es wurde das Leitbild geprägt von einem Menschen, »dem es um das Beste seines Vaterlandes ein rechter Ernst ist, der seinen Gott recht erkennet, das Predigtamt ehret, Wahrheit und Ordnung liebet, die Obrigkeit fürchtet«, wie es in der berühmtesten deutschen Moralischen Wochenschrift *Der Patriot* (Hamburg ab 1724, Auflage 5000) formuliert war. Vorherrschende Themen waren: Familie und Kindererziehung, Abhandlung menschlicher Tugenden und Laster, Verhältnis zum Mitmenschen, Kritik an der höfischen Welt, Geschmacksbildung. 200 Jahre bürgerlicher Stil wurde mit diesen Zeitschriften geschaffen. Zahlreiche Literaten der Aufklärung waren zugleich Verfasser Moralischer Wochenschriften. Mit dieser Gattung drang die Publizistik in die Provinz. 200 englische, 500 deutsche Titel *Moralischer Wochenschriften* sind gezählt worden.

Mit geringer Variation entstand aus der Moralischen Wochenschrift die *Frauenzeitschrift*: als erste 1725/26 die *Vernünftigen Tadlerinnen* von *Gottsched*. Ihre eigentliche, auch von Frauen getragene Entfaltung folgte aber erst in den siebziger Jahren des 18. Jahrhunderts (u. a. *Pomona*, 1783/84 herausgegeben von *Sophie von LaRoche*). Ab 1786 erschien als Vorläufer von *Schöner Wohnen* und anderen Titeln der Gegenwart das *Journal des Luxus und der Moden* (Herausgeber *F. J. Bertuch*) mit Themen wie Trink- und Eßgeschirr, Zimmereinrichtungen, Garten, Schmuck, Nippes, Mode.

Ein im 18. Jahrhundert stark vertretener Zeitschriftentyp war die

literarische Zeitschrift (*Wilke* 1978). Sie erschien in unterschiedlichen Typen, als literarisch-kritische Zeitschrift (zum Beispiel Gott-
scheds *Beyträge zur Critischen Historie der deutschen
Sprache, Poesie und Beredsamkeit*, 1732–1744), als belletri-
stisches Organ zur Veröffentlichung poetischer Produktion (beispielsweise *Belustigungen des Verstandes und des Witzes*,
1741–1745, in denen der erste Gesang von *Klopstocks* ›Messias‹
gedruckt wurde) sowie als Mischtyp. Der letztere fand sich vor allem
unter den Nationaljournalen des späten 18. Jahrhunderts, dem
Deutschen Museum von *Dohm* und *Boie* ab 1776 und *Wie-
lands Deutschem Merkur* ab 1773 (jeweils mit Nachfolgern).
Erwähnenswert sind ferner *F. Nicolais Allgemeine Deutsche
Bibliothek* (1765–1792, mit Fortsetzung bis 1805), die Haupt-
rezensionsanstalt der deutschen Aufklärung sowie die literarische
Publizistik *Lessings* mit der Begründung der Theaterzeitschrift
(*Beyträge zur Historie und Aufnahme des Theaters*,
1750). Einen Grenzfall zwischen Zeitung und Zeitschrift bildete die
von *Lessing* redigierte Monatsbeilage zur *Berlinischen privile-
girten Staats- und gelehrten Zeitung*, der späteren *Vossi-
schen Zeitung*, 1751 unter dem Titel *Das Neueste aus dem
Reiche des Witzes* (Witz bedeutet hier Intelligenz, Wissen, Literatur).
Die Kurzlebigkeit vieler dieser Blätter wird erklärt mit der Überfülle
von Zeitschriften im 18. Jahrhundert. *Kirchner* verzeichnet in seiner Bibliographie (1928/30) bis 1790 3494 Titel, darunter allein mehr
als 1200 Titel im Jahrzehnt seit 1780. Die Durchschnitts*auflage* der
Zeitschriften bewegte sich zwischen 500 und 1000 Stück, wobei die
untere Zahl schon die Grenze der Existenzfähigkeit bezeichnet.

Meinungsjournalismus, Kampf um Pressefreiheit

Aufklärung, Französische Revolution und der Kampf gegen Napoleon, das Erstarken demokratischer und nationaler Ideale brachten
die politische Publizistik und ein breites, daran interessiertes Publikum hervor. Wegbereiter waren *Chr. F. D. Schubart (Deutsche Chronik*, 1774–1777), *A. L. von Schlözer*, seine Zensur-
freiheit als Göttinger Professor ausnützend (*Briefwechsel meist*

politischen und historischen Inhalts, 1776–1782, und *Stats-Anzeigen*, 1782–1795), *W. L. Wekhrlin* (u. a. *Das graue Ungeheur*, 1784–1787), *J. H. Trenck von Tonder (Der Neuwieder, Politische Gespräche im Reiche der Todten*, 1786–1810). Das Publikum organisierte sich im 18. Jahrhundert in einer Vielzahl von *Lesegesellschaften* (ca. 500 im deutschsprachigen Raum). Der ursprüngliche Anlaß zu ihrer Gründung war das Mißverhältnis zwischen dem wachsenden individuellen Bedarf an Lesestoff und den finanziellen Mitteln des einzelnen Lesers. Durch Umlage der Kosten auf mehrere Personen ließ sich der Lesestoff verbilligen, oder dieser ließ sich bei gleicher finanzieller Aufwendung vermehren. Bevorzugt wurde nützlicher, der Aufklärung dienlicher Lesestoff, d. h. man las vor allem *Zeitschriften* und *Zeitungen (Prüsener* 1972; *Dann* 1981).

Der Kampf um *Pressefreiheit* wurde eröffnet in England ein ganzes Jahrhundert vor der entsprechenden kontinentalen Entwicklung. Die Anfänge dazu liegen in der Puritanischen Revolution. 1644 publizierte *John Milton* mit der ›*Areopagitica*‹ die erste große Streitschrift für die Pressefreiheit, in der viele Argumente, die auch später zu ihrer Verteidigung vorgebracht wurden, bereits enthalten sind (*Wilke* 1984b). 1649 hieß es in einer Eingabe der Leveller Partei an das Parlament: »Wenn eine Regierung gerecht und in Übereinstimmung mit den verfassungsmäßigen Grundsätzen handeln will, dann wird es für sie... notwendig sein, alle Stimmen und Ansichten zu hören. Aber das ist nur möglich, wenn sie Pressefreiheit gewährt.« (*Wilke* 1984b, 117). Ab 1688 war das britische Parlament oberste Kontrollinstanz für die Presse; allerdings versuchten die Parteien nun ihrerseits, Berichterstattung über Parlamentsdebatten zu verhindern. 1695 verzichtete das Parlament darauf, den Printing Act zu verlängern (*Siebert* 1952). Damit war in England erstmals praktisch *Pressefreiheit* hergestellt. Die Auseinandersetzungen um ihren Spielraum verlagerten sich danach vor Gericht, und der Staat griff zu Mitteln wirtschaftlicher Einwirkung (Stamp Act, 1712). Ab 1771 war die englische *Parlamentsberichterstattung* frei.

Was in England vorgezeichnet war, griff im 18. Jahrhundert vor allem auf die amerikanischen Kolonien des britischen Mutterlandes über. Als erster Staat nahm Pennsylvania 1790 in Art. IX seiner Ver-

fassung eine Garantie der *Pressefreiheit* auf. Im ersten Zusatz-
artikel *(First Amendment)* zur Verfassung der Vereinigten Staaten wurde 1791 jegliche Gesetzgebung, die die *Pressefreiheit* einschränken könnte, untersagt. Auch die französische Erklärung der
Menschen- und Bürgerrechte von 1789 führte die *Pressefreiheit*
auf.

Seit Anfang des 18. Jahrhunderts war der Kampf um *Pressefreiheit* zunächst ein Kampf um Meinungs- und Gedankenfreiheit als
Menschenrecht. Bei der Begründung des Rechts auf *Pressefreiheit* sind zwei Hauptlinien der Argumentation zu unterscheiden
(*Wilke* 1984b): Die individuell-anthropologische, das Recht des
einzelnen, seine Meinung auszusprechen und zu verbreiten, die sich
vor allem in Frankreich durchsetzte. Ihr gegenüber steht die kollek-
tiv-soziologische Begründung, die in England vorherrscht: die
Presse verstanden als Ausdruck der Stimme des Volkes, der öffentlichen Meinung. Dazu treten verschiedene praktisch-utilitaristische
Gründe.

In Deutschland wurde *Pressefreiheit* im 18. Jahrhundert zunächst
allenfalls als fürstlicher Gnadenerweis oder aus Zweckmäßigkeits-
gründen gewährt. Seit den siebziger Jahren findet man auch die Forderung nach *Meinungs-* und *Pressefreiheit* als Menschenrecht
(*Wilke* 1995). Unter dem Eindruck des starken gemeinsamen Er-
lebnisses der Freiheitskriege 1813/15, des Gefühls allgemeiner
Übereinstimmung – auch zwischen Volk und Obrigkeit – setzte sich
vorübergehend auch die Kollektivargumentation durch, besonders
wirksam vorgetragen von *Joseph Görres* im *Rheinischen Merkur* 1814–1816: *Pressefreiheit* im Namen des Volkes. Die
Zeitungen sollen »frei und ungefesselt das Wort der öffentlichen
Meinung führen«. Unter den beiden Spielarten der kollektiven Argumentation: der Spiegel-Theorie – die Presse spiegelt die *öffentliche Meinung* – und der Organ-Theorie – die Presse bringt die
öffentliche Meinung hervor – vertrat *Görres* die erste.

Das Wartburg-Fest mit freiheitlicher Hochstimmung 1817, die Ermordung des konservativen Publizisten *A. von Kotzebue* im Namen der Freiheit (1819) gaben Anlaß und auch Vorwand, den in
Art. 18d) der Wiener Bundesakte von 1815 angekündigten Erlaß
einheitlicher Gesetze über die *Pressefreiheit* nicht umzusetzen.
Mit den *Karlsbader Beschlüssen* von 1819 wurde die *Vorzen-*

sur wieder neu eingeführt und erst angesichts der Revolution von 1848 abgeschafft.

Bis dahin waren die Jahre des Vormärz beherrscht von der Unterdrückung der Presse einerseits, andererseits aber durch den unablässigen Kampf um Meinungs- und Pressefreiheit, in oft nur kurzlebigen Presseorganen, in Flugschriften, in der politischen Lyrik, der öffentlichen Demonstration (Hambacher Fest 1832) und in der Emigrantenpresse (zum Beispiel *Der Geächtete*, Paris 1834/35).

Entstehung der modernen Presse

Im Jahre 1780 wurde die *Neue Zürcher Zeitung* (seit 1785 endgültiger Titel), 1788 *The Times* in London gegründet. In diesen Zeitungen sind die lange getrennten Funktionen der Nachrichtenübermittlung (Information), der Meinungsäußerung (Kommentierung), der Unterhaltung und der Anzeigenwerbung vereint. Dieser, wie es hieß, Sprechsaal-Typ von Zeitung – modern würde man sagen Forum – läßt sich etwa so charakterisieren: Alle Standpunkte werden dargelegt bei gleichzeitiger Distanz zu allen Interessengruppen und Parteien, hohes Niveau, eigenes Korrespondentennetz. Der Sprechsaal-Typ in der Art von *Neuer Zürcher Zeitung* oder *Times* wurde Ende des 18. Jahrhunderts in Deutschland von *Cotta* angestrebt mit der 1797 gegründeten *Allgemeinen Zeitung* (Tübingen, Stuttgart, Ulm, Augsburg – der Erscheinungsort wurde mehrfach aus Zensurgründen verlegt). Bedeutende deutsche Meinungsblätter wurden später die 1856 von *Leopold Sonnemann* gegründete, unter endgültigem Titel seit 1866 erscheinende *Frankfurter Zeitung* (bis 1943); 1861 *Norddeutsche Allgemeine Zeitung*, ab 1919 *DAZ – Deutsche Allgemeine Zeitung* (bis 1945); 1871, gegründet von *Rudolf Mosse, Berliner Tageblatt* (bis 1939).

Ebenfalls auf Meinungsbildung zielend, aber nicht unabhängig, sondern ausdrücklich festgelegt, sind die *Parteizeitungen*, die im 19. Jahrhundert entstanden, zunächst als sogenannte *Comité-Zeitungen* (der Ausdruck Parteien erschien erst in den vierziger Jahren des 19. Jahrhunderts): Ein von der jeweiligen Gesinnungsgruppe delegierter Kreis betreute die Zeitungsgründung, ernannte einen Re-

dakteur und sicherte die wirtschaftliche Grundlage. In diesem Sinne
waren schon *H. v. Kleists Berliner Abendblätter* (1810/11)
eine Comité-Zeitung (Auftraggeber die konservative Christlich-
deutsche Tischgesellschaft) oder der *Preußische Correspon-
dent* 1813 mit den Redakteuren *B. H. Niebuhr, D. F. E.
Schleiermacher, A. von Arnim*, herausgegeben im Auftrag
einer liberalen Gruppe, und auch die von *K. Marx* 1842 geleitete
Rheinische Zeitung. Die eigentliche Ära der Parteizeitungen
setzte ein, nachdem 1848 die *Pressefreiheit* proklamiert worden
war und der Parlamentarismus die Bildung von Parteien nach sich
zog. Die führende Tageszeitung der Konservativen, von Bismarck
und anderen 1848 gegründet, wurde die *Neue Preussische
(Kreuz-) Zeitung* (mit dem Eisernen Kreuz im Titel – bis 1939);
die ebenfalls in Berlin 1848 gegründete *National Zeitung* (1910 in
das *Acht-Uhr-Abendblatt* verwandelt) vertrat den Standpunkt
der Liberalen. Führende Zeitung der Katholiken (Zentrum) war ab
1871 die *Germania* (bis 1938). Eine Parteizeitung der Arbeiter entstand erst 1864: der *Sozialdemokrat*, Organ des Allgemeinen
deutschen Arbeitervereins, unter Mitarbeit von *K. Marx* (London), *F. Engels* (Manchester) und *W. Liebknecht* (Berlin). Als
Zusammenfassung mehrerer kleiner Parteiorgane erschien ab 1876
Vorwärts, seit 1891 Zentralorgan der Sozialdemokratischen Partei
Deutschlands (SPD).

Mit dem ersten Drittel des 19. Jahrhunderts entstanden auch neue
Typen von *Zeitschriften*, geprägt vor allem von den Neuerungen
in Druck- und Bildreproduktion (insbesondere Holzstich). Nach
englischem Muster erschien ab 1833 das *Pfennig-Magazin der
Gesellschaft zur Verbreitung gemeinnütziger Kenntnisse*, 1843 folgte die *Leipziger Illustrierte Zeitung* (bis
1943), am berühmtesten wurde ab 1891 (ab 1894 bei Ullstein) die
Berliner Illustrirte Zeitung (bis 1945).

Daneben fanden die Familienzeitschriften große Verbreitung: *Die
Gartenlaube* (seit 1853 herausgegeben von *E. Keil*, Auflage
1874 400000), ab 1864 *Daheim*. Erfolgreich war ferner als Witz-
blatt seit 1848 *Der Kladderadatsch*.

Nach 1848 kam es zwar bald zu einem Rückfall in vormärzliche Methoden (*Stempelsteuer, Kautionszwang*, Beförderungsbehin-
derungen), doch konnte die alte Pressekontrolle nicht wiederherge-

stellt werden. Das Jahr 1874 brachte mit dem *Reichspresse-gesetz*, das 27 Landespressegesetze ablöste, erstmals eine einheit-liche, gesetzliche Gewährleistung der *Pressefreiheit* in Deutsch-land (→ Medienrecht). Dies zwang *Otto von Bismarck*, durch Gerichtsverfahren gegen die Presse vorzugehen und ihre Beein-flussung durch Geldzuwendungen (*Reptilienfonds*) und einen amtlichen Presseapparat in Gang zu setzen. Auf § 30 RPG stützte der Reichskanzler sein Vorgehen gegen die sozialistische Presse nach Erlaß der Sozialistengesetze 1878, woraufhin 42 sozialistische Tageszeitungen mit einer Gesamtauflage von 150 000 Stück verboten wurden. Die *Pressefreiheit* und der wirtschaftliche Aufschwung der Gründerzeit führten zu einer Expansion der Presse im Deut-schen Reich, woran selbst die zeitweise verfolgte katholische (Kul-turkampf) und sozialistische Presse teilhatten (*Wilke* 1988; 1991 b). Die lokale Dispersion und die politische Differenzierung des Zeitungswesens nahmen zu. Diese Entwicklung wurde erst durch den Ersten Weltkrieg gestoppt. Die *Pressefreiheit* wurde aufge-hoben und durch eine strenge Militärzensur ersetzt. Die Zahl der Zeitungen ging infolge wirtschaftlicher Schwierigkeiten zurück (*H. D. Fischer* 1973).

Neben der Meinungspresse bildete sich bis zum Ende des 19. Jahr-hunderts die *Generalanzeiger-Presse* heraus, politisch farblos, aber mit sorgfältiger Pflege des Lokalteils, um einen möglichst gro-ßen Abonnentenkreis anzuziehen und damit Inserenten – überregio-nale und lokale Geschäftsanzeigen, Kleinanzeigen – zu gewinnen. Das Entstehen der *Massenpresse* wurde ausgelöst durch die Idee, die Zeitung als wirtschaftliches Kuppelprodukt (der redaktionelle Teil fesselte die Leser, die Inserenten zahlen dafür, ihre *Anzeigen* neben dem redaktionellen Teil unterbringen zu können, weil sie den Leserkreis als Käuferkreis anzusprechen suchen) konsequent zu nut-zen. Das geschah durch radikale Senkung des Kauf- oder Bezugs-preises (→ Pressewirtschaft). In England und in den USA wurde auf der Grundlage dieser ökonomisch entscheidenden Idee die *Penny Press* hervorgebracht (*The Sun* 1833 von *B. H. Day, New York Herald* 1835 von *J. G. Bennett*).

Nach Vorläufern in Frankfurt und Köln gründete *August Scherl* 1883 in Berlin den *Berliner Lokal-Anzeiger* und gab ihn bei zu-nächst wöchentlichem Erscheinen für 10 Pfennige Zustellgeld im

Monat an Abonnenten ab (die *National-Zeitung* kostete im Monat 6,75 Mark). Die Kosten der Zeitung wurden überwiegend gedeckt durch die mit großem Leserkreis angezogenen Inserenten, also durch *Anzeigen*erlöse. Erst mit dem niedrigen Bezugspreis kam die Zeitung in weite Bevölkerungskreise, erst mit der Entwicklung des Anzeigengeschäfts wurden die Zeitungen wirtschaftlich stark genug, um sich gute Redaktionen und Korrespondentennetze aufzubauen.

Mit der *Massenpresse* wurden am Ende des 19. Jahrhunderts die großen Pressekonzerne errichtet: *R. Mosse, L. Ullstein, A. Scherl.* 1898 gründete *Ullstein* als Gegengewicht gegen den kaiser- und regierungsfreundlichen (konservativen) *Berliner Lokal-Anzeiger* die linksgerichtete *Berliner Morgenpost* (Spitzenauflage 1927: 700000) und 1904 als erste große *Straßenverkaufszeitung (Boulevardzeitung)* die *BZ am Mittag.* Bei *Mosse* und bei *Ullstein* wurde die Kostenkonstruktion genutzt, durch die ertragreiche Massenblätter und Unterhaltungszeitschriften unrentable, aber publizistisch angesehene Tageszeitungen (*Vossische Zeitung, Berliner Tageblatt*) stützten.

Wesentlich beigetragen haben zur Entstehung der modernen Presse die technischen Fortschritte, die das 19. Jahrhundert für das Pressewesen brachte. Dies betrifft besonders die *Satz-* und *Drucktechnik:* Erfindung der Schnellpresse 1811, Erfindung des Prinzips der Stereotypie 1829, erste Matern in der amerikanischen Presse 1861. Der Rotationsdruck wurde 1860 erfunden, er ist seit 1872 in Gebrauch. Erster Zweifarbendruck in amerikanischen Zeitungen 1863, Vierfarbendruck 1896. Erfindung der Setzmaschine 1869, gebrauchsfertige Linotype 1884, Monotype 1897. Dem wachsenden Bedarf an Druckmaterial kamen die Erfindung der Papiermaschine 1816 und die Erfindung des Holzschliffs 1844 entgegen. Entscheidende Neuerungen, die die Übermittlung von Informationen beschleunigten, brachte das Verkehrswesen (Eisenbahn ab 1835), vor allem aber die Nachrichtentechnik mit dem zunächst elektrischen, später auch drahtlosen *Telegrafen* (→ Nachricht).

Journalistischer Beruf

Anfänge und Entwicklung des journalistischen Berufs sind erst wenig erforscht. Dies hat seinen Grund u. a. darin, daß dieser Beruf – zumal historisch – nur schwer eindeutig zu bestimmen und abzugrenzen ist (→ Journalist). Doch lassen sich zumindest verschiedene Phasen voneinander unterscheiden. Man kann die Geschichte des Journalismus zum Beispiel einteilen in eine Epoche gelegentlicher, in eine Epoche nebenberuflicher und in die Epoche hauptberuflicher journalistischer Tätigkeit. *Baumert* (1928) hat in vier Phasen gegliedert: die präjournalistische Periode, die Periode des korrespondierenden Journalismus, die Periode des schriftstellerischen Journalismus und die Periode des redaktionellen Journalismus. Diese Gliederung ist nicht im Sinne der Ausschließlichkeit zu verstehen, sondern »ergibt sich eben daraus, daß jeweils die eine oder die andere Funktion für die geistige und berufliche Gesamtkonstellation des Journalismus typisch und entscheidend ist« (S. 17).

In die präjournalistische Periode bis zum Ausgang des Mittelalters gehören die Sendboten und Spielleute, die in Wirtshäusern und auf Jahrmärkten in Reim und Lied gefaßte Neuigkeiten vortrugen. Im korrespondierenden Journalismus seit der frühen Neuzeit wurden *Nachrichten* und Berichte von meist nebenberuflichen *Korrespondenten* (Diplomaten, Stadtschreiber, Sekretäre, Handelsleute) an die Postmeister oder Drucker geliefert und von diesen zusammengestellt. Sofern aus der Korrespondententätigkeit schon ein Hauptberuf gemacht wurde, sprach man von Zeitungsschreibern. Das 18. Jahrhundert brachte den Typ des publizistisch-schriftstellerischen *Journalisten* hervor, der weniger durch aktuelle Berichterstattung als durch kritisch-räsonierende Abhandlungen über literarische, philosophische, pädagogische und politische Themen zur öffentlichen Meinungsbildung beitragen wollte (*Wilke* 1993). Dieser Typ fand sich vor allem unter den Herausgebern und Mitarbeitern der zahlreichen *Zeitschriften*. In diesen sah die wachsende Zahl der sich aus fürstlicher Patronage lösenden freien Schriftsteller die Chance zur Verwertung literarischer Teilarbeiten. Während die Initiative zur Führung solcher *Zeitschriften* anfänglich vielfach von den Schriftstellern ausging, traten diese in der Periode des redaktionellen Journalismus seit dem 19. Jahrhundert die unternehmerische Funktion und damit das wirtschaftliche Risiko an den Verleger ab. Der *Journalist* wurde zum Angestellten des *Verlegers*, der aufgrund eines Dienstvertrags und für ein festes Gehalt dessen Publikation redigiert und darin seinen Hauptberuf findet.

Redaktionelle Aufgaben wie Auswahl und Bearbeitung von *Nachrichten* hatten sich jedoch schon im 18. Jahrhundert mit dem Anwachsen des Nachrichtenstoffs ergeben und die Bestellung eines eigenen Personals dafür notwendig gemacht (zum Beispiel *J. F. Leister* beim *Hamburgischen Unpartheyischen Correspondenten*). Der Einzug der meinungsbildenden Funktion in die Zeitung mußte zudem festangestellte *Redakteure* unentbehrlich machen. Gleichwohl blieb der Bedarf an Journalisten zunächst noch begrenzt und konnte, wie man heute sagen würde, durch ›Seiteneinsteiger‹ aus anderen Berufen gedeckt werden. Jedenfalls war der Bildungsstand der Redakteure im frühen 19. Jahrhundert noch bemerkenswert hoch (*Brunöhler* 1933). Erst mit der Expansion des Pressewesens in der zweiten Hälfte des 19. Jahrhunderts gab es einen schubweisen Bedarf an hauptberuflichen Journalisten. Dieser Bedarf konnte nicht mehr hinreichend aus dem Reservoir hochgebildeter Akademiker gedeckt werden:»War in der vormärzlichen Presse der Doktor, dem die Habilitation verbaut war, eine hervorstechende Gestalt..., so in der vulgärliberalen der Student, der es nicht zur Promotion gebracht hatte – und das entweder, weil ihn seine Begabung frühzeitig auf die Presse verwies oder aber, weil er akademisch ein Versager war und erst als Journalist ins rechte Fahrwasser kam.« (*Engelsing* 1966, 57). Die Folge dieses Vorgangs war ein sozialer Abstieg, ja eine »Verfemung« des Journalistenberufs, die sich u. a. in dem bekannten Wort *Max Webers* von der ›Paria-Kaste‹ niederschlug, »die stets nach den ethisch tiefststehenden Repräsentanten eingeschätzt wird«.

Mit den ersten Ansätzen zur Professionalisierung entstanden im 19. Jahrhundert Bestrebungen zu einem eigenen Berufsverband der Journalisten. Vorläufer dazu reichen in die Zeit vor 1848 zurück. 1864 fand in Eisenach der erste Deutsche Journalistentag statt mit berufs-, sozial- und pressepolitischen Forderungen. Doch vergingen bis zu einer dauerhaften Organisation der Berufsangehörigen noch Jahrzehnte: 1895 wurde der *Verband deutscher Journalistenvereine* gegründet, der 1910 (mit anderen Zusammenschlüssen) im *Reichsverband der deutschen Presse* aufging.

Presse in der Weimarer Republik

Die Weimarer Reichsverfassung von 1919 gewährleistete in Artikel 118 zwar die *Meinungsfreiheit* (als Individualrecht → Medienrecht), enthielt aber keinen besonderen Schutz der *Pressefreiheit*. Zudem konnte der Reichspräsident nach Artikel 48 die Grundrechte bei erheblicher Störung oder Gefährdung der öffentlichen Sicherheit und Ordnung vorübergehend außer Kraft setzen. Unabhängig davon gaben die – in wohlmeinender Absicht erlassenen – Republikschutzgesetze von 1922 und 1930 den Behörden das Recht zu Zeitungsverboten. Zeitungen konnten verboten werden, wenn sie die Staatsform, die Staatsfarben, Regierungsmitglieder beschimpften oder wenn sie zu Gewalttätigkeiten aufforderten.

Der Katalog der Voraussetzungen für Zeitungsverbote wurde wiederholt erweitert, zuletzt durch die *Notverordnungen* des Reichspräsidenten in den Jahren 1931 und 1932. Allein in Preußen wurden in der Zeit vom 28. März 1931 bis 13. Juni 1932, also innerhalb von 14 Monaten, 284 Zeitungen verboten. Die Verbotsdauer schwankte zwischen wenigen Tagen und acht Wochen. Eine andere Bestimmung der Notverordnung sah ein unentgeltliches Entgegnungsrecht der Behörden vor.

Die politischen Verhältnisse in Deutschland, die sich nach den Schwierigkeiten und Wirrnissen Anfang der zwanziger Jahre zeitweilig etwas konsolidiert hatten, spitzten sich am Ende des Jahrzehnts erneut dramatisch zu. Die Notverordnungen waren eine Antwort auf die zunehmende Radikalisierung, die auch in *Zeitungen* und *Zeitschriften* ihren Niederschlag fand. Nationalsozialistische, kommunistische, auch deutschnationale Organe führten einen erbitterten Kampf gegen die Republik, ihre Einrichtungen und führende Persönlichkeiten, wobei persönliche Verunglimpfungen und unwahre Darstellungen zu den Mitteln der Publizistik gehörten. Wegen parteipolitischer, ideologischer oder wirtschaftlicher Bindungen informierten die Zeitungen einseitig oder unzulänglich. Die politisch führenden Zeitungen – *Vossische Zeitung, Berliner Tageblatt, Frankfurter Zeitung* – hatten eine viel zu geringe Auflage, um in die Breite wirken zu können. Sie waren zudem zum Teil von anderen Verlagsobjekten in ihrer Existenz abhängig. An der politischen Zuspitzung scheiterten auch die Versuche einer

Presserechtsreform, u. a. das Vorhaben eines *Journalistengesetzes.*

Die bis zum Ende des Ersten Weltkriegs stark gesunkene Zahl von *Zeitungen* stieg im Laufe der zwanziger Jahre wieder an. 1932 wurden 4703 Tages- und Wochenzeitungen einschließlich Kopfblätter (Nebenausgaben) gezählt, von denen die Hälfte fest-, d. h. parteioffiziös oder -offiziell bzw. grundrichtungsbestimmt war. Ein großer Teil dieser vielen Zeitungen war aber wirtschaftlich nicht lebensfähig und mußte subventioniert werden. Damit gerieten diese in publizistische Abhängigkeit. *Alfred Hugenberg* hatte schon im Ersten Weltkrieg als Generaldirektor der Krupp AG damit begonnen, im Interesse der (Schwer-)Industrie und deutsch-nationaler Kreise ein weitgespanntes System nach außen nicht sichtbarer Einflußnahme auf das deutsche Pressewesen aufzubauen (*Guratzsch* 1974). Zum Teil handelte es sich um eigene Gründungen, zum Teil um Übernahme bestehender Unternehmen. Zur Vergabe von Inseratenaufträgen wurde 1914 die Auslands-Anzeigen GmbH (ALA) geschaffen. 1916 übernahm *Hugenberg* den *Scherl*-Verlag, im gleichen Jahr erreichte er eine Beteiligung an der Nachrichtenagentur Telegraphen-Union, 1917 kam die Vera-Verlagsgesellschaft als Holding-Gesellschaft für Provinzzeitungen hinzu. 1922 folgten die Wirtschaftsstelle der Provinzpresse (Wipro) zur Lieferung fertiger Artikel auf *Matern* sowie zwei Kreditgesellschaften, die zur Tarnung von Fremdbeteiligungen am Zeitungswesen dienen sollten. (Im Jahre 1927 kam es noch zum Erwerb der *Universum Film AG / UFA* → Film). Auf kommunistischer Seite stand, wenn auch weniger verzweigt, der *Münzenberg*-Konzern, der ebenfalls Materndienste herausgab.

Die weitaus meisten Zeitungen vor 1933 waren dem aufkommenden Nationalsozialismus gegenüber zurückhaltend, kritisch oder feindlich eingestellt. Die NS-Presse selbst war anfänglich zahlenmäßig klein, wuchs aber parallel zum Aufstieg der Nationalsozialistischen Deutschen Arbeiter Partei (NSDAP) an. So bestanden zwischen 1925 und März 1933 336 nationalsozialistische Zeitungen, von denen jedoch ein Drittel wieder einging (*Stein* 1987). In der Mehrzahl handelte es sich zunächst um Wochenzeitungen, doch nahm der Anteil der Tageszeitungen seit 1930 stark zu. Die bekanntesten NS-Organe waren der *Völkische Beobachter* (gegründet 1887 als

Münchner Beobachter, seit 1920 im Besitz der NSDAP), der *Illustrierte Beobachter* (seit 1926) und *Der Angriff* (seit 1927). Als berüchtigtes antisemitisches Hetzblatt tat sich (seit 1923) *Der Stürmer* hervor.

Presse im Dritten Reich

Mit der Machtergreifung der Nationalsozialisten setzte in Deutschland 1933 eine weitreichende Umgestaltung des Pressewesens ein. Die *Presse* war im Dritten Reich ein Mittel der Staatsführung zur Verwirklichung ihrer politischen Ziele im Inneren und nach außen. Sie sollte keine selbständige politische Kraft sein, sondern ein Instrument der *Propaganda*, der Beeinflussung und Erziehung des deutschen Volkes im Sinne des Nationalsozialismus und zur publizistischen Vorbereitung außenpolitischer Erfolge. Diese Zielsetzung versuchte man schrittweise durch Gleichschaltung der Journalisten und Verlage zu erreichen. *Adolf Hitler* und *Joseph Goebbels*, Reichsminister für Volksaufklärung und Propaganda, sahen aber in der Presse nicht das wichtigste Instrument zur Beeinflussung der Öffentlichkeit. Zur Mobilisierung der Massen wurden die Großkundgebungen und der → *Rundfunk* (zumal im Gemeinschaftsempfang) als effektiver eingestuft. Erhebliche propagandistische Bedeutung wurde auch dem *Film* zugemessen (→ Film).

Die Presselenkung unter der nationalsozialistischen Herrschaft vollzog sich auf drei Ebenen, der rechtlich-institutionellen, der ökonomischen und der inhaltlichen (*Abel* 1968; *Frei/Schmitz* 1989). Zunächst bediente man sich noch des Instrumentariums der *Notverordnungen*, die der Reichspräsident erließ. Die ›Verordnung zum Schutze des Deutschen Volkes‹ vom 4.2.1933 regelte Beschlagnahme und Verbot von Druckschriften. Ein umfangreicher Katalog von Verbotsgründen legte die Einzelheiten fest. Neu gegenüber den bisherigen Verbotsgründen war der Aufruf zum Streik. Erweitert wurde die Verbotsdauer (bis auf sechs Monate).

Eine Verordnung vom 28.2.1933 setzte das Grundrecht der *Pressefreiheit* außer Kraft »zur Abwehr kommunistischer und staatsgefährdender Gewaltakte«. Ein ›Gesetz über die Einziehung kommunistischen Vermögens‹ vom 26.5.1933 erlaubte die Enteignung kommunistischer Verlage. Es wurde am 14. 7. 1933 durch ein ›Gesetz über die Einziehung volks- und staatsfeindlichen Vermögens‹ ergänzt, das sich auf die Sozialdemokratische Partei und ihre Presse bezog. Das so beschlagnahmte Vermögen aus kommunistischem und sozialdemokratischem Besitz wurde in der Regel nationalsozialistischen Verlagen übereignet, die dadurch in vielen Fällen erst in den Besitz ausreichender technischer Anlagen kamen und damit konkurrenzfähig wurden oder sich finanziell sanierten.

Von grundlegender Bedeutung war das *Schriftleitergesetz* vom 4. 10. 1933, das am 1. 1. 1934 in Kraft trat. Mit diesem Gesetz wurde die Presse in den Dienst des nationalsozialistischen Staates gezwungen. Fortan konnte den Beruf des *Schriftleiters* nur ausüben, wer in eine Berufsliste eingetragen war (Kontrolle des Berufszugangs). Die Eintragung setzte eine einjährige Ausbildung voraus, ferner arische Abstammung (des Schriftleiters und seiner Ehefrau) und die Eigenschaften, »die die Aufgabe der geistigen Einwirkung auf die Öffentlichkeit erfordert«. Über die Eintragung entschied der Leiter des jeweiligen Landesverbandes der Presse, ab 1938 in erster Linie der Gauleiter. Falls die Eintragung verweigert wurde, gab es die Möglichkeit, eine Aufsichtsbeschwerde beim Vorsitzenden des *Reichsverbandes der deutschen Presse* einzureichen. Wer »politisch unzuverlässig« war, konnte nicht in die Schriftleiterliste eingetragen werden. Der Beruf des Schriftleiters wurde somit beamtenähnlich.

Die Aufgaben von *Verleger* und Schriftleiter wurden scharf getrennt. Der Verleger war allein für den kaufmännischen und technischen Teil der Zeitung, der Redakteur für den Textteil verantwortlich. Das *Schriftleitergesetz* erkannte zwar dem Verleger das Recht zu, den Hauptschriftleiter zu benennen und die Schriftleiter »auf die Innehaltung von Richtlinien für die grundsätzliche Haltung der Zeitung« zu verpflichten. Träger der *öffentlichen Aufgabe* und damit verantwortlich für den gesamten Inhalt waren jedoch die Redakteure. Was diese damit scheinbar an *innerer Pressefreiheit* gewannen, verloren sie gleichzeitig an den Staat. Mit der nationalsozialistischen Pressegesetzgebung wurde der Begriff der *öffentlichen Aufgabe* der Presse gesetzlich erstmals fixiert, allerdings ganz im staatsbezogenen Sinne (→ Medienrecht).

Evangelische und katholische Kirchenblätter waren zunächst von Bestimmungen des *Schriftleitergesetzes* ausgenommen, ebenso wie jüdische Periodika. Anfang 1936 mußen jedoch auch die Redakteure der Kirchenzeitungen sich in die Schriftleiterliste eintragen lassen. Konfessionelle Zeitungen gab es seit 1935 nicht mehr. Ab dem gleichen Jahr durften jüdische Zeitungen nicht mehr offen angeboten, sondern nur noch an Juden ausgeliefert werden. Kunstschriftleiter unterlagen einer zusätzlichen Genehmigungspflicht. Sie mußten mindestens 30 Jahre alt sein und wurden in eine besondere Liste eingetragen. Kunstkritik war verboten. An ihre Stelle trat die Kunstbetrachtung, die »weniger Wertung als Darstellung und damit Würdigung« sein sollte und immer mit dem vollen Verfassernamen gekennzeichnet sein mußte. Der Erlaß über die Kunstbetrachtung war eine Folge der vielfach negativen Kritiken über die Kunstausstellungen im Münchner Haus der Deutschen Kunst, die sich *Hitlers* besonderen Interesses erfreuten.

Nicht nur die Zulassung zum Beruf, auch seine Ausübung unterlag einer ständigen Kontrolle. Bei ›Berufsvergehen‹ konnte ein Schriftleiter durch ein Berufsgericht getadelt oder gar von der Ausübung des Berufs ausgeschlossen werden (Berufsverbot). Damit konnte auf die Berufsangehörigen massiver Druck ausgeübt werden. Es gab Berufsgerichte erster Instanz (Bezirksgerichte) bei jedem Landesverband und, als Berufungsinstanz, den Pressegerichtshof in Berlin. Die Berufsgerichte konnten verwarnen und die Löschung aus der Berufsliste verfügen. Alle Mitglieder der Berufsgerichte hatte *Goebbels* zu ernennen. Ihre Vorsitzenden mußten Volljuristen sein, die Beisitzer paritätisch Verleger und Journalisten. Sie waren zuständig für Berufsvergehen, konnten gegen die Löschung aus der Berufsliste angegangen werden. Als Berufsvergehen galten Verstöße gegen die im *Schriftleitergesetz* festgelegten Berufspflichten: ›politische Zuverlässigkeit‹ und ›sittengerechtes Verhalten‹. Die ›politische Zuverlässigkeit‹ war beispielsweise verletzt beim Verstoß gegen Anordnungen des Propagandaministeriums oder Beschimpfung der NSDAP nach 1933; gegen ›sittengerechtes Verhalten‹ verstießen beispielsweise Schuldenmachen, Trunkenheit, Umgang mit Juden, Plagiat.

Institutionell wurden verschiedene Einrichtungen zur Presselenkung geschaffen. Durch Erlaß vom 13. 3. 1933 entstand das *Reichsministerium für Volksaufklärung und Propaganda* (RMVP). Der Leiter des Ministeriums, *Joseph Goebbels*, sollte laut einer

Verordnung vom 30.6.1933 zuständig sein »für alle Aufgaben der geistigen Einwirkung auf die Nation, der Werbung für Staat, Kultur und Wirtschaft, der Unterrichtung der in- und ausländischen Öffentlichkeit über sie«. Im Juli 1933 wurden in jedem Gau der NSDAP nach dem Vorbild des Propagandaministeriums Landesstellen errichtet, die, 1937 zu Reichsbehörden erhoben, die Bezeichnung Reichspropagandaämter erhielten. Ihre 45 Leiter nannten sich Landeskulturverwalter.

Goebbels als dem Präsidenten unterstand auch die *Reichskulturkammer*, die durch ein Gesetz vom 22.9.1933 gegründet wurde. Sie umfaßte sieben Einzelkammern für Presse, Rundfunk, Film, Theater, Musik, Bildende Kunst und Schrifttum. Der Pressekammer mußten die im Pressewesen bestehenden Verbände und Standesorganisationen angehören und folglich alle, die in einem Presseberuf tätig waren. Präsident der *Reichspressekammer* war *Max Amann*. Er entschied allein und ohne gerichtliche Nachprüfung, wer Mitglied der Reichspressekammer sein konnte. Ein eigener Propagandaapparat wurde seit 1938 im Auswärtigen Amt unter *Joachim von Ribbentrop* auf- bzw. ausgebaut (*Longerich* 1987).

Wirtschaftlich versuchte man die Presse durch Inbesitznahme der Verlage in den Griff zu bekommen. Diese vollzog sich in mehreren Wellen. Sie wurde geplant und durchgeführt von *Amann* bzw. seinem Berater *Max Winkler*. Zeitungsaufkäufe und -übernahmen sollten unauffällig vonstatten gehen und wurden daher getarnt und nicht bekanntgegeben. Zunächst stützte man sich auf die schon erwähnten Gesetze zur Einziehung kommunistischen bzw. volks- und staatsfeindlichen Vermögens. Nachdem sich die NS-Führung entschieden hatte, von einem Verbot der gesamten nicht-nationalsozialistischen Zeitungen Abstand zu nehmen, folgte 1935 die zweite Enteignungswelle. Drei Anordnungen des Präsidenten der Reichspressekammer *Max Amann*, der zugleich Generaldirektor des Zentralverlags der NSDAP (*Franz Eher* Nachf.) war, bildeten das Instrumentarium zur Inbesitznahme bürgerlicher Verlage: ›Anordnung über Schließung von Zeitungsverlagen zwecks Beseitigung ungesunder Wettbewerbsverhältnisse‹, ›Anordnung zur Beseitigung der Skandalpresse‹, ›Anordnung zur Wahrung der Unabhängigkeit des Zeitungsverlagswesens‹, alle drei vom 24.4.1935.

Verlage konnten geschlossen werden, wenn an einem Ort mehrere Zeitungen erschienen, die man für nicht lebensfähig hielt. Die Anordnung zur Beseitigung der ›Skandalpresse‹ ermöglichte den Aufkauf der *Generalanzeigerpresse*, indem Verlage aus dem *Reichsverband der Deutschen Zeitungsverleger* (und damit der *Reichspressekammer*) ausgeschlossen wurden, deren Zeitungen »ihr Gepräge und ihren Absatz« dadurch erhielten, »daß sie über Geschehnisse in einer Form berichten, die der Bedeutung für die Öffentlichkeit nicht entspricht und die geeignet ist, Anstoß zu erregen oder der Würde der Presse zu schaden«.

Ein *Verleger* durfte nicht mehrere Zeitungen herausgeben. Verlage mußten Personalgesellschaften sein (d. h. Aktiengesellschaften waren nicht länger zugelassen), und Zeitungen durften nicht subventioniert werden. Es war nicht erlaubt, *Zeitungen* inhaltlich auf einen konfessionell, beruflich oder interessenmäßig bestimmbaren Personenkreis abzustimmen. Aufgrund dieser Anordnung verschwanden über 400 Zeitungen. Bei den meisten noch bestehenden großen und publizistisch wichtigen Zeitungen wurde der Zentralverlag der NSDAP Miteigentümer, indem er mindestens 51 Prozent der Verlagsanteile erwarb. Durch die Androhung der Schließung des Verlags wurden die bisherigen Eigentümer gezwungen, einen Mehrheitsanteil abzugeben. Vielfach wurden dabei die Verlagsrechte von der Druckerei getrennt und langfristige Druckverträge zwischen Zeitungsverlag und Druckerei geschlossen. Zu den zentral gesteuerten Maßnahmen zur wirtschaftlichen Inbesitznahme von Zeitungen traten die Bemühungen lokaler, nationalsozialistisch gesinnter Verleger der Provinzpresse, sich mit häufig unlauteren Mitteln – wie zum Beispiel Abwerbungs- und Annoncenkampagnen – gegen bürgerliche Konkurrenzblätter durchzusetzen (*Frei* 1980).

Die nächste Enteignungswelle erfaßte im Kriege die kleinen und mittleren Verlage. Die *Reichspressekammer* erteilte im Mai 1941 550 Zeitungen einen Stillegungsbescheid und begründete ihn mit Kriegserfordernissen. Nach der Kapitulation der 6. Armee bei Stalingrad wurden bis Ende 1943 weitere 950 Zeitungen eingestellt und deren Bezieher der Parteipresse zugewiesen. Die letzte Stillegungswelle erfolgte nach *Stauffenbergs* Attentatsversuch auf *Hitler* ab dem Spätsommer 1944. So befanden sich Ende 1944 noch 625 Zeitungen mit einer Auflage von 4,4 Millionen (= 17,5 Prozent) in Privateigentum. 352 Tageszeitungen mit einer Auflage von 21 Millionen (= 82,5 Prozent) waren in der Hand der NSDAP. Im Durchschnitt besaß also ein privates Blatt eine Auflage von rd. 6500, eine NSDAP-Zeitung dagegen von rd. 65 000 Exemplaren.

Zur inhaltlichen Presselenkung dienten ebenfalls mehrere Vorkehrungen und Maßnahmen. Zum 1.1.1934 wurden die beiden bis dahin bestehenden Nachrichtenagenturen *Wolffsches Telegraphenbüro* (W. T. B.) und *Telegraphen Union* (TU) zum *Deutschen Nachrichtenbüro* (DNB) fusioniert und verstaatlicht (GmbH, alle Anteile beim Staat) (*Reitz* in *Wilke* 1991 b). Gelegentlich formulierte *Goebbels* selbst DNB-Nachrichten, die dann als Auflagenmeldungen, d. h. Meldungen, die die Zeitungen bringen mußten, verbreitet wurden. Je nach Stufe der Geheimhaltung übermittelte DNB die Meldungen in Diensten auf verschiedenfarbigem Papier an verschiedene Abnehmerkreise: Der grüne Dienst für alle Redaktionen enthielt die allgemein zur Verbreitung bestimmten Nachrichten, der blaue Dienst nicht unmittelbar zur Veröffentlichung bestimmte Informationen und Argumentationsanweisungen für Kommentare und Glossen, der gelbe Dienst allgemeines Hintergrundmaterial für Propagandakampagnen und ständig wiederholte Themen wie Antisemitismus, DNB-rot beinhaltete für einen kleinen Kreis von Hauptschriftleitern detaillierte Informationen und schließlich DNB-weiß für Minister, Reichs- und Gauleiter und für wenige ausgewählte Journalisten streng geheime Nachrichten. Hinzu kamen später die Rundrufe der Pressestelle der Reichsregierung, die das DNB als eilige Sonderanweisungen übermittelte.

Inhaltliche Presseanweisungen ergingen vor allem auf den Berliner Pressekonferenzen im *RMVP*, an denen nur eigens zugelassene Journalisten teilnehmen durften. Der Stellvertretende Reichspressechef, der Leiter der Abteilung Presse im *RMVP* oder einer seiner Referenten gaben den versammelten Journalisten Informationen und Anweisungen bekannt, die aus den einzelnen Ministerien oder der Reichskanzlei stammten. Dazu konnten Erläuterungen gegeben und Fragen gestellt werden. Zeitungen, die den Anweisungen des Vortags nicht entsprochen hatten, wurden kritisiert und gerügt.

Nur weil einzelne der beteiligten Journalisten die Anweisungen, die nach der Weitergabe an die Redaktionen vernichtet werden sollten, entgegen dem Verbot aufbewahrten, kann man den Inhalt der Presseanweisungen heute noch erschließen. Ihre Gesamtzahl zwischen 1933 und 1945 wird auf 80000 bis 100000 geschätzt. Nach partiellen Veröffentlichungen hat eine vollständige Edition dieser Quellen erst in den achtziger Jahren begonnen (*Bohrmann* 1984ff.) Die Anweisungen sind von den anwesenden Journalisten in Auswahl und Formulierung zum Teil unterschiedlich überliefert, bedingt durch Typ und Ausrichtung ihrer jeweiligen *Zeitung*. Verbote und ausdrückliche Sprachregelungen waren anfangs keineswegs vorherrschend, sondern es handelte sich durchaus um differenzierte Anleitungen. Offensichtlich wünschte man zunächst keine inhaltliche Uniformierung der deutschen Tagespresse. Dies änderte sich erst mit der Einführung der wörtlich fixierten *Tagesparole* 1940. Die Provinzzeitungen, die über keine eigenen Berliner Korrespondenten verfügten, erhielten die Anweisungen über die Landesstellen des Propagandaministeriums. Dabei gab es drei Arten von Presseanweisungen: 1. für die Veröffentlichung zu verwerten; 2. vertraulich, aber zur Weitergabe bestimmt; 3. streng vertraulich, nur für Mitglieder der Pressekonferenz. Eigene Pressekonferenzen wurden für die Auslandspresse und auch für die Zeitschriftenpresse (Kulturpressekonferenz) abgehalten. Zur inhaltlichen Einflußnahme auf die *Zeitschriften* bestanden darüber hinaus die amtliche Zeitschriften-Information und seit 1938 der *Zeitschriften-Dienst*.

Die Übertragung der nationalsozialistischen Ziele auf den Staat wurde durch Häufung von Staats-, Partei- und Berufsverbandsfunktionen bei den maßgeblichen Personen erreicht: *Goebbels* war gleichzeitig Reichsminister für Volksaufklärung und Propaganda, Reichspropagandaleiter der NSDAP und Präsident der Reichskulturkammer. *Otto Dietrich* fungierte als Reichspressechef sowohl der Regierung (seit 1937) als auch der Partei und war, allerdings nur bis Ende 1933, Präsident des *Reichsverbands der deutschen Presse*. *Max Amann*, Reichsleiter für die Presse der NSDAP und Präsident der *Reichspressekammer*, besaß erhebliche Weisungsrechte, die Struktur und Organisation der Tagespresse weitgehend beeinflußten. Er traf alle Entscheidungen im wirtschaftlichen und technischen Bereich der parteiamtlichen und der parteieigenen Presse, d. h. er zahlte den für die Parteipresse tätigen Journalisten (so auch *Goebbels*) die Honorare, er bestimmte die Höhe der *Auflagen*, die Höhe der Bezugs- und Anzeigenpreise und kontingentierte für die gesamte deutsche Presse das Zeitungspapier. *Amann* befand als Präsident der Reichspressekammer über Gründung und Erscheinen periodischer Druckschriften und erließ (das war sein wirksamster Einfluß) allgemeine Anordnungen für das gesamte Presseverlagswesen.

Dietrich hatte als Reichspressechef unmittelbaren Kontakt zu *Hitler*, in dessen Umgebung er sich meist aufhielt, war aber als Staatssekretär der Abteilung IV (Presse) des *Reichsministeriums für Volksaufklärung und Propaganda* auch *Goebbels* unterstellt. Andererseits machte ihn sein Parteiamt als Reichspressechef der NSDAP zum Reichsleiter, der die publizistische Arbeit der Parteipresse zu koordinieren und den Gaupresseamtsleitern Anweisungen zu erteilen hatte, womit er auf Parteiebene gleichrangig war mit dem Reichspropagandaleiter *Goebbels*. Dem ›*Dietrich*-Bereich‹ oblag die ideologische Überwachung und Ausrichtung aller Schriftleiter.

Angesichts der personellen Verklammerung von Partei- und Staatsapparat hat man von einem ›Lenkungswirrwarr‹ (*Abel* 1968) gesprochen, in dem Kompetenzstreitigkeiten an der Tagesordnung waren und sich erhebliche Rivalitäten der Beteiligten derart auswirkten, daß der Vollzug mancher Maßnahmen der Presselenkung ver- oder behindert wurde. Differenzen zwischen *Goebbels* und *Dietrich* sind bezeugt. Zwar setzte sich *Goebbels* zumeist durch, wenn der Fall vor *Hitler* gebracht wurde. Im täglichen Kleinkrieg der Presseanweisungen konnte er den Einfluß *Dietrichs* jedoch nicht ausschalten. An der seit 1939 im allgemeinen von *Goebbels* geleiteten Ministerkonferenz im RMVP nahm *Dietrich* als einziger Staatssekretär des Ministeriums nicht teil. Er machte seinen Einfluß auf der (seit 1940) eine halbe Stunde später folgenden *Tagesparolen*-Konferenz geltend. Außenminister *Ribbentrops* Bemühungen, eine eigene Presseabteilung im Auswärtigen Amt aufzubauen, mußten wiederum *Goebbels'* Zuständigkeiten berühren. Auch zwischen den Gauleitern und deren Gaupresseämtern einerseits und *Max Amann* und seinem Stabsleiter *Rolf Rienhardt* andererseits bestand (besonders in den ersten Jahren nach 1933) ein ständiger Kompetenzstreit.

Trotz der zahlreichen Lenkungsmaßnahmen kam es im Dritten Reich nicht zu einer lückenlosen, totalen Gleichschaltung der gesamten Presse. Die Gründe dafür lagen schon in der Kompliziertheit des Propagandaapparats und in den persönlichen Differenzen innerhalb der Führungsspitzen. Auch die Presseanweisungen, die nicht immer befolgt wurden, erzielten keine inhaltliche Uniformität. Zugleich fehlte es nicht an innen- und auch außenpolitischen Rücksichtnahmen sowie an regionalen oder lokalen Besonderheiten. Nicht zuletzt aus außenpolitischen Rücksichten und um international eine gewisse Glaubwürdigkeit zu behalten, wurden bestimmte, dem System nicht konforme Zeitungen oder kritische Stimmen zumindest eine Zeitlang toleriert, wie zum Beispiel die *Frankfurter Zeitung* (Verbot zum 31. 8. 1943). Dem 1940 gegründeten Wochenblatt *Das Reich*, in dem *Goebbels* selbst die Leitartikel schrieb, wurde eine größere Freizügigkeit zugestanden, und es erhielt damit auch ein höheres Niveau, um die gebildeten Leser im In- und Ausland zu erreichen.

Möglichkeiten und Formen publizistischer Opposition im Dritten Reich sind wiederholt untersucht, aber unterschiedlich bewertet worden (*Sösemann* 1985). Umstritten ist, inwieweit der Fortbestand der Zeitungen eine gewisse Anpassung voraussetzte, welcher Preis der Selbstverleugnung zu zahlen war, ob das Weitermachen dem System nicht sogar nützte und wie weit Distanzierung oder gar Widerstand gehen konnte. Unter den beschriebenen Bedingungen bestanden zumindest manche Spielräume und Nischen, in denen publizistische Opposition möglich war und betrieben wurde. Dabei darf die große existentielle Bedrohung der Journalisten in einem totalitären System wie dem der Nationalsozialisten nicht übersehen werden. Wichtige Beispiele publizistischer Opposition bilden die *Frankfurter Zeitung* (bis 1943), das *Berliner Tageblatt* (bis 1939) sowie Zeitschriften wie das katholische *Hochland* oder die *Deutsche Rundschau*. Journalistische Mittel des Widerstands waren u. a. das frühzeitige Aufgreifen eines aktuell werdenden Themas, noch bevor Anweisungen ausgegeben wurden, die Tarnung durch das historische Beispiel, literarische Einkleidung (zum Beispiel Fabel), indirekte Mitteilung und Ironie, die Camouflage, stilistische Nuancen wie der Gebrauch des Konjunktivs. In der *Frankfurter Zeitung* gewann gerade der unpolitische Teil an Wichtigkeit, ja es wurden schließlich gezielt Gedichte als Zeichen für das Nichteinstimmen in den Propagandatenor an bevorzugter Stelle ins Blatt genommen (*Gillessen* 1986). Beim Schreiben ›zwischen den Zeilen‹ war mit einer entsprechenden Sensibilität der Leser zu rechnen.

Auch wenn die Erfolge der *Presselenkung* im Dritten Reich eines differenzierten Urteils bedürfen, so sind sie doch nicht zu unterschätzen. Über die Wirkung der Einflußnahme auf die Öffentlichkeit suchten sich die Machthaber selbst durch die Stimmungsberichte des *Sicherheitsdienstes* (SD) Klarheit zu verschaffen. Noch im Zweiten Weltkrieg begann man in den Vereinigten Staaten damit, die nationalsozialistische Propaganda zu untersuchen und ihre Wirksamkeit mit sozialpsychologischen Experimenten zu erklären. Manche grundlegende Entdeckung der Kommunikationsforschung wurde dabei gemacht.

Der wichtigste Faktor für die Wirksamkeit nationalsozialistischer Propaganda war selbstverständlich die Ausschaltung von Gegenargumenten, von freier Auswahl von Kommunikation, die Blockierung des normalen Selektionsverhaltens. Als hinzukommende, die überzeugende Wirkung verstärkende Faktoren sind zu nennen (→ Wirkung der Massenmedien auf die Meinungsbildung):

1. Zweifel gegenüber der *Glaubwürdigkeit* der Quellen, die die Annahme eines Arguments zunächst hindern, verblassen nach einiger Zeit, das Argument wird in wachsendem Grade akzeptiert (*Sleeper Effect*).

2. Die Massenhaftigkeit, mit der eine Argumentation vorgetragen wird, erhöht die Chance, Gegner zu überzeugen.

3. Eine Immunisierung (Impfwirkung) gegen Argumente der Gegenseite wird geschaffen, indem lediglich erwähnt wird, daß es (wertlose) Gegenargumente (›Hetzpropaganda‹) gebe.

4. Durch eine einseitig-einheitliche Argumentation der Massenmedien wird der Eindruck, die Suggestion allgemeiner Übereinstimmung hervorgerufen. Der einzelne tendiert dazu, sich einer Ansicht, sei sie noch so unglaubwürdig, anzuschließen, wenn es die einer erdrückenden anonymen Majorität zu sein scheint.

5. *Gruppenbindungen* immunisieren gegen Argumente, die den Gruppenwerten entgegengesetzt sind. Solche entgegenstehenden Gruppenbindungen wurden von den Nationalsozialisten systematisch aufgelöst. Um neue, von ihnen hervorgerufene Überzeugungen zu befestigen, wurden Gruppen geschaffen – z. B. Hitler-Jugend,

Bund deutscher Mädchen, SA (Sturmabteilung) usw. –, die das entsprechende Wertsystem vertraten und Gruppenbindungen herstellten.

6. Hat sich in einer Gruppe eine Überzeugung gebildet, wird auf den einzelnen ein Druck ausgeübt, sich anzuschließen. Konformität wird belohnt, Abweichung durch soziale Sanktionen bestraft.

7. Neu geschaffene Überzeugungen werden befestigt, wenn man jemanden dazu bewegt, sich vor anderen darauf festzulegen. Ein Parteiabzeichen kann zum Beispiel einer solchen öffentlichen Festlegung dienen oder die Teilnahme an Massenveranstaltungen oder am Rundfunkgemeinschaftsempfang politischer Kundgebungen in Betrieben und Behörden.

8. Aktive Teilnahme von Personen, die überzeugt werden sollen, ist wirksamer, als wenn sie nur ein passives Auditorium bilden. Die Bedeutung des ›Dienstes‹ nationalsozialistischer Organisationen ist in diesem Zusammenhang zu sehen.

9. Wenn Personen genötigt werden, gegen ihre Überzeugung zu argumentieren, übernehmen sie unbewußt etwas von dieser Argumentation in ihre Überzeugungen.

10. Wenn jemand gegen seine Überzeugung handelt, versucht er, seine Einstellung nachträglich mit seinem Handeln in Übereinstimmung zu bringen. Für Techniker des Überzeugungsprozesses bedeutet das: Es reicht, jemanden zum Handeln gegen seine Überzeugung zu zwingen, die Selbstüberzeugung folgt dann nach. Diese Vorgänge werden durch die Theorie der kognitiven Dissonanz erklärt.

11. In einer Atmosphäre von Furcht und Bedrohung sind die Urteilskraft, das kritische Unterscheidungsvermögen herabgesetzt.

Die Wirkung der Massenmedien ist bei einem breitangelegten Überzeugungsprozeß, wie ihn die Nationalsozialisten in Gang setzten, nicht isoliert zu sehen, sondern erstens verstärkt durch persönliche (nicht technisch vermittelte) Kommunikation, vor allem die Rede in der Massenveranstaltung, und zweitens verflochten mit den beschriebenen psychologischen und sozialpsychologischen Reaktionsweisen.

Zu den Nachwirkungen der Pressegeschichte im Dritten Reich gehört, daß die Neuordnung der Presseverhältnisse in der Bundesrepublik nach dem Zweiten Weltkrieg geprägt wurde von der Absicht, nichts zu übernehmen, was das nationalsozialistische Schriftleitergesetz enthalten hatte und was dem Staat Einflußmöglichkeiten sicherte (→ Medienrecht, → Presse). Entsprechendes gilt, wenn auch aus technischen Gründen modifiziert, für den → Rundfunk. Letzten Endes hat die journalistische Erfahrung des Dritten Reichs bis heute ihre Spuren im Selbstverständnis der deutschen Journalisten hinterlassen (→ Journalist).

Jürgen Wilke / Elisabeth Noelle-Neumann

Pressewirtschaft

Der periodischen Presse (*Zeitungen* und *Zeitschriften*) sind wirtschaftlich folgende – durch die publizistische Aufgabe bedingte – Merkmale eigen, die sie von anderen Wirtschaftszweigen zum Teil erheblich unterscheiden:
1. Erzeugnisse der periodischen Presse dienen der Verbreitung geistiger Leistungen, die überwiegend in Redaktionen erbracht bzw. zusammengefaßt werden. Ihre Vervielfältigung (Satz und Druck) und ihr Vertrieb erfordern regelmäßig ein kostspieliges Vorgehen; deshalb obliegen sie meistens Gewerbebetrieben (Verlagen bzw. deren Hilfsbetrieben).
2. Die Kosten für die redaktionellen Leistungen und die Herstellung des Satzes sind von der *Auflage* nahezu unabhängig. Deshalb bestimmt die Höhe der verkauften Auflage weitgehend die Kosten je verkauftes Exemplar und insoweit das wirtschaftliche Ergebnis und die Stellung im Wettbewerb.
3. Presseerzeugnisse werden auf zwei verschiedenen Märkten abgesetzt: beim *Leser* als Lesestoff (als Mittel rezeptiver Information im weitesten Sinn) und auf dem Anzeigenmarkt als *Werbeträger* (als Kontaktmedium). Beide Märkte sind wirtschaftlich miteinander verflochten und hängen voneinander ab: Eine große Zahl von Lesern bzw. ein spezifischer Leserkreis ist Voraussetzung für hohe Anzeigenerlöse, da der *Anzeigenpreis* weitgehend von der allgemeinen oder spezifischen Reichweite des Presseorgans abhängig ist; ein großes Anzeigenaufkommen ermöglicht niedrige Bezugspreise bzw. ein verbessertes redaktionelles Angebot, so daß dadurch wiederum zusätzliche Leser angezogen werden können.

4. Stoff für die periodische Presse liefern in erster Linie die Ereignisse im Erscheinensintervall. Die Weitergabe muß aktuell, periodisch und kontinuierlich erfolgen. Die vom Publikum erwartete *Aktualität* der Berichterstattung erzwingt eine möglichst rasche Herstellung des Presseorgans; die von der Forderung nach Kontinuität bestimmte *Periodizität* bedingt regelmäßiges Erscheinen, erfordert also bei der termingebundenen redaktionellen Vorbereitung und Gestaltung im Rhythmus des Erscheinens ständig neue geistige Leistungen. Jede neue Folge eines Presseorgans ergänzt daher nicht nur die vorhergehende, sondern überholt und ersetzt sie auch.

5. Aktualitätsabhängige periodische Druckerzeugnisse verlieren rasch ihren Informationswert. Der *Vertrieb* der jeweiligen Ausgabe muß daher unmittelbar nach der Herstellung erfolgen und endet in der Regel spätestens mit dem Erscheinen der darauffolgenden Ausgabe (»leicht verderbliche Ware«, vgl. auch → Nachricht).

6. Die Markteintrittschancen für neue Unternehmen sind grundsätzlich um so geringer, je aktualitätsabhängiger deren Angebot ist, weil eine Marktposition, die nachhaltig die lebensnotwendigen Vertriebs- und Anzeigeneinnahmen ermöglicht – wenn überhaupt –, nur langsam erreicht werden kann, die Kosten jedoch weitgehend im Takt der *Periodizität* anfallen (→ Presse, → Kommunikationspolitik).

Verlage

Wirtschaftliche Träger des Pressewesens sind die *Zeitungs-* bzw. *Zeitschriftenverlage.* Ihre Wirtschaftlichkeit ist, wie dargelegt, stark auflagenabhängig und steigt im Regelfall mit zunehmender relativer Absatzhöhe des Betriebes (gemessen an der der engeren Wettbewerber). Diese kann von der Zahl der verlegten Objekte, von der Auflagenhöhe sowie von der Zahl der produzierten Text- und Anzeigenseiten bestimmt sein.

Im Verlagsgewerbe sind alle nach dem Handelsrecht zulässigen *Gesellschaftsformen* anzutreffen. Wo sich seit dem 19. Jahrhundert das Pressewesen frei und kontinuierlich entwickeln konnte oder wo geschäftliche Traditionen wiederaufgenommen wurden, sind bei kleineren und mittleren Unternehmen Eigentümer und Verleger meist identisch, weil dort die Form des Einzelunternehmens oder der Personengesellschaft vorherrscht. Die Entwicklung zum größeren Unternehmen bedeutet vielfach auch den Übergang zur Kapitalgesellschaft in Form der GmbH, unter Umständen verbunden mit einer breiteren Streuung des Eigentums. Dagegen war die Rechtsform der Aktiengesellschaft in Deutschland für Verlage nicht üblich; sie wird erst in jüngerer Zeit von einigen der größten Presseunternehmen benutzt.

In der Regel geben die auf dem Pressemarkt tätigen Verlage entweder *Zeitungen* oder *Zeitschriften* heraus; soweit aber ›Mischunternehmen‹ in diesem Sinne vorkommen, handelt es sich fast immer um Tageszeitungsverlage, die nebenbei auch Zeitschriften herausbringen. Erst durch den von der Treuhandanstalt 1991 vorgenommenen Verkauf der früheren SED-Bezirkszeitungen ist auch den Verlagen der großen deutschen Publikumszeitschriften der Einstieg in den Tageszeitungsmarkt ermöglicht worden. Zum Teil ist – vor allem bei größeren Zeitungen – der gesamte technische Bereich auf rechtlich selbständige Unternehmen ausgegliedert. Auf der anderen Seite sind die Übergänge zwischen Zeitschriftenverlag und Buchverlag fließend. Schwester- und Tochterunternehmen größerer Verlage sowie Beteiligungen an weiteren Presseunternehmen sind daher auch im Bereich des Pressewesens anzutreffen. Die deutsche Pressestruktur wird auch heute noch von einem Nebeneinander selbständiger Unternehmen, wenn auch unterschiedlicher Größe, bestimmt.

Die Tendenz zu horizontal aufgefächerten Pressekonzernen mit zahlreichen Zeitungen und Zeitschriften – wie in den Vereinigten Staaten und in Großbritannien – nimmt auch in der Bundesrepublik Deutschland zu. Zu nennen sind hier das Haus *Bertelsmann* mit *Gruner + Jahr*, die *Axel Springer* Verlag AG, die *Holtzbrinck*-Gruppe, die Verlage *Bauer* und *Burda* sowie die *WAZ*-Gruppe. Die meisten dieser in der Branche führenden Unternehmen sind inzwischen auch ganz wesentlich im Bereich des privaten Rundfunks tätig und haben damit den Schritt zum Multi-Media-Anbieter vollzogen. Die Beteiligung am privat veranstalteten Rundfunk (Media Mix) war von einem Teil der deutschen Zeitungs- und Zeitschriftenverleger seit langem gefordert, aber erst nach 1982 mit Einführung des dualen Rundfunksystems möglich geworden. Das Engagement kleinerer und mittlerer Verlage ist vor allem im Bereich des Hörfunks bei nur lokaler Reichweite eher noch von Verlusten bestimmt und erst bei großregionaler Ausstrahlung erfolgreich. Die Aktivitäten der großen Verlagshäuser in bundesweit angebotenen Fernsehprogrammen sind je nach Einschaltquoten bereits durch Gewinne oder noch durch die Inkaufnahme erheblicher Anlaufverluste gekennzeichnet.

Neben den in privatrechtlicher Form betriebenen Unternehmen sind im Bereich der Presse öffentlich-rechtlich organisierte Betriebe nicht entstanden. In Ländern dagegen, in denen der Staat politisch direkten Einfluß auf die Presse nimmt, sind – wenn die staatsautoritäre ›Inpflichtnahme‹ der Massenmedien nicht ausreicht – alle wesentlichen Presseorgane in unmittelbarem oder mittelbarem Staatseigentum oder im Besitz der gelenkten Parteien, Gewerkschaften und Verbände (→ Medien DDR, → Pressegeschichte, Drittes Reich). Die Organisation der Presse auf der Grundlage des privaten Eigentums ist daher ein Merkmal der vom Staat unabhängigen Presse.

Zeitungsunternehmen, die von Vertretern übereinstimmender politischer, weltanschaulicher und gesellschaftlicher Interessen getragen wurden, haben früher bei der Entwicklung der Presse eine erhebliche Rolle gespielt, sind aber heute angesichts der wachsenden Bedeutung des technischen und organisatorischen Bereichs der Zeitungsherstellung kaum noch anzutreffen. Bei Zeitschriften ist die Form des *Selbstverlages* nach der Zahl der Titel von Bedeutung, wenn auch nicht übersehen werden darf, daß es sich dabei nur um kleinere, wirtschaftlich unbedeutende Objekte handelt.

Standort und Verbreitungsgebiet

Die Wahl des Standortes kann für die publizistische Arbeit bestimmter Pressetypen ausschlaggebend (unbedingte Standortgebundenheit, zum Beispiel bei lokalen und regionalen Zeitungen) oder mitbestimmend sein (bedingte Standortgebundenheit, zum Beispiel für große und überregionale Tageszeitungen). Umgekehrt kann der Standort aber auch im Hinblick auf publizistische Erfordernisse bedeutungslos sein (keine oder nur geringe Standortgebundenheit bei der Mehrzahl der *Fachzeitschriften*). Bei starker Standortgebundenheit entscheiden die redaktionellen und vertrieblichen Notwendigkeiten (aus Aktualitätsgründen kurze Wege sowohl bei der Informationsbeschaffung als auch beim *Vertrieb*), bei Standortgebundenheit technische und sonstige ökonomische Vorteile (etwa Ausnutzung preisgünstiger Druckmöglichkeiten). Der Versuch, das ursprüngliche Verbreitungsgebiet bei standortgebundenen oder -abhängigen Objekten zu erweitern, erfordert in der Regel einen hohen Aufwand: Da sich die Vertriebswege nicht unbeschränkt ausweiten lassen, wird die dezentralisierte Herstellung an verschiedenen Druck- und Vertriebsorten notwendig, um den so entstehenden Aktualitätsverlust auszugleichen. Schließlich müssen die Verlage dazu noch in der Lage sein, den durch die Erweiterung des Verbreitungsgebietes verschärften Wettbewerb durchzustehen. Da diese Versuche jedoch selten zum gewünschten Erfolg führen, ist die Marktpolitik von Verlagsunternehmen weniger darauf gerichtet, ihr Verbreitungsgebiet zu erweitern, als vielmehr ihre Stellung innerhalb des vorhandenen Verbreitungsgebietes mit dem Ziel der Alleinstellung zu verbessern.

Erscheinenshäufigkeit

Die Festlegung der Erscheinenshäufigkeit hängt vom publizistischen Konzept des Presseorgans ab und erfordert ein Abwägen zwischen der Forderung nach *Aktualität* unter Berücksichtigung des Stoffangebots, den Möglichkeiten des Drucks und *Vertriebs* und dem Anzeigenaufkommen. Heute haben sich bestimmte Ausgabenintervalle herausgebildet: das meist sechsmalige (in Deutschland seit einigen Jahren zunehmend auch wieder siebenmalige) Erscheinen je Woche bei *Tageszeitungen* und der wöchentliche Erscheinensrhythmus vieler *Publikumszeitschriften*. Bei *Fachzeitschriften* reicht die Spannweite der Erscheinenshäufigkeit von mehrmals wöchentlichem (allgemeine Wirtschaftsfachpresse) über monatliches (mit Schwergewicht bei der Standes- und Berufspresse) bis zum vierteljährlichen oder noch selteneren Erscheinen (so bei wissenschaftlichen Zeitschriften). Das früher bei politisch und wirtschaftlich bedeutenden Zeitungen übliche zwei- bis dreimal tägliche Erscheinen (bis zu 25mal wöchentlich) ist nach dem Zweiten Weltkrieg in Deutschland nicht wiederaufgenommen worden und auch in anderen Ländern im Rückgang begriffen. Gründe für diese Entwicklung waren sowohl der Verlust der primären *Aktualität* durch Hörfunk und Fernsehen als auch die Schwierigkeiten im Dienstleistungssektor (Mangel an Botenkräften und weniger Postzustellungen). In Ländern, in denen getrennte Morgen- und Abendzeitungen innerhalb des gleichen Verlages erschienen, war das mehrmals tägliche Erscheinen ohnehin eine Ausnahme.

Angebotsdifferenzierung

Die Herausgabe mehrerer Objekte ermöglicht meistens eine bessere Kapazitätsauslastung und eine Risikoverteilung (zum Beispiel steuerlich wirksamen Verlustausgleich) sowie die Inanspruchnahme akquisitorischer Vorteile (zum Beispiel gemeinsame Anzeigentarife). Dennoch machen im allgemeinen nur Verlage auflagenstarker *Publikumszeitschriften* und *Fachzeitschriften*-Verlage davon Gebrauch. Im Regelfalle beschränken sich in Deutschland die etwa 380 Zeitungsverlage auf die Herausgabe einer Zeitung (zum Teil mit mehreren Ausgaben), die seit einigen Jahren allerdings oft von einem *Anzeigenblatt* begleitet wird. Lediglich einige größere Unternehmen der Tagespresse haben neben ihre als *Abonnementzeitungen* konzipierten Hauptobjekte noch *Kaufzeitungen* gestellt. Kleinere und mittlere Zeitungsverlage mit eigener Druckerei sind stärker im *Lohndruck* für kleinere und mittlere Zeitschriftenverlage, die in der Regel nicht über eigene Druckkapazitäten verfügen, sowie im Akzidenzdruck tätig.

Für das deutsche Pressewesen typische Produktdifferenzierungen zur Anpassung an regionale Bedürfnisse sind a) die im lokalen Text- und Anzeigenteil durch Wechselseiten unterschiedlich gestalteten Bezirks- und Lokalausgaben (in Großstädten häufig noch weiter aufgeteilt in Stadtteil-Ausgaben) bei Tageszeitungen, die b) ähnlich, wenn auch in geringerer Zahl, bei überregionalen Standes- und Berufszeitschriften mit regionalen Beilagen oder Wechselseiten anzutreffen sind, sowie c) das *Anzeigensplitting*, das sich von den Programmzeitschriften auf einen Teil der großen *Publikumszeit-*

schriften ausgedehnt hat und den Anzeigenkunden die Möglichkeit bietet, durch Teilbelegung regional gezielt zu werben oder in verschiedenen Regionen (meist identisch mit den sogenannten *Nielsen-Gebieten*) ihre Werbeaussage zu differenzieren.

Vertriebsformen und Vertriebswege

Presseerzeugnisse werden im *Einzelverkauf* oder im *Abonnement* abgesetzt. Daneben spielt die unentgeltliche Überlassung (oft einschließlich Zustellung) an Zielgruppenmitglieder für einen nach der Auflage beträchtlichen Teil der Presse eine Rolle, so etwa bei *Haus-*, *Mitarbeiter* (*Werk-*) und *Kundenzeitschriften*, bei lokalen *Anzeigenblättern* und Anzeigenblättern für bestimmte Fachgebiete (*Kennziffer-Zeitschriften*; die Resonanz dieser Blätter wird an der Zahl der Zuschriften zu den mit Kennziffern versehenen Beiträgen gemessen). Bei *Zeitschriften der Verbände* ist vielfach der Bezugspreis im Mitgliedsbeitrag enthalten.

Eine Sonderform des Abonnements stellen die Mappen mit Publikumszeitschriften dar, die wöchentlich von *Lesezirkel*-Unternehmen zusammengestellt und verliehen werden. Dabei liegt der Bezugspreis der aktuellen ›Erstmappe‹ am höchsten, er reduziert sich dann mit jeder weiteren Ausleihe dieser Mappe an ›Nachleser‹ immer stärker.

Beim *Abonnement* verpflichtet sich der Leser zur Abnahme aller Nummern eines Titels auf eine bestimmte Zeit (meist monatlich bei Zeitungen, bei Zeitschriften für die mehrfache Dauer des Erscheinensintervalls), wobei sich das Abonnement jeweils bei Nichtkündigung (oder verspäteter Kündigung) automatisch verlängert. Er zahlt dafür in festgelegten Abständen Pauschalbeiträge, deren Höhe sich zwar am kumulierten Einzelverkaufspreis der zu liefernden Stücke orientiert, jedoch im Regelfall eine Ermäßigung enthält, die je nach Typ des Organs und den regionalen/nationalen Gepflogenheiten sehr unterschiedlich sein kann. Preisermäßigungen von bis zu 45 Prozent, wie sie besonders im englisch-amerikanischen Bereich bei auf mehrere Jahre im voraus abgeschlossenen Zeitschriftenabonnements gewährt werden, sind jedoch in Deutschland nicht anzutreffen. Wegen der Kosten der Zustellung frei Haus geht bei deutschen

Tageszeitungen die Ermäßigung nicht über 20 Prozent hinaus; bei *Publikumszeitschriften* (Illustrierten, Programmzeitschriften) liegt der um die Zustellkosten erhöhte Preis im Abonnement teilweise sogar über dem Einzelverkaufspreis.

Die Tatsache, daß der Bezugspreis im voraus gezahlt wird, ist heute nicht mehr – wie etwa im 18. und frühen 19. Jahrhundert – eine wirtschaftliche Voraussetzung für die Herausgeber einer Zeitung oder Zeitschrift. Wohl aber liegt für den Verlag der Vorteil des Abonnements darin, daß er auf längere Zeit mit einem festen Leserkreis rechnen und die Druckauflage sehr genau auf den Bedarf abstimmen kann. Da bei deutschsprachigen lokalen und regionalen Zeitungen – im Gegensatz zur Situation in anderen Ländern – das Abonnement die typische Vertriebsform darstellt, steigt hier die *Remission* (Zahl der für den Einzelverkauf gelieferten und nicht abgesetzten Exemplare) selten auf über zwei Prozent Anteil an der Gesamtauflage. Eine größere Remission wird jedoch von denjenigen Zeitungen bewußt in Kauf genommen, die aus Gründen publizistischen Prestiges im Angebot der Kioske und Bahnhofsbuchhandlungen außerhalb ihres regionalen Verbreitungsgebietes vertreten sein wollen.

Bei Zeitungen, die vorwiegend im *Einzelverkauf* vertrieben werden, ergibt sich ein größeres Risiko aus der Festlegung der *Auflage*: Die Auflage muß hoch genug sein, um der Nachfrage zu entsprechen, und niedrig genug, um die Zahl der Remittenden in wirtschaftlich vertretbaren Grenzen zu halten. Solche Dispositionen sind unter Umständen sehr kurzfristig zu treffen. Ein Remittendenanteil von 10 bis 20 Prozent der Auflage ist daher bei deutschen *Kaufzeitungen* normal. Mit zum Teil erheblich höheren Remissionen ist insbesondere bei neu einzuführenden Objekten zu rechnen, wenn die Marktchancen vorher nicht genau abzusehen sind bzw. ein Objekt wegen seines zunächst geringen Bekanntheitsgrades auch bei vorübergehender Inkaufnahme von Verlusten am Markt durchgesetzt werden soll.

Publizistisch und wirtschaftlich bedeutet die Entscheidung für den Einzelverkauf als dominierende Vertriebsform die Festlegung des Organcharakters: lesewirksame Inhalte in plakativer Aufmachung müssen den Kaufentschluß des Lesers immer wieder neu herbeiführen (Boulevard-Zeitungen).

Unter den *Vertriebswegen* sind die Zustellung durch verlagseigene Träger bei den Abonnementzeitungen und der Verkauf über Kioske bei den Kaufzeitungen und Publikumszeitschriften vorherrschend. Auch der *Postzeitungsdienst* ist für den Pressevertrieb (besonders für überregionale Zeitungen, die konfessionelle Presse und die regional nicht gebundene Fachpresse) von erheblicher Bedeutung. Er erleichtert die Möglichkeit für jeden Bürger, jedes Presseerzeugnis an jedem Ort zu beziehen. Die Einrichtungen des Postzeitungsdienstes stehen den Verlagen ohne regionale Begrenzung für die Zustellung an die Post-Abonnenten zur Verfügung. Der Postvertrieb kann aus zwei Gründen für bestimmte Presseorgane die günstigere Vertriebsform darstellen: a) Die Erlöse aus dem Abonnement kommen, da der Zwischenhandel (Grosso/Einzelhandel) entfällt, voll den Verlagen zugute. Das traditionell auch von der Post vorgenommene Inkasso für die von ihr ausgelieferten Exemplare ist zum 1.1.1979 eingestellt worden. Seitdem ist der Postzeitungsdienst auf Beförderung und Auslieferung von Presseerzeugnissen beschränkt. b) Der Postzeitungsdienst arbeitet – nicht nur in Deutschland – mit Vorzugstarifen, die deutlich unter den Selbstkosten für die Leistungen der Post in diesem Dienstzweig liegen (derzeit bei 50 Prozent). Diese Vergünstigungen bei den Entgelten im Postzeitungsdienst stellen eine direkte Subvention dar, die immer noch beträchtliche Ausmaße erreicht. Langfristig plant die Deutsche Bundespost Postdienst jedoch, in ihrem seit 1994 neu geschaffenen Geschäftsbereich Pressepost Leistungen und Entgelte mit dem Ziel einer deutlich besseren Kostendeckung zu verändern.

Der Absatz von Presseerzeugnissen über Presse-Grosso-Unternehmen (derzeit 97 im Bundesgebiet, meist in regional abgegrenzten Alleinvertriebsgebieten), den Bahnhofsbuchhandel (BB-Handel) und den Werbenden Buch- und Zeitschriftenhandel (WBZ-Handel) spielt sowohl für die im *Abonnement* (Zustellung an den Bezieher durch Boten) als auch für die im *Einzelverkauf* (Kioske, Ladengeschäfte, Bahnhofsbuchhandel) vertriebenen Zeitschriften eine wichtige Rolle, obwohl Kostenerhöhungen oder Erlösminderungen durch hohe Werbeprämien oder Rabatte für die Abonnenten, die vom Zwischenhandel geworben worden sind, in Kauf genommen werden müssen. Eine Sonderform sind schließlich noch die sogenannten fliegenden Händler, die Straßenverkaufsblätter und *Sonn-*

tagszeitungen auf eigene Rechnung absetzen. Die Schwierigkeit, im dienstleistungsintensiven Zeitungsvertrieb Personal als Boten für die Abonnementzustellung oder als Verkäufer im Straßenverkauf zu finden, hat zunächst in skandinavischen Ländern (teils mit staatlicher Hilfe) dazu geführt, im lokalen Bereich den Zeitungsvertrieb miteinander konkurrierender Verlage gemeinsam zu organisieren.

Die im *Lesezirkel* abgesetzten Stücke sind vor allem in Hinblick auf das Anzeigengeschäft von Bedeutung, weil sie die Leserzahlen und damit die Reichweite erhöhen.

Erlöse und Kosten

Eine erfolgreiche Geschäftspolitik setzt insbesondere bei intensivem Wettbewerb eine genaue innerbetriebliche Kontrolle der *Erlöse* und *Kosten* voraus. Jedoch ist – wie verschiedene Untersuchungen ergeben haben – regelmäßig nur bei größeren Verlagen das Rechnungswesen so ausgebaut, daß es den Erfordernissen neuzeitlicher Betriebsführung entspricht. Kleinere Unternehmen sind dagegen oft nur ungenau über ihr Betriebsergebnis orientiert, insbesondere dann, wenn das Zeitungs- und Zeitschriftengeschäft gegenüber dem Druckereibetrieb des gleichen Unternehmens nur untergeordnete Bedeutung besitzt.

Wichtige Daten zur gesamtwirtschaftlichen Bedeutung der deutschen Presse sind in Tabelle 24 zusammengefaßt. Um Erlöse, Kosten und Gewinne von Zeitungen mit verschiedener Auflagenhöhe vergleichbar zu machen, werden diese auf das *Monatsstück* (= je ein Stück aller im Laufe eines Monats erschienenen Zeitungsnummern) bezogen. Für den Durchschnitt der deutschen Tagespresse verlief die Entwicklung der Zeitungsergebnisse wie in Tabelle 25 dargestellt (neuere Daten nicht verfügbar):

Die Einnahmen für verlegte Periodika setzen sich typischerweise aus *Vertriebserlösen* und *Anzeigenerlösen* zusammen. Gegenüber diesen beiden Erlösarten spielen sonstige Erlöse (wie aus dem Verkauf von *Matern*seiten bei Zeitungen) nur eine ganz untergeordnete Rolle. Zeitschriftentypen, denen entweder die eine oder andere Erlösart ganz fehlt (etwa wissenschaftliche Zeitschriften ohne Anzeigen einerseits; kostenlose *Anzeigenblätter* andererseits),

Tabelle 24: Wirtschaftliche Daten der deutschen Presseverlage

		Zeitungs-verlage	Zeit-schriften-verlage	Sonstige Verlage mit Zeitungen/Zeitschriften
Zahl der Unternehmen	1980	309	1312	343
	1985	304	1497	375
	1990	293	1850	421
	1994	325	1951	385
Zahl der Beschäftigten	1980	131221	47002	19100
	1985	134308	60330	16314
	1990	146692	87739	18548
	1994	126555	110712	25996
darunter Redakteure	1980	8639	4097	566
	1985	9915	5053	714
	1990	11590	6148	776
	1994	14931	7234	706
Umsatz insges. in Mill.	1980	10565	7486	3155
(ohne Mehrwertsteuer)	1985	13115	10530	3530
	1990	16532	13486	5501
	1994	20839	16558	6202
Kosten in % der Gesamtleistung	1990	94,2	94,4	87,4
Ergebnis in % der Gesamtleistung	1990	5,8	5,6	12,6

Quelle: Amtliche Pressestatistik (1980–1990 nur alte Bundesländer), letztmalig für 1994
(Gesamtleistung = Umsatz +/− Bestandsveränderungen; Angaben zu Kosten und Ergebnis beziehen sich auf die der jeweiligen Kostenstrukturstatistik)

sowie *Zeitschriften* ohne jeden Erlös (Interessentenpresse, Werk- und Hauszeitschriften) sind (häufige) Ausnahmen.

Das Verhältnis beider Erlösarten ist außerordentlich variabel. In Ländern mit einer freien Presse übersteigt unter normalen wirt-

Tabelle 25:
Erlöse, Kosten und Gewinne der deutschen Tagespresse

	Erlöse	Kosten je Monatsstück (in DM)	Gewinne
1954	6,57	6,16	0,41
1960	10,12	8,88	1,24
1964	13,84	12,07	1,77
1967	15,70	14,17	1,53
1970	19,75	18,10	1,65
1975	27,97	24,35	3,62
1979	39,70	32,60	7,10

Quelle: Medienbericht '85

schaftlichen Verhältnissen bei vielen *Publikumszeitschriften*
und *Abonnementzeitungen* der Anzeigenerlös den Vertriebserlös erheblich. Diese Situation ist typisch für Zeiten wirtschaftlicher
Stabilität und war bereits vor dem Ersten Weltkrieg anzutreffen
(*Reumann* 1968). In welchem Maße und wie rasch sich bei der
deutschen Tagespresse durch die Steigerung des Anzeigenaufkom-
mens im Bundesgebiet die vertriebsbetonte Erlösstruktur auf das
Anzeigengeschäft verschoben hat, ist aus Tabelle 26 zu entnehmen.
Die Relation Vertriebserlöse/Anzeigenerlöse hat sich in den letzten
zwei Jahrzehnten kaum verändert (Tabelle 27).
Bei deutschen *Abonnementzeitungen* stammen also im Durch-
schnitt zwei Drittel der Erlöse aus dem Anzeigengeschäft und ein
Drittel aus dem Vertrieb, wobei jedoch je nach *Auflage* und
Marktstellung des Titels Abweichungen hiervon anzutreffen sind.
Bei den *Kaufzeitungen* dagegen sind Vertriebserlöse und Anzei-
generlöse etwa gleich, die früher sehr einseitige Vertriebsbetontheit
in der Erlösstruktur (1954 80:20) hat sich also erheblich vermindert.
Bei *Publikumszeitschriften* erreichten die Anzeigenerlöse 1970
einen Höchstwert von bis zu 82 Prozent der Gesamterlöse; ihr
Durchschnittswert stieg zwischen 1976/1983 und 1990 von 40,1/41,7
auf 42,1 Prozent an (Medienbericht '85, Pressestatistik 1990).
Obwohl die meisten Presseerzeugnisse also zu einem Bezugspreis
den Leser erreichen, der etwa die Grenzkosten (auflageabhängige
Zusatzkosten je Stück) deckt, bleibt der Vertriebserlös für das Ergebnis der Verlage auch deshalb wichtig, weil in Zeiten einer wirtschaftlichen Rezession oder gar einer Krise das Anzeigengeschäft
der Presse durch Nachlassen der Anzeigenumsätze wesentlich rascher als das Vertriebsgeschäft beeinträchtigt wird. Zu niedrig ange-
setzte Bezugspreise tragen wesentlich zur Konjunkturanfälligkeit

Tabelle 26:
Erlösarten der deutschen Tagespresse in % der Gesamterlöse

	Vertriebserlöse	Anzeigenerlöse	sonstige Erlöse
1954	53,0	46,6	0,4
1964	35,3	63,9	0,8
1967	35,5	63,9	0,6

Quelle: Hofsähs (1969)

von Presseorganen bei. Hier den richtigen Ausgleich zu finden, ist schwierig und als Aufgabe bis heute nicht gelöst. Durch attraktive Bezugspreise werden zusätzliche Käufer gewonnen. Hohe Leserzahlen bringen zusätzliche Anzeigenaufkommen mit sich. Aus der fortlaufenden Wechselbeziehung und ihrer jeweiligen Umkehrung »Viele Anzeigen – niedriger Bezugspreis« einerseits und »viele Leser – mehr (und bessere) redaktionelle Leistungen« andererseits kann sich eine *Anzeigen-Auflagen-Spirale* entwickeln, die erst an den Grenzen des jeweiligen relevanten (meist durch übereinstimmende Leserinteressen konstituierten) Marktes ihre Wirksamkeit verliert.

Bei den deutschen *Tageszeitungen* ist der Bezugspreis zwar absolut erhöht worden, jedoch – dank des insgesamt gesehen ständig wachsenden Anzeigengeschäftes – an der langfristigen Entwicklung der Einkommensverhältnisse der Bezieher gemessen relativ niedriger geworden.

Überdurchschnittliche Vertriebskosten treten – außer bei den schon erwähnten Vertriebsformen – insbesondere dadurch auf, daß Tageszeitungen mit Werbeprämien direkt oder über ihre Träger versuchen, den Abonnentenkreis zu erweitern. In Wettbewerbsgebieten

Tabelle 27:
Anteile am Umsatz aus Vertrieb und Anzeigen bei deutschen Zeitungen
(in %)

	Vertrieb	Anzeigen/Beilagen
Abonnementzeitungen		
1976	32,5	67,5
1980	30,2	69,8
1987	34,2	65,8
1988	34,3	65,7
1989	33,6	66,4
1990	33,8	66,2
1991	34,1	65,9
1998	38,0	62,0
Straßenverkaufszeitungen		
1988	50,1	49,9
1989	49,4	50,6
1990	51,2	48,8
1991	52,0	48,0
1998	54,3	45,7

Quelle: Medienbericht '85 / Amtliche Pressestatistik / BDZV
1976–1990 nur alte Bundesländer

wird das meist nur zu Lasten der konkurrierenden Blätter möglich sein; der Anteil der *Springer*, also der neu- oder wiedergewonnenen Bezieher, an der Gesamtzahl der Abonnenten kann hier unter Umständen auf bis zu 25 Prozent jährlich ansteigen.

Eine indirekte Förderung durch den Staat genießt die Presse dort, wo sie um ihrer sogenannten *öffentlichen Aufgabe* willen als Ganzes oder für einzelne Gattungen in ihren Vertriebserlösen von der Umsatzsteuer ganz oder teilweise freigestellt ist. So unterliegen in Deutschland Vertriebserlöse einem niedrigerem Mehrwertsteuersatz (derzeit 7 % gegenüber 15 %).

Anzeigenerlöse sind abhängig von Anzeigenpreis und Anzeigenmenge. Der Anzeigenpreis richtet sich weitgehend nach der Höhe der *Auflage*. Absolut steigt er mit wachsender Auflage, relativ jedoch, als sogenannter *Tausenderpreis* (bezogen auf je tausend Stück der verkauften Auflage), vermindert er sich, so daß auch unter diesem Gesichtspunkt bei vergleichbaren Objekten demjenigen mit der höheren Auflage Wettbewerbsvorteile zukommen.

Anzeigenraum kann innerhalb des gleichen Objekts zu unterschiedlichen Preisen verkauft werden: Geschäftsanzeigen und Markenartikelanzeigen zum Normaltarif, Stellengesuche und -angebote, Familienanzeigen und private Kleinanzeigen zu ermäßigten Preisen. Erlöse aus dem Anzeigengeschäft vermindern sich auch um die tariflichen Wiederholungs- und Mengenrabatte, um Provisionen (für Werbungsmittler, insbesondere bei Anzeigen außerhalb des Ortsschäfts) und Skonti. Zuschläge auf die Normaltarife werden bei farbigen Anzeigen, für die Erfüllung von Plazierungswünschen (Anzeigen im Textteil und textanschließend) und die Veröffentlichung an bestimmten Tagen erhoben.

Das Anzeigenaufkommen kann abhängen vom Typ des Presseorgans und seinem spezifischen Leserkreis, vom Anzeigenpreis, vom Service (unter dem sowohl die Auftragsabwicklung als auch die Transparenz des Presseorgans als *Werbeträger* durch geprüfte Auflagenzahlen, Verbreitungs- und *Leseranalysen* und *Copy-Tests* verstanden werden) und ganz allgemein von der konjunkturellen Lage und vom Wettbewerb innerhalb der werbetreibenden Wirtschaft. Daneben spielen auch die technischen Möglichkeiten (Druckqualität, Wiedergabe von farbigen Anzeigen) eine absatzbeeinflussende Rolle.

Schließlich kann das Anzeigenaufkommen entscheidend davon bestimmt sein, ob eine Zeitung oder Zeitschrift das mögliche Werbeaufkommen allein auf sich ziehen kann oder ob es dieses mit anderen Konkurrenten des gleichen Typs und/oder anderen Medientypen teilen muß. Bei regionalen und lokalen Abonnementzeitungen ist die nahezu ausnahmslos durch den Marktanteil bestimmte Wettbewerbsposition innerhalb des Verbreitungsgebietes wichtiger für die Überlebenschancen als die absolute Höhe der *Auflage*. Die Zeitung mit dem höchsten Auflagenanteil zieht fast automatisch immer mehr Anzeigen auf sich; nicht nur, weil sie günstigere Anzeigentarife bieten kann, sondern auch, weil eine Reduzierung der Suchbemühungen auf nur ein Blatt vielen Anzeigeninteressenten entgegenkommt. Es kommt eine aufwärts bzw. abwärtsgerichtete *Auflagenspirale* in Gang, die oft mit der Einstellung der auflagenschwächeren Zeitungen endet und damit zum Lokalmonopol der verbleibenden größeren Zeitung führt (→ Kommunikationspolitik).

Für die Eignung der einzelnen Pressetypen als *Werbeträger* haben sich bestimmte Grundsätze herausgebildet. Mit Anzeigen in *Fachzeitschriften* lassen sich bei geringem Streuverlust auch sehr spezielle Zielgruppen erreichen; *Publikumszeitschriften* und *Kaufzeitungen* werden besonders für Anzeigen bevorzugt, die sich (wie Markenartikel im Konsumgüterbereich) an breiteste Bevölkerungsschichten richten. Als Vorteil der Werbung in der Tagespresse gilt deren rasche Dispositionsmöglichkeit: Werbekampagnen in Zeitungen können von heute auf morgen begonnen oder abgebrochen werden; veränderten Bedürfnissen kann unmittelbar entsprochen werden. Die Werbeinhalte können deshalb sowohl variabel (gezielte Abstimmung auf lokale Verbreitungsgebiete auch bei großräumigen Kampagnen) als auch ereignisbezogen-aktuell sein. Regionale und lokale Abonnementzeitungen haben eine große Reichweite im Verbreitungsgebiet, einen hohen Anteil von *Exklusivlesern* sowie einen Leserkreis mit starkem Interesse am Lokalteil, aus dem sich eine hohe Leseintensität und eine enge Leser-Blatt-Bindung ergeben. Charakteristisch für die Werbung in der Tagespresse ist deshalb auch der hohe Anteil (rund 80 Prozent) von Werbung für *lokal* angebotene Waren- und Dienstleistungen. Demgegenüber werden als Nachteile die Kurzlebigkeit und die gegenüber der Zeitschrift durch das Druckverfahren bedingten Qualitätsminderungen in der

Anzeigenwiedergabe angesehen. Von Bedeutung ist ferner, daß nicht ortsgebundene Werbetreibende und vor allem Werbungsmittler (Werbeagenturen), über die im Regelfall die Markenartikelanzeigen vergeben werden, die Nachteile der auflagenschwachen lokalen Abonnementzeitungen wie hoher *Tausenderpreis*, nicht standardisierte Formate, umständliche Auftragsabwicklung, geringe Transparenz als *Werbeträger* als besonders schwerwiegend ansehen.

Die Kosten der Herstellung eines Presseorgans sind dadurch gekennzeichnet, daß ein relativ großer Anteil von ihnen innerhalb weiter Grenzen (Sprungkosten) von der Höhe der Produktion (Druckauflage) unabhängig ist (feste Kosten). Dazu gehören beispielsweise Löhne, Gehälter und soziale Leistungen für Verlag und Anzeigenverwaltung, mit gewissen Einschränkungen der Bezug von Nachrichten- und Bilderdiensten sowie die Instandhaltung der technischen Einrichtungen. Die variablen Kosten verändern sich mit der Höhe der gedruckten Auflage oder dem Umfang des Periodikums. Dabei werden die variablen Kosten für den von Fremdbetrieben ausgeführten Satz (zum Beispiel Setzerlöhne), für Umbruch und Seitenmontage und für Chemigraphie (Fotografie, Retusche, Kopieren und Ätzen) im wesentlichen vom Umfang, die variablen Kosten für den (Fremd-)*Druck* (zum Beispiel Druckerlöhne mit Nacht- und Überstundenzuschlägen) einschließlich Verbrauch von Farbe und Papier und für den *Vertrieb* (zum Beispiel Trägerlöhne) primär von der Auflagenhöhe bestimmt.

Die Anteile von festen und variablen Kosten schwanken je nach dem Typ des Presseerzeugnisses erheblich. Eine weitere Modifizierung der Kostenstruktur tritt in der Praxis dadurch ein, daß auflagenstarke Zeitungen in der Regel einen größeren Gesamtumfang haben. Dadurch sind auch für die zwar auflageunabhängigen, aber umfangbestimmenden Faktoren Redaktion und Druckvorbereitung gegenüber auflage- und deshalb auch umfangschwächeren Periodika größere Aufwendungen notwendig. Sieht man von den Umfangs- und Qualitätsunterschieden ab, gilt grundsätzlich: Je niedriger die *Auflage*, desto höher die auflagefixen Anteile und die Gesamthöhe der Stückkosten (der Kosten je Exemplar).

Die Kostenstruktur eines Verlages (das Gefüge seiner Kostenarten) hängt stark davon ab, ob das Presseerzeugnis in der eigenen Drucke-

Tabelle 28:
Kostenstellen in Zeitungsverlagen in % der Gesamtkosten

	1979	1992	1998
Technische Herstellung (Satz und Druck)	32,4	31,8	} 36,0
Papier	12,9	7,7	
Vertrieb	22,7	19,0	19,9
Redaktion	14,0	20,0	22,2
Anzeigen	11,1	13,3	13,3
Unternehmensleitung/Verwaltung	6,8	8,2	9,1
	100	100	100

Quelle: Medienbericht '85 / Zeitungen '93 / Zeitungen '98 / BDZV
1979 nur alte Bundesländer

rei oder im *Lohndruck* hergestellt wird. Für deutsche Zeitungsverlage (Abonnementenzeitungen im westlichen Bundesgebiet) ergaben sich 1979/1992 die in Tabelle 28 genannten Durchschnittswerte.
In der deutschen Tagespresse sind mindestens seit Mitte der fünfziger Jahre die Gewinne je Zeitungsstück – absolut und real – zwar
unter kurzfristigen Schwankungen, aber im mittelfristigen Durchschnitt doch recht stetig gestiegen. Drei Faktoren haben hierzu vor
allem beigetragen:
a) das Wachstum des Anzeigengeschäftes (Erhöhung der Zahl der
Anzeigenseiten und der Anzeigenpreise),
b) die Erhöhung der Durchschnittsauflagen und
c) der durch Konzentration und Kooperation verursachte Abbau des
Wettbewerbs der Zeitungen untereinander (vgl. → Presse).
Der Rückgang der Zeitungsdichte hatte zur Folge, daß 1993 46,0
Prozent der *Auflage* der deutschen *Abonnementzeitungen* in
Alleinanbieterposition ohne örtlichen oder regionalen Wettbewerb
abgesetzt wurden, also praktisch ohne intramediäre Konkurrenz
gleichartiger Zeitungen um Leser und örtliche Anzeigen waren, ferner 44,1 Prozent in Erstanbieterposition und nur 9,9 Prozent der
Auflage in nachrangiger Wettbewerbsposition (*Schütz* 1994) waren.

Intramediärer und intermediärer Wettbewerb

In der vor allem in der Bundesrepublik Deutschland geführten Auseinandersetzung um Wettbewerbsverzerrungen ist von Verlegerseite
eine Beeinträchtigung des Anzeigenaufkommens der Presse, insbesondere der *Tageszeitungen*, durch die Werbesendungen des
Fernsehens behauptet worden. Die hierzu vorgenommenen Untersuchungen haben diesen Vorwurf widerlegt (vgl. Bericht der *Michel-Kommission* I, 1967). Zwar haben sich durch das Aufkommen neuer Werbeträger wie des *Werbefernsehens* Anteilsver-
schiebungen ergeben, doch sind die gesamten Werbeaufwendungen
für alle Medien absolut weiter angestiegen, wie aus Tabelle 29 her-
vorgeht. Für die Tagespresse stellt die Markenartikelwerbung aber
nur einen Teil des Anzeigenaufkommens dar (Tabelle 30).
Weitere Bereiche des Anzeigengeschäftes der *Zeitungen* (alle
lokalgebundenen Geschäftsanzeigen, private Kleinanzeigen, Stel-
lenanzeigen) sind kaum einem intermediären und – nur bei Vorhandensein örtlicher Zeitungskonkurrenz – einem intramediären Wettbewerb ausgesetzt (*intramediärer* Wettbewerb: zum Beispiel
Konkurrenz zwischen mehreren Zeitungen; *intermediärer* Wettbewerb: zum Beispiel Konkurrenz zwischen *Zeitung* und *Rundfunk*, auch zwischen *Zeitung* und *Zeitschrift*). Das liegt vor
allem daran, daß in Deutschland die Werbezeiten im Rundfunk
begrenzt sind und bisher wenig für regionale und lokale Werbung in
Anspruch genommen werden. Durch privaten, auch auf ortsbezo-
gene Werbung angewiesenen Rundfunk wird aber der intermediäre

Tabelle 29:
Netto-Werbeeinnahmen in ausgewählten Werbeträgern in Millionen DM

	1974	1980	1989	1992	1998
Tageszeitungen	2827,8	5289,4	7757,4	10025,1	11477,4
Wochenzeitungen und Sonntagszeitungen	99,7	204,8	339,6	465,0	487,6
Publikumszeitschriften	1036,5	2403,0	2955,5	3377,6	3655,4
Fachzeitschriften	.	.	1772,1	2110,0	2205,0
Hörfunkwerbung	183,6	398,4	844,8	981,0	1182,7
Fernsehwerbung	633,1	1118,7	2256,8	4328,2	7904,9

Quelle: Zentralverband der deutschen Werbewirtschaft

* 1974–1989 nur alte Bundesländer

Tabelle 30:
Anzeigenarten in Tageszeitungen

	1970	1975	1980	1985	1989	1992
Netto-Umsätze insgesamt in Millionen DM	2 182,1	2 996,0	5 289,4	5 892,9	7 757,4	10 025,1
nach Rubriken (soweit zu ermitteln: daher für die einzelnen Jahre nicht vergleichbar) in % des Umsatzes						
Überregionale Anzeigen	18,1	12,7	10,5	13,1	9,2	7,3
Lokale Geschäfts- und Empfehlungsanzeigen	31,8	40,5	37,7	35,0	35,2	32,0
Stellenmarkt und Vertretungen	26,4	17,2	19,2	6,2	16,4	18,1
Familienanzeigen	3,5	4,3	4,4	3,6	6,4	6,7
Immobilien- und Wohnungsmarkt	5,8	4,9	9,2	9,5	9,3	11,8
Kfz-Anzeigen	2,0	4,0	5,5	5,6	8,7	9,7
Reise-, Fremden- verkehrs- und Bäderanzeigen	1,2	1,7	1,5	1,8	2,8	2,8
Veranstaltungen	1,8	1,9	1,7	2,0	3,6	3,2
Private Gelegenheits- anzeigen	.	.	0,8	1,6	.	.
Sonstige Anzeigen	9,3	7,4	3,0	8,5	8,5	8,4
(Fremd-) Beilagen	.	5,4	7,4	13,1	–	–

Quelle: Jahresberichte des BDZV

Wettbewerb zu Lasten der Presse auch in den regionalen und lokalen Bereich hineingetragen, ohne daß sich die intramediäre Konkurrenzsituation wesentlich ändert. Von der medienpolitischen Entwicklung überholt ist insofern das Prinzip einer sogenannten ›publizistischen Gewaltenteilung‹ zwischen öffentlich-rechtlichem Rundfunk und privatwirtschaftlich organisierter Presse in der Bundesrepublik Deutschland. Diese gegenseitige (rechtlich nicht relevante) Interessenabgrenzung bedeutete in der Vergangenheit zugleich auch eine Reduktion des intramediären Wettbewerbs zugunsten von Teilbereichen des Pressemarktes.

Publikumszeitschriften stehen zu Tageszeitungen in wesentlich schwächeren Wettbewerbsbeziehungen als zum Werbefernsehen. *Fachzeitschriften* haben ein von den übrigen Werbeträgern weitgehend unabhängiges, fachlich spezialisiertes Anzeigengeschäft. Bei allen Pressetypen ist jedoch der intramediäre Wettbewerb wesentlich stärker als der intermediäre. Presseorgane, die auflagenstark und/oder anzeigenreich sind, können bei vorherrschender Stellung in ihrem Verbreitungsgebiet sowohl auf dem Vertriebs- als auch auf dem Anzeigenmarkt als Preisführer wirken. Sie können dabei durch niedrige Kampfpreise die Konkurrenz ausschalten. Außerdem besitzt dort der größere, also auflagenstärkere Verlag gegenüber dem kleineren einen Kostenvorsprung, der sich mit dem Qualitätsvorsprung kumulativ steigert und den Wettbewerb beinahe von selbst verschärft.

Kooperation und Konzentration

Kooperations- und Konzentrationsvorgänge im Zeitungs- und Zeitschriftenwesen sind im wesentlichen Auswirkungen des Wettbewerbs. Obwohl sich solche Vorgänge in allen Abschnitten der Pressegeschichte nachweisen lassen, sind sie doch erst seit den sechziger Jahren in das Bewußtsein der Öffentlichkeit gedrungen. Im Gegensatz zu früher werden nämlich heute Fusionen oder Einstellungen von Periodika nur in Teilbereichen des Pressemarktes durch Neugründungen ausgeglichen. Mit der Zunahme der Betriebsgrößen im Verlagswesen und dem durch die technische Entwicklung erzwungenen ständig erhöhten Kapitalbedarf lassen sich die spärlichen *Markteintrittschancen* (vor allem im Bereich der Tagespresse und der *Publikumszeitschriften*) nur unter Übernahme entsprechend hoher finanzieller Risiken nutzen: Die Etablierung eines Presseorgans am Markt erfordert das Überstehen einer Durststrecke, die insbesondere auf umkämpften Märkten sehr lang sein kann, da in aller Regel die aufwärts führende *Anzeigen-Auflagen-Spirale* eines Wettbewerbers in führender Marktposition nur allmählich und nur durch Einsatz überlegener finanzieller Ressourcen zu durchbrechen ist.
Die vielfach unter dem überspitzten Schlagwort vom *Zeitungssterben* geführte Diskussion ist daher primär von der Absicht bestimmt, die noch vorhandene Vielfalt durch geeignete Maßnahmen zu bewahren. Gegen die Verdrängung eines deutlich unterlegenen

Wettbewerbers aus einem Markt, der nur wenig Produktdifferenzierung gestattet, gibt es kaum Abhilfen: Soweit eine Erlösverbesserung durch gezielte Subventionen vorgenommen wird (direkte Zuschüsse durch staatliche Stellen, Parteien, Verbände und Interessengruppen, indirekte durch Zwangsbezug oder Patenschaftsabonnements), lassen sich dadurch Wettbewerbsnachteile in den seltensten Fällen nachhaltig beeinflussen oder gar aufheben. Kommen aber Hilfen der Presse oder bestimmten Pressetypen insgesamt zugute (zum Beispiel Steuerermäßigungen, Kredithilfen, Senkung von Tarifen beim Postvertrieb und im Fernmeldedienst oder die Freistellung von Zöllen bei der Einfuhr von Papier), so stärkt das die wirtschaftlich gesunden Blätter mehr als die wirtschaftlich schwachen – mit dem Effekt, daß sich der Verdrängungswettbewerb weiter verschärft. Hinzu kommt, daß Möglichkeiten kostensenkender Rationalisierung außerhalb des herstellungstechnischen Bereiches für das einzelne Presseorgan nur in geringem Maß gegeben sind: Weder die redaktionelle Leistung – also die Darbietung des Stoffes – noch das redaktionelle Angebot – also der Stoffumfang (weniger Journalisten bearbeiten ein geringeres Nachrichtenangebot auf weniger Seiten) – können unter ein bestimmtes, wiederum vom Wettbewerb diktiertes Mindestmaß gesenkt werden.

Von Kooperationsvorgängen sind daher überwiegend nur auflagenschwache und infolgedessen zugleich leistungsschwache Tageszeitungen erfaßt worden. Der Verzicht auf eine eigene, für alle Sparten arbeitende Redaktion ist die wichtigste und häufigste Maßnahme, die redaktionellen Kosten zu senken. Wenn nur noch eine Lokal- oder Regionalredaktion übrigbleibt, der sogenannte *Mantel* (der aktuelle politische Teil) und die übrigen Textsparten aber von einer Zentralredaktion oder von einer anderen Zeitung außerhalb des eigenen Verbreitungsgebietes übernommen werden, wird dadurch zwar insgesamt gesehen die publizistische Vielfalt gemindert, jedoch das örtliche Zeitungsangebot (*Zeitungsdichte*) nicht verringert.

Wenn zugleich mit der Übernahme qualitativ besserer Zeitungsseiten für den allgemeinen Teil die Einsparungen einer besseren personellen Ausstattung der noch verbleibenden Lokalredaktion zugute kommen, kann durch diese Form der Kooperation dem Leser sogar eine bessere Zeitung als vorher angeboten werden. Falls die redaktionelle Kooperation mit einer konkurrierenden Zeitung aufgenommen wird, wird zwar eine ähnliche wirtschaftliche Wirkung erzielt.

Das setzt aber die gegenseitige Abgrenzung von Verbreitungsgebieten oder die Zusammenlegung der sich nun inhaltlich ganz oder teilweise deckenden Ausgaben voraus, so daß das örtliche Zeitungsangebot sich entsprechend vermindert (was bis zum *Lokalmonopol* einer Zeitung führen kann). Da häufig die redaktionelle Kooperation auch von einer wirtschaftlichen Kooperation begleitet ist, können durch gemeinsamen *Druck* und *Vertrieb* Einsparungen erzielt und durch die zusammengefaßte höhere Auflage günstigere Voraussetzungen zur Anzeigenakquisition geschaffen werden.

Als Variante hierzu wurde im deutschen Zeitungswesen eine Lösung entwickelt, die in einer Kooperation eines großen mit vielen kleineren Verlagen die unterschiedlichen Interessen ausgleicht: Die auflagenstarke Zeitung beschränkt sich auf ein enges Verbreitungsgebiet (Großstadt), redigiert den allgemeinen Teil und setzt und druckt zugleich für die kooperierenden kleineren Verlage, deren überregionales Anzeigengeschäft von ihr mitverwaltet wird. *Vertrieb* und lokales Anzeigengeschäft nehmen die angeschlossenen, rechtlich selbständigen kleineren Verlage innerhalb ihres jeweiligen Verbreitungsgebietes selbst wahr, und sie unterhalten auch die jeweiligen örtlichen Redaktionen.

Den in der Vergangenheit für die deutsche Pressestruktur ebenfalls charakteristischen *Redaktionsgemeinschaften* (mit zum Teil genossenschaftlichem Charakter) fehlen demgegenüber eine größere Zeitung als Kern und das Merkmal einer wirtschaftlichen Kooperation, da hier nur eine redaktionelle Kooperation zwischen meist kleineren Zeitungen besteht. Mit der Einstellung vieler dieser Titel ist jedoch die Bedeutung solcher Redaktionsgemeinschaften zurückgegangen. Umgekehrt können in sogenannten *Anzeigengemeinschaften* und *Anzeigenringen* (Tarifgemeinschaften) auch Zeitungsverlage wirtschaftlich zusammenarbeiten, ohne daß redaktionelle Verflechtungen bestehen müssen. Insbesondere die Ringe stellen nur lockere Zusammenschlüsse kleiner und kleinster Zeitungsverlage zur gemeinsamen Abwicklung von überregionalen Anzeigenaufträgen dar; sie vermögen – da ihre Anzeigentarife nur geringfügig niedriger liegen als die kumulierten Tarife aller Mitglieder – dadurch jedoch kaum die Vorteile im Anzeigengeschäft der auflagenstarken Presse und von Anzeigengemeinschaften wettzumachen.

In den Fällen, in denen durch eine Zusammenlegung von Titeln zugleich auch Verlage als Rechtspersönlichkeit erlöschen, wird die Schwelle von der Kooperation zur *Konzentration* überschritten. Konzentrationsentwicklungen in Bereichen der deuschen *Publikumszeitschriften* führten dort zu vergleichsweise größeren Änderungen als in der Tagespresse. Sie haben das Titelangebot in einigen Gruppen (zum Beispiel bei *Illustrierten*) drastisch zurückgehen lassen. Wegen der meist überregionalen Verbreitung von Publikumszeitschriften mußte sich hier der intramediäre Wettbewerb um Anzeigen besonders auswirken. Die weitgehende Abhängigkeit von Anzeigenerlösen hat bei ungünstiger Anzeigenkonjunktur dazu geführt, daß auch Zeitschriften mit großer Auflage ihr Erscheinen einstellen oder mit anderen Blättern zusammengelegt werden mußten.

Für die Verluste bei Zeitschriften können ferner zwei Gründe ursächlich sein:

1. Trotz hoher Auflage kann eine *Zeitschrift* auch bei nominell vergleichbarem *Tausenderpreis* für die Anzeigenkunden unter drei Aspekten relativ uninteressant sein: (a) Ihre Leserschaft entspricht in ihrer Zusammensetzung nicht (mehr) den Zielgruppen der Werbung, (b) Käufer und Leser bringen zwar eine hohe *Reichweite*, die jedoch durch zuviel *Streuverluste* zu hoch bezahlt erscheint, und (c) es bestehen *Überschneidungen* mit den Leserschichten anderer Zeitschriften, die nach Meinung der Werbetreibenden durch ihren redaktionellen Inhalt bessere Voraussetzungen für die Werbung bieten.

2. Fehlende, stagnierende oder zurückgehende Anzeigenerlöse können nur in engen Grenzen durch eine Erhöhung der Vertriebspreise ausgeglichen werden, da sich für vergleichbare Zeitschriftengruppen auch weitgehend übereinstimmende Verkaufspreise herausgebildet haben. Eine länger dauernde Kostenunterdeckung führt daher bei den meisten auflagenstarken Zeitschriften zu beträchtlichen Verlusten, die selbst große Verlage nur begrenzte Zeit zu tragen imstande sind.

Die Schwierigkeiten, in die Presseorgane durch Erreichen des sogenannten *Papierpunktes* kommen können, hängen eng damit zusammen: Bei rasch wachsender Käufernachfrage können, wenn nicht gleichzeitig auch die auf niedrigerer Auflagenhöhe kalkulierten Anzeigenpreise sofort angehoben werden, die durch die höhere Auflage verursachten Papiermehrkosten schließlich stärker als die Vertriebserlöse ansteigen und zu Verlusten führen. Diese Gefahr ist aber doch weitgehend theoretisch, da auch Anzeigenpreise heute – außer bei bereits vorliegenden Abschlüssen – nicht mehr auf längere Zeit fixiert werden.

Die in den achtziger Jahren in Deutschland weitgehend abgeschlossene Umstellung auf neue (elektronische) Satztechnik (*Lichtsatz*) und Druckverfahren (*Offsetdruck*) konnte auch von kleineren und mittleren Unternehmen vollzogen werden, die hierbei sogar eine Vorreiterrolle spielten. Die in bezug auf deren Zukunftschancen mit der neuen technologischen Entwicklung zunächst verknüpften negativen Erwartungen wegen möglicher Vorteilsakkumulation bei Großunternehmen sind nicht eingetreten, vielmehr war umgekehrt eine Verlangsamung von Konzentrationsvorgängen zu verzeichnen. Dazu hat aber auch die Pressefusionskontrolle ihren Beitrag geleistet, die seit 1975 in Deutschland die Übernahme kleinerer Zeitungen durch ihre unmittelbaren Mitbewerber erschwert. Es hat sich aber auch gezeigt, daß nicht die Höhe der Auflage eines Presseorgans für seine Konzentrationsgefährdung maßgebend ist, sondern die wirschaftliche Situation entscheidend von der Wettbewerbsposition abhängt und gegen Marktzutritt sichere Erst- oder Alleinanbieterpositionen auch von kleineren und mittleren Zeitungen eingenommen werden können.

Walter J. Schütz

Rundfunk

Begriff

Nach der Definition im »Staatsvertrag über den Rundfunk im vereinten Deutschland« (*Rundfunkstaatsvertrag*) von 1991 bezeichnet Rundfunk »die für die Allgemeinheit bestimmte Veranstaltung und Verbreitung von Darbietungen aller Art in Wort, in Ton und in Bild unter Benutzung elektrischer Schwingungen ohne Verbindungsleitung oder längs oder mittels eines Leiters. Der Begriff schließt Darbietungen ein, die verschlüsselt verbreitet werden oder gegen besonderes Entgelt empfangbar sind, sowie Fernsehtext.« Der Rundfunkbegriff hat vor allem in der Bundesrepublik nicht nur eine technische Bedeutung, sondern entscheidet darüber hinaus über die rechtliche Zuordnung von Kommunikationswegen und damit letztlich auch über die politische Regelungskompetenz (→ Medienrecht, → Kommunikationspolitik). Die Veränderung des Rundfunkbegriffs spiegelt die Veränderungen in den technischen Übertragungs- und Empfangsmodi wider. Bereits im Staatsvertrag von 1974 war »Rundfunk« auf die Übermittlung in Kabelnetzen ausgeweitet worden (»längs oder mittels eines Leiters«). Knapp zwanzig Jahre später wurde er auch auf Übertragungen ausgeweitet, die nur mit einem zusätzlichen Decoder empfangen werden können oder bei denen eine Einzelberechnung tatsächlich gesehener Sendungen erfolgt (*Pay-TV*). Auch *Fernseh-* oder *Videotext* sind nach dieser Definition im rechtlichen Sinne »Rundfunk«.

In sprachlicher Hinsicht verweist der Begriff Rundfunk einerseits auf die ursprüngliche Technik, Ätherschwingungen durch elektrische Funken zu erzeugen, andererseits auf eine nicht-zielgerichtete, also ›runde‹ Aussendung von Signalen an mehrere Empfänger gleichzeitig (*Drubba* 1978). Vermutlich wurde der Begriff im Deutschen zum erstenmal 1919 im Reichspostministerium für die Übermittlung von Morsezeichen verwandt. Für das Aussenden von unverschlüsselten Signalen verwandte man zunächst die Begriffe »Rundspruch« oder »funktelefonischer Dienst«. Erst ab 1923 bürgerte es sich im amtlichen Sprachgebrauch ein, Rundfunk ausschließlich für die drahtlose Übermittlung von Wort- und Tonsignalen an die Öffentlichkeit zu verwenden. Mit der Einführung des Fernsehens war dann eine weitere begriffliche Differenzierung notwendig. Im rechtlichen und im wissenschaftlichen Sprachverständnis versteht man unter Rundfunk heute *Hörfunk* und *Fernsehen*. Auch im Englischen schließt der Begriff ›broadcasting‹ ›radio‹ und ›television‹ ein. Neben dem Begriff Hörfunk hat sich im deutschen Sprachgebrauch auch das aus dem Englischen stammende *Radio* eingebürgert.

Entstehung des Rundfunks (Hörfunk)

Eine der wichtigsten technischen Voraussetzungen für die Entstehung des Rundfunks war die Entdeckung elektromagnetischer Wellen durch den deutschen Physiker *Heinrich Hertz* im Jahre 1888.

Neun Jahre später gelang es dem Italiener *Guglielmo Marconi*, Morsezeichen mit Hilfe dieser elektromagnetischen Wellen drahtlos über eine Distanz von zwei Meilen zu übermitteln. Die beiden Amerikaner *Fessenden* und *De Forest* schufen die technischen Voraussetzungen für die erste unverschlüsselte Übertragung. An Weihnachten 1906 empfingen die mit Funkgeräten ausgestatteten Schiffe im New Yorker Hafen klassische Musik und Bibelzitate. Dieses Ereignis kann man als die Geburtsstunde des Rundfunks als publizistisches Medium ansehen. Der Erste Weltkrieg verhinderte zunächst seine weitere Entwicklung und Ausbreitung. Sowohl in den USA als auch in den europäischen Ländern, in denen mit der Funktechnik experimentiert wurde, übten der Staat bzw. das Militär die alleinige Funkhoheit aus. Nach dem Kriege nahm 1920 die erste kommerzielle Radio-Station in Pittsburgh (USA) ihren regelmäßigen Programmdienst auf. Sie entstand aus der Zusammenarbeit zwischen einem Produzenten von Radiogeräten, einem Supermarkt, der diese Geräte verkaufte, und einem Radio-Enthusiasten, der für das Programm sorgte (*Dominick* 1983).

In Deutschland nahm die Entwicklung des Rundfunks von Beginn an einen anderen Verlauf. Bereits im Kaiserreich waren die gesetzlichen Grundlagen dafür geschaffen worden, daß die Funktechnik ausschließlich im Hoheitsbereich des Staates lag (*Reichstelegraphengesetz* von 1892). Zwar wurde die deutsche Industrie vom Staat darin unterstützt, die technische Entwicklung voranzutreiben, um dem britischen »Weltkabelnetz« ein deutsches »Weltfunknetz« entgegenzusetzen, aber weder die private Verfügung noch eine Nutzung für publizistische Zwecke standen damals zur Diskussion. Der Erste Weltkrieg und der Einsatz der Funk-Telegraphie für militärische Zwecke bestärkten den staatlichen Hoheitsanspruch auf den Funk. Nach dem Krieg schlossen sich ehemalige Militärfunker in Vereinen zusammen, um ein von Post und Staat unabhängiges, privates Nachrichtennetz aufzubauen (›Zentrale Funkleitung‹, ZFL). Auf dem Weg über Kontrollgremien gelang es der neuen Regierung jedoch bald, die staatliche Funkhoheit wiederherzustellen.

Die eigenen, von der Reichspost ab 1919 unter dem Begriff »Rundfunk« betriebenen Dienste beschränkten sich zunächst auf *Telegraphie*, d. h. die Übermittlung von Morsezeichen. So übermittelte das *Wolffsche Telegraphen-Bureau* mit Hilfe des Postsenders

Königswusterhausen Nachrichten an Poststellen in mehreren Städten Deutschlands, von wo aus sie in der Regel per Telefon an die Zeitungsredaktionen weitergeleitet wurden. Auch die Außenhandelsstelle des Auswärtigen Amtes, der sogenannte *Eildienst*, übermittelte auf diesem Wege Wirtschaftsnachrichten an Handelskammern in Deutschland. Da sich diese Dienste nicht an die Allgemeinheit richteten und von ihr auch nicht empfangen werden konnten, handelte es sich jedoch nicht um Rundfunk im heutigen Sprachverständnis.

Initiator für den Ausbau der Funktechnik zu einem Massenmedium war der Technische Staatssekretär im Reichspostministerium und frühere Direktor des Elektro-Konzerns Telefunken, *Hans Bredow*. Die Entstehungsgeschichte des Rundfunks in der Weimarer Republik ist durch eine langanhaltende und kontroverse Verhandlungsperiode gekennzeichnet, in deren Verlauf zwischenzeitlich mehrere, zum Teil fundamental verschiedene Optionen für Struktur und Funktion des neuen Mediums möglich schienen. Die dann letztlich realisierte Rundfunkordnung hat über ihre Institutionen und über die ihr zugrundeliegenden kommunikationspolitischen Leitprinzipien teilweise das heutige Rundfunkwesen in der Bundesrepublik Deutschland mitbestimmt.

Als sich die technische Realisierbarkeit eines an die Allgemeinheit gerichteten Rundfunks abzeichnete, gehörten Zeitungsverlage und Nachrichtenagenturen, also private Medieninstitutionen, zu den ersten Verhandlungspartnern Bredows. Die Verhandlungen scheiterten zu einem frühen Zeitpunkt. Bredow wagte später die Behauptung, der deutsche Rundfunk wäre zu einer Unternehmung der deutschen Presse geworden, wenn die Verhandlungen damals zum Ziel gekommen wären (*Lerg* 1980). Die Möglichkeit eines privatwirtschaftlichen Rundfunks war damit aber immer noch offen. Die Elektrofirmen *Telefunken* und *Lorenz* beantragten 1922 eine kommerzielle Rundfunklizenz nach amerikanischem Vorbild. Die Schlüsselstellung kam nun der *Eildienst-Abteilung* des Auswärtigen Amtes zu, die inzwischen in eine GmbH umgewandelt worden war. Auch sie beantragte eine Sendekonzession auf dem Weg über die neu gegründete Tochterfirma *Deutsche Stunde, Gesellschaft für drahtlose Belehrung und Unterhaltung mbH*, von der der Reichspost 50 Prozent der Gesellschaftsanteile zugesichert wurden. Initiator bei der Eildienst war der Legationsrat im Auswärtigen Amt, *Ernst Ludwig Voss*. Die entscheidenden Weichen für die weitere Entwicklung des Rundfunkwesens in Deutschland wurden in einer nicht-öffentlichen Sitzung der Ministerialbürokratie am 9. Juni 1922 gestellt, als man dem Gesuch der *Deutschen Stunde* und damit der staatlichen Stelle den Vorzug gab. Für Bredow verband sich mit dieser Entscheidung noch keine grundsätzliche Ablehnung privaten Rundfunks. Er wollte ihm einen »mit besonderen Vorsichtsmaßregeln umgrenzten Spielraum« zugestehen. Faktisch blieben aber dadurch private Veranstalter für rund sechs Jahrzehnte vom Rundfunk ausgeschlossen.

Als man die Bedeutung der neuen Technik als publizistisches und möglicherweise propagandistisches Mittel erkannte, stellte sich auch die Frage der *Programmkontrolle*. Auf diese Weise wurde eine weitere Institution unter staatlicher Kontrolle bestimmend für die Entwicklung des Rundfunkwesens. Das Reichsinnenministerium sicherte sich über die gemeinnützige Aktiengesellschaft »Buch und Presse«, später *Drahtloser Dienst AG (DRADAG)*, den entscheidenen Einfluß auf die politische Berichterstattung. Die DRADAG wurde von mehreren, überwiegend sozialdemokratischen Politikern gegründet, um »ein staatliches Instrument für überparteiliche politische Öffentlichkeitsarbeit« (*Lerg* 1980) zu entwickeln. Sie sollte das Monopol für alle Nachrichtensendungen und andere Formen der politischen Berichterstattung erhalten. Obwohl Bredow diesen starken staatlich-politischen Einfluß auf das Programm verhindern wollte, mußte er dieser Lösung letztlich zustimmen. So waren im Herbst 1923 zwei zu konzessionierende Unternehmen übriggeblieben: die *Deutsche Stunde* unter dem Einfluß der Reichspost und des Auswärtigen Amtes, zuständig für musikalisch-literarische Darbietungen, und die *DRADAG* unter dem Einfluß des Innenministeriums, zuständig für politische Berichterstattung.

Ein weiteres Kennzeichen der Entwicklung des Rundfunks in den ersten Jahren war die Regionalisierung. Teilweise aus technischen Gründen (Reichweiten der Sender), teilweise aus politischen Gründen (Kompetenzen der Länder) wurden insgesamt neun regionale Rundfunkgesellschaften gegründet, meist in der Form von Aktiengesellschaften. Neben der Reichspost, die über die 1925 gegründete *Reichsrundfunkgesellschaft* die Aktienmehrheit besaß, konnten sich an ihnen private Unternehmen beteiligen. Die Länder sicherten sich einen gewissen Einfluß über Beiräte (für das kulturelle Programm) und Überwachungsausschüsse (für das politische Programm). Da die Meldungen der DRADAG aber von den Sendern unverändert übernommen werden mußten, bestand weiterhin ein dominanter Einfluß des Reiches. Eine endgültige gesetzliche Regelung erfuhr der deutsche Rundfunk erst im Dezember 1926 durch die vom Reichstag beschlossenen »Richtlinien über die Regelung des Rundfunks«. Das Programm hatte bereits drei Jahre vorher begonnen: Seit dem 29. Oktober 1923 sendete die *Deutsche Stunde* aus dem *Vox-Haus* in Berlin. Wenige Tage später folgte die erste Nachrichtensendung.

Wegweisend für die spätere Entwicklung in der Bundesrepublik war auch die Konzessionierung der Empfänger durch Genehmigungsurkunden der Reichspost. Die Gebühr betrug zwei Mark und blieb bis 1969 unverändert. Die Zahl der lizenzierten Geräte stieg schnell von 467 Geräten im Dezember 1923 über 100000 im Juli 1924 auf über eine halbe Million nach nur einem Jahr regelmäßigen Programms. 1926 nahm der einzige über ganz Deutschland empfangbare Langwellensender *Deutsche Welle* seinen Programmdienst auf. Die Gründung der Deutschen Welle beruhte auf einem Kompromiß zwischen den Ländern Preußen und Bayern auf der einen und der Reichsregierung auf der anderen Seite. Das Kapital der GmbH lag schließlich zu 70 Prozent bei der Reichsrundfunkgesellschaft und zu 30 Prozent beim Land Preußen (*Bausch* 1956; *Lerg* 1965, 1980).

Die Entstehung des deutschen Rundfunks in der Weimarer Republik läßt sich, trotz der in den einzelnen Phasen ins Spiel gekommenen unterschiedlichen Gestaltungsmöglichkeiten, durch die folgenden Leitprinzipien kennzeichnen:

1. Eine dominante wirtschaftliche und technische Position der Reichspost, die sich u. a. im Sendermonopol und in verschiedenen Mehrheitsbeteiligungen, vor allem über die Reichsrundfunkgesellschaft, zeigte.

2. Politische Kontrolle der Programminhalte, auf Reichsebene durch die Programmgesellschaften DRADAG und Deutsche Stunde, auf Länderebene durch Überwachungsausschüsse.

3. Konzeption des Rundfunks als ein eher ›hoheitliches«, parteipoli-

tisch neutrales Medium zum Wohle der Allgemeinheit, nicht einzelner Parteien oder Regierungen.

4. Demzufolge Ansiedlung des Mediums im staatlichen Aufgabenbereich bei nur geringfügigen Möglichkeiten für private Beteiligungen.

Diese Leitprinzipien wirkten bis in die Zeit des Wiederaufbaus des deutschen Rundfunkwesens nach 1945.

Rundfunk im Dritten Reich

Die Weimarer Rundfunkordnung hielt bis 1932. Unter Reichskanzler *von Papen*, vor allem auf Betreiben des Reichsrundfunk-Kommissars im Innenministerium, *Erich Scholz*, wurde der Rundfunk nach und nach völlig verstaatlicht und zentralisiert. Die Reichsrundfunkgesellschaft konnte somit ohne Probleme von den Nationalsozialisten 1933 zum Instrument des neugegründeten *Ministeriums für Volksaufklärung und Progapanda* gemacht werden. Über sie und andere Stellen wie die Rundfunkabteilung im Propagandaministerium und die *Reichsrundfunkkammer* innerhalb der *Reichskulturkammer* wurden Personal und Programm kontrolliert. Mit dem Bau eines billigen *Volksempfängers* erreichten die Nationalsozialisten eine fast vollständige Verbreitung des Hörfunks und sicherten sich damit einen entscheidenden politischen und propagandistischen Einfluß (→ Pressegeschichte). Neue Dienste wie die Einrichtung eines Kurzwellensenders für die außenpolitische Propaganda kamen hinzu. Mit Beginn des Krieges 1939 wurden die Maßnahmen noch einmal verschärft. Das Abhören von ausländischen Sendern und die Verbreitung von deren Informationen wurden unter Todesstrafe gestellt. Ab 1940 führte *Goebbels* ein Einheitsprogramm ein, das im Verlaufe der Kriegsjahre seine Sendungen immer weiter einschränken mußte, bis am 7. Mai 1945 über den letzten noch intakten Sender Flensburg die bedingungslose Kapitulation der deutschen Truppen bekanntgegeben wurde (*Diller* 1980).

Die Entstehung des Fernsehens

Noch vor dem Zweiten Weltkrieg begann in mehreren Ländern gleichzeitig und weitgehend unabhängig voneinander die Entwicklung des Fernsehens. Die technischen Voraussetzungen hierfür wurden bereits im 19. Jahrhundert durch *Paul Nipkow* und *Ferdinand Braun* geschaffen. Nipkow entwickelte 1884 eine spiralförmig gelochte Scheibe, die während der Rotation die Bilder zerlegt und sie im Empfänger auf umgekehrte Weise wieder zusammensetzt. Ferdinand Braun erfand die Kathodenstrahl-Oszillographenröhre (*Braunsche Röhre*), mittels der die mechanische Bildabtastung Nipkows durch ein elektronisches Verfahren ersetzt werden konnte.

Gegen Ende der zwanziger Jahre führte die Industrie auf Funkausstellungen in Berlin erste öffentliche Demonstrationen vor; auch die Reichspost experimentierte mit drahtlosen Versuchssendungen. Das Interesse bei den Rundfunkgesellschaften war zunächst jedoch noch gering. Erst die Nationalsozialisten, die das propagandistische Potential dieser Technik rasch erkannten, trieben die Entwicklung unter Leitung von Reichspost und Reichsrundfunkgesellschaften voran. Am 22. März 1935 wurde der erste regelmäßige Fernsehprogrammbetrieb der Welt eröffnet. Die Post richtete in Berlin, Leipzig und Potsdam insgesamt 28 *Fernsehstuben* ein, in denen Bilder von den Olympischen Spielen 1936 empfangen wurden. Rund 160000 Zuschauer nahmen das Angebot wahr. Erst der Krieg machte die ehrgeizigen Pläne der Nationalsozialisten, das Fernsehen zu einem Volksmedium ähnlich dem Hörfunk aufzubauen und für propagandistische Zwecke zu nutzen, zunichte (*Winker* 1994). Man schätzt, daß es während des Zweiten Weltkriegs in Deutschland nicht mehr als etwa 500 Fernsehempfänger und damit etwa 1500 bis 2000 regelmäßige Zuschauer gab.

Öffentlich-rechtlicher Rundfunk nach 1945

Auch nach dem Zweiten Weltkrieg begann die Geschichte des Rundfunks zunächst wieder mit dem Hörfunk. Die Militärregierungen der Alliierten nutzten die wieder instand gesetzten Sender rasch zur Kontrolle der politischen und wirtschaftlichen Lage im besetzten Deutschland. In der amerikanischen Zone begannen dezentral mehrere Sender (Radio Frankfurt, Radio Stuttgart, Radio München, Radio Bremen), in der englischen und französischen Zone jeweils zentral ein Sender (*Nordwestdeutscher Rundfunk* in Hamburg und *Südwestfunk* in Baden-Baden) mit dem Sendebetrieb. Obwohl die meisten Sendeanlagen zerstört und nur noch rund sieben Millionen Empfangsgeräte erhalten geblieben waren, wurde der Hörfunk zum wichtigsten Medium der unmittelbaren Nachkriegszeit. Nach anfänglichen Kontroll- und Zensurmaßnahmen übergaben die westlichen Alliierten die Sender nach und nach in die Hände der deutschen Mitarbeiter und Verantwortlichen. Bereits im Februar 1946 erhielt *Radio Bremen* mit *Walter Geerdes* einen deutschen Intendanten. Die weitere Entwicklung kann man in drei Phasen untergliedern: (1) das Monopol der ARD-Anstalten, (2) die Konkurrenz zwischen ARD und ZDF und (3) das duale Rundfunksystem mit öffentlich-rechtlichen und privatrechtlichen Anbietern (*Hickethier* 1991).

Die ersten Jahre nach Ende des Weltkriegs entschieden über zwei wesentliche Merkmale des deutschen Rundfunks bis in die achtziger Jahre: die regionale Struktur und die öffentlich-rechtliche Organisation. Für die Regionalisierung war einerseits die Aufteilung Deutschlands in Militärzonen verantwortlich, andererseits entsprach sie der Absicht der Alliierten, die publizistische Macht des Rundfunks nach der Zerschlagung des Nationalsozialismus möglichst zu dezentralisieren und damit gering zu halten. Die Auflösung des Staates Preußen und die Neugliederung in einzelne, zum Teil neu geschaffene Länder durch den Alliierten Kontrollrat im Februar 1947 erleichterten dieses Vorhaben. Auch der Post sollte als zentralistischer Institution nicht wieder der gleiche Einfluß zugestanden werden, den sie bis 1945 hatte und der von Goebbels so leicht für die Interessen des Propagandaministeriums mißbraucht werden konnte.

Für die Organisationsform des Rundfunks in deutscher Hand gab es zunächst Überlegungen bei den drei westlichen Alliierten, das Rundfunksystem des eigenen Landes auf die unter ihrer Verantwortung stehenden Zonen zu übertragen. Diese Absicht scheiterte beim amerikanischen Modell eines kommerziellen Rundfunks an den mangelnden wirtschaftlichen Voraussetzungen für ein durch Werbung finanziertes Programm im zerstörten Deutschland. Dem französischen Modell eines zentralistisch-staatsnahen Rundfunks stand entgegen, daß es strukturelle Ähnlichkeiten mit dem gerade zerschlagenen Großdeutschen Rundfunk aufwies und in den Händen der politisch noch unsicheren deutschen Politiker möglicherweise mißbraucht werden konnte (*Reichert* 1955). Das britische Modell eines öffentlich-rechtlichen Rundfunks schien die beste Gewähr dafür zu bieten, daß neuerliche Fehlentwicklungen ausblieben.

Entscheidenden Einfluß auf die Entwicklung und Gestaltungsprinzipien des gesamten deutschen Nachkriegsrundfunks auch in den Zonen der übrigen westlichen Besatzungsmächte hatte der spätere BBC-Generaldirektor *Hugh Carlton Greene*, der von 1946 bis 1948 den damaligen *Nordwestdeutschen Rundfunk* (NWDR) leitete (*Tracey* 1982). Vor allem in der britischen und der amerikanischen Zone kam es allerdings zu langanhaltenden Auseinandersetzungen zwischen den Militärregierungen und den inzwischen neu gewählten Repräsentanten der deutschen Länder. Den meisten deutschen Politikern schwebte ein Rundfunksystem nach dem Modell der Weimarer Republik vor, also wiederum mit starkem staatlichem Einfluß und politischen Führungsaufgaben gegenüber der Bevölkerung. Ergebnis der Auseinandersetzungen waren Kompromisse zwischen den Absichten der Alliierten, die eine möglichst breite, von den politischen und staatlichen Institutionen weitgehend unabhängige gesellschaftliche Kontrolle des Rundfunks vorsahen, und den Vorstellungen der deutschen Politiker.

Die unterschiedlichen Gestaltungsprinzipien beider Seiten spiegelt die Zusammensetzung der Aufsichtsgremien (*Rundfunkrat, Verwaltungsrat*) wider, durch die bei den einzelnen Sendern die gesellschaftliche Kontrolle gewährleistet werden sollte: Je stärker der Einfluß der deutschen Politiker auf die Rundfunkorganisation wurde, d. h. je später eine Anstalt gegründet wurde, desto deutlicher wurde ein staatlicher oder zumindest parlamentarischer Einfluß in den Aufsichtsgremien verankert. *Jank* (1967) unterscheidet daher die »pluralistischen Rundfunkräte« der früh gegründeten Anstalten (zum Beispiel *Hessischer Rundfunk*) vom »staatlich-politischen Typ« der erst in den fünfziger Jahren entstandenen Anstalten (u. a. *Deutsche Welle, Deutschlandfunk*). Im Zuge der Neufassung der rundfunkgesetzlichen Grundlagen kehrte man bei den letzteren inzwischen überwiegend zum Prinzip der eher pluralistischen Zusammensetzung zurück (*Norddeutscher Rundfunk – NDR, Westdeutscher Rundfunk – WDR*).

Zwischen 1948 und 1949 wurden durch *Landesrundfunkgesetze* zunächst folgende Anstalten gegründet: *Bayerischer Rundfunk, Hessischer Rundfunk, Radio Bremen, Süddeutscher Rundfunk*. Der *Südwestfunk* in der französischen Zone sendete zwar seit 1948 für drei Bundesländer (Rheinland-Pfalz, Baden und Württemberg-Hohenzollern), seine Rechtsgrundlage wurde aber erst 1951 durch einen *Staatsvertrag* dieser Länder nachträglich geschaffen. Der *NWDR* in der britischen Zone hatte seit der Übergabe in deutsche Hände Ende 1947 mit dem Problem zu kämpfen, für wirtschaftlich und kulturell sehr verschiedene Regionen Programm machen zu müssen (die späteren Bundesländer Nordrhein-Westfalen, Hamburg, Schleswig-Holstein und Berlin). Unter anderem auf Druck der Regierung Adenauer wurde die Anstalt 1954 in *WDR* (Köln) und den *NDR* (Hamburg) aufgeteilt. Der aus dem Berliner Funkhaus des NWDR entstandene *Sender Freies Berlin* ging im selben Jahr mit eigenem Programm auf Sendung. Nach Eingliederung des Saargebietes in die Bundesrepublik entstand aus dem dortigen französisch kontrollierten Sender 1956 der *Saarländische Rundfunk*.

Trotz der eher zurückhaltenden Kontrolle des Rundfunkwesens durch die Alliierten blieb das Medium ein wichtiges Instrument in ihrem Programm für eine Demokratisierung der Deutschen. Bis 1951 mußten einige Sender bestimmte, von den Alliierten kontrollierte Sendungen ausstrahlen, und sowohl Bundesregierung als auch die Länder bedurften bei ihren rundfunkpolitischen Aktivitäten der Zustimmung durch die Alliierte Hohe Kommission. Erst der Deutschlandvertrag vom 5. Mai 1955 stellte die volle Souveränität der Bundesrepublik Deutschland auch im Rundfunkbereich wieder her (*Reichert* 1955). In der sowjetisch besetzten Zone nahm die Entwicklung entsprechend den politischen Absichten der Sowjetunion einen anderen Verlauf (→ Medien DDR).

Alle Landesrundfunkanstalten in der Bundesrepublik Deutschland schlossen sich 1950 zur *Arbeitsgemeinschaft öffentlich-rechtlicher Rundfunkanstalten der Bundesrepublik Deutsch-*

land (ARD) zusammen. Diese Arbeitsgemeinschaft sollte zunächst nur den Austausch und die gemeinsame Herstellung von Hörfunkprogrammen ermöglichen. Im sogenannten »Fernsehvertrag« wurde 1953 vereinbart, ein gemeinsames Fernsehprogramm mit dem Namen *Deutsches Fernsehen* zu veranstalten, das am 1. November 1954 offiziell eröffnet wurde. Bereits seit Weihnachten 1952 hatte der *NWDR* in seinem Sendegebiet einen regelmäßigen täglichen Fernseh-Programmdienst verbreitet. Eine rechtliche Absicherung erhielt das Gemeinschaftsprogramm 1959 durch den Staatsvertrag der Länder »über die Koordinierung des Ersten Fernsehprogramms«. An dem Gemeinschaftsprogramm beteiligten sich die einzelnen Anstalten mit Anteilen, die in etwa der Zuschauerzahl im Sendegebiet entsprachen.

Erstes Fernsehurteil und Gründung des ZDF

Die geplante Einführung eines zweiten Fernsehprogramms führte in den fünfziger Jahren zu einem langwierigen Machtkampf zwischen Bund und Ländern. Die Bundesregierung unter *Konrad Adenauer* wollte den Rundfunk durch ein Bundesgesetz regeln und plante ein privatwirtschaftlich organisiertes zweites Programm. Die Länder bestanden auf einer vertraglichen Vereinbarung zwischen Bund und Ländern und favorisierten eine öffentlich-rechtliche Organisationsform. Im September 1959 brachte die Bundesregierung einen Gesetzentwurf in den Bundestag ein, der die Gründung von drei öffentlich-rechtlichen Anstalten des Bundes vorsah: die *Deutsche Welle* für weltweite Hörfunksendungen, den *Deutschlandfunk* für Hörfunksendungen im deutschsprachigen Ausland und das *Deutschland-Fernsehen* für Fernsehsendungen in Deutschland. Der Deutsche Bundestag verabschiedete im Juni 1960 jedoch lediglich ein »Rumpfgesetz« über die Errichtung der beiden Bundesrundfunkanstalten Deutsche Welle und Deutschlandfunk. Der Teil des Gesetzentwurfs, der die Gründung der Bundesanstalt Deutschland-Fernsehen vorsah, wurde wegen des innerparteilichen Widerstandes in der CDU und der parallel laufenden Verhandlungen über eine vertragliche Regelung mit den Bundesländern zurückgestellt. Deutsche Welle und Deutschlandfunk begannen ihre Sendungen am 1. Januar 1962. Sie lösten die provisorischen Kurz- und Langwellendienste ab, die der WDR und der NDR seit 1953 bzw. 1958 im Auftrag der ARD betrieben hatten (*Bausch* 1980).

Der sogenannte Fernsehstreit um die Errichtung eines zweiten Programms erreichte seinen Höhepunkt im Juni 1960, als die Bundesregierung nun die Gründung einer privatrechtlichen Gesellschaft plante, an der der Bund mit 51 Prozent, die Länder mit 49 Prozent der Geschäftsanteile beteiligt sein sollten und die als Auftraggeber für kommerzielle Programmanbieter gedacht war. Die Bundesregierung besaß auf diese Gesellschaft einen dominierenden Einfluß, da sie bis zu 10 der maximal 15 Mitglieder des Aufsichtsrats benennen konnte. Völlig überraschend unterzeichneten Bundeskanzler Adenauer und Finanzminister Schäffer am 25. Juli 1960 den Gesellschaftsvertrag und die Satzung der *Deutschland-Fernsehen GmbH*. Schäffer fungierte dabei als »Treuhänder« der Bundesländer, ohne von diesen beauftragt worden zu sein. Die Landesregierungen waren nicht bereit, die vom Bundesfinanzminister verwalteten Anteile zu übernehmen. Schäffer übertrug daraufhin auch diese Anteile der Bundesrepublik Deutschland, womit der Bund zum Alleingesellschafter wurde (*Zehner* 1965; *Bausch* 1980).

Die Rundfunkpolitik Adenauers scheiterte am Bundesverfassungsgericht. Das Gericht gab der Klage der SPD-regierten Bundesländer Hamburg, Bremen, Niedersachsen und Hessen statt und erklärte in einem Grundsatzurteil von 1961 (*Erstes Fernsehurteil*) die Gründung der Deutschland-Fernsehen GmbH für verfassungswidrig. Zur Begründung führte das Gericht an, daß der Bund lediglich eine Kompetenz für den sendetechnischen Betrieb des Rundfunks habe (Post- und Fernmeldewesen), der Rundfunk als kulturelles Gut jedoch der Gesetzgebungskompetenz der Länder unterliege. Die Deutschland-Fernsehen GmbH verstoße weiterhin gegen den Grundsatz einer hinreichenden Staatsferne, da die Bundesregierung einen dominanten Einfluß auf sie habe. Um die Freiheit des Rundfunks zu sichern, bedürfe es – wie bei den öffentlich-rechtlichen Rundfunkanstalten – gesetzlicher Regelungen, die die Prinzipien des Pluralismus, der Staats- und Programmfreiheit gewährleisten. Privatrechtliche Organisationsformen wurden vom Gericht allerdings nicht grundsätzlich ausgeschlossen (*Kepplinger* 1982; *Ronneberger* 1986). Das Urteil markiert den Beginn einer neuen Ära in der deutschen Rundfunkgeschichte, in der sich der Bund aus der Rundfunkpolitik zurückzog und die Länder gemeinsam zu kooperativen Lösungen fanden (sogenannter kooperativer Föderalismus).

Die Ministerpräsidenten beschlossen abweichend von ihren früheren Plänen, das zweite Fernsehprogramm nicht den Landesrundfunkanstalten zu übertragen, sondern eine neue selbständige Anstalt des öffentlichen Rechts einzurichten: Durch einen Staatsvertrag, den die Ministerpräsidenten am 6. Juni 1961 unterzeichneten, wurde das Zweite Deutsche Fernsehen *(ZDF)* mit Sitz in Mainz gegründet. Die Sendungen begannen am 1. April 1963. Damit trat neben die bereits bestehenden Landesrundfunkanstalten eine von allen Ländern gemeinsam getragene zentrale Fernsehanstalt. Die ARD mußte 30 Prozent der Gebühren an das ZDF abführen. Das ZDF übernahm aus der Konkursmasse der privaten Programmgesellschaft *Freies Fernsehen GmbH* die technischen Anlagen, einen Teil des Personals sowie das bereits vorproduzierte Fernsehprogramm. Diese Gesellschaft war bereits ab 1959 von der Bundesregierung mit der Produktion eines zweiten Fernsehprogramms beauftragt worden und hatte zum Zeitpunkt des Karlsruher Urteilsspruchs bereits ein komplettes Vierteljahresprogramm erstellt.

ARD und ZDF sollten nach dem Schlußprotokoll des ZDF-Staatsvertrags ihre Sendungen so aufeinander abstimmen, daß die Zuschauer »zwischen zwei inhaltlich verschiedenen Programmen wählen können«. ARD und ZDF schlossen hierfür jährliche bzw. zweijährliche Koordinierungsabkommen und richteten einen gemeinsamen Koordinierungsausschuß ein, dessen Vorsitz in der ersten Jahreshälfte bei einem Intendanten der ARD, in der zweiten Jahreshälfte beim Intendanten des ZDF lag. Bei der Programmkoordination wurde jedoch nicht nur auf ein kontrastreiches Programm geachtet, sondern es wurden auch sogenannte »Schutzzonen« errichtet. Mit diesen Schutzzonen sollten attraktive Konkurrenzprogramme des anderen Kanals während der Sendezeit der politischen Magazine vermieden und eine höhere Sehbeteiligung von politischen Informationssendungen erreicht werden.

Struktur des öffentlich-rechtlichen Rundfunks

Nach dem öffentlich-rechtlichen Prinzip sind in der Bundesrepublik Deutschland organisiert: die 11 Landesrundfunkanstalten *Bayerischer Rundfunk* (BR), *Hessischer Rundfunk* (HR), *Mitteldeutscher Rundfunk* (MDR, Länder: Sachsen, Sachsen-Anhalt, Thüringen), *Norddeutscher Rundfunk* (NDR: Länder: Bremen, Hamburg, Mecklenburg-Vorpommern, Niedersachsen, Schleswig-Holstein), *Ostdeutscher Rundfunk Brandenburg* (ORB), *Radio Bremen* (RB), *Saarländischer Rundfunk* (SR), *Sender Freies Berlin* (SFB), *Süddeutscher Rundfunk* (SDR), *Südwestfunk* (SWF, Land Rheinland-Pfalz und Teile von Baden-Württemberg) und *Westdeutscher Rundfunk* (WDR, Land Nordrhein-Westfalen), die nationalen Hörfunksender *Deutsche Welle* (DW) und *Deutschlandradio* sowie das ausschließlich Fernsehprogramm produzierende *Zweite Deutsche Fernsehen* (ZDF). Trotz einiger Unterschiede in Details haben diese Sender weitgehend gleiche Strukturprinzipien. Ihre Rechtsgrundlage sind Landesgesetze (im Falle von DW: Bundesgesetz) oder Staatsverträge zwischen Bundesländern bzw. Bundesländern und Bund. Diese Rechtsgrundlagen lassen sich modellhaft an folgenden Anstalten aufzeigen: Der *Hessische Rundfunk (HR)* ist eine reine Landesanstalt, deren Programmauftrag auf das Land Hessen beschränkt ist. Dementsprechend wurde er durch ein Gesetz des Bundeslandes Hessen ins Leben gerufen.

Der *Mitteldeutsche Rundfunk (MDR)* basiert auf einem Staatsvertrag zwischen drei Bundesländern: Sachsen, Sachsen-Anhalt und Thüringen. Sein Auftrag ist es, Hörfunk- und Fernsehprogramme für diese drei Länder herzustellen. Staatsverträge müssen von den jeweiligen Landesparlamenten ratifiziert werden und erhalten dadurch Gesetzeskraft.

Die *Deutsche Welle* (DW) entstand durch ein 1961 verabschiedetes Bundesgesetz (siehe oben). Da sie damit beauftragt ist, Programme für das Ausland zu senden, wurde hier der Grundsatz, daß Rundfunk ausschließlich Sache der Länder sei, suspendiert.

Rechtsgrundlage für das *Zweite Deutsche Fernsehen* (ZDF) ist ein Staatsvertrag zwischen allen Bundesländern, da seine Aufgabe darin besteht, ein bundesweites Fernsehprogramm zu erstellen. Auf einen Staatsvertrag geht auch das *Deutschlandradio* zurück. In einem Ende 1993 erarbeiteten Kompromiß zwischen Bund und Ländern wurden die ehemals auf Bundesrecht beruhende Anstalt *Deutschlandfunk*, der *RIAS* in Berlin sowie die aus dem DDR-Rundfunk verbliebene *DS-Kultur* in eine Gemeinschaftsveranstaltung von ARD und ZDF überführt. Auf dem Gebiet der ehemaligen DDR sind mit dem *MDR* und dem *ORB* zwei neue öffentlich-rechtliche Anstalten entstanden. Das Land Mecklenburg-Vorpommern schloß sich dem NDR-Staatsvertrag an.

Für die länderübergreifenden Regelungen haben die sechzehn Bundesländer im Dezember 1991 den »Staatsvertrag über den Rundfunk im vereinten Deutschland« geschlossen. Er regelt das Nebeneinander und die jeweiligen Rechte und Pflichten öffentlich-rechtlicher und privater Veranstalter im 38 Paragraphen umfassenden »Artikel 1« (*Rundfunkstaatsvertrag*). Darüber hinaus sind die Einzel-Staatsverträge über das ARD-Gemeinschaftsprogramm, das ZDF, die Regelung der Rundfunkgebühren und der Rundfunkfinanzierung sowie der Bildschirmtext Bestandteil des Staatsvertrages.

Die öffentlich-rechtlichen Sender sind gemeinnützige, rechtsfähige Anstalten des öffentlichen Rechts mit dem Privileg der Selbstverwaltung. Ihnen wird in den jeweiligen Gesetzen bzw. Staatsverträgen die Aufgabe übertragen, Hörfunk- und/oder Fernsehprogramme für das jeweilige Sendegebiet zu erstellen. Sie werden damit zu vom Staat unabhängigen Trägern der Grundrechtssubjektivität aus Art. 5 GG. An das Programm werden jedoch bestimmte inhaltliche Anforderungen gestellt. Insbesondere soll dem Gebot der Pluralität Rechnung getragen werden. So heißt es beispielsweise im Staatsvertrag über den *MDR* von 1991: »Der MDR erfüllt seine Aufgaben auf der Grundlage der verfassungsrechtlich garantierten Rundfunkfreiheit und unter Mitwirkung der bedeutsamen politischen, weltanschaulichen und gesellschaftlichen Kräfte und Gruppen im Sendegebiet (§5)... Der MDR hat in seinen Sendungen einen objektiven und umfassenden Überblick über das internationale, nationale und länderbezogene Geschehen in allen wesentlichen Lebensbereichen zu geben (§6)... In allen Angelegenheiten von öffentlichem Interesse sind die verschiedenen Auffassungen im Gesamtprogramm ausgewogen und angemessen zu berücksichtigen. Das Gesamtprogramm darf nicht einseitig einer Partei oder Gruppe noch Sonderinteressen gleich welcher Art dienen« (§ 8). Ein zweites wichtiges Merkmal sind der kulturelle Auftrag und die Bildungsfunktion des öffentlich-rechtlichen Rundfunks. Diese Funktion wurde bereits im *Fernsehurteil* des Bundesverfassungsgerichts im Jahre 1961 betont und im *Vierten Rundfunkurteil* 1986 nochmals hervorgehoben.

Alle öffentlich-rechtlichen Rundfunkanstalten besitzen eine ähnliche Organisationsstruktur. Sie besitzen drei sogenannte Organe: den *Rundfunkrat* (beim ZDF: *Fernsehrat*, beim Deutschlandradio: *Hörfunkrat*), den *Verwaltungsrat* und den *Intendanten*. Die Rundfunkräte bestehen, je nach Anstalt, aus 16 bis 77 Mitgliedern. Ihre Aufgabe ist es, die Interessen der Allgemeinheit auf dem Gebiet des Rundfunks wahrzunehmen und die Einhaltung des Programmauftrags und der Programmgrundsätze zu kontrollieren. Sie wählen den Intendanten. Die *Rundfunkräte* sollen alle relevanten Gruppen der Gesellschaft repräsentieren. Dies wird dadurch erreicht, daß eine Vielzahl von Organisationen das Recht besitzt, Delegierte in die Rundfunkräte zu entsenden oder hierfür zu nominieren. Die 42 Mitglieder des *WDR* setzen sich beispielsweise wie folgt zusammen: 13 Mitglieder, die vom Landtag nach den Grundsätzen der Verhältniswahl entsandt werden; 17 Mitglieder von gesellschaftlichen Gruppen wie etwa den Kirchen, den Gewerkschaften, Arbeitgeberverbänden, Landesjugendring; neun Mitglieder aus den Bereichen Publizistik, Kultur, Kunst und Wissenschaft. Die Mitglieder werden als Repräsentanten der Allgemeinheit, nicht als Vertreter von Interessengruppen betrachtet. Sie sind daher auch nicht an Aufträge und Weisungen gebunden. Die pluralistische Zusammensetzung der Aufsichtsgremien soll eine einseitige Programmgestaltung im Sinne einer Interessengruppe, Partei oder Regierung verhindern. Die Auswahl der Gruppen, die in die jeweiligen Aufsichtsgremien Vertreter entsenden dürfen sowie das Entsendeverfahren selbst sind bei den einzelnen Anstalten zum Teil sehr unterschiedlich geregelt. Neben dem Anteil von Regierungs-, Parteien- und Parlamentsvertretern in den Aufsichtsgremien spiegelt sich der Einfluß des politischen Systems auch in der unterschiedlich ausgeformten Autonomie der übrigen gesellschaftlichen Gruppen wider, ihre Vertreter selbst zu entsenden oder hierfür nur Vorschläge unterbreiten zu können.

Der *Verwaltungsrat* öffentlich-rechtlicher Anstalten besteht aus sieben bis neun Mitgliedern, die entweder ausschließlich oder überwiegend vom Rundfunkrat gewählt werden. In der Regel schließen sich Sitz im Rundfunk- und im Verwaltungsrat aus. Der Verwaltungsrat überwacht die Geschäftsführung des Intendanten mit Ausnahme der Programmentscheidungen und ist für die Finanz- und Entwicklungsplanung der Anstalten verantwortlich. Seine Zusammensetzung spiegelt meistens die Verhältnisse im Rundfunkrat wider. Bei einigen Anstalten (z. B. WDR) wählt er die Direktoren, bei anderen ist dies Sache des Rundfunkrats (z. B. MDR).

In der Praxis der Kontrollgremien wird deutlich, daß sich die Rundfunkräte häufig nach parteipolitischer Zugehörigkeit gruppieren. Die Parteien haben sogenannte »Freundeskreise« gebildet, in denen parteipolitisch gebundene Mitglieder der Aufsichtsgremien das Abstimmungsverhalten in den offiziellen Sitzungen vorbereiten. Die Parteien besitzen dadurch Einfluß bei der Rundfunkkontrolle, der über die Zahl ihrer nominellen Vertreter in den Aufsichtsgremien hinausgeht. Ein weiteres Problem, insbesondere der Rundfunkräte, besteht darin, daß sie oft mit der Aufgabe überfordert sind, das zum Teil umfangreiche Programm auf Einhaltung der Programmgrundsätze zu überwachen. Eine Umfrage unter Rundfunkratsmitgliedern ergab, daß diese aufgrund ihrer vielen Verpflichtugnen deutlich weniger fernsehen als der Durchschnitt der Bevölkerung und bei ihren Entscheidungen in den Sitzungen weitgehend auf die in den Anstalten vorbereiteten Tischvorlagen angewiesen sind (*Kepplinger/ Hartmann* 1989).

Das dritte Organ einer öffentlich-rechtlichen Anstalt ist der *Intendant*. Er wird auf eine begrenzte Dauer (in der Regel sechs Jahre) gewählt. Der Intendant trägt die Verantwortung für den gesamten Betrieb sowie die Programmgestaltung und vertritt die Anstalt gerichtlich und außergerichtlich nach außen. Da die öffentlich-rechtlichen Anstalten praktisch stellvertretend für alle Bürger das Grundrecht der Rundfunkfreiheit aus Artikel 5 wahrnehmen, finden die Rechte der Programmitarbeiter ihre Schranken im Auftrag ihrer jeweiligen Anstalt. Die *Grundrechtssubjektivität* liegt somit nicht beim einzelnen Journalisten, sondern bei der Rundfunkanstalt, was der Möglichkeit für programmliche Mitbestimmung enge Grenzen setzt (*Klein* 1978).

Finanzierung des öffentlich-rechtlichen Rundfunks

Fast alle öffentlich-rechtlichen Rundfunkanstalten finanzieren sich
sowohl aus Gebühren als auch aus Werbeeinnahmen. Lediglich das
Deutschlandradio, dessen beide Programme keine Werbung
enthalten, finanziert sich ausschließlich aus Gebühren. Der Etat
der *Deutschen Welle* wird wegen ihrer besonderen Aufgaben
aus dem Bundeshaushalt bestritten. Die Teilnehmergebühren für
Rundfunk blieben bis 1969 konstant (Radio 2 DM, Fernsehen
5 DM). Die in den fünfziger und sechziger Jahren rasch steigenden
Teilnehmerzahlen sowie die Werbeeinnahmen führten auch ohne
Gebührenerhöhungen zu beträchtlichen Mehreinnahmen. Nachdem
das Bundesverwaltungsgericht im März 1968 geklärt hatte, daß die
Bundesländer und nicht die Post die Kompetenz für die Rundfunkgebühr besitzen, schufen die Ministerpräsidenten im Oktober 1968
in einem Staatsvertrag ein einheitliches Rundfunkgebührenrecht.
Gebührenerhöhungen können jeweils nur durch Staatsverträge, die
von den Ministerpräsidenten ausgehandelt und von den Landtagen
ratifiziert werden, beschlossen werden. In den alten Bundesländern
beträgt die Rundfunkgebühr (Radio und Fernsehen) seit 1992
23,80 DM und damit das Dreifache von 1969. In den neuen Ländern wird die Gebühr bis 1995 an diesen Betrag angepaßt.
Um die Rundfunkfinanzierung auf eine gesicherte Grundlage zu
stellen, gründeten die Ministerpräsidenten 1975 die ständige *Kommission zur Ermittlung des Finanzbedarfs der Rundfunkanstalten (KEF)*. Sie setzte sich je zu einem Drittel aus Vertretern der Länder, der Rechnungshöfe sowie aus Sachverständigen zusammen. Die Arbeiten und Empfehlungen der Kommission
sollten als Entscheidungshilfe für die Landesregierungen und
Landesparlamente bei der Festlegung von Gebührenerhöhungen
dienen. Die KEF hat den Streit um die Gebühren nicht beenden
können, sondern lediglich auf eine andere Ebene verlagert. Strittig
waren nun u. a. die Voraussetzungen und Verfahren bei der Berechnung des Finanzbedarfs. Im *Rundfunkstaatsvertrag* von 1987
wurden die Kriterien präzisiert, die bei der Ermittlung des Finanzbedarfs angewandt werden sollen: die wettbewerbsfähige Fortführung
der bestehenden Hörfunk- und Fernsehprogramme, die Teilhabe an
neuen rundfunktechnischen Möglichkeiten, die allgemeine Kosten-

entwicklung und die besondere Kostenentwicklung im Medienbereich sowie die Entwicklung der Werbeeinnahmen und der sonstigen Einnahmen (Art. 4).

Im Februar 1994 hat das Bundesverfassungsgericht diese Praxis der Gebührenfestsetzung aus zwei Gründen für teilweise verfassungswidrig erklärt. Einerseits sei damit nicht gesichert, daß dem Rundfunk die zur Erfüllung seiner Aufgaben erforderlichen Mittel zufließen; andererseits sei wegen der Entscheidungskompetenz der Länderregierungen bzw. -parlamente nicht die notwendige Staatsferne des Rundfunks gewährleistet. Es bestünde die Gefahr, daß die Gebührenvorschläge der KEF wie auch die Gebührenfestsetzung zum Zweck der Programmlenkung oder der Medienpolitik eingesetzt werde. Die Länder müssen nun eine neue gesetzliche Regelung erarbeiten, die die Gebührenfestsetzung nach folgenden Schritten ermöglicht (»gestuftes und kooperatives Verfahren«): Die öffentlich-rechtlichen Anstalten berechnen in einem ersten Schritt ihren Finanzbedarf auf der Grundlage programmlicher Entscheidungen selbst. Ein neu zu bildendes Gremium aus unabhängigen Fachleuten, die weder aus dem Rundfunkbereich noch aus der Politik stammen dürfen, prüft daraufhin in einem zweiten Schritt, ob diese Vorschläge den rechtlichen Vorgaben entsprechen und im Einklang mit Grundsätzen der Wirtschaftlichkeit stehen. In einem dritten Schritt fällt die endgültige Entscheidung, wobei das Gericht die Länderparlamente als Entscheidungsträger zuläßt, solange den Anstalten bei Abweichungen vom Vorschlag eine Beschwerdemöglichkeit offensteht.

Bis Mitte der siebziger Jahre wurde der Gebühreneinzug von der Deutschen Bundespost übernommen. Seit 1976 wurden die Gebühren von der *Gebühreneinzugszentrale der öffentlich-rechtlichen Rundfunkanstalten (GEZ)* eingezogen und auf die einzelnen Anstalten verteilt. Im Jahr 1993 nahm die GEZ auf der Grundlage von rund 35 Millionen Hörfunk- und 32 Millionen Fernsehgeräten insgesamt rund 8,5 Milliarden DM an Gebühren ein. Das *ZDF* erhält 30 Prozent der Fernsehgebühren (1993: 1,5 Milliarden). Für *Deutschlandradio* werden 0,75 DM von jeder Grundgebühr zuzüglich eines Sockelbetrags von 58 Millionen DM bereitgestellt. Die Anstalten in den neuen Ländern erhielten 1992 zusätzlich zu den ihnen nach der Anzahl der lizenzierten Geräte zustehenden Gebühren knapp 3 Milliarden DM Aufbauhilfe aus den Gesamteinnahmen. Da die Gebühreneinnahmen der einzelnen Rundfunkanstalten wegen der unterschiedlichen Größe der Versorgungsgebiete sehr uneinheitlich sind, wird ein *Finanzausgleich* durchgeführt. Radio Bremen, Saarländischer Rundfunk und Sender Freies Berlin erhielten zum Beispiel 1992 zusammen 182 Millionen DM aus den Gebühren der anderen Anstalten in den alten Bundesländern.

Der Anteil der Erlöse aus der *Werbung* ist in den öffentlich-rechtlichen Anstalten in den letzten Jahren drastisch gesunken. Bei der *ARD* betrug er 1988 21 Prozent, 1992 nur noch knapp 9 Prozent (712 Millionen). Beim *ZDF* rechnet man damit, daß 1994 die Werbeerträge nur noch 21 Prozent der Gesamteinnahmen ausmachen. Ende der achtziger Jahre betrug dieser Anteil noch 40 Prozent. In realen Beträgen nimmt das ZDF 1994 etwa 300 Millionen DM weniger aus der Werbung ein als 1989. Die ARD-Anstalten haben daraufhin für die Jahre 1992–1996 Sparmaßnahmen von zusammen 2,6 Milliarden, das ZDF von 570 Millionen beschlossen. Dazu gehören der Abbau von über 700 Planstellen bei der ARD und rund 250 Stellen beim ZDF sowie jeweils drastische Reduktionen bei den Programmkosten. Besonders die Personalkosten scheinen sich nach den Prüfberichten der Landesrechnungshöfe für weitere Sparmaßnahmen anzubieten. So sind die Direktorengehälter denjenigen von Wirtschaftsunternehmen ab einer Umsatzgröße von 100 Millionen vergleichbar. Im NDR verdienen die außertariflichen Angestellten (außer Intendant) im Durchschnitt 15000 DM im Monat. Trotz Einnahme-Einbußen stehen den ARD-Anstalten aber jährlich insgesamt noch über 8 Milliarden DM, dem ZDF über 2 Milliarden DM aus Gebühren und Werbeeinnahmen zur Verfügung (Jahrbücher der ARD und des ZDF).

Ursache dieser Veränderungen ist der Markterfolg der privatrechtlichen Anbieter, insbesondere der Fernsehprogramme von *RTL* und *Sat 1*. Die Werbezeiten der ARD-Anstalten und des ZDF sind nicht mehr ausgebucht, und die Erlöse aus den einzelnen verkauften Werbezeiten sinken aufgrund der geringeren Reichweiten beim Publikum. Hinzu kommt, daß die Gesamtdauer der Fernsehwerbung in ARD und ZDF nur maximal 20 Minuten pro Werktag beträgt. Werbung nach 20 Uhr, also in der besten Sendezeit, ist den Anstalten untersagt. Durch Sponsoring, z. B. bei Sportübertragungen, versucht man, diese Regelungen zumindest teilweise zu umgehen. Im Hörfunk darf die Werbezeit 90 Minuten werktäglich nicht überschreiten.

Programmangebote der öffentlich-rechtlichen Anstalten

Die ARD sendet das *Erste Deutsche Fernsehen* als nationales Vollprogramm mit regionalen Aufschaltungen im Vorabendprogramm. Es setzt sich aus Beiträgen der einzelnen Landesrundfunkanstalten zusammen, die entsprechend ihrer Größe zum Programm beitragen. Den größten Beitrag leistet der *WDR* (16 Prozent), den kleinsten der *ORB* (0,7 Prozent). Daneben gibt es sogenannte Gemeinschaftsbeiträge, die von allen Anstalten getragen, aber von einer Anstalt im Auftrag der anderen produziert werden. Hierzu zählen *Tagesschau* und *Tagesthemen (NDR)*, die Sportschau *(WDR)* oder die Wetterkarte *(HR)*. Die Zusammenstellung und Koordination der Programme besorgt die ARD-Programmdirektion mit Sitz in München. Ab 1966 begannen ARD und ZDF mit einem gemeinsamen Vormittagsprogramm für die DDR. Seit 1992 senden beide ein gemeinsames *»Frühstücksfernsehen«*. Zwischen 17.25 und 20 Uhr werden in der ARD die *Regionalprogramme* ausgestrahlt, die als einzige Werbung enthalten.

Die öffentlich-rechtlichen Rundfunkanstalten weiteten seit den sechziger Jahren ihr Angebot an Fernseh- und Hörfunkprogrammen erheblich aus. Die ARD war von den Ministerpräsidenten 1961 beauftragt worden, für die Übergangszeit zwischen dem Urteil des Bundesverfassungsgerichts (siehe oben) und dem Sendebeginn des ZDF 1963 ein zweites Fernsehprogramm anzubieten. Dieses zeitlich befristete Zusatzprogramm bildete den Grundstein für die Einführung der *Dritten Fernsehprogramme*. Als erste Rundfunkanstalt begann der BR 1964 mit der Ausstrahlung eines Dritten Fernsehprogramms. Es folgten innerhalb eines Jahres die Dritten Programme des HR, des WDR und der Gemeinschaftsaktion von NDR, RB und SFB (»Nordkette« N 3). SDR, SR und SWF zogen mit *Südwest 3* 1969 nach. Inzwischen senden auch die ostdeutschen Anstalten MDR und ORB eigene Dritte Programme. Der SFB ist 1992 aus der Nordkette ausgestiegen und produziert mit B 1 ein eigenes Fernsehprogramm. Bayeri-

sches Fernsehen, N3, WEST3, SÜDWEST3 und MDR Fernsehen
werden zusätzlich über Satellit bundesweit ausgestrahlt. Die Dritten
Programme waren ursprünglich als Kontrast zum Gemeinschaftsprogramm der ARD und zum ZDF konzipiert worden. Bildungssendun-
gen (Schulfernsehen) und Kulturprogramme wie Fernsehspiele und
Konzerte bildeten den Programmschwerpunkt. Inzwischen machen
Unterhaltungs- und Sportsendungen, Fernsehspiele und Filme rund
40 Prozent des Gesamtprogramms aus. Der Anteil an Wiederho-
lungssendungen liegt mit 28 Prozent deutlich über dem Ersten
Programm (19 Prozent). Die Dritten Programme entwickelten sich
dadurch von Minderheiten- und Bildungsprogrammen zu Vollprogrammen. Auch die *Deutsche Welle* sendet zur Zeit 24 Stunden
täglich ein Fernsehprogramm, in Zukunft sogar zwei Welt-Fernseh-
programme.

Die neuen technischen Übertragungsmöglichkeiten wurden auch
von den öffentlich-rechtlichen Anstalten für die weitere Ausdehnung ihrer Programme genutzt. Zusammen mit den Rundfunkgesellschaften in Österreich (ORF) und der Schweiz (SRG) bot das ZDF
seit Dezember 1984 ein länderübergreifendes Fernsehprogramm mit
dem Namen *3 SAT* an. Das vom ZDF in den vier Kabelpilotprojekten gesendete Spartenprogramm *ZDF-Musikkanal* wurde inzwischen wieder eingestellt. Seit März 1986 verbreitete die ARD ihr
Satellitenprogramm *Eins Plus* als deutschsprachiges Kulturpro-
gramm für Europa. Auch an diesem Programm beteiligte sich die
Schweizerische SRG. Im Dezember 1993 wurde Eins Plus eingestellt, und die ARD beteiligt sich seitdem an 3 SAT. Seit 1992 sind
ARD und ZDF darüber hinaus an dem deutsch-französischen Kul-
turkanal *ARTE* beteiligt.

Die 11 Landesrundfunkanstalten senden insgesamt 46 regionale
Hörfunkprogramme, jede Anstalt zwischen drei und fünf Programme, die sich inhaltlich in der Regel deutlich unterscheiden.
Hinzu kommen die beiden bundesweiten Programme des *Deutschlandradio*, von denen eines überwiegend Nachrichten und Informationen, das zweite überwiegend kulturelle Beiträge sendet. Die
Deutsche Welle verbreitet täglich rund 100 Stunden Hörfunkprogramme in Deutsch und 34 Fremdsprachen im europäischen und au-
ßereuropäischen Ausland. Bei den regionalen Sendern dominiert im
Programm der Musikanteil mit 54 Prozent, wobei leichte Musik etwa

zweieinhalbmal soviel gesendet wird wie ernste Musik. Wortbeiträge machen 42 Prozent, Ausländerprogramme 3 Prozent, der Werbefunk 1 Prozent aus. Besonders erfolgreich sind die Mischprogramme aus populärer Musik, informierenden Kurzbeiträgen sowie stündlichen oder halbstündlichen Nachrichten und Verkehrsmeldungen. Sie erschlossen als Tages-Begleitprogramme neue Zuhörerkreise und trugen erheblich dazu bei, daß das Radio heute von allen tagesaktuellen Medien zeitlich am meisten genutzt wird (*Berg / Kiefer* 1992).

Wandel zum dualen Rundfunksystem

In Europa läßt sich – vor allem aufgrund der technischen Entwicklung (Kabel- und Satellitenrundfunk) aber auch wegen der veränderten politischen Verhältnisse in Osteueropa – eine deutliche Tendenz zur Deregulierung des Rundfunks erkennen (*Zimmer* 1991). So wurde in Italien Mitte der siebziger und in Frankreich Mitte der achtziger Jahre das Staatsmonopol zugunsten privater Rundfunkanbieter aufgehoben. In der Bundesrepublik Deutschland war der Rundfunk von seinem Wiederaufbau nach dem Zweiten Weltkrieg bis zum Beginn des Jahres 1984 ausschließlich öffentlich-rechtlich organisiert. Danach etablierte sich in der Bundesrepublik Deutschland ein *duales Rundfunksystem*, das sich aus zwei unterschiedlich organisierten und finanzierten Teilen zusammensetzt, dem öffentlich-rechtlichen und dem privatrechtlichen Rundfunk. Der Wandel zum dualen Rundfunksystem wurde vor allem durch die Rechtsprechung des Bundesverfassungsgerichts, die Entwicklung der technischen Übertragungsmöglichkeiten, aber auch durch eine Reihe kommunikationspolitischer Konflikte befördert.

In den siebziger Jahren waren die öffentlich-rechtlichen Rundfunkanstalten mehrfach Gegenstand heftiger kommunikationspolitischer Kontroversen. Zu einem auf den Programminhalt bezogenen Konflikt führte das im Ersten Rundfunkurteil formulierte Gebot einer ausgewogenen Berichterstattung. Vielfach wurde von politischer Seite ein unausgewogenes Programm zuungunsten der jeweils eigenen Partei unterstellt. Vor allem die CDU fühlte sich im Programm vieler Anstalten nicht hinreichend repräsentiert. Empirische Unter-

suchungen Ende der siebziger und zu Beginn der achtziger Jahre
wiesen zudem nach, daß das Meinungsspektrum der Journalisten auf
der politischen Links-Rechts-Dimension deutlich nach links verschoben ist (*Emnid* 1979). Vor allem bei der Wahlkampfberichterstat-
tung 1976 wurde den Rundfunkanstalten vorgeworfen, das Meinungsklima zugunsten von SPD und FDP beeinflußt zu haben
(*Noelle-Neumann* 1977).

Von unabhängigen Kritikern wurde bemängelt, daß sich bei den
überwiegend parteipolitisch orientierten Mitgliedern der Aufsichtsgremien der Ausgewogenheitsbegriff vielfach auf eine inhaltlich
ausgewogene Darstellung der Parteienstandpunkte reduzierte. Die
Einstellung von redaktionellen Führungskräften nach Parteige-
sichtspunkten und die Spiegelung der Parteienverhältnisse eines
Bundeslandes in Aufsichtsgremien und Redaktionen der jeweiligen
Anstalten führten zu weiteren Zweifeln an der Erfüllung der Pro-
grammaufträge durch die öffentlich-rechtlichen Sender (»Parteien-
Proporz«). Weitere Konflikte bildeten der Versuch der CSU im
bayerischen Landtag, die Präsenz der Politiker im Rundfunkrat des
Bayerischen Rundfunks zu erhöhen, sowie die dem Prinzip der
gesellschaflichen Kontrolle zuwiderlaufende Regelung bei *Radio
Bremen*, wonach drei der neun Mitglieder des Verwaltungsrates
Vertreter der Beschäftigten der Anstalt sind und sich somit die zu
Kontrollierenden teilweise selbst kontrollieren (*Kepplinger* 1982).

Schließlich hat auch das Finanzgebaren der Rundfunkanstalten das
öffentlich-rechtliche System ins Gerede gebracht. Auf der Grundlage der Berichte von Prüfungskommissionen (*Kommission zur
Ermittlung des Finanzbedarfs – KEF*, Landesrechnungshöfe) wurden die zum Teil weit über dem Durchschnitt vergleichbarer Tätigkeiten in anderen Bereichen liegenden Gehälter und
Pensionen der Mitarbeiter kritisiert. Weiterhin wurde der Vorwurf
erhoben, bei den Rundfunkanstalten mache sich das Fehlen eines
Leistungsdrucks durch Konkurrenz eher negativ bemerkbar. Darüber hinaus wurde selbst von Angehörigen des öffentlich-rechtlichen
Systems mitunter bezweifelt, ob der Rundfunk seinem gesellschaftlichen Auftrag überhaupt noch gerecht werde und nicht das »Gemeinwohl hinter den persönlichen Interessen und den Wertbezug
der Journalisten zurück(trete)« (ehemaliger WDR-Intendant *von
Sell*).

Die Kritik, die vor allem aus Kreisen der CDU und CSU vorgebracht wurde, führte zunächst in Norddeutschland zu Versuchen, den öffentlich-rechtlichen Rundfunk zu reformieren und einer Konkurrenz durch private Veranstalter auszusetzen. Im Jahr 1978 kündigte zunächst die Landesregierung Schleswig-Holsteins, dann die Landesregierung Niedersachsens den seit 1955 bestehenden Staatsvertrag der Drei-Länder-Anstalt *NDR*. Anlaß für die Kündigung war vor allem eine nach Ansicht der CDU einseitige politische Berichterstattung sowie die Verschuldung des Senders. Ziel der Kündigung war der Abschluß eines neuen Staatsvertrages. Der NDR sollte danach künftig nur noch ein Fernseh- und ein Hörfunkprogramm ausstrahlen dürfen, die übrigen Programme sollten u. a. von privaten Trägern veranstaltet werden. Diese Verhandlungen scheiterten ebenso wie der Versuch, Hamburg durch einen Zwei-Länder-Staatsvertrag auszubooten. Das Bundesverfassungsgericht erklärte 1980 aus formalen Gründen den Austritt Niedersachens aus dem Staatsvertrag für nichtig, wodurch die drei Länder wieder zur Kooperation gezwungen waren. Diese rundfunkpolitischen Turbulenzen endeten auf diese Weise zunächst lediglich in Vereinbarungen, das Programm zu regionalisieren, stärker über die Einhaltung journalistischer Regeln zu wachen und Hörfunkwerbung zur finanziellen Konsolidierung einzuführen.

Entscheidende Impulse für die Veränderung der Rundfunkordnung in der Bundesrepublik Deutschland gingen einerseits von den neuen technischen Übertragungsmöglichkeiten (Kabelrundfunk, Satellitenrundfunk), andererseits von der Rechtsprechung des Bundesverfassungsgerichts aus. Eine von der Bundesregierung 1973 einberufene *Kommission für den Ausbau des technischen Kommunikationssystems (KtK)* schlug in ihrem Telekommunikationsbericht u. a. vor, zunächst Pilotprojekte mit Breitbandkabelsystemen einzurichten. Die Ministerpräsidenten beschlossen 1978 die Durchführung von insgesamt vier zeitlich befristeten *Kabelpilotprojekten* mit den Standorten Berlin, Mannheim-Ludwigshafen, München und Dortmund, bei denen – außer in Dortmund – neben den öffentlich-rechtlichen Anstalten auch private Programmträger zugelassen werden sollten. Im November 1980 einigten sich die Ministerpräsidenten in ihrem Kronberger Beschluß über die gemeinsame Finanzierung der Kabelpilotprojekte.

Für die weitere Entwicklung besaß dann das Land Rheinland-Pfalz eine Vorreiter-Funktion. Nachdem Baden-Württemberg sich entgegen den ursprünglichen Plänen entschieden hatte, nicht am Pilotprojekt teilzunehmen, verabschiedete die CDU-Mehrheit des rheinland-pfälzischen Landtages das Gesetz über einen Versuch mit *Breitbandkabel* und *Satellitenrundfunk*, das erstmals in der Bundesrepublik privaten Rundfunk ermöglichte. Sie stellte sich damit gegen Bestrebungen der Bundesregierung unter Kanzler Helmut Schmidt, die Einführung des Kabelfernsehens hinauszuschieben bzw. zu verhindern (Verkabelungs-Stopp). Im Juni 1982 wurde die öffentlich-rechtliche »Anstalt für Kabelkommunikation (AKK)« mit Sitz in Ludwigshafen gegründet. Sie hatte die in das Kabelnetz eingespeisten Programme zu koordinieren. Am 1. Januar 1984 startete der Pilotversuch (*Ory/Sura* 1987). Im gleichen Jahr stand der Europäische Kommunikations-Satellit *ECS 1* zur Verfügung, dessen Signale zum damaligen Zeitpunkt nur mit empfangsstarken Antennen der Post empfangen und in Kabelnetze eingespeist werden konnten. Im Februar 1984 regelten die Ministerpräsidenten seine Belegung. Der sogennante Westbeam des Satelliten wurde von den CDU- bzw. CSU-geführten Landesregierungen privaten Anbietern zugesprochen. Die SPD-geführten Länder hatten auf Ansprüche am Westbeam verzichtet. Über die Vergabe des Westbeams sollte die AKK entscheiden, da Rheinland-Pfalz als einziges Bundesland eine gesetzliche Grundlage für die Veranstaltung von privatem Satellitenrundfunk besaß. Die AKK vergab die Nutzungsberechtigung an die »Arbeitsgemeinschaft ECS-1-Westbeam«, der 10 selbständige Antragsteller angehörten, darunter Zeitungs- und Zeitschriftenverlage sowie die *Programmgesellschaft für Kabel- und Satellitenrundfunk (PKS)*, die bereits im Versuchsgebiet ein Vollprogramm anbot. Die Arbeitsgemeinschaft startete ihr Gemeinschaftsprogramm *SAT 1* am 1. Januar 1985. Hinzu kam ab August 1985 mit *RTL plus* ein weiteres privates Vollprogramm, das im Ludwigshafener Kabelnetz zu empfangen war.

Inzwischen hatte das Bundesverfassungsgericht in seinem *Dritten Rundfunkurteil (FRAG-Urteil)* vom 16. Juni 1981 einen Ordnungsrahmen für die Organisation des Rundfunks entwickelt, den die einzelnen Bundesländer bei ihrer jeweiligen Gesetzgebung zu beachten hatten. Das Gericht überließ es dabei den Ländern, neben dem öffentlich-rechtlichen auch privaten Rundfunk zuzulassen, betonte aber noch einmal die Sondersituation des Mediums Rundfunk, die nach wie vor eine der Presse vergleichbare Struktur nicht erlaube. Um die Nutzung der durch Kabel, Satelliten und auch neu erschlossene terrestrische Frequenzen gegebenen Übertragungsmöglichkeiten rechtlich zu ordnen und um die Zulassung privater Anbieter im Rundfunk zu regeln, schufen die Länder dann zum Teil sehr unterschiedliche Rechtsgrundlagen durch Landesrundfunk- oder Landesmediengesetze. Die Kabelpilotprojekte, deren Ergebnisse zunächst über die Einführung eines vermehrten Programmangebots entscheiden sollten, wurden damit praktisch von der rundfunkpolitischen Entwicklung überholt. Sie haben jedoch zum Teil aufschlußreiche sozialwissenschaftliche Befunde zur Fernsehnutzung und -wirkung unter veränderten Bedingungen erbracht (*Noelle-Neumann* 1985; *Jäckel/Schenk* 1991).

In den einzelnen Landesgesetzen, die Anfang und Mitte der achtziger Jahre erlassen wurden, kann man im nachhinein noch die medienpolitischen Differenzen erkennen, die in der Bundesrepublik lange Zeit zwischen CDU/CSU und SPD bzw. den von ihnen gestellten Landesregierungen bestanden. Während in den CDU/CSU-regierten Ländern zuerst die Voraussetzungen für die Zulassung privater Anbieter geschaffen wurden, zögerte man in den SPD-regierten Ländern oder suchte nach eigenen Lösungen. So gelangte man in Nordrhein-Westfalen zu der Entscheidung, die publizistische und die wirtschaftliche Trägerschaft neuer Rundfunkanbieter zu trennen. Die Situation in Hessen war durch eine ausgesprochene Tatenlosigkeit gekennzeichnet. Hier begnügte man sich – ebenso wie in Bremen – mit einem Gesetz zur Weiterverbreitung von Satellitenprogrammen. Erst der Regierungswechsel im Frühjahr 1987 brachte auch hier eine Bewegung und führte zu Vorbereitungen für eine neue Gesetzesgrundlage. Daß in den Bundesländern zum Teil unterschiedliche Regelungen getroffen wurden, hatte zur Folge, daß sich die einst homogene Rundfunkstruktur in der Bundesrepublik diversifizierte.

Erneut brachten Urteile des Bundesverfassungsgerichts weitere Bewegung in die rundfunkpolitische Entwicklung. In seinem *Vierten Rundfunkurteil* von 1986, in dem sich das Gericht wegen des Landesrundfunkgesetzes in Niedersachsen mit der Zulassung privater Veranstalter außerhalb eines Pilotprojekts befassen mußte, berücksichtigte es die veränderte Situation bei den technischen Übertragungsmöglichkeiten. Das duale Rundfunksystem als Nebeneinander von öffentlich-rechtlichem und privatem Rundfunk wurde als verfassungsgemäß anerkannt. An die privaten Veranstalter wurden hinsichtlich Breite und Ausgewogenheit ihres Programms geringere Anforderungen gestellt als an die öffentlich-rechtlichen, da letztere eine »Grundversorgung« mit Rundfunkprogrammen leisteten. In seinem *Fünften Rundfunkurteil* von 1987 sprach das Gericht den öffentlich-rechtlichen Anstalten eine »Bestands- und Entwicklungsgarantie« zu, d. h., es erlaubt ihnen, sich hinsichtlich ihres Programmangebots auch jenseits der Grundversorgung für die Bevölkerung weiterzuentwickeln. Damit einher geht auch das Gebot an den Gesetzgeber, die Finanzierung des Rundfunks zu sichern. Das Sechste Rundfunkurteil von 1991 bestätigt diese Haltung zu einem dualen System und gesteht den Ländern innerhalb dieser Ordnung weitgehende Gestaltungsmöglichkeiten zu. In diesem Zusammenhang erklärte das Gericht auch die Regelung im nordrhein-westfälischen Privatfunkgesetz für verfassungskonform, wonach bei lokalen Hörfunkgesellschaften eine Trennung von Trägergesellschaft (Finanzierung und Verkauf von Werbezeit) und Betreibergesellschaft (Programm) vorgeschrieben ist (›*Zwei-Säulen-Modell*‹).

Parallel zu den Urteilen des Bundesverfassungsgerichts entwickelten sich zwischen 1982 und 1987 die Verhandlungen zwischen den Ländern über einen neuen Rundfunkstaatsvertrag. Die Notwendigkeit einer kooperativen Lösung aller Bundesländer, die sich aus der Kompetenz der Länder für den Rundfunk und aus der Forderung nach einer einheitlichen Regelung im gesamten Bundesgebiet ergab, setzte in der Praxis eine Einstimmigkeit zwischen den elf parteipolitisch unterschiedlich geprägten Landesregierungen voraus. Dies erklärt die langwierigen Verhandlungen, in denen ein »kleinster gemeinsamer Nenner« der widerstrebenden Interessen und Konzepte der einzelnen Landesregierungen gefunden werden mußte (*Kreile* 1986). Die Einigung wurde im März 1987 erzielt, nachdem das Bundesverfassungsgericht im November 1986 in seinem *Vierten Rundfunkurteil* die rechtlichen Grundsätze für ein duales Rundfunksystem geklärt hatte. Die Länder folgten im Staatsvertrag den Urteils-Grundsätzen. Diese werden im *Staatsvertrag über den*

Rundfunk im vereinten Deutschland von 1991 in leicht abge-
änderter Form wieder aufgegriffen:»Für den öffentlich-rechtlichen
Rundfunk sind Bestand und Entwicklung zu gewährleisten. Dazu gehört seine Teilhabe an allen neuen technischen Möglichkeiten in der
Herstellung und zur Verbreitung sowie die Möglichkeit der Veranstaltung neuer Formen von Rundfunk. Seine finanziellen Grundlagen einschließlich des dazugehörigen Finanzausgleichs sind zu erhalten und zu sichern. Den privaten Veranstaltern werden Ausbau und
die Fortentwicklung eines privaten Rundfunksystems, vor allem in
technischer und programmlicher Hinsicht, ermöglicht. Dazu sollen
ihnen ausreichende Sendekapazitäten zur Verfügung gestellt und angemessene Einnahmequellen erschlossen werden« (vgl. auch *Hegemann* 1992).

Struktur des privaten Rundfunks

Die Landesrundfunk- oder Landesmediengesetze haben für die Zulassung neuer Anbieter und die Rechtsaufsicht über diese jeweils
eigene *Landesmedienanstalten* geschaffen. Die Anstalten sind
unabhängige öffentlich-rechtliche Institutionen mit dem Privileg der
Selbstverwaltung. Die Bezeichnungen für diese Institutionen und
ihre Gremien, die Verfahren zur Rekrutierung ihrer Mitglieder sowie die Definition ihrer Aufgaben sind in den Bundesländern ähnlich. Bei den meisten Landesmedienanstalten wird die Aufsicht über
die privaten Programme von pluralistisch zusammengesetzten Be-
schlußgremien wahrgenommen, denen bis zu 35 ehrenamtliche Vertreter gesellschaftlich relevanter Gruppen angehören. In Baden-
Württemberg, Berlin und Hamburg ist jeweils ein Kollegialorgan mit
einer kleinen Zahl ehrenamtlicher Mitglieder für die Zulassung und
Kontrolle der privaten Programme zuständig. Eine besondere Sach-
lage besteht in Bayern, da die bayerische Verfassung festlegt, daß
Rundfunk nur in öffentlich-rechtlicher Trägerschaft veranstaltet
werden darf. Dies hat dazu geführt, daß die *Bayerische Landeszentrale für Neue Medien* eine besonders starke Stellung besitzt. Die Aufgaben der Landesmedienanstalten sind neben der
Förderung und dem Ausbau der Rundfunkversorgung vor allem die
Zulassung von Veranstaltern, die Regelung der Weiterverbreitung

von Programmen in Kabelanlagen sowie die Programmkontrolle. Die Landesmedienanstalten können sowohl Voll- als auch Spartenprogramme sowie Fensterprogramme lizenzieren. *Vollprogramme* sind nach dem Verständnis der meisten Landesmediengesetze durch die Programmelemente Information, Bildung und Unterhaltung gekennzeichnet. Ein bestimmter Anteil dieser Programmsparten am Gesamtprogramm wird in den älteren Landesmediengesetzen jedoch nicht, in den neueren nur vage festgelegt. Sparten- und Zielgruppenprogramme, die im wesentlichen gleichartige Inhalte verbreiten, unterliegen keinen inhaltlichen Vorgaben. Allerdings müssen auch solche Programme, soweit sie an der politischen Willensbildung mitwirken, zur Meinungsvielfalt und Ausgewogenheit beitragen. Unter *Fensterprogrammen* werden zeitlich begrenzte Rundfunkprogramme verstanden, die für ein regionales Verbreitungsgebiet im Rahmen eines weiterreichenden Rundfunkprogrammes verbreitet werden.

Die Bestimmungen zur Meinungsvielfalt und Ausgewogenheit privater Rundfunkprogramme sind in den Landesmediengesetzen unterschiedlich. Bremen, Hamburg und Nordrhein-Westfalen verfolgen hier ein »binnenpluralistisches Modell«, bei dem jedes der Programme den Pluralitätsanforderungen des Gesetzes zu genügen hat. Das »außenpluralistische Modell«, bei dem nicht das einzelne, sondern die Gesamtheit aller empfangbaren Programme dem Pluralitätskriterium entsprechen müssen, liegt den Gesetzen in Bayern, Berlin und Rheinland-Pfalz zugrunde. In den übrigen Bundesländern gilt ein Misch- bzw. Übergangsmodell: Jeder einzelne Veranstalter ist hier zur Binnenpluralität verpflichtet, solange die Gesamtheit der Programme keine Pluralität gewährleistet. Der Rundfunkstaatsvertrag formuliert als Minimalerfordernis für Außenpluralität, daß »mindestens drei in der Bundesrepublik Deutschland veranstaltete private Fernsehprogramme von verschiedenen Veranstaltern bundesweit verbreitet werden, die jeweils von mehr als der Hälfte der Teilnehmer empfangen werden können«. Der neue Rundfunkstaatsvertrag von 1991 legt fest, daß die Landesmedienanstalten darauf achten, daß das Gesamtangebot der privaten Programme den Anforderungen an die Meinungsvielfalt entspricht. Falls die Landesmedienanstalten mit einer Mehrheit von drei Vierteln feststellen, daß die Anforderungen an die Meinungsvielfalt durch das Gesamtangebot der Hörfunk- oder Fernsehvollprogramme nicht erfüllt sind, so ist jedes dieser Programme zur Meinungsvielfalt (»binnenpluralistisches Modell«) verpflichtet.

Die *Programmkontrolle* der Landesmedienanstalten ist auf die Überwachung der gesetzlichen Vorschriften beschränkt und darf nicht in die Programmautonomie der Veranstalter eingreifen. Die Landesmedienanstalten verzichten bislang auf eine dauernde Kontrolle aller privaten Programme. Die Programmkontrolle erfolgt kasuistisch: Man beschränkt sich darauf, Hinweisen und Beschwerden nachzugehen und die Einhaltung der Rechtsvorschriften selbst stichprobenartig zu überwachen. Den Landesmedienanstalten steht eine Reihe von Aufsichtsmitteln und Sanktionsmöglichkeiten zur Verfügung. Das mildeste offizielle Aufsichtsmittel ist die Feststellung eines Rechtsverstoßes, verbunden mit der Aufforderung bzw. Anweisung, den Mangel zu beheben bzw. vergleichbare Gesetzesverletzungen in Zukunft zu unterlassen. Die ultima ratio ist der Entzug der Lizenz, die jedoch mindestens einen schwerwiegenden Rechtsbruch voraussetzt. Einige Landesmedienanstalten sind auch befugt, einzelne Teile des Programmes auf Zeit oder dauerhaft zu untersagen. Diese Formen von Sanktionen kamen bislang jedoch kaum zur Anwendung.

Ein Problem bei der Programmkontrolle stellt der Gegensatz zwischen der föderativen Struktur der Landesmedienanstalten und den teilweise bundesweit agierenden privaten Programmveranstaltern dar. Ein Ansatz zur Lösung dieses Problems wurde 1987 mit der Einrichtung der *Direktorenkonferenz der Landesmedienanstalten (DLM)* geschaffen. Ihr gehören die Direktoren und Geschäftsführer der einzelnen Landesmedienanstalten an. In der Präambel des Rundfunkstaatsvertrags von 1991 heißt es ausdrücklich, daß es den Landesmedienanstalten obliegt, »unter dem Gesichtspunkt der Gleichbehandlung privater Veranstalter und der besseren Durchsetzbarkeit von Entscheidungen verstärkt zusammenzuarbeiten«. Zu den Hauptaufgaben der Direktorenkonferenz gehören Fragen zur Zulassung und Aufsicht von privaten Programmveranstaltern sowie die Entwicklung von gemeinsamen Verfahrensgrundsätzen in den Bereichen Werbung und Jugendschutz. Ergebnisse der Arbeit der DLM sind u. a. die Richtlinien der Landesmedienanstalten zur Durchführung der *Werberegelungen* und zur Gewährleistung des *Jugendschutzes.*

Die Lizenzpolitik der Landesmedienanstalten war Mitte der achtziger Jahre zunächst dadurch gekennzeichnet, daß Anbietergemeinschaften bevorzugt wurden. An der *SAT 1 Satelliten Fernsehen GmbH* mit Sitz in Mainz waren 1986 folgende Gesellschaften beteiligt: *Aktuell Presse-Fernsehen (APF*, 15%), *Axel-Springer-Verlag* (15%), *AV Euromedia* (Holtzbrinck-Gruppe, 15%), *Neue Medien Ulm TV* (1%), *Otto Maier Verlag* Ravensburg (1%) und die *Programmgesellschaft für Kabel- und Satellitenrundfunk (PKS* 40%). Weitere 13% der Anteile werden zunächst von den Gesellschaftern gemeinsam gehalten. Diese Anteile sollen später Zeitungsverlagen abgegeben oder im jetzigen Gesellschaftskreis verteilt werden. 140 Zeitungsverlage sind in der APF mit Sitz in Hamburg zusammengeschlossen. Diese erstellt für das Gesamtprogramm die Nachrichtensendung *SAT 1 blick* (früher *APF blick*).

Die Entwicklung *privater Fernsehanbieter* fand in den achtziger und zu Beginn der neunziger Jahre in drei Phasen statt. Die Anfangsphase ab 1984/85 war durch die Gründung von zwei neuen privaten Vollprogrammen, *SAT 1* (bis 1985 PKS) und *RTL plus* (heute: *RTL*) sowie dem Spartenprogramm »Musicbox« gekennzeichnet. Ab 1989 setzte die erste Expansionsphase bei den privaten Veranstaltern ein, die durch zwei neue Vollprogramme gekennzeichnet war. Als neue Anbieter von Vollprogrammen gingen *PRO 7* sowie *Tele 5*, das aus dem Spartenprogramm »Musicbox« hervorging, auf Sendung. Ab 1992/93 begann die zweite Expansionsphase: Sechs weitere neue Anbieter gingen auf Sendung. Kennzeichnend für diese zweite Expansionsphase war eine weitere Differenzierung des Fernsehmarktes, vor allem durch fünf neue Anbieter von Spartenprogrammen: *n-tv* (Nachrichten) und *VOX* (Information), *Kabelkanal* (Unterhaltung), *VIVA* (Musiksendungen) sowie *Deutsches Sportfernsehen* (Sport), das aus *Tele 5* hervorgegangen war. Hinzu kamen als weiteres Vollprogramm *RTL 2* sowie als *Pay-TV*-Anbieter *Premiere*.

Um Konzentrationstendenzen im Rundfunk entgegenwirken zu können, sieht der Rundfunkstaatsvertrag von 1991 vor, daß die Landesmedienanstalten gemeinsam einen von einem unabhängigen Institut zu erstellenden Bericht über die Entwicklung der Meinungsvielfalt und der Konzentration im privaten Rundfunk erstellen. Zur Siche-

rung der Meinungsvielfalt sollen zum Teil sehr differenzierte Vorschriften für die Zulassung von Veranstaltern beitragen. So heißt es
in § 21 des Staatsvertrags, daß »ein Veranstalter... bundesweit im
Hörfunk und im Fernsehen jeweils bis zu zwei Programme verbreiten (darf), darunter jeweils nur ein Vollprogramm oder ein Spartenprogramm mit Schwerpunkt Information«. Weitere Einschränkungen finden sich in den Landesmediengesetzen. So verlangt das 1993
erlassene nordrhein-westfälische Rundfunkgesetz von den Veranstaltern, bei denen eine Kapital- oder Stimmrechtsmehrheit besteht,
daß sie einen Programmbeirat mit wirksamem Einfluß auf das Programm bilden, damit »eine vorherrschende Einwirkung auf die Meinungsbildung ausgeschlossen ist«. Häufig kam es vor der Erteilung
der Lizenzen zu langanhaltenden Verhandlungen mit den Landesmedienanstalten. So mußten beispielsweise die RTL-Gesellschafter
CLT, UFA, Burda und *FAZ* ihre Anteile an *RTL 2* auf insgesamt
unter 25 Prozent beschränken, ehe der Sender 1993 durch die nordrhein-westfälische Landesanstalt für Rundfunk zugelassen wurde
(*Branahl* 1992, *Haeckel* 1993). Die Vorschriften des Rundfunk-
vertrages legen zwar strikte Obergrenzen für Umfang und Anzahl
der Rundfunkbeteiligungen fest. Allerdings sind die Verflechtungen
zwischen verschiedenen Unternehmen teilweise kartellrechtlich nur
schwer zu greifen. So sind z. B. Treuhandverhältnisse nicht oder nur
schwer kontrollierbar.

Bei den nationalen privaten Fernsehveranstaltern haben sich inzwischen zwei große sowie zwei kleine Mediengruppen etabliert:

- Die *Beta/Taurus-Gruppe* von *Leo Kirch* ist an *SAT 1*
  (59%), *DSF* (100%) und *Premiere* (95%) direkt beteiligt. Sein
  Sohn *Thomas Kirch* hält 58,4% der Anteile am Sender *PRO
  7*, der wiederum 100% der Anteile an *Kabel 1* besitzt. Eine ho-
  rizontale Verflechtung ergibt sich zusätzlich daraus, daß Leo
  Kirch 35% der Aktien der *Axel Springer* AG hält.
- *Bertelsmann* ist über seine Tochtergesellschaft *CLT-UFA* an
  Premiere (5%), *RTL* (89%), *VOX* (24,9%), zu 33,4% an
  RTL 2 sowie zu 50% an *Super RTL* beteiligt.
- Die *Axel Springer AG* ist mit 41% an *SAT 1* beteiligt.
- Rupert Murdoch hat sich mit 66% an *tm 3* und mit 49,9% an
  VOX beteiligt.

Im *Hörfunk* hat sich die Anzahl der Programmanbieter durch das

Tabelle 31: Private Fernsehprogramme 1999

Programm	Sende-betrieb seit	Sitz	Empfang-barkeit[1] in %	Markt-anteil[2] in %	Anteil der Gesellschafter[3] in %
Vollprogramme					
RTL	2. 1. 1984	Köln	96,4	15,1	CLT-UFA 89, WAZ 11
SAT.1	1. 1. 1985 (vorher PKS seit 1984)	Mainz	96,2	12,1	Kirch Gruppe 59, Springer Verlag 41
PRO 7	1. 1. 1989	München	90,9	8,5	Thomas Kirch 58,4, Rewe 41,6 der Stammaktien
Kabel 1 (seit 1997)	29. 2. 1992	München	86,1	4,5	ProSieben Media AG 100
RTL 2	6. 3. 1993	München	89,8	3,4	CLT-UFA 33,4, Bauer Verlag 32,2, Tele München 32,2, Burda 1,1, F.A.Z. 1,1
Vox	25. 1. 1993	Köln	91,0	2,9	Rupert Murdoch 49,9, CLT-UFA 24,9, Canal Plus 24,9, DCTP 0,3
Spartenprogramme					
Super RTL (Familien-programm)	28. 4. 1995	Köln	79,1	1,9	CLT-UFA 50, Walt Disney Comp. 50
DSF (Sport)	1. 1. 1993 (1984–1988 musicbox, 1989–1992 Tele 5)	Unter-föhring	86,4	1,1	Kirch Gruppe 100
n-tv (Information)	30. 11. 1992	Berlin	85,4	0,6	Verlagsgruppe Handelsblatt 27,4, CNN Germany 25,5, Time Warner 24,2, Fam. Nixdorf 18,6, andere 4,3
tm3 (Frauen)	25. 8. 1995	München	70,0	0,6	Rupert Murdoch 66, Tele München 34
VIVA (Musik)	1. 12. 1993	Köln	54,3	–	PolyGram 24,7, Time Warner 24,7, Sony 24,7, EMI 24,7, andere 1,2
VIVA ZWEI (Musik)	18. 3. 1995	Köln	–	–	PolyGram 24,7, Time Warner 24,7, Sony 24,7, EMI 24,7, andere 1,2
VH-1	10. 3. 1995	Hamburg	–	–	Viacom 100
Premiere Pay-TV (Unterhaltung)	28. 2. 1991	Hamburg	80,9	–	Kirch Gruppe 95, CLT-UFA 5
DF1 Digitales Pay-TV (über 30 Spartenkanäle)	28. 7. 1996	München	–	–	Kirch Gruppe 100

1 Quelle: GFK-Fernsehforschung, Methodenbericht 1999; 2 Marktanteil Sehdauer 1998: Deutschland gesamt, Mo–So. Erwachs. ab 14 Jahre, Quelle: GFK Fernsehforschung; 3 Stand: 1. Quartal 1999, Quelle: IP Deutschland

duale Rundfunksystem noch dynamischer entwickelt. In den einzelnen Bundesländern sind heute rund 200 private Anbieter mit lokalem, regionalem und landesweitem Programm zugelassen. Rechnet man die öffentlich-rechtlichen Programme hinzu, dann ist heute die Anzahl der Hörfunkprogramme in Deutschland etwa zwanzigmal größer als Mitte der achtziger Jahre. Die Bundesländer verfolgten bei der Lizenzierung der privaten Hörfunkanbieter unterschiedliche medienpolitische Konzepte. Man kann grob drei Modelle unterscheiden. Erstens ein Modell, das ausschließlich landesweite Programme vorsieht, Beispiele hierfür sind Hessen und Schleswig-Holstein. Zweitens ein Modell, das aus ausschließlich mittleren Lokal- und Regionalsendern besteht. Dieses Modell wurde beispielsweise in Baden-Württemberg verfolgt. Drittens ein Mischmodell, das – wie z. B. in Bayern – sowohl landesweite Programme als auch einzelne Regional- und Lokalsender zuläßt. Eine rechtliche Sonderform stellt die Organisation des privaten Hörfunks in Nordrhein-Westfalen in einem »Zwei-Säulen-Modell« dar, bei dem zwischen der (privaten) Betreibergesellschaft und der pluralistisch strukturierten Programmgesellschaft, die für die Erstellung des Programms verantwortlich ist, unterschieden wird.

Hinzu kommen in allen Bundesländern sogenannte Offene Kanäle, in denen Bürger in eigener Verantwortung und (bei Bedarf) mit technischer Unterstützung der Landesmedienanstalten Hörfunk- und Fernsehprogramme produzieren können. Die Einrichtung der Offenen Kanäle stellt einen Kompromiß am Beginn der Entwicklung zu einem dualen Rundfunksystem dar. Mit der Ermöglichung eines »Bürgerfunks« sollte ein Ausgleich für die Zulassung der privaten Großveranstalter geschaffen werden. Offene Kanäle werden meistens von Hobbyisten und Interessengruppen und insbesondere von jungen Menschen genutzt. Beim Publikum stoßen sie auf wenig Resonanz (Walendy 1993).

Die lokalen Zeitungsverlage der Bundesrepublik sind primär in den Anbietergesellschaften des privaten Hörfunks vertreten. Allerdings ist dies in unterschiedlichem Umfang der Fall. Während Radio Schleswig-Holstein zum Beispiel ausschließlich von Zeitungsverlagen getragen wird, gehören zu den Anbietergesellschaften von Radio 4 in Rheinland-Pfalz auch andere Unternehmen, Organisationen und Einzelpersonen. Die Beteiligung der lokalen Zeitungsverleger innerhalb von Einzeitungskreisen wirft das Problem sogenannter *Doppelmonopole* auf.

Finanzierung des privaten Rundfunks

Private Rundfunkveranstalter müssen ihr Rundfunkprogramm durch Werbeeinnahmen oder durch sonstige Einnahmen, insbesondere durch Entgelte der Teilnehmer (Abonnement- oder Einzelentgelte), finanzieren. Eine Finanzierung privater Veranstalter aus den Rundfunkgebühren ist unzulässig. Bundeseinheitliche Vorgaben für das Ausstrahlen von *Werbung* haben die Länder 1987 im Rundfunkstaatsvertrag geregelt und im Rundfunkstaatsvertrag von 1991 fortgeschrieben. Diese Regelungen werden durch die »Gemeinsamen Richtlinien der Landesmedienanstalten für die Werbung zur Durchführung der Trennung von Werbung und Programm und für das Sponsoring im Fernsehen« 1993 ergänzt. Die wesentlichen Bestimmungen für private Veranstalter sind, daß Werbung insgesamt 20 Prozent der täglichen Sendezeit nicht überschreiten darf, die der Spotwerbung 15 Prozent. Als Höchstgrenze pro Sendestunde wurde für die Spotwerbung 20 Prozent festgelegt.

Ebenso wie bei den öffentlich-rechtlichen Anstalten muß die Werbung deutlich vom übrigen Programm getrennt werden, sie muß als solche gekennzeichnet sein und darf nur in Blöcken verbreitet werden. »Unterbrecherwerbung« ist unter den definierten Bedingungen zulässig. Als neue Werbeform sind *Dauerwerbesendungen*, die als solche gekennzeichnet werden müssen, zulässig. *Sponsoring*, d. h. die vollständige oder teilweise Finanzierung einer Sendung durch Sponsoren, stellt eine zusätzliche eigenständige Finanzierungsform neben den Werbeeinnahmen dar.

In der Präambel des *Rundfunkstaatsvertrages* von 1991 ist festgehalten, daß den privaten Veranstaltern »ausreichende Sendekapazitäten zur Verfügung gestellt und angemessene Einnahmequellen erschlossen werden«. Die Empfangbarkeit der privaten Rundfunkprogramme (technische Reichweite) stellt eine entscheidende Voraussetzung für den Publikumserfolg und damit für Werbeeinnahmen dar. In der Startphase Mitte der achtziger Jahre wiesen die Haushalte der privaten Veranstalter aufgrund der geringen Empfangbarkeit Anlaufverluste in Millionenhöhe aus. Die Sendemöglichkeiten der privaten Veranstalter haben sich gegen Ende der achtziger und zu Beginn der neunziger Jahre durch den starken Ausbau des Kabelnetzes in den westlichen Bundesländern, der neuen Satellitentechnik sowie durch zusätzliche terrestrische Frequenzen in Ballungsgebieten deutlich verbessert. Der Kabelempfang hat sich in West- und Ostdeutschland sehr unterschiedlich entwickelt. Aufgrund massiver Investitionen der *Telekom* (früher Bundespost) vervielfachte sich die Zahl der Haushalte mit *Kabelanschluß* in den westlichen Bundesländern innerhalb der sieben Jahre von 1985 bis 1992 von 4,7 Mio. auf 18,8 Mio. anschließbare Haushalte. Dies bedeutet einen technischen Versorgungsgrad von 70 Prozent aller Haushalte. Tatsächlich angeschlossen waren Ende 1991 11,3 Mio. Haushalte.

In den östlichen Bundesländern bestand aufgrund der Tatsache, daß der Kabelempfang in der früheren DDR keine nennenswerte Rolle spielte, eine völlig andere Situation. Ende 1992 waren von den 6,4 Mio. ostdeutschen Haushalten lediglich 818000 Haushalte, vornehmlich in den großen Städten, an das Kabelnetz anschließbar (Versorgungsgrad 13 Prozent), von denen 437000 tatsächlich angeschlossen waren. Aufgrund der vielfach ländlichen Besiedlungsstruktur und damit einer kostenintensiveren Verkabelung, aber auch wegen der zunehmenden Konkurrenzsituation zwischen Kabel- und Satellitenempfang spielt das Kabelangebot (im Osten) eine geringere Rolle. Nach der Wiedervereinigung stieg die Zahl der Kabelhaushalte von 1993 14,2 Mio. auf 18,6 Mio. im Jahre 1999.

Die *Satellitentechnik* besaß als Übertragungsweg bis zur Einrichtung eines leistungsfähigen Satellitendirektempfangs, etwa ab 1990, nur eine vernachlässigbare Bedeutung. In der ersten Phase des dualen Systems dominierten noch sogenannte *Fernmeldesatelliten*, deren Signale nur von starken Kopfstationen der Post empfangen werden konnten und somit bei den Empfangshaushalten Kabelanschlüsse voraussetzten. In den neunziger Jahren hat sich die Anzahl der *Rundfunksatelliten*, deren Programme direkt vom Rezipienten empfangen werden können, explosionsartig entwickelt. Marktführer sind die *ASTRA-Satelliten* des europäischen Konsortiums *Société Européenne des Satellites (SES)*. Bis 1995 sollen fünf dieser Satelliten im All sein. Bereits heute können die

Transponder 50 verschiedene Fernsehprogramme abstrahlen. Rund sechs Millionen Haushalte empfangen alleine in den deutschsprachigen Ländern ihr Fernsehangebot über diesen Satelliten. Die für 1995 geplanten Satelliten werden komprimierte digitale Signale übertragen können, so daß die Kapazität auf mehrere hundert Angebote anwachsen wird.

Aufgrund der neuen Angebote hat sich der individuelle Satellitendirektempfang in Deutschland ab 1989 rasant entwickelt. Die Anzahl an Empfangsanlagen (Satellitenreceiver) ist von 135 000 Ende 1989 sprunghaft auf 2,71 Mio. Ende 1992 angestiegen. Aufgrund der unterschiedlichen Kabeldichte spielt das Satellitenfernsehen in West- und Ostdeutschland eine unterschiedliche Rolle. Während 1992 in den alten Bundesländern rund 42 Prozent der Haushalte ihre Signale über Kabelanlagen empfangen und nur 7 Prozent über Satellit, ist das Verhältnis in den neuen Bundesländern umgekehrt: Dort verfügen 11 Prozent der Haushalte über eine eigene Satellitenanlage und nur 7 Prozent empfangen Fernsehen und Hörfunk über Kabel (*Zimmer* 1993). Bis 1999 erhöhte sich die Zahl der Satellitenhaushalte in Deutschland insgesamt auf 10,4 Mio. Zu den expandierenden Übertragungswegen Kabel und Satellit wurden den privaten Fernsehveranstaltern vorwiegend in Ballungsräumen auch regionale terrestrische Übertragungsmöglichkeiten eingeräumt, was die Empfangbarkeit weiter ausdehnte.

Den privaten Fernsehveranstaltern gelang es in der zweiten Hälfte der achtziger und zu Beginn der neunziger Jahre, den Zuwachs an technischer Reichweite in einen Programmerfolg beim Publikum umzusetzen. Die Öffentlich-Rechtlichen verloren seit den achtziger Jahren kontinuierlich Marktanteile beim Fernsehpublikum, die Privaten gewannen kontinuierlich hinzu. 1988 entfielen noch mehr als drei Viertel des Fernsehkonsums (77 Prozent) auf die Programme von *ARD* und *ZDF*, 1993 waren es gerade noch ein Drittel (35 Prozent). Die scherenförmige Entwicklung führte dazu, daß die beiden »großen« privaten Fernsehanbieter, *RTL* und *SAT 1*, zu den beiden öffentlich-rechtlichen Anstalten aufgeschlossen haben: Im zweiten Halbjahr 1993 entfielen 19 Prozent des Fernsehkonsums auf *RTL*, 18 Prozent auf das *ZDF*, 17 Prozent auf die *ARD* und 16 Prozent auf *SAT 1*. Als erfolgreicher »Newcomer« konnte *PRO 7* 8 Prozent des Fernsehkonsums auf sich verbuchen. Alle anderen privaten Sender

Abbildung 15:

Entwicklung der Marktanteile an der Sehdauer

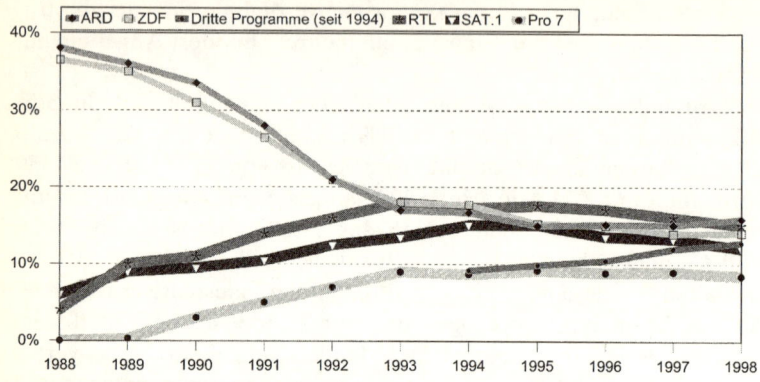

Quelle: GFK-Fernsehforschung, Erwachsene ab 14 Jahre, Mo-So 06:00 bis 06:00 Uhr,
1988 bis 1991 nur BRD West, ab 1991 BRD Gesamt

lagen unter einer 5-Prozent-Schwelle. Nach 1993 fanden keine größeren Verschiebungen bei den Marktanteilen mehr statt. Insgesamt
ist – parallel zu einer zunehmenden Anzahl von privaten Anbietern
an Voll- und Spartenprogrammen – eine zunehmende Fragmentari-
sierung des Fernsehpublikums zu beobachten.

Mit zunehmendem Publikum konnten die Privaten ihre *Werbeeinnahmen* drastisch erhöhen. Dabei kam ihnen zugute, daß der Werbemarkt insgesamt und vor allem die Fernsehwerbung Ende der
achtziger und zu Beginn der neunziger Jahre von einer deutlichen
Expansion gekennzeichnet waren. Nach den Ergebnissen des Wer-
bemonitorings der Nielsen Werbeforschung Schmidt + Pohlmann,
das die Brutto-Erlöse ohne die Berücksichtigung von Rabatten und
Freispots ausweist, hatten sowohl die öffentlich-rechtlichen als auch
die privaten Fernsehanbieter bis 1989 steigende Werbeeinnahmen zu
verzeichnen. Danach lief auch bei den Werbeeinnahmen die Entwicklung scherenförmig auseinander: Während die Werbeeinnahmen der öffentlich-rechtlichen Anstalten von 1989 bis 1993 von rund
2 Mrd. DM auf 1,1 Mrd. DM zurückgingen, stiegen die Einnahmen der Privaten von rund 1 Mrd. DM auf insgesamt 6,2 Mrd. DM
an. Marktführer war 1993 *RTL* mit Bruttoerlösen von rund 2,6 Mrd.

Abbildung 16:

Brutto-Werbeumsätze der öffentlich-rechtlichen und privaten Fernsehsender

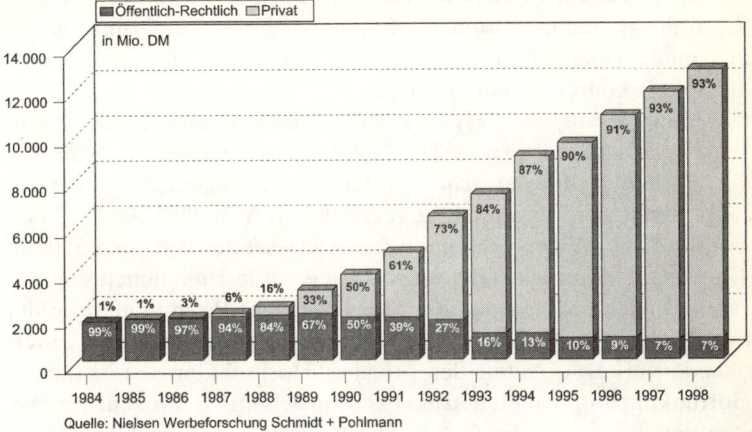

Quelle: Nielsen Werbeforschung Schmidt + Pohlmann

DM vor *SAT 1* mit rund 2,0 Mrd. DM und *PRO 7* mit 1,2 Mrd. DM (*Nielsen Werbeforschung S + P* 1994). Bei den öffentlich-rechtlichen Anstalten war ab 1989 zunächst nur die *ARD*, seit 1993 aber auch das *ZDF* von den Rückgängen betroffen. Im Ergebnis flossen 1992 nur noch 30 Prozent der Fernsehwerbegelder zu den öffentlich-rechtlichen Anstalten, 70 Prozent in die Kassen der privaten Anbieter (siehe Abb. 16).

Die durchschnittlich pro Tag ausgestrahlten Werbeminuten haben sich zwischen 1988 und 1992 vervierfacht. Die Programme der vier größten privaten Anbieter enthielten 1992 durchschnittlich zwei Stunden Werbung pro Tag. Von 1992 bis 1998 vervierfachte sich die Anzahl der in Deutschland ausgestrahlten Werbespots nochmals von rund 0,44 auf 1,81 Mio. Spots. Die starke Ausweitung der Fernsehwerbung führte allerdings auch zu teilweise erheblichen Akzeptanzproblemen beim Zuschauer.

Betrachtet man Publikumserfolg und Werbeeinnahmen bei den privaten Fernsehanbietern im Zusammenhang, so kann man eine Analogie zur ›Anzeigen-Auflagen-Spirale‹ (→ Pressewirtschaft) feststellen, die den Erfolg der Privaten erklärt und die man als ›Reichweiten-Einnahme-Spirale‹ bezeichnen kann: Größere Reichweiten sind die Voraussetzung für höhere Werbeeinnahmen, höhere Werbeeinnahmen sind wiederum die Voraussetzung für Programminvestitionen (z. B. Übertragungsrechte für Sportveranstaltungen, Eigenproduktionen, Verpflichtung von Star-Moderatoren), die größeren Programminvestitionen schaffen wiederum die Grundlage für Programmerfolg und größere Reichweiten beim Fernsehpublikum – die Spirale kommt erneut in Gang.

Die Finanzierung des *privaten Hörfunks* entwickelte sich weniger dynamisch. Der private Hörfunk hat – nach einer Stagnation in der zweiten Hälfte der achtziger Jahre – zu Beginn der neunziger Jahre einen Aufwärtstrend zu verzeichnen. Von 1993 bis 1997 gingen die Netto-Werbeeinnahmen der ARD-Sender von rund 550 auf 415 Mio. DM zurück. Gleichzeitig stiegen die Einnahmen der privaten Sender von 456 auf 760 Mio. DM. Der Programmerfolg der Privatradios weist regional bzw. je nach Bundesland große Unterschiede auf. Der Anteil des privaten Hörfunks an der gesamten Hörfunknutzungsdauer betrug 1993 im Schnitt 41 Prozent im Westen und 19 Prozent im Osten. Dies bedeutet, daß im Unterschied zum Fernsehen der öffentlich-rechtliche Hörfunk mit einem Marktanteil von 59 Prozent bzw. 81 Prozent nach wie vor Marktführer ist, wenngleich mit abnehmender Tendenz. Der Markterfolg und damit die Einnahmen der privaten Hörfunkanbieter sind jedoch in den einzelnen Bundesländern sehr unterschiedlich. Deutlich überdurchschnittliche Marktanteile besitzen die Privatradios in Berlin (72 Prozent), Hamburg (56 Prozent) und Schleswig-Holstein (45 Prozent), unterdurchschnittliche Marktanteile hingegen in Bremen (23 Prozent), Baden-Württemberg (27 Prozent) und Saarland (32 Prozent) (*Baldauf / Klingler* 1993).

Programmangebote des privaten Rundfunks

Im Jahr 1994 waren in Deutschland bundesweit via Satellit und Kabel insgesamt neun deutsche *Fernsehprogramme* zu empfangen, die sich aus Werbung finanzieren. Dabei handelt es sich um die Vollprogramme *RTL, SAT 1, PRO 7, RTL 2* und *VOX* sowie die Spartenprogramme *n-tv* (Nachrichten), *VIVA* (Musikvideos), *Der Kabelkanal* (Filme) und *DSF-Deutsches Sportfernsehen*. Hinzu kommen der *Pay-TV*-Sender *Premiere* (nur mit entgeltpflichtigem Decoder zu empfangen) und ausländische Programme (z. B. *MTV, Super Channel*) bzw. Programme mit deutscher Beteiligung (*Eurosport, ARTE*). Die Zahl der regionalen Fernsehsender liegt bei ca. 50, von denen rund die Hälfte Fensterprogramme für nationale Anbieter darstellen. In einigen Fällen ist es zu Kooperationen zwischen öffentlich-rechtlichen und privaten Anbietern gekommen. So stellt der *WDR* ein Rahmenprogramm für das private *Radio NRW*.

Programmanalysen für den Zeitraum 1986 bis 1992 zeigen, daß die beiden größten privaten Fernsehanbieter RTL und SAT 1 ihr Programmangebot innerhalb dieser Jahre beträchtlich ausweiteten. Die Programmexpansion setzte vor allem 1987 mit der Einführung eines Vormittagsprogramms und dem sogenannten *Frühstücksfernsehen* am frühen Morgen ein. In der Folgezeit fand vor allem eine Ausweitung des Nachtprogramms statt, bei RTL und SAT 1 sogar bis zu einem 24stündigen Sendebetrieb.

Anfang der neunziger Jahre wurde eine sogenannte Konvergenz-Hypothese diskutiert, wonach sich das Programm beider Systeme mehr und mehr angleiche. Die öffentlich-rechtlichen Anstalten würden selektiv publikumswirksame Programmelemente der Privaten übernehmen (»Selbstkommerzialisierung«) und die Privaten erfolgreiche Konzepte der öffentlich-rechtlichen imitieren (*Marcinkowski* 1991). Vergleiche des Programmangebots zeigen in der Tat, daß ARD und ZDF bereits *vor* Einführung des Privatfernsehens ihren Anteil an Unterhaltungsprogrammen, insbesondere Spielfilme und Serien, gesteigert und damit die Konkurrrenz mit den privaten Fernsehprogrammen antizipiert haben (*Donsbach / Dupré* 1992). Allerdings unterscheiden sich beide Systeme weiterhin erheblich im Anteil an Informationsprogrammen. In ARD und ZDF liegt er etwa bei 40, in RTL und SAT 1 bei 17 bis 18 Prozent (*Krüger* 1993). Auch innerhalb von Nachrichtensendungen ist der Anteil politischer Meldungen bei den privaten Fernsehprogrammen geringer (*Pfetsch* 1991). Trotz des hohen Umfangs an Unterhaltungssendungen zeigten Analysen des zeitgleichen Programmangebots, daß in der Zeit vor 19.30 Uhr der Zuschauer zumindest bei den Vollprogrammen eine größere Wahrscheinlichkeit hat, auf Informations- als auf Unterhaltungsprogramme zu treffen (*Donsbach / Dupré*

1992). Insgesamt kann man feststellen, daß durch das Nebeneinander von öffentlich-rechtlichen und privaten Anbietern ein ausgeprägtes Wettbewerbsverhältnis entsteht, das Auswirkungen auf die Programmangebote beider Teilsysteme besitzt.

Die Programmangebote privater Anbieter konnten beim *Hörfunk* zunächst von der »Renaissance des Radios« profitieren. Sowohl die Zahl der Hörer als auch die Hördauer haben in den vergangenen zwei Jahrzehnten deutlich zugenommen. Während 1968 alle Hörfunkprogramme zusammen 64 Prozent aller Personen erreichten, waren es 1992/93 81 Prozent (westliche Bundesländer). Im gleichen Zeitraum stieg die durchschnittliche Hördauer von 99 Minuten auf 164 Minuten an. Auf der Basis von 12 größeren Programmstrukturanalysen privater Hörfunkveranstalter zeigte sich, daß sich die neuen privaten Hörfunkprogramme überwiegend als Begleitprogramme mit der Mischung drei Viertel Musik, ein Viertel Wort im Markt positionieren. Hinsichtlich des Informationsangebots stellte eine Untersuchung zu Baden-Württemberg eine Spannweite bei den unterschiedlichen Veranstaltern fest, die von Musikprogrammen mit kargem Informationsangebot bis hin zu informativen Begleitprogrammen reicht, die aktuell über die wichtigen Dinge des Tages berichteten und ein breites Themenspektrum ansprachen. Außerhalb der Nachrichtensendungen besitzen die privaten Programme häufig Boulevardcharakter und einen Soft-news-touch. Als ein weiterer wichtiger Programmbestandteil ist die Hörerbeteiligung zu nennen (*Mathes* 1990; vgl. auch *Klingler/Schröder* 1993).

Wolfgang Donsbach/Rainer Mathes

Wirkung der Massenmedien auf die Meinungsbildung

Die Erforschung der Wirkung der Massenmedien auf die öffentliche Meinung ist erst auf ein festes Fundament gestellt worden, seitdem – nach ersten Modellversuchen Ende der sechziger Jahre – heute kontinuierlich die Resultate von Medieninhaltsanalysen und Trenddaten der Meinungsforschung miteinander verknüpft werden. Damit sind beweiskräftige Erkenntnisse über den Zusammenhang von Medientenor und Entwicklung der öffentlichen Meinung gewonnen worden, und zwar nicht nur über den Zusammenhang, sondern auch über die zeitliche Abfolge, die bekannt sein muß, um Aussagen über Kausalität zu machen. Damit ist die lange Phase endgültig abgeschlossen, in der die Auffassung vorherrschte, Medienwirkung lasse sich nicht erkennen, lasse sich nicht messen. Statt dessen kann man von einer Kumulation von Evidenz starker Medienwirkung sprechen. Auch die These, die oft in Verbindung mit der *agenda setting function*, der ›Tagesordnungsfunktion‹, ›Themensetzung‹, ›Thematisierung‹ vorgetragen wurde, die Medien beeinflußten zwar, *worüber* die Menschen nachdenken und sprechen, aber nicht ihre *Meinung* zu dem betreffenden Thema, kann man heute als überholt betrachten.

Stand der Forschung

Drei Tendenzen charakterisieren die Entwicklung der Medienwirkungsforschung der letzten Jahrzehnte.

Die erste Tendenz: Von der Einzelfallstudie zur umfassenden Untersuchung: Die Wirkungsforschung begann in den dreißiger Jahren mit Fallstudien, mit der Erforschung der Wirkung einzelner Sendungen, einzelner Artikel oder allenfalls einzelner Kampagnen. Untersucht wurden kurzfristige Wirkungen, die sich gelegentlich auch auf einige Wochen oder Monate erstreckten. Neben der Feldforschung dominierten Laboratoriumsuntersuchungen, weil man im Laboratorium die Egalisierung der experimentellen Gruppen und alle weiteren Einflüsse auf einzelne Personen oder kleine Gruppen im Experiment kontrollieren kann. Von Beginn der siebziger Jahre an erfassen die Untersuchungsanlagen der Wirkungsforschung zunehmend das ganze Mediensystem: sie untersuchen bestimmte Themen, bestimmte Fragen, aber dehnen sich dabei über viele Medien aus und sind oft langfristig angelegt.

Die zweite Tendenz der Wirkungsforschung der letzten Jahrzehnte: Früher sprach man davon, daß die Wirkungsforschung oszillierte zwischen der Annahme *starker* Medienwirkung (1. Weltkrieg, zwanziger Jahre und wieder ab Ende der sechziger Jahre) und der Annahme *schwacher* Medienwirkung: ›minimal effects hypothesis‹ und ›Verstärker-Hypothese‹: Die Medien ändern Einstellungen nicht, sie verstärken sie nur (vierziger bis Mitte der sechziger Jahre). Heute erkennen wir deutlicher, daß zwei Konzepte der Medienwirkung miteinander rangen. Biocca spricht von der aktiven und passiven Hemisphäre der Massenkommunikationstheorie (*Biocca* 1988). Beim Konzept des aktiven Medienkonsumenten ist die Medienwirkung relativ schwach, beim passiven Konsumenten dagegen stark. Nach dem jetzigen Stand der Forschung mischt sich beides, aber ein deutliches Übergewicht liegt beim *passiven* Medienpublikum und damit *starker* Medienwirkung.

Die dritte Tendenz: Das Gewicht der Wirkungsforschung verlagert sich vom Empfänger, vom Publikum auf den Sender, die Kommunikatoren, die Journalisten.

Von Fallstudien zu langfristiger, das Mediensystem umfassender Wirkungsforschung

Am Anfang der empirischen Kommunikationsforschung steht schon 1898 eine Medieninhaltsanalyse (→ Methoden der Publizistik- und Kommunikationswissenschaft, → Inhaltsanalyse), eine wissenschaftliche Arbeit des späteren Reichsbankpräsidenten und Wirtschaftsministers Hitlers, *Hjalmar Schacht*: ›Statistische Untersuchung über die Presse Deutschlands‹. In den USA bildet eine Dissertation den Markstein der empirischen Kommunikationsforschung, die Arbeit von *George H. Gallup*: ›An Objective Method for Determining Reader Interest in the Content of Newspapers‹ an der University of Iowa (1928).

Empirische Medienwirkungsforschung im engeren Sinn setzte ein mit den amerikanischen *Payne Fund Studies* (1929–1932, → Film), die die Wirkung von Filmen auf Kinder untersuchten.

Als Beginn der systematischen empirischen Erforschung der Wirkung von Massenmedien auf der Basis repräsentativ-statistischer Umfragen ist die Studie von *Lazarsfeld, Berelson* und *Gaudet* zu betrachten. Die 1944 unter dem Titel ›The People's Choice‹ veröffentlichte Untersuchung galt der Wirkung des damals noch jungen Mediums Radio auf die Wahlentscheidung im amerikanischen Präsidentschaftswahlkampf von 1940.

Die frühe Wirkungsforschung wurde geleitet von der sogenannten

›*Lasswell-Formel*‹: »Wer sagt was durch welches Medium zu wem und mit welcher Wirkung?« (*Lasswell* 1948, → Kommunikationsprozeß) Dabei vermutete man, die Massenmedien würden sofort und direkt auf die Leser oder Zuhörer wirken, als würde ihnen eine Spritze (»hypodermic needle«) gesetzt. Für die frühe Wirkungsforschung waren die folgenden Merkmale wichtig:

1. Typisch war die Fallstudie, beispielsweise die Hörfunkkampagne der Kate Smith für das Zeichnen von Kriegsanleihen oder das Hörspiel ›Die Invasion vom Mars‹. Ein bestimmtes Programm, durch ein bestimmtes Medium vermittelt, wurde als Stimulus untersucht und die Reaktion des Auditoriums mit verschiedenen Methoden eingefangen. Die heutige Wirkungsforschung untersucht dagegen zahlreiche Programme über das ganze Mediensystem hinweg mit bestimmten thematischen Schwerpunkten.

2. Die typische Studie der Anfangsjahre war kurzfristig angelegt, die heutige langfristig, als Trendanalyse und, wo immer möglich, als Panelbefragung.

3. Häufig verwendete man die Methode des Laboratoriumsexperiments, während man heute versucht, soweit wie möglich wirklichkeitsnahe Bedingungen zu erhalten, zum Beispiel durch den Gebrauch der Methode des Feldexperiments.

4. In frühen Feldstudien wurde die Nutzung der Medien relativ grob, ihr Inhalt oft überhaupt nicht gemessen. Neuere Untersuchungen stellen vergleichsweise präzise Verbindungen zwischen den Medieninhalten und den Kenntnissen und Meinungen der Rezipienten, den vermuteten Wirkungen, her.

5. Man konzentrierte sich auf die Beobachtung und Befragung der Empfängerseite, während die heutige Wirkungsforschung einer Rundum-Untersuchungsanlage folgt: Bezogen auf ein bestimmtes Ereignis, bestimmte Personen, bestimmte oder wenige Themen werden mit Inhaltsanalysen die Sendungen oder Artikel untersucht; Umfragen bei Kommunikatoren, Akteuren, Publikum treten hinzu sowie objektive statistische Daten.

6. Frühe Wirkungsforschung befaßte sich vorwiegend mit den klassischen Medien, besonders mit den Druckmedien; die heutige bezieht in der Regel das Fernsehen ein. Mit zunehmender Tendenz werden Kommunikationen einbezogen, die früher ausgespart waren, wie Nachrichtenagenturen oder Schulbücher.

7. Anfangs konzentrierte man sich auf die Beobachtung von individuellen Einstellungs- und Verhaltensveränderungen bei Empfängern; heute mißt man Wirkung häufig an veränderten Vorstellungen des Individuums über die Umwelt. Dem liegt eine Theorie zugrunde, die unter dem Stichwort ›Schweigehypothese‹ (etwas später »*Schweigespirale*«) Anfang der siebziger Jahre eingeführt wurde.

Fallstudie, Laboratoriumsexperimente

Berühmt gewordene Wirkungsstudien der Frühzeit nach dem Modell von Fallstudien sind ›Die Invasion vom Mars‹ (*Cantril* 1940), ein Hörspiel von Orson Welles, 1938, oder die Hörfunk-Kampagne der Kate Smith für das Zeichnen von Kriegsanleihen (*Merton* 1946).

Bis heute gilt die Erkenntnis aus dem ›Hörfunk-Marathon‹ der Kate Smith, bei dem innerhalb von 15 Stunden 39 Millionen Dollar Kriegsanleihen telefonisch gezeichnet wurden. Sachlich zutreffende Argumente – durch das Zeichnen von Kriegsanleihen sollte vor allem Geld abgeschöpft und die Inflation bekämpft werden – wurden dabei überhaupt nicht gebraucht. Kate Smith konzentrierte sich auf das unzutreffende, aber unmittelbar einleuchtende Argument: Kauft Anleihen, damit »unsere Jungs« bessere Waffen bekommen und gesund heimkehren: »Buy a bond and bring the boys back« – »Bonds will save lives«.

Als Klassiker der Wirkungsforschung der Frühzeit ist zu nennen die Studie von *Hyman / Sheatsley* (1947), bei der die Wirkung von Argumenten zugunsten einer amerikanischen Anleihe für England mit Hilfe einer gegabelten Befragung getestet werden sollte. Beeindruckt von den Argumenten waren nur diejenigen, die schon zuvor englandfreundlich gewesen waren. Diejenigen, die den Engländern mit Mißtrauen gegenüberstanden, änderten ihre Einstellung durch die Argumente der Aufklärungskampagne überhaupt nicht (→ Methoden: Das kontrollierte Experiment).

Ein bis heute wichtiges Ergebnis hatte die Untersuchung der Wirkung einer Aufklärungskampagne zugunsten der Vereinten Nationen und ebenso die Untersuchung der Wirkung von Filmen und Rundfunksendungen gegen Rassenvorurteile. Beachtet wurden solche Kampagnen praktisch nur von denjenigen, die bereits über die Vereinten Nationen informiert und auch schon positiv ihnen gegenüber eingestellt waren bzw. bereits gegen Rassenvorurteile kämpften.

In den folgenden Jahrzehnten führte die wiederholte Beobachtung, Informationen erreichen vor allem diejenigen, die schon informiert sind, zu der gut belegten These von der *wachsenden Wissenskluft* (*Tichenor / Donohue / Olien* 1970).

Pionierleistungen der frühen Wirkungsforschung wurden vollbracht im Zusammenhang mit dem Forschungsprogramm der amerikanischen Armee im Zweiten Weltkrieg (*Stouffer* u.a.: Studies in Social Psychology in World War II, Vol. I–IV, speziell Bd. IV: Measurement and Prediction 1950). Der Sozialpsychologe *Carl I. Hovland* setzte diese Arbeiten an der Yale University Ende der vierziger und in den fünfziger Jahren mit einer großen Zahl von Kollegen und Schülern mit Laboratoriumsexperimenten fort. Die Ergebnisse dieses Forschungsprogramms haben weiterhin ihre Bedeutung. Viele Merkmale der Medienbotschaft, die in ihrer Wirkung untersucht wurden, können heute bei den Modellen der Methodenkombination in die Kategorien der Inhaltsanalyse aufgenommen werden.

Hovland nannte sein Arbeitsgebiet ›Wissenschaftliche Rhetorik‹, um damit ausdrücklich an die Antike anzuknüpfen, die »das Gewinnen des menschlichen Geistes durch Worte« (Platons Definition für Rhetorik) zu einer der wichtigsten akademischen Disziplinen gemacht hatte. Die Definition des Aristoteles: »Rhetorik ist die Fähigkeit, unterscheiden zu können, mit welchen Methoden man im Einzelfall unter den jeweiligen Umständen Überzeugungen hervorrufen kann«, wurde für Hovland und seine Mitarbeiter zum Forschungsprogramm. Einige der Fragen, die von ihnen bearbeitet wurden:

1. Sind Kommunikationen wirksamer, wenn sie nur Argumente für den Standpunkt erwähnen, der befürwortet werden soll, oder wenn auch Gesichtspunkte angeführt werden, die dagegen sprechen?

Antwort: Es kommt auf das Auditorium an: Wenn man sich an Anhänger wendet, verstärkt man ihre Überzeugung besser, wenn man nur Argumente des eigenen Standpunktes erwähnt; wenn man Gegner überzeugen, ›bekehren‹ will, erwähnt man besser auch Gegenargumente: Sie sind den Andersdenkenden oft ohnehin bekannt, und man erscheint neutraler, unbefangener, weniger einseitig festgelegt (Tabelle 32).

Tabelle 32:
Prozentsatz der Personen, die ihre Einstellung in dem Sinne änderten, den ein Redner befürwortete

A. Unter Personen, die anfangs anderer Ansicht waren als der Redner

Programm I, einseitig:
Es werden nur Argumente gebraucht, die für den Standpunkt des Redners sprechen

36%

Programm II, Für und Wider:
Es werden auch Argumente erwähnt, die gegen die Ansicht sprechen, die der Redner vertritt

48%

B. Unter Personen, die von vornherein mit dem Redner übereinstimmten

Programm I, einseitig:
Es werden nur Argumente gebraucht, die für den Standpunkt des Redners sprechen

52%

Programm II, Für und Wider:
Es werden auch Argumente erwähnt, die gegen die Ansicht sprechen, die der Redner vertritt

23%

Quelle: Hovland, Effects of the Mass Media of Communication. In: Lindzey (Hrsg.), Handbook of Social Psychology, 1954, S. 1079

Bei intelligentem Publikum ist zweiseitige, bei weniger intelligentem Publikum einseitige Argumentation wirksamer.

Argumente für beide Seiten zu erwähnen, ist auch zweckmäßiger, wenn die Angesprochenen in der Zukunft mit Sicherheit einer Gegenpropaganda ausgesetzt sein werden (wie zum Beispiel Soldaten mit einiger Sicherheit der psychologischen Kriegsführung des Gegners ausgesetzt sein werden und man sie dagegen immunisieren möchte). Allein die Erwähnung, daß es Gegenargumente gebe (die Nationalsozialisten gebrauchten dafür den Ausdruck ›Hetzpropaganda‹), hat ohne nähere Angabe über den Inhalt dieser Argumente bereits eine Impfwirkung.

2. Sind bei einer Pro- und Kontra-Auseinandersetzung Argumente, die das Publikum zuerst hört oder am Schluß hört, wirksamer?

Antwort: Die experimentellen Befunde sind nicht eindeutig (*Schenk* 1987, S. 54–58). Die am Anfang vorgebrachten Argumente sind wahrscheinlich wirksamer, wenn es sich um ein neues Problem handelt, zu dem das Publikum noch keine Einstellung hat, man also gleichsam einen freien Platz besetzen kann (*Abelson* 1959).

3. Werden die stärksten Punkte einer Argumentation besser an den Anfang oder an das Ende gestellt?

Antwort: Die Befunde sind nicht eindeutig. Die Hypothese lautet: Bei schwach interessiertem Publikum sollen die stärksten Argumente am Anfang gebracht werden (Antiklimax), um das Interesse zu wecken, bei stark interessiertem Publikum besser am Ende (Klimax), um nicht durch einen Abfall zu enttäuschen, sondern eine rhetorische Steigerung zu ermöglichen.

4. Soll man angenehme Dinge – Mitteilungen, denen das Publikum zustimmt oder die ihm wünschenswert erscheinen – am Anfang sagen oder sich für den Schluß aufsparen?

Antwort: Besser am Anfang, um die Aufmerksamkeit des Publikums zu gewinnen. Unangenehme Mitteilungen am Anfang können leicht dazu führen, daß die nachfolgenden Argumente verweigert werden.

5. Soll man besser positiv, erfreuliche Wirkungen ausmalend, argumentieren oder negativ, also mit abschreckenden, Furcht auslösenden Argumenten?

Antwort: Untersuchungen führen zu wechselnden Befunden. Bei Experimenten mit abgestuft negativen Appellen – um Schulkinder zu regelmäßiger Zahnpflege zu bewegen – erwies sich die schwächere, weniger Furcht erweckende Drohung als wirksamer als die stärkere.

6. Soll man explizit oder implizit argumentieren: Soll man ausdrücklich die Schlußfolgerungen aus einer Argumentation ziehen, oder ist es wirksamer, das Publikum selbst die Schlußfolgerung ziehen zu lassen?

Antwort: Meist ist es besser, die Schlußfolgerung deutlich auszusprechen, und wenn eine Handlung ausgelöst werden soll, auch den Nutzen zu zeigen, den der Angesprochene aus der empfohlenen Handlung ziehen kann, und sogleich möglichst einfache, direkte Handlungsanweisungen zu geben. Die Schlußfolgerungen brauchen nicht am Schluß zu stehen; unter Umständen ist es wirksamer, sie gleich an den Anfang zu stellen.

7. Wenn ein Publikum umgestimmt werden soll: Ist es wirksamer, vorsichtig zu argumentieren, dem Publikum nicht zuviel zuzumuten, oder eine radikale Meinungsänderung zu verlangen?

Antwort: Mit der Forderung nach radikalen Meinungsänderungen erreicht man mehr, wenn man als Kommunikator das rückhaltlose Vertrauen derer hat, die man beeinflussen will, und ebenfalls, wenn es sich um eher periphere Fragen handelt. Handelt es sich um eine zentrale Frage oder wird der Kommunikator mit Vorbehalten betrachtet, wird der Widerstand gegenüber dem Beeinflussungsversuch um so härter, ein je krasserer Sinneswandel gefordert wird (*Berelson / Steiner* 1964).

8. Welche Rolle spielt der Kommunikator?

Antwort: »Wer etwas sagt, ist im allgemeinen für die Wirkung einer Kommunikation genauso wichtig, wie was er sagt« (*Hovland* 1953). Genauer müßte es heißen: Die Meinung, die Vorstellung, die sich das Publikum von einem Kommunikator macht, ist für seine Wirkung genauso ausschlaggebend, wie was er sagt. In einem klassisch gewordenen Experiment wurden Argumente zum Beispiel zu der Frage, ob man in naher Zukunft Atom-U-Boote bauen könnte, einmal als Zitat eines Autors mit hohem Ansehen, hoher Glaubwürdigkeit und dem Ruf eines Experten vorgestellt (Physiker Oppenheimer), das andere Mal als Zitat aus einer mit Mißtrauen angesehenen Quelle ohne Experten-Prestige (Zeitung ›Prawda‹). Wie bei anderen ähnlichen Experimenten zeigte sich bei gleicher Argumentation je nach Glaubwürdigkeit und Experten-Prestige der zitierten Quelle ein erheblicher Unterschied in der Beeinflussung der Meinungen des Publikums (*Hovland / Weiss* 1951). Auch die Motive, die man dem Kommunikator unterstellt, beeinflussen seine Überzeugungskraft (*Merton* 1946 über den Kate-Smith-Fall). Bei dem Experiment von Hovland/Weiss trat allerdings ein unerwartetes Phänomen auf, das die Autoren *Sleeper-Effect* (Überschlafens-Effekt) tauften. Nach Ablauf einiger Zeit geriet gleichsam in Vergessenheit, daß die aufgenommene Argumentation aus einer schlechten Quelle stammte, so daß sie nachträglich an Überzeugungskraft gewann (vgl. Abbildung 17). Das Konzept vom größeren Einfluß des angesehenen Kommunikators läßt sich nicht ohne gleichzeitige Beachtung des Inhalts seiner Stellungnahme betrachten: Wenn dieser Inhalt eigenen Überzeugungen zuwiderläuft, verringert sich einerseits die Sicher-

Abbildung 17:
Sleeper-Effect

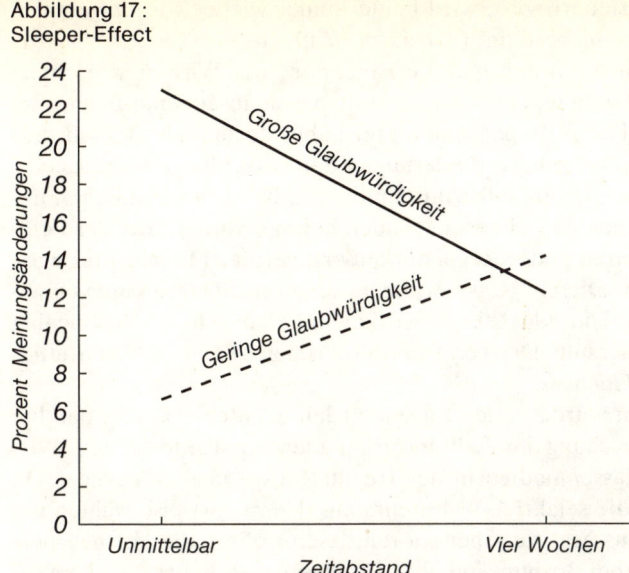

Quelle: Hovland, Effects of the Mass Media of Communication, 1954

heit, daß die eigene Überzeugung richtig ist, andererseits revidiert man – in negativer Richtung – seine Meinung über den Kommunikator (*Tannenbaum* 1956). Dieses Ergebnis ist einzuordnen in Konzepte der Kongruenz-, Konsistenz-, Balance-, Stabilitätstheorien, die in der Frühzeit der Wirkungsforschung eine dominierende Rolle spielten (→ Kommunikationstheorien). Ausgangspunkt bildete das *P-O-X-Modell* von *Heider* (1946); Kernsatz: »Attitudes towards persons and causal unit formations influence each other.« Wenn eine Person P zu einer Person O eine positive Einstellung hat, und die Person O hat eine positive Einstellung zu einem Thema X, dann wird P auch zu X eine positive Einstellung einnehmen.

Von den Forschungsergebnissen aus dieser Zeit ist die *Theorie der kognitiven Dissonanz* von *Festinger* (1957) am berühmtesten geworden. Die psychologische Dynamik, von der das Verhalten (Aufnahme bestimmter Botschaften, Ignorierung oder Umdeutung anderer) gesteuert wird, wird heute immer wieder von der empirischen Forschung bestätigt (*Donsbach* 1991).

Hovland selbst fiel auf, daß die Ergebnisse der Wirkungsforschung im Laboratorium und in den Feldstudien weit auseinanderfielen. Bei den kontrollierten Experimenten im Laboratorium wurden oft dramatische Wirkungen, Veränderungen der Einstellungen festgestellt, nicht aber bei den Bevölkerungsumfragen, bei denen Menschen unter ihren normalen Lebensumständen befragt wurden. Bei der Feldforschung waren in der Regel nur äußerst geringe Medienwirkungen zu erkennen. Diesem Rätsel widmete *Hovland* (1959) kurz vor seinem frühen Tod 1961 einen Artikel mit dem Titel: ›Reconciling Conflicting Results Derived from Experimental and Survey Studies of Attitude Change‹.

Erst langsam wurde in den folgenden Jahrzehnten erkannt, daß bei Wirkungsforschung im Laboratorium mehrere Faktoren der Wirkung der Massenmedien in der Realität ausgeschaltet werden. Da war einmal die selektive Wahrnehmung: Normalerweise wählen die Menschen aus, was sie sehen, hören, lesen wollen; die Versuchspersonen im Laboratorium sind aber ein ›captive audience‹, ein ›gefangenes Publikum‹. Sie sehen, hören, lesen, erleben, was man ihnen vorsetzt – egal, ob es sie interessiert oder nicht.

Aber nicht nur das. Im Laboratorium kommen typische Einzelfaktoren der Massenkommunikation im allgemeinen nicht zur Geltung. Unter normalen Umständen wirken die Medien *kumulativ*, die Botschaft wird über alle Kanäle und über die verschiedenen Mediengattungen hinweg wiederholt. Außerdem wirkt *Konsonanz*, d. h. die Medienbotschaften bestätigen sich gegenseitig (→Journalist), und schließlich tritt etwas hinzu, was im Laboratorium kaum bewußt zu simulieren ist, aber im Alltag der Medienwirkung ein selbstverständliches Element darstellt, der *Öffentlichkeitseffekt*. Jeder weiß, daß *alle* eine Botschaft sehen, hören, erfahren können. Im England des 18. Jahrhunderts wurde dafür der Ausdruck ›public eye‹ und ›public ear‹ geprägt (→ Öffentliche Meinung). Erst damit entfaltet sich die Wirkung der Massenmedien auf die Öffentlichkeit, die Bevölkerung, das Meinungsklima allgemein und erfaßt dann auch den einzelnen.

Mehr-Methoden-Ansätze

Wenn man Kumulation, Konsonanz und Öffentlichkeitseffekt – in der englischen Fassung lautete der Titel ›Return to the Concept of Powerful Mass Media‹ *(Noelle-Neumann* 1973) – zum Ansatz der Medienwirkungsforschung nimmt, dann wird klar, daß die Untersuchung von Medienwirkung Untersuchungsanlagen braucht, die langfristige Beobachtungen einschließen und das Mediensystem als Ganzes, das auf die Menschen zu einer bestimmten Zeit, an einem bestimmten Ort, in einer bestimmten Region in einem Land – ja, man kann sogar von Weltmeinung sprechen (*Rusciano / Fiske-Rusciano* 1990; *Rusciano* 1993) – einwirkt. Die erste derartige umfassende Untersuchung wurde aber nicht erst in den sechziger oder siebziger Jahren durchgeführt, sondern den Markstein in der Wissenschaftsgeschichte bildet die schon erwähnte Panelumfrage zur amerikanischen Präsidentschaftswahl von 1940 (*Lazarsfeld / Berelson / Gaudet* 1944).

Persönlich befragt wurde – sensationell für ein sozialpsychologisches Forschungsprojekt 1940 – ein repräsentativer Querschnitt von 3000 erwachsenen Einwohnern von Erie County, Ohio, und zwar mit der erst seit den dreißiger Jahren entwickelten Panelmethode mit siebenfacher Wiederholung der Befragungen zwischen Mai und November 1940. Die Untersuchung enthielt einen genialen Einbau eines großen Feldexperiments, um die Wirkung der Wiederholungsbefragung erkennen zu können (*Glock* 1952). Die Untersuchung schloß ein Kontakte zu Plakaten und Flugschriften sowie persönliche Gespräche und Medieninhaltsanalysen von Zeitungen und Radio, über die allerdings später kaum berichtet wurde. Sie konzentrierte sich auf alle Wechselvorgänge zwischen einer und der nächsten Befragungswelle und zog die Ergebnisse zusammen in einer 16-Felder-Tabelle, mit der zahlreiche Fragen zum Wechsel der Wahlabsicht vor einer Wahl beantwortet werden konnten (→ Methoden).

Als Pionierleistung einer derartigen umfassenden Untersuchung der Medienwirkung ist zu nennen eine Studie über die Rolle und Wirkung von Massenmedien bei einer Anti-Vietnam-Demonstration in London 1969 (*Halloran / Elliot / Murdock* 1970; *Noelle-Neumann / Mathes* 1987). Sie stützte sich auf eine sorgfältige Chronik des ganzen Ablaufs, eine drei Wochen vor dem Ereignis einsetzende

Inhaltsanalyse tonangebender Tageszeitungen, Wochenzeitungen und Funkmedien sowie Interviews mit Experten, Journalisten, Polizisten, Demonstranten und Bevölkerung.

Noch ehrgeiziger war ein international vergleichendes Projekt, das 1973 von einem Expertenkreis für Kommunikationsforschung der UNESCO angeregt wurde. Drei Themenbereiche sollten behandelt werden, und zwar ein internationales, ein nationales und ein lokales Thema, um den Einfluß der Massenmedien auf die Meinungsbildung einer Stadt – in Deutschland: Mainz – zu untersuchen. Das Projekt wurde außer in Deutschland auch in England, Finnland und Ungarn durchgeführt sowie im Libanon, in Kolumbien, Indien und Singapur.

Befragt wurden repräsentative Querschnitte von Journalisten sowie repräsentativ zusammengesetzte Panels von Elite-Angehörigen, Arbeitern und anderen Bevölkerungsgruppen. Außerdem wurden Inhaltsanalysen der lokalen und überregionalen Tageszeitungen, Wochenzeitungen, Zeitschriften, Hörfunk und Fernsehen eingeschlossen (*Noelle-Neumann/Kepplinger* 1978).

Die Methodenkombination von Medieninhaltsanalyse und Meinungsforschung, so themenspezifisch wie möglich angelegt, und – soweit vorhanden – ergänzt durch medienunabhängige statistische Datenreihen, erweist sich nach dem heutigen Stand als einzig angemessene Untersuchungsanlage, um der Wirkungsforschung ein festes empirisches Fundament zu geben. Eine Pilot-Studie zu diesem Kombinationsmodell wurde 1968 im Institut für Publizistik der Universität Mainz durchgeführt. Die Inhaltsanalyse erfaßte den Zeitraum von Februar bis einschließlich April 1968. Untersucht wurden die politischen Magazine des Ersten Fernsehprogramms sowie die *Bild-Zeitung*. Codiert wurde die Argumentation zu zwei unterschiedlichen Themenkomplexen, einmal Aussagen über den deutschen Nationalcharakter oder typische deutsche Verhaltensweisen, zweitens Aussagen über die Anerkennung der Oder-Neiße-Linie als deutsch-polnische Grenze. Bei beiden Themenbereichen hatten regelmäßig durchgeführte Meinungsumfragen einen dramatischen Meinungsumschwung in der Bevölkerung gezeigt. Die seit 1952 gestellte Frage: »Was halten Sie – einmal ganz allgemein gesagt – für die besten Eigenschaften der Deutschen?« ergab eine stetige Zunahme der Antworten: »Ich weiß keine positiven Eigenschaften der

Deutschen« von vier Prozent im Jahre 1952 auf 20 Prozent im Jahre 1972. Es wurde die Möglichkeit geprüft, ob dieser Meinungsumschwung die Auswirkung einer negativ-konsonanten Darstellung des deutschen Charakters in den Massenmedien sein könne. Die Ergebnisse der Inhaltsanalyse ließen eine solche Annahme plausibel erscheinen. In den Fernsehmagazinen waren 82 Prozent, in der *Bild-Zeitung* 62 Prozent der wertenden Aussagen über die Deutschen negativ.

Das zweite Thema betraf die Anerkennung der Oder-Neiße-Linie. Diese Frage beantworteten 1967 nur 31 Prozent mit Ja. Die Mehrheit (50 Prozent) lehnte zu diesem Zeitpunkt ihre Anerkennung ab. Drei Jahre später waren die Verhältnisse genau umgekehrt: Nun sprachen sich 50 Prozent der Bevölkerung für eine Anerkennung und nur noch 26 Prozent gegen eine Anerkennung der Oder-Neiße-Linie aus. Die Inhaltsanalyse der Fernsehmagazine zeigte eine positiv-konsonante Argumentation: 75 Prozent der in den Fernsehmagazinen genannten Argumente sprachen sich für die Anerkennung der Oder-Neiße-Linie aus; im Gegensatz dazu argumentierte die *Bild-Zeitung* jedoch durchgängig gegen eine Anerkennung (*Noelle-Neumann* 1973, S. 36 f.).

Modellhaft lassen sich Anlage und Ergebnisse von Medienwirkungsforschung mit Methodenkombination am Beispiel von Untersuchungen Kepplingers zur Ölkrise 1973/74 und 1978/79 zeigen (*Kepplinger / Roth* 1978; *Kepplinger* 1983). Ein wesentliches Merkmal dieser Studien war, daß nicht nur der Einfluß der Medienberichterstattung auf die Realitätsvorstellungen der Bevölkerung analysiert wurde, sondern auch die Rückwirkung dieser Vorstellungen auf die Realität selbst. Beide Studien sind methodisch gleich angelegt. Kepplinger ermittelte das tatsächliche Geschehen anhand von Statistiken über die Ölversorgung, die *Medienrealität* durch eine quantitative Inhaltsanalyse von Qualitätszeitungen und Straßenverkaufszeitungen. Die Wahrnehmung der Situation durch die Bevölkerung wurde mit repräsentativen Umfragen, das Kaufverhalten der Bevölkerung durch Statistiken über den Verkauf von Rohölprodukten erfaßt. Die Importstatistiken zeigten, daß im Herbst 1973 erheblich mehr Öl in die Bundesrepublik Deutschland eingeführt wurde als in den Jahren zuvor. Trotz der Entscheidungen der erdölexportierenden Staaten über Lieferkürzung und Boykott gab es in der

Bundesrepublik Deutschland keine Versorgungskrise. Die Presse überschätzte den Einfluß der OPEC-Entscheidungen und publizierte überwiegend negative, d. h. falsche Spekulationen über die Ölversorgung. Die Berichte über die angeblich gefährdete Versorgung riefen in der Bevölkerung große Besorgnis hervor: Es kam zu panikartigen Hamsterkäufen. Der drastische und unerwartete Anstieg der Nachfrage nach Öl und Ölprodukten führte im Oktober und November tatsächlich zu Lieferengpässen und zu Krisenmaßnahmen der Regierung – das falsche Bild einer ›Ölkrise‹ schien bestätigt.

Im Gegensatz zur Entwicklung im Herbst 1973 gingen die Rohölimporte in die Bundesrepublik Deutschland nach der iranischen Revolution und nach der Entscheidung Saudi-Arabiens, seine erhöhte Produktion teilweise zurückzunehmen, im Frühjahr 1979 erheblich zurück. Obwohl die Situation als krisenhaft bezeichnet werden konnte, wurde sie in den Medien nicht als krisenhaft dargestellt. Die widersprüchlichen Berichte über die Versorgungslage führten dazu, daß das Konsumverhalten der Bevölkerung weitgehend normal blieb. Aufgrund der nicht künstlich gesteigerten Nachfrage blieben die tatsächlich vorhandenen Versorgungslücken ›unsichtbar‹.

Beide Fälle stellen *self-fulfilling prophecies* dar, die von den Medien initiiert wurden. Die von den Medien publizierten Prognosen, es werde zu einer Krise bzw. nicht zu einer Krise kommen, waren in beiden Fällen eine wesentliche Ursache dafür, daß es zu einer Krise kam bzw. nicht kam. Bei ähnlichen Ausgangsbedingungen – sowohl 1973/74 als auch 1978/79 führte eine politische Krise zu einem Rückgang der Erdölförderung und zu einem beträchtlichen Anstieg des Ölpreises – war die unterschiedliche Medienberichterstattung eine entscheidende Voraussetzung für den unterschiedlichen Verlauf der Entwicklung.

Ähnlich angelegte Studien wurden zum Thema Kriegsdienstverweigerung (*Kepplinger/Hachenberg* 1980), Legitimierung der Anwendung von Gewalt in der politischen Auseinandersetzung am Fall Benno Ohnesorg (*Kepplinger* 1981), zum Image von Helmut Kohl (*Kepplinger* et al. 1986), zur Einstellung zur Technik allgemein und zur Kernenergie (*Kepplinger* 1989) sowie zum Thema NATO und Verteidigungspolitik (*Donsbach/Kepplinger/Noelle-Neumann* 1988) durchgeführt.

Es ist klar, daß die Forschung ungewöhnlich große Schwierigkeiten zu überwinden hat, Wirkungen eindeutig nachzuweisen. Man braucht nur einige Stichworte zu nennen, um sich das zu vergegenwärtigen: Die einzelne, durch Massenmedien transportierte Kommunikation ist in der Regel schwach, erst durch Kumulation gewinnen die Medienwirkungen ihre Stärke; durch den Zwei-Stufen-Fluß der Kommunikation, d. h. durch die Weitergabe der Informationen durch Mediennutzer an Dritte, verteilen sich die Eindrücke, die die Empfänger aus den Medien aufnehmen, rasch in der Gesellschaft, sie lassen sich nicht oder nur ausnahmsweise unter ganz bestimmten günstigen Umständen bei den Erstempfängern isolieren und damit am Ort des Empfanges, bei der Person des Mediennutzers nachweisen (*Noelle-Neumann* 1977). Die Wirkungen sind außerdem vorwiegend unbewußt, man kann darum kaum Aufschluß durch direkte Fragen erlangen, und sie ergeben sich in der Regel aus einem Aggregat aus unterschiedlichen Quellen; kein Medium, keine Zeitung, kein Programm wirkt für sich allein. Schließlich hat die Medienforschung des letzten Jahrzehnts gezeigt, daß die Wirkungen weniger durch unmittelbare Beeinflussung der Einstellung von Individuen erfolgen als über einen Umweg, also indirekt, über die soziale Natur der Menschen, indem die Vorstellungen von der Umwelt vom Meinungsklima geprägt werden (*Schweigespirale*). Nach dieser in den Vorstellungen geschaffenen Umwelt richten sich Menschen in ihrem Denken und Verhalten, um sich nicht zu isolieren, ganz wie es *Walter Lippmann* 1922 beschrieben hat (→ Öffentliche Meinung; *Noelle-Neumann* 1991, insbes. S. 206–217 und 227–240; *Kepplinger* 1975; *W. Schulz* 1976).

Es ist kein Wunder, daß irgendwann einmal die höhnische Bemerkung fiel, ein großer Teil der Medienwirkungsforschung verfahre so ähnlich, als ob man am Rauchen einer einzelnen Zigarette die Wirkung des Rauchens erkennen wollte. Dennoch sind die Untersuchungen einzelner Medienbotschaften und ebenso die Laboratoriums-Untersuchungen bis heute nicht überflüssig, wie man besonders an dem Artikel → Nonverbale Kommunikation: Darstellungseffekte erkennen kann.

Die aktive und die passive Hemisphäre der Kommunikationstheorie

Als zweiter langfristiger Trend der Medienwirkungsforschung wurde eingangs die Tendenz genannt, zu manchen Zeiten vor allem die *Aktivität* der Medienkonsumenten zu betonen und zu anderen Zeiten die *Passivität* des Publikums. Die Betonung der Aktivität der Medienkonsumenten führte zur Annahme geringer Medienwirkung, weil die Konsumenten ihre eigenen Absichten gegenüber den Medien durchsetzten. Umgekehrt überließ sich das passive Publikum weitgehend den Medien mit der Folge starker Medienwirkung (*Biocca* 1988).

Den stärksten Einfluß auf die Herausbildung der aktiven Hemisphäre der Kommunikationstheorie hat die Lazarsfeld-Schule gehabt. Man kann noch weiter gehen und sagen, daß *Paul F. Lazarsfeld* und das von ihm gegründete *Bureau of Applied Social Research* an der Columbia University in New York mit den dort versammelten Wissenschaftlern mit ihren Thesen die einflußreichste Forschergruppe im Bereich der Massenmedienforschung in diesem Jahrhundert war.

Mit der schon mehrfach erwähnten Paneluntersuchung von 1940, ›The People's Choice‹, wurden praktisch alle Schlüsselkonzepte gefunden, mit denen die Theorie der ›*minimal effects*‹ begründet wurde, die Theorie der schwachen Medienwirkung: die selektive Wahrnehmung, mit der sich die Menschen gegen Medieneinflüsse schützen; die Konzepte vom ›*Meinungsführer*‹ und ›Zwei-Stufen-Fluß der Kommunikation‹. Die Formulierung lautete: Ideen und Argumente fließen oft vom Radio oder aus der Presse zu den Meinungsführern und von den Meinungsführern, die den direkten Medieneinfluß brechen, zu den weniger aktiven Bevölkerungsgruppen (*Lazarsfeld* et al. 1944). Ein Schlüsselkonzept bildete die Bezugsgruppe, die das einzelne Mitglied vor Meinungsänderung schütze, weil es die Zugehörigkeit zur Gruppe nicht verlieren wolle (reference groups). Die Mitglieder sozialer Gruppen verstärken sich nach den Ergebnissen der Panelstudie von 1940 gegenseitig in ihren Auffassungen und schirmen sich damit gegenüber Medieninhalten, auch der Wahlpropaganda, ab.

Alle Elemente des persönlichen Einflusses, der persönlichen Aktivi-

tät der Rezipienten, alle Elemente, die von den Absichten der Journalisten und von den Medieninhalten selbst ablenkten, wurden betont. Berühmt wurde Mitte der fünfziger Jahre das Buch ›Personal
Influence. The Part Played by People in the Flow of Mass Communications‹ (*Katz / Lazarsfeld* 1955), dessen Motto ein Zitat von
John Stuart Mill bildete (›On Liberty‹, 1859): »And what is a still
greater novelty, the mass do not now take their opinions from dignitaries in Church or State, from ostensible leaders, or from books.
Their thinking is done for them by men much like themselves, addressing them or speaking in their name, on the spur of the moment,
through the newspapers.« Aber im Motto des Buches wurden die
drei letzten Worte »through the newspapers« (durch die Zeitungen)
weggelassen.

Von Herta Herzog aus der Lazarsfeld-Schule wurde aus dem Umfragematerial von 1940 der *›uses and gratifications‹-Ansatz* erarbeitet, und zwar mit der Studie »What Do We Really Know About
Daytime Serial Listeners?« (*Herzog* 1944) Mit diesem Ansatz
legte die Medienwirkungsforschung das Schwergewicht auf die
Frage, zu welchem Zweck, für die Befriedigung welcher Bedürfnisse
Menschen die Medien gebrauchen. Es wurde als ein Triumph der
Forschung empfunden, als Douglas Waples aus dem Lazarsfeld
Kreis formulierte: »Wir drehen die Frage: ›Was machen die Massenmedien mit den Menschen?‹ um in die Frage: ›Was machen die
Menschen mit den Massenmedien?‹« (*Waples* et al. 1940)

In dem die Auffassungen über die Wirkungen der Massenmedien
lange Zeit bestimmenden Buch von *Joseph Klapper* (1960) aus
der Lazarsfeld-Schule des Bureau of Applied Social Research der
Columbia University, New York, wurde der Begriff der *›mediating factors‹* geprägt. Damit wurden jene Merkmale – Alter, Geschlecht, Intelligenz, psychische Anlagen, soziale Situationen – des
Publikums der Massenmedien bezeichnet, von denen die Wirkung
mehr als vom Inhalt der Medien selbst abhängen soll.

Wissenschaftsgeschichtlich wurde die Studie von 1940 prägend für
fast ein Vierteljahrhundert. Sie führte zu der *Verstärker-Hypothese* und zu der These, daß Eigenschaften und Bedürfnisse der
Empfänger, des Publikums, die Wirkung der Massenmedien mehr
bestimmen als Inhalt und Form der Massenmedien selbst (*Berelson / Steiner* 1964, 1972).

Gleichzeitig erlebte die *uses and gratifications-Theorie* als Ansatz der Wirkungsforschung immer neue Auflagen, angefangen mit *Herbert Blumer* (1959), *Elihu Katz/David Foulkes* (1962), *Raymond Bauer* mit einer Umformulierung zum ›*transactional model*‹ (1964; *Früh/Schönbach* 1984) und Fortführungen von *Jay Blumler* (1979 und 1985).

Zur Erklärung dieser dauerhaften Karriere, sagt Biocca, es sei mehr und mehr eine Frage des Grundsatzes, »article of faith«, geworden, man könnte heute sagen, zu einer Frage der »political correctness« der Wissenschaftler, an den *aktiven* Rezipienten zu glauben. »In succeeding articles, declarations of the death of the passive audience were to become an academic ritual.« (*Biocca* 1988, S. 57) Das Faszinierende bei dem uses- and gratifications-Ansatz, sagt Biocca, sei, daß er die Betonung auf »wählen, auswählen« (choice) lege. Der Medienkonsument habe mehr und mehr die Züge des klassischen liberalen demokratischen Bürgers angenommen. »Die Geschichte der Medienwirkungsforschung kann betrachtet werden als eine Antwort auf die Bedrohung der Unverletzlichkeit des Individuums durch die Macht der Medien, seiner inneren Freiheit und Selbstbestimmung.« Unser soziales System ist verankert in den Annahmen der Aufklärung von der Vernunft des Individuums. »Das rationale, selbstbestimmte Individuum ist die sine-qua-non-Bedingung der Philosophie der liberalen Demokratien.« (*Biocca* 1988, S. 60)

Es mag sein, daß hier einer der tiefen Gründe für den jahrzehntelangen Glauben an den aktiven Rezipienten und die schwache Medienwirkung liegt. Es kommt aber offenbar noch etwas hinzu: »Der Einfluß der Medien auf die Medienwirkungsforschung« (*Noelle-Neumann* 1982).

Warum sollten ›die Medien‹ ein Interesse an einer Kommunikationstheorie haben, die den Medien nur eine außerordentlich gebremste Wirkung zugestand? Elihu Katz sagte dazu in einem Vortrag 1978, in dem er einen Überblick über die Geschichte der Wirkungsforschung und die Situation der daran beteiligten Wissenschaftler gab (*Katz* 1978): »Sie (die Wissenschaftler) wußten, daß ihre Ergebnisse von einer minimalen Wirkung paradoxerweise die Medienkontrolleure erfreuen würden. Die Wissenschaftler haben die Medien von dem Vorwurf befreit, sie seien für die Übel der Gesellschaft verantwortlich.« Der große Begründer der empirischen Kommunikationsforschung selbst, Paul F. Lazarsfeld, beschrieb in einem 1968 veröffentlichten autobiographischen Aufsatz, wie er als Direktor des neu gegründeten Office of Radio Research um 1939/40 von dem in Harvard lehrenden Carl J. Friedrich gebeten wurde, eine medienkritische Arbeit in der Schriftenreihe seines Hörfunk-Forschungsinstituts zu veröffentlichen. Er habe damals unter Hinweis auf Methodenfragen abgelehnt. Jetzt, 28 Jahre später, wolle er sich bei Professor Friedrich entschuldigen. Die wirklichen Gründe der Ablehnung seien komplexer gewesen. Ein junges Forschungsinstitut sei abhängig von den Medien, man suche in solcher Situation einen Weg, um die Unterstützung nicht zu verlieren (*Lazarsfeld* 1968, S. 314f.).

Man muß bedenken, die Medienwirkungsforschung war weitgehend auf die Finanzierung durch die Medien selbst angewiesen, und das ist zum großen Teil auch heute noch so. Lazarsfeld erklärte in persönlichen Gesprächen, er habe das Feld der Kommunikationsforschung verlassen und sich der mathematischen Soziologie zugewandt, weil er dem Druck, der von den Medien auf den Wissenschaftler ausgeübt wurde, ausweichen wollte (*Noelle-Neumann* 1982, S. 117).

In einem Lagebericht über den Stand der Kommunikationsforschung sagte *Berelson* 1959 (S. 312), die führenden Wissenschaftler hätten das Feld verlassen: Nicht nur Lazarsfeld habe es verlassen, sondern auch Lasswell sei zur Politikwissenschaft gewechselt, Cantril zur Wahrnehmungspsychologie, Stouffer zur Rollentheorie. Die amerikanischen Sozialwissenschaftler Chaffee, Ward und Tripton wunderten sich in einer 1970 veröffentlichten Arbeit, daß sich die Sozialisationsforschung ausgiebig auf drei Faktoren konzentriert habe: die Familie, die Schule, die Gleichaltrigen, dagegen die Massenmedien als Sozialisationsfaktor praktisch übersehen habe. Es lasse sich aber mit empirischen Untersuchungsmethoden deutlich der Zusammenhang von Massenmedien und politischer Sozialisation bei Jugendlichen nachweisen. Max Kaase ließ für drei deutsche und zwei amerikanische Fachzeitschriften für Soziologie, Sozialpsychologie und Politologie die Themen aller in der Zeit von 1970 bis 1984 veröffentlichten Aufsätze untersuchen. Mit den Massenmedien befaßten sich weniger als ein Prozent (*Kaase* 1986).

Die lang anhaltende Auseinandersetzung zwischen Kommunikationstheorien mit der Annahme eines aktiven oder passiven Publikums – noch verzögert durch ein Vermeiden der Medienwirkungsforschung generell – schmälert nicht die wissenschaftliche Leistung der Lazarsfeld-Schule. Ganz im Gegenteil: Die Entdeckung der Rolle der selektiven Wahrnehmung im Kommunikationsprozeß, die Entdeckung der Meinungsführer und des Zwei-Stufen-Flusses der Kommunikation, die Bedeutung der Bezugsgruppen, des uses-and-gratifications-Ansatzes und das daraus entwickelte Konzept des Medienkonsums als ›*parasocial interaction*‹ – all das sind Marksteine der Kommunikationsforschung, die bis heute nicht überholt sind, sondern sich als immer weiter fruchtbar erweisen.

Man kann das illustrieren an der Karriere der *opinion leader*, die auf einem Umweg über die Entwicklung einer *Skala der Persönlichkeitsstärke* jetzt wiederum eine zentrale Rolle im Verständnis des Kommunikationsprozesses einnehmen (*Noelle-Neumann* 1985), nachdem jahrzehntelang weitgehend vergeblich versucht worden war, das Konzept zu präzisieren und quantitativer Untersuchung zugänglich zu machen. Es ließ sich schon bei den ersten, auf die Skala Persönlichkeitsstärke gestützten Analysen erkennen: Es ist nicht so, daß der Meinungsführer viel mehr Kontakt zu den Medien hat. Der Meinungsführer – der übrigens in allen sozialen Schichten und ganz ähnlich auch bei Männern und Frauen in allen Altersgruppen die gleichen Charakterzüge, die gleichen Wesenszüge hat – liest, hört, sieht nicht mehr, aber er nutzt die Medien aufmerksamer, er hat eine bessere Erinnerung, und er kann deshalb über das Gelesene, Gehörte, Gesehene sprechen, Fragen beantworten. Die Meinungsführer haben eine exaktere Kenntnis auf den Gebieten, für die sie sich interessieren, das sind sehr viel mehr Gebiete als beim Durchschnitt. Sie haben auch viel mehr Bekannte als der Durchschnitt, und darum werden sie viel um Rat gefragt (*Noelle-Neumann* 1990). Den ersten Schritt zur Beobachtung der Dynamik, die vom Meinungsführer ausgeht, tat Weimann mit seinen Studien im Kibbuz: Der Kibbuz diente als Zelle, in der die Interaktion zwischen Meinungsführer und anderen Mitgliedern der Gruppe beobachtet werden konnte (*Weimann* 1991). Eine Durchsicht der mehreren tausend Studien, die dem Meinungsführer-Konzept in den letzten Jahrzehnten gewidmet waren, führte schließlich an den Beginn eines neuen Kapitels der Medienwirkungsforschung, bei der nun die sozialen Netzwerke voll einbezogen werden (*Weimann* 1994; → Kommunikationstheorie).

Selektive Wahrnehmung

Ganz ähnlich ist die Wirkungsgeschichte des Konzepts der *selektiven Wahrnehmung* verlaufen. In Anbetracht der überragenden Bedeutung dieses Konzepts für die Medienwirkungsforschung soll die Originalformulierung hier zitiert werden, mit der das Prinzip der selektiven Wahrnehmung von Lazarsfeld vorgestellt wurde: »Trotz der vielfachen Propaganda und Gegenpropaganda während des Wahlkampfes (1940) wird der Wähler nur sehr wenig davon erreicht. Und wenn man genau hinsieht, was ihn erreicht, stellen wir fest, daß er die Propaganda für die Seite zur Kenntnis nimmt, mit der er sowieso schon übereinstimmt, und daß er sich abschirmt gegenüber der Propaganda, die seinen Ansichten widersprechen könnte« (*Lazarsfeld/Berelson/Gaudet* 1948). Das war die Wurzel der berühmten *Verstärker-Hypothese*: »Die Medien ändern Einstellungen nicht, sie verstärken sie nur.«

Die These von der selektiven Wahrnehmung ist wahrscheinlich mehr als jedes andere Konzept der Kommunikationsforschung empirischen Prüfungen unterzogen worden. Fast 30 Jahre nach der Studie von Lazarsfeld erschien das umfangreiche Standardwerk ›Theories of Cognitive Consistency. A Sourcebook‹ (*Abelson* et al. 1968), mit einem das Konzept verteidigenden Beitrag von Elihu Katz: ›On Reopening the Question of Selectivity in Exposure to Mass Communications‹ (*Katz* 1968).

Im Zuge der jahrzehntelangen Bearbeitung dieses Problems wurden viele Verfeinerungen entwickelt, u. a. die Unterscheidung von drei Phasen der Selektion:

1. die Entscheidung, welcher Kommunikation, welchen Medien und Botschaften man sich überhaupt aussetzt, sei es ganz oder teilweise (selective exposure),
2. wie man den Inhalt versteht (selective perception),
3. was man davon behält (selective retention).

Der Effekt dieser Schutzmechanismen zur Aufrechterhaltung bestehender Einstellungen und Abwehr von Zweifel ist in vielen Studien der Kommunikationsforschung nachgewiesen (*Zillmann/Bryant* 1985). Einige einwandfreie Bestätigungen seien hier angeführt. So ließ *Atkin* (1971) für ein Experiment acht verschiedene Titelseiten einer Universitätszeitung produzieren, die sich jeweils nur durch

Aufmachung und Tendenz der Schlagzeile eines einzigen Artikels unterschieden, der die politischen Parteien in den USA behandelte. Sowohl Anhänger der Republikaner als auch der Demokraten wählten selbst dann mehrheitlich die ihre politischen Ansichten bestätigenden Artikel aus, wenn diese nur wenig betont waren. Nur bei neutralen Überschriften wurde die Selektion am stärksten durch die Betonung erklärt. *Sweeney* und *Gruber* (1984) wiesen mit einer Panelbefragung nach, daß sich die Anhänger Nixons deutlich weniger den Medieninformationen über die Watergate-Hearings im Jahr 1973 aussetzten als die Anhänger McGoverns.

Mit Copytests und Leserbefragung konnte mit einer Allensbacher Umfrage anhand von echten Zeitungsausgaben des Zürcher ›Tages-Anzeigers‹ das Selektionsverhalten auch in der natürlichen Lesesituation nachgewiesen werden. Von den Lesern, die die amerikanische Politik in Vietnam billigten, hatten 44 Prozent einen Artikel gelesen, der sich positiv mit dem amerikanischen Engagement auseinandersetzte, während derselbe Artikel nur von 26 Prozent der Vietnamgegner gelesen wurde. Umgekehrt wurde ein negativer Artikel über die amerikanische Vietnampolitik von 43 Prozent der Gegner und nur von 11 Prozent der Anhänger der USA gelesen. Ähnlich waren die Unterschiede bei einem Artikel, der eine politische Reform in der Schweiz betraf (vgl. auch Tabelle 33).

Zugleich aber wurde eine große Zahl von Fällen gefunden, in denen sich die Regel von der selektiven Wahrnehmung nicht bestätigte (*Freedman/Sears* 1965). Anfang der achtziger Jahre war das Konzept in der Medienwirkungsforschung fast vollständig aufgegeben worden.

Erst als im Zusammenhang mit einem Schwerpunktprogramm der Deutschen Forschungsgemeinschaft Wolfgang Donsbach 1984 die Chance erhielt, mit einem breit angelegten empirischen Forschungsprojekt die Rolle der selektiven Wahrnehmung im Kommunikationsprozeß umfassend zu untersuchen, wurden die Widersprüche geklärt (*Donsbach* 1991).

Ein Feldexperiment mit gegabelter Befragung des Allensbacher Instituts hatte 1972 einen eigentümlichen Befund erbracht. Die Befragten bekamen eine Liste mit fünf verschiedenen Zeitungsschlagzeilen vorgelegt und wurden gebeten anzugeben, welche der aufge-

Tabelle 33:
Selektive Wahrnehmung von Zeitungslesern
Repräsentative Umfrage des Instituts für Demoskopie Allensbach bei
Lesern des ›Tages-Anzeigers‹ Zürich, Herbst 1967

Frage: »Wie steht der ›Tages-Anzeiger‹ zur amerikanischen Politik in Vietnam?«

Leser, die die amerikanische Politik in Vietnam verteidigen (n = 319)	Der ›Tages-Anzeiger‹	Leser, die die amerikanische Politik in Vietnam mißbilligen (n = 247)
55%	– verteidigt die amerikanische Politik in Vietnam	23%
10%	– verurteilt die amerikanische Politik in Vietnam	34%
35%	– Unentschieden	43%
100%		100%

Frage: »Welche Haltung nimmt der ›Tages-Anzeiger‹ in der Frage des Problems der Fremdarbeiter ein?«

Leser, die die Meinung vertreten: »Wir brauchen die Fremdarbeiter, müssen versuchen, mit ihnen zusammenzuleben.« (n = 446)	Der ›Tages-Anzeiger‹	Leser, die die Meinung vertreten: »Wir sollten möglichst viele von den Fremdarbeitern wieder loswerden.« (n = 141)
68%	– vertritt die Ansicht: »Wir brauchen die Fremdarbeiter, müssen versuchen, mit ihnen zusammenzuleben.«	40%
7%	– tritt dafür ein, wir sollten die Fremdarbeiter möglichst rasch wieder loswerden	28%
25%	– Unentschieden	32%
100%		100%

Frage: »Befürwortet der ›Tages-Anzeiger‹ Reformen der politischen Einrichtungen der Schweiz?«

Leser, die der Meinung sind: »Unsere politischen Einrichtungen sind gut, man sollte daran möglichst wenig ändern.« (n = 157)	Der ›Tages-Anzeiger‹	Leser, die glauben: »Unsere politischen Einrichtungen sind zum Teil veraltet, wir müssen umfassende Reformen durchführen.« (n = 400)
57%	– sieht keine Notwendigkeit für eine Reform der politischen Einrichtungen	15%
16%	– tritt für umfassende Reformen der politischen Einrichtungen ein	55%
27%	– Unentschieden	30%
100%		100%

Quelle: Allensbacher Archiv, IfD-Umfrage 484

führten Artikel sie lesen würden. Zwei der Überschriften lauteten: »Barzel von begeisterten Anhängern gefeiert« (Barzel war der Kanzlerkandidat der CDU/CSU bei der Bundestagswahl 1972) und »Ehemaliger Klassenkamerad erhebt Vorwürfe gegen Brandt«. Bei der Hälfte der Interviews waren die Namen der Politiker vertauscht.

Bei der positiv ausgedrückten Meldung »Brandt/Barzel von begeisterten Anhängern gefeiert« war eine starke Neigung zu selektivem Lesen festzustellen: Jeweils doppelt so viele Anhänger wie Gegner des jeweiligen Politikers gaben an, sie würden diesen Artikel lesen wollen. Bei der negativen Nachricht »Ehemaliger Klassenkamerad erhebt Vorwürfe gegen Brandt/Barzel« war dieser Effekt dagegen nicht zu beobachten. Hier gab es keine Unterschiede in der Lesebereitschaft zwischen Anhängern und Gegnern des genannten Politikers (Tab. 34). Eine Wiederholung des Tests mit ähnlichen Formulierungen im Jahr 1975 erbrachte im Prinzip die gleichen Ergebnisse (vgl. auch *Noelle-Neumann* 1973).

Diesem Befund ging Donsbach unmittelbar nach. Er führte in den Jahren 1985 bis 1988 die bisher umfangreichste Feldstudie zur Informationsselektion bei Zeitungen durch. Mit einer Kombination von Leserbefragung, Copytest und Inhaltsanalyse wurden alle Kontakte

Tabelle 34:
Selektive Lesebereitschaft bei positiven Nachrichten 1972

Frage: »Einmal angenommen, in der Zeitung von morgen finden Sie diese Artikel. Sind da welche dabei, die Sie lesen würden?«
(Vorlage einer Liste)

	CDU-Wähler (n = 293) %	SPD-Wähler (n = 474) %
Barzel von begeisterten Anhängern gefeiert	51	25
Ehemaliger Klassenkamerad erhebt Vorwürfe gegen Brandt	54	50
	CDU-Wähler (n = 291) %	SPD-Wähler (n = 380) %
Brandt von begeisterten Anhängern gefeiert	25	52
Ehemaliger Klassenkamerad erhebt Vorwürfe gegen Barzel	53	49

Quelle: Allensbacher Archiv, IfD-Umfrage 2088, November 1972

zwischen Lesern und Artikeln von vier Tageszeitungen an drei aufeinanderfolgenden Erscheinungstagen untersucht. Die Ergebnisse
ermöglichen zum ersten Mal einen klaren Überblick über die Umstände, die Strukturen und die Grenzen der selektiven Wahrnehmung. Und sie zeigen, daß die Bedeutung der Selektivität in der
Kommunikationswissenschaft lange überschätzt worden ist. Die
wichtigsten Ergebnisse waren:

– Nicht die Konsonanz bzw. Dissonanz zwischen Information und
  Lesermeinung entscheidet in der Hauptsache darüber, ob ein Ar-
  tikel gelesen wird oder nicht, sondern die *formale Betonung*:
  Schlagzeilengröße, Bebilderung, Plazierung. Die formal stark be-
  tonten Artikel werden von den Lesern, deren Meinung mit dem
  Inhalt nicht übereinstimmt, praktisch ebenso stark beachtet wie
  von denen, deren Ansicht durch den Artikel gestützt wird.
– Eine ähnlich große Rolle spielen Anzahl und Intensität der
  Nachrichtenfaktoren (→ Nachricht). Je größer die Zahl der
  Nachrichtenfaktoren ist und je intensiver diese betont werden, de-
  sto mehr ebnen sich die Unterschiede in der Beachtung zwischen
  Lesern in konsonanten und dissonanten Situationen ein.
Diese beiden Elemente, formale Betonung und Nachrichtenfaktoren, erklären etwa zwei Drittel der von Donsbach festgestellten Selektion und überlagern damit deutlich die Komponente, die im traditionellen Verständnis von selektiver Wahrnehmung die Hauptrolle
spielt: Konsonanz und Dissonanz. Diese Komponente wurde in der
Studie von Donsbach zwar ebenfalls festgestellt, es zeigte sich aber,
daß sie verschiedenen Einschränkungen und Bedingungen unterliegt:
– *Positive* Nachrichten über Politiker werden vor allem von denen
  gelesen, die sich davon in ihrer Meinung unterstützt fühlen. Diejenigen, die diese Nachrichten aus ihrem politischen Standort heraus nicht begrüßen, lesen diese Artikel deutlich weniger. Dagegen
  findet bei *negativen* Informationen eine solche Selektion *nicht*
  statt. Dieses Ergebnis ist also eine Bestätigung der Allensbacher
  Befunde aus den siebziger Jahren.
– Die Selektion zugunsten der eigenen Meinung ist bei eiligen und
  stark dogmatischen Lesern am größten. Je mehr Zeit für die Zeitungslektüre verwendet wird und je toleranter das Weltbild des

Lesers ist, desto weniger wird nach dem Kriterium Konsonanz und Dissonanz selektiert.

- Die eigene Meinung des Lesers spielt nur bei solchen Artikeln eine meßbare Rolle als Auswahlkriterium, in denen es um Politiker geht oder wenigstens um eindeutig parteipolitisch strukturierte Themen. Für andere Konfliktthemen gilt dies nicht, es sei denn, es handelt sich um einen Streitpunkt, an dem der Leser persönlich stark interessiert und engagiert ist (hohe ›Ich-Beteiligung‹).

- Leser, die glauben, mit ihrer Zeitung politisch übereinzustimmen, verhalten sich weniger selektiv als Leser, die eine große politische Distanz zwischen sich und ihrem Blatt sehen. Der Vertrauensvorschuß, den eine Zeitung bei denen genießt, die sich ihr politisch nahe fühlen, erlaubt anscheinend eher die Aufnahme auch von dissonanten Informationen.

- Die Entscheidung, einen Artikel überhaupt zu beachten, ist weniger von der eigenen Meinung abhängig als von formalen Kriterien. Eine größere Rolle spielt dieser Faktor dagegen bei der Entscheidung, einen einmal angefangenen Artikel auch zu Ende zu lesen, und zwar um so mehr, je länger der Text ist.

All dies zeigt deutlich, daß die seit der Lazarsfeld-Studie so populäre These, selektives Leseverhalten verhindere Medienwirkung, nicht gehalten werden kann. Der wichtigste Befund ist dabei, daß die selektive Wahrnehmung nur bei positiven Nachrichten stattfindet. Hier zeigt sich die große Bedeutung des Nachrichtenfaktors *Negativität* (*Kepplinger/Weißbecker* 1991). Berichte über Pannen, Mißgeschicke und Skandale werden auch von den Anhängern der betroffenen Parteien oder Politiker aufgenommen. Vermutlich liegt hier ein Grund für die unter Journalisten weit verbreitete Meinung »Gute Nachrichten sind keine Nachrichten«.

Aber warum hat ein so genialer Forscher wie Paul Lazarsfeld die Asymmetrie der selektiven Wahrnehmung nicht schon 1940 entdeckt, warum hat er die These so unqualifiziert auf den Weg geschickt? Das läßt sich jetzt verstehen. Die These stützte sich auf Untersuchungen in einem Wahlkampf über Wahlpropaganda. Wahlpropaganda war, zumindest damals, überwiegend positiv, strich die Vorzüge der eigenen Parteien und Kandidaten heraus. Da war die selektive Wahrnehmung deutlich zu erkennen. Die Möglichkeit, das

Verhalten bei negativen Botschaften zu beobachten, fehlte weitgehend.

Es war also ein ausgesprochener Sonderfall, der am Anfang der These stand, Selektion verhindere Medienwirkung. Heute ist klar, daß die selektive Wahrnehmung zur Bestätigung der eigenen Meinung nur einen geringen Teil der Entscheidungen ausmacht, die der Nutzer der Massenmedien täglich zu treffen hat. Und selbst dort, wo das Kriterium Konsonanz und Dissonanz eine Rolle spielt, erklärt es nur einen geringen Teil der Selektionsentscheidungen. Mit anderen Worten: Die Wahrscheinlichkeit, daß sich ein Leser dissonanten Informationen verweigert, weil sie dissonant sind, ist geringer als die Wahrscheinlichkeit, daß er sie dennoch annimmt (*Donsbach* 1991).

Neben all diesen Einschränkungen unterliegt die selektive Wahrnehmung noch einer weiteren Bedingung: Sie kann naturgemäß nur dann stattfinden, wenn das Publikum die Möglichkeit hat, auszuwählen. Je mehr aber die selektive Wahrnehmung von den Medien oder Mediensystemen behindert wird, desto größer kann die Medienwirkung sein. Einen Extremfall der Ausschaltung der Selektion bieten Situationen, wie sie bei Laboratoriumsexperimenten zur Untersuchung kurzfristiger Wirkungen gegeben sind. Der Extremfall mit langfristiger Wirkung ergibt sich bei einer vom Staat umfassend gelenkten Publizistik (→ Pressegeschichte, Drittes Reich). In beiden Fällen hat das Publikum keine Wahl: Es muß sich den angebotenen Informationen aussetzen, wenn es die Augen nicht ganz verschließen will. Es ist unter diesen Umständen äußerst beeinflußbar.

Von heute aus läßt sich erkennen, daß die Medienwirkungsforschung sich nicht für eines der zwei miteinander ringenden Konzepte vom aktiven oder passiven Publikum entscheiden muß. Gerade die Arbeit von Donsbach zeigt schon in der Formulierung des Titels »Medienwirkung trotz Selektion« ganz deutlich, beides spielt eine Rolle, keines darf einseitig betont werden. Allerdings weisen die Ergebnisse der Kommunikationsforschung zunehmend auf eine starke Medienwirkung hin.

Nichts ist mehr wie vorher: Die Wirkung des Fernsehens

Die Regel von der selektiven Wahrnehmung, die die Einstellungen gegen Veränderung durch Medieninhalte schützen soll, wurde in der Lazarsfeld-Schule formuliert ohne die entscheidende Einschränkung: Selektive Wahrnehmung ist abhängig davon, wie leicht oder wie schwer man sich gegen Medieninhalte abschirmen kann. Bei hoher Konsonanz der Medieninhalte zu einem bestimmten Thema und bei anhaltender Kumulation ist das sehr schwer. Aber es ist auch sehr schwer bei günstiger Plazierung und großer Aufmachung, wie die Donsbach-Studie zeigt. Dabei fehlt bis heute noch eine Studie nach dem Donsbach-Modell für das Fernsehen, das die Barrieren der selektiven Wahrnehmung gattungsspezifisch leichter überwindet. Man muß bedenken, daß alle Erkenntnisse über eingeschränkte Medienwirkung aus der Lazarsfeld-Schule aus der Zeit vor der Ausbreitung des Fernsehens stammen. Die Situation der Wirkung der Massenmedien hat sich mit dem Fernsehen völlig verändert und vielleicht damit das Rollenverständnis der Journalisten, das seit den sechziger Jahren in allen westlichen Industrieländern zu beobachten ist. Damit hat sich auch die Rolle der Massenmedien in der Demokratie verändert, ohne daß dies schon politikwissenschaftlich verarbeitet ist, wie bereits kurz in der Einleitung angedeutet.

Die größere Leichtigkeit im Überwinden selektiver Wahrnehmung hängt vor allem damit zusammen, daß das Fernsehmedium in der *Zeit* organisiert ist, während das Druckmedium seinen Inhalt im *Raum*, auf den Druckseiten ausbreitet, die man nach Belieben gar nicht zur Hand nimmt oder überschlägt.

Es kommt beim Fernsehen hinzu, daß es das erste »natürliche« Medium ist, man sieht und hört, ohne daß, wie beim Lesen, eine weitere ›Entschlüsselung‹, eine – in der Sprache der Kommunikationsforschung – ›kognitive Dekodierung‹ erforderlich ist. Dadurch hat der Fernsehzuschauer den Eindruck von Realität, er empfindet sich als Augenzeuge (»Ich habe es mit eigenen Augen gesehen«), ohne sich der Selektion bewußt zu sein, mit der die Fernsehkamera seine Augen führt. Der kanadische Medienphilosoph *McLuhan* erwartete, daß durch die Einführung des Fernsehens die Welt wieder zum Dorf werde, daß sich nun wieder alle Menschen auf dem Dorfplatz versammeln und alles mit anhören und mit ansehen könnten. Er begrüßte das Fernsehen als eine Ausweitung der menschlichen Glieder und Sinne: So wie das Auto eine Fortsetzung der menschlichen Beine sei oder das Telefon eine Verstärkung des menschlichen Ohrs, so sei das Fernsehen nun eine bis dahin unvorstellbare Verstärkung des menschlichen Auges. Dabei vergaß er, was die Fernsehkommunikation gerade von anderen Eindrücken und Erfahrungen unterscheidet: den Unterschied zwischen einem realen originalen Erlebnis und einem, das durch Kommunikatoren und Technik vermittelt ist. Beim realen Erlebnis entscheidet der einzelne selbst, was er sieht, er trifft selbst die Auswahl. Bei der Massenkommunikation durch das Fernsehen wird sein Auge geführt. Die Selektion, was er sieht und was er nicht sieht, trifft der Kameramann, die Cutterin, der Schlußredakteur.

Übereinstimmend wird bei Umfragen in allen westlichen Ländern dem Fernsehen von allen Medien die größte Glaubwürdigkeit zugesprochen. Bei einer Allensbacher Erhebung von 1993 erklärten fast 40 Prozent der Befragten, am glaubwürdigsten sei das Fernsehen, gegenüber 16 Prozent für die Zeitung (vgl. Tabelle 35).

McLuhan wäre sehr überrascht gewesen, wenn er die Ergebnisse kontrollierter Experimente zur Wirkung von Bildausschnitt, Kameradistanz und Kamerawinkel sowie optischer Kommentierung auf

Tabelle 35:

Frage: »Einmal angenommen, das Fernsehen und die Zeitungen berichten über ein und dasselbe Ereignis, aber ganz verschieden: Wem würden Sie am ehesten glauben, dem Fernsehen oder der Zeitung?«

	November 1990 (n = 1088) %	Mai 1993 (n = 1072) %
Am ehesten –		
dem Fernsehen	44	39
der Zeitung	14	16
Beiden gleich	25	26
Unentschieden	17	19
	100	100

Quelle: Allensbacher Archiv, IfD-Umfragen 5043/II, 5080

die Fernsehzuschauer gesehen hätte (→ Nonverbale Kommunikation: Darstellungseffekte).

Eine breit angelegte Untersuchung von Sabine Holicki zeigte, daß bei gleichem Inhalt Bilder stärker wirken als Texte (*Holicki* 1993). Dazu kommt eine biologisch bedingte erhöhte Aufmerksamkeit für das bewegte Bild (*Tannenbaum* 1981).

Für die Kommunikationsforschung war es besonders wichtig, daß sie wenigstens in einem Fall, nämlich beim Fernsehen, noch die Frage nach der Wirkung der bloßen Existenz eines Mediums mit Begleitforschung zumindest in Teilen beantworten konnte. Eine größere Zahl von Forschungsprojekten richtete sich besonders darauf, die Verdrängungseffekte insbesondere bei Kindern und Jugendlichen zu prüfen: Welche anderen Tätigkeiten und speziell welche anderen Medien werden durch die Zuwendung zum Fernsehen verdrängt? Übereinstimmend wurde gefunden, daß kurzfristig aktive Tätigkeiten vom Fernsehen nicht beeinträchtigt werden, sondern eher passiver Zeitvertreib durch Fernsehen ersetzt wurde. In dem Jahrzehnt nach Einführung des Fernsehens verdoppelte sich zwar die Zeit, die die Menschen mit Medienkonsum zubrachten (*Robinson* 1981; *Berg/Kiefer* 1982, 1987, 1992; in der Bundesrepublik Deutschland beträgt sie Anfang der neunziger Jahre etwa sechs Stunden pro Tag), aber das wurde kompensiert durch das gleichzeitige Anwachsen der Freizeit, so daß stärkere Verdrängungseffekte nicht auftraten. Außerdem begünstigten steigender Wohlstand und Zunahme höherer Schulbildung aktive Freizeittätigkeiten, insbesondere Sport, Gesellschaft.

Besonderes Interesse fand die Frage, ob durch das Fernsehen das Lesen beeinträchtigt werde. Wegen der kompensierenden gleichzeitigen Einflüsse einer besseren Schulbildung und eines gestiegenen Wohlstandes ließen sich die reinen Effekte des Fernsehens nur schwer erkennen. Fest steht, daß seit Ende der siebziger Jahre der Anteil vor allem junger Menschen, die pro Tag Zeitung lesen (regionale Zeitungen, Kaufzeitungen, überregionale Qualitätszeitungen), langsam, aber beständig absinkt (*Noelle-Neumann/R. Schulz* 1993, vgl. auch → Methoden der Publizistik und Kommunikationswissenschaft, Tab. 10, S. 288).

Die Notwendigkeit, die Lesefähigkeit aktiv zu fördern, wird heute in den USA und in Europa erkannt, insbesondere weil mit der Fähigkeit zum Lesen auch die Fähigkeit zum Verstehen eng verbunden ist. Dazu gehört die Aufnahme und das Behalten von Informationen, das Erkennen von Zusammenhängen, die Entwicklung von Phantasie und die Gewandtheit im Schreiben und Sprechen (*Peirce* 1983).

Die Wirkung des Fernsehmediums allein durch seine Existenz ist viel tiefgreifender, als der erste Ansatz (Was wird durch das Fernsehen zeitlich verdrängt?) vermuten ließ. Der Hinweis von *Postman* (1982) auf den Einbruch der Erwachsenenwelt in die Kindheit durch das Fernsehen beschreibt eine dieser unerwarteten Wirkungen. Auch die Thesen von Meyrowitz, daß das Fernsehen die Wände durchlässig gemacht und damit traditionelle Grenzen zwischen Altersgruppen, Geschlechtsgruppen, gesellschaftlichen Gruppen und traditionellen Rollen aufgehoben und einen weitgehenden Orientierungsverlust bewirkt habe (»No Sense of Place« – »Kein Gefühl für den Ort«, *Meyrowitz* 1985), beschreiben den Einfluß des Fernsehens, der von diesem Medium allein durch seine Existenz ausgeht. Mit diesem fernsehspezifischen Überall-hinter-die-Kulissen-Sehen könnte auch der in allen westlichen Ländern beobachtete Verlust von Vertrauen in die Institutionen zusammenhängen.

In den sechziger Jahren wurde speziell in der Bundesrepublik Deutschland in einem kontrollierten Quasi-Experiment beobachtet, daß in solchen Haushalten, in denen das erste Fernsehgerät angeschafft wurde, das Interesse an Politik sprunghaft anstieg (*Noelle-Neumann* 1979). Während jedoch im allgemeinen mit steigendem politischen Interesse eine Zunahme des Wissens einhergeht, war das hier nicht der Fall. Schon das Allensbacher Feldexperiment der sechziger Jahre deutete darauf hin, daß eine Zunahme der Information nur erfolgt, wenn Fernsehen mit regelmäßiger Zeitungslektüre kombiniert wird (*Noelle-Neumann* 1982). Da in diesem Punkt Unterschiede nach sozialer Schicht bestehen (überall ist zu beobachten, daß Angehörige der unteren Schichten mehr fernsehen und weniger Zeitung lesen) und weil es für diejenigen, die schon etwas wissen, leichter ist, neues zusätzliches Wissen aufzunehmen, entsteht eine *wachsende Wissenskluft*, ein ›knowledge gap‹ (*Tichenor/Donohue/Olien* 1970; *Bonfadelli* 1978, 1987). Mit Repräsentativumfragen ließ sich feststellen, daß Personen, die viel fernsehen (auch bei Konstanthalten der Bildung), mehr zu wissen glauben als Personen, die weniger fernsehen. Tatsächlich wissen sie aber weniger, so daß man geradezu von einer Wissensillusion sprechen kann, die das Fernsehen erzeugt (*Noelle-Neumann* 1986, S. 300).

Hertha Sturm und Mitarbeiter stellten bei einer vergleichenden Untersuchung von Sehen, Hören und Lesen fest, daß rationale und emotionale Elemente von Mitteilungen verschieden gut behalten werden. So wird beispielsweise der positive oder negative Eindruck einer in den Medien dargestellten Person behalten, während die Argumente, warum diese Person positiv oder negativ zu bewerten sei, vergessen werden (*Sturm/Haebler/Helmreich* 1972). Die gefühlsmäßigen Einstellungen lösen sich von den Begründungen ab, machen sich selbständig. Auf diese Weise kann ein Fernsehpublikum gleichsam mit negativen oder positiven Einstellungen geimpft sein, ohne daß eine verstandesmäßige Auseinandersetzung darüber möglich ist.

Wie stark sich durch das Fernsehen die gesamte Wahrnehmungssituation und damit auch die Wirkung der Massenmedien verändert hat, zeigte schon Anfang der fünfziger Jahre die Pionierstudie von *Lang/Lang* (1953): ›The Unique Perspective of Television and Its Effect‹. Bei dieser Untersuchung wurde systematisch verglichen, welche Eindrücke Beobachter bei einem öffentlichen Empfang des aus Korea zurückgekehrten amerikanischen Generals MacArthur in Chicago gewannen und wie Beobachter am Fernsehschirm das Ereignis miterlebten. Während die am Straßenrand plazierten Beobachter einen zurückhaltenden Empfang bei relativ geringer Beteiligung der Bevölkerung protokollierten, war auf dem Fernsehschirm eine dicht gedrängte Menschenmenge zu sehen, die dem General einen stürmischen Empfang bereitete (ganz ähnliche Befunde bei *Donsbach/Brosius/Mattenklott* 1993). Das Fernsehen besitzt das Vermögen, eine Medienrealität zu schaffen, die sich von der Realität, wie sie unmittelbare Beobachter erleben, erheblich unterscheidet. Nicht Einstellungen, sondern *Vorstellungen* werden hier geprägt. Bereits diese Studie stellte also einen Gegenbeleg zu der Vorstellung von *McLuhan* dar, das Fernsehen sei einfach eine Verstärkung der menschlichen Sinnesorgane, der Augen und der Ohren (vgl. auch die Zusammenstellung von Erkenntnissen zur Wirkung von Darstellungsmitteln des Fernsehens bei der ›Konstruktion von

Realität‹ im Artikel → Nonverbale Kommunikation: Darstellungs-effekte).

Erst das Fernsehen wirkt als einzelnes Medium stark genug, um einen Einfluß auf politische Einstellungen sogar bei Wahlentschei-dungen, die – nach der Hierarchie der Stabilitäten (*Lazarsfeld* et al. 1948) – als besonders schwer beeinflußbar gelten, bei empirischen Untersuchungen nachzuweisen. Eine Pionierstudie dazu stammt abermals von *Lang/Lang* (1961). Sie beobachteten die Wirkung von vier Fernsehdiskussionen zwischen Kennedy und Nixon vor der Präsidentschaftswahl von 1960, denen Kennedy selbst seinen Wahl-sieg zuschrieb. Dabei wurden nicht diejenigen Zuschauer beeinflußt, die bereits einen der beiden Kandidaten bevorzugten, sondern die Unentschiedenen (vgl. Tab. 36). Seit der Lazarsfeld-Wahlstudie von 1940 weiß man, daß die noch kurz vor der Wahl Unentschiedenen vor allem politisch weniger interessiert und entsprechend weniger in-formiert sind und darum ihre Wahlentscheidung mehr von ihrem Gefühl abhängig machen. Das hat sich auch in der Bundesrepublik immer wieder bestätigt. Dieser Umstand wird zu Recht bei der emo-tionellen Gestaltung von Wahlpropaganda in der letzten Kam-pagnenphase berücksichtigt. Wenig interessierte Personen wählten früher, wenn sie überhaupt wählen gingen, meist entsprechend ihrer Familientradition.

Tabelle 36:
Einfluß von Fernsehdiskussionen auf die Wahlentscheidung
Eine Panel-Studie vor der amerikanischen Präsidentschaftswahl von 1960

	Vor den Debatten	Nach der 1. Debatte	Nach der 4. Debatte
Entschieden für Kennedy	37	47	52
zu Kennedy neigend	2	6	4
Insgesamt für Kennedy	39	53	56
Unentschieden	23	12	7
Entschieden für Nixon	31	28	31
zu Nixon neigend	2	2	1
Insgesamt für Nixon	33	30	32
Befragte insgesamt	95	95	95

(Zugrunde liegen die Antworten von den 95 Befragten, die dreimal interviewt wurden)

Quelle: Lang/Lang: Ordeal by Debate: Viewer Reactions. In: Public Opinion Quarterly, 1961, Vol. 25, Tab. S. 279. Nachgedruckt in: Kraus (Hrsg.): The Great Debates. 1962

Erst mit der Ausbreitung des Fernsehens in den sechziger Jahren wurden in der empirischen Kommunikationsforschung zur allgemeinen Überraschung – denn die Annahmen der geringen Medienwirkung dominierten noch – deutliche Medienwirkungen im Wahlkampf in England und in Deutschland festgestellt (*Trenaman / McQuail* 1961; *Blumler / McQuail* 1968). In Deutschland zeigte eine Panelanalyse vor der Bundestagswahl 1976 den Einfluß des Fernsehens auf die Wahrnehmung des Meinungsklimas: Zwischen März und Juli 1976 schlug die Erwartung der häufigen Fernsehzuschauer, wer die Bundestagswahl gewinnen werde, um; bei der übrigen Bevölkerung änderten sich die Vorstellungen zwischen März und Juli kaum. Erst im Zug des Zwei-Stufen-Flusses der Kommunikation breiteten sich dann bis zum Herbst diese Einschätzungen von den häufigen Fernsehzuschauern zu allen übrigen Fernsehzuschauern aus. Da der Druck der *öffentlichen Meinung,* vom Meinungsklima getragen, hauptsächlich durch die Vorstellung zustande kommt, was allgemein gebilligt und was mißbilligt wird, ist die Medienwirkung auf solche Vorstellungen von großer Tragweite für die Wahlentscheidung (Tabelle 37, → Öffentliche Meinung).

Spätere Analysen der politischen Fernsehsendungen vor der Bundestagswahl 1976 zeigten einige Befunde, die den Einfluß des Fernsehens auf das Meinungsklima verständlich machten: sehr viele Zwischenschnitte mit negativen Publikumsreaktionen bei Helmut Kohl, aber nicht bei Helmut Schmidt, oder ungünstigere Kamerawinkel: ›Vogelperspektive‹ für Kohl (→ Nonverbale Kommunikation: Darstellungseffekte). Diese Forschungsergebnisse führten seinerzeit zu scharfen Auseinandersetzungen zwischen Journalisten und Kommunikationswissenschaftlern. Angeregt wurden diese Forschungsarbeiten durch einen Vorschlag des Kommunikationswissenschaftlers *Percy Tannenbaum*, University of California, Berkeley (USA), der in einem Mainzer Seminar 1974 riet, einen repräsentativen Querschnitt von Kameramännern des Fernsehens zu befragen, mit welchen Mitteln man welche Wirkungen im Fernsehen erzielen kann. Die Ergebnisse dieser Umfrage wurden später durch Experimente im wesentlichen bestätigt (*Kepplinger* 1987).
Inzwischen gibt es eine große Zahl von empirischen Untersuchungen, die die Einflußmöglichkeiten insbesondere des Fernsehme-

Tabelle 37:
Einfluß des Fernsehens auf die Erwartung, wer die Wahl gewinnt

Frage:»Wissen kann das natürlich niemand, aber was glauben Sie, wer die kommende Bundestagswahl gewinnt, wer die meisten Stimmen bekommt: die CDU/CSU oder die SPD/FDP?«

	Häufige Zuschauer bei politischen Fernsehsendungen		Personen, die hin und wieder politische Fernsehsendungen sehen		Personen, die selten oder nie politische Fernsehsendungen sehen	
	März 1976 %	Juli 1976 %	März 1976 %	Juli 1976 %	März 1976 %	Juli 1976 %
Die CDU/CSU	47	34	51	44	36	38
Die SPD/FDP	32	42	27	29	24	25
Unmöglich zu sagen	21	24	22	27	40	37
	100	100	100	100	100	100
n =	175		196		118	
Indexwert: Entwicklung der Siegererwartung (März = 100) –						
für die CSU		72		88		105
für die SPD		130		106		104

Quelle: Allensbacher Archiv, IfD-Umfragen 2178/2185

diums belegen. So haben *Iyengar / Kinder* (1987) in einer experimentellen Studie, bei der sie über eine ganze Woche hinweg systematisch den Inhalt und die Plazierung einzelner Beiträge in den täglichen Nachrichtensendungen variierten, sowohl starke Einflüsse auf die Vorstellungen nachweisen können, was wichtige politische Probleme sind (»agenda-setting«), als auch darauf, nach welchen Kriterien Politiker und politische Konfliktthemen beurteilt werden (»priming«).

Das Gewicht der Wirkungsforschung verlagert sich vom Publikum auf die Journalisten

Unter dem Eindruck der Ergebnisse der empirischen Kommunikationsforschung wandte sich die Medienwirkungsforschung zunehmend den Journalisten zu. Das ist die dritte, eingangs erwähnte allgemeine Tendenz der Wirkungsforschung.

Als Vorläufer der Erklärung des Verhaltens von Journalisten ist mehr als irgendein anderer *Walter Lippmann* (1922) zu nennen, der selbst Journalist war. Fallstudien folgten in den fünfziger Jahren. David Manning White beobachtete einen City-editor bei seinen Entscheidungen, welche Nachrichten er veröffentlichte und welche in den Papierkorb kamen (*White* 1950). Ähnlich angelegt, aber auf eine größere Zahl von Redakteuren bezogen, war die Studie von *Walter Gieber* (1964).

Es war unerwartet, daß sich die Schlüsselkonzepte, mit denen bei der Lazarsfeld-Schule der Kommunikationsprozeß bei den *Empfängern* erklärt wurde, nun gerade auf die *Kommunikatoren* anwenden und ihr Verhalten erklären ließen. Selektive Wahrnehmung charakterisierte die Journalisten, die vor allem jene Ereignisse, Argumente und Bewertungen für berichtenswert hielten, die ihre eigene Ansicht unterstützten (Kepplinger 1989a, vgl. Tabelle 38; →Nachrichten). Walter Lippmann beschrieb die selektive Wahrnehmung. Jede Wahrnehmung, argumentierte er, ist immer schon eine Interpretation der Realität: »Denn die akzeptierten Typen, die geläufigen Denkschemata, die Standardversionen unterbrechen die Informationen auf ihrem Weg zum Bewußtsein.« (Lippmann 1922). In der modernen Kommunikationsforschung sind Stichworte wie *Schema* und ›*framing*‹, d. h. Aufbau von Bezugsrahmen für die Beschreibung der journalistischen Arbeit, geläufig. Auch das Konzept der ›Tagesordnungsfunktion‹ der Medien (»*agenda-setting*«), das seit Anfang der siebziger Jahre wissenschaftlich vielfach untersucht ist (*McCombs/Shaw* 1972), wurde mit Blick auf die Rolle der Journalisten weiterentwickelt. Nach und nach richteten sich die Analysen zunehmend auch auf die Phase, in der vor der Veröffentlichung über die Karriere eines Themas entschieden wird (*agenda-building*) (*Lang/Lang* 1981).

Die Konzepte *Meinungsführer* und *Zwei-Stufen-Fluß* der

Kommunikation sind perfekt im Mediensystem wiederzufinden. Die Meinungsführerrolle haben sowohl tonangebende Journalisten inne als auch Meinungsführermedien: Medien, die von anderen Journalisten, anderen Medien zitiert werden. Das sind keineswegs diejenigen mit der größten Auflage. In den USA rühmt sich die »New York Times«, die am meisten zitierte Tageszeitung zu sein. In Deutschland wurden im Prägen des Bildes von Helmut Kohl die ›Frankfurter Rundschau‹, ›Der Spiegel‹, ›Stern‹ und ›Die Zeit‹ als Meinungsführer statistisch ausgewiesen, die die thematischen Schwerpunkte setzten, eine positive oder negative Bewertung bestimmten und Richtungsänderungen einleiteten (*Kepplinger* u. a. 1986; *Kepplinger* 1989). Unter Umständen können auch einmal alternative Medien oder durch regionale Kompetenz ausgewiesene lokale Zeitungen die Meinungsführerrolle übernehmen (*Mathes/Pfetsch* 1991; *Kepplinger/Hartung* 1993; *Mathes/Czaplicki* 1994). Man kann von ›Ko-Orientierungen‹ im Mediensystem sprechen, vom ›inter media agenda-setting‹, wobei die Medien sich gegenseitig beeinflussen und Kettenreaktionen auslösen. Ein solches Zusammen-

Tabelle 38:
Zusammenhang zwischen Konfliktsichten und der Plazierung von Meldungen, die – nach Einschätzung der Befragten – der eigenen Sichtweise entsprechen, neutral sind oder ihr widersprechen (subjektive Instrumentalität)

	Eigene Meinung zur 35-Stunden-Woche		
	Dagegen (n = 131) %	Unentschieden (n = 9) %	Dafür (n = 64) %
Nachrichtenauswahl:			
Contra-Meldungen bevorzugt (− 4,00 bis − 1,34)	27	11	6
Neutral (− 1,33 bis + 1,33)	47	44	38
Pro-Meldung bevorzugt (+ 1,34 bis + 4,00)	27	44	56
	101	99	100

Chi² = 20,59
p   = 0,001
Cramers V = 0,23

Quelle: Kepplinger 1989a. Persönliche Befragung im Mai/Juni 1984

spiel zwischen Medien, das zum Sturz des baden-württembergischen Ministerpräsidenten Lothar Späth führte, wurde durch Interviews mit Journalisten und Informanten rekonstruiert (*Kepplinger* u. a. 1993). Eine Fallstudie, wie Medienwirkung durch Inszenierung zustande kommen kann, wird dokumentiert in der Studie ›Der Pranger‹ über eine publizistische Kampagne gegen eine bayerische Molkerei (*Kepplinger/Hartung* 1993).

Auch die unter dem Stichwort *Schweigespirale* (→Öffentliche Meinung) beschriebenen Verhaltensweisen unter Konformitätsdruck charakterisieren journalistische Verhaltensweisen. Das wurde bereits in der frühen, klassisch gewordenen, auf Interviews mit Journalisten gestützten Studie von *Warren Breed* ›Social Control in the Newsroom‹ (1955) beschrieben. Er schilderte eine von Elitebewußtsein geprägte Berufsgruppe mit starkem ›in-group‹-Bewußtsein, die mehr auf das Kollegenurteil fixiert ist als auf das Urteil des Publikums. Der englische Kommunikationsforscher *Tunstall* (1971) stellte Anfang der siebziger Jahre fest, daß Journalisten besonders intensive Verbindungen untereinander haben, und zwar sowohl beruflich als auch privat.

In einer Elite-Studie unter Angehörigen anspruchsvoller Berufsgruppen wurde festgestellt, daß Journalisten in ihren politischen Einstellungen einander deutlich näher stehen als beispielsweise Ärzte oder Rechtsanwälte. Nur Gewerkschaftsführer, so der Befund, stünden einander politisch ähnlich nahe (*Hoffmann-Lange/Schönbach* 1979). Die Besonderheiten der journalistischen Berufsgruppe brachte *Kepplinger* im Titel von Studien über Journalisten zum Ausdruck: ›Angepaßte Außenseiter‹ (1979).

Den stärksten Einfluß auf die journalistischen Entscheidungen üben zwei Faktoren aus: die politische Orientierung und das journalistische Berufsrollenverständnis (→Journalist). Wie verschieden Journalisten ihre Aufgabe sehen können – mehr als Reporter, Berichterstatter oder mehr als Anwalt oder sogar Missionar –, zeigte Renate Köcher bei einer vergleichenden Umfrage unter deutschen und englischen Journalisten aus Politik- und Wirtschaftsressorts (*Köcher* 1985; →Methoden der Publizistik und Kommunikationswissenschaft, Tab. 293 und 294). Das eher anwaltliche missionarische Berufsverständnis deutscher Journalisten bestätigte sich auch bei einer Umfrage unter Nachrichtenjournalisten in Deutschland, England, Italien, Schweden und den USA. Auf die Frage, welche Merkmale ihres Berufs als Journalist ihnen wichtig seien, sagten 1990/91 71 Prozent der deutschen, aber nur 45 Prozent der englischen und 21 Prozent der amerikanischen Befragten, es sei ihnen sehr oder ziemlich wichtig, sich in ihrem Beruf »für Werte und Ideen einzusetzen« (*Donsbach* 1993).

Jede dieser charakteristischen Eigenschaften, die die journalistische Berufsgruppe kennzeichnen, fördert in der Tendenz eine Konsonanz der Medieninhalte, wirkt also einer größeren publizistischen Vielfalt, wie sie vom Bundesverfassungsgericht als oberster Wert des deutschen Mediensystems bezeichnet worden ist, entgegen.

Diese gerade bei Konfliktthemen oft hohe Konsonanz in den Medien wird durch Inhaltsanalysen deutlich sichtbar. Als Beispiel sei hier eine Medieninhaltsanalyse zum Thema: ›Doppelte Staatsbürgerschaft für in Deutschland lebende Ausländer‹ angeführt. Die Bevölkerung war in dieser Frage gespalten, sie befürwortete eine doppelte Staatsbürgerschaft für Ausländer, die seit längerer Zeit in Deutschland wohnen, zu 36 Prozent; 47 Prozent waren dagegen (Juli 1993, IfD-Umfrage 5081). Die Fernsehberichterstatter und -kommentatoren dagegen befürworteten mit großer Konsonanz die doppelte Staatsbürgerschaft. In 42 Beiträgen zu diesem Thema in den Hauptnachrichtensendungen von ARD, ZDF, RTL und SAT 1 zwischen 23. Mai und 13. Juni 1993 waren 67 Prozent aller genannten Aussagen zugunsten der doppelten Staatsbürgerschaft, 22 Prozent dagegen, der Rest nicht eindeutig zuzuordnen. Die Bürger und Politiker, die zu Wort kamen, waren zu 79 Prozent für die doppelte Staatsbürgerschaft, zu 21 Prozent dagegen. Am einseitigsten waren die ›Tagesthemen‹ der ARD, in denen 95 Prozent aller Aussagen für und 5 Prozent gegen die doppelte Staatsbürgerschaft argumentierten (*Haak* 1993).

Die Macht der Medien

Mitte der achtziger Jahre wurde ein neues Kapitel der Medienwirkungsforschung aufgeschlagen, als man begann, in großem Umfang kontinuierliche Medieninhaltsanalysen durchzuführen und sie mit den Trenddaten der Meinungsforschung zu verknüpfen. Die erste von Kommunikationswissenschaftlern begründete unabhängige und gemeinnützige Einrichtung auf diesem Gebiet ist der von S. Robert Lichter und Linda Lichter veröffentlichte ›*Media Monitor*‹, der seit 1987 monatlich in Washington D. C. erscheint. Das Center for Science, Technology and Media, ebenfalls in Washington D. C., ist spezialisiert auf Medieninhaltsanalysen zu öffentlichen Kontroversen über wissenschaftliche Fragen, verknüpft mit Repräsentativumfragen unter Wissenschaftlern der betreffenden Fachgebiete. Ähnliche Medieninhaltsanalysen werden seit Ende der achtziger Jahre in Kanada veröffentlicht (›On Balance‹, Vancouver B. C.) und seit Anfang der neunziger Jahre in Schweden (›Media Monitor‹, Näringslivets Mediainstitut, Stockholm).

Einbezogen werden in den amerikanischen ›Media Monitor‹ die tonangebenden (d. h. von anderen am meisten zitierten) Druckmedien ›New York Times‹, ›Washington Post‹, ›Wallstreet Journal‹, ›Time‹, ›Newsweek‹ und ›U. S. News and World Report‹ sowie die Abendnachrichten der drei amerikanischen Fernsehanstalten ABC, CBS und NBC.

Zu welchen Erkenntnissen solche systematischen Untersuchungen führen können, zeigte sich, als der ›Media Monitor‹ die Popularität des amerikanischen Präsidenten Bush untersuchte und schließlich in der Ausgabe vom Juni/Juli 1992 zusammenfassen konnte: »Die Popularität von Bush, gemessen mit den monatlichen Gallup-Umfragen, korreliert in hohem Maße ($r = .66$) mit der Bewertung seiner Person in den Abendnachrichten des Fernsehens. Während der letzten 41 Monate bewegte sich seine Popularität immer entsprechend der jeweiligen Bewertung in den Medien auf und ab. Dabei lief die Popularität bei der Bevölkerung nicht der Bewertung in den Medien voraus, sie bewegte sich auch nicht gleichzeitig, sondern sie folgte der Bewegung in den Fernseh-Abendnachrichten nach... Zwischen Oktober 1991 und Mai 1992 schwankten die Bewertungen von Präsident Bush in den Fernseh-Abendnachrichten zwischen 67 und 89 Prozent negativer Aussagen.« (Vgl. Abb. 18)

Wie stark veröffentlichte Werturteile die Meinung der Bevölkerung prägen, zeigte auch eine Studie von *Fan* und *Tims*. Sie entwickelten auf der Grundlage der positiven und negativen Urteile über Präsidentschaftskandidaten im Agenturmaterial von AP eine Voraus-

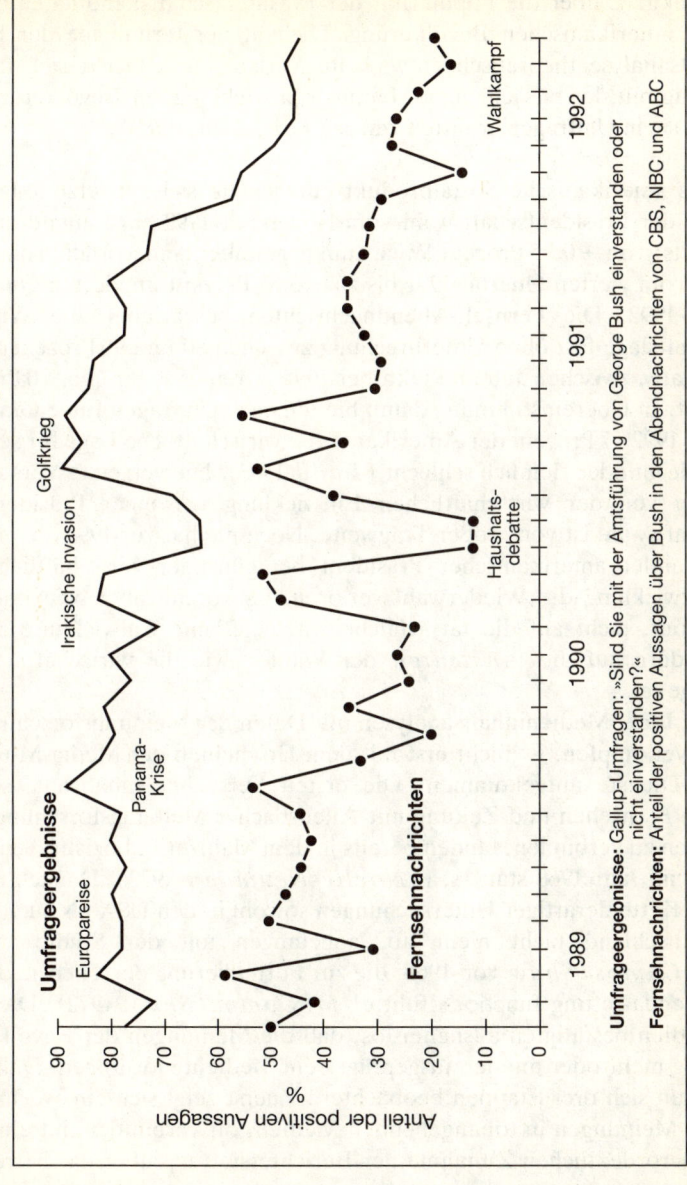

Abbildung 18: Fernsehberichterstattung und die Popularität von George Bush

Umfrageergebnisse: Gallup-Umfragen: »Sind Sie mit der Amtsführung von George Bush einverstanden oder nicht einverstanden?«

Fernsehnachrichten: Anteil der positiven Aussagen über Bush in den Abendnachrichten von CBS, NBC und ABC

Quelle: Media Monitor, Vol. VI, No. 6, June/July 1992, p. 6

sagekurve über die Popularität der Präsidentschaftskandidaten bei
der amerikanischen Bevölkerung. Die auf der Grundlage der Inhaltsanalyse theoretisch entwickelte Verlaufskurve deckt sich fast
völlig mit der tatsächlichen Meinungsentwicklung der Bevölkerung,
wie sie in Umfragen ermittelt wurde (*Fan / Tims* 1989).

Das amerikanische Sozialprodukt entwickelte sich im letzten Jahr
vor der Präsidentschaftswahl vom November 1992 zunehmend aufwärts: von + 0,95 Prozent Wachstum gegenüber dem Vorjahresquar-
tal vom vierten Quartal 1991 bis zu + 3,87 Prozent im vierten Quartal 1992. Die Fernseh-Abendnachrichten beschrieben die Wirt-
schaftslage fast ohne Unterbrechung zwischen 80 und 90 Prozent als
negativ, zwischen Juli und Oktober 1992 waren es sogar über 90 Prozent. In Übereinstimmung damit hielten nach Umfragen Ende Oktober 1992 77 Prozent der Amerikaner die wirtschaftliche Lage für sehr
schlecht oder ziemlich schlecht (*Ladd* 1993). Die verzerrte Vorstellung von der wirtschaftlichen Entwicklung vor einer Präsidentschaftswahl ist von großer Tragweite. Noch nie hat vor 1992 ein amtierender amerikanischer Präsident bei günstiger wirtschaftlicher
Entwicklung die Wiederwahl verloren. Es kommt aber, wie Ladd
betont, nicht auf die tatsächliche wirtschaftliche Entwicklung an,
sondern auf die *Ansichten* der Wähler, wie die wirtschaftliche
Lage sei.
Die Idee, Medieninhaltsanalysen mit Daten der Meinungsforschung
zu verknüpfen, ist nicht erst mit dem Erscheinen der Media-Moni-
tor-Dienste aufgekommen. Die ersten Versuche, Inhaltsanalysen
von Fernsehen und Zeitung mit Allensbacher Meinungsforschungs-
daten zu verbinden, fanden bereits in dem Mainzer Publizistik-Semi-
nar im Jahr 1968 statt (s. a. *Noelle-Neumann* 1973). Danach riß
die Kette derartiger Untersuchungen sowohl in den USA als auch in
Deutschland nicht mehr ab, angefangen mit der Studie von
McCombs / Shaw von 1968, die zur Formulierung der Theorie der
»agenda-setting function« führte (*McCombs / Shaw* 1972). Diese
Studien bestätigten ausnahmslos, daß die Meinungen der Bevölkerung mehr oder minder ausgeprägt dem Medientenor folgen. Dabei
lassen sich drei Etappen beobachten: Zuerst zeigt sich ein Wechsel
der Meinungen in tonangebenden Medien, oft verbunden mit einer
außerordentlichen Zunahme der Berichterstattung über das betref-

Abbildung 19:

SOZIALOPTISCHE TÄUSCHUNG (PLURALISTIC IGNORANCE) ÜBER EINSTELLUNGEN ZUR KERNENERGIE
Tatsächliche und wahrgenommene Meinungsverteilung zur Kernenergie – Index (Stärkeverhältnis)

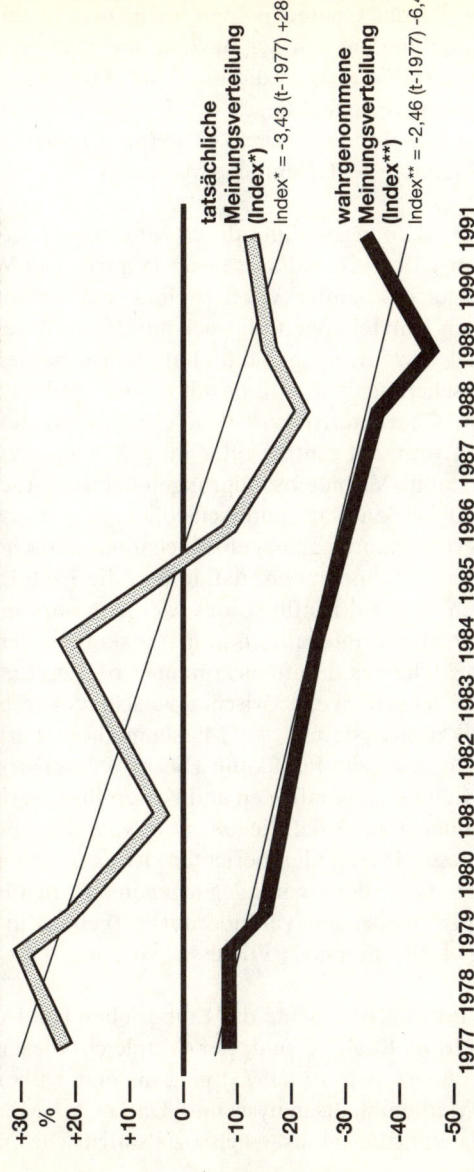

tatsächliche
Meinungsverteilung
(Index*)
Index* = –3,43 (t–1977) +28,95

wahrgenommene
Meinungsverteilung
(Index**)
Index** = –2,46 (t–1977) –6,46

*) Index tatsächliches Stärkeverhältnis: Befürworter minus Gegner der Kernenergie
**) Index wahrgenommenes Stärkeverhältnis: Anteil derjenigen, die die Befürworter
in der Mehrheit sahen, minus Anteil derjenigen, die die Gegner in der der Mehrheit sahen
Quelle: Sabine Mathes: Sozial-optische Täuschung durch Massenmedien? Die Einschätzung des
Meinungsklimas im Konflikt um die Kernenergie durch Personen mit viel oder wenig Fernsehnutzung.
Magisterarbeit, Mainz 1989. Die Umfragedaten sind entnommen dem Allensbacher Archiv, IfD-Umfragen
3047, 3065, 3070, 4001, 4045, 4075, 5000, 5022, 5052 (nur alte Bundesländer)

fende Thema, z. B. Kernenergie, Einstellung zur Technik (*Kepplinger* 1988, 1989) oder Gentechnologie (*Kepplinger* u. a. 1991). Es folgt ein Wandel in dem von der Bevölkerung wahrgenommenen *Meinungsklima* (»Wie denken die meisten?«) und schließlich ein Wandel in den eigenen Einstellungen der Bevölkerung, nicht selten verbunden mit einer Tendenz zur *Schweigespirale* für die zurückgedrängte Meinung (→ Öffentliche Meinung).

Die Prozesse der Meinungsbildung durch Massenmedien verlaufen oft sehr langfristig. Eine Grundlage dieser langfristigen Wirkungen ist nach Kepplinger die häufige Wiederholung von verbalen Aussagen und optischen Darstellungen, die sich auf diese Weise gegenseitig verstärken. Gleichzeitig steigt dadurch für den einzelnen Mediennutzer die Wahrscheinlichkeit, daß er mit diesen Medieninhalten in Kontakt kommt. Charakteristisch ist außerdem, daß die Wirkung erst nach einer Latenzzeit eintritt oder ihren Höhepunkt erreicht; daß sie drittens stabile Verhaltensänderungen hervorruft, die je nach Präsentation und Wirkungsart unterschiedlichen Verfallsprozessen unterliegen. Viertens kann man bei einem charakteristischen langfristigen Wirkungsprozeß annehmen, daß in ihm die Einflüsse kleiner sozialer Gruppen und die Einflüsse des Medientenors in verschiedenartigen Mehr-Stufen-Flüssen zusammenwirken, je nach Dauer der Karriere eines Themas. Fünftens kommt es bei langfristigen Prozessen zu einer Wechselwirkung zwischen verschiedenen Elementen eines Kommunikationssystems: den Massenmedien, Parteien, Behörden, Unternehmen, dem Publikum. Diese Wechselwirkung kann in einer Eigendynamik zu Konflikten und Krisen führen, die oft weit weg vom ursprünglichen Anlaß liegen. Die Realität, über die die Medien unter diesen Umständen berichten, ist dann zumindest teilweise das Ergebnis der vorangegangenen Berichterstattung. »Scheinbar eruptiven sozialen Veränderungen (gehen) in Wirklichkeit langfristig legitimierende Prozesse voraus« (*Kepplinger* 1986).

Einen weiteren Fortschritt brachte das Einbeziehen von Indikatoren der *tatsächlichen* Realität und der Vergleich dieser mit der Medienrealität. *Funkhouser* (1973) ging als erster über die Verknüpfung von Medieninhaltsanalyse und Daten der Meinungsforschung noch hinaus und bezog zusätzlich sozialstatistische Daten in die

Analyse ein. Er verglich die tatsächliche Entwicklung sozialer Probleme – zum Beispiel der Rassenunruhen, der Studentenunruhen, der Inflation, der Kriminalität, des Vietnamkrieges und des Drogenmißbrauchs in den USA – mit dem Umfang der Berichterstattung über diese Probleme und mit der Einschätzung der Bevölkerung, wie dringlich diese Probleme seien. Die tatsächliche Entwicklung erfaßte Funkhouser mit Indikatoren wie zum Beispiel der Zahl der Verbrechen pro 100 000 Einwohner, der Kaufkraft des Dollars oder der Anzahl der in Vietnam stationierten amerikanischen Soldaten. Den Umfang der Berichterstattung ermittelte er durch die Anzahl der publizierten Artikel in den Nachrichtenmagazinen ›Time‹, ›Newsweek‹ und ›U.S. News‹, die Meinung der Bevölkerung schließlich durch repräsentative Befragungen. Die Studie erbrachte zwei wesentliche Ergebnisse: Erstens bestand zwischen der Berichterstattung über die sozialen Probleme und der tatsächlichen Entwicklung dieser Probleme nur ein schwacher Zusammenhang. Nur in zwei der insgesamt neun untersuchten Fälle, dem Drogenmißbrauch und der Inflation, entwickelte sich der Umfang der Berichterstattung annähernd parallel zur Dringlichkeit der Problematik. Beim Vietnamkrieg und den Rassen- und Studentenunruhen gingen die Höhepunkte der Berichterstattung den Höhepunkten der realen sozialen Probleme teilweise um mehrere Jahre voraus. Bei den Themen Kriminalität, Umweltverschmutzung, Rassenintegration und Armut stand der Umfang der Berichterstattung in keinem erkennbaren Zusammenhang mit der Entwicklung der sozialen Probleme. Ähnliche Befunde wurden mit zahlreichen Untersuchungen auf breiter Basis belegt (vgl. *W. Schulz* 1989).

Zweitens bestand ein enger Zusammenhang zwischen dem Umfang der Medienberichterstattung über soziale Probleme und der Vorstellung der Bevölkerung über die Dringlichkeit dieser Probleme, obwohl die Medien nur ein stark verzerrtes Bild von der tatsächlichen Entwicklung lieferten. Das bedeutete, daß der Bevölkerung ein Problem um so dringlicher erschien, je häufiger die drei wichtigsten Nachrichtenmagazine der USA darüber berichteten, unabhängig von der tatsächlichen Dringlichkeit der Probleme (s. a. *Behr / Iyengar* 1985). Eine ganze Kette solcher und ähnlicher Befunde zieht sich durch die Fachliteratur (*Zucker* 1972; *Kepplinger / Roth*

1978; *Winter/Eyal* 1981; *Kepplinger* u.a. 1989; *Neumann* 1990).

Im amerikanischen ›Media Monitor‹ vom Januar/Februar 1994 heißt es: »Die Öffentlichkeit ist voll in Anspruch genommen von dem Alarm über den Anstieg der Gewaltverbrechen. Der Anteil der Amerikaner, die Gewaltverbrechen für das dringendste Problem des Landes halten, stieg – nach den Washington Post/ABC-Umfragen – zwischen Juni 1993 und Januar 1994 auf das Sechsfache (von 5 auf 31 Prozent), während die Regierungsberichte praktisch keine Zunahme der Kriminalität und der Zahl der Opfer zeigten, und zwar weder bei Verbrechen ganz allgemein noch bei Gewaltverbrechen.«

Solche Erkenntnisse bilden die Grundlage des Konzepts »Realitätskonstruktion durch Medien« (→Nachricht), das mit den oben genannten Konzepten des agenda-setting und agenda-building verwandt ist. Die Grundidee: Von den Medien werden zunächst Vorstellungen von der Realität und erst in Verbindung damit eventuell Einstellungen dazu, Überzeugungen und Verhaltensweisen geprägt.

Auch das Medienwirkungskonzept von Gerbner, die ›*Kultivationshypothese*‹ (*Gerbner/Gross* 1976; *Gerbner* et al. 1980; 1986; *Groebel* 1982; →Wirkung von Gewaltdarstellungen in den Massenmedien), beruht auf der Annahme, daß häufig und über längere Zeit hinweg angesehene Gewaltdarstellung in den Unterhaltungsprogrammen des Fernsehens die Vorstellungen der »Vielseher« von der Realität beeinflusse, sie die Häufigkeit von Verbrechen überschätzen lasse und damit die Furcht vor Verbrechen steigere.

Eine eigentümliche Beobachtung hat in den letzten Jahren in Deutschland zunehmend Aufmerksamkeit auf sich gezogen. Bei systematischen Umfragen zum Meinungsklima werden neben Fragen wie »Wie denken Sie...?« – »Was sind Ihre Sorgen?« – »Wie verhalten Sie sich...?« oft in parallel laufenden Umfragen (»gegabelte Befragung«) die folgenden Fragen gestellt: »Wie denken die meisten...?« – »Worüber machen sich die meisten Sorgen?« – »Wie verhalten sich die meisten...?«

Fast ausnahmslos sind die Vorstellungen über die meisten ins Negative verzerrt. Oft kommt es dabei zu einem Zustand, der in der Forschung »*pluralistic ignorance*« genannt wird: Die Mehrheit

Abbildung 20:

»Schlechte Nachrichten« und »gute Nachrichten« über US-Präsidentschaftskandidaten, 1960–1992

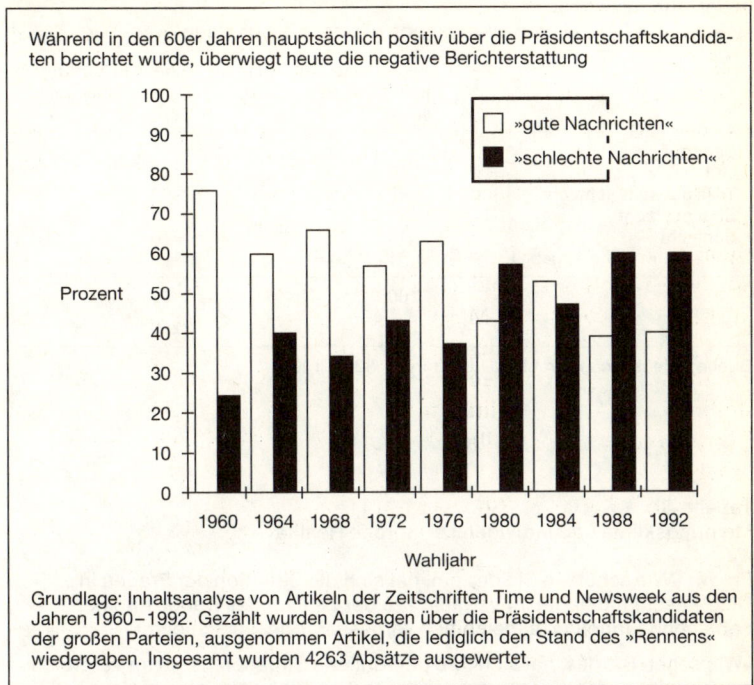

Während in den 60er Jahren hauptsächlich positiv über die Präsidentschaftskandidaten berichtet wurde, überwiegt heute die negative Berichterstattung

Grundlage: Inhaltsanalyse von Artikeln der Zeitschriften Time und Newsweek aus den Jahren 1960–1992. Gezählt wurden Aussagen über die Präsidentschaftskandidaten der großen Parteien, ausgenommen Artikel, die lediglich den Stand des »Rennens« wiedergaben. Insgesamt wurden 4263 Absätze ausgewertet.

Quelle: Thomas E. Patterson: Out of Order. New York: Alfred A. Knopf 1993, S. 20

täuscht sich über die Mehrheit (→ öffentliche Meinung). Man gewinnt aus dem Vergleich zwischen Aussagen, die die Befragten über sich selbst machen, und Aussagen, die sie über »die meisten« machen, einen neuen Ansatz der Medienwirkungsforschung. Die Verzerrungen klären sich in der Regel durch Medieninhaltsanalyse auf. So läßt sich die Kluft zwischen eigenem Urteil, Sorgen, Verhalten und den ins Negative verzerrten Annahmen über die meisten auf den übermächtig gewordenen Nachrichtenwert *Negativismus* zurückführen. Der amerikanische Kommunikationsforscher Thomas E. Patterson, der dieser Frage nachgegangen ist, argumentiert, daß

Tabelle 39:
Meinungsklima und individuell erfahrene Realität

Frage: »Wie beurteilen Sie ganz allgemein die heutige wirtschaftliche Lage
in der Bundesrepublik?«
»Wie beurteilen Sie heute Ihre eigene wirtschaftliche Lage?«

	Allgemeine Ermittlung: In der Bundesrepublik %	Eigene Erfahrung: Eigene Lage %
Sehr gut	1 ⎫ 11	2 ⎫ 44
Gut	10 ⎭	42 ⎭
Teils gut, teils schlecht	47	38
Eher schlecht	31	11
Schlecht	10	6
Weiß nicht, keine Angabe	1	1
	100	100
n =	2210	2210

Quelle: Allensbacher Archiv, IfD-Umfrage 5082, Juli 1993

Tabelle 40:
Meinungsklima und individuell erfahrene Realität

Frage: »Wie schätzen Sie das ein, hat sich die Situation der Frauen in
Ostdeutschland heute im Vergleich zu der Zeit vor der Wende und der
deutschen Einheit im allgemeinen verbessert oder verschlechtert?«

»Wie sehen Sie das, hat sich Ihre persönliche Situation heute im Vergleich
zu der Zeit vor der Wende und der deutschen Einheit im allgemeinen
verbessert oder verschlechtert?«

	Frauen in den östlichen Bundesländern	
	Allgemeine Ermittlung: Die Situation der Frauen in Ostdeutschland heute %	Eigene Erfahrung: Die persönliche Situation heute %
Verbessert	6	57
Verschlechtert	87	21
Kein Unterschied	4	16
Unentschieden	3	6
	100	100
n =	286	294

Quelle: Allensbacher Archiv, IfD-Umfrage 5093, März/April 1994

Tabelle 41:
Soziale Indikatoren: die Verhältnisse im allgemeinen und die Verhältnisse
in der eigenen Umwelt

Fragen: »Wie beurteilen Sie ganz allgemein den Zustand unserer Umwelt,
also zum Beispiel die Qualität von Wasser und Luft? Würden Sie sagen,
die natürliche Umwelt ist bei uns ziemlich zerstört, oder ist die natürliche
Umwelt im großen und ganzen in Ordnung?«

»Und wie beurteilen Sie den Zustand der Umwelt hier in der Gegend?
Würden Sie sagen, die natürliche Umwelt ist hier in der Gegend ziemlich
zerstört, oder ist die natürliche Umwelt hier im großen und ganzen in
Ordnung?«

Der Zustand unserer Umwelt –	ganz allgemein %	hier in der Gegend %
Ziemlich zerstört	61	34
Im großen und ganzen in Ordnung	25	53
Unentschieden	14	13
	100	100
n =	1074	1074

Quelle: Allensbacher Archiv, IfD-Umfrage 4088, März/April 1987

sich mit zwei Schlüsselerfahrungen – Vietnamkrieg und Watergate-
Skandal – die Rollenvorstellungen der amerikanischen Journalisten
hin zum Nachrichtenwert Negativität verschoben haben, hin zu einer
Normvorstellung, bei der Entlarven, Aufdecken, investigativer
Journalismus eine große Rolle spielen. Die Folge sei, daß negative
Nachrichten ein entsprechendes Übergewicht in den Medien gewon-
nen haben (*Patterson* 1993).

Auch in Deutschland hat sich unter Journalisten in den letzten zwei
Jahrzehnten eine Auffassung durchgesetzt, die von dem ›Spiegel‹-
Chefredakteur Kaden einmal formuliert wurde: »Gute Nachrichten
sind keine Nachrichten.« Entsprechend läßt sich mit Inhaltsanalysen
auch in Deutschland eine starke Zunahme von negativen Nachrichten feststellen (*Kepplinger/Weißbecker* 1992). Auffallende
Entwicklungen der letzten Jahrzehnte, wie Politikverdrossenheit
und der Verlust des Vertrauens in staatliche Institutionen, können
durch einseitige negative Nachrichtenselektion bewirkt sein. »Blok-
kierte Kommunikation«, unter anderem gegenüber positiven Entwicklungen, bildet das Gegenstück zu einseitiger Nachrichtenselek-

tion und läßt sich ebenfalls mit Medieninhaltsanalysen nachweisen (*Noelle-Neumann* 1986).

Schon in den vierziger Jahren beschrieb *Berelson* (1948) – im Gegensatz zum damaligen Trend der Annahme geringer Medienwirkung –, wo man mit besonders starker Medienwirkung zu rechnen habe: beim Urteil über Personen und bei ›tabula-rasa‹-Situationen, also völlig neuen Themen, wo die Medien noch keine geformten Einstellungen vorfinden, sondern den ›Bezugsrahmen‹ neu aufbauen, wobei das Fernsehen mit seinem Aktualitätsvorsprung (Abendnachrichten, heute journal, Tagesthemen) einen Vorteil besitzt.

Der starke Einfluß auf das Urteil über Personen mag sich daraus erklären, daß Meinungen über Personen weniger mit bestehenden Einstellungen verflochten sind, so daß bei Änderung der Meinung über Personen keine Umorientierung in Grundeinstellungen erforderlich ist. Schon in den dreißiger Jahren hatte ein berühmtes amerikanisches Experiment die Wirkung der Presse bei einer Kombination der beiden Elemente ›neu‹ (also ›tabula rasa‹) und Darstellung einer Person gezeigt. Damals, 1934, wurden zwei Gruppen von amerikanischen Studenten mit verschiedenen Fassungen der College-Zeitung versorgt: Die Hälfte erhielt eine Zeitungsnummer, in der über den damals amtierenden australischen Ministerpräsidenten Hughes vorteilhaft berichtet wurde, bei der anderen Hälfte stand in der Zeitung ein negativer Kommentar über ihn. In einem späteren Interview äußerten 98 Prozent der Studenten aus der ersten Gruppe eine positive Ansicht über Hughes; Studenten aus der zweiten Gruppe hatten zu 86 Prozent eine schlechte Meinung von ihm (*Annis/Meier* 1934).

Eine deutliche Wirkung zeigte sich auch bei Inhaltsanalysen der Berichterstattung über Kohl (*Kepplinger* u. a. 1986), Bush (»Media Monitor«, June/July 1992) und den kurzfristigen Kandidaten für das Amt des deutschen Bundespräsidenten, Steffen Heitmann (Institut für Demoskopie Allensbach 1993). Die starke Wirkung des Medientenors auf das Urteil über Personen drückt sich auch in den ungewöhnlichen Schwankungen der Ergebnisse von Meinungsumfragen aus, wie man sie bei Sachfragen nie finden würde. Als Beispiel sei das Urteil über Franz Josef Strauß zwischen 1954 und 1980 zitiert. Über lange Jahre hinweg gehörte Strauß zu den am negativsten be-

Abbildung 21:
Information und Urteil über Franz Josef Strauß

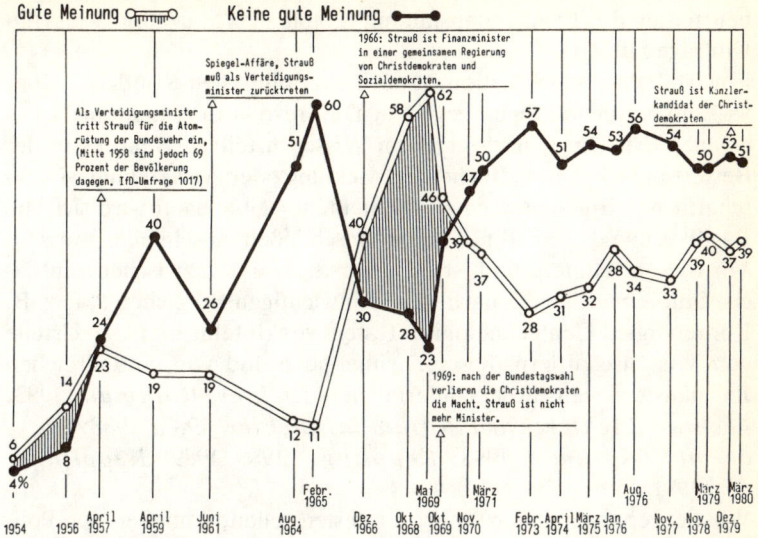

Quelle: Allensbacher Archiv, IfD-Umfragen Nrn. 073, 095, 1005, 1030, 1055, 1092, 1098, 2022, 2045, 2052, 2057, 2066, 2069, 2090, 3004, 3013, 3023, 3032, 3050, 3062, 3076, 3080

urteilten Politikern, aber zwischen 1966 und 1969, in den knapp drei Jahren seiner Amtszeit als Finanzminister der großen Koalition, erreichte er Spitzenwerte der Popularität, wie sie nur selten verzeichnet werden (Abbildung 21; *Noelle-Neumann* 1983).

Eine ›tabula-rasa‹-Situation war gegeben mit der Treuhandanstalt, die mit der Aufgabe betraut war, die sozialistische Planwirtschaft in Ostdeutschland in eine Marktwirtschaft umzubauen. Da nach Medieninhaltsanalysen negative Entscheidungen, wie die Entlassung von Arbeitskräften oder die Schließung von Betrieben, in den Medien der östlichen Bundesländer überwiegend der Treuhandanstalt angelastet, die Erfolge der Erhaltung oder Neugründung von Betrieben dagegen überwiegend als Verdienst der Investoren dargestellt wurden (*Kepplinger* 1993), bildete sich bei der ostdeutschen Bevölkerung eine extrem schlechte Meinung über die Treuhandanstalt. Auf einer Skala, die von +5 bis −5 reichte, gaben bei einer

Allensbacher Umfrage nur sechs Prozent der ostdeutschen Bevölkerung ein positives Urteil von + 1 bis + 5 an. 67 Prozent der Befragten beurteilten die Treuhandanstalt mit − 3 bis − 5 (Mai/Juni 1992, IfD-Umfrage 5102/II).

Eine ›tabula-rasa‹-Situation ist auch bei politischen Konflikten über wissenschaftliche Fragen gegeben. Die Bevölkerung kann nicht aus eigener Erfahrung, nach eigenem Wissen urteilen. Wenn es in der Bewertung wissenschaftlicher Entwicklung oder Anwendung wissenschaftlicher Ergebnisse einen Medientenor gibt, dann wird sich die Bevölkerung diesem Tenor immer anschließen, anschließen müssen. Vor diesem Hintergrund ist es bedenklich, daß inzwischen zahlreiche Studien vorliegen, nach denen in wichtigen Bereichen (wie z. B. Kernenergie, Gentechnologie, Testen von Intelligenz) die Urteile von Wissenschaftlern dieser Fachbereiche und von einflußreichen Journalisten weit auseinanderfallen (*Lichter/Rothman* 1983; *Lichter/Lichter* 1986; *Rothman/Lichter* 1987; 1988; *Snyderman/Rothman* 1988; *Kepplinger* 1988, 1989; *Kepplinger* u. a. 1991).

Wie bei repräsentativen Umfragen festzustellen, schließen sich Politiker und Bevölkerung diesem Medientenor an, die zuständigen Wissenschaftler stehen oft in großer Geschlossenheit isoliert, auf entgegengesetztem Standpunkt. Die – eventuell falschen – Auffassungen von Politikern in solchen Fragen können große Folgen haben. Als bei einer Repräsentativumfrage unter den Spitzen der deutschen Wirtschaft, Politik und Verwaltung gefragt wurde: »Kürzlich sagte uns jemand: ›Die Politiker achten bei ihrem Handeln in erster Linie darauf, wie die Medien reagieren werden.‹ Kann man das für die Mehrheit der Politiker behaupten, oder würden Sie das nicht sagen?« erklärten 80 Prozent: »Ja, das kann man von unseren Politikern sagen.« (Institut für Demoskopie Allensbach 1994)

Die Kommunikationsforschung liefert keinen Anhaltspunkt, daß positive Informationen nicht beachtet würden. Die Donsbach-Studie zur selektiven Wahrnehmung zeigte bei Zeitungslesern gleiche Beachtungszahlen für negative und positive Nachrichten über Politiker (1991, S. 162; 1988, S. 286 f.). Die Nachrichtenideologie des Negativismus ist weder kommerziell zu begründen, noch ist es kommerziell zu rechtfertigen, durch einseitige Betonung negativer Inhalte Wirklichkeit verzerrt darzustellen. Die Ergebnisse der Medienwirkungsforschung sind heute breit genug fundiert und ausreichend zugänglich, um zu bedenken, welche Folgerungen sich für die Demokratie und für die journalistische Ethik daraus ergeben. Ein auf Kritik und Enthüllung verengtes journalistisches Rollenverständnis muß erweitert werden. Im Vordergrund der journalistischen Berufsrolle muß die umfassende Information stehen, eine Information, die der Realität so nahe wie möglich kommt. Es gibt keine andere Institution, durch die sich die Bevölkerung informieren kann, die Bevölkerung ist auf die Medien angewiesen.

Elisabeth Noelle-Neumann

Wirkung von Gewaltdarstellungen in den Massenmedien

Der Zusammenhang zwischen der Darstellung von Gewalt in den Massenmedien und dem Ausmaß von Gewalt in der Gesellschaft kann aus zwei Perspektiven betrachtet werden: von der vorhandenen Gewalt ausgehend mit Blick auf die Ursachen und von der Gewaltdarstellung ausgehend mit Blick auf die Wirkungen. Gemeinsam ist in der Regel beiden Betrachtungsweisen die Feststellung, daß das Ausmaß der Gewalt in der Gesellschaft steigt oder allgemein zu hoch ist.

Gewalt in der Gesellschaft

Geht man von der *vorhandenen Gewalt* aus, ergibt sich folgendes Bild: Die Gewaltkriminalität hat in der Bundesrepublik Deutschland von Mitte der fünfziger bis Anfang der achtziger Jahre erheblich zugenommen. Die Anzahl der erfaßten Fälle stieg von 59947 im Jahr 1971 auf 100003 im Jahr 1987. Ihren Höhepunkt hatte sie mit 108024 Fällen 1982. Die Entwicklungen bleiben auch dann noch markant, wenn man die Veränderung der Bevölkerungszahl berücksichtigt. Der Anstieg wurde vor allem durch die Zunahme der Raubdelikte und gefährlichen bzw. schweren Körperverletzungen verursacht. Nicht beteiligt an dem Anstieg waren Vergewaltigungen und Tötungsdelikte. Der Schußwaffengebrauch ist zurückgegangen.

Erheblich zugenommen hat dagegen die Bedrohung mit Schußwaffen bei Raubüberfällen.

Die Anzahl der unfriedlichen Demonstrationen hat von 813 im Jahr 1969 auf 289 im Jahr 1987 deutlich abgenommen. Der Rückgang bleibt auch dann noch bemerkenswert, wenn man die unfriedlichen Auseinandersetzungen im Anschluß an Demonstrationen berücksichtigt. Dagegen hat im gleichen Zeitraum die Häufigkeit des Landfriedensbruchs (242 auf 753) und vor allem des Widerstandes gegen die Staatsgewalt (8815 auf 15122) erheblich zugenommen. Gestiegen ist nicht nur die Zahl der Fälle. Vergrößert hat sich auch die Zahl der Tatverdächtigen (*Kerner* u. a. 1990). Die Anzahl der Ausschreitungen bei Fußballspielen hat von 1979/80 bis 1985/86 absolut betrachtet deutlich zugenommen. Allerdings ging ihre durchschnittliche Häufigkeit pro Spiel leicht zurück (*Weis / Alt / Gingeleit* 1990). Die Häufigkeit von Gewalt in der Schule – hierbei handelt es sich oft um juristisch nicht relevante Verhaltensweisen – hat von 1972 bis 1984 leicht zugenommen. Allerdings liegen hierzu keine breit fundierten Daten vor (*Feltes* 1990; *Hurrelmann* 1990). Dies gilt analog auch für die Gewalt in der Familie (*Honig* 1990).

Das Potential für politisch motivierte Gewalt blieb von 1974 bis 1989 im wesentlichen unverändert. Deutlich zugenommen hat dagegen die Bereitschaft zur Beteiligung an illegalen Aktionen (Mietstreik, wilder Streik, Gebäudebesetzung, Verkehrsblockade). Gestiegen ist auch die Bereitschaft zu legalen Protesten (Bürgerinitiativen, Unterschriftenaktionen, Boykottmaßnahmen). Im internationalen Vergleich blieb aber das Gewaltpotential in der Bundesrepublik Deutschland relativ gering (*Kaase / Neidhardt* 1990).

Bemerkenswert ist seit Beginn der achtziger Jahre eine Erosion der gewaltrelevanten Normvorstellungen. Der Anteil derer, die überzeugt waren, daß man »unter keinen Umständen« gegen die »Polizei handgreiflich werden« darf bzw. »Arbeiter bedrohen (darf), die sich nicht an einem Streik beteiligen wollen«, ging z. B. von 1981 bis 1990 von 59 auf 41 Prozent bzw. von 73 auf 63 Prozent zurück (*Noelle-Neumann* 1993). Zwischen der Beteiligung von Gewalt zur Erreichung politischer Ziele und der Bereitschaft zu politisch motivierter Gewalt besteht ein statistisch signifikanter Zusammenhang ($r = .38$). Unter jenen, die Gewalt nicht billigen, sind weniger als ein Prozent gewaltbereit, unter jenen, die Gewalt in hohem Maße billigen, nahe-

zu 27 Prozent. Sowohl die Billigung von Gewalt als auch die Bereitschaft zu Gewalt ist bei Personen, die sich politisch links einordnen,
deutlich größer als bei Personen, die sich rechts einordnen. Beide
Haltungen sind unter »Postmaterialisten« deutlich weiter verbreitet
als unter »Materialisten« (*Kaase / Neidhardt* 1990). Das Ausmaß
der vorhandenen Gewalt bzw. ihre Zunahme wird vor allem auf
soziodemographische Ursachen wie die Veränderung der Sozialstruk-
tur (Ausländeranteil, Verstädterung, Arbeitslosigkeit, Wohnver-
hältnisse usw.) zurückgeführt. Daneben wird eine Reihe von psycho-
sozialen Ursachen genannt (Entfremdung, Normverlust, Isolation,
Überreizung, Leistungsversagen usw.). Der Gewaltdarstellung in
den Massenmedien wird in den soziologischen und kriminologischen
Studien keine oder nahezu keine Bedeutung beigemessen. Sie wird
in den meisten Studien nicht einmal erwähnt.

Gewalt in den Massenmedien

Geht man von der *Gewaltdarstellung* der Massenmedien aus,
ergibt sich folgendes Bild: Die Häufigkeit von Gewaltdarstellungen im Fernsehen hat in der Bundesrepublik Deutschland erheblich zugenommen. Hierfür liegen zwar keine quantitativen Daten vor. Es ergibt sich jedoch zum einen aus der Vermehrung der
Programme, zum anderen aus dem hohen Anteil der Gewaltdarstellungen in den neu hinzugekommenen Programmen. Dies gilt besonders für *RTL* und *PRO 7*. Die öffentlich-rechtlichen Rundfunkanstalten stellen Gewalt vor allem in ihren Nachrichten- und
politischen Informationssendungen dar, die privaten Fernsehsender dagegen vor allem in Reality Shows, Spielfilmen und Serien.
Dies gilt sowohl für die Aussagen über Gewalt wie für die bildliche
Darstellung von Tätern und Opfern. Am häufigsten werden leichte
Körperverletzungen (39%), Bedrohungen durch Körperhaltung
(32%), Sachbeschädigungen (24%), Morde (15%) und Schläge-
reien (14%) gezeigt (*Groebel / Gleich* 1993; *Krüger* 1994).
Eine bisher unzureichend untersuchte Besonderheit bilden die *Rea-
lity-Sendungen*, weil hier die Gewalt massiv in das Privatleben
einzelner Personen eingreift. Eine weitere Besonderheit bilden
Horror-Videos, deren Nutzung und Wirkung in erheblichem

Maße von sozialen Faktoren abhängt (*Brosius/Schmitt* 1990; *Grimm* 1993).

Die Gewaltdarstellung in *Unterhaltungssendungen* des Fernsehens in Europa und den USA besitzt typische Merkmale (sie unterscheidet sich dadurch z. T. erheblich von der Gewaltdarstellung in Japan). Die Gewalttäter sind meist unverheiratete Männer. Die Täter und Opfer kennen sich nicht und gehören verschiedenen sozialen Umgebungen an. Die Folgen von Gewalt – Blut, Wunden, Leid usw. – werden fast nie gezeigt. Die Gewalt führt zumindest kurzfristig zu dem angestrebten Ziel. Sie wird von positiven und von negativen Protagonisten eingesetzt. Die Zeugen der gezeigten Gewalt verhalten sich passiv. Die Gewaltdarstellung in Unterhaltungssendungen des hiesigen Fernsehens ist damit in hohem Maße unrealistisch, d. h. sie entspricht – mit Ausnahme der Täterstruktur – auch nicht annähernd den aus der Kriminalstatistik und anderen Quellen bekannten Merkmalen der Gewalt in der Gesellschaft (*Kunczik* 1994).

Gewaltdarstellungen in den *Nachrichtensendungen* des Fernsehens haben meist Rassen- und Minoritätenkonflikte, Kriege, Verbrechen, politische Auseinandersetzungen und Terroranschläge zum Gegenstand. Häufig ist eine Menschenmasse oder eine Clique daran beteiligt. Selten handelt es sich um einzelne oder Paare. Die Täter sind fast immer Männer. Sie haben nach Darstellung des Fernsehens meist eine politisch-ideologische Motivation, selten geht es um materielle Ziele (*Groebel/Gleich* 1993). Verallgemeinernd kann man feststellen: Die Struktur der Gewaltdarstellung in der aktuellen Berichterstattung der Massenmedien (Art und Häufigkeit an bestimmten Orten) entspricht weder in einem gegebenen Zeitraum der Struktur der Gewalt in der Gesellschaft, der die Rezipienten angehören, noch spiegelt die Häufigkeit der Berichterstattung über bestimmte Gewalttaten im Zeitverlauf die Häufigkeit der aus der Kriminalstatistik bekannten Gewalttaten. Die Massenmedien berichten vielmehr z. B. im Gefolge von spektakulären Schlüsselereignissen auch dann gehäuft über ähnliche Gewalttaten, wenn sich die Anzahl derartiger Taten nicht erhöht hat oder sogar zurückgegangen ist, wodurch der irreführende Eindruck von Gewaltwellen entstehen kann (*Fishman* 1978; *Brosius/Eps* 1993). Ein wesentlicher Grund hierfür besteht darin, daß sich die Journalisten nicht nur an dem aktuellen Geschehen orientieren, sondern auch an dem Interesse, das die Berichterstattung über vergangene Ereignisse hervorgerufen hat (zusammenfassend *Kunczik* 1994).

Empirische Untersuchungen von Gewaltwirkungen

Der hohe Anteil an gewalttätigen Szenen im Unterhaltungsprogramm des Fernsehens und die Anziehungskraft dieser Programme auf Kinder und Jugendliche haben den Anstoß zu mehreren großen Forschungsprojekten und zahlreichen empirischen Studien gegeben (*Comstock/Rubinstein/Murray* 1972; *Television and Behavior* 1982; zusammenfassend dazu *Kunczik* 1994). Bei diesen Untersuchungen handelt es sich teilweise um Feldstudien (*Belson* 1978; *Milavsky* u. a. 1982), wobei auch langfristige Effekte untersucht wurden (*Lefkowitz* u. a. 1972), zum Großteil aber um Experimente (*Berkowitz* 1969; *Bandura* 1979; *Zillmann* 1979). Fast alle Untersuchungen zur Wirkung von Gewaltdarstellungen in den Massenmedien analysieren die Wirkung *fiktionaler Darstellungen.* Hierbei handelt es sich um eine Schwerpunktbildung, die bereits in den ersten Untersuchungen zur *Wirkung von Filmen* zu Beginn des Jahrhunderts angelegt war (vgl. *Decurtins* 1961, 135–138; *Wartella/Reeves* 1985). Nur sehr wenige Untersuchungen behandeln die Wirkung *realer Gewaltdarstellungen.* Hierbei handelt es sich meist um die Darstellung und Rezeption politisch motivierter Gewalt (*Kepplinger* 1981; *Schmid/de Graaf 1982; Kepplinger/Gießelmann* 1993; *Weimann/Winn* 1994).

Gewaltdarstellungen in Filmen und Fernsehserien wird man – neben anderen Faktoren – am ehesten als eine Ursache der Zunahme der Gewaltkriminalität betrachten können. Auch die wachsende Zahl von Ausschreitungen bei Fußballspielen könnte in einem Zusammenhang damit stehen. Bezeichnend für den Stand der Gewaltforschung ist jedoch, daß es bisher keine differenzierte Zuordnung von Daten der Kriminalstatistik zu Ergebnissen von Medienanalysen gibt. Wissenschaftliche Belege für die genannte Vermutung gibt es deshalb nicht. Im Widerspruch zu der erwähnten Vermutung steht der Rückgang des Schußwaffengebrauchs bei Tötungsdelikten. Kaum einen Einfluß werden Gewaltdarstellungen in Unterhaltungssendungen dagegen auf die wachsende Bereitschaft zu illegalen Protestaktionen besitzen. Dies gilt analog auch für den Verfall von Normen, die der Anwendung politisch motivierter Gewalt entgegenstehen. Diese Veränderungen dürften eher mit der *Darstellung politischer Auseinandersetzungen* in der aktuellen Berichterstattung zusammenhängen, wobei nicht nur an die Darstellung von Gewalt, sondern auch an die Charakterisierung der Legitimität der Polizei und ihrer Kontrahenten zu denken ist. So ging in der Bundesrepublik Deutschland in den sechziger Jahren die Darstellung von gewaltsamen Demonstrationen im ›Spiegel‹ dem Anstieg der gewaltsamen Demonstrationen deutlich voraus. Dabei wurden vor allem Polizisten als Urheber von Gewalt gegen Personen dargestellt. Ihre Vorgehensweise wurde überwiegend als illegitim charakterisiert (*Kepplinger* 1979, 1981). Weltweit nahm in einem längeren Zeitraum vor allem nach dramatischen Fernsehdarstellungen von Terrorakten die Häufigkeit von derartigen Vorfällen signifikant zu (*Brosius/Weimann* 1991; *Weimann/Winn* 1994). Eine Ursache hierfür besteht vermutlich darin, daß die Medienresonanz eine Belohnung für die Akteure ist, die für Nachahmungstäter zur Motivation wird.

Gewaltdarstellungen in den Massenmedien werden meist folgende *Wirkungen* zugeschrieben: Die Entstehung der Vorstellung, man sei einem großen Risiko ausgesetzt, selbst Opfer einer Gewalttat zu werden (*Gerbner* u. a. 1986), die Hervorrufung unspezifischer Erregungszustände (*Tannenbaum* 1972), die Förderung von Angst (*Groebel* 1981), die Rechtfertigung von Gewalt als Mittel der Auseinandersetzung (*Kepplinger* 1981; *Brosius* 1987), verbale und physische Gewaltanwendung (*Berkowitz* 1969; *Bandura* 1979) sowie die Verminderung aggressiver Verhaltenstendenzen (*Feshbach/Singer* 1971). In allen Fällen handelt es sich eher um schwache als um starke Effekte, die jedoch unter bestimmten Voraussetzungen auch stärker werden (*Williams* 1986; *Signorielli/Gerbner* 1988). Genausowenig wie Gewaltdarstellungen die einzige Ursache der Gewalt in der Gesellschaft bilden, ist die Gewalt in der Gesellschaft die einzige negative Folge von Gewaltdarstellungen.

Die Ergebnisse von Laborexperimenten, vor allem aber von Feldstudien, die meist nur geringe Wirkungen von Gewaltdarstellungen ausweisen, stehen in einem scharfen Kontrast zu den Ergebnissen von

Expertenbefragungen. Etwa vier Fünftel der Psychiater und Psychologen in der Bundesrepublik Deutschland, die mit verhaltensauffälligen Jugendlichen zu tun haben, berichten, daß sie Kinder behandelt haben, deren aggressive Tendenzen durch Gewaltfilme verstärkt wurden. Etwa zwei Drittel geben an, daß Kinder und Jugendliche ihr aggressives Verhalten durch Vorbilder aus Gewaltfilmen rechtfertigen. Als häufigste Wirkung von Gewaltfilmen nennen die Experten Aggressivität, Angstzustände, Schlafstörungen und Übererregbarkeit. Betroffen davon sind vor allem Jungen im Alter von acht bis zwölf Jahren, die man als Einzelgänger oder Außenseiter bezeichnen kann (*Kunczik/Bleh/Maritzen* 1993). Die Unterschiede zwischen den Feld- und Laborstudien und den Befragungen – vergleichbare Ergebnisse liegen aus Großbritannien vor – sind vermutlich darauf zurückzuführen, daß im ersten Fall repräsentative Stichproben oder unauffällige Versuchspersonen untersucht wurden, während es Psychiater und Psychologen mit auffälligen Jugendlichen zu tun haben. Dies deutet darauf hin, daß Gewaltdarstellungen auf die Mehrheit nur geringe, auf Minderheiten mit Prädispositionen aber erhebliche Wirkungen besitzen.

Die Wirkung von Gewaltdarstellungen im Fernsehen hängt u. a. von der *Art der Darstellung* ab. Experimentelle Untersuchungen, in denen die Wirkung verschiedener Darstellungsformen (realistisch durch Menschen vs. unrealistisch u. a. durch Zeichentricks) und verschiedener Realitätsebenen (reale Gewalt in Informationssendungen vs. fiktive Gewalt in Unterhaltungssendungen) verglichen wird, zeigen einen klaren Trend: Je realistischer die Darstellungen sind, desto gewaltsamer empfinden die Zuschauer die gezeigte Gewalt; je realistischer die Darstellungen erscheinen, desto stärker sind die emotionalen Reaktionen (Erregungszustände, Angst), desto eher rufen sie aggressive Reaktionen hervor. Dies gilt vor allem für männliche Jugendliche. Aufgrund dieser Ergebnisse kann man feststellen, daß unter experimentellen Bedingungen vor allem *realistische Darstellungen* realer Gewalt sozial negative Konsequenzen besitzen können. Das trifft vor allem auf die aktuelle Berichterstattung zu, die ein größeres Wirkungspotential besitzt als z. B. Zeichentrickfilme. Ausnahmen bilden jüngere Kinder, die noch nicht in der Lage sind, den Realitätsgehalt der Darstellungen einzuschätzen (*Unold* 1989; *Kunczik* 1994). Aus den erwähnten Ergebnissen folgt nicht notwendigerweise, daß die Nachrichtensendungen stärkere Wirkungen auf z. B. Jugendliche besäßen als Zeichentrickfilme, weil hierbei u. a. die Mediennutzung eine wesentliche Rolle spielt: Die schwachen Effekte häufig gesehener Sendungen können die starken Effekte selten gesehener Programme überlagern.

Erklärung von Gewaltwirkungen

Bei den Theorien, die zur Erklärung von Gewaltwirkungen herangezogen werden, kann man grob typisierend Lerntheorien, Triebtheorien und Erregungstheorien unterscheiden. *Lerntheorien* beruhen auf der Annahme, daß die Rezipienten anhand der Darstellung von Gewalt Verhaltensmodelle erlernen, die sie u. U. in geeigneten Situationen anwenden. Dies wird vor allem dann der Fall sein, wenn die dargestellte Gewalt erfolgreich ist und auf positive Resonanz stößt. Man spricht deshalb auch vom *Lernen am Modell.* Der wichtigste Vertreter dieses Ansatzes ist *Bandura* (1979). Zu den Vertretern der Lerntheorie kann man auch *Gerbner* u. a. (1986) rechnen. Allerdings gehen Gerbner und seine Mitarbeiter davon aus, daß durch die Rezeption von Gewaltdarstellungen Vorstellungen von der Gefährlichkeit der Gesellschaft erlernt werden. *Triebtheorien* beruhen auf der Annahme, daß angeborene Dispositionen zu aggressivem Verhalten bestehen, die möglicherweise stammesgeschichtlich erworben wurden. Diese Dispositionen werden als Triebe oder Instinkte bezeichnet und als funktionale Voraussetzungen für das Überleben von Individuen und Arten betrachtet (*Freud* 1946; *Lorenz* 1963). Triebtheorien liegen u. a. der *Katharsistheorie* zugrunde, die davon ausgeht, daß Menschen eine angeborene Aggressionstendenz besitzen, die durch reale oder symbolische Verhaltensweisen abgebaut wird. Zu den symbolischen Verhaltensweisen gehört die Rezeption von Gewaltdarstellungen. Wichtigster Vertreter dieser Auffassung ist *Feshbach* (1961). *Erregungstheorien* beruhen auf der Annahme, daß Erregungszustände die Handlungsbereitschaft steigern und damit die Wahrscheinlichkeit von Handlungen erhöhen. Dabei kann man die Frustrations-Aggressions-Theorie und die Excitation-Transfer-Theorie unterscheiden. Die *Frustrations-Aggressions-Theorie* beruht auf der An-

nahme, daß Frustrationen ein Handlungspotential schaffen. Gewaltdarstellungen stellen in solchen Situationen Auslösereize dar, die um
so effektiver sind, je mehr sich die im Film dargestellte Situation und
die reale Situation der Betrachter gleichen. Der wichtigste Vertreter
dieser Theorie ist *Berkowitz* (1969). Die *Excitation-Transfer-Theorie* beruht auf der Annahme, daß bestimmte Filmdarstel-
lungen (Gewalt, Erotik, Humor) unspezifische Erregungszustände
schaffen. In solchen Situationen stellen Situationsfaktoren Auslösereize dar. Sie führen dazu, daß die Betrachter aggressiv, erotisch
oder belustigt reagieren, gleichgültig, ob der Erregungszustand
durch einen humorvollen, erotischen oder aggressiven Film hervorgerufen wurde. Wichtigste Vertreter dieser Theorie sind *Tannenbaum* (1972) und *Zillmann* (1979). Aus den Lerntheorien und
aus der Frustrations-Aggressions-Theorie kann man die Folgerung
ableiten, die Darstellung von Gewalt müßte, um Aggressionen zu
verhindern, eingeschränkt oder verboten werden. Aus der Katharsistheorie kann man das Gegenteil folgern. Aus der Excitation-
Transfer-Theorie kann man dagegen die Folgerung ableiten, die
Darstellung erregender Szenen müßte, um Aggressionen zu verhindern, eingeschränkt oder verboten werden, gleichgültig, ob es sich
hierbei um Sportübertragungen, Lustspiele oder Italowestern handelt, was auf eine generelle Beschneidung von Unterhaltungsprogrammen hinausliefe.
Vergleicht man die verschiedenen Ansätze, kann man feststellen,
daß die Lerntheorien durch Laborexperimente und Feldstudien am
besten überprüft und am ehesten belegt sind, während die Katharsistheorie bisher kaum angemessen getestet wurde, weil für die Experimente Ausschnitte aus Filmen verwendet wurden, die bei genauer
Betrachtung per se keine Katharsis erwarten lassen. Ihnen fehlt der
dafür notwendige dramaturgische Aufbau. Die Katharsistheorie be-
säße aber auch dann keine nennenswerte soziale Relevanz, wenn sie
gut belegt wäre, weil die Gewalttäter, deren Verhalten erklärt werden soll, kaum Fernsehangebote nutzen, die – wie z. B. die Filme
von Kurosawa – kathartische Effekte vermuten lassen. Gut bestätigt
ist die Excitation-Transfer-Theorie. Da die Erregungszustände, die
durch Gewaltdarstellungen hervorgerufen werden, nur wenige Minuten andauern, kann man mit der Excitation-Transfer-Theorie vermutlich aber nur Gewalttaten während und direkt nach dem Be-

trachten entsprechender Filme erklären. Dies trifft z. B. auf Gewalt-handlungen in der Familie zu. Die Excitation-Transfer-Theorie ist dagegen zur Erklärung der meisten Gewalttaten, die in die Krimi-nalstatistik eingehen, kaum geeignet. Für die Erklärung der Gewalt in der Gesellschaft – soweit sie durch Mediendarstellung verursacht ist – kommen deshalb vor allem die Lerntheorie und die Frustra-tions-Aggressions-Theorie in Frage.

Im Rahmen der Lerntheorien werden Gewaltdarstellungen als *Ur-sachen* von Verhaltensmustern betrachtet, deren *Realisierung* u. a. von situativen Bedingungen abhängt. Bei der Frustrations-Ag-gressions-Theorie werden sie als *Auslöser* von Verhaltensweisen angesehen, die andere Primärursachen haben, z. B. Verbitterung über erlittenes Unrecht. Beide Ansätze könnte man z. B. zur Erklä-rung der Zunahme von Gewalt gegen Ausländer nach den fremden-feindlichen Ausschreitungen in Hoyerswerda und Rostock heranzie-hen: In beiden Fällen handelte es sich bei den Tätern vermutlich um frustrierte Jugendliche, in beiden Fällen hatten sie Erfolg (Umsied-lung der Opfer), in beiden Fällen fanden sie den Beifall der Um-stehenden, in beiden Fällen waren Nachfolgetaten in West- und Ostdeutschland möglich, weil in beiden Landesteilen zahlreiche Asylbewerber an einigen Orten konzentriert waren, die sich aus der Sicht der potentiellen Täter als Opfer anboten. Zu klären wäre, ob die Berichterstattung über die Gewalttaten im Sinne der Lerntheorie Verhaltensmodelle lieferte, die aus anderen Gründen nachgeahmt wurden, oder ob sie Auslösereize enthielt, die im Sinne der Frustra-tions-Aggressions-Theorie die Gewaltbereitschaft, die aus anderen Gründen existiert, in eine bestimmte Richtung lenkte.

Politisch motivierte Gewalt

Politisch motivierte Gewalt entsteht in *Konfliktsituationen*. Dieser grundlegende Tatbestand wird in den meisten Studien aus drei Gründen vernachlässigt. Fast alle Untersuchungen beruhen er-stens auf der impliziten Annahme, daß sich die Zuschauer – vor allem wenn die dargestellte Gewalt erfolgreich ist und belohnt wird – mit dem Aggressor identifizieren. Dies ist jedoch bei der Berichter-stattung über politisch motivierte Gewalt nicht der Fall. Hier ist aufgrund politischer Präferenzen die Identifikation mit der einen oder anderen Seite bereits mehr oder weniger vorgegeben. Personen, die z. B. Demonstranten politisch nahestehen, identifizieren sich eher mit Demonstranten, solche, die ihnen fernstehen, dagegen eher mit Polizisten, und zwar weitgehend unabhängig davon, ob die eigene Seite Aggressor oder Opfer der dargestellten Gewalt ist. In den meisten Berichten über gewaltsame Auseinandersetzungen wird die Anwendung von Gewalt ausdrücklich kritisiert. Die sprachliche Verurteilung von Gewalttätern und ihren Sympathisanten besitzt jedoch auf die Meinungen von Fernsehzuschauern, die sich mit der einen oder anderen Seite identifizieren, keinen nachweisbaren Einfluß. Entscheidend ist vielmehr die *bildliche Darstellung* der Kontrahenten, wobei es weniger darauf ankommt, wer als Täter gezeigt wird. Einflußreicher ist die Darstellung der Opfer von Gewalt: Sie bewirkt eine Polarisierung der Sichtweisen unter den Sympathisanten der Opfer, die das eigene Lager überhöht positiv, das gegnerische Lager dagegen extrem negativ wahrnehmen, was zu einer Verschärfung der Auseinandersetzungen beitragen kann (*Kepplinger / Gießelmann* 1993).

Fast alle Untersuchungen zur Förderung aggressiver Verhaltensweisen durch Mediendarstellungen gehen zweitens davon aus, daß die entscheidende Ursache die *Darstellung* von Gewalt ist. Eine Ausnahme macht hier die Excitation-Transfer-Theorie. Die Darstellung von Gewalt stellt jedoch z. B. in der Berichterstattung über innenpolitische Konflikte nur eine Möglichkeit dar, aggressive Verhaltenstendenzen gegenüber der einen oder anderen Seite hervorzurufen. Andere Möglichkeiten kann man in der Kritik der Legalität und Legitimität des Verhaltens der Konfliktgegner sehen, die im Extremfall zu ihrer Dehumanisierung führen (*Kelman* 1973). Ursache einer derartigen Dehumanisierung kann u. a. die ästhetische oder die moralische Diffamierung der Konfliktgegner sein, ohne daß irgendwelche gewaltsamen Handlungen gezeigt oder beschrieben werden. Folgt man dieser Überlegung, so wird man die Anwendung von Gewalt in innenpolitischen Konflikten unter bestimmten Bedingungen auch auf gewaltfreie Darstellungen zurückführen müssen, in denen u. a. die moralische Integrität der Konfliktgegner bestritten wird. Die Konzentration der Betrachtung auf die Darstellung von Gewalt in den Massenmedien wird damit der Bedeutung, die die

Massenmedien für die Entstehung und Verstärkung von Gewalt haben können, nicht gerecht. Es erscheint erforderlich, die Eigendynamik innenpolitischer Konflikte zu analysieren und auf der Grundlage einer solchen Analyse die Frage zu stellen, ob und wie die Berichterstattung der Massenmedien diese Eigendynamik beeinflussen kann – gleichgültig, ob es sich dabei um die Darstellung von Gewalt oder um andere Darstellungen handelt.

Fast alle Untersuchungen zur Wirkung von Gewaltdarstellungen beruhen drittens auf der Annahme, daß die Aggressoren, deren Verhalten durch die Darstellungen verursacht wurde, die Darstellungen selbst gesehen, gehört oder gelesen haben. Diese Annahme ist jedoch nicht notwendig und im Falle der politisch motivierten Gewalt vermutlich sogar falsch. Politisch motivierte Gewalttäter gehören meist Subkulturen an, die eigene Wertvorstellungen haben. Ihr Verhalten hängt nicht zuletzt von den *Verhaltenserwartungen* in ihrer sozialen Umgebung ab (*von Baeyer-Katte* u. a. 1982). Die Verhaltenserwartungen in der Gruppe werden wiederum u. U. von der Medienberichterstattung über politisch relevante Vorgänge beeinflußt. Dadurch kann als Folge der Berichterstattung innerhalb solcher Gruppen die Anwendung von Gewalt mehr oder weniger legitim und notwendig erscheinen, was die Wahrscheinlichkeit von Gewalttaten durch Gruppenangehörige erhöht, ohne daß die Gewalttäter selbst die entsprechenden Medienberichte verfolgt haben müssen. Die Entstehung von Gewalt ist hier die Folge eines mehrstufigen Prozesses, in dem die Medienberichterstattung nur eine, allerdings eine wesentliche, Stufe darstellt (*Kepplinger/Dahlem* 1990).

Die Fernsehberichterstattung über gewaltsame Auseinandersetzungen ist nicht mit der Darstellung von Gewalt identisch. *Journalisten* verfügen über zahlreiche *Gestaltungsmöglichkeiten*, die durch das Geschehen nicht zwingend vorgegeben sind. Sie entscheiden zum einen darüber, wie umfangreich und intensiv sie die Anwendung von Gewalt im Bild zeigen. Sie befinden zum anderen darüber, wen sie als Aggressoren im Bild zeigen, beide Kontrahenten oder nur einen. Für jede Entscheidung gibt es gute Gründe, die berücksichtigt werden müssen. Zu diesen Gründen gehören unter anderem der Informationsauftrag des Fernsehens, das Interesse des Publikums und die Wirkung der Darstellung auf die Anhänger der

Kontrahenten – und damit auf den vermutlichen Verlauf der Auseinandersetzungen. Bei der Abwägung zwischen diesen und anderen
Gründen geht es nicht darum, *ob* über gewaltsame Auseinandersetzungen berichtet wird, sondern *wie*. Zur Diskussion steht daher
nicht die Pressefreiheit, sondern die *journalistische Berufsauf-
fassung* und *Berufsethik*.

Hans Mathias Kepplinger

Bibliographie

Bibliographische Hilfsmittel

AIMILLER, KURT / PAUL LÖHR / MANFRED MEYER (Bearb.): Fernsehen und Jugend. Eine Bibliographie internationaler Fachliteratur 1969–1989. München 1989

Bibliographie der österreichischen Literatur zur Massenkommunikation. Bd. 1945–1975 Salzburg 1978, Bd. 1982 Wien 1983

BLUM, ELEANOR: Basic Books in the Mass Media. An Annotated, Selected Booklist Covering General Communications, Book Publishing, Broadcasting, Editorial Journalism, Film, Magazines, and Advertising. Urbana, Ill. 2. Aufl. 1980

BLUM, ELEANOR / FRANCES G. WILHOIT: Mass Media Bibliography. An Annotated Guide to Books and Journals of Research and Reference. 3. Aufl. Urbana, Ill. 1990

BÖHMER, KARL (Bearb. u. Hrsg.): Internationale Bibliographie des Zeitungswesens. Leipzig 1932; Neudr. Wiesbaden 1969

BOHRMANN, HANS / WILBERT UBBENS: Kommunikationsforschung. Eine kommentierte Auswahlbibliographie der deutschsprachigen Untersuchungen zur Massenkommunikation 1945 bis 1980. Konstanz 1984

BONFADELLI, HEINZ: COMDOC-Bibliographie Medienliteratur Schweiz. Zürich 1988

BORNSTAEDT, FALK VON: Bibliographie Bildschirmtext. Heidelberg 1985

Communication Abstracts. An International Information Service. Beverly Hills, Calif. 1978 ff. (vierteljährlich)

CAROTHERS, DIANE F.: Radio Broadcasting from 1920 to 1990. New York, NY 1991

FISCHER, HEINZ-DIETRICH (Hrsg.): Fachzeitschriften zur Publizistik und Kommunikation. Bestandsaufnahme und exemplarische Porträts. Remagen-Rolandseck 1986

FLIEGER, HEINZ: Public Relations. Theorie und Praxis. Bibliographie der deutschsprachigen PR-Literatur mit Annotationen. 3 Bde. Wiesbaden 1983–1990

HACKFORTH, JOSEF / ULRICH STEDEN / UTE ALTE-TEIGELER (Hrsg.): Fernsehen, Programm, Programmanalyse. 2 Bde.: Auswahlbibliographie 1970–1977 / Auswahlbibliographie 1960–1969. München 1978/1981

HAGELWEIDE, GERT (Hrsg.): Deutsche Zeitungsbestände in Bibliotheken und Archiven. Düsseldorf 1974

HAGELWEIDE, GERT: Literatur zur deutschsprachigen Presse. Eine Bibliographie. 4 Bde., München 1985–1993

HENKEL, MARTIN / ROLF TAUBERT: Die deutsche Presse 1848–1850. Eine Bibliographie. München 1986

HOLTZ-BACHA, CHRISTINA: Publizistik-Bibliographie. Eine internationale Bibliographie von Nachschlagewerken zur Literatur der Kommunikationswissenschaft. Konstanz 1985

HORN, HARTMUT: Neue Medien. Jugendlicher Medienkonsum und seine möglichen Folgen. Eine kommentierte Auswahlbibliographie. Bielefeld 1989

FRÖHLICH, ROMY/CHRISTINA HOLTZ-BACHA: Frauen und Massenkommunikation. Eine Bibliographie. Bochum 1993

Journalism Abstracts. Columbia 1963 ff. (jährlich)

KAID, LYNDA LEE/ANNE JOHNSTON WADSWORTH: Political Campaign Communication. A Bibliography and Guide to the Literature 1973–1982. Metuchen 1985

KEPPLINGER, HANS-MATHIAS/SABINE HOLICKI: Der Einfluß des Fernsehens auf die öffentliche Meinung. Annotierte Bibliographie empirischer Forschungsergebnisse 1980–1986. Bonn 1987

KIRCHNER, JOACHIM: Bibliographie der Zeitschriften des deutschen Sprachgebietes bis 1900. 3 Bde. Stuttgart 1969/1977

LAMP, ERICH: Informationen suchen und finden. Leitfaden zum Studium der Publizistik und der angrenzenden Fachgebiete. Freiburg, München 1990

LENT, JOHN A.: Women and Mass Communications. An International Annotated Bibliography. New York, NY 1991

LUDES, PETER: Bibliographie zur Entwicklung des Fernsehens. Fernsehsysteme und Programmgeschichte in den USA, Großbritannien und der Bundesrepublik Deutschland. München 1990

MANZ, HANS PETER u. a. (Hrsg.): Internationale Filmbibliographie. 5 Bde. und 2 Supplements. Zürich 1963–1965; München 1981–1985

MCKERNS, JOSEPH P.: News Media and Public Policy. An Annotated Bibliography. London 1985

Medienwirkungsforschung in der Bundesrepublik Deutschland. Teil II: Dokumentation. Katalog der Studien. Enquête der Senatskommission für Medienwirkungsforschung der Deutschen Forschungsgemeinschaft unter d. Vorsitz von Winfried Schulz u. d. Mitarbeit von Jo Groebel. Weinheim 1986

Medienwissenschaft. Zeitschrift für Rezensionen über Veröffentlichungen zu sämtlichen Medien. Tübingen 1984 ff. (vierteljährlich)

MOULDS, MICHAEL (Hrsg.): International Index to Film Periodicals. An Annotated Guide. London 1973 ff. (jährlich)

MOULDS, MICHAEL (Hrsg.): International Index to Television Periodicals. An Annotated Guide. London 1983 ff (jährlich)

MÜLLER, WERNER/MANFRED MEYER (Bearb.): Kind und Familie vor dem Bildschirm. Eine Bibliographie ausgewählter Forschungsergebnisse. München 1985

SCHENK, MICHAEL: Medienwirkungen. Kommentierte Auswahlbibliographie der anglo-amerikanischen Forschung. Tübingen 1987

SCHENK, MICHAEL/MATHIAS HENSEL: Medienwirtschaft. Eine kommentierte Auswahlbibliographie. Baden-Baden 1986

SIGNORELLI, NANCY/GEORGE GERBNER: Violence and Terror in the Mass Media. An Annotated Bibliography. Westport, Conn. 1988

SILBERMANN, ALPHONS: Handbuch zur empirischen Kommunikationsforschung. Eine kommentierte Bibliographie. 2 Bde. Frankfurt/M. 1986

SPIESS, VOLKER: Verzeichnis deutschsprachiger Hochschulschriften zur Publizistik 1885–1967. Berlin 1969

UBBENS, WILBERT (Bearb.): Jahrsbibliographie Massenkommunikation. Systematisches Verzeichnis der im Jahre... innerhalb und außerhalb des Buchhandels

veröffentlichten Literatur zu Presse, Rundfunk, Fernsehen, Film und angrenzenden Problemen. Berlin 1974 ff. (jährlich)
Westdeutscher Rundfunk Köln / Bibliothek: Hörfunk und Fernsehen. Aufsatz-
nachweis aus Zeitschriften und Sammelwerken, bearb. von Rudolf Lang. Köln
1977 ff. (jährlich)

Dokumentationen, Statistiken

Allensbacher Jahrbuch der Demoskopie. Allensbach 1956 ff., München 1983 ff.
(unregelm.)
Allensbacher Werbeträger-Analyse. Hrsg. vom Institut für Demoskopie Allensbach. Allensbach 1954 ff. (jährlich)
ARD-Jahrbuch. Hrsg. von der Arbeitsgemeinschaft der öffentlich-rechtlichen
Rundfunkanstalten der Bundesrepublik Deutschland. Hamburg 1969 ff. (jähr-
lich)
Buch und Buchhandel in Zahlen. Hrsg. vom Börsenverein des Deutschen Buch-
handels. Frankfurt/M. 1952 ff. (jährlich)
Deutsche Zeitungsbestände in Bibliotheken und Archiven. Bearb. Gert Hagel-
weide. Düsseldorf 1974
DLM-Jahrbuch. Privater Rundfunk in Deutschland. Hrsg. von den Landesmedien-
anstalten. München 1988, 1990, 1993 ff. (jährlich)
Filmstatistisches Taschenbuch. Hrsg. von der Spitzenorganisation der Filmwirt-
schaft e. V., Statistische Abteilung. Wiesbaden 1957 ff. (jährlich)
Handbuch der Pressearchive. Hrsg. von Hans Bohrmann und Marianne Englert.
München 1984
Internationales Handbuch für Rundfunk und Fernsehen. Hrsg. vom Hans-Bre-
dow-Institut. Hamburg 1957 ff. (zweijährlich)
IVW-Auflagenliste. Hrsg. von der Informationsgemeinschaft zur Feststellung der
Verbreitung von Werbeträgern e. V., Bonn-Bad Godesberg 1950 ff. (viertel-
jährlich)
Media-Analyse für Publikumszeitschriften, Tageszeitungen, Lesezirkel, Hörfunk,
Fernsehen, Filmtheater. Hrsg. von der Arbeitsgemeinschaft Media-Analyse
e. V., Frankfurt/M. 1974 ff. (jährlich)
Medien-Jahrbuch. Ulm 1988 ff. (jährlich)
Mikrofilmarchiv der Deutschsprachigen Presse e. V.: Bestandsverzeichnis. Bearb.
von Hans L. Beelte und Hans Bohrmann. Dortmund 1967 ff. (unregelm.)
Munzinger-Archiv. Archiv für publizistische Arbeit. Loseblattsammlung. Ravens-
burg 1913 ff.
STAMM, WILLY (Hrsg.): Leitfaden für Presse und Werbung. Essen 1947 ff. (jährlich)
Werbung in Deutschland. Hrsg. vom Zentralverband der deutschen Werbewirt-
schaft (ZAW). Bonn (jährlich)
ZDF-Jahrbuch. Hrsg. vom Zweiten Deutschen Fernsehen. Mainz 1964 ff. (jährlich)
Zeitungen. Hrsg. vom Bundesverband Deutscher Zeitungsverleger e. V. Bonn
1987 ff. (jährlich)
Zimpel. Teil I: Zeitungen; Teil II: Zeitschriften, Funk und Fernsehen. Loseblatt-
sammlung. München 1970 ff.

Fachzeitschriften

AfP. Archiv für Presserecht. Zeitschrift für das gesamte Medienrecht. Düsseldorf 1953 ff. (viertelj.)

Ästhetik und Kommunikation. Beiträge zur politischen Erziehung. Kronberg 1970 ff. (viertelj.)

Bertelsmann Briefe. Gütersloh 1960 ff. (halbj.)

Cahiers du Cinéma. Paris 1951 ff. (monatl.)

CJR. Columbia Journalism Review. Marion, Ohio 1962 ff. (zweimonatl.)

Communicatio Socialis. Internationale Zeitschrift für Kommunikation und Religion, Kirche und Gesellschaft. Mainz 1968 ff. (viertelj.)

Communication. New York 1974 ff. (halbj.)

Communication Research. Thousand Oaks 1974 ff. (viertelj.)

Communications. Paris 1961 ff. (halbj.)

Communications. The European Journal of Communication Research. München 1974 ff. (viertelj.)

Communication Theory. New York 1991 ff. (viertelj.)

Communication Yearbook. Newbury Park, Calif. 1977 ff. (jährl.)

EBU Review. Programmes, Administration, Law. Genf 1950 ff. (zweimonatl.)

European Journal of Communication. London 1986 ff. (viertelj.)

Film Quarterly. Berkeley, Calif. 1941 ff. (viertelj.)

Gazette. The International Journal of Mass Communication Studies. Deventer 1955 ff. (zweimonatl.)

The Harvard International Journal of Press/Politics. Cambridge, MA 1996 ff. (viertelj.)

Human Communication Research. Thousand Oaks 1974 ff. (viertelj.)

International Journal of Public Opinion Research. Oxford 1989 ff. (viertelj.)

Journal of Advertising Research. New York 1960 ff. (zweimonatl.)

Journal of Broadcasting & Electronic Media. Washington, D. C. 1956 ff. (viertelj.)

Journal of Communication. New York 1951 ff. (viertelj.)

The Journal of Media Economics. Fullerton, CA 1988 ff. (viertelj.)

Journal of Public Relations Research. Hillsdale, N. J. 1989 ff. (viertelj.)

Journalism History. Northridge, Calif. 1974 ff. (viertelj.)

Journalism Quarterly. Minneapolis 1924 ff. (viertelj.)

Journalist. Das deutsche Medienmagazin. Remagen-Rolandseck 1951 ff. (monatl.)

Media, Culture & Society. London 1979 ff. (viertelj.)

Media Perspektiven. Frankfurt/M. 1963 ff. (monatl.)

medien praktisch. Medienpädagogische Zeitschrift für die Praxis. Frankfurt/M. 1977 ff. (viertelj.)

Medien & Erziehung. Vierteljahresschrift für audiovisuelle Kommunikation. Leverkusen 1957 ff. (viertelj.)

Medien & Zeit. Forum für historische Kommunikationsforschung. Wien 1986 ff. (viertelj.)

Medienpsychologie. Zeitschrift für Individual- und Massenkommunikation. Opladen 1989 ff. (viertelj.)

Medium Magazin. Zeitschrift für Journalisten. Freilassing 1986 ff. (monatl.)
Menschen machen Medien. Zeitschrift der IG Medien. Stuttgart 1952 ff. (monatl.)
planung & analyse. Zeitschrift für Informationsmanagement, Markt-, Media- & Werbeforschung. Frankfurt/M. 1974 ff. (viertelj.)
Political Communication. Washington D. C. 1980 ff. (viertelj.)
pr magazin für Führungskräfte in der Kommunikationsbranche. Remagen-Rolandseck 1969 ff. (monatl.)
Public Opinion. Washington 1978 ff. (zweimonatl.)
Public Opinion Quarterly. New York 1937 ff. (viertelj.)
Publizistik. Vierteljahreshefte für Kommunikationsforschung. Opladen 1956 ff. (viertelj.)
Rundfunk und Fernsehen. Forum der Medienwissenschaft und Medienpraxis. Baden-Baden 1953 ff. (viertelj.)
Studies of Broadcasting. An International Annual of Broadcasting Science. Tokyo 1965 ff. (jährl.)
Vierteljahreshefte für Media und Werbewirkung. Media and Advertising Research International. Wien 1969 ff. (viertelj.)
ZUM. Zeitschrift für Urheber- und Medienrecht/Film und Recht. Baden-Baden 1957 ff. (monatl.)

Film

ALBRECHT, GERD: Nationalsozialistische Filmpolitik. Stuttgart 1969
ALTENLOH, EMILIE: Zur Soziologie des Kino. Die Kino-Unternehmung und die sozialen Schichten ihrer Besucher. Jena 1914
ALTHERR, GEORG: Die Bedeutung privater Programmproduzenten für die öffentlich-rechtlichen Rundfunkanstalten. Magisterarbeit Mainz 1990
ARNHEIM, RUDOLF: Film als Kunst. München 1974. Erstausgabe 1932
AUSTIN, BRUCE A. (Hrsg.): Current Research in Film, Audiences, Economics, and Law. Norwood, N. J. 1985 ff.
BALASZ, BELA: Der Geist des Films. Frankfurt 1972. Erstausgabe 1930
BALASZ, BELA: Der Film. Werden und Wesen einer neuen Kunst. Wien 1972. Erstausgabe 1949
BECKER, WOLFGANG: Film und Herrschaft. Organisationsprinzipien und Organisationsstrukturen der nationalsozialistischen Filmpropaganda. Berlin 1973
BERG, ELISABETH/BERNWARD FRANK: Film und Fernsehen. Mainz 1979
BERGNER, HEINZ: Versuch einer Filmwirtschaftslehre. 4 Bde. Berlin 1962–1966
BLUMENBERG, HANS-CHRISTOPH: Das Leben geht weiter. Der letzte Film des Dritten Reichs. Hamburg 1993
CHARTERS, W. W.: Motion Pictures and Youth. A Summary. New York 1933. Reprint New York 1970
COURTADE, FRANCIS/PIERRE CADARS: Geschichte des Films im Dritten Reich. München 1975
DADEK, WALTER: Die Filmwirtschaft. Grundriß einer Theorie der Filmökonomik. Freiburg 1957

DALE, EDGAR: The Content of Motion Pictures. New York 1935. Reprint New York 1970

ENGELL, LORENZ: Sinn und Industrie. Einführung in die Filmgeschichte. Frankfurt, New York, Paris 1992

FILMFÖRDERUNGSANSTALT (Hrsg.): Geschäftsbericht (jährl.)

FILMSTATISTISCHES TASCHENBUCH. Hrsg. von der Spitzenorganisation der Filmwirtschaft e. V. Wiesbaden (jährl.)

GREGOR, ULRICH/ENNO PATALAS: Geschichte des Films. Gütersloh 1962

HARTLIEB, HORST VON: Handbuch des Film-, Fernseh- und Videorechts. 3. Aufl. München 1991

HARTLIEB, HORST VON: Das neue Filmförderungsrecht. München 1987

HAUPTVERBAND DEUTSCHER FILMTHEATER (Hrsg.): Filmtheaterkongreß Baden-Baden 92. Wiesbaden 1992

HENTSCHEL, KURT/KARL FRIEDRICH REIMERS (Hrsg.): Filmförderung. Entwicklungen/Modelle/Materialien. München 1985. 2. Aufl. 1992

HOFFMANN, HILMAR: »Und die Fahne führt uns in die Ewigkeit«. Propaganda im NS-Film. Frankfurt/M. 1988

HOFFMANN, HILMAR/WALTER SCHOBERT (Hrsg.): Abschied von Gestern. Bundesdeutscher Film der sechziger und siebziger Jahre. Frankfurt/M. 1991

HUNDERTMARK, GISELA/LOUIS SAUL (Hrsg.): Förderung essen Filme auf... München 1984

JACOBSEN, WOLFGANG/ANTON KAES/HANS HELMUT PRINZLER (Hrsg.): Geschichte des deutschen Films. Stuttgart 1993

JOSSE, HARALD: Die Entstehung des Tonfilms. Freiburg, München 1984

KERR, PAUL (Hrsg.): The Hollywood Film Industry. London 1986

KLINGSPORN, JOHANNES: Zur Lage der deutschen Kinowirtschaft. In: Media Perspektiven H. 12/1991, S. 794–805

KOSSLICK, DIETER: »efdo« – das Europäische Filmbüro in Hamburg. Eine europäische Filmförderung. In: Rundfunk und Fernsehen 37 (1989), S. 298–304

KRACAUER, SIEGFRIED: Theorie des Films. Frankfurt/M. 1964

KREIMEIER, KLAUS: Die UFA-Story. Geschichte eines Filmkonzerns. München, Wien 1992

METZ, CHRISTIAN: Semiologie des Films. München 1972

MÜLLER, CORINNA: Frühe deutsche Kinematographie. Formale, wirtschaftliche und kulturelle Entwicklungen. Stuttgart, Weimar 1994

NECKERMANN, GERHARD: Filmwirtschaft und Filmförderung. Strukturveränderungen, Daten. Berlin 1991

NOLTENIUS, JOHANNE: Die Freiwillige Selbstkontrolle der Filmwirtschaft und das Zensurverbot des Grundgesetzes. Göttingen 1958

PÄTZOLD, ULRICH/HORST RÖPER: Kinos in NRW. Vom Dorfkino zum Multiplex. Düsseldorf 1992

PÄTZOLD, ULRICH/HORST RÖPER: Konzentrationstendenzen in der Filmbranche. Strukturanalyse der Kinolandschaft am Beispiel NRW. In: Media Perspektiven H. 4/1993, S. 169–182

PRODOEHL, HANS GERD: Filmpolitik und Filmförderung in Deutschland. In: Media Perspektiven H. 4/1993, S. 159–168

ROEBER, GEORG/GERHARD JACOBY: Handbuch der filmwirtschaftlichen Medienbereiche. Pullach b. München 1973

ROHRBACH, GÜNTER: Das Subventions-TV. Plädoyer für den amphibischen Film. In: Jahrbuch Film 1977/78. Frankfurt/M. 1978, S. 95–100

SCHORLEMER, ANDREAS VON: Strukturen und Tendenzen des Lizenzgeschäfts. In: Media Perspektiven H. 11–12/1993, S. 537–548

SCHWEINS, ANNEMARIE: Die Entwicklung der deutschen Filmwirtschaft. Diss. Nürnberg 1958

SEKRETARIAT DER STÄNDIGEN KONFERENZ DER KULTUSMINISTER DER LÄNDER IN DER BUNDESREPUBLIK DEUTSCHLAND (Hrsg.): Die Ausgaben der Länder für Film und Filmförderung 1990 bis 1993. (Dokumentationsdienst Bildung und Kultur. Sonderheft Statistik und Vorausberechnung Nr. 67.) Neuwied 1993

SPILKER, JÜRGEN: Film und Kapital. Der Weg des deutschen Films zum nationalsozialistischen Einheitskonzern. Berlin 1975

THIERMEYER, MICHAEL: Internationalisierung von Film und Filmwirtschaft. Köln, Weimar, Wien 1994

TOEPLITZ, JERZY: Geschichte des Films. 4 Bde. München 1979–1983

WIETSTOCK, ELLEN (Hrsg.): Der deutsche Film – vertrieben zwischen Kino und Kabelfernsehen. Hamburg 1990

WÖSTE, MARLENE: Das Fernsehen als Faktor des deutschen Filmmarktes. In: Media Perspektiven H. 11–12/1993, S. 528–536

WOLF, STEFFEN: Wertvoll – Besonders wertvoll? Die Filmbewertungsstelle Wiesbaden. Wiesbaden 1984

WOLFENSTEIN, MARTHA/NATHAN LEITES: Movies. A Psychological Study. New York 1950. Reprint New York 1970

ZGLINICKI, FRIEDRICH VON: Der Weg des Films. Die Geschichte der Kinematographie und ihrer Vorläufer. Berlin 1956. Reprint Hildesheim/New York 1979

Inhaltsanalyse

BARCUS, FRANCIS E.: Communication Content: Analysis of the Research 1900–1958: A Content Analysis of Content Analysis. Diss. University of Illinois 1959

BENTE, GARY/SIEGFRIED FREY: »Visuelle Zitate« als Mittel der Fernsehberichterstattung in der Bundesrepublik, Frankreich und den USA. In: Winfried Schulz (Hrsg.): Medienwirkungen. Einflüsse von Presse, Radio und Fernsehen auf Individuum und Gesellschaft. Weinheim 1992, S. 191–222

BERELSON, BERNARD: Content Analysis in Communication Research. Glencoe, Ill. 1952

BESSLER, HANSJÖRG: Aussagenanalyse. Düsseldorf 1970

BRÖKER, ELMAR: Computerunterstützte Inhaltsanalyse der internationalen Berichterstattung: Zur Möglichkeit der systematischen Beschreibung internationaler Beziehungen. Diss. Münster 1981

DALE, EDGAR: The Content of Motion Pictures. New York 1935. Reprint 1970

DOVRING, KARIN: Quantitative Semantics in 18th Century Sweden. In: Public Opinion Quarterly 18 (1954), S. 389–394

FAUL, ERWIN: Die Fernsehprogramme im dualen Rundfunksystem. In: Rundfunk und Fernsehen 37 (1989), S. 25–46

FREY, SIEGFRIED: Die nonverbale Kommunikation. Stuttgart 1984

FREY, SIEGFRIED: Medienwirkung nonverbaler Kommunikation im interkulturellen Vergleich: Eine Untersuchung zur visuellen Präsentation politischer Funktionsträger in Nachrichtensendungen aus der Bundesrepublik, Frankreich und den USA. Schlußbericht an die Deutsche Forschungsgemeinschaft, Duisburg 1993 (unveröff. Mskr.)

FREY, SIEGFRIED/GARY BENTE: Mikroanalyse medienvermittelter Informationsprozesse. Zur Anwendung zeitreihen-basierter Notationsprinzipien auf die Untersuchung von Fernsehnachrichten. In: Max Kaase/Winfried Schulz (Hrsg.): Massenkommunikation. Theorien, Methoden, Befunde. Opladen 1989, S. 508–526

FRIEDRICHS, JÜRGEN: Methoden empirischer Sozialforschung. Reinbek 1973

FRÜH, WERNER: Lesen, Verstehen, Urteilen. Untersuchungen über den Zusammenhang von Textgestaltung und Textwirkung. Freiburg, München 1980

FRÜH, WERNER: Inhaltsanalyse und Validität. Ein empirischer Vergleich von Inhaltsanalyse und Rezeptionsanalyse. In: SPIEL 2 (1983), S. 315–350

FRÜH, WERNER: Semantische Struktur- und Inhaltsanalyse (SSI). Eine Methode zur Analyse von Textinhalten und Textstrukturen und ihre Anwendung in der Rezeptionsanalyse. In: Max Kaase/Winfried Schulz (Hrsg.): Massenkommunikation. Theorien, Methoden, Befunde. Opladen 1989 a, S. 490–507

FRÜH, WERNER: Inhaltsanalyse. In: Günter Endruweit und Gisela Trommsdorf (Hrsg.): Wörterbuch der Soziologie. Stuttgart 1989 b, S. 301–305

FRÜH, WERNER: Inhaltsanalyse. Theorie und Praxis. 3. Aufl. München 1991

FRÜH, WERNER: Realitätsvermittlung durch Massenmedien. Abbild oder Konstruktion? In: Winfried Schulz (Hrsg.): Medienwirkungen. Einflüsse von Presse, Radio und Fernsehen auf Individuum und Gesellschaft. Weinheim 1992, S. 71–90

FRÜH, WERNER: Analyse sprachlicher Daten. Zur konvergenten Entwicklung »qualitativer« und »quantitativer« Methoden. In: Jürgen H. P. Hoffmeyer-Zlotnik (Hrsg.): Analyse verbaler Daten. Über den Umgang mit qualitativen Daten. Opladen 1992, S. 59–89

FUCKS, WILHELM: Nach allen Regeln der Kunst: Diagnosen über Literatur, Musik, bildende Kunst – die Werke, ihre Autoren und Schöpfer. Stuttgart 1968

GASSNER, HANS-PETER: Visuelle und verbale Wertungen im Fernsehen. Beispiel: Berichterstattung über den Konflikt in Mittelamerika. In: Publizistik 37 (1992), S. 461–477

GEORGE, ALEXANDER L.: Propaganda Analysis. A Study of Inferences Made from Nazi Propaganda in World War II. Evanston, Ill. 1959

GERBNER, GEORGE: Toward »Cultural Indicators«: The Analysis of Mass Mediated Public Message Systems. In: George Gerbner u. a. (Hrsg.): The Analysis of Communication Content. Development in Scientific Theories and Computer Techniques. New York 1969, S. 123–132

GROTH, OTTO: Der Stoff der Zeitung, seine Einteilung und Verteilung. Die politische Presse Württembergs. Stuttgart 1915

HAGEN, LUTZ: Informationsqualität von Nachrichten. Meßmethoden und ihre Anwendung auf die Ereignisberichterstattung der Nachrichtenagenturen AFP, AP ddp/ADN, dpa und rtr. Opladen 1994

HAMM, INGRID: Inhalt und audiovisuelle Gestaltung. Der Einfluß thematischer Aspekte auf die Gestaltung von Verbrauchersendungen des Fernsehens. Nürnberg 1985

HOLICKI, SABINE: Pressefoto und Pressetext im Wirkungsvergleich. Eine experimentelle Untersuchung am Beispiel von Politikerdarstellungen. München 1993

HOLSTI, OLE R.: Content Analysis for the Social Sciences and Humanities. Reading, Mass. 1969

INGLIS, RUTH A.: An Objective Approach to the Relationship between Fiction and Society. In: American Sociological Review 3 (1938), S. 526–533

KEPPLINGER, HANS MATHIAS: Die aktuelle Berichterstattung des Hörfunks. Eine Inhaltsanalyse der Abendnachrichten und politischen Magazine. Freiburg, München 1985

KEPPLINGER, HANS MATHIAS: Darstellungseffekte. Experimentelle Untersuchungen zur Wirkung von Pressephotos und Fernsehfilmen. Freiburg, München 1987

KEPPLINGER, HANS MATHIAS/RAINER MATHES: Künstliche Horizonte. Die Darstellung von Technik in Zeitungen und Zeitschriften der Bundesrepublik Deutschland 1965 bis 1985. In: J. Scharioth, H. Uhl (Hrsg.): Medien und Technikakzeptanz. München 1988, S. 111–152

KINDELMANN, KLAUS: Kanzlerkandidaten in den Medien. Eine Analyse des Wahljahres 1990. Opladen 1993

KLINGEMANN, HANS-DIETER (Hrsg.): Computerunterstützte Inhaltsanalyse in der empirischen Sozialforschung. Frankfurt/M. 1984

KOPS, MANFRED: Auswahlverfahren in der Inhaltsanalyse. Meisenheim 1977

KRACAUER, SIEGFRIED: The Challenge of Qualitative Content Analysis. In: Public Opinion Quarterly 16 (1952), S. 631–642

KRIPPENDORFF, KLAUS: Content Analysis. An Introduction to its Methodology. Beverly Hills 1980

KRÜGER, UDO MICHAEL: Programmprofile im dualen Fernsehsystem 1985–1990. Baden-Baden 1992

LASSWELL, HAROLD D.: Why Be Quantitative? In: Lasswell, Harold D./Nathan Leites u. a.: Language of Politics. Studies in Quantitative Semantics. New York 1949, S. 40–52

LASSWELL, HAROLD D./NATHAN LEITES u. a.: Language of Politics. Studies in Quantitative Semantics. New York 1949

LASSWELL, HAROLD D./DANIEL LERNER/ITHIEL DE SOLA POOL: The Comparative Study of Symbols. Stanford, Calif. 1952

LAZARSFELD, PAUL F./FRANK STANTON (Hrsg.): Radio Research 1942–43. New York 1944

LISCH, RALF/JÜRGEN KRIZ: Grundlagen und Modelle der Inhaltsanalyse. Bestandsaufnahme und Kritik. Reinbek 1978

LUTOSLAWSKI, WINCENTY: The Origin and Growth of Plato's Logic, with an Account of Plato's Style and of the Chronology of his Writings. New York 1897

MATHES, RAINER: Hermeneutisch-klassifikatorische Inhaltsanalyse von Leitfadengesprächen. Über das Verhältnis von quantitativen und qualitativen Verfahren der Textanalyse und die Möglichkeit ihrer Kombination. In: Jürgen H. P. Hoffmeyer-Zlotnik (Hrsg.): Analyse verbaler Daten. Über den Umgang mit qualitativen Daten. Opladen 1992, S. 402–424

MERTEN, KLAUS: Inhaltsanalyse. Einführung in Theorie, Methode und Praxis. Opladen 1983

DE NOUSSANNE, HENRI: Que vaut la Presse Quotidienne Française? In: Revue Hebdomadaire 2 (1902), Bd. VII, S. 1–26

OSGOOD, CHARLES E.: The Representational Model and Relevant Research Methods. In: Ithiel de Sola Pool (Hrsg.): Trends in Content Analysis. Urbana, Ill. 1959, S. 33–88

SCHATZ, HERIBERT/NIKOLAUS IMMER/FRANK MARCINKOWSKI: Strukturen und Inhalte des Rundfunkprogramms der vier Kabelpilotprojekte. Düsseldorf: Presse- und Informationsamt der Landesregierung Nordrhein-Westfalen 1989

SCHÖNBACH, KLAUS: Trennung von Nachricht und Meinung. Empirische Untersuchung eines journalistischen Qualitätskriteriums. Freiburg, München 1977

SCHROTT, PETER/DAVID J. LANOUE: Trends and Perspectives in Content Analysis. In: Ingwer Borg/Peter Ph. Mohler (Hrsg.): Trends and Perspectives in Empirical Social Research. Berlin/New York 1994

SCHULZ, WINFRIED (Hrsg.): Der Inhalt der Zeitungen. Düsseldorf 1970

SCHULZ, WINFRIED/ROLF VAN LESSEN/CORNELIA SCHLEDE/NORBERT WALDMANN: Die Bedeutung audiovisueller Gestaltungsmittel für die Vermittlung politischer Einstellungen. Medienanalytische und experimentelle Untersuchungen am Beispiel sozialkundlicher Filme: in: AVforschung Bd. 15. Grünwald 1976, S. 49–209

SCHULZ, WINFRIED: Medienanalyse (Inhaltsanalyse) und Wirkungsforschung. In: Winfried Schulz (Hrsg.): Medienwirkungsforschung in der Bundesrepublik Deutschland. Teil I: Berichte und Empfehlungen. Weinheim 1986, S. 111–116

SCHULZ, WINFRIED/HELMUT SCHERER: Die Programme der Lokalradios im Raum Nürnberg. München o. J. (1989)

SCHULZ, WINFRIED/NORBERT WALDMANN: Effekte der Film-Montage. Experimentelle Überprüfung der Wechselwirkung einiger Gestaltungsmittel von AV-Medien. In: Günter Bentele/Ernest W. B. Hess-Lüttich (Hrsg.): Zeichengebrauch in Massenmedien. Zum Verhältnis von sprachlicher und nichtsprachlicher Information in Hörfunk, Film und Fernsehen. Tübingen 1985, S. 332–348

SPEED, JOHN GILMER: Do Newspapers Now Give the News? In: Forum 15 (1983), S. 705–711

STAAB, JOACHIM FRIEDRICH: Nachrichtenwert-Theorie. Formale Struktur und empirischer Gehalt. Freiburg/München 1990

STOKLOSSA, PAUL: Der Inhalt der Zeitung. In: Zeitschrift für die gesamte Staatswissenschaft 66 (1910), S. 555–565

STONE, PHILIPP J. u. a.: The General Inquirer: A Computer Approach to Content Analysis. Cambridge, Mass. 1966

TEIGELER, PETER: Verständlichkeit von Sprache und Text. Stuttgart 1968

VAN DIJK, TEUN A.: News Analysis. Hillsdale, N. J. 1988

VAN DIJK, TEUN A.: News as Discourse. Hillsdale, N. J. 1988

VOLPERS, HELMUT/HANS JÜGEN WEISS: Kultur- und Bildungsprogramme im bundesdeutschen Fernsehen. München 1992

WEBER, ROBERT PHILIPP: Basic Content Analysis. Beverly Hills 1985.

WEISS, HANS JÜRGEN/JOACHIM TREBBE: Kontroverse Themen in der Berichterstattung privater Fernsehprogramme. Eine vergleichende Programmanalyse. Göttingen: Göttinger Institut für angewandte Kommunikationsforschung 1994 (unveröff. Mskr.)

WILKE, JÜRGEN: Nachrichtenauswahl und Medienrealität in vier Jahrhunderten. Eine Modellstudie zur Verbindung von historischer und empirischer Publizistikwissenschaft. Berlin, New York 1984

WILLEY, MALCOLM M.: The Country Newspaper: A Study of Socialisation and Newspaper Content. Chapel Hill 1926

WOLF, MAURO: Communication Research and Textual Analysis: Prospects and Problems of Theoretical Convergence. In: European Journal of Communication 3 (1988), S. 135–149

ZÜLL, CORNELIA/PETER PH. MOHLER (Hrsg.): Textanalyse. Anwendungen der computerunterstützten Inhaltsanalyse. Opladen 1992

ZÜLL, CORNELIA/PETER PH. MOHLER/ALFONS GEIS: Computerunterstützte Inhaltsanalyse mit Textpack PC. Stuttgart, New York 1991

Journalist

BAERNS, BARBARA: Öffentlichkeitsarbeit oder Journalismus? Zum Einfluß im Mediensystem. Köln 1985

BARTH, HENRIKE/WOLFGANG DONSBACH: Aktivität und Passivität von Journalisten gegenüber Public Relations. In: Publizistik 37 (1992), S. 151–165

BAUMERT, DIETER PAUL: Die Entstehung des deutschen Journalismus. Leipzig 1928

BÖCKELMANN, FRANK: Journalismus als Beruf. Bilanz der Kommunikatorforschung im deutschsprachigen Raum von 1945 bis 1990. Konstanz 1993

BRANAHL, UDO/WOLFGANG HOFFMANN-RIEM: Redaktionsstatute in der Bewährung. Baden-Baden 1975

BREED, WARREN: Social Control in the Newsroom: A Functional Analysis. In: Social Forces 33 (1955), S. 326–35

CROUSE, TIMOTHY: The Boys on the Bus: Riding with the Campaign Press Corps. New York 1972

DJV: Journalist werden? Ausbildungsgänge und Berufschancen im Journalismus. Bonn 1993

DOEHRING, KARL u. a.: Pressefreiheit und innere Struktur von Presseunternehmen in westlichen Demokratien. Berlin 1974

DONSBACH, WOLFGANG: Kommunikationswissenschaftler ante portas. Journalisten-Einstellungen zur Journalisten-Ausbildung. In: Hans Mathias Kepplinger (Hrsg.): Angepaßte Außenseiter. Was Journalisten denken und wie sie arbeiten. Freiburg, München 1979, S. 210–222

DONSBACH, WOLFGANG: Legitimacy Though Competence Rather Than Value Judgments. The Concept of Professionalization Reconsidered. In: Gazette 27 (1981), S. 47–67

DONSBACH, WOLFGANG: Legitimationsprobleme des Journalismus. Gesellschaftliche Rolle der Massenmedien und berufliche Einstellungen von Journalisten. Freiburg, München 1981

DONSBACH, WOLFGANG: Journalisten zwischen Publikum und Kollegen. In: Rundfunk und Fernsehen 29 (1981), S. 168–184

DONSBACH, WOLFGANG: Journalismusforschung in der Bundesrepublik: Offene Fragen trotz ›Forschungsboom‹. In: Jürgen Wilke (Hrsg.): Zwischenbilanz der Journalistenausbildung. München 1987, S. 105–142

DONSBACH, WOLFGANG: Redaktionelle Kontrolle im Journalismus. Ein internationaler Vergleich. In: Walter A. Mahle (Hrsg.): Journalisten in Deutschland. Nationale und internationale Vergleiche und Perspektiven. München 1993a, S. 143–160

DONSBACH, WOLFGANG/BETTINA KLETT: Subjective Objectivity. How Journalists in Four Countries Define a Key Term of Their Profession. In: Gazette 51 (1993b), S. 52–81

DONSBACH, WOLFGANG/OTFRIED JARREN/HANS MATHIAS KEPPLINGER/BARBARA PFETSCH: Beziehungsspiele – Medien und Politik in der öffentlichen Diskussion. Gütersloh 1993c, S. 221–281

FLEGEL, RUTH C./STEVEN H. CHAFFEE: Influences of Editors, Readers, and Personal Opinions on Reporters. In: Journalism Quarterly 48 (1991), S. 645–651

FREEDOM FORUM: Covering the Presidential Primaries. The Media and Campaign '92. New York 1992

FÜTH, BEATE: Volontäre zwischen Wissenschaft und Wirklichkeit. In: Bundesverband der deutschen Zeitungsverleger (Hrsg.): Zeitungen '92. Bonn 1992, S. 222–225

GRABER, DORIS A.: News and Democracy: Are Their Paths Diverging? Bloomington 1992

GRÜNEWALD, ROBERT: Ausgewogenheit in der Fernsehberichterstattung über den Streit um die Rechtsgrundlagen für den Norddeutschen Rundfunk. Magisterarbeit Mainz 1982

HAGEN, LUTZ: Die opportunen Zeugen. Konstruktionsmechanismen von Bias in der Zeitungsberichterstattung über die Volkszählungsdiskussion. In: Publizistik 37 (1992), S. 444–460

HOPF, CHRISTEL: Zu Struktur und Zielen privatwirtschaftlich organisierter Zeitungsverlage. In: Dieter Prokop (Hrsg.): Massenkommunikationsforschung. Band 1: Produktion. Frankfurt/M. 1972, S. 193–211

JANOWITZ, MORRIS: Professional Models in Journalism: The Gatekeeper and the Advocate. In: Journalism Quarterly 52 (1975), S. 618–626, 662

JOHNSTONE, JOHN W.C./EDWARD J. SLAWSKI/WILLIAM W. BOWMAN: The News People. Urbana, Chicago, London 1976

KEPPLINGER, HANS MATHIAS: Theorien der Nachrichtenauswahl als Theorien der Realität. In: Aus Politik und Zeitgeschichte, B 15/1989a (Beilage zur Wochenzeitung Das Parlament), S. 3–16

KEPPLINGER, HANS MATHIAS: Instrumentelle Aktualisierung. Grundlagen einer Theorie publizistischer Konflikte. In: Max Kaase/Winfried Schulz (Hrsg.): Massenkommunikation. Theorien, Methoden, Befunde. Opladen 1989b, S. 199–220

KEPPLINGER, HANS MATHIAS: Ereignismanagement. Wirklichkeit und Massenmedien. Zürich 1992

KEPPLINGER, HANS MATHIAS: Am Pranger: Der Fall Späth und der Fall Stolpe. In: Donsbach, Wolfang u. a.: a. a. O., S. 159–220

KEPPLINGER, HANS MATHIAS/WOLFGANG DONSBACH/HANS BERND BROSIUS/JOACHIM FRIEDRICH STAAB: Medientenor und Bevölkerungsmeinung. In: Kölner Zeitschrift für Soziologie und Sozialpsychologie 38 (1986), S. 247–279

KEPPLINGER, HANS MATHIAS/RENATE KÖCHER: Professionalization in the Media World? In: European Journal of Communication 5 (1990), S. 285–311

KLEIN, HANS HUGO: Die Rundfunkfreiheit. München 1978

KÖCHER, RENATE: Bloodhounds or Missionaries: Role Definitions of German and British Journalists. In: European Journal of Communication 1 (1986), S. 43–64

KUNCZIK, MICHAEL: Journalismus als Beruf. Köln, Wien 1988

LANGENBUCHER, WOLFGANG: Kommunikation als Beruf. Ansätze und Konsequenzen kommunikationswissenschaftlicher Berufsforschung. In: Publizistik 19/20 (1974/75), S. 256–277

LICHTER, S. ROBERT/STANLEY ROTHMAN/LINDA S. LICHTER: The Media Elite. American's New Powerbrokers. Bethesda 1986

MARTENS, WOLFGANG: Die Geburt des Journalisten in der Aufklärung. In: Wolfenbütteler Studien zur Aufklärung. Hrsg. von Günther Schulz. Band 1. Wolfenbüttel 1974, S. 84–98

MCLEOD, JACK M./SEARLE E. HAWLEY: Professionalization Among Newsmen. In: Journalism Quarterly 41 (1964), S. 529–539

MEYER, PHILIP: Precision Journalism. Bloomington, London 1973

MEYER, PHILIP: The New Precision Journalism. Bloomington, Indianapolis 1991

MURCK, MANFRED: Macht und Medien in den Kommunen. In: Rundfunk und Fernsehen 31 (1983), S. 370–390

NEUBERGER, CHRISTOPH: Arbeitsplätze im Journalismus. Statistiken von Ämtern, Verbänden und Versicherungen. In: Rundfunk und Fernsehen 42 (1994), S. 37–48

NOELLE-NEUMANN, ELISABETH: Umfragen zur inneren Pressefreiheit. Düsseldorf 1977

OBERREUTER, HEINRICH: Übermacht der Medien. Erstickt die demokratische Kommunikation? Zürich 1982

ORREN, GARY R.: Thinking About the Press and Government. In: Martin Linsky: Impact. How The Press Affects the Federal Policy Making. New York, London 1986, S. 1–39

PATTERSON, THOMAS E.: Out of Order. New York 1993

RICKER, REINHART: Ausbildungsregelung und Zugangsfreiheit im Journalismus. In: Archiv für Presserecht 10 (1979), S. 295–299

RONNEBERGER, FRANZ/MANFRED RÜHL: Theorie der Public Relations. Opladen 1992

RÜHL, MANFRED/ULRICH SAXER: 25 Jahre Deutscher Presserat. In: Publizistik 26 (1981), S. 471–507

SAFFARNIA, PIERRE A.: Determiniert Öffentlichkeitsarbeit tatsächlich den Journalismus? In: Publizistik 38 (1993), S. 412–425

SAXER, ULRICH: Medienwandel – Journalismuswandel. In: Publizistik 38 (1993), S. 292–304

SCHNEIDER, BEATE/KLAUS SCHÖNBACH/DIETER STÜRZEBECHER: Westdeutsche Journalisten im Vergleich: Jung, professionell und mit Spaß bei der Arbeit. In: Publizistik 38 (1993), S. 5–30

SCHNEIDER, BEATE/KLAUS SCHÖNBACH/DIETER STÜRZEBECHER: Journalisten im vereinigten Deutschland. Strukturen, Arbeitsweisen und Einstellungen im Ost-West-Vergleich. In: Publizistik 38 (1993), S. 353–382

SCHNEIDER, BEATE/KLAUS SCHÖNBACH: Journalisten in den neuen Bundesländern. In: Walter A. Mahle (Hrsg.): Journalisten in Deutschland. Nationale und internationale Vergleiche und Perspektiven. München 1993, S. 35–56

SCHÖNBACH, KLAUS: Trennung von Nachricht und Meinung. Empirische Untersuchung eines publizistischen Qualitätskriteriums. Freiburg, München 1977

SCHÖNBACH, KLAUS/DIETER STÜRZEBECHER/BEATE SCHNEIDER: ›Missionare‹, ›Spürhunde‹ und die öffentliche Meinung: Das Selbstverständnis deutscher Journalisten. In: Friedhelm Neidhardt (Hrsg.): Öffentlichkeit und soziale Bewegungen (Sonderheft der Kölner Zeitschrift für Soziologie und Sozialpsychologie). Opladen 1994

SNYDERMAN, MARK/STANLEY ROTHMAN: The IQ Controversy, the Media and Public Policy. New Brunswick, Oxford 1988

STARCK, KENNETH/JOHN SOLOSKI: Effect of Reporter Predisposition in Covering Controversial Story. In: Journalism Quarterly 54 (1977), S. 120–125

STOCKING, S. HOLLY/NANCY LAMARCA: How Journalists Describe Their Stories: Hypotheses and Assumptions in Newsmaking. In: Journalism Quarterly 67 (1990), S. 295–301

TAYLOR, PAUL: See How They Run. Electing the President in an Age of Mediocracy. New York 1990

TUNSTALL, JEREMY (Hrsg.): Media Sociology. London 1974

WEAVER, DAVID/G. CLEVELAND WILHOIT: The American Journalist. Portrait of U. S. Newspeople and Their Work. Bloomington 1986

WEISCHENBERG, SIEGFRIED/KLAUS-DIETER ALTMEPPEN/MARTIN LÖFFELHOLZ: Kompetenz und Technik. Journalistenausbildung für die Informationsgesellschaft. Münster 1991

WEISCHENBERG, SIEGFRIED/MARTIN LÖFFELHOLZ/ARMIN SCHOLL: Journalismus in Deutschland. In: Media Perspektiven H. 1/1993, S. 21–33

WEISCHENBERG, SIEGFRIED/MARTIN LÖFFELHOLZ/ARMIN SCHOLL: Merkmale und Einstellungen von Journalisten. In: Media Perspektiven H. 4/1994, S. 154–167

WEISS, HANS-JÜRGEN: Rundfunkinteressen und Pressejournalismus. Abschließende Analysen und Bemerkungen zu zwei inhaltsanalytischen Zeitungsstudien. In: Media Perspektiven, 1/1986, S. 53–73

WHITE, DAVID M.: The ›Gatekeeper‹. A Case Study in the Selection of News. In: Journalism Quarterly 27 (1950), S. 383–390

WILKE, JÜRGEN (Hrsg.): Zwischenbilanz der Journalistenausbildung. München 1987

WILKE, JÜRGEN: Spion des Publikums, Sittenrichter und Advokat der Menschheit. Wilhelm Ludwig Wehrlin (1739–1792) und die Entwicklung des Journalismus in Deutschland. In: Publizistik 38 (1993), S. 322–334

Journalistische Darstellungsformen

ANDERSON, DAVID/PETER BENJAMINSON: Investigative Reporting. Bloomington 1976

ARNOLD, BERND PETER: ABC des Hörfunks. München 1991

ARNOLD, BERND PETER/SIEGFRIED QUANDT (Hrsg.): Radio heute. Die neuen Trends im Hörfunkjournalismus. Frankfurt/M. 1991

BACHMANN, DIETER: Essay und Essayismus. Stuttgart 1969

BRAND, EVA/PETER BRAND/VOLKER SCHULZE (Hrsg.): Die Zeitung im Unterricht. 3. überarb. Aufl. Aachen 1992

BRAND, PETER: Zeitung in der Grundschule. In: Bundesverband Deutscher Zeitungsverleger (Hrsg.): Zeitungen '93. Bonn 1993, S. 196–203

BRAND, PETER/VOLKER SCHULZE: Medienkundliches Handbuch: Die Zeitung. 2. überarb. u. erw. Aufl. Aachen 1991

BRENDEL, DETLEF/BERND GROBE: Journalistisches Grundwissen. München 1976

BUSH, CHILTON R.: Newswriting and Reporting Public Affairs. Philadelphia 1965

CAMPBELL, LAURENCE R./ROLAND E. WOLSELEY: How to Report and Write the News. Englewood Cliffs, N. J. 1961

DEUTSCHE JOURNALISTENSCHULE MÜNCHEN (Hrsg.): Praktischer Journalismus. Ein Lehr- und Lesebuch. München 1963

DONSBACH, WOLFGANG: Journalismus versus journalism – ein Vergleich zum Verhältnis von Medien und Politik in Deutschland und in den USA. In: Wolfgang Donsbach u. a.: Beziehungsspiele – Medien und Politik in der öffentlichen Diskussion. Gütersloh 1993, S. 283–315

DOVIFAT, EMIL: Zeitungslehre. 6. neu bearb. Aufl. von Jürgen Wilke. 2 Bde., Berlin, New York 1976

FOX, WALTER J.: Writing the News. Print Journalism in the Electronic Age. New York 1977

FRANKFURTER ALLGEMEINE ZEITUNG (Hrsg.): Alles über die Zeitung. 22. Aufl. Frankfurt/M. 1992

GARRISON, BRUCE: Professional News Reporting. Hillsdale (N. J.), London 1992

GAUS, GÜNTER: Zur Person. Porträt in Frage und Antwort. München 1965

GERHARDT, RUDOLF: Lesebuch für Schreiber. Frankfurt/M. 1993

HAACKE, WILMONT: Handbuch des Feuilletons. 3 Bde., Emsdetten 1951

HALLER, MICHAEL: Recherchieren. Ein Handbuch für Journalisten. München 1983. 4. Aufl. 1991

HALLER, MICHAEL: Die Reportage. Ein Handbuch für Journalisten. München 1987. 2. Aufl. 1990

HALLER, MICHAEL: Das Interview. Ein Handbuch für Journalisten. München 1991

HESS, DIETER: Kulturjournalismus. München, Leipzig 1992

HORSCH, JÜRGEN / JOSEF OHLER / DIETZ SCHWIEZAU (Hrsg.): Radio-Nachrichten. Ein Handbuch für Ausbildung und Praxis. München, Leipzig 1994

KISCH, EGON ERWIN: Klassischer Journalismus – die Meisterwerke der Zeitung. Berlin 1923. Neuaufl. München 1979

LANG, ALFRED R.: Schreiben für den Tag. Der Journalist und sein Arbeitsbereich. Düsseldorf 1967

LAROCHE, WALTER VON: Einführung in den praktischen Journalismus. München 1975. 13. Aufl. 1992

LAROCHE, WALTER VON / AXEL BUCHHOLZ (Hrsg.): Radio-Journalismus. Ein Handbuch für Ausbildung und Praxis im Hörfunk. München 1980, 6. Aufl. 1993

LIPPMANN, WERNER: Die Öffentliche Meinung. München 1964

MAST, CLAUDIA (Hrsg.): Journalismus für die Praxis. Ein Leitfaden für die Redaktionsarbeit. Konstanz 1979 ff.

MEYER, WERNER / KLAUS BOELE: Journalismus von Heute. Hrsg. Jürgen Frohner. Starnberg 1994

PATTERSON, THOMAS E.: Out of Order. New York 1993

PROJEKTTEAM LOKALJOURNALISTEN (Hrsg.): ABC des Journalismus. 6. Aufl. München 1990

PÜRER, HEINZ: Praktischer Journalismus in Zeitung, Radio und Fernsehen. München 1991

REINERS, LUDWIG: Stilkunst. Ein Lehrbuch deutscher Prosa. München 1951

REUMANN, KURT: Zeitung in der Schule – ein Leistungszentrum der Demokratie. In: Bundesverband Deutscher Zeitungsverleger (Hrsg.): Zeitungen '93. Bonn 1993, S. 188–195

REUMANN, KURT: Lesefreuden. Zürich, Osnabrück 1992

ROHNER, LUDWIG: Der deutsche Essay. Materialien zur Geschichte und Ästhetik einer literarischen Gattung. Berlin 1966

ROLOFF, ECKART KLAUS (Hrsg.): Journalistische Textgattungen. München 1982

SCHNEIDER, WOLF: Deutsch für Profis. Hamburg 1983

SCHNEIDER, WOLF / DETLEF ESSLINGER: Die Überschrift. Sachzwänge – Fallstricke – Versuchungen – Rezepte. München 1993

SCHÖNBACH, KLAUS: Trennung von Nachricht und Meinung. Empirische Untersuchung eines journalistischen Qualitätskriteriums. Freiburg, München 1977

SCHULT, GERHART / AXEL BUCHHOLZ (Hrsg.): Fernseh-Journalismus. Ein Handbuch für Ausbildung und Praxis. 4. aktual. u. erw. Aufl. München 1992

STEFFENS, MANFRED: Das Geschäft mit der Nachricht. Agenturen, Redaktionen, Journalisten. Hamburg 1969

STRASSNER, ERICH: Nachrichten. Entwicklungen, Analysen, Erfahrungen. München 1975

SÜSKIND, WILHELM EMANUEL: Vom ABC zum Sprachkunstwerk. Eine deutsche Sprachlehre für Erwachsene. München 1965

WARREN, CARL: Modern News Reporting. New York 1934. Deutsche Ausgabe: ABC des Reporters. München 1953

WEISCHENBERG, SIEGFRIED: Nachrichtenschreiben. Journalistische Praxis zum Schreiben und Selbststudium. Opladen 1988

WILKE, JÜRGEN/BERNHARD ROSENBERGER: Die Nachrichten-Macher. Köln, Weimar, Wien 1991

Kommunikationspolitik

AHRENS, WILFRIED: ASTRA – Fernsehen ohne Grenzen. Düsseldorf 1993

ALSCHEID-SCHMIDT, PETRA: Die Kritik am internationalen Informationsfluß. Beurteilung der politischen Diskussion anhand wissenschaftlicher Untersuchungsergebnisse. Frankfurt/M. u. a. 1991

ASTHEIMER, SABINE: Institutionelle Politiksteuerung: Gremienstrukturen bei den Landesmedienanstalten. In: Rundfunk und Fernsehen 39 (1991), S. 185–192

BREUNIG, CHRISTIAN: Kommunikationspolitik der UNESCO. Dokumentation und Analyse der Jahre 1946 bis 1987. Konstanz 1987

BREUNIG, CHRISTIAN: Kommunikationsfreiheiten im internationalen Vergleich. Konstanz 1994

ENGELHARD, HELMUT: Satellitenfernsehen – neue Technologie für einen besseren internationalen Informationsfluß? Die völkerrechtliche Kontroverse zwischen Informationsfreiheit und Staatssouveränität. Frankfurt/M. 1978

GÄRTNER, HANS-DIETER/PETER KLEMM: Der Griff nach der Öffentlichkeit. Grundsätze und Ziele der neuen IG Medien im DGB. Köln 1989

GEBEL, VOLKRAM: Zusammensetzung des Medienrates der Medienanstalt Berlin-Brandenburg verfassungsgemäß? In: ZUM 37 (1993), S. 394–399

HÄTTICH, MANFRED: Demokratie als Herrschaftsordnung. Opladen 1967

HEINRICH, JÜRGEN: Dominanz der Kirch-Gruppe weiter gestiegen. Ökonomische und publizistische Konzentration im deutschen Fernsehsektor 1992/93. In: Media Perspektiven 5/1993, S. 267–277

HESS, WOLFGANG: Die EG-Rundfunkrichtlinie vor dem Bundesverfassungsgericht. Anmerkungen zum Verfahren 2 BvG 1/89. In: Archiv für Presserecht 21 (1990), S. 95–100

KEPPLINGER, HANS MATHIAS: Massenkommunikation. Rechtsgrundlagen, Medienstrukturen, Kommunikationspolitik. Stuttgart 1982

KEPPLINGER, HANS MATHIAS: Die aktuelle Berichterstattung des Hörfunks. Eine Inhaltsanalyse der Abendnachrichten und politischen Magazine. Freiburg, München 1985

KEPPLINGER, HANS MATHIAS: Der Einfluß der Rundfunkräte auf die Programmgestaltung der öffentlich-rechtlichen Rundfunkanstalten. In: Ernst-Joachim Mestmäcker (Hrsg.): Offene Rundfunkordnung. Gütersloh 1988, S. 453–493

KEPPLINGER, HANS MATHIAS/THOMAS HARTMANN: Stachel oder Feigenblatt? Rundfunk- und Fernsehräte in der Bundesrepublik Deutschland. Eine empirische Untersuchung. Frankfurt/M. 1989

KEPPLINGER, HANS MATHIAS/HELGA WEISSBECKER: Negativität als Nachrichtenideologie. In: Publizistik 36 (1991), S. 330–342

KIEFER, MARIE-LUISE: Gebührenindexierung und neue Modelle für Werbelimits. Zur funktionsgerechten Finanzierung des öffentlich-rechtlichen Rundfunks. In: Media Perspektiven 1/1993, S. 46–55

KLEINSTEUBER, HANS J.: Kabel und Satellit in der westeuropäischen Technologie- und Medienpolitik. Chancen, Grenzen und Folgen der Neuen Medien. In: Rundfunk und Fernsehen 39 (1991), S. 506–526

KOPPER, GERD G.: Medien- und Kommunikationspolitik der Bundesrepublik Deutschland. Ein chronologisches Handbuch 1944–1988. München u. a. 1992

KRÜGER, UDO MICHAEL: Kontinuität und Wandel im Programmangebot. Programmstrukturelle Trends bei ARD, ZDF, SAT.1 und RTL 1986 bis 1992. In: Media Perspektiven 6/1993, S. 246–266.

KUTSCH, ARNULF (Hrsg.): Publizistischer und journalistischer Wandel in der DDR. Vom Ende der Ära Honecker bis zu den Volkskammerwahlen im März 1990. Bochum 1990

LANGE, BIRGIT: Medienpolitik des Völkerbundes. Konstanz 1991

MATZEN, CHRISTIANE: Chronik der Rundfunkentwicklung 1992. In: Rundfunk und Fernsehen 41 (1993), S. 287–309

NIXON, RAYMOND B.: Factors Related to Freedom in National Press Systems. In: Heinz-Dietrich Fischer/John Calhoun Merrill (Hrsg.): International Communication. Media, Channels, Function. New York 1970, S. 115–128

ROEGELE, OTTO B.: Medienpolitik und wie man sie macht. Osnabrück 1973

RÖPER, HORST: Formationen deutscher Medienmultis 1993. In: Media Perspektiven 3/1994, S. 125–144

RÖPER, HORST: Die Entwicklung des Tageszeitungsmarktes in Deutschland nach der Wende in der ehemaligen DDR. In: Media Perspektiven 7/1991, S. 421–430

RONNEBERGER, FRANZ: Kommunikationspolitik. 3 Bde., Mainz 1978–1986

SCHNEIDER, BEATE: Die ostdeutsche Tagespresse – eine (traurige) Bilanz. In: Media Perspektiven 7/1992, S. 428–441

SCHNEIDER, BEATE/KLAUS SCHÖNBACH/DIETER STÜRZEBECHER: Journalisten im vereinigten Deutschland. Strukturen, Arbeitsweisen und Einstellungen im Ost-West-Vergleich. In: Publizistik 38 (1993), S. 353–382

SCHÖNBACH, KLAUS: Trennung von Nachricht und Meinung. Empirische Untersuchung eines journalistischen Qualitätskriteriums. Freiburg, München 1977

SCHÜTZ, WALTER J.: Deutsche Tagespresse 1991. In: Media Perspektiven 2/1992, S. 74–107

SCHÜTZ, WALTER J. (Hrsg.): Medienpolitik. Dokumentation der Kommunikationspolitik in der Bundesrepublik Deutschland von 1945 bis 1990. Konstanz 1999

SCHWARZE, JÜRGEN (Hrsg.): Rundfunk und Fernsehen im Lichte der Entwicklung des nationalen und internationalen Rechts. Baden-Baden 1986

SIGNITZER, BENNO: Regulation of Direct Broadcasting from Satellites. The UN Involvement. New York, Washington, London 1976

STEVENSON, ROBERT L./DONALD LEWIS SHAW: Foreign News and the New World Information Order. Ames 1984

STOCK, MARTIN: Konvergenz im dualen Rundfunksystem? In: Media Perspektiven 12/1990, S. 745–754

STOLTE, DIETER: Fernsehen am Wendepunkt. Meinungsforum oder Supermarkt? München 1992

WESTERSTAHL, JÖRGEN/FOLKE JOHANSSON: News Ideologies as Moulders of Do-
mestic News. In: European Journal of Communication 1 (1986), S. 133–149

WILKE, JÜRGEN: Bedeutung und Gegenstand der Medienpolitik. In: Aus Politik
und Zeitgeschichte B 9/85 (Beilage zur Wochenzeitung Das Parlament),
S. 3–16

WILKE, MANFRED/GUNDOLF OTTO: Der Kampf um die Köpfe. Mediengewerkschaft im DGB. München 1986

WÖSTE, MARLENE: Nur knapp die Hälfte für Lizenzierung und Kontrolle. Die Einnahmen und Ausgaben der Landesmedienanstalten 1985 bis 1990. In: Media
Perspektiven 5/1990, S. 281–304

WULFF-NIENHÜSER, MARIANNE: Medienpolitik. Dokumentation deutscher Kommunikationspolitik zwischen 1945 und 1990. Konstanz 1994

Kommunikationsprozeß

ATKIN, CHARLES: Instrumental Utilities and Information Seeking. In: P. Clarke
(Hrsg.): New Models for Mass Communication Research. Beverly Hills 1973,
S. 205–242

BALLSTAEDT, STEFFEN-PETER u. a.: Texte verstehen, Texte gestalten. München 1981

BAUER, RAYMOND A.: The Obstinate Audience: The Influence Process from the
Point of View of Social Communication. In: The American Psychologist 19
(1964), S. 319–328

BOULDING, KENNETH A.: The Image. Knowledge in Life and Society. Ann Arbor
1956

BROSIUS, HANS-BERND: Schema-Theorie – ein brauchbarer Ansatz in der Wirkungsforschung? In: Publizistik 36 (1991), S. 285–297

BROSIUS, HANS-BERND: Alltagsrationalität in der Nachrichtenrezeption. Ein Modell zur Wahrnehmung und Verarbeitung von Nachrichteninhalten. Habilita-
tionsschrift, Mainz (1994)

BÜHLER, KARL: Sprachtheorie: Die Darstellungsfunktion der Sprache. Jena 1934

BURKART, ROLAND: Kommunikationswissenschaft. Grundlagen und Problemfelder. Umrisse einer interdisziplinären Sozialwissenschaft. Wien, Köln 1983

COTTON, JOHN L.: Cognitive Dissonance in Selective Exposure. In: D. Zillmann/
J. Bryant (Hrsg.): Selective Exposure to Communication. Hillsdale, N. J. 1985,
S. 11–33

VAN DIJK, TEUN A.: Textwissenschaft. Eine interdisziplinäre Einführung. München 1980

DÖRNER, DIETRICH: Superzeichen und kognitive Prozesse. In: R. Posner/H.-P.
Reinecke (Hrsg.): Zeichenprozesse. Semiotische Forschung in den Einzelwis-
senschaften. Wiesbaden 1977, S. 73–82

FINN, SETH/DONALD F. ROBERTS: Source, Destination and Entropy. Reassessing
the Role of Information Theory in Communication Research. In: Communication Research 11 (1984), S. 453–476

FRÜH, WERNER: Lesen, Verstehen, Urteilen. Untersuchungen über den Zusammenhang von Textgestaltung und Textwirkung. Freiburg, München 1980

FRÜH, WERNER/KLAUS SCHÖNBACH: Der dynamisch-transaktionale Ansatz. Ein neues Paradigma der Medienwirkungen. In: Publizistik 27 (1982), S. 74–88

FRÜH, WERNER: Medienwirkungen: Das dynamisch-transaktionale Modell. Theorie und empirische Forschung. Opladen 1991

FUCKS, WILHELM: Nach allen Regeln der Kunst. Diagnosen über Literatur, Musik, bildende Kunst. Stuttgart 1968

GRABER, DORIS: Processing the News. How People Tame the Information Tide. New York, London 1984

KATZ, ELIHU/MICHAEL GUREVITCH/HADASSAH HAAS: On the Use of the Mass Media for Important Things. In: American Sociological Review 38 (1973), S. 164–181

KRIPPENDORFF, KLAUS: Information Theory. Structural Models for Qualitative Data. Beverly Hills 1986

LASSWELL, HAROLD D.: The Structure and Function of Communication in Society. In: Lyman Bryson (Hrsg.): The Communication of Ideas. New York 1948, S. 37–51

LAZARSFELD, PAUL F./BERNARD BERELSON/HAZEL GAUDET: The People's Choice. How the Voter Makes up his Mind in a Presidential Campaign. New York 1944

LIPPMANN, WALTER: Public Opinion. New York 1922

LUHMANN, NIKLAS: Soziale Systeme. Grundriß einer allgemeinen Theorie. Frankfurt/M. 1984

MALETZKE, GERHARD: Ziele und Wirkungen der Massenkommunikation. Hamburg 1976

MCQUAIL, DENIS: Mass Communication Theory. An Introduction. London 1983

MCQUAIL, DENIS/SVEN WINDAHL: Communication Models for the Study of Mass Communications. London/New York 1981

MERTEN, KLAUS: Kommunikation. Eine Begriffs- und Prozeßanalyse. Opladen 1977

MERTON, ROBERT K.: Social Theory and Social Structure. Glencoe, Ill., Second Edition, 1957

MITTENECKER, ERICH/ERICH RAAB: Informationstheorie für Psychologen. Eine Einführung in Methoden und Anwendungen. Göttingen 1973

MOLES, ABRAHAM A.: Informationstheorie und ästhetische Wahrnehmung. Köln 1971

MORRIS, CHARLES W.: Foundations of the Theory of Signs. Chicago, Ill. 1938 (dt.: Grundlagen der Zeichentheorie. München 1972)

NEISSER, ULRICH: Cognition and Reality. Principles and Implications of Cognitive Psychology. San Francisco 1976 (dt.: Kognition und Wirklichkeit. Stuttgart 1979)

NOELLE-NEUMANN, ELISABETH: Return to the Concept of Powerful Mass Media. In: Studies of Broadcasting 9 (1973), S. 67–112 (dt.: Kumulation, Konsonanz und Öffentlichkeitseffekt. Ein neuer Ansatz zur Analyse der Wirkung der Massenmedien. In: Publizistik 18 [1973], S. 26–55)

RAYBURN, IL. J. D./PHILIP PALMGREEN: Merging Uses and Gratifications and Expectancy-Value Theory. In: Communication Research 11 (1984), S. 537–562

REEVES, BYRON/STEVEN H. CHAFFEE/ALBERT TIMS: Social Cognition and Mass

Communication Research. In: M. E. Roloff/C. R. Berger (Hrsg.): Social Cognition and Communication. Beverly Hills, London 1982, S. 287–326

REIMANN, HORST: Informations-Systeme. Umrisse einer Soziologie der Vermittlungs- und Mitteilungsprozesse. Tübingen 1968. 2. Aufl. 1974

ROBINSON, JOHN P./MARK R. LEVY: The Main Source. Learning from Television News. Beverly Hills 1986

ROSENGREN, KARL ERIK/LAURENCE A. WENNER/PHILIP PALMGREEN (Hrsg.): Media Gratifications Research. Current Perspectives. Beverly Hills 1985

RUBEN, BRENT D.: Communication and Human Behaviour. New York, London 1984

SCHÖNBACH, KLAUS/WERNER FRÜH: Der dynamisch-transaktionale Ansatz II: Konsequenzen. In: Rundfunk und Fernsehen 32 (1984), S. 314–329

SCHÖNBACH, KLAUS: Transaktionale Modelle der Medienwirkung: Stand der Forschung. In: Winfried Schulz (Hrsg.): Medienwirkungen. Einflüsse von Presse, Radio und Fernsehen auf Individuum und Gesellschaft. Weinheim 1992, S. 109–119

SCHRAMM, WILBUR: How Communication Works. In: W. Schramm (Hrsg.): The Process and Effects of Mass Communication. Urbana, Ill. 1954, S. 3–26

SCHRAMM, WILBUR: Information Theory and Mass Communication. In: Journalism Quarterly 32 (1955), S. 131–146

SCHRAMM, WILBUR: The Nature of Communication between Humans. In: W. Schramm/D. F. Roberts (Hrsg.): The Process and Effects of Mass Communication. Revised Edition. Urbana, Ill. 1971, S. 3–53

SCHULZ VON THUN, FRIEDMANN: Miteinander reden: Störungen und Klärungen. Psychologie der zwischenmenschlichen Kommunikation. Reinbek 1981

SCHULZ, WINFRIED: Kommunikationsprozeß. In: E. Noelle-Neumann/W. Schulz (Hrsg.): Das Fischer Lexikon Publizistik. Frankfurt/M. 1971, S. 89–109

SCHULZ, WINFRIED: Der Kommunikationsprozeß – neubesehen. In: Jürgen Wilke (Hrsg.): Fortschritte der Publizistikwissenschaft. Freiburg, München 1990, S. 25–37

SEARS, DAVID O./JONATHAN L. FREEDMAN: Selective Exposure to Information. A Critical Review. In: Public Opinion Quarterly 31 (1967), S. 194–213

SHANNON, CLAUDE E./WARREN WEAVER: The Mathematical Theory of Communication. Urbana, Ill. 1964

STEINBUCH, KLAUS: Die informierte Gesellschaft. Geschichte und Zukunft der Nachrichtentechnik. Stuttgart 1966

WATZLAWICK, PAUL/JANET H. BEAVIN/DON D. JACKSON: Menschliche Kommunikation. Formen, Störungen, Paradoxien. Bern/Stuttgart/Wien 1969

WIESER, WOLFGANG: Organismen, Strukturen, Maschinen. Zu einer Lehre vom Organismus. Frankfurt/M. 1959

WRIGHT, CHARLES R.: Functional Analysis and Mass Communication. In: Public Opinion Quarterly 24 (1960), S. 605–620

WRIGHT, CHARLES R.: Functional Analysis and Mass Communication Revisited. In: J. G. Blumler/E. Katz (Hrsg.): The Uses of Mass Communications. Beverly Hills 1974, S. 197–212

Kommunikationstheorien

ALLPORT, GORDON W.: Attitudes. In: Murchison, C. (Hrsg.): Handbook of Social Psychology. Worcester, Mass. 1935, S. 798–884

ASCH, SOLOMON E.: Effects of Group Pressures upon the Modification and Distortion of Judgements. In: Guetzkow, H. (Hrsg.): Groups, Leadership and Men. Pittsburg 1951, S. 177–190

BENTELE, GÜNTER/MANFRED RÜHL (Hrsg.): Theorien öffentlicher Kommunikation. München 1992

BERGER, PETER L./THOMAS L. LUCKMANN: Die gesellschaftliche Konstruktion der Wirklichkeit. Frankfurt 1966

BLUMER, HERBERT: Symbolic Interactionism: Perspective and Method. Englewood Cliffs, N. J. 1969

BLUMLER, JAY G./ELIHU KATZ (Hrsg.): The Uses of Mass Communications: Current Perspectives on Gratifications Research. Beverly Hills 1974

BROCKRIEDE, WAYNE: Dimensions of the Concept of Rhetoric. In: Quarterly Journal of Speech 54 (1968), S. 1–12

CHARLTON, MICHAEL/KLAUS NEUMANN-BRAUN: Medienkindheit – Medienjugend. Eine Einführung in die aktuelle kommunikationswissenschaftliche Forschung. München 1992

DE FLEUR, MELVIN L.: Theories of Mass Communication. New York 1966, 4. Aufl. 1982

FESTINGER, LEON: A Theory of Cognitive Dissonance. Stanford 1957

FESTINGER, LEON/STANLEY S. SCHACHTER/KURT W. BACK: Social Pressures in Informal Groups. Stanford 1950

FISHBEIN, MARTIN: Investigation of the Relationships Between Beliefs About an Object and the Attitude Toward that Object. In: Human Relations 16 (1963), S. 233–240

FISHBEIN, MARTIN (Hrsg.): Readings in Attitude Theory and Measurement. New York 1967

FISHBEIN, MARTIN/ICEK AJZEN: Belief, Attitude, Intention and Behavior: An Introduction of Theory and Research. Reading/Mass. 1975

FREIDSON, ELIOTT: Communication Research and the Concept of the Mass. In: American Sociological Review 18 (1953), S. 313–317

GIDDENS, ANTHONY: Interpretative Soziologie. Frankfurt/M. 1984

HABERMAS, JÜRGEN: Theorie des kommunikativen Handelns. 2 Bde., Frankfurt/M. 1981

HEIDER, FRITZ: Attitudes and Cognitive Organization. In: Journal of Psychology 21 (1946), S. 107–112

HÖFLICH, JOACHIM R.: Kommunikationsregeln und interpersonale Kommunikation. In: Communications 14 (1988), S. 61–79

HÖFLICH, JOACHIM R.: Normative und semiotische Aspekte technisch vermittelter Kommunikation. In: Communications 16 (1991), S. 73–89

HOVLAND, CARL I./IRVING L. JANIS/HAROLD H. KELLEY: Communication and Persuasion. New Haven 1953

HUNTER, JOHN E./RALPH L. LEVINE/SCOTT E. SAYERS: Attitude Change in Hierarchical Belief Systems and its Relationship to Persuasibility, Dogmatism and Rigidity. In: Human Communication Research 3 (1976), S. 2–28

HUNZIKER, PETER: Medien, Kommunikation und Gesellschaft. Darmstadt 1988

JONES, EDWARD E. u. a.: Attribution: Preceiving the Causes of Behavior. Morristown, N. J. 1972

KATZ, ELIHU / PAUL F. LAZARSFELD: Personal Influence. Glencoe, Ill. 1955

KEPPLINGER, HANS MATHIAS: Instrumentelle Aktualisierung. Grundlagen einer Theorie publizistischer Konflikte. In: Kaase, Max / Winfried Schulz (Hrsg.): Kölner Zeitschrift für Soziologie und Sozialpsychologie. Sonderheft 30: Massenkommunikation. Opladen 1989, S. 199–220

KRIPPENDORFF, KLAUS: Schritte zu einer konstruktivistischen Erkenntnistheorie. In: Bentele, Günter / Manfred Rühl (1992), S. 19–51

KROEBER-RIEL, WERNER: Strategie und Technik der Werbung. 3. Aufl. Stuttgart / Berlin / Köln 1991

KUNCZIK, MICHAEL: Kommunikation und Gesellschaft. Köln, Wien 1984

LAZARSFELD, PAUL F. / BERNARD BERELSON / HAZEL GAUDET: The People's Choice. New York 1944

LIPPMANN, WALTER: Public Opinion. New York 1922

LITTLEJOHN, STEPHEN W.: Theories of Human Communication. 4. Aufl. Belmont / Ca. 1992

LUHMANN, NIKLAS: Soziologische Aufklärung. Bd. 2. Opladen 1975

LUHMANN, NIKLAS: Soziale Systeme. Grundriß einer allgemeinen Theorie. Frankfurt / M. 1984

MALETZKE, GERHARD: Psychologie der Massenkommunikation. Hamburg 1963

MATURANA, HUMBERTO / FRANCISCO J. VARDA: Der Baum der Erkenntnis. Wie wir die Welt durch unsere Wahrnehmung erschaffen. Die biologischen Wurzeln des menschlichen Erkennens. Bern / München / Wien 1987

MCGUIRE, WILLIAM J.: The Nature of Attitudes and Attitude Change. In: Lindzey, G. / Aronson, E. (Hrsg.): The Handbook of Social Psychology. Vol. 3, 2. ed., Cambridge, Mass. 1969, S. 163–314

MCLEOD, JACK M. / STEVEN H. CHAFFEE: Interpersonal Approaches to Communication Research. In: American Behavioral Scientist 16 (1973), S. 469–499

MCQUAIL, DENIS: Mass Communication Theory. London 1983, 3. Aufl. 1994

MEAD, GEORGE H.: Mind, Self, and Society. Chicago, London 1934

MERTEN, KLAUS: Kommentar zu Klaus Krippendorff. In: Bentele, Günter / Manfred Rühl (1992), S. 52–55

MERTEN, KLAUS u.a.: Die Wirklichkeit der Medien. Opladen 1993

MERTEN, KLAUS / SIEGFRIED J. SCHMIDT / SIEGFRIED WEISCHENBERG: Medien und Kommunikation. Konstruktionen von Wirklichkeit. Weinheim, Basel 1990/ 1991

MÜHLFELD, CLAUS: Sprache und Sozialisation. Hamburg 1975

NOELLE-NEUMANN, ELISABETH: Die Schweigespirale. Öffentliche Meinung – unsere soziale Haut. München 1980

NOELLE-NEUMANN, ELISABETH: Medienpolitisches Hearing. Publizistische Vielfalt und Integrationsfunktion als konkurrierende Ziele. In: Rühl, Manfred / Heinz W. Stuiber (Hrsg.): Kommunikationspolitik in Forschung und

Anwendung. Düsseldorf 1983, S. 210 – 214

OSGOOD, CHARLES E. / PERCY H. TANNENBAUM: The Principle of Congruity in the Prediction of Attitude Change. In: Psychological Review 62 (1955), S. 42–55

PARSONS, TALCOTT: The Social System. Glencoe, Ill. 1951

PETTY, RICHARD E. / JOHN T. CACIOPPO: Communication and Persuasion: Central and Peripheral Routes to Attitude Change. New York 1986

PRAKKE, HENK: Kommunikation und Gesellschaft. Einführung in die funktionale Publizistik. Münster 1968

REIMANN, HORST: Kommunikationssysteme. Umrisse einer Soziologie der Vermittlungs- und Mitteilungsprozesse. Tübingen 1968, 2. Aufl. 1974

REIMANN, HORST: Kommentar zu Klaus Krippendorf. In: Bentele, Günter / Manfred Rühl (1992), S. 56–58

RENCKSTORF, KARSTEN: Mediennutzung als Soziales Handeln. Zur Entwicklung einer handlungstheoretischen Perspektive der empirischen Massenkommunikationsforschung. In: Kaase, Max / Winfried Schulz: Massenkommunikation. Sonderheft 30 der Kölner Zeitschrift für Soziologie und Sozialpsychologie. Opladen 1989, S. 314–336

RILEY, JOHN W. / MATILDA W. RILEY: Mass Communication and the Social System. In: Robert Merton (1959), S. 537–578

ROKEACH, MILTON: Beliefs, Attitudes, and Values. San Francisco 1969

ROGERS, EVERETT M. / LAWRENCE D. KINCAID: Communication Networks: Toward a New Paradigm for Research. New York 1981

ROSENBERG, MILTON J.: Cognitive Structure and Attitudinal Affect. In: Journal of Abnormal and Social Psychology 53 (1956), S. 367–372

RÜHL, MANFRED: Systemdenken und Kommunikationswissenschaft. In: Publizistik 14 (1969), S. 185–206

RÜHL, MANFRED: Kommunikation und Öffentlichkeit. Schlüsselbegriffe zur kommunikationswissenschaftlichen Rekonstruktion der Publizistik. In: Bentele, Günter / Manfred Rühl (1992), S. 77–104

SAXER, ULRICH: Basistheorien und Theoriebasis in der Kommunikationswissenschaft: Theorienchaos und Chaostheorie. In: Bentele, Günter / Manfred Rühl (1992), S. 175–188

SCHACHTER, STANLEY: The Interaction of Cognitive and Physiological Determinants of Emotional State. In: Berkowitz, Leon (Hrsg.): Advances in Experimental Social Psychology. Bd. 1, New York 1964. S. 49–80

SCHENK, MICHAEL: Meinungsführer und Netzwerke persönlicher Kommunikation. In: Rundfunk und Fernsehen 31 (1983), S. 326–356

SCHENK, MICHAEL: Soziale Netzwerke und Kommunikation. Tübingen 1984

SCHENK, MICHAEL: Politische Massenkommunikation. Wirkung trotz geringer Beteiligung? Neue Strategien der Persuasion. In: Politische Vierteljahresschrift 31 (1990), S. 420–435

SCHENK, MICHAEL: Die ego-zentrierten Netzwerke von Meinungsbildnern (»Opinion Leaders«). In: Kölner Zeitschrift für Soziologie und Sozialpsychologie 45 (1993), S. 254–269

SCHÜTZ, ALFRED / THOMAS LUCKMANN: Strukturen der Lebenswelt. Bd. 1. Frankfurt 1979

SCHULZ, WINFRIED: Ausblick am Ende des Holzweges. Eine Übersicht über die Ansätze der neuen Wirkungsforschung. In: Publizistik 27 (1982), S. 194–213

SCHULZ, WINFRIED: Die Konstruktion von Realität in den Nachrichtenmedien. Freiburg, München 1976. 2. Aufl. 1990

SHERIF, MUZAFER: Social Factors in Perception. In: Archives of Psychology 187/1935

SHERIF, MUZAFER/CARL I. HOVLAND: Social Judgement. New Haven 1961

STURM, HERTHA: Fernsehdiktate: Die Veränderung von Gedanken und Gefühlen. Ergebnisse und Folgerungen für eine rezipientenorientierte Mediendramaturgie. Gütersloh 1991

TANNENBAUM, PERCY H. (Hrsg.): The Entertainment Functions of Television. Hillsdale 1980

TICHENOR, PHILIP J. u. a.: Community Conflict and the Press. Beverly Hills, London 1980

WEBER, MAX: Wirtschaft und Gesellschaft. Grundriß der verstehenden Soziologie. 5. Aufl. Tübingen 1972

WEIMANN, GABRIEL: On the Importance of Marginality. One More Step into the Two-Step Flow of Communication. In: American Sociological Review 47 (1982), S. 764–773

WEISS, R.: An Extension of Hullian Learning Theory to Persuasive Communication. In: Greenwald, A./T. Brock/T. Ostrom (Hrsg.): Psychological Foundations of Attitudes. New York 1968, S. 109–145

WRIGHT, CHARLES R.: Functional Analysis and Mass Communication. In: Dexter, L. A./D. M. White (Hrsg.): People, Society, and Mass Communications. New York 1964, S. 91–109.

Mediaforschung

AGOSTINI, JEAN MICHEL: Ein Vorschlag zur qualitativen Klassifizierung der Leserschaft von Zeitschriften. In: ZV + ZV 63 (1966), S. 1476–1484

HEINRICH BAUER VERLAG (Hrsg.): Heftnutzung und Anzeigenbeachtung und die Faktoren, die sie beeinflussen. Hamburg 1971

BELSON, WILLIAM A.: Studies in Readership. London 1962

BERG, KLAUS/MARIE-LUISE KIEFER: Massenkommunikation IV. Baden-Baden 1992

BESSLER, HANSJÖRG: Hörer- und Zuschauerforschung. München 1980

COLLETT, PETER: Video-Recording the Viewers in their Natural Habitat. In: ESOMAR Seminar on New Developments in Media Research (Helsinki Seminar). Amsterdam 1986, S. 15–21

EBERHARD, FRITZ: Der Rundfunkhörer und sein Programm. Berlin 1962

GALLUP, GEORGE: A Scientific Method for Determining Reader – Interest. In: Journalism Quarterly 7 (1930), S. 1–13

GFK FERNSEHFORSCHUNG: Fernsehzuschauerforschung in Deutschland. Die AGF und die GfK Fernsehforschung. Nürnberg 1993 (Broschüre, nicht im Buchhandel erhältlich)

HANSEN, JOCHEN: Dynamic Variables in Media Research. Findings from a Personally Interviewed Panel. In: Harry Henry (Hrsg.): Readership Research. Theory and Practice. Proceedings of the Second International Symposium in Montreal 1983. Amsterdam 1984, S. 184–197

HENRY, HARRY (Hrsg.): Readership Research. Theory and Practice. Proceedings of the First International Symposium in New Orleans 1981. London 1982

HENRY, HARRY (Hrsg.): Readership Research. Theory and Practice. Proceedings of the Second International Symposium in Montreal 1983. Amsterdam 1984

HENRY, HARRY (Hrsg.): Readership Research. Theory and Practice. Proceedings of the Third International Symposium in Salzburg 1985. Amsterdam 1987

HENRY, HARRY (Hrsg.): Readership Research. Theory and Practice. Proceedings of the Fourth International Symposium in Barcelona 1988. Wembley 1989

HESS, EVA-MARIA: Die Leser. Konzepte und Methoden der Printforschung. Offenburg 1996

HÖRZU (Hrsg.): MEDIA. Planung für Märkte. 4. Auflage. Hamburg 1992

HOTCHKISS, GEORGE B.: Newspaper Reading Habits of Business Executives and Professional Men in New York. New York 1921

INFRATEST: Anzeigen-Kompaß. München 1967

INSTITUT FÜR DEMOSKOPIE ALLENSBACH: Allensbacher Werbeträger-Analyse 1985–1993. Band IV: Methode/Fragebogen. Allensbach 1985–1993

KAPFERER, CLODWIG: Zur Geschichte der deutschen Marktforschung. Hamburg 1994

KÖHLER, ANNE/PETER STEINBORN: Das Diary: ein neuer Ansatz? Tagebuchuntersuchungen in der Hörerforschung. In: Media Perspektiven 3/1987, S. 159–167

KOSCHNIK, WOLFGANG: Standard-Lexikon für Mediaplanung und Mediaforschung. München 1988

LANDGREBE, KLAUS PETER: Media-Forschung in Deutschland. Festschrift für Ernst Braunschweig. Baierbrunn 1968

LAZARSFELD, PAUL F./FRANK N. STANTON (Hrsg.): Radio Research 1941. New York 1941

LAZARSFELD, PAUL F./FRANK N. STANTON: Radio Research 1942–1943. New York 1944

NAFZIGER, RALPH O.: A Reader-Interest Survey of Madison, Wisconsin. In: Journalism Quarterly 7 (1930), S. 128–141

NOELLE, ELISABETH: Meinungs- und Massenforschung in USA. Umfragen über Politik und Presse. Frankfurt/M. 1940

NOELLE-NEUMANN, ELISABETH: KONTAKTER – Gespräch zu den Trends und Perspektiven der AWA im Vergleich zur MA. In: Der Kontakter Medien, Nr. 36 vom 31. August 1987, S. 35f.

NOELLE-NEUMANN, ELISABETH/RÜDIGER SCHULZ: Junge Leser für die Zeitung. Bonn 1993

PFIFFERLING, JÜRGEN: Zuschauerdaten auf dem Prüfstand. Eine intra- und intermediale Analyse. In: Media Perspektiven 5/1982, S. 309–324

POLITZ, ALFRED: The Accumulative Audience of Life. Hrsg. von Time, Inc. New York 1950

READERSHIP RESEARCH SYMPOSIUM 5. Hongkong 1991. Session papers. (Sammlung der Vortragsmanuskripte, unveröffentlicht)

READERSHIP RESEARCH SYMPOSIUM 6. San Francisco 1993. Session papers. (Sammlung der Vortragsmanuskripte, unveröffentlicht)

SCHREIBER, ROBERT / CLARK SCHILLER: Electro-mechanical devices for recording readership: a report of a development project. In: Harry Henry: Readership Research. Theory and Practice. Proceedings of the Second International Symposium in Montreal 1983. Amsterdam 1984, S. 198–199

SCHÜTZ, WALTER J.: Zwischen quantitativer und qualitativer Leserforschung. In: Publizistik 4 (1959), S. 79–96

SIEGERT, GABRIELE: Marktmacht Medienforschung. München 1993

AXEL SPRINGER VERLAG AG: Maßstäbe für Kontaktqualität. Eine Untersuchung von Hörzu und Funkuhr in Zusammenarbeit mit GWA Gesellschaft Werbeagenturen. Hamburg 1984

AXEL SPRINGER VERLAG AG: Kontaktqualität und Werbewirkung. Eine Studie zur Wirkungsrelevanz des Instrumentes Kontaktqualität. Hamburg 1987

STARCH, DANIEL: Principles of Advertising. New York 1926

STARCH, DANIEL: Revised Study of Radio Broadcasting. New York 1930

TENNSTÄDT, FRIEDRICH W. R.: Weighting Reading Frequency – An Economic Step from Media Contact. In: ESOMAR Seminar on Beyond Vehicle Audiences – Possibilities and Problems in Qualitative Media Research (Budapest Seminar). Amsterdam 1976, S. 11–34

TENNSTÄDT, FRIEDRICH W. R.: Effects of Differing Methods on the Level of Magazine Readership Figures. In: Harry Henry (Hrsg.): Readership Research. Theory and Practice. Proceedings of the second International Symposium in Montreal 1983. Amsterdam 1984, S. 229–241

TWYMAN, TONY: Methoden der Zuschauer- und Hörerforschung und ihre Validität. Ein Überblick. Frankfurt/M. 1983

VERLAG DAS BESTE: Think small. A comparative study on advertisement noting by readers of Das Beste and readers of other consumer magazines. Düsseldorf 1967

WALTER, MICHAEL: Vorteil Print. Seitenkontaktwerte und Intermediavergleich. In: Media Spectrum 8/1993, S. 33–35

WENDT, INGEBORG / FRIEDRICH WENDT: Vom Leser pro Nummer zur Nutzungswahrscheinlichkeit. Frankfurt/M. 1979

WETTIG, HERBERT: Der Zuschauer vor dem Bildschirm. Scharfer Blick durch die Mattscheibe. In: werben & verkaufen 16/1988, S. 47–56

ZENTRALAUSSCHUSS DER WERBEWIRTSCHAFT E. V. (Hrsg.): ZAW-Rahmenschema für Werbeträger-Analysen. 8. Auflage. Bonn 1994

Medien DDR

BLAUM, VERENA: Ideologie und Fachkompetenz. Das journalistische Berufsbild in der DDR. Köln 1985

BLUNK, HARRY / DIRK JUNGNICKEL: Filmland DDR. Ein Reader zu Geschichte, Funktion und Wirkung der DEFA. Köln 1990

BOHN, RAINER/KNUT HICKETHIER/EGGO MÜLLER (Hrsg.): Mauer-Show – Das Ende der DDR, die deutsche Einheit und die Medien. Berlin 1992

BUDZISLAWSKI, HERMANN: Sozialistische Journalistik. Leipzig 1966

BÜRGER, ULRICH: Das sagen wir natürlich so nicht! Donnerstag-Argus bei Herrn Geggel. Berlin 1990

CLAUS, WERNER (Hrsg.): Medien-Wende, Wende-Medien? Dokumentation des Wandels im DDR-Journalismus Oktober '89–Oktober '90. Berlin 1991

DDR-HANDBUCH. Hrsg. v. Bundesministerium für innerdeutsche Beziehungen. 2. Aufl. Köln 1979. 3. Aufl. 2 Bde. Köln 1985

FEIGE, ANDREAS: Gesellschaftliche Reflexivitätsprozesse und Massenkommunikation am Beispiel der DDR. In: Publizistik 35 (1990), S. 387–397

GESERICK, ROLF: 40 Jahre Presse, Rundfunk und Kommunikationspolitik in der DDR. München 1989

GESERICK, ROLF/ARNULF KUTSCH: Möglichkeiten und Behinderungen des Informationszugangs für westdeutsche Korrespondenten in der DDR seit 1972. In: Publizistik 29 (1984), S. 455–491

GESERICK, ROLF/ARNULF KUTSCH (Hrsg.): Publizistik und Journalismus in der DDR. München, New York, London, Paris 1988

GRUBITZSCH, JÜRGEN: Presselandschaft in der DDR im Umbruch. In: Media-Perspektiven 3/1990, S. 140–155

HACKEL, RENATE: Katholische Publizistik in der DDR 1945–1984. Mainz 1987

HERLES, HELMUT/EWALD ROSE (Hrsg.): Vom Runden Tisch zum Parlament. Bonn 1990

HERRMANN, ELISABETH M.: Zur Theorie und Praxis der Presse in der Sowjetischen Besatzungszone Deutschlands. Berlin 1963

HESSE, KURT R.: Westmedien in der DDR. Nutzung, Image und Auswirkungen bundesrepublikanischen Hörfunks und Fernsehens. Köln 1988

HFF POTSDAM BABELSBERG (Hrsg.): Medien der Ex-DDR in der Wende. Berlin 1992

HOLZWEISSIG, GUNTER: Massenmedien in der DDR. Berlin 1989

HOLZWEISSIG, GUNTER: DDR-Presse unter Parteikontrolle. Bonn 1991

HOLZWEISSIG, GUNTER: Medienlenkung in der SBZ/DDR. Zur Tätigkeit der ZK-Abteilung Agitation und der Agitationskommission beim Politbüro der SED. In: Publizistik 39 (1994), S. 58–72

HOLZWEISSIG, GUNTER: Zensur ohne Zensor. Die SED-Informationsdiktatur. Bonn 1997

HÜTHER, JÜRGEN: Ideologische Beeinflussung durch die Massenmedien in der DDR. In: Rundfunk und Fernsehen 17 (1969), S. 360–374

KABEL, RAINER: Die DDR-Hörfunkprogrammreform. In: Media Perspektiven 1/1988, S. 26–31

KERSTEN, HEINZ: Das Filmwesen in der sowjetischen Besatzungszone Deutschlands. 2. Aufl. Bonn, Berlin 1963

KLUGE, ULRICH/STEFFEN BIRKELFELD/SIVIA MÜLLER: Willfährige Propagandisten. MfS und SED-Bezirksparteizeitungen. Stuttgart 1997

KLUMP, BRIGITTE: Das Rote Kloster. Eine deutsche Erziehung. Hamburg 1978

KUTSCH, ARNULF (Hrsg.): Publizistischer und journalistischer Wandel in der DDR. Bochum 1990

LANGENBUCHER, WOLFGANG R./RALF RYTLEWSKY/BERND WEYERGRAF (Hrsg.):
Kulturpolitisches Wörterbuch Bundesrepublik/DDR im Vergleich. Stuttgart
1983

LINKE, NORBERT: Die Rezeption der Programme von ARD und ZDF in der DDR
als Gegenstand der SED-Kommunikationspolitik. In: Publizistik 32 (1987),
S. 45–68

LUDES, PETER: DDR-Fernsehen intern: Von der Honecker-Ära bis »Deutschland
einig Vaterland«. Berlin 1991

MAHLE, WALTER A. (Hrsg.): Medien im vereinten Deutschland. Nationale und internationale Perspektiven. München 1991

MAMPEL, SIEGFRIED: Die sozialistische Verfassung der Deutschen Demokratischen
Republik. Kommentar. 2. Aufl., Frankfurt/M. 1982

MEDIEN UND MEDIENWISSENSCHAFT IN DER DDR. Dokumente einer Phase des
Umbruchs. In: Rundfunk und Fernsehen 38, 3 (1990)

MÜCKENBERGER, CHRISTIANE/GÜNTER JORDAN: »Sie sehen selbst, sie hören
selbst...« Eine Geschichte der DEFA von ihren Anfängen bis 1949. Marburg
1993

NIEMANN, HEINZ: Meinungsforschung in der DDR. Die geheimen Berichte des
Instituts für Meinungsforschung an das Politbüro der SED. Köln 1993

PANNEN, STEFAN: Die Weiterleiter. Funktion und Selbstverständnis ostdeutscher
Journalisten. Köln 1992

PICAPER, JEAN-PAUL: Kommunikation und Propaganda in der DDR. 2. Aufl. Stuttgart 1976

RADIO IM UMBRUCH. Oktober 1989 bis Oktober 1990 im Rundfunk der DDR. Darstellungen, Chronik, Dokumentation, Presseresonanz. Berlin 1991

RAUE, GUNTER: Geschichte des Journalismus in der DDR (1945–1961). Leipzig
1986

RICHERT, ERNST in Zusammenarbeit mit Carola Stern u. Peter Dietrich: Agitation
und Propaganda. Das System der publizistischen Massenlenkung in der Sowjet-
zone. Berlin/Frankfurt 1958

RICHTER, SIGRUN: Die Volkskorrespondenten-Bewegung der SED-Bezirkspresse.
Theorie, Geschichte und Entwicklung einer Kommunikationsfigur. Frankfurt/
M., Bern, New York, Paris 1993

RIEDEL, HEIDE: Hörfunk und Fernsehen in der DDR. Köln 1977

RIEDEL, HEIDE (Hrsg.): Mit uns zieht die neue Zeit... 40 Jahre DDR-Medien.
Berlin 1993

SARTORIS, STEPHAN: Konfrontation im Äther. Dargestellt am Beispiel der beiden
deutschen Staaten. Magisterarbeit Mainz 1992

SCHENK, RALF (Red.): Das zweite Leben der Filmstadt Babelsberg/DEFA
1946–92. Hrsg. vom Filmmuseum Potsdam. Red. Ralf Schenk. Berlin 1993

SCHMIDT, WOLFGANG: Die neuen Medien in der DDR. Verbreitung und Perspektiven. In: Media Perspektiven 10/1982, S. 668–680

SCHMIDT, WOLFGANG: Das Fernsehen der DDR. In: Rundfunk und Fernsehen 30
(1982), S. 129–147

SCHÜTZ, WALTER J.: Der (gescheiterte) Regierungsentwurf für ein Rundfunküberleitungsgesetz der DDR – Chronik und Dokumente. In: Arnulf Kutsch/Chri-

stina Holtz-Bacha/Franz R. Stuke (Hrsg.): Rundfunk im Wandel. Beiträge zur Medienforschung. Berlin 1992, S. 263–303

SPIELHAGEN, EDITH (Hrsg.): So durften wir glauben zu kämpfen. Erfahrungen mit DDR-Medien. Berlin 1993

STIEHLER, HANS-JÖRG: Medienwelt im Umbruch. Ansätze und Ergebnisse empirischer Medienforschung in der DDR. In: Media Perspektiven 2/1990, S. 91–103

ULRICH, ANDREAS/JÖRG WAGNER (Hrsg.): DT 64. Das Buch zum Jugendradio 1964–1993. Leipzig 1993

WIEDEMANN, DIETER/HANS-JÖRG STIEHLER: Kino und Publikum in der DDR – der kurze Weg in die neue Identität. In: Media Perspektiven 7/1990, S. 417–429

WILKE, JÜRGEN: Der Pressevertrieb in den neuen Bundesländern. In: Walter A. Mahle (Hrsg.): Pressemarkt Ost. München 1992, S. 51–59

WÖRTERBUCH DER SOZIALISTISCHEN JOURNALISTIK. Karl-Marx-Universität Leipzig Sektion Journalistik. Leipzig 1984

ZAGATTA, MARIO: Informationspolitik und Öffentlichkeit. Zur Theorie der politischen Kommunikation in der DDR. Köln 1984

Medienrecht

BAMBERGER, HEINZ GEORG: Einführung in das Medienrecht. Darmstadt 1986

BECKER, UDO: Existenzgrundlagen öffentlich-rechtlicher und privater Rundfunkveranstalter nach dem Rundfunkstaatsvertrag. Baden-Baden 1992

BRANAHL, UDO: Medienrecht. Eine Einführung. 2. Aufl. Opladen 1996

DAGTOGLOU, PRODROMOS: Wesen und Grenzen der Pressefreiheit. Stuttgart 1963

DAMM, RENATE: Presserecht. 2. Aufl. Percha 1994

FRICKE, ERNST: Recht für Journalisten. Grundbegriffe und Fallbeispiele. Konstanz 1997

HARTLIEB, HORST VON: Handbuch des Film-, Fernseh- und Videorechts. 3. Aufl. München 1991

HESSE, ALBRECHT: Rundfunkrecht. München 1990

HOLTZ-BACHA, CHRISTINA: Mitspracherecht für Journalisten. Redaktionsstatuten in Presse und Rundfunk. Köln 1986

KEIDEL, HANNELORE: Kommunikationspolitisch relevante Urteile des Bundesverfassungsgerichts. In: Publizistik 12 (1967), S. 122–139

KLEIN, HANS HUGO: Die Rundfunkfreiheit. München 1978

LÖFFLER, MARTIN: Presserecht. 2 Bde. 3. Aufl. München 1983

LÖFFLER, MARTIN/REINHART RICKER: Handbuch des Presserechts. 3. Aufl. München 1994

MANGOLDT, HERMANN VON/FRIEDRICH KLEIN: Das Bonner Grundgesetz. 3. Aufl. München 1991

MATHY, KLAUS: Das Recht der Presse. 4. Aufl. Köln 1988

MAUNZ, THEODOR/GEORG DÜRIG/ROMAN HERZOG/RUPERT SCHOLZ: Grundgesetz. Kommentar. München 1993 (Loseblattsammlung)

MEDIENRECHT. Rundfunk, neue Medien, Presse. Text, Rechtsprechung, Kommentierung. Bearb. von Wolf-Dieter Ring. München, Münster 1980 ff.

RICKER, REINHART: Kommunikationspolitisch relevante Urteile des Bundesverfassungsgerichts seit 1967. In: Publizistik 21 (1976), S. 411–434

RICKER, REINHART: Freiheit und Aufgabe der Presse. Freiburg i. Br., München 1983

RICKER, REINHART: Unternehmensschutz und Pressefreiheit. Heidelberg 1989

SCHIWY, PETER/WALTER SCHÜTZ (Hrsg.): Medienrecht. 3. Aufl. Neuwied, Kriftel, Berlin 1994

SCHNEIDER, PETER: Pressefreiheit und Staatssicherheit. Mainz 1968

SCHUMACHER, BIRGIT: Kommunikationspolitisch relevante Urteile des Bundesverfassungsgerichts seit 1976. In: Publizistik 32 (1987), S. 405–421

SCHWARZE, JÜRGEN (Hrsg.): Rundfunk und Fernsehen im Lichte der Entwicklung des nationalen und internationalen Rechts. Hamburg 1986

SOEHRING, JÖRG: Das Recht der journalistischen Praxis. Stuttgart 1990

WENZEL, KARL EGBERT: Das Recht der Wort- und Bildberichterstattung. 3. Aufl. Köln 1986

WILKE, JÜRGEN (Hrsg.): Pressefreiheit. Darmstadt 1984

Methoden der Publizistik- und Kommunikationswissenschaft

BAGGALEY, JON: Formative Evaluation of Educational Television. In: Canadian Journal of Educational Communication 15 (1986), S. 29–43

BELSON, WILLIAM A.: The Effects of Television on the Reading and the Buying of Newspapers and Magazines. In: Public Opinion Quaterly 25 (1961), S. 366–381

BERG, KLAUS/MARIE-LUISE KIEFER (Hrsg.): Massenkommunikation IV. Eine Langzeitstudie zur Mediennutzung und Medienbewertung 1964–1990. Baden-Baden 1992

CAMPBELL, DONALD T./JULIAN C. STANLEY: Experimental and Quasi-Experimental Designs for Research. In: N. L. Gage (Hrsg.): Handbook of Research on Teaching. Chicago 1963

CONVERSE, PHILIP E.: The Nature of Belief Systems in Mass Publics. In: David E. Apter (Hrsg.): Ideology and Discontent. Glencoe 1964, S. 206–231

CRANACH, MARIO V./HANS-GEORG FRENZ: Systematische Beobachtung. In: C. F. Graumann (Hrsg.): Handbuch der Psychologie Bd. 7: Sozialpsychologie, Halbbd. 1: Theorie und Methode. Göttingen 1969, S. 269–324

DONSBACH, WOLFGANG: Medienwirkung trotz Selektion. Einflußfaktoren auf die Zuwendung zu Zeitungsinhalten. Köln, Weimar, Wien 1991

GEIGER, HERBERT: Der Fernsehheimtest als Mittel der Werbeerfolgskontrolle. In: ZV + ZV 70, 15 (1973), S. 606–612

GEIGER, HERBERT/EDGAR ERBEN: Methodentest zur Überprüfung der Brauchbarkeit schriftlicher und telefonischer Umfragen zur Analyse des lokalen Bankenwettbewerbs. In: ESOMAR (Hrsg.): XXXII ESOMAR Congress, 2nd–6th September, 1979, Brüssel, Amsterdam 1979, S. 225–243

HODAPP, VOLKER: Analyse linearer Kausalmodelle. In: Kurt Pawlik (Hrsg.): Methoden der Psychologie Bd. 4. Stuttgart 1984

HYMAN, HERBERT/PAUL B. SHEATSLEY: Some Reasons Why Information Campaigns Fall. In: Public Opinion Quarterly 11 (1947), S. 412–423

KEPPLINGER, HANS MATHIAS / VERENA MARTIN : Die Funktionen der Massenmedien in der Alltagskommunikation. In: Publizistik 31 (1986), S. 118–128

KEPPLINGER, HANS MATHIAS / WOLFGANG DONSBACH / HANS-BERND BROSIUS / JOACHIM FRIEDRICH STAAB: Medientenor und Bevölkerungsmeinung. Eine empirische Studie zum Image Helmut Kohls. In: Kölner Zeitschrift für Soziologie und Sozialpsychologie 38 (1986), S. 247–279

KEPPLINGER, HANS MATHIAS / KLAUS GOTTO / HANS-BERND BROSIUS / DIETMAR HAAK : Der Einfluß der Fernsehnachrichten auf die politische Meinungsbildung. Freiburg, München 1989

KEPPLINGER, HANS MATHIAS: Künstliche Horizonte. Folgen, Darstellung und Akzeptanz von Technik in der Bundesrepublik. Frankfurt/M., New York 1989

KESSLER, R. C. / D. F. GREENBERG : Linear Panel Analysis. New York 1981

KÖCHER, RENATE : Spürhund und Missionar. Eine vergleichende Untersuchung über Berufsethik und Aufgabenverständnis britischer und deutscher Journalisten. Diss. München 1985

KROEBER-RIEL, WERNER : Konsumentenverhalten. München 3. Auflage 1984

LAVRAKAS, PAUL J. : Telephone Survey Methods: Sampling, Selection and Supervision. Newbury Park u. a. 1987

LAZARSFELD, PAUL F. / BERNARD BERELSON / HAZEL GAUDET: The People's Choice. How the Voter Makes Up his Mind in a Presidential Campaign. New York 1944, 2. Aufl. 1948

LAZARSFELD, PAUL F. / FRANK N. STANTON (Hrsg.): Radio Research 1942–1943. New York 1944

MANGOLD, WERNER: Gegenstand und Methode des Gruppendiskussionsverfahrens. Frankfurt/M. 1960

MARKUS, GREGORY B. : Analyzing Panel Data. Beverly Hills 1979

MILLARD, WILLIAM J. : A History of Handsets for Direct Measurement of Audience Response. In: International Journal of Public Opinion Research 4 (1992), S. 1–17

MOOSBRUGGER, HELFRIED: Multivariate statistische Analyseverfahren. Stuttgart 1978

NEWCOMB, THEODORE M. : Personality and Social Change. New York 1943

NOELLE, ELISABETH: Umfragen in der Massengesellschaft. Einführung in die Methoden der Demoskopie. Reinbek 1963, 7. Aufl. 1976

NOELLE-NEUMANN, ELISABETH: Über den methodischen Fortschritt in der Umfrageforschung. On the Methodological Progress in Survey Research. Allensbach, Bonn 1962

NOELLE-NEUMANNN, ELISABETH: Die Rolle des Experiments in der Publizistikwissenschaft. In: Publizistik 10 (1965) (Festschrift für Otto Groth), S. 239 bis 250

NOELLE-NEUMANN, ELISABETH: Heimtest und Experiment als Methoden der Fernsehwirkungskontrolle. In: Fernsehen in Deutschland. Gesellschaftspolitische Aufgaben und Wirkungen eines Mediums. Mainz 1967, S. 313–332

NOELLE-NEUMANN, ELISABETH: Wanted: Rules for Wording Structured Questionnaires. In: Public Opinion Quarterly 34 (1970), S. 191–201

NOELLE-NEUMANN, ELISABETH: Kumulation, Konsonanz und Öffentlichkeitseffekt. Ein neuer Ansatz zur Analyse der Wirkung der Massenmedien. In: Publizistik 18 (1973), S. 26–55

NOELLE-NEUMANN, ELISABETH: Wenn die innere Partnerschaft in Zeitungen zerstört wird. Ein Bericht über unerwartete Nebenwirkungen von Reformbestrebungen in der Redaktion. In: Frankfurter Allgemeine Zeitung Nr. 217, 19. 9. 1974, S. 11

NOELLE-NEUMANN, ELISABETH: Umfragen zur inneren Pressefreiheit. Das Verhältnis Verlag-Redaktion. Düsseldorf 1977

NOELLE-NEUMANN, ELISABETH: Massenmedien und sozialer Wandel – Methodenkombination in der Wirkungsforschung. In: Zeitschrift für Soziologie 8 (1979), S. 164–182

NOELLE-NEUMANN, ELISABETH/EDGAR PIEL (Hrsg.): Eine Generation später. Bundesrepublik Deutschland 1953–1979. München 1983

NOELLE-NEUMANN, ELISABETH/ERP RING: Das Extremismus-Potential unter jungen Leuten in der Bundesrepublik Deutschland 1984. Bonn 1984

NOELLE-NEUMANN, ELISABETH: Theorie und Methode. In: Walter H. Mahle (Hrsg.): Fortschritte der Medizinwirkungsforschung? Berlin 1985, S. 51–61

NOELLE-NEUMANN, ELISABETH: Die Antwort der Zeitung auf das Fernsehen. Geschichte einer Herausforderung. Konstanz 1986

NOELLE-NEUMANN, ELISABETH/RÜDIGER SCHULZ: Federal Republic of Germany: Social Experimentation with Cable and Commercial Television. In: Lee B. Becker/Klaus Schönbach (Hrsg.): Audience Response to Media Diversification. Coping with Plenty. Hillsdale, N. J. 1989, S. 167–223

NOELLE-NEUMANN, ELISABETH: Öffentliche Meinung. Die Entdeckung der Schweigespirale. Frankfurt/M., Berlin 1991

NOELLE-NEUMANN, ELISABETH: The Contribution of Spiral of Silence Theory to an Understanding of Mass Media. In: Stanley Rothmann (Hrsg.): The Mass Media in Liberal Democratic Societies. New York 1992, S. 75–83

NOELLE-NEUMANN, ELISABETH/RÜDIGER SCHULZ: Junge Leser für die Zeitung. Bericht über eine vierstufige Untersuchung zum Entwurf langfristiger Strategien. Dokumentation der wichtigsten Befunde. Bonn 1993

OSGOOD, CHARLES E./GEORGE J. SUCI/PERCY H. TANNENBAUM: The Measurement of Meaning. Urbana 1957

PARKER, EDWIN B.: The Effects of Television on Magazine and Newspaper Reading: A Problem in Methodology. In: Public Opinion Quarterly 27 (1963), S. 315–320

POLITZ RESEARCH INC., NEW YORK (Hrsg.): The Rochester Study, sponsored by the Saturday Evening Post, conducted by Alfred Politz Media Studies. o. O. 1960

RICE STUART A.: The quantitative Methods in Politics. New York 1928

RING, ERP: Signale der Gesellschaft. Psychologische Diagnostik in der Umfrageforschung. Göttingen, Stuttgart 1992

ROTHMANN, STANLEY/ROBERT S. LICHTER: The Nuclear Energy Debate. Scientists, the Media and the Public. In: Public Opinion August/September 1982, S. 47–52

RÜHL, MANFRED: Die Zeitungsredaktion als organisiertes soziales System. Bielefeld 1969

SCHERER, HELMUT: Massenmedien, Meinungsklima und Einstellung. Eine Untersuchung zur Theorie der Schweigespirale. Opladen 1990

SCHEUCH, ERWIN K.: Das Interview in der Sozialforschung. In: René König
(Hrsg.): Grundlegende Methoden und Techniken der empirischen Sozialforschung. Erster Teil. (Handbuch der empirischen Sozialforschung Bd. 2) Stuttgart 1967

SCHMIDTCHEN, GERHARD: Die repräsentative Quotenauswahl. Bericht über ein
Quota-Random-Eexperiment des Instituts für Demoskopie Allensbach im Sommer 1961. Vortrag auf der 32. Jahreshauptversammlung der Deutschen Statistischen Gesellschaft, Saarbrücken, 20. Oktober 1961

SCHRAMM, WILBUR: Twenty Years of Journalism Research. In: Public Opinion
Quarterly 21 (1957), S. 91–107

SCHULZ, WINFRIED: Kausalität und Experiment in den Sozialwissenschaften. Me-
thodologie und Forschungstechnik. Mainz 1970

SCHULZ, WINFRIED: Mobilisierung und Demobilisierung im Europa-Wahlkampf.
Eine Kausalanalyse der Zukunft zwischen Wahlbeteiligung und Einstellungen
der Wähler. In: Horst Baier/Hans Mathias Kepplinger/Kurt Reumann (Hrsg.):
Öffentliche Meinung und sozialer Wandel. Public Opinion and Social Change.
Festschrift für Elisabeth Noelle-Neumann. Opladen 1981, S. 147–159

SHAW-WENG, SHIEU-CHI: Berufsmerkmale und Berufseinstellungen von Journalisten in Taiwan. Diss. Mainz 1986

SMITH, TOM W.: A Comparison of Telephone and Personal Interviewing. 2nd
Draft. Prepared for the General Social Survey (GSS) Board of Overseers. Manuskript 1984

STOUFFER, SAMUEL A./LOUIS GUTTMAN/EDWARD A. SUCHMAN/PAUL F. LAZARS-
FELD/SHIRLEY A. STAR/JOHN A. CLAUSEN: Measurement and Prediction.
Princeton, N. J. 1950 (Studies in Social Psychology in World War II, Vol. IV)

WEEDE, ERICH: Hypothesen, Gleichungen und Daten: Spezifikations- und Meß-
probleme bei Kausalmodellen für Daten aus einer und mehreren Beobach-
tungsperioden. Kronberg/Ts. 1977

WILKE, JÜRGEN/BERNHARD ROSENBERGER: Die Nachrichten-Macher. Zu Strukturen und Arbeitsweisen von Nachrichtensendungen am Beispiel von AP und dpa.
Köln, Weimar, Wien 1991

ZEH, JÜRGEN: Telefonumfragen als Instrument bei kommunikationswissenschaftlichen Fragestellungen. In: Publizistik 31 (1986), S. 407–422

ZEISEL, HANS: Say it with Figures. New York 1947, 1950, 1957. – Deutsch: Die
Sprache der Zahlen. Köln, Berlin 1970

Nachricht

AHERN, THOMAS J., JR.: Determinants of Foreign Coverage in U. S. Newspapers.
In: Robert L. Stevenson/Donald L. Shaw (Hrsg.): Foreign News and the New
World Information Order. Amcs 1984, S. 217–236

ALLEYNE, MARK D./JANET WAGNER: Stability and Change at the »Big Five« News
Agencies. In: Journalism Quarterly 70 (1993), S. 40–50

ALSCHEID-SCHMIDT: Die Kritik am internationalen Informationsfluß. Beurteilung der politischen Diskussion anhand wissenschaftlicher Untersuchungsergebnisse. Frankfurt/M. 1991

ASCHOFF, VOLKER: Geschichte der Nachrichtentechnik. 2 Bde. Berlin 1987, 1989

BASSE, DIETER: Wolff's Telegraphisches Bureau 1849 bis 1933. München 1991

BEHRINGER, WOLFGANG: Thurn und Taxis. Die Geschichte ihrer Post und ihrer Unternehmen. München 1990

BOYD-BARRETT, OLIVER: The International News Agencies. London 1980

BOYD-BARRETT, OLIVER/TERHI RANTANEN: The Globalization of News. London 1998

BOYD-BARRETT, OLIVER/DAYA KISHAN THUSSU: Contra-Flow in Global News. International and Regional News Exchange Mechanisms. London 1992

BREUNIG, CHRISTIAN: Kommunikationspolitik der Unesco. Dokumentation und Analyse der Jahre 1946 bis 1987. Konstanz 1987

DALLMEIER, MARTIN: Die kaiserliche Reichspost und das fürstliche Haus Thurn und Taxis. In: 500 Jahre Post – Thurn und Taxis. Regensburg 1990, S. 21–46

DONSBACH, WOLFGANG: Objektivitätsmaße in der Publizistikwissenschaft. In: Publizistik 36 (1991), S. 18–29

FENBY, JONATHAN: The international news services. New York 1986

GALTUNG, JOHAN/MARI HOLMBOE RUGE: The Structure of Foreign News. The Presentation of the Congo, Cuba and Cyprus Crises in Four Norwegian Newspapers. In: Journal of Peace Research 2 (1965), S. 64–91

GERBNER, GEORGE/GEORGE MARVANYI: The Many Worlds of the World's Press. In: Journal of Communication 27 (1977), Nr. 1, S. 52–66

GIFFARD, ANTHONY/CATHERINE VAN HORN: Inter Press Service and the McBride Report: Heeding the Call? In: Gazette 50 (1992), S. 147–168

HACKETT, ROBERT A.: Decline of a Paradigm? Bias and Objectivity in News Media Studies. In: Critical Studies in Mass Communication 1 (1984), S. 229–259

HAGEN, LUTZ: Informationsqualität von Nachrichten. Opladen 1994

HALLORAN, JAMES D./PHILIP ELLIOTT/GRAHAM MURDOCK: Demonstrations and Communication: A Case Study. London 1970

HIRSCH, PAUL M.: Occupational, Organizational, and Institutional Models in Mass Media Research: Toward an Integrated Framework. In: Paul M. Hirsch u. a. (Hrsg.): Strategies for Communication Research. Beverly Hills 1977, S. 13–42

HÖHNE, HANSJOACHIM: Report über Nachrichtenagenturen. 2 Bde. Baden-Baden 1977, 2. Aufl. 1984

HÖHNE, HANSJOACHIM: Meinungsfreiheit durch viele Quellen. Nachrichtenagenturen in Deutschland. In: Publizistik 37 (1992), S. 50–63

KEPPLINGER, HANS MATHIAS: Die aktuelle Berichterstattung des Hörfunks. Freiburg/München 1985

KEPPLINGER, HANS MATHIAS: Theorien der Nachrichtenauswahl als Theorien der Realität. In: Aus Politik und Zeitgeschichte. Beilage zur Wochenzeitung Das Parlament B 15/89, S. 3–16

KEUNE, REINHARD: Fernseh-Nachrichtenaustausch: Auf dem Weg zu weltweiter Zusammenarbeit. In: Internationales Handbuch für Rundfunk und Fernsehen 1990/91. Hamburg 1990, S. F55–F71

KLOTH, RALF D.: Presseagenturen. 3. Aufl. Meckenheim 1992

KOSZYK, KURT: Vorläufer der Massenpresse. Ökonomie und Publizistik zwischen Reformation und Französischer Revolution. München 1972

LANG, KURT/GLADYS E. LANG: The Unique Perspective of Television and its Effect: A Pilot Study. In: American Sociological Review 18 (1953), S. 2–12

LIPPMANN, WALTER: Public Opinion. New York 1922 (dt.: Die öffentliche Meinung. München 1964)

MÜLLER-RÖMER, FRANK: Satelliten- und Kabelrundfunk. In: Internationales Handbuch für Rundfunk und Fernsehen 1990/91. Hamburg 1990. S. A 108–128

OBERLIESEN, ROLF: Information, Daten und Signale. Reinbek 1982

ORREGO, DANIEL FEDERICO: Medienpolitik für die Dritte Welt: Inter Press Service (IPS). Frankfurt/M. 1993

ÖSTGAARD, EINAR: Factors Influencing the Flow of News. In: Journal of Peace Research 2 (1965), S. 39–63

READ, DONALD: The Power of News. The History of Reuters. Oxford 1992

RESING, CHRISTIAN/HANSJOACHIM HÖHNE: Die Nutzung von Nachrichtenagenturen durch Tageszeitungen. In: Bundesverband Deutscher Zeitungsverleger (Hrsg.): Zeitungen '93. Bonn 1993, S. 276–302

RIEPL, WOLFGANG: Das Nachrichtenwesen des Altertums mit besonderer Rücksicht auf die Römer. Leipzig/Berlin 1913

ROSENGREN, KARL ERIK: Bias in News. Methods and Concepts. In: Studies of Broadcasting 15 (1979), S. 37–45

SCHATZ, HERIBERT/WINFRIED SCHULZ: Qualität von Fernsehprogrammen. In: Media Perspektiven 9/1992, S. 690–712

SCHENK, BIRGIT: Die Struktur des internationalen Nachrichtenflusses: Analyse der empirischen Studien. In: Rundfunk und Fernsehen 35 (1987), S. 36–54

SCHENK, ULRICH: Nachrichtenagenturen als Wirtschaftsunternehmen mit öffentlichem Auftrag. Berlin 1985

SCHNEIDER, WOLF u. a.: Unsere tägliche Desinformation. Wie die Massenmedien uns in die Irre führen. Hamburg 2. Aufl. 1984

SCHULZ, WINFRIED: Die Konstruktion von Realität in den Nachrichtenmedien. Analyse der aktuellen Berichterstattung. Freiburg, München 1976, 2. Aufl. 1990

SCHULZ, WINFRIED: News Structure and People's Awareness of Political Events. In: Gazette 30 (1982), S. 139–153

SCHULZ, WINFRIED: Massenmedien und Realität. Die »ptolemäische« und die »kopernikanische« Auffassung. In: Max Kaase/Winfried Schulz (Hrsg.): Massenkommunikation. Theorien, Methoden, Befunde. Opladen 1989, S. 135–149

SCHWARZLOSE, RICHARD: The Nation's Newsbrokers. 2 Bde. Evanston 1989/90

SHOEMAKER, PAMELA J./STEPHEN D. REESE: Mediating the Message. Theories of Influences on Mass Media Content. New York/London 1991

SPORHAN-KREMPEL, LORE: Nürnberg als Nachrichtenzentrum zwischen 1400 und 1700. Nürnberg 1968

STAAB, JOACHIM FRIEDRICH: Nachrichtenwert-Theorie. Formale Struktur und empirischer Gehalt. Freiburg, München 1990

TUNSTALL, JEREMY: Europa as World News Leader. In: Journal of Communication 42 (1992) Nr. 3, S. 84–99

UNESCO: Foreign News in the Media: International Reporting in 29 Countries. Paris 1985

WARREN, CARL: Modern News Reporting. New York 1934 (dt. ABC des Reporters. München 1959)

WHITE, DAVID M.: The »Gatekeeper«: A Case Study in the Selection of News. In: Journalism Quarterly 27 (1950), S. 383–390

WILKE, JÜRGEN: Nachrichtenauswahl und Medienrealität in vier Jahrhunderten. Berlin, New York 1984

WILKE, JÜRGEN (Hrsg.): Telegraphenbüros und Nachrichtenagenturen in Deutschland. München 1991

WILKE, JÜRGEN (Hrsg.): Agenturen im Nachrichtenmarkt. Köln, Weimar, Wien 1993

WILKE, JÜRGEN: Nachrichtenagenturen im Wettbewerb. Ursachen – Faktoren – Perspektiven. Konstanz 1997

WILKE, JÜRGEN: Nachrichtenproduktion im Mediensystem. Von den Sport- und Bilderdiensten zum Internet. Köln 1998

WILKE, JÜRGEN/BERNHARD ROSENBERGER: Die Nachrichtenmacher. Zu Struktur und Arbeitsweisen von Nachrichtenagenturen am Beispiel von AP und dpa. Köln, Wien 1991

WÖSTE, MARLENE: Programmquellen privater Radios in Deutschland. In: Media Perspektiven 9/1991, S. 561–569

WUTTKE, HEINRICH: Die deutschen Zeitschriften und die Entstehung der öffentlichen Meinung. Hamburg 1866, 2. erw. Aufl. Hamburg 1875

ZIMMER, JOCHEN: Ware Nachrichten: Fernsehnachrichten und Veränderungen im Nachrichtenmarkt. In: Media Perspektiven 6/1991, S. 278–289

ZSCHUNKE, PETER: Agenturjournalismus im Sekundentakt. München 1994

Nonverbale Kommunikation: Darstellungseffekte

ALLEN, RICHARD: Primacy or Recency: the Order of Presentation. In: Journalism Quarterly 50 (1973), S. 135–138

BAGGALEY, JON: Psychology of the TV Image. Westmead/Farnborough 1980

BAJO, MARIA-TERESA: Semantic Facilitation With Pictures and Words. In: Journal of Experimental Psychology 4 (1988), S. 579–589

BARATH, ARPAD/CHARLES F. CANNELL: Effect of Interviewer's Voice Intonation. In: Public Opinion Quarterly 40 (1976), S. 370–373

BEHNKE, RALPH R./PHYLLIS MILLER: Viewer Reactions to Content and Presentational Format of Television News. In: Journalism Quarterly 69 (1992), S. 659–665

BENTE, GARY/SIEGFRIED FREY: »Visuelle Zitate« als Mittel der Fernsehberichterstattung in der Bundesrepublik, Frankreich und den USA. In: Winfried Schulz (Hrsg.): Medienwirkungen. Einflüsse von Presse, Radio und Fernsehen auf Individuum und Gesellschaft. Weinheim 1992, S. 191–222

BRISCOE, MARY E./HOWARD D. WOODYARD/MARVIN E. SHAW: Personality Impression Change as a Function of the Favorableness of First Impressions. In: Journal of Personality 35 (1967), S. 343–357

BROSIUS, HANS-BERND: Influence of Presentation Features and News Content on Learning from Television News. In: Journal of Broadcasting & Electronic Media 33 (1989), S. 1–14

BROSIUS, HANS-BERND: Format Effects on Comprehension of Television News. In: Journalism Quarterly 68 (1991), S. 396–401

BROSIUS, HANS-BERND/SABINE HOLICKI/THOMAS HARTMANN: Einfluß der Gestaltungsmerkmale von Wahlplakaten auf Personenwahrnehmung und Kompetenzzuschreibung. In: Publizistik 32 (1987), S. 338–353

BROSIUS, HANS-BERND/SUSANNE KAYSER: Der Einfluß von emotionalen Darstellungen im Fernsehen auf Informationsaufnahme und Urteilsbildung. In: Medienpsychologie 3 (1991), S. 236–253

BRYANT, JENNINGS/PAUL W. COMISKY: The Effect of Positioning a Message Within Differentially Cognitively Involving Portions of a Television Segment on Recall of the Message. In: Human Communication Research 5 (1978), S. 63–75

BURGOON, JUDEE K. et al: Relational Messages Associated with Nonverbal Behaviors. In: Human Communication Research 10 (1984), S. 351–378

COHEN, AKIBA A.: Answers Without Questions: A Comparative Analysis of Television News Interviews. In: European Journal of Communication 4 (1989), S. 435–451

DONSBACH, WOLFGANG/HANS-BERND BROSIUS/AXEL MATTENKLOTT: How Unique is the Perspective of Television? A Field Experiment on the Perception of a Campaign Event by Participants and Television Viewers. In: Political Communication 10 (1993), S. 37–53

DREW, DAN G./THOMAS GRIMES: Audio-Visual Redundancy and TV News Recall. In: Communication Research 14 (1987), S. 452–461

ELLSWORTH, PHOEBE C./J. MERRILL CARLSMITH: Effects of Eye Contact and Verbal Content on Affective Response to a Dyadic Interaction. In: Journal of Personality and Social Psychology 10 (1968), S. 15–20

EXLINE, RALPH/DAVID GRAY/DOROTHY SCHUETTE: Visual Behavior in a Dyad as Affected by Interview Content and Sex of Respondent. In: Journal of Personality and Social Psychology 1 (1965), S. 201–209

FINDAHL, OLLE/BRIGITTA HÖIJER: Studies of News from the Perspective of Human Comprehension. In: G. Cleveland Wilhoit/Harold De Bock (Hrsg.): Mass Communication Review Yearbook. Band 2. Beverly Hills 1981, S. 393–403

FINDAHL, OLLE/BRIGITTA HÖIJER: Some Characteristics of News Memory and Comprehension. In: Journal of Broadcasting & Electronic Media 29 (1985), S. 379–396

FRIEDMAN, HOWARD S./TIMOTHY I. MERTZ/M. ROBIN DIMATTEO: Perceived Bias in the Facial Expressions of Television News Broadcasters. In: Journal of Communication 30,4 (1980), S. 103–111

GASSNER, HANS-PETER: Visuelle und verbale Wertungen im Fernsehen. Beispiel: Berichterstattung über den Konflikt in Mittelamerika. In: Publizistik 37 (1992), S. 461–477

GASSNER, HANS-PETER/RENATE MENNING-HEINEMANN: Medium und Anschaulichkeit als Faktoren differentieller Medienwirkungen. In: Medienpsychologie 4 (1992), S. 287–303

GIRODO, MICHEL: Film-Induced Arousal, Information Search, and the Attribution Process. In: Journal of Personality and Social Psychology 25 (1973), S. 357 bis 360

GÖHRING, WALTER/WERNER PFEIFENBERGER/FRANZ SCHNEIDER: Proporzkommunikation und Vermittlerkommunikation. Eine Studie zur Wirkungsforschung. In: Media Perspektiven 12/1981, S. 838–848

GRABER, DORIS A.: Seeing Is Remembering: How Visuals Contribute to Learning from Television News. In: Journal of Communication 40,3 (1990), S. 134–155

GUNTER, BARRIE/COLIN BERRY/BRIAN R. CLIFFORD: Proactive Interference Effects with Television News Items: Further Evidence. In: Journal of Experimental Psychology 7 (1981), S. 480–487

HALLIN, DANIEL C.: Sound Bite News: Television Coverage of Elections, 1968–1988. In: Journal of Communication 42,2 (1992), S. 5–24

HOFSTETTER, C. RICHARD: Bias in the News: Network Television Coverage of the 1972 Election Campaign. Columbus 1976

HOLICKI, SABINE: Pressefoto und Pressetext im Wirkungsvergleich. Eine experimentelle Untersuchung am Beispiel von Politikerdarstellungen. München 1993

HOYT, J. L.: The Effects of Being Televised: An Experimental Test. Paper presented at the annual meeting of the Association for Education in Journalism. College Park, Md., 1976

IMADA, ANDREW S./MILTON D. HAKEL: Influence of Nonverbal Communication and Rater Proximity on Impressions and Decisions in Simulated Employment Interviews. In: Journal of Applied Psychology 62 (1977), S. 295–300

JONES, EDWARD E./KEITH E. DAVIS: From Acts to Dispositions: The Attribution Process in Person Perception. In: Leonard Berkowitz (Hrsg.): Advances in Experimental Social Psychology. Band 2. New York 1965, S. 219–266

JONES, EDWARD E./RICHARD E. NISBETT: The Actor and the Observer: Divergent Perceptions of the Causes of Behavior. Morristown, N. J. 1971

KEPPLINGER, HANS MATHIAS: Der Einfluß der Konfliktstruktur auf die Wahrnehmung politischer Gewalt. Zwei empirische Untersuchungen. In: Publizistik 24 (1979), S. 317–336

KEPPLINGER, HANS MATHIAS: Optische Kommentierung in der Fernsehberichterstattung über den Bundestagswahlkampf 1976. In: Thomas Ellwein (Hrsg.): Politikfeld-Analysen 1979. Opladen 1980, S. 163–179

KEPPLINGER, HANS MATHIAS: Darstellungseffekte. Experimentelle Untersuchungen zur Wirkung von Pressefotos und Fernsehfilmen. In Zusammenarbeit mit Hans-Bernd Brosius, Wolfgang Donsbach, Thomas Hartmann, Norbert Heine, Sabine Holicki, Ulrich Nies, Winfried Schindler, Hansjürgen Schneider, Karin Winning. Freiburg, München 1987

KEPPLINGER, HANS MATHIAS/THEA GIESSELMANN: Die Wirkung von Gewaltdarstellungen in der aktuellen Fernsehberichterstattung. Eine konflikttheoretische Analyse. In: Medienpsychologie 5 (1993), S. 160–189

KEPPLINGER, HANS MATHIAS/KLAUS GOTTO/HANS-BERND BROSIUS/DIETMAR HAAK: Der Einfluß der Fernsehnachrichten auf die politische Meinungsbildung. Freiburg, München 1989

KERRICK, JEAN S.: News Pictures, Captions and the Point of Resolution. In: Journalism Quarterly 36 (1959), S. 183–188

KLIMESCH, WOLFGANG: Die semantische Encodierung von Bildern. In: Zeitschrift für experimentelle und angewandte Psychologie 29 (1982), S. 472–504

LAIN, LAURENCE B./PHILIP J. HARWOOD: Mug Shots and Reader Attitudes Toward People. In: Journalism Quarterly 69 (1992), S. 293–300

LAMPEL, ANITA K./NORMAN H. ANDERSON: Combining Visual and Verbal Information in an Impression-Formation Task. In: Journal of Personality and Social Psychology 9 (1968), S. 1–6

LANDY, DAVID: The Effects of an Overheard Audience's Reaction and Attractiveness on Opinion Change. In: Journal of Experimental Social Psychology 8 (1972), S. 276–288

LANG, ANNIE: Effects of Chronological Presentation of Information on Processing and Memory for Broadcast News. In: Journal of Broadcasting & Electronic Media 33 (1989), S. 441–452

LECKENBY, JOHN D.: Attribution of Dogmatism to TV Characters. In: Journalism Quarterly 54 (1977), S. 14–19

LECKENBY, JOHN D.: Attributions to TV Characters and Opinion Change. In: Journalism Quarterly 58 (1981), S. 241–247

MCARTHUR, LESLIE ZEBROWITZ/DAVID L. POST: Figurale Betonung und Personenwahrnehmung. In: Werner Herkner (Hrsg.): Attribution – Psychologie der Kausalität. Bern 1980, S. 137–156

MCHUGO, GREGORY J./JOHN T. LANZETTA/LAUREN K. BUSH: The Effect Of Attitudes On Emotional Reactions To Expressive Displays Of Political Leaders. In: Journal of Nonverbal Behavior 15 (1991), S. 19–41

MCHUGO, GREGORY J./JOHN T. LANZETTA/DENIS G. SULLIVAN/ROGER D. MASTERS/BASIL G. ENGLIS: Emotional Reactions to a Political Leader's Expressive Displays. In: Journal of Personality and Social Psychology 49 (1985), S. 1513 bis 1529

MEHLING, REUBEN: Attitude Changing Effect of News and Photo Combinations. In: Journalism Quarterly 36 (1959), S. 189–198

MILLARD, WILLIAM J.: A History Of Handsets For Direct Measurement Of Audience Response. In: International Journal of Public Opinion Research 4 (1992), S. 1–17

MILLER, ARTHUR H./MICHAEL MACKUEN: Informing the Electorate: A National Study. In: Sidney Kraus (Hrsg.): The Great Debates. Carter vs. Ford, 1976. Bloomington 1979, S. 269–297

MORELLO, JOHN T.: Argument and Visual Structuring in the 1984 Mondale-Reagan Debates: The Medium's Influence on the Perception of Clash. In: Western Journal of Speech Communication 52 (1988), S. 277–290

MUNDORF, NORBERT: Affect Bias in the Response to News-Story Sequences. Diss. Bloomington 1987

MUNDORF, NORBERT/DOLF ZILLMANN: Effects of Story Sequencing on Affective Reactions to Broadcast News. In: Journal of Broadcasting & Electronic Media 35 (1991), S. 197–211

NELSON, DOUGLAS: Remembering Pictures and Words: Appearance, Significance, and Name. In: Laird S. Cermak/Fergus I. M. Craik (Hrsg.): Levels of Processing in Human Memory. Hillsdale, N. J. 1979, S. 45–76

NISBETT, RICHARD E./LEE ROSS: Human inference: Strategies and shortcomings of social judgement. Englewood Cliffs 1980

OSTERTAG, MICHAEL: Zum Wirkungspotential nichtsprachlicher Äußerungen in politischen Sendungen: Der Einfluß offensiver und defensiver Verhaltensstrategien auf das Erscheinungsbild von Politikern und Journalisten in Fernsehinterviews. Diss. Mainz 1991

PAIVIO, ALLAN: Imagery and Verbal Processes. New York 1971

PALETZ, DAVID L./MARTHA ELSON: Television Coverage of Presidential Conventions: Now You See It Now You Don't. In: Political Science Quarterly 91 (1976), S. 109–131

PENN, ROGER: Effects of Motion and Cutting-Rate in Motion Pictures. In: AV Communication Review 19 (1971), S. 29–51

REGAN, DENNIS T./JUDITH TOTTEN: Empathy and Attribution: Turning Observers Into Actors. In: Journal of Personality and Social Psychology 32 (1975), S. 850–856

RICHEY, MARJORIE H./LUCILLE MCCLELLAND/ALGIMANTAS M. SHIMKUNAS: Relative Influence of Positive and Negative Information in Impression Formation and Persistence. In: Journal of Personality and Social Psychology 6 (1967), S. 322–327

SCHULZ, WINFRIED: Wirkungsqualitäten verschiedener Medien. Experimentelle Untersuchungen über die Vermittlung von konnotativer Bedeutung durch unterschiedliche Formen medialer Darstellung. In: Rundfunk und Fernsehen 23 (1975), S. 57–72

SCHULZ, WINFRIED/ROLF VAN LESSEN/CORNELIA SCHLEDE/NORBERT WALDMANN: Die Bedeutung audiovisueller Gestaltungsmittel für die Vermittlung politischer Einstellungen. Medienanalytische und experimentelle Untersuchungen am Beispiel sozialkundlicher Filme. In: AV Forschung 15 (1976), S. 49–209

SCHULZ, WINFRIED/NORBERT WALDMANN: Effekte der Film-Montage. Experimentelle Überprüfung der Wechselwirkung einiger Gestaltungsmittel von AV-Medien. In: Günter Bentele/Ernest W. B. Hess-Lüttich (Hrsg.): Zeichengebrauch in Massenmedien. Zum Verhältnis von sprachlicher und nichtsprachlicher Information in Hörfunk, Film und Fernsehen. Tübingen 1985, S. 332 bis 348

SHERER, MICHAEL D.: Vietnam War Photos and Public Opinion. In: Journalism Quarterly 66 (1989), S. 391–530

SHOEMAKER, PAMELA J./JAMES A. FOSDICK: How Varying Reproduction Methods Affects Response to Photographs. In: Journalism Quarterly 59 (1982), S. 13–20

SMITH, RICHARD L./CLARK MCPHAIL/ROBERT G. PICKENS: Reactivity to Systematic Observation with Film: A Field Experiment. In: Sociometry 38 (1975), S. 536–550

SON, JINKO/STEPHEN D. REESE/WILLIAM R. DAVIE: Effects of Visual-Verbal Redundancy and Recaps on the TV News Learning. In: Journal of Broadcasting 31 (1987), S. 207–216

SPIGNESI, ANGELYN/RONALD E. SHOR: The Judgement of Emotion from Facial Expressions Contexts and their Combination. In: The Journal of General Psychology 104 (1981), S. 41–58

STAFFORD, LAURA/VINCENT R. WALDRON/LINDA L. INFIELD: Actor-Observer Differences in Conversational Memory. In: Human Communication Research 15 (1989), S. 590–611

STORMS, MICHAEL D.: Videotape and the Attribution Process: Reversing Actors' and Observers' Points of View. In: Journal of Personality and Social Psychology 27 (1973), S. 165–175

SULLIVAN, DENIS G./ROGER D. MASTERS: »Happy Warriors«: Leaders' Facial Displays, Viewers' Emotions and Political Support. In: American Journal of Political Science 32 (1988), S. 345–368

TANNENBAUM, PERCY H.: Effect of Serial Position on Recall of Radio News Stories. In: Journalism Quarterly 31 (1954), S. 319–323

TANNENBAUM, PERCY H./JAMES A. FOSDICK: The Effect of Lighting Angle on the Judgement of Photographed Subjects. In: AV Communication Review 8 (1960), S. 253–262

TANNENBAUM, PERCY H./BRADLEY S. GREENBERG/FRED R. SILVERMAN: Candidate Images. In: Sidney Kraus (Hrsg.): The Great Debates. Kennedy vs. Nixon. Bloomington 1962, S. 271–288

THOMPSON, KENRICK S./ALFRED C. CLARKE: Photographic Imagery and the Vietnam War: An Unexamined Perspective. In: Journal of Psychology 87 (1974), S. 279–292

TIEMENS, ROBERT K.: Television's Portrayal of the 1976 Presidential Debates: An Analysis of Visual Content. In: Communication Monographs 45 (1978), S. 362–370

TIEMENS, ROBERT K./MALCOLM O. SILLARS/DENNIS C. ALEXANDER/DAVID WERLING: Television Coverage of Jesse Jackson's Speech to the 1984 Democratic National Convention. In: Journal of Broadcasting & Electronic Media 32 (1988), S. 1–22

VAN TUBERGEN, G. NORMAN/DAVID L. MAHSMAN: Unflattering Photos: How People Respond. In: Journalism Quarterly 51 (1974), S. 317–320

WAGNER, WOLFGANG/HERMANN BRANDSTÄTTER: Differentielle Medienwirkungen bei der Beobachtung einer Politikerdiskussion – akustische vs. audiovisuelle Bedingung. In: Zeitschrift für Sozialpsychologie 11 (1980), S. 69–78

WANTA, WAYNE: The Effects of Dominant Photographs: An Agenda-Setting Experiment. In: Journalism Quarterly 65 (1988), S. 107–111

WEINBERGER, MARC G./CHRIS T. ALLEN/WILLIAM R. DILLON: The Impact of Negative Network News. In: Journalism Quarterly 61 (1984), S. 287–294

WIEMAN, JOHN M.: Effects of Laboratory Videotaping Procedures on Selected Conversation Behaviors. In: Human Communication Research 7 (1981), S. 302–311

ZETTL, HERBERT: Toward a Multi-Screen Television Aesthetic: Some Structural Considerations. In: Journal of Broadcasting 21 (1977), S. 5–19

ZILLMANN, DOLF/CHRISTOPHER R. HARRIS/KARLA SCHWEITZER: Effects of Perspective and Angle Manipulations in Portrait Photographs on the Attribution of Traits to Depicted Persons. In: Medienpsychologie 5 (1993), S. 106–123

Öffentliche Meinung

ASCH, SOLOMON E.: Effects of Group Pressure upon the Modification and Distortion of Judgements. In: H. Guetzkow (Hrsg.): Groups, Leadership, and Men. Pittsburg 1951

BAUER, WILHELM: Die öffentliche Meinung und ihre geschichtlichen Grundlagen. Tübingen 1914

BOURDIEU, PIERRE: Public Opinion Does Not Exist. In: A. Mattelart/S. Siegelaub (Hrsg.): Communication and Class Struggle. New York 1979

BROSIUS, HANS-BERND/ANKE BATHELT: The Utility of Exemplars in Persuasive Communications. In: Communication Research 21 (1994), S. 48–78

BURKE, EDMUND: An Appeal from the New to the Old Whigs. In: The Works of the Right Honourable Edmund Burke, a New Edition, Bd. 6. London 1826, S. 73–267

CHILDS, HARWOOD L.: Public Opinion: Nature, Formation, and Role. Princeton, N. J. u. a. 1965

CICERO, MARCUS TULLIUS: Atticus-Briefe. Lat.-dt. 3. Aufl. Hrsg. v. Helmut Kasten. München 1980

DAVISON, W. PHILLIPS: Public Opinion. Introduction. In: David L. Sills (Hrsg.): International Encyclopedia of the Social Sciences Bd. 13. New York 1968, S. 188–197

DEISENBERG, ANNA MARIA: Die Schweigespirale – Die Rezeption des Modells im In- und Ausland. Diss. München 1986

DONSBACH, WOLFGANG: Die Rolle der Demoskopie in der Wahlkampf-Kommunikation. Empirische und normative Aspekte der Hypothese über den Einfluß der Meinungsforschung auf die Wählermeinung. In: Zeitschrift für Politik 31 (1984), S. 388–407

DONSBACH, WOLFGANG: Medienwirkung trotz Selektion. Einflußfaktoren auf die Zuwendung zu Zeitungsinhalten. Köln, Weimar, Wien 1991

ERASMUS VON ROTTERDAM: Institutio Principis Christiani. Übers., eingeleitet und mit Anmerkungen versehen von G. Christian. In: W. Welzig (Hrsg.): Erasmus von Rotterdam: Ausgewählte Schriften. Lat.-dt. Bd. 5. Darmstadt 1968, S. 268–269

FOUCAULT, MICHEL: Discipline and Punish. New York 1979

GLANVILL, JOSEPH: Tha Vanity of Dogmatizing: or Confidence in Opinions. Manifested in a Discourse of the Shortneß and Uncertainty of our Knowledge. And its Causes: With some Reflections on Peripateticism; and An Apology for Philosophy. London 1661

GOFFMAN, ERVING: Behavior in Public Places. Notes on the Social Organisation of Gatherings. New York 1963

HABERMAS, JÜRGEN: Strukturwandel der Öffentlichkeit. Untersuchungen zu einer Kategorie der bürgerlichen Gesellschaft. Neuwied 1962

HALLEMANN, MICHAEL: Peinlichkeit und öffentliche Meinung. In: Publizistik 31 (1986), S. 249–261

HALLEMANN, MICHAEL: Peinlichkeit. Ein Ansatz zur Operationalisierung von Isolationsfurcht im sozialpsychologischen Konzept öffentlicher Meinung. Diss. Mainz 1989

HENNIS, WILHELM: Meinungsforschung und repräsentative Demokratie. Zur Kritik politischer Umfragen (Recht und Staat in Geschichte und Gegenwart 200/201). Tübingen 1957

HUME, DAVID: Essays, Moral, Political, and Literary. London 1963

KATZ, CHERYL/MARK BALDASSARE: Popularity in A Freefall: Measuring a Spiral of Silence at the End of the Bush Presidency. In: International Journal of Public Opinion Research 6 (1994), S. 1–12

LAMP, ERICH: Öffentliche Meinung im Alten Testament. Eine Untersuchung der sozialpsychologischen Wirkungsmechanismen öffentlicher Meinung in Texten alttestamentlicher Überlieferung von den Anfängen bis in die babylonische Zeit. Diss. Mainz 1988

LADD, EVERETT CARL: The 1992 U. S. National Election. In: International Journal of Public Opinion Research 5 (1993), S. 1–21

LAZARSFELD, PAUL F./BERNARD BERELSON/HAZEL GAUDET: The People's Choice. How the Voter Makes up his Mind in a Presidential Campaign. New York 1944

LENAU, NIKOLAUS: in: Horst Kliemann (Hrsg.): Stundenbuch für Letternfreunde. Besinnliches und Spitziges über Schreiber und Schrift. Leser und Buch. Berlin und Frankfurt/M. 1954, S. 111

LIPPMANN, WALTER: Public Opinion. New York 1922

LOCKE, JOHN: An Essay Concerning Human Understanding. Hrsg. v. Alexander Campbell Fraser. Oxford 1894

LÖFFLER, MARTIN: Der Rechtsbegriff der öffentlichen Meinung. In: Horst Baier/Hans Mathias Kepplinger/Kurt Reumann (Hrsg.): Öffentliche Meinung und sozialer Wandel. Festschrift für Elisabeth Noelle-Neumann. Opladen 1981, S. 64–70

MACHIAVELLI, NICCOLO: Der Fürst. Hrsg. u. übers. v. Rudolf Zorn. Stuttgart 1978

MAHRENHOLZ, ERNST GOTTFRIED: Medien und Macht – wie sichern wir Pluralismus und Transparenz? In: Bertelsmann-Briefe, Mai 1993, S. 4–9

MERTON, ROBERT K.: Social Theory and Social Structure. Toward the Codification of Theory and Research. Glencoe, Ill. 1949

MILGRAM, STANLEY: Nationality and Conformity. In: Scientific American 205 (1961), S. 45–51

MILL, JOHN STUART: On Liberty. In: Three Essays. On Liberty. Representative Government. The Subjection of Women. With an introduction by Richard Wollheim. London, Oxford, New York 1975

MONTAIGNE, MICHEL DE: Versuche. Übertragung der französischen Ausgabe von 1588 von Wilhelm Vollgraff. Berlin 1908

MÜLLER, JOHANNES VON: Sämtliche Werke. Hrsg. v. J. G. Müller. Bd. 27. Tübingen 1819

NIEDERMANN, ANNE: Ungeschriebene Gesetze: Ein sozialpsychologischer Ansatz zur Beschreibung des Spannungsfeldes zwischen öffentlicher Meinung und Recht. Diss. Mainz 1991

NOELLE-NEUMANN, ELISABETH: Kumulation, Konsonanz und Öffentlichkeitseffekt. Ein neuer Ansatz zur Analyse der Wirkung der Massenmedien. In: Publizistik 18 (1973), S. 26–55 – Wiederabgedruckt in: Elisabeth Noelle-Neumann: Öffentlichkeit als Bedrohung. Beiträge zur empirischen Kommunikationsforschung. Freiburg, München 1977, S. 155–181

NOELLE-NEUMANN, ELISABETH: Die Schweigespirale. Über die Entstehung der öffentlichen Meinung. In: Ernst Forsthoff/Reinhard Hörstel (Hrsg.): Standorte im Zeitstrom. Festschrift für Arnold Gehlen zum 70. Geburtstag am 29. Januar 1974. Frankfurt/M. 1974, S. 299–330 – Wiederabgedruckt in: Elisabeth Noelle-Neumann: Öffentlichkeit als Bedrohung. Beiträge zur empirischen Kommunikationsforschung. Freiburg, München 1977, S. 169–203

NOELLE-NEUMANN, ELISABETH: Öffentliche Meinung. Die Entdeckung der Schweigespirale. Frankfurt/M., Berlin 1991

OTTERBEIN, KARL: Öffentliche Meinung in Märchen. Unveröffentl. Magisterarbeit Mainz 1985

PLATON: Der Staat. 4. Buch. In: Platon: Sämtliche Werke Bd. 2. Heidelberg 1578

RABELAIS, FRANCOIS: Rabelais. Œuvres complèts. Texte établi et ann. par J. Boulenger, ed. rev. et comm. par L. Scheler (Bibliothèque de la Pléiade, 15). Paris 1982

RAFFEL, MICHAEL: Michel de Montaigne und die Dimension Öffentlichkeit. Ein Beitrag zur Theorie der öffentlichen Meinung. Diss. Mainz 1986

ROEGELE, OTTO B.: Öffentliche Meinung. In: Staatslexikon. 7. Aufl. Hrsg. v. d. Görres-Gesellschaft. Bd. 4. Freiburg, Basel, Wien 1988

ROUSSEAU, JEAN-JACQUES: Dépêches de Venise, XCI. La Pléiade, Bd. 3. Paris 1964

ROUSSEAU, JEAN-JACQUES: Der Gesellschaftsvertrag. Dt. Übers. v. H. Denhardt. Stuttgart 1963

SCHEPSS, GEORGIUS (Hrsg.): Priscillani. Quae Super sunt. Primus edidit Georgius Schepss. Pragae/Vindobunae/Lipsiae. F. Tempsky/F. Tempsky/G. Freytag. Bibliopola Academicae Litterarum caesare. Vindobunensis (= Wien) 1789

SMEND, RUDOLF: Integrationslehre. In: Handwörterbuch der Sozialwissenschaften, Bd. 5. Stuttgart, Tübingen, Göttingen 1956

TEMPLE, SIR WILLIAM: Of Popular Discontents. In: Jonathan Swift (Hrsg.): The Works of Sir William Temple. Bd. 3. London 1731

THOMASIUS, CHRISTIAN: Vom Laster der Zauberei. De crimine magiae. Über die Hexenprozesse. Hrsg., überarbeitet und mit einer Einleitung versehen von Rolf Lieberwirth. München 1986

TÖNNIES, FERDINAND: Kritik der öffentlichen Meinung. Berlin 1922

VAN ZUUREN, FLORENCE J.: The Experience of Breaking the Rules. Paper presented at the Symposium on Qualitative Research in Psychology in Perugia, Italy, August 1983. (Department of Psychology, University of Amsterdam, Reversz-Bericht Nr. 47)

WILKE, JÜRGEN (Hrsg.): Öffentliche Meinung. Theorie, Methoden, Befunde. Freiburg, München 1992. 2. Aufl. 1994

Presse

BOHR, ALEXANDER: Die Struktur der Alternativpresse in der Bundesrepublik Deutschland. In: Gutenberg-Jahrbuch 99 (1984), S. 241–316

BOHRMANN, HANS: Zeitschrift. In: Werner Faulstich (Hrsg.): Kritische Stichwörter zur Medienwissenschaft. München 1979, S. 356–372

BOLL, BERNHARD/VOLKER SCHULZE/HANS SÜSSMUTH (Hrsg.): Zeitungsland Nordrhein-Westfalen. Geschichte, Profile, Struktur. Bonn 1993

BRAND, PETER/VOLKER SCHULZE (Hrsg.): Medienkundliches Handbuch. Die Zeitung. Medienpädagogischer Teil. 4. überarb. u. erw. Aufl. Aachen 1987

BRUMMUND, PETER/PETER SCHWINDT: Der Pressemarkt in der Bundesrepublik Deutschland. Köln 1982

DOVIFAT, EMIL: Zeitungslehre. 6. neu bearb. Aufl. v. Jürgen Wilke. 2 Bde. Berlin, New York 1976

FLIEGER, WOLFGANG: Die TAZ. Vom Alternativblatt zur linken Tageszeitung. München 1992

GESELLSCHAFT FÜR ZEITUNGSMARKETING (Hrsg.): Regionalpresse Verbreitungsatlas 1993. Frankfurt/M. 1993

ID-ARCHIV IM INTERNATIONALEN INSTITUT FÜR SOZIALGESCHICHTE/AMSTERDAM (Hrsg.): Verzeichnis der Alternativmedien. Ausgabe 1991/92. Berlin 1992

KELLER, DIETER: Regionale Tageszeitungsverlage und Neue Medien. Mannheim 1986

KIESLICH, GÜNTER: Zum Aufbau des Zeitungswesens in der Bundesrepublik Deutschland nach 1945. In: Publizistik 8 (1963), S. 274

KNOCHE, MANFRED/WINFRIED SCHULZ: Folgen des Lokalmonopols von Tageszeitungen in der Bundesrepublik Deutschland. In: Publizistik 14 (1969), S. 298–310

KNOCHE, MANFRED/MONIKA LINDGENS/MICHAEL MEISSNER: Jugendpresse in der Bundesrepublik Deutschland. Berlin 1979

KOPPER, GERD G.: Anzeigenblätter als Wettbewerbsmedien. Eine Studie zur Typologie, publizistischem Leistungsbeitrag, Entwicklung von Wettbewerbsrecht und Wettbewerbsstrukturen auf der Grundlage einer Gesamterhebung im Werbemarkt Nielsen II, Nordrhein-Westfalen. München u. a. 1991

KOSZYK, KURT: Pressepolitik für Deutsche 1945–1949. Berlin 1986

MAHLE, WALTER A. (Hrsg.): Pressemarkt Ost. Nationale und internationale Perspektiven. München 1992

MAST, CLAUDIA: Tageszeitung und Neue Medien. Konstanz 1986a

MAST, CLAUDIA: Was leisten die Medien? Funktionaler Strukturwandel in den Kommunikationssystemen. Osnabrück 1986b

NOELLE-NEUMANN, ELISABETH: Pressekonzentration und Meinungsbildung. In: Publizistik 13 (1968), S. 107–136

NOELLE-NEUMANN, ELISABETH: Die Antwort der Zeitungen auf das Fernsehen. Geschichte einer Herausforderung. Konstanz 1986

NOELLE-NEUMANN, ELISABETH/FRANZ RONNEBERGER/HEINZ-WERNER STUIBER (Hrsg.): Streitpunkt lokales Pressemonopol. Düsseldorf 1976

PÄTZOLD, ULRICH/HORST RÖPER: Probleme des intermedialen Wettbewerbs im Lokalen. In: Media Perspektiven 10/1992, S. 641–655

PÄTZOLD, ULRICH/HORST RÖPER: Medienkonzentration in Deutschland, Medienverflechtungen und Branchenvernetzungen. Düsseldorf 1993

PÜRER, HEINZ/JOHANNES RAABE: Medien in Deutschland. Bd. 1: Presse. München 1994

RÖPER, HORST: Die Entwicklung des Tageszeitungsmarktes in Deutschland nach der Wende in der ehemaligen DDR. In: Media Perspektiven 7/1991, S. 421–430

RÖPER, HORST: Konzentration im Zeitschriftenmark leicht rückläufig. In: Media Perspektiven 7/1998, S. 337–351

RÖPER, HORST: Zeitungsmarkt 1997: Leichte Steigerung der Konzentration. In: Media Perspektiven 7/1997, S. 367–377

RÖPER, HORST: Formationen deutscher Medienmultis 1996. In: Media Perspektiven 5/1997, S. 226–255

SCHNEIDER, BEATE: Die ostdeutsche Tagespresse – eine (traurige) Bilanz. In: Media Perspektiven 7/1992, S. 428–441

SCHÖLZEL, STEPHAN: Die Pressepolitik der französischen Besatzungszone 1945–1949. Mainz 1986

SCHÜTZ, WALTER J.: Zeitungsstatistik. In: Emil Dovifat (Hrsg.): Handbuch der Publizistik. Bd. 3. Berlin 1969, S. 348–369

SCHÜTZ, WALTER J.: Deutsche Tagespresse 1989. In: Media Perspektiven 12/1989, S. 748–775

SCHÜTZ, WALTER J.: Deutsche Tagespresse 1991. In: Media Perspektiven 2/1992, S. 74–107

SCHÜTZ, WALTER J.: Die Entwicklung des Zeitungsmarktes in den neuen Ländern 1989–1992. In: Bundesverband Deutscher Zeitungsverleger (Hrsg.): Zeitungen '92. Bonn 1992, S. 270–296

SCHÜTZ, WALTER J.: Deutsche Tagespresse 1993. In: Media Perspektiven 4/1994, S. 168–198

SCHÜTZ, WALTER J.: Deutsche Tagespresse 1997. In: Media Perspektiven 12/1997, S. 663–694

SCHUG, MARKUS: Vergleichende Untersuchung der Lokalberichterstattung der beiden Mainzer Tageszeitungen. Eine Inhaltsanalyse der Allgemeinen Zeitung Mainz und der Mainzer Rhein-Zeitung. Magisterarbeit Mainz 1993

SOMMER, MICHAEL: Die Kinderpresse in der Bundesrepublik Deutschland. Angebot, Konzepte, Formen, Inhalte. Hamburg 1994

STATISTISCHES BUNDESAMT (Hrsg.): Bildung und Kultur. Fachserie 11. Reihe 5. Presse 1990. Stuttgart 1992

WAGNER, HANS/URSULA E. KOCH/PATRICIA SCHMIDT-FISCHBACH (Hrsg.): Enzyklopädie der Bayerischen Tagespresse. München 1990

WILKE, JÜRGEN: Der Sonntag und die Massenmedien. In: Jürgen Wilke (Hrsg.): Mehr als ein Weekend? Der Sonntag in der Diskussion. Paderborn 1989, S. 91–110

WILKE, JÜRGEN: Regionalisierung und Internationalisierung des Mediensystems. In: Aus Politik und Zeitgeschichte. B 26/1990 (Beilage zur Wochenzeitung Das Parlament), S. 3–19

Pressegeschichte

ABEL, KARL-DIETRICH: Presselenkung im NS-Staat. Berlin 1968

BARTH, GERDA: Annus Christi 1597. Die Rorschacher Monatsschrift – die erste deutschsprachige Zeitung. St. Gallen 1976

BASSE, DIETER: Wolff's Telegraphisches Bureau 1849 bis 1933. Agenturpublizistik zwischen Politik und Wirtschaft. München, New York, London, Paris 1991

BAUMERT, DIETER PAUL: Die Entstehung des deutschen Journalismus. Leipzig 1928

BEHRINGER, WOLFGANG: Thurn und Taxis. Die Geschichte der Post und ihrer Unternehmen. München, Zürich 1990

BEYRER, KLAUS/MARTIN DALLMEIER (Hrsg.): Als die Post noch Zeitung machte. Eine Pressegeschichte. Gießen 1994

BOBROWSKY, MANFRED/WOLFGANG R. LANGENBUCHER (Hrsg.): Wege zur Kommunikationsgeschichte. München 1987

BOGEL, ELSE/ELGER BLÜHM (Hrsg.): Die deutschen Zeitungen des 17. Jahrhunderts. 2 Bde. Bremen 1971. Nachtragsband München u. a. 1985

BOHRMANN, HANS (Hrsg.): NS-Presseanweisungen der Vorkriegszeit. Edition und Dokumentation. München u. a. 1984ff.

BRUNÖHLER, KURT: Die Redakteure der mittleren und größeren Zeitungen im heutigen Reichsgebiet von 1800 bis 1848. Diss. Leipzig 1933

DANN, OTTO (Hrsg.): Lesegesellschaften und bürgerliche Emanzipation. Ein europäischer Vergleich. München 1981

EISENHARDT, ULRICH: Die kaiserliche Aufsicht über Buchdruck, Buchhandel und Presse im Heiligen Römischen Reich Deutscher Nation (1496–1806). Karlsruhe 1970

ENGELSING, ROLF: Massenpublikum und Journalistentum im 19. Jahrhundert in Nordwestdeutschland. Berlin 1966

FISCHER, HEINZ-DIETRICH (Hrsg.): Pressekonzentration und Zensurpraxis im Ersten Weltkrieg. Berlin 1973

FISCHER, HEINZ-DIETRICH: Handbuch der politischen Presse in Deutschland 1480–1980. Synopse rechtlicher, struktureller und wirtschaftlicher Grundlagen der Tendenzpublizistik im Kommunikationswandel. Düsseldorf 1981

FREI, NORBERT: Nationalsozialistische Eroberung der Provinzpresse. Gleichschaltung, Selbstanpassung und Resistenz in Bayern. Stuttgart 1980

FREI, NORBERT/JOHANNES SCHMITZ: Journalismus im Dritten Reich. München 1989

GIESECKE, MICHAEL: Der Buchdruck in der frühen Neuzeit. Eine historische Fallstudie über die Durchsetzung neuer Informations- und Kommunikationstechnologien. Frankfurt/M. 1991

GILLESSEN, GÜNTHER: Auf verlorenem Posten. Die Frankfurter Zeitung im Dritten Reich. Berlin 1986

GROTH, OTTO: Die unerkannte Kulturmacht. Grundlegung der Zeitungswissenschaft (Periodik). Bd. 1. Berlin 1960

GURATZSCH, DANKWART: Macht durch Organisation. Die Grundlegung des Hugenbergschen Presseimperiums. Düsseldorf 1974

HARMS, WOLFGANG (Hrsg.): Deutsche illustrierte Flugblätter des 16. und 17. Jahrhunderts. Kommentierte Ausgabe. Bd. 1 ff. Tübingen 1985 ff.

KIESLICH, GÜNTER: Zur Definition der Zeitschrift. In: Publizistik 10 (1965), S. 314 ff.

KIRCHNER, JOACHIM: Das deutsche Zeitschriftenwesen – seine Geschichte und seine Probleme. 2 Bde. Wiesbaden 1958–1962

KÖHLER, HANSJOACHIM (Hrsg.): Flugschriften als Massenmedium der Reformationszeit. Stuttgart 1981

KOHLMANN-VIAND, DORIS H.: NS-Pressepolitik im Zweiten Weltkrieg. Die »Vertraulichen Informationen« als Mittel der Presselenkung. München, New York, London, Paris 1991

KOSZYK, KURT: Deutsche Presse im 19. Jahrhundert. Berlin 1966

KOSZYK, KURT: Deutsche Presse 1914–1945. Berlin 1972

LANG, HELMUT W.: Die Neue Zeitung des 15. bis 17. Jahrhunderts. Entwicklungsgeschichte und Typologie. In: Presse und Geschichte II. Neue Beiträge zur historischen Kommunikationsforschung. München u. a. 1987, S. 57–61

LINDEMANN, MARGOT: Deutsche Presse bis 1815. Berlin 1969

LONGERICH, PETER: Propagandisten im Krieg. Die Presseabteilung des Auswärtigen Amts unter Ribbentrop. München 1987

MARTENS, WOLFGANG: Die Botschaft der Tugend. Die Aufklärung im Spiegel der Moralischen Wochenschriften. Stuttgart 1968

PAAS, JOHN ROGER: The German Political Broadsheet 1600–1700. Bd. 1 ff. Wiesbaden 1985 ff.

PFARR, KRISTINA: Die Neue Zeitung. Empirische Untersuchung eines Informationsmediums der frühen Neuzeit unter besonderer Berücksichtigung von Gewaltdarstellungen. Diss. Mainz 1994

PRESSE UND GESCHICHTE. Beiträge zur historischen Kommunikationsforschung. München 1977

PRESSE UND GESCHICHTE II. Neue Beiträge zur historischen Kommunikationsforschung. München u. a. 1987

PRÜSENER, MARLIES: Lesegesellschaften im 18. Jahrhundert. In: Archiv f. Geschichte des Buchwesens XIII (1972), Sp. 369–594

REUMANN, KURT: Entwicklung der Vertriebs- und Anzeigenerlöse im Zeitungsgewerbe seit dem 19. Jahrhundert. In: Publizistik 13 (1968), S. 226–271

SCHILLING, MICHAEL: Bildpublizistik der frühen Neuzeit. Aufgaben und Leistungen des illustrierten Flugblatts in Deutschland um 1700. Tübingen 1990

SCHNEIDER, FRANZ: Pressefreiheit und politische Öffentlichkeit. Neuwied, Berlin 1966

SCHOTTENLOHER, KARL / JOHANNES BINKOWSKI: Flugblatt und Zeitung. Ein Wegweiser durch das gedruckte Schrifttum. München 1985. Erstausgabe 1922

SIEBERT, FREDRICK S.: Freedom of the Press in England 1476–1776. Urbana, Ill. 1952

SÖSEMANN, BERND: Voraussetzungen und Wirkungen publizistischer Opposition im Dritten Reich. In: Publizistik 30 (1985), S. 195–215

STEIN, PETER: Die NS-Gaupresse 1925–1933. München, New York, London, Paris 1987

WEBER, JOHANNES: »Unterthenige Supplication Johann Caroli/Buchtruckers«. Der Beginn gedruckter politischer Wochenzeitungen im Jahre 1605. In: Archiv f. Geschichte des Buchwesens 38 (1992), S. 257–265

WELKE, MARTIN: Rußland in der deutschen Publizistik des 17. Jahrhunderts (1613–1689). In: Forschungen zur osteuropäischen Geschichte 23 (1976), S. 105–276

WILKE, JÜRGEN: Literarische Zeitschriften des 18. Jahrhunderts (1688–1789). 2 Bde. Stuttgart 1978

WILKE, JÜRGEN: Leitideen in der Begründung der Pressefreiheit. In: Publizistik 28 (1983), S. 512–524

WILKE, JÜRGEN: Nachrichtenauswahl und Medienrealität in vier Jahrhunderten. Berlin, New York 1984

WILKE, JÜRGEN: Die periodische Presse im Kaiserreich. In: Archiv f. Geschichte des Buchwesens 31 (1988), Sp. 221–230

WILKE, JÜRGEN: Geschichte als Kommunikationsereignis. Der Beitrag der Massenmedien beim Zustandekommen historischer Ereignisse. In: Max Kaase/ Winfried Schulz (Hrsg.): Massenkommunikation. Theorien, Methoden, Befunde. (Sonderheft 30 der Kölner Zeitschrift für Soziologie und Sozialpsychologie.) Opladen 1989, S. 57–71

WILKE, JÜRGEN: Auf dem Wege zur »Großmacht«: Die Presse im 19. Jahrhundert. In: Das 19. Jahrhundert. Sprachgeschichtliche Wurzeln des heutigen Deutsch. Hrsg. v. Rainer Wimmer. Berlin, New York 1991a, S. 73–94

WILKE, JÜRGEN (Hrsg.): Telegraphenbüros und Nachrichtenagenturen in Deutschland. Untersuchungen zu ihrer Geschichte bis 1949. München, New York, London, Paris 1991b

WILKE, JÜRGEN: Spion des Publikums, Sittenrichter, Advokat der Menschheit. Wilhelm Ludwig Wekhrlin (1739–1792) und die Entwicklung des Journalismus in Deutschland. In: Publizistik 38 (1993), S. 322–334

WILKE, JÜRGEN: Die Entdeckung von Meinungs- und Pressefreiheit als Menschenrechte im Deutschland des späten 18. Jahrhunderts. In: Otto Dann/Diethelm Klippel (Hrsg.): Naturrecht – Spätaufklärung – Revolution. Hamburg 1995, S. 121–139

Pressewirtschaft

BRAND, PETER/VOLKER SCHULZE (Hrsg.): Medienkundliches Handbuch. Die Zeitung. Bd. 3: Die Anzeige. 2. Aufl. Aachen 1987

BRUCK, PETER A. (Hrsg.): Print unter Druck. Zeitungsverlage auf Innovationskurs. Verlagsmanagement im internationalen Vergleich. München 1994

BRUMMUND, PETER/PETER SCHWIND: Struktur und Organisation des Pressevertriebs. München u. a. 1985

BUNDESTAGS-DRUCKSACHE V/2120: Bericht der Kommission zur Untersuchung der Wettbewerbsgleichheit von Presse, Funk, Fernsehen und Film (›Michel-Bericht‹). Bonn 1967

BUNDESTAGS-DRUCKSACHE 12/3031: Neuntes Hauptgutachten der Monopolkommission 1990/91. Auch u. d. T.: Wettbewerbspolitik oder Industriepolitik. Baden-Baden 1992

BUNDESVERBAND DER DEUTSCHEN ZEITUNGSVERLEGER (Hrsg.): Kostenrechnung für Zeitungsverlage. BDZV-Richtlinien zur Kosten- und Ergebnisrechnung. Bonn 1986 (Loseblattsammlung)

DREPPENSTEDT, ENNO: Der Zeitungs- und Zeitschriftenmarkt. Hamburg 1969

ERDMANN, GEORG/BRUNO FRITSCH: Zeitungsvielfalt im Vergleich. Mainz 1990

FISCHER, HEINZ-DIETRICH/BARBARA BAERNS (Hrsg.): Wettbewerbswidrige Praktiken auf dem Pressemarkt. Baden-Baden 1979

GLÄSER, MARTIN: Zum Wandel des Medienmarktes in Baden-Württemberg. Einige ökonomische Entwicklungslinien. In: Hans-Peter Biege (Hrsg.): Massenmedien in Baden-Württemberg. Stuttgart, Berlin, Köln 1990, S. 234–317

HOFSÄHS, RUDOLF: Zur Entwicklung der Gewinne bei Tageszeitungen. In: Publizistik 14 (1969), S. 83–89

KIRCHNER, HANS-MARTIN: Die Zeitschrift am Markt. Wert und Bedeutung. Frankfurt/M. 1964

KISKER, KLAUS PETER/MANFRED KNOCHE/AXEL ZERDICK: Wirtschaftskonjunktur und Pressekonzentration. München u. a. 1979

KOPPER, GERD G.: Massenmedien. Wirtschaftliche Grundlagen und Strukturen. Konstanz 1982

KOPPER, GERD G. (Hrsg.): Marktzutritt bei Tageszeitungen. München u. a. 1984

MESTMÄCKER, ERNST JOACHIM: Medienkonzentration und Meinungsvielfalt. Baden-Baden 1978

MÖSCHEL, WERNHARD: Pressekonzentration und Wettbewerbsgesetz. Tübingen 1978

NUSSBERGER, ULRICH: Das Pressewesen zwischen Geist und Kommerz. Konstanz 1984

Pluralismus und Medienkonzentration im Binnenmarkt. Grünbuch der Kommission der Europäischen Gemeinschaft. Brüssel, 23. 12. 1992: KOM (92) 480 endg

REUMANN, KURT: Entwicklung der Vertriebs- und Anzeigenerlöse im Zeitungsgewerbe seit dem 19. Jahrhundert. In: Publizistik 13 (1968), S. 226–271

RÜHL, MANFRED: Marktpublizistik. Oder: Wie alle – reihum – Presse und Rundfunk bezahlen. In: Publizistik 38 (1993), S. 125–152

SCHENK, MICHAEL/JOACHIM DONNERSTAG (Hrsg.): Medienökonomie. Einführung in die Ökonomie der Informations- und Mediensysteme. München 1989

SCHÜTZ, WALTER J.: Pressekonzentration. In: Helmut Arndt (Hrsg.): Die Konzentration in der Wirtschaft. Berlin 1971. 2. Bd., S. 667–687

SCHÜTZ, WALTER J.: Deutsche Tagespresse 1989. In: Media Perspektiven 12/1989, S. 748–775

SCHÜTZ, WALTER J.: Deutsche Tagespresse 1991. In: Media Perspektiven 2/1992, S. 74–107

SCHÜTZ, WALTER J.: Deutsche Tagespresse 1993. In: Media Perspektiven 4/1994, S. 168–198

TECKENTRUP, KONRAD H.: Die Zeitung als Wirtschaftsunternehmen. In: Kurt Koszyk/Volker Schulze (Hrsg.): Die Zeitung als Persönlichkeit. Konstanz 1982, S. 271–303

ZOHLNHÖFER, WERNER: Zur Ökonomie des Pressewesens in der Bundesrepublik Deutschland. In: Michael Schenk/Joachim Donnerstag (1989), S. 35–75

Rundfunk

BALDAUF, MONIKA/WALTER KLINGLER: Konstante Hörfunknutzung in Deutschland. Ergebnisse der Media-Analyse 1993. In: Media Perspektiven 9/1993, S. 410–417

BAUSCH, HANS: Der Rundfunk im Kräftespiel der Weimarer Republik 1923–1933. Tübingen 1956

BAUSCH, HANS: Rundfunkpolitik nach 1945. 2 Bände, München 1980

BERG, KLAUS/MARIE-LUISE KIEFER: Massenkommunikation IV. Baden-Baden 1992

BRANAHL, UDO: Publizistische Vielfalt als Rechtsgebot. In: Günter Rager/Bernd Weber (Hrsg.): Publizistische Vielfalt zwischen Markt und Politik. Düsseldorf u. a. 1992, S. 85–109

DILLER, ANSGAR: Rundfunkpolitik im Dritten Reich. München 1980

DOMINICK, JOHN A.: The Dynamics of Mass Communication. Reading u. a. 1983

DONSBACH, WOLFGANG/DANIELE DUPRÈ: Programmvielfalt im dualen Rundfunksystem. In: Baromedia, August 1992, S. 10–23

DRUBBA, HORST: Zur Etymologie des Wortes Rundfunk. In: Publizistik 23 (1978), S. 240–249

EMNID: Innere Rundfunkfreiheit. Eine Untersuchung im Auftrag der Rundfunk-Fernseh-Film-Union. Bielefeld 1979

HAECKEL, HELMUT: Konzentrationskontrolle im privaten Rundfunkmarkt. In: Privater Rundfunk in Deutschland. DLM-Jahrbuch 1992. München 1993

HICKETHIER, KNUT: Phasenbildung in der Fernsehgeschichte. Ein Diskussionsvorschlag. In: Helmut Kreuzer/Helmut Schanze (Hrsg.): Fernsehen in der Bundesrepublik Deutschland. Perioden–Zäsuren–Epochen. Heidelberg 1991. S. 11–37

HEGEMANN, SUSANNE: Die Entwicklung des Mediensystems in der Bundesrepublik Deutschland. In: Privat-kommerzieller Rundfunk in Deutschland. Herausgegeben von der Bundeszentrale für politische Bildung. Bonn 1992, S. 31–88

JÄCKEL, MICHAEL/MICHAEL SCHENK (Hrsg.): Kabelfernsehen in Deutschland. München 1991

JANK, KLAUS PETER: Die Rundfunkanstalten der Länder und des Bundes. Berlin 1967

KEPPLINGER, HANS MATTHIAS: Massenkommunikation. Rechtsgrundlagen, Medienstruktur, Kommunikationspolitik. Stuttgart 1982

KEPPLINGER, HANS MATTHIAS/THOMAS HARTMANN: Stachel oder Feigenblatt? Rundfunk- und Fernsehräte in der Bundesrepublik Deutschland. Frankfurt/M. 1989

KLEIN, HORSTPETER: Die Rundfunkfreiheit. München 1978

KLINGLER, WALTER/CHRISTIAN SCHRÖDER: Strukturanalysen von Radioprogrammen 1985 bis 1990. In Media Perspektiven 10/1993, S. 479–491

KREILE, JOHANNES: Kompetenz und kooperativer Föderalismus im Bereich des Kabel- und Satellitenrundfunks. München 1986

KRÜGER, UDO MICHAEL: Kontinuität und Wandel im Programmangebot. Programmstrukturelle Trends bei ARD, ZDF, SAT.1 und RTL 1986 bis 1992. In: Media Perspektiven 6/1993, S. 246–266

LERG, WINFRIED B.: Die Entstehung des Rundfunks in Deutschland. Herkunft und Entwicklung eines publizistischen Mittels. Frankfurt/M. 1965. 2. Aufl. 1970

LERG, WINFRIED B.: Rundfunkpolitik in der Weimarer Republik. München 1980

MARCINKOWSKI, FRANK: Zur Zukunft der deutschen Rundfunkordnung aus konvergenztheoretischer Sicht. In: Winand Gellner (Hrsg.): An der Schwelle zu einer neuen deutschen Rundfunkordnung. Berlin 1991, S. 51–74

MATHES, RAINER: Programmstruktur und Informationsangebot privater Hörfunksender in Baden-Württemberg. Stuttgart: Landesanstalt für Kommunikation. Baden-Württemberg (LfK) 1990

NOELLE-NEUMANN, ELISABETH: Das doppelte Meinungsklima. Der Einfluß des Fernsehens im Wahlkampf 1976. In: Politische Vierteljahresschrift 18 (1977), S. 408–451

NOELLE-NEUMANN, ELISABETH: Auswirkungen des Kabelfernsehens. Erster Bericht über Ergebnisse der Begleitforschung zum Kabel-Pilot-Projekt, Ludwigshafen/Vorderpfalz 1983–1986. Berlin, Offenbach 1985

ORY, STEFAN/RAINER SURA (Hrsg.): Der Urknall im Medienlabor. Das Kabelpilotprojekt Ludwigshafen. Berlin 1987

PFETSCH, BARBARA: Die Fernsehformate von Politik im Dualen Rundfunksystem. In: Winand Gellner (Hrsg.): An der Schwelle zu einer neuen deutschen Rundfunkordnung. Berlin 1991, S. 75–101

RICKER, REINHART: Das duale Rundfunksystem – Bilanz und Ausblick. Bertelsmann Briefe, Mai 1993

REICHERT, HANS ULRICH: Der Kampf um die Autonomie des deutschen Rundfunks. Heidelberg 1955

RONNEBERGER, FRANZ: Kommunikationspolitik. Band III: Kommunikationspolitik als Medienpolitik. Mainz 1986

SCHATZ, HERIBERT/WINFRIED SCHULZ: Qualität von Fernsehprogrammen. Kriterien und Methoden zur Beurteilung von Programmqualität im dualen Fernsehsystem. Media Perspektiven 11/1992, S. 690–712

THAENERT, WOLFGANG: Programm- und Konzentrationskontrolle privater Rundfunkveranstalter. In: DLM-Jahrbuch 1989/90. Privater Rundfunk in Deutschland. Herausgegeben von den Landesmedienanstalten. Ulm, München 1990, S. 31–51

TRACEY, MICHAEL: Das unerreichbare Wunschbild. Ein Versuch über Hugh Greene und die Neugründung des Rundfunks in Nordwestdeutschland nach 1945. Köln u. a. 1982

URICCHIO, WILLIAM (Hrsg.): Die Anfänge des Deutschen Fernsehens. Kritische Annäherung an die Entwicklung bis 1945. Tübingen 1991

WALENDY, ELFRIEDE: Offene Kanäle in Deutschland. Ein Überblick. Media Perspektiven (1993), S. 306–316

WINKER, KLAUS: Fernsehen unterm Hakenkreuz. Organisation, Programm, Personal. Köln, Weimar, Wien 1994

ZEHNER, GERHARD (Hrsg.): Der Fernsehstreit vor dem Bundesverfassungsgericht. 2 Bände, Karlsruhe 1965

ZERDICK, AXEL: Zeichen, Frequenzen, Paragraphen. Die Landesmedienanstalten als institutionalisierter Kompromiß. Bertelsmann Briefe, Mai 1993, S. 60–61

ZIMMER, JOCHEN: Neue Medien und Medienordnungspolitik in Europa – Ein Vergleich. In: Winand Gellner (Hrsg.): An der Schwelle zu einer neuen deutschen Rundfunkordnung. Berlin 1991, S. 11–30

ZIMMER, JOCHEN: Satellitenfernsehen in Deutschland. In: Media Perspektiven 8/1993, S. 358–373

Wirkung der Massenmedien auf die Meinungsbildung

ABELSON, HERBERT J.: Persuasion. How Opinions and Attitudes are Changed. 5. Auflage, New York 1965

ANNIS, ALBERT D./NORMAN C. MEIER: The Induction of Opinion Through Suggestion by Means of ›Planted Content‹. In: The Journal of Social Psychology 5 (1934), S. 65–81

ATKIN, CHARLES K.: How Imbalanced Campaign Coverage Affects Audience Exposure Patterns. In: Journalism Quarterly 48 (1971), S. 235–255

BAUER, RAYMOND A.: The Obstinate Audience. In: American Psychologist 19 (1964), S. 319–328

BEHR, ROY L./SHANTO IYENGAR: Television News, Real World Cues, and Changes in the Public Agenda. In: Public Opinion Quarterly 49 (1985), S. 38–57

BERELSON, BERNARD: Communication and Public Opinion. In: Wilbur Schramm (Hrsg.): Communications in Modern Society. Urbana 1948. Wieder abgedruckt in: Wilbur Schramm (Hrsg.): Mass Communications. Urbana, Chicago, London 1960, S. 527–543

BERELSON, BERNHARD: The State of Communication Research. In: Public Opinion Quarterly 23 (1959), S. 1–17

BERELSON, BERNHARD:/GARY A. STEINER: Human Behavior. An Inventory of Scientific Findings. New York 1964

BERG, KLAUS/MARIE-LUISE KIEFER (Hrsg.): Massenkommunikation II. Eine Langzeitstudie zur Mediennutzung und Medienbewertung 1964–1980. Frankfurt/M. 1982

BERG, KLAUS/MARIE-LUISE KIEFER (Hrsg.): Massenkommunikation III. Eine Langzeitstudie zur Mediennutzung und Medienbewertung 1964–1985. Frankfurt/M. 1987

BERG, KLAUS/MARIE-LUISE KIEFER (Hrsg.): Massenkommunikation IV. Eine Langzeitstudie zur Mediennutzung und Medienbewertung 1964–1990. Baden-Baden 1992

BIOCCA, FRANK A.: Opposing Conceptions of Audience: The Active and Passive Hemispheres of Mass Communication Theory. In: James A. Anderson (Hrsg.): Communication Yearbook 11. Newbury Park u. a. 1988, S. 51–80

BLUMER, HERBERT: Suggestions for the Study of Mass Media Effects. In: Eugene Burdick/Arthur J. Brodbeck (Hrsg.): American Voting Behavior. Glencoe 1959, S. 197–208

BLUMLER, JAY G./DENIS MCQUAIL: Television in Politics. Its Uses and Influence. London 1968

BLUMLER, JAY G.: The Role of Theory in Uses and Gratifications Studies. In: Communication Research 6 (1979), S. 9–36

BLUMLER, JAY G.: The Social Character of Media Gratifications. In: K. E. Rosengren/L. A. Wenner/P. Palmgreen (Hrsg.): Media Gratifications Research: Current Perspectives. Newbury Park 1985, S. 265–273

BONFADELLI, HEINZ: Zur »Increasing Knowledge Gap«-Hypothese. In: Buch und Lesen. Bertelsmann-Texte 7/1978

BONFADELLI, HEINZ: Die Wissenskluft-Konzeption: Stand und Perspektiven der Forschung. In: Ulrich Saxer (Hrsg.): Gleichheit oder Ungleichheit durch Massenmedien? München 1985, S. 65–86

BONFADELLI, HEINZ: Die Wissenskluftforschung. In: Michael Schenk: Medienwirkungsforschung. Tübingen 1987, S. 305–323

BORTZ, JÜRGEN/PAUL BRAUNE: Imagewandel von Politikern aus der Sicht der Leser zweier Tageszeitungen. In: Publizistik 25 (1980), S. 230–254

BREED, WARREN: Social Control in the Newsroom: A Functional Analysis. In: Social Forces 33 (1955), S. 326–335

CANTRIL, HADLEY: The Invasion from Mars. Princeton 1940

CARLSON, ROBERT O./HERBERT I. ABELSON: Factors Affecting Credibility in Psychological Warfare Communications. Washington D. C. 1956

CARTWRIGHT, DORWIN: Some Principles of Mass Persuasion. A Book of Readings. In: Human Relations Bd. 2, 1949, S. 253–267

COOPER, EUNICE/HELEN DINERMAN: Analysis of the Film ›Don't Be A Sucker‹: A Study in Communication. In: Public Opinion Quarterly 15 (1951), S. 243–264

CROMWELL, HARVEY: The Relative Effect on Audience. Attitude on the First Versus the Second Argumentative Speech of a Series. In: Speech Monograph 17 (1950), S. 5–122

DABBS, J. H./LEVENTHAL: Effects of Varying the Recommendations in a Fear-Arousing Communication. In: Journal of Personality and Social Psychology 4 (1966), S. 525–531

DONSBACH, WOLFGANG: Medienwirkung trotz Selektion. Einflußfaktoren auf die Zuwendung zu Zeitungsinhalten. Köln, Weimar, Wien 1991

DONSBACH, WOLFGANG: Das Verhältnis von Journalismus und Politik im internationalen Vergleich. In: Bürger fragen Journalisten (Hrsg.): Medien in Europa. Erlangen 1993, S. 67–82

DONSBACH, WOLFGANG: Journalismus versus Journalism – ein Vergleich zum Verhältnis von Medien und Politik in Deutschland und in den USA. In: Wolfgang Donsbach/Otfried Jarren/Hans Mathias Kepplinger/Barbara Pfetsch (Hrsg.): Beziehungsspiele – Medien und Politik in der öffentlichen Diskussion. Fallstudien und Analysen. Gütersloh 1993, S. 283–315

DONSBACH, WOLFGANG/HANS MATHIAS KEPPLINGER/ELISABETH NOELLE-NEUMANN: West Germans' Perceptions of NATO and the Warshaw Pact: Long-

Term Content Analysis of Der Spiegel and Trends in Public Opinion. In: Hans Rattinger/Don Munton (Hrsg.): Debating National Security. The Public Dimension. Frankfurt/M. u. a. 1991, S. 239–268

DONSBACH, WOLFGANG/HANS-BERND BROSIUS/AXEL MATTENKLOTT: How Unique is the Perspective of Television? A Field Experiment on the Perception of a Campaign Event by Participants and Television Viewers. In: Political Communication 10 (1993), S. 37–53

FAN, DAVID P./ELBERT E. TIMS: The impact of the news media on public opinion: American presidential election 1987/88. In: International Journal of Public Opinion Research 1 (1989), S. 151–163

FREEDMAN, JONATHAN L./DAVID O. SEARS: Selective Exposure. In: L. Berkowitz: Advances in Experimental Psychology. Bd. 2, New York und London 1965, S. 57–97

FRÜH, WERNER/KLAUS SCHÖNBACH: Der dynamisch-transaktionale Ansatz. Ein neues Paradigma der Medienwirkungen. In: Publizistik 27 (1982), S. 74–88

FRÜH, WERNER: Medienwirkungen. Das dynamisch-transaktionale Modell. Opladen 1991

FUNKHOUSER, G. RAY: The Issues of the Sixties: An Exploratory Study in the Dynamics of Public Opinion. In: Public Opinion Quarterly 37 (1973), S. 62–75

FURU, TAKEO: The Functions of Television for Children and Adolescents. Tokio 1971

GADACZEK, BURKHARD: Wie stark redigieren die überregionalen westdeutschen Tageszeitungen das angebotene Agenturmaterial? Qualitätszeitungen und Nachrichtenagenturen im Vergleich. Magisterarbeit Mainz 1984

GALLUP, GEORGE H.: An Objective Method for Determining Reader Interest in the Content of Newspapers. Diss. Iowa 1928

GERBNER, GEORGE/LARRY GROSS: Living with Television. The Violence Profile. In: Journal of Communication 26, 2 (1976), S. 173–199

GERBNER, GEORGE/MICHAEL MORGAN/NANCY SIGNORIELLI: The ›Mainstreaming‹ of America. Violence Profile No. 11. In: Journal of Communication 30, 3 (1980), S. 10–29

GERBNER, GEORGE/LARRY GROSS/MICHAEL MORGAN/NANCY SIGNORIELLI: Living with Television: The Dynamics of the Cultivation Process. In: Jennings Bryant/Dolf Zillmann (Hrsg.): Perspectives on Media Effects. Hillsdale, N. J. und London 1986, S. 17–40

GIEBER, WALTER: News Is What Newspapermen Make It. In: Lewis Anthony Dexter/David Manning White (Hrsg.): People, Society, and Mass Communications. Glencoe 1964, S. 173–182

GLOCK, CHARLES Y.: Participation Bias and Reinterview Effect in Panel Studies. Diss. New York 1952

GROEBEL, JO: Fernsehen und Angst. Macht das Fernsehen die Umwelt bedrohlich? Strukturelle Aspekte und Ergebnisse einer Längsschnitt-Studie zu Fernsehwirkungen. In: Publizistik 27 (1982), S. 152–165

HAAK, DIETMAR: Doppelte Staatsbürgerschaft. Wie das Fernsehen für die doppelte Staatsbürgerschaft plädiert. In: Phylax. Dienst für größere Transparenz in Presse und TV. Unveröffentl. Probenummer 00.00, 1993, S. 1–8

HALLORAN, JAMES D. / PHILIP ELLIOT / GRAHAM MURDOCK: Demonstrations and Communication: a Case Study. Harmondsworth 1970

HEIDER, FRITZ: Attitudes and Cognitive Organizations. In: The Journal of Psychology 21 (1946), S. 107–112

HERZ, MARTIN F.: Some Psychological Lessons from Leaflet Propaganda in World War II. In: Public Opinion Quarterly 13 (1949), S. 471–486

HERZOG, HERTA: What Do We Really Know About Daytime Serial Listeners? In: Paul F. Lazarsfeld / Frank N. Stanton (Hrsg.): Radio Research 1942–43. New York 1944, S. 3–33

HIMMELWEIT, HILDE T. / A. N. OPPENHEIM / P. VINCE: Television and the Child. An Empirical Study of the Effect of Television on the Young. London 1958

HOFFMANN-LANGE, U.: Politische Einstellungsmuster in der westdeutschen Führungsschicht. Diss. Mannheim 1976

HOFFMANN-LANGE, URSULA / KLAUS SCHÖNBACH: Geschlossene Gesellschaft. Berufliche Mobilität und politisches Bewußtsein der Medienelite. In: Hans Mathias Kepplinger (Hrsg.): Angepaßte Außenseiter. Was Journalisten denken und wie sie arbeiten. Freiburg, München 1979, S. 49–75

HOLICKI, SABINE: Pressefoto und Pressetext im Wirkungsvergleich. Eine experimentelle Untersuchung am Beispiel von Politikerdarstellungen. München 1993

HOVLAND, CARL I.: Reconciling Conflicting Results Derived from Experimental and Survey Studies of Attitude Change. In: The American Psychologist 14 (1959), S. 8–17

HOVLAND, CARL I. / IRVING L. JANIS / HAROLD H. KELLEY: Communication and Persuasion. New Haven und London 1953

HOVLAND, CARL I. / W. MANDELL: An Experimental Comparison of Conclusion Drawing by the Communicator and by the Audience. In: Journal of Abnormal and Social Psychology 47 (1952), S. 581–588

HOVLAND, CARL I. / ARTHUR A. LUMSDAINE / FRED D. SHEFFIELD: Experiments in Mass Communication. Princeton, N. J. 1949 (Studies in Social Psychology in World War II, Bd. III)

HOVLAND, CARL I. / H. A. PRITZKER: Extent of Opinion Change as a Function of Amount of Change Advocated. In: Journal of Abnormal and Social Psychology 54 (1957), S. 257–261

HOVLAND, CARL I. / WALTER WEISS: The Influence of Source Credibility on Communication Effectiveness. In: Public Opinion Quarterly 15 (1951), S. 635–650

HYMAN, HERBERT H. / PAUL B. SHEATSLEY: Some Reasons, Why Information Campaigns Fail. In: Public Opinion Quarterly 11 (1947), S. 412–423

INSTITUT FÜR DEMOSKOPIE ALLENSBACH: Wirkt schwarzer Druck aktueller? Indirekte Beobachtung unter Stern-Lesern. Allensbacher Archiv, IfD-Bericht Nr. 681. 1958

INSTITUT FÜR DEMOSKOPIE ALLENSBACH: Halbe oder Drittelseite? Ergebnisse eines Anzeigentests. Allensbacher Archiv, IfD-Bericht Nr. 977. 1962

INSTITUT FÜR DEMOSKOPIE ALLENSBACH: Heitmann und die vierte Gewalt. Funktioniert die öffentliche Meinung in der Demokratie nicht mehr? Allensbacher Archiv, IfD-Bericht Nr. 5304. 1993

INSTITUT FÜR DEMOSKOPIE ALLENSBACH: CAPITAL-Elite-Panel 1994. Allensbacher Archiv, IfD-Bericht Nr. 5337. 1994

IYENGAR, SHANTO/DONALD R. KINDER: News That Matters: Television and American Opinion. Chicago 1987

JANIS, IRVING L./SEYMOUR FESHBACH: Effects of Fear Arousing Communications. In: Journal of Abnormal and Social Psychology 48 (1953), S. 78–92

KAASE, MAX: Massenkommunikation und politischer Prozeß. In: Max Kaase (Hrsg.): Politische Wissenschaft und politische Ordnung. Analysen zur Theorie und Empirie demokratischer Regierungsweise. Festschrift zum 65. Geburtstag von Rudolf Wildenmann. Opladen 1986, S. 357–374

KATZ, ELIHU: On Reopening the Question of Selectivity in Exposure to Mass Communications. In: Robert P. Abelson u. a. (Hrsg.): Theories of Cognitive Consistency: A Sourcebook. Chicago 1968, S. 788–796

KATZ, ELIHU: Konzepte der Medienwirkungsforschung. Vortrag, gehalten auf der 8. Flämischen Konferenz über Kommunikationswissenschaften in Brüssel am 26. und 27. Oktober 1978

KATZ, ELIHU/DAVID FOULKES: On the Use of the Mass Media as »Escape«: Clarification of a Concept. In: Public Opinion Quarterly 26 (1962), S. 377–388

KATZ, ELIHU/PAUL LAZARSFELD: Personal Influence: The Part Played by People in the Flow of Mass Communications. New York 1955 (Foundations of communication research Bd. 2)

KEPPLINGER, HANS MATHIAS: Realkultur und Medienkultur. Literarische Karrieren in der Bundesrepublik. Freiburg 1975

KEPPLINGER, HANS MATHIAS/HERBERT ROTH: Kommunikation in der Ölkrise des Winters 1973/74. Ein Paradigma für Wirkungsstudien. In: Publizistik 23 (1978), S. 337–356

KEPPLINGER, HANS MATHIAS: Angepaßte Außenseiter. Ergebnisse und Interpretationen der Kommunikatorforschung. In: Hans Mathias Kepplinger (Hrsg.): Angepaßte Außenseiter. Was Journalisten denken und wie sie arbeiten. Freiburg, München 1979, S. 7–28

KEPPLINGER, HANS MATHIAS: Optische Kommentierung in der Berichterstattung über den Wahlkampf 1976. In: Thomas Ellwein (Hrsg.): Politikfeld-Analysen 1979. Opladen 1980, S. 163–179

KEPPLINGER, HANS MATHIAS: Gesellschaftliche Bedingungen kollektiver Gewalt. In: Kölner Zeitschrift für Soziologie und Sozialpsychologie 33 (1981), S. 469–503

KEPPLINGER, HANS MATHIAS: German Media and Oil Supply in 1978 and 1979. In: Nelson Smith/Leonard L. Theberge (Hrsg.): Energy Coverage – Media Panic. An International Perspective. New York 1983, S. 22–49

KEPPLINGER, HANS MATHIAS: Begriffe und Modelle langfristiger Medienwirkungen. In: Walter A. Mahle (Hrsg.): Langfristige Medienwirkungen. Berlin 1986, S. 27–38

KEPPLINGER, HANS MATHIAS: Darstellungseffekte. Experimentelle Untersuchungen zur Wirkung von Pressefotos und Fernsehfilmen. Freiburg, München 1987

KEPPLINGER, HANS MATHIAS: Die Kernenergie in der Presse. Eine Analyse zum

Einfluß subjektiver Faktoren auf die Konstruktion von Realität. In: Kölner Zeitschrift für Soziologie und Sozialpsychologie 40 (1988), S. 640–658

KEPPLINGER, HANS MATHIAS: Künstliche Horizonte. Folgen, Darstellung und Akzeptanz von Technik in der Bundesrepublik. Frankfurt/M. und New York 1989a

KEPPLINGER, HANS MATHIAS: Voluntaristische Grundlagen der Politikberichterstattung. In: Frank E. Böckelmann (Hrsg.): Medienmacht und Politik. Mediatisierte Politik und politischer Wertewandel. Berlin 1989b, S. 59–83

KEPPLINGER, HANS MATHIAS: Die Treuhandanstalt im Bild der Öffentlichkeit. In: W. Fischer/H. Hax/K. Schneider (Hrsg.): Treuhandanstalt. Das Unmögliche wagen. Berlin 1993, S. 357–373

KEPPLINGER, HANS MATHIAS/HANS-BERND BROSIUS/STEFAN DAHLEM: Wie das Fernsehen Wahlen beeinflußt. Theoretische Modelle und empirische Analysen. München 1994

KEPPLINGER, HANS MATHIAS/HANS-BERND BROSIUS/JOACHIM FRIEDRICH STAAB/GÜNTER LINKE: Instrumentelle Aktualisierung. Grundlagen einer Theorie kognitiv-affektiver Medienwirkungen. In: Winfried Schulz (Hrsg.): Medienwirkungen. Weinheim 1992, S. 161–189

KEPPLINGER, HANS MATHIAS/WOLFGANG DONSBACH/HANS-BERND BROSIUS/JOACHIM FRIEDRICH STAAB: Medientenor und Bevölkerungsmeinung. Eine empirische Studie zum Image Helmut Kohls. In: Kölner Zeitschrift für Soziologie und Sozialpsychologie 38 (1986), S. 247–279

KEPPLINGER, HANS MATHIAS/SIMONE CHRISTINE EHMIG/CHRISTINE AHLHEIM: Gentechnik im Widerstreit. Zum Verhältnis von Wissenschaft und Journalismus. Frankfurt/M., New York 1991

KEPPLINGER, HANS MATHIAS/HELGA WEISSBECKER: Negativität als Nachrichtenideologie. In: Publizistik 36 (1991), S. 330–342

KEPPLINGER, HANS MATHIAS/PETER EPS/FRANK ESSER/DIETMAR GATTWINKEL: Am Pranger: Der Fall Späth und der Fall Stolpe. In: Wolfgang Donsbach, Otfried Jarren, Hans Mathias Kepplinger, Barbara Pfetsch (Hrsg.): Beziehungsspiele – Medien und Politik in der öffentlichen Diskussion. Fallstudien und Analysen. Gütersloh 1993, S. 159–220

KEPPLINGER, HANS MATHIAS/JÜRGEN FRITSCH: Unter Ausschluß der Öffentlichkeit. Abgeordnete des 8. Deutschen Bundestages berichten über ihre Erfahrung im Umgang mit Massenmedien. In: Publizistik 26 (1981), S. 33–35

KEPPLINGER, HANS MATHIAS/KLAUS GOTTO/HANS-BERND BROSIUS/DIETMAR HAAK: Der Einfluß der Fernsehnachrichten auf die politische Meinungsbildung. Freiburg, München 1989

KEPPLINGER, HANS MATHIAS/MICHAEL HACHENBERG: Die fordernde Minderheit. Eine Studie zum sozialen Wandel durch abweichendes Verhalten am Beispiel der Kriegsdienstverweigerung. In: Kölner Zeitschrift für Soziologie und Sozialpsychologie 33 (1981), S. 469–503

KEPPLINGER, HANS MATHIAS/UWE HARTUNG: Am Pranger. Eine Fallstudie zur Rationalität öffentlicher Kommunikation. München 1993

KLAPPER, JOSEPH T.: The Effects of Mass Communication. Glencoe, Ill. 1960

KÖCHER, RENATE: Spürhund und Missionar. Eine vergleichende Untersuchung über Berufsethik und Aufgabenverständnis britischer und deutscher Journalisten. Diss. München 1985

KRECH, DAVID/RICHARD S. CRUTCHFIELD/EGERTON L. BALLACHEY: Individual in Society. A Textbook of Social Psychology. New York 1962

LADD, EVERETT CARLL: The 1992 U. S. National Election. In: International Journal of Public Opinion Research 5 (1993), S. 1–21

LANG, GLADYS ENGEL/KURT LANG: Watergate. An Exploration of the Agenda Building Process. In: G. Cleveland Wilhoit/Harold De Bock (Hrsg.): Mass Communication Review Yearbook. Bd. 2. Beverly Hills, London 1981, S. 447–468

LANG, KURT/GLADYS ENGEL LANG: The Unique Perspective of Television and its Effect: A Pilot Study. In: American Sociological Review 18 (1953), S. 3–12

LANG, KURT/GLADYS ENGEL LANG: Ordeal be Debate: Viewer Reactions. In: Public Opinion Quarterly 25 (1961), S. 277–288

LANGE-HOFFMANN, U./H. NEUMANN/H. PALME/B. STEINKEMPER: Westdeutsche Führungsschicht. Eine sozialwissenschaftliche Untersuchung der Inhaber von Führungspositionen. Hrsg. v. Werner Kaltefleiter und Rudolf Wildenmann. Manuskript 1973

LAUMANN, EDWARD O./DAVID KNOKE: The Organizational State. Social Choice in National Policy Domains. Madison 1987

LAZARSFELD, PAUL F.: An Episode in the History of Social Research: A Memoir. In: Donald Fleming/Bernard Bailyn (Hrsg.): Perspectives in American History. Bd. 2: The Intellectual Migration: Europe and America. 1930–1960. Cambridge, Mass. 1968, S. 270–337

LAZARSFELD, PAUL F./BERNARD BERELSON/HAZEL GAUDET: The People's Choice. How the Voter Makes Up his Mind in A Presidential Campaign. 3. Auflage. New York und London 1968

LEVENTHAL, H./PATRICIA NILES: A Field Experiment on Fear Arousal With Data on the Validity of Questionnaire Measure. In: Journal of Personality 32 (1964), S. 459–479

LEVENTHAL, H./R. P. SINGER: Affect Arousal and Positioning of Recommendations in Persuasive Communications. In: Journal of Personality and Social Psychology 4 (1966), S. 137–146

LICHTER, S. ROBERT/LINDA S. LICHTER: The Media Elite: America's New Power Brokers. Bethesda 1986

LICHTER, S. ROBERT/STANLEY ROTHMAN: Scientists' Attitudes Toward Nuclear Energy. In: Nature Bd. 305, Nr. 8, 1983, S. 91–94

LUMSDAINE, ARTHUR A./IRVING L. JANIS: Resistance to »Counterpropaganda« Produced by One-sided and Two-sided »Propaganda« Presentation. In: Public Opinion Quarterly 17 (1953), S. 311–318

LUND, F. H.: The Psychology of Belief. The Law of Primacy in Persuasion. In: Journal of Abnormal and Social Psychology 20 (1925), S. 183–191

MATHES, RAINER/ANDREAS CZAPLICKI: Meinungsführer im Mediensystem: »Top-down«- und »Bottom-up«-Prozesse. In: Publizistik 38 (1993), S. 153–166

MATHES, RAINER/BARBARA PFETSCH: The Role of the Alternative Press in the Agenda-building Process: Spill-over Effects and Media Opinion Leadership. In: European Journal of Communication 6 (1991), S. 33–62

MCCOMBS, MAXWELL E./DONALD L. SHAW: The Agenda-Setting Function of Mass Media. In: Public Opinion Quarterly 36 (1972), S. 176–187

MCGUIRE, WILLIAM J.: Order of Presentation as a Factor in »Conditioning« Persuasiveness. In: Carl I. Hovland (Hrsg.): Order of Presentation in Persuasion. New Haven 1957, S. 98–114

MCGUIRE, WILLIAM J./DEMETRIOS PAPAGEORGIS: Effectiveness of Forewarning in Developing to Persuasion. In: Public Opinion Quarterly 26 (1962), S. 24–34

MCGUIRE, WILLIAM J.: The Nature of Attitudes and Attitude Change. In: Gardner Lindzey/Elliot Aronson (Hrsg.): The Handbook of Social Psychology. Second Edition. Bd. 3. Reading, Mass. 1969, S. 136–314

MERTON, ROBERT K.: Mass Persuasion: The Social Psychology of a War Bond Drive. New York, London 1946

MEYROWITZ, JOSHUA: No Sense of Place. The Impact of Electronic Media on Social Behavior. New York, Oxford 1985 (dt. Die Fernsehgesellschaft. Weinheim, Basel 1987)

NEUMANN, W. RUSSELL: The Threshold of Public Attention. In: Public Opinion Quarterly 54 (1990), S. 159–176

NEWCOMB, THEODORE M.: Social Psychology. New York 1950

NOELLE-NEUMANN, ELISABETH: Kumulation, Konsonanz und Öffentlichkeitseffekt. Ein neuer Ansatz zur Analyse der Wirkung der Massenmedien. In: Publizistik 18 (1973), S. 26–55

NOELLE-NEUMANN, ELISABETH: Das doppelte Meinungsklima. Der Einfluß des Fernsehens im Wahlkampf 1976. In: Politische Vierteljahresschrift 18 (1977), S. 408–451

NOELLE-NEUMANN, ELISABETH: Massenmedien und sozialer Wandel – Methodenkombination in der Wirkungsforschung. In: Zeitschrift für Soziologie 8 (1979), S. 164–182

NOELLE-NEUMANN, ELISABETH: Der Konflikt zwischen Wirkungsforschung und Journalisten. Ein wissenschaftsgeschichtliches Kapitel. In: Publizistik 27 (1982a), S. 114–128

NOELLE-NEUMANN, ELISABETH: Fernsehen und Lesen. Ein Werkstatt-Bericht. In: Hans-Joachim Koppitz (Hrsg.): Gutenberg-Jahrbuch 57 (1982b), S. 35–46

NOELLE-NEUMANN, ELISABETH: Öffentliche Meinung in der Bundestagswahl 1980. In: Max Kaase, Hans-Dieter Klingemann (Hrsg.): Wahlen und politisches System. Analysen aus Anlaß der Bundestagswahl 1980. Opladen 1983, S. 540–599

NOELLE-NEUMANN, ELISABETH: Die Identifizierung der Meinungsführer – Identifying Opinion Leaders. In: ESOMAR (Hrsg.): Broadening the Uses of Research. 38th ESOMAR Congress, Wiesbaden 1st–5th September 1985, S. 125–219

NOELLE-NEUMANN, ELISABETH: Lesen in der Informationsgesellschaft. Vortrag am 27. Juni 1985 in der Universität Mainz. In: Gutenberg-Jahrbuch 61 (1986), S. 295–301

NOELLE-NEUMANN, ELISABETH: Pressefreiheit und blockierte Kommunikation: ein demokratisches Dilemma. In: Studienzentrum Weikersheim (Hrsg.): Die Medien – das letzte Tabu der offenen Gesellschaft. Die Wirkung der Medien auf Politik und Kultur. Mainz 1986, S. 27–41

NOELLE-NEUMANN, ELISABETH: Toward a Theory of Public Opinion. In: Hubert

J. O'Gorman (Hrsg.): Surveying Social Life. Papers in Honor of Herbert H. Hyman. Middletown, Conn. 1988, S. 289–300

NOELLE-NEUMANN, ELISABETH: The People's Choice – Revisited. In: Wolfgang R. Langenbucher (Hrsg.): Paul F. Lazarsfeld. Die Wiener Tradition der empirischen Sozial- und Kommunikationsforschung. München 1990, S. 147–155

NOELLE-NEUMANN, ELISABETH: Öffentliche Meinung. Die Entdeckung der Schweigespirale. Frankfurt/M. und Berlin 1991

NOELLE-NEUMANN, ELISABETH/HANS MATHIAS KEPPLINGER: Journalistenmeinungen, Medieninhalte und Medienwirkungen. Eine empirische Untersuchung zum Einfluß der Journalisten auf die Wahrnehmung sozialer Probleme durch Arbeiter und Elite. In: Gertraude Steindl (Hrsg.): Publizistik aus Profession. Festschrift für Johannes Binkowski aus Anlaß der Vollendung seines 70. Lebensjahres. Düsseldorf 1978, S. 41–68

NOELLE-NEUMANN, ELISABETH/HANS MATHIAS KEPPLINGER: Communication in the Community. An International Study on the Role of the Mass Media in seven Communities: Report on the Study in the Federal Republic of Germany. In: UNESCO (Hrsg.): Reports and Papers on Mass Communication. Paris 1982, S. 20–33

NOELLE-NEUMANN, ELISABETH/RAINER MATHES: The »Event as Event« and the »Event as News«: The Significance of »Consonance« for Media Effects Research. In: European Journal of Communication 2 (1987), S. 391–414

NOELLE-NEUMANN, ELISABETH/EDGAR PIEL (Hrsg.): Eine Generation später. Bundesrepublik Deutschland 1953–1979. München u. a. 1983

NOELLE-NEUMANN, ELISABETH/RÜDIGER SCHULZ: Junge Leser für die Zeitung. Bericht über eine vierstufige Untersuchung zum Entwurf langfristiger Strategien. Dokumentation der wichtigsten Befunde. Bonn 1993

PATTERSON, THOMAS E.: Out of Order. New York 1993

PEIRCE, KATE: Relation Between Time Spent Viewing Television and Children's Writing Skills. In: Journalism Quarterly 60 (1983), S. 445–448

POSTMAN, NEIL: The Disappearance of Childhood. New York 1982 (dt. Das Verschwinden der Kindheit. Frankfurt/M. 1983)

PROTESS, DAVID L./FAY LOMAX COOK/JACK C. DOPPELT/JAMES S. ETTEMA/MARGARET T. GORDON/DONNA R. LEFF/PETER MILLER: The Journalism of Outrage: Investigative Reporting and Agenda Building in America. New York 1991

ROBINSON, JOHN P.: Television and Leisure Time. A New Scenario. In: Journal of Communication 31, 1 (1981), S. 120–130

ROTHMAN, STANLEY/S. ROBERT LICHTER: Elite Ideology and Risk Perception in Nuclear Energy Policy. In: American Political Science Review 81 (1987), S. 383–403

ROTHMAN, STANLEY/S. ROBERT LICHTER: Is Opposition to Nuclear Energy an Ideological Critique? In: American Political Science Review 82 (1988), S. 947 bis 950

RUSCIANO, FRANK L./ROBERTA FISKE-RUSCIANO: Towards a Notion of »World Opinion«. In: International Journal of Public Opinion Research 2 (1990), S. 305–322

RUSCIANO, FRANK L.: Media Perspectives on World Opinion During the Kuwaiti

Crisis. In: Robert E. Denton (Hrsg.): Media and the Persian Gulf War. Westport 1993

SCHENK, MICHAEL: Medienwirkungsforschung. Tübingen 1987

SCHRAMM, WILBUR (Hrsg.): The Effects of Television on Children and Adolescents. An Annotated Bibliography with an Introductary Overview of Research Results. Prep. by the International Association for Mass Communication Research. Paris 1964 (UNESCO Nr. 43)

SCHRAMM, WILBUR/JACK LYLE/E. B. PARKER: Television in the Lives of Our Children. Stanford, Calif. 1961

SCHULZ, WINFRIED: Die Konstruktion von Realität in den Nachrichtenmedien. Analyse der aktuellen Berichterstattung. Freiburg, München 1976, 2. Aufl. 1990

SCHULZ, WINFRIED: Ausblick am Ende des Holzweges. Eine Übersicht über die Ansätze der neuen Wirkungsforschung. In: Publizistik 27 (1982), S. 49 bis 73

SCHULZ, WINFRIED: (Hrsg.)/Deutsche Forschungsgemeinschaft/Kommission für Medienwirkungsforschung: Medienwirkungsforschung in der Bundesrepublik Deutschland. Teil 1 Berichte und Empfehlungen. Weinheim 1986

SCHULZ, WINFRIED: Massenmedien und Realität. Die »ptolemäische« und die »kopernikanische« Auffassung. In: Max Kaase/Winfried Schulz (Hrsg.): Massenkommunikation. Theorien, Methoden, Befunde. Opladen 1989 (Sonderheft 30 der Kölner Zeitschrift für Soziologie und Sozialpsychologie), S. 135–149

SCHULZ, WINFRIED (Hrsg.): Medienwirkungen. Einflüsse von Presse, Radio und Fernsehen auf Individuum und Gesellschaft. Forschungsbericht/DFG, Deutsche Forschungsgemeinschaft. Weinheim 1992

SNYDERMAN, MARK/STANLEY ROTHMAN: The IQ Controversy, the Media, and Public Policy. New Brunswick, Oxford 1988

SPONBERG, H. A.: A Study of the Relative Effectiveness of Climax and Anti-Climax Order in Argumentative Speech. In: Speech Monographs 13 (1946), S. 35–44

STAR, SHIRLEY A./HELEN MACGILL HUGHES: Report on an Educational Campaign: The Cincinnati Plan for the United Nations. In: American Journal of Sociology 55 (1950), S. 389–400

STOUFFER, SAMUEL A. u. a.: Measurement and Prediction. Princeton, N. J. 1950 (Studies in Social Psychology in World War II, Bd. IV)

STURM, HERTHA/RUTH VON HAEBLER/REINHARD HELMREICH: Medienspezifische Lerneffekte. Eine empirische Studie zu Wirkungen von Fernsehen und Rundfunk. München 1972

SWEENEY, P. D./K. L. GRUBER: Selective Exposure: Voter Information Preferences and the Watergate Affair. In: Journal of Personality and Social Psychology 46 (1984), S. 1208–1221

TANNENBAUM, PERCY H.: Attitudes toward Source and Concept as Factors in Attitude Change. In: Public Opinion Quarterly 20 (1956), S. 413–425

TANNENBAUM, PERCY H.: Vicarious Experience in Monkeys and Man. In: Horst Baier/Hans Mathias Kepplinger, Kurt Reumann (Hrsg.): Öffentliche Meinung und sozialer Wandel. Public Opinion and Social Change. Opladen 1981, S. 179–193

TICHENOR, PHILIPP J./GEORGE A. DONOHUE/CLARICE N. OLIEN: Mass Media Flow and Differential Growth in Knowledge. In: Public Opinion Quarterly 34 (1970), S. 159–170

TRENAMAN, JOSEPH/DENIS MCQUAIL: Television and the Political Image. A Study of the Impact of Television on the 1959 General Election. London 1961

TUNSTALL, JEREMY: Journalists at Work. Specialist Correspondents: Their News Organisations, News Sources & Competitor Colleagues. Beverly Hills 1971

UNESCO: Proposals for an international Programme of Communication Research. Paris 1971

WAPLES, DOUGLAS/BERNARD BERELSON/FRANKLYN R. BRADSHAW: What Reading Does to People. A Summary of Evidence on the Social Effects of Reading and a Statement of Problems of Research. Chicago 1940

WEIMANN, GABRIEL: The Influentials: Back to the Concept of Opinion Leaders? In: Public Opinion Quarterly 55/1991, S. 267–279

WEIMANN, GABRIEL: The Influentials: People Who Influence People. New York 1994

WHITE, DAVID MANNING: The »Gatekeeper«: A Case Study in the Selection of News. In: Journalism Quarterly 27 (1950), S. 383–390

WILKE, JÜRGEN/BARBARA ESCHENAUER: Massenmedien und Journalismus im Schulunterricht. Eine unbewältigte Herausforderung. Freiburg, München 1981

WILKE, JÜRGEN/BERNHARD ROSENBERGER: Die Nachrichten-Macher. Zu Strukturen und Arbeitsweisen von Nachrichtenagenturen am Beispiel von AP und dpa. Köln 1991

WINTER, JAMES P./CHAIM H. EYAL: Agenda Setting for the Civil Rights Issue. In: Public Opinion Quarterly 45 (1981), S. 376–383

ZILLMANN, DOLF/JENNINGS BRYANT (Hrsg.): Selective Exposure to Communication. Hillsdale, N. J. 1985

ZUCKER, HAROLD GENE: The Variable Nature of News Media Influence. In: Brent D. Ruben (Hrsg.): Communication Yearbook 2. New Brunswick 1978, S. 225–240

Wirkung von Gewaltdarstellungen

BANDURA, ALBERT: Aggression. Eine sozial-lerntheoretische Analyse (1973). Stuttgart 1979

BAEYER-KATTE, WANDA VON/DIETER CLAESSENS/HUBERT FEGER/FRIEDHELM NEIDHARDT: Gruppenprozesse. Opladen 1982

BELSON, WILLIAM A.: Television Violence and the Adolescent Boy. Westmead 1978

BERKOWITZ, LEONARD: The Frustration-Aggression Hypothesis Revisited. In: Leonard Berkowitz (Hrsg.): Roots of Aggression. A Re-Examination of the Frustration-Aggression Hypothesis. New York 1969

BROSIUS, HANS-BERND: Auswirkungen der Rezeption von Horror-Videos auf die Legitimation von aggressiven Handlungen. In: Rundfunk und Fernsehen 35 (1987), S. 71–91

BROSIUS, HANS-BERND/PETER EPS: Verändern Schlüsselereignisse journalistische

Selektionskriterien? Framing am Beispiel der Berichterstattung über Ausländer und Asylanten. In: Rundfunk und Fernsehen 41 (1993), S. 512–530

BROSIUS, HANS-BERND/IRIS SCHMITT: Horrorvideos im Kinderzimmer: Wer sieht sie und warum? In: Rundfunk und Fernsehen 38 (1990), S. 536–549

BROSIUS, HANS-BERND/GABRIEL WEIMANN: The Contagiousness of Mass-mediated Terrorism. In: European Journal of Communication 6 (1991), S. 63–75

COMSTOCK, GEORGE A./ELI A. RUBINSTEIN/JOHN P. MURRAY (Hrsg.): Television and Social Behavior. 5 Bände. Washington 1972

DECURTINS, LILIANE: Film und Jugendkriminalität. Zürich 1961

FELTES, THOMAS: Gewalt in der Schule. In: Hans-Dieter Schwind u. a. (Hrsg.): Ursachen, Prävention und Kontrolle von Gewalt. Analysen und Vorschläge der Unabhängigen Regierungskommission zur Verhinderung und Bekämpfung von Gewalt (Gewaltkommission). Band 3. Berlin 1990, S. 317–341

FESHBACH, SEYMOUR: The Stimulating versus Cathartic Effects of a Vicarious Aggressive Activity. In: Journal of Abnormal and Social Psychology 63 (1961), S. 381–385

FESHBACH, SEYMOUR/ROBERT D. SINGER: Television and Aggression: An Experimental Field Study. San Francisco 1971

FISHMAN, MARK: Crime Waves as Ideology. In: Social Problems 25 (1978), S. 531–543

FREUD, SIGMUND: Triebe und Triebschicksale. In: Gesammelte Werke (Bd. 10). London 1946

GERBNER, GEORGE/LARRY GROSS/MICHAEL MORGAN/NANCY SIGNORIELLI: Living with Television: The Dynamics of the Cultivation Process. In: Jennings Bryant/ Dolf Zillmann (Hrsg.): Perspectives on Media Effects. Hillsdale (N. Y.), London 1986, S. 17–40

GRIMM, JÜRGEN: Der kultivierte Schrecken? Erlebnisweise von Horrorfilmen im Rahmen eines Zuschauerexperiments. In: Publizistik 38 (1993), S. 206–217

GROEBEL, JO: Vielseher und Angst. In: Fernsehen und Bildung 15 (1981), S. 114–136

GROEBEL, JO/ULI GLEICH: Gewaltprofil des deutschen Fernsehprogramms. Eine Analyse des Angebots privater und öffentlich-rechtlicher Sender. Opladen 1993

HONIG, MICHAEL-SEBASTIAN: Gewalt in der Familie. In: Hans-Dieter Schwind u. a. (Hrsg.): Ursachen, Prävention und Kontrolle von Gewalt. Analysen und Vorschläge der Unabhängigen Regierungskommission zur Verhinderung und Bekämpfung von Gewalt (Gewaltkommission). Band 3. Berlin 1990, S. 343–361

HURRELMANN, KLAUS: Gewalt in der Schule. In: Hans-Dieter Schwind u. a. (Hrsg.): Ursachen, Prävention und Kontrolle von Gewalt. Analysen und Vorschläge der Unabhängigen Regierungskommission zur Verhinderung und Bekämpfung von Gewalt (Gewaltkommission). Band 3. Berlin 1990, S. 363–379

KAASE, MAX/FRIEDHELM NEIDHARDT: Politische Gewalt und Repression. Ergebnisse von Bevölkerungsumfragen. In: Hans-Dieter Schwind u. a. (Hrsg.): Ursachen, Prävention und Kontrolle von Gewalt. Analysen und Vorschläge der Unabhängigen Regierungskommission zur Verhinderung und Bekämpfung von Gewalt (Gewaltkommission). Band 4. Berlin 1990

KELMAN, HERBERT C.: Violence without Moral Restraint: Reflections on the Dehumanization of Victims and Victimizers. In: Journal of Social Issues 29 (1973), S. 25–61

KEPPLINGER, HANS MATHIAS: Der Einfluß der Konfliktstruktur auf die Wahrnehmung politischer Gewalt. Zwei empirische Untersuchungen. In: Publizistik 24 (1979), S. 317–336

KEPPLINGER, HANS MATHIAS: Gesellschaftliche Bedingungen kollektiver Gewalt. In: Kölner Zeitschrift für Soziologie und Sozialpsychologie 33 (1981), S. 469–503

KEPPLINGER, HANS MATHIAS/STEFAN DAHLEM: Medieninhalte und Gewaltanwendung. In: Hans-Dieter Schwind u. a. (Hrsg.): Ursachen, Prävention und Kontrolle von Gewalt. Analysen und Vorschläge der Unabhängigen Regierungskommission zur Verhinderung und Bekämpfung von Gewalt (Gewaltkommission). Band 3. Berlin 1990, S. 381–396

KEPPLINGER, HANS MATHIAS/THEA GIESSELMANN: Die Wirkung von Gewaltdarstellungen in der aktuellen Fernsehberichterstattung. Eine konflikttheoretische Analyse. In: Medienpsychologie 5 (1993), S. 160–189

KERNER, HANS-JÜRGEN/GÜNTHER KAISER/ARTHUR KREUZER/CHRISTIAN PFEIFFER: Ursachen, Prävention und Kontrolle von Gewalt aus kriminologischer Sicht. In: Hans-Dieter Schwind u. a. (Hrsg.): Ursachen, Prävention und Kontrolle von Gewalt. Analysen und Vorschläge der Unabhängigen Regierungskommission zur Verhinderung und Bekämpfung von Gewalt (Gewaltkommission). Band 2. Berlin 1990, S. 415–606

KRÜGER, UDO MICHAEL: Gewalt in Informationssendungen und Reality TV. Quantitative und qualitative Unterschiede im öffentlich-rechtlichen und privaten Fernsehen. In: Media Perspektiven 2/1994, S. 72–85

KUNCZIK, MICHAEL: Gewalt und Medien. 2. Auflage. Köln, Weimar, Wien 1994

KUNCZIK, MICHAEL/WOLFGANG BLEH/SABINE MARITZEN: Audiovisuelle Gewalt und ihre Auswirkungen auf Kinder und Jugendliche. Eine schriftliche Befragung klinischer Psychologen und Psychiater. In: Medienpsychologie 5 (1993), S. 3–19

LEFKOWITZ, MONROE M./LEONARD D. ERON/LEOPALD O. WALDER/L. ROWELL HUESMANN: Television Violence and Child Aggression: A Followup Study. In: George A. Comstock/Eli A. Rubinstein/John P. Murray (Hrsg.): Television and Social Behavior. Band 3. Washington 1972, S. 35–133

LORENZ, KONRAD: Das sogenannte Böse: Zur Naturgeschichte der Aggression. Wien 1963

MILAVSKY, J. RONALD/RONALD C. KESSLER/HORST H. STIPP/WILLIAM S. RUBENS: Television and Aggression: A Panel Study. New York 1982/London u. a. 1982

NATIONAL INSTITUTE FOR MENTAL HEALTH (Hrsg.): Television and Behavior: Ten Years of Scientific Progress and Implications for the Eighties. 2 Bände. Rockville, Maryland 1982

NOELLE-NEUMANN, ELISABETH: Stellungnahme zum Fragenkatalog »Jugend und Gewalt«. Öffentliche Anhörung des Ausschusses für Frauen und Jugend des Deutschen Bundestages am 24. März 1993. Manuskript. Allensbach 1993

SCHMID, ALEX P./JANNY DE GRAAF: Violence as Communication. Unsurgent Terrorism and the Western News Media. London, Beverly Hills 1982

SIGNORIELLI, NANCY/GEORGE GERBNER: Violence and Terror in the Mass Media. An annotated Bibliography. New York 1988

TANNENBAUM, PERCY H.: Studies in Film- and Television-Mediated Arousal and Aggression: A Progress Report. In: George A. Comstock/Eli A. Rubinstein/John P. Murray (Hrsg.): Television and Social Behavior. Band 5. Rockville, Maryland 1972, S. 309–350

UNOLD, MICHAELA: Die Wirkung von Gewaltdarstellungen: Der relative Einfluß des Ereignisses – real vs. fiktional – bzw. der Darstellungsform – künstlich vs. natürlich – auf die Rezipienten. Magisterarbeit Mainz 1989.

WARTELLA, ELLEN/BYRON REEVES: Historical Trend in Research on Children and the Media: 1900–1960. In: Journal of Communication 35 (1985), Heft 2, S. 118–153

WEIMANN, GABRIEL/CONRAD WINN: The Theater of Terror: Mass Media and International Terrorism. New York, London 1994

WEIS, KURT/CHRISTIAN ALT/FRANK GINGELEIT: Probleme der Fanausschreitungen und ihrer Eindämmung. In: Hans-Dieter Schwind u. a. (Hrsg.): Ursachen, Prävention und Kontrolle von Gewalt. Analysen und Vorschläge der Unabhängigen Regierungskommission zur Verhinderung und Bekämpfung von Gewalt (Gewaltkommission). Band 3. Berlin 1990, S. 575–670

WILLIAMS, TANNIS MACBETH (Hrsg.): The Impact of Television. A natural Experiment in three Communities. Orlando 1986

ZILLMANN, DOLF: Hostility and Aggression. Hillsdale, N. J. 1979

Register

Hansjürgen Blinn

Informationshandbuch
Deutsche Literaturwissenschaft

3., neu bearbeitete und erweiterte Ausgabe

Band 12588

Die dritte – und zugleich erste gesamtdeutsche – Ausgabe des *Informationshandbuches Deutsche Literaturwissenschaft* erlaubt schnellen Zugriff und liefert zuverlässige Angaben über: die wichtigsten Bücher (Einführungen, Handbücher, Lexika, Bibliographien) und Zeitschriften zur Deutschen und Vergleichenden Literaturwissenschaft, zur Literaturdidaktik, Theaterwissenschaft und Medienkunde; eine Vielzahl von Institutionen wie Bibliotheken und Archive (mit Spezialbeständen), Datenbanken, Literaturmuseen, Lehr- und Forschungsstätten, Autorenverbände, Literarische Gesellschaften und Literaturpreise (mit rund 1000 Preisträgern) in Deutschland, Österreich und der Schweiz. Das seit vielen Jahren bewährte Handbuch ist mittlerweile für alle, die sich mit Literatur beschäftigen, unverzichtbar.

»Der Informationssuchende, der Literatur bibliographieren und Zugang zu den Beständen, Sammelstätten und Informationsstellen finden möchte, erhält in diesem kompendiösen, kompakten, übersichtlich angelegten und zuverlässig recherchierten Nachschlagewerk und Adreßbuch eine Fülle von Auskünften.« *Dr. Carl Paschek, Stadt- und Universitätsbibliothek, Frankfurt am Main*

»Das vorzügliche *Informationshandbuch Deutsche Literaturwissenschaft* ist für uns fern von Deutschland geradezu unentbehrlich.« *Prof. Dr. Gerhard Schulz, University of Melbourne*

Fischer Taschenbuch Verlag

fi 1034 / 4

Vilém Flusser

Medienkultur

Herausgegeben von Stefan Bollmann

Band 13386

Vilém Flussers Philosophie der neuen Medien, so euphorisch sie sich auch manchmal gibt, entspringt allerdings der Abrechnung mit jener Sparte von Medien, die wir gewöhnlich für die Medien schlechthin halten: den Massenmedien. Im so aufregenden wie aufgeregten Prozeß des Zusammenwachsens von Telekommunikation und digitalen Technologien sah Flusser die Chance, der Fernsehkultur zu entkommen. Die Vernetzung der Gesellschaft durch die neuen Medien bedeutet letztlich einen Umbruch im Kulturprozeß, eine »Katastrophe der bürgerlichen Kultur«, die freilich auch Möglichkeiten für eine neuartige Einbildungskraft eröffnet: »Es gibt nichts Neues vor der Katastrophe, erst nach ihr.«

Fischer Taschenbuch Verlag

Vilém Flusser

Kommunikologie

Herausgegeben von
Stefan Bollmann und Edith Flusser

Band 13389

›Kommunikologie‹, so nannte Flusser seine Theorie menschlicher Kommunikation, die im Mittelpunkt seines Werks steht. Das Buch enthält zwei grundlegende Texte Flussers zu diesem Problemgebiet: Texte, die zentrale Motive seines Denkens erschließen. Die menschliche Kommunikation ist für Vilém Flusser jener Prozeß, durch den Informationen gespeichert, verarbeitet und weitergegeben werden, aber auch stetig neue Information erzeugt wird. Die Kommunikologie beschäftigt sich dabei vor allem mit den Formen und Codes dieser Informationsvermittlungen, deren historische Wandlungen Flusser von der Höhlenmalerei bis zur Kommunikation in Computernetzen verfolgt: Mit seiner Kommunikologie hat Vilém Flusser nicht nur eine Theorie, sondern auch eine scharfsinnige Diagnose unserer Informations- und Kommunikationsgesellschaft ausgearbeitet.

Fischer Taschenbuch Verlag

fi 421 / 9

Vilém Flusser

Gesten

Versuch einer Phänomenologie

Band 12241

Gesten als Ausdruck einer Freiheit zu entziffern – das versucht
sowohl die Phänomenologie wie auch die Geschichtsphilosophie. Doch geht die Geschichtsphilosophie davon aus, daß sich
die Freiheit in der Zeit ereignet, und zwar in einer ganz spezifischen Zeit: der linearen. Erst auf dem Boden dieser Hypothese
verschafft sie sich Zugang zu einem Phänomen wie der Geste.
Die Phänomenologie dagegen versucht, so voraussetzungslos
wie möglich vorzugehen. Sie nimmt ihren Ausgang von der
konkreten einzelnen Geste. Und genau dies ist Flussers Verfahren, das, was sich in Gesten bekundet und zeigt, ohne historische oder ideologische Vor-Urteile »aufzuschließen«: strikte
Arbeit an den Phänomenen.

Fischer Taschenbuch Verlag

fi 712 / 5

Vilém Flusser

Vom Subjekt zum Projekt Menschwerdung

Herausgegeben von
Stefan Bollmann und Edith Flusser

Band 13388

Flusser beschreibt die kulturelle Entwicklung der Menschheit
als ein schrittweises Zurückweichen von der Lebenswelt, als zunehmende Entfremdung aus dem Kontext der den Menschen
angehenden Dinge durch den Einfluß des mathematisch-tech-
nischen Denkens der Moderne, des Umkodierens aus Buchstaben in Zahlen. An die Stelle der buchstäblichen Gottesgesetze
treten numerische Naturgesetze. Diese Diagnose führt Flusser
freilich nicht zum Kulturpessimismus oder zur Dämonisierung
der Technik. In der Auflösung der sinnhaften Strukturen der
Lebenswelt durch die mathematische Abstraktion steckt auch
ein Moment praktischer Aufklärung: die Freiheit nämlich, alternative Sinnstrukturen zu entwerfen und uns die Welt und
das menschliche Leben aus eigenen Stücken und nach unseren
eigenen Gesetzen neu zusammenzustellen.

Fischer Taschenbuch Verlag

fi 414 / 5

Michel Foucault

Die Ordnung des Diskurses

Aus dem Französischen von Walter Seitter

Mit einem Essay von Ralf Konersmann

Band 10083

In der Antrittsvorlesung, die der 1984 verstorbene Philosoph und Historiker anläßlich seiner Berufung an das Collège de France am 2. Dezember 1970 gehalten hat, ist das geschichtsphilosophische Programm, aus dem sich seine späteren großen Werke speisen sollten, in den Grundzügen bereits entworfen. Sie ist ein Schlüsseltext der modernen Ideengeschichte. In einer subtilen Analyse der literarischen und wissenschaftlichen Institutionen und Mechanismen, die das Geschriebene und Gesprochene einschränken, kontrollieren und determinieren, entwickelt Foucault hier den theoretischen »Diskurs«, der ihn berühmt gemacht und mit dem er die Grenzen zwischen Historiographie, Literaturwissenschaft, Philosophie und Rhetorik überschritten hat. Ralf Konersmann zeichnet in einem ebenso scharfsichtigen wie kenntnisreichen Essay die Fahndungsmethoden des Foucaultschen Denkens und die Gründe für dessen andauernde fächerübergreifende Wirkung nach.

Fischer Taschenbuch Verlag

fi 220 / 5

Paul Virilio

Krieg und Kino

Logistik der Wahrnehmung

Aus dem Französischen von Frieda Grafe und Enno Patalas

Band 6645

Film und militärische Luftfahrt traten gegen Ende des 19. Jahrhunderts etwa gleichzeitig in Erscheinung, und beide haben – das ist die These von Paul Virilio – in den folgenden Kriegen und bis heute mehr miteinander zu tun, als es auf den ersten Blick den Anschein hat: Mit der Luftaufnahme hat sich die Qualität des Krieges entscheidend verändert. Das *bewaffnete Auge* (Dziga Vertov) und die Verfeinerung des (Kamera-)Auges der Waffen sind Teil einer parallelen Entwicklung. Paul Virilio untersucht diese Parallelisierung der Wahrnehmungsweisen von (Film-)Kamera und Waffensystem als Werkzeuge der Perzeption, und er beschreibt die sonderbare Osmose von Kriegs- und Kameratechniken, den historisch bedeutsamen Wandel, der mit der Anwendung von Wahrnehmungsgeräten zu kriegerischen Zwecken in den menschlichen Wahrnehmungsgewohnheiten eingetreten ist.

Fischer Taschenbuch Verlag

Paul Virilio

Krieg und Fernsehen

Aus dem Französischen von Bernd Wilczek

Band 13778

Krieg und Fernsehen enthält Paul Virilios Beschreibungen und Analysen der Fernsehbilder, die den Golfkrieg 1991 in jedes Wohnzimmer brachten. Ein Krieg, der nur wenige Wochen dauerte und dessen in Echtzeit gelieferten Bilder schnell wieder aus dem Bewußtsein der Öffentlichkeit verschwanden. Ein Krieg aber auch, der durch die elektronische Durchorganisation der eingesetzten Hightech-Waffensysteme zu einem Medienspektakel werden konnte, welches vergessen ließ, daß hier vielleicht der Krieg der Zukunft geprobt wurde: Der erste Fernsehkrieg könnte ein Dritter Weltkrieg im Kleinen gewesen sein. Auf jeden Fall führte er den neuesten Stand der Kriegstechnik vor Augen.

Fischer Taschenbuch Verlag

Paul Virilio

Die Eroberung des Körpers

Vom Übermenschen zum überreizten Menschen

Aus dem Französischen von Bernd Wilczek

Band 12719

In diesen Studien nimmt Paul Virilio die Medien- und Biotechnologien unter die Lupe. Sein Interesse gilt der kulturindustriellen Kolonisierung des menschlichen Bewußtseins durch die neuen Informationsmedien auf der einen und der bioindustriellen Kolonisierung des Körpers durch mikro-chirurgische Eingriffe auf der anderen Seite. Es geht ihm um die nahezu unbegrenzte Macht von Techniken, die in den lebenden menschlichen Organismus eingreifen, um ihn durch mikrophysikalische Stimulationen zu manipulieren. Virilio sieht eine Entwicklung innerhalb technokratischer Gesellschaften heraufziehen, die letzte noch verbliebene Schonräume menschlicher Individualität besetzt, um – buchstäblich unterhalb bewußter Wahrnehmung – Kontrollen zu implantieren, die mit der Subjektivität zugleich die Kommunikation zwischen Subjekten zerstören. Virilio beweist mit seinen hellsichtigen und alamierenden Betrachtungen einmal mehr, daß er der Jules Verne unter den Kulturkritikern der Gegenwart ist.

Fischer Taschenbuch Verlag

fi 2220 / 4

Jürgen Kirschner

Fischer Handbuch
Theater, Film, Funk und Fernsehen
Band 10995

Das ›Fischer Handbuch Theater, Film, Funk und Fernsehen‹ informiert über wichtige Bücher und Institutionen zur Geschichte und
Theorie von Theater, Film, Funk und Fernsehen. Zur wissenschaftlichen Erschließung dieser Gebiete nennt es Einführungen, Handbücher und grundlegende Darstellungen, Lexika und Wörterbü-
cher. Bibliographien, Referatenorgane und Datenbanken eröffnen
den Zugang zu weiteren Arbeitsfeldern in Kern und Randberei-
chen der genannten Fächer. Diese Informationsquellen ermöglichen
– zusammen mit den aufgeführten Fachzeitschriften – die selbständige Verbreiterung und Aktualisierung des Wissensstandes.
Damit dient das Handbuch Studierenden wie anderen am wissenschaftlichen Diskurs Interessierten als Führer zum gegenwärtigen
Stand der Theater- bzw. Film- und Fernsehwissenschaften. Außer
der Literatur werden für den deutschsprachigen Raum die Sonder-
sammelgebiete und Spezialbestände der Bibliotheken, Museen und
Archive verzeichnet.

Fischer Taschenbuch Verlag

fi 817 / 4